Fritz Koch, Dr. Jürgen Lehberger, Georg Pyzalla, Holger Stahlschmidt

Technik und Management

Berufliches Gymnasium
Technische Richtung

Band 2 – Technik

3. Auflage

Bestellnummer 00781

Bildungsverlag EINS

Bildquellenverzeichnis

Bauer Gear Motor, Esslingen: S. 68
DMG MORI AKTIENGESELLSCHAFT, Bielefeld: S. 193
Eaton Electric GmbH, Bonn: S. 240.3
Festo AG & Co. KG, Esslingen: S. 240.4
Forbo Siegling GmbH, Hannover: S. 328.1
Fotolia Deutschland GmbH, Berlin: S. 9.1 (Mi.Ti.), 9.2 (Bernd Kröger), 9.3 (frogmo9), 10.1 (ted007), 344.1 (Lottchen), 344.2 (joël BEHR), 382.1 (Eisenhans), 382.3 (Doin Oakenhelm)
Getriebebau NORD GmbH & Co. KG - DRIVESYSTEMS, Bargteheide: S. 336.4
Gühring KG, Albstadt: S. 43.3
Hachenbach Präzisionswerkzeuge GmbH & Co. KG, Ehringshausen: S. 43.2, 43.4
HAHN+KOLB Werkzeuge GmbH, Ludwigsburg: S. 44.1-3
Harmonic Drive AG, Limburg/Lahn: S. 335.1
Ingersoll Werkzeuge GmbH, Haiger: S. 31.2
KUNZMANN Maschinenbau GmbH, Remchingen: S. 185.1-2
Metas, Bern (CH): S. 52.1
Panther Media GmbH, München: S. 330.1 (Idelfoto)
PRESTO International UK Ltd, Sheffield (GB) und GEBR. DAPPRICH GmbH, Wuppertal (D): S. 31.1
Röhm GmbH, Sontheim: S. 37.5
Sauter Feinmechanik GmbH, Metzingen: S. 197.2
SEW-EURODRIVE GmbH & Co. KG, Urheber Lüt, Bruchsal: S. 333.4
Shutterstock, Inc., New York (USA): S. 344.3
Wikipedia commons/TMg - Eigenes Werk: S. 93.1
Wikipedia creative commons/Philmo1: S. 383.1

service@bv-1.de
www.bildungsverlag1.de

Bildungsverlag EINS GmbH
Ettore-Bugatti-Straße 6-14, 51149 Köln

ISBN 978-3-427-**00781**-4

© Copyright 2016: Bildungsverlag EINS GmbH, Köln
Das Werk und seine Teile sind urheberrechtlich geschützt. Jede Nutzung in anderen als den gesetzlich zugelassenen Fällen bedarf der vorherigen schriftlichen Einwilligung des Verlages.
Hinweis zu § 52a UrhG: Weder das Werk noch seine Teile dürfen ohne eine solche Einwilligung eingescannt und in ein Netzwerk eingestellt werden. Dies gilt auch für Intranets von Schulen und sonstigen Bildungseinrichtungen.

Vorwort

Das vorliegende Buch der Reihe Technik und Management ist der Band 2 „Technik". Es ist entsprechend dem Lehrplan für das berufliche Gymnasium der dreijährigen Aufbauform in Baden-Württemberg aufgebaut.

Der Handlungsbezug jeder Lerneinheit wird durch die Darstellung eines Handlungsablaufs auf einer Vorseite hergestellt.

Innerhalb der einzelnen Lerneinheiten wird der Unterrichtsstoff fachsystematisch dargestellt. Beispiele werden hervorgehoben und es wird besonders auf die Zielrichtung des Beispiels hingewiesen. In Merksätzen werden Zusammenfassungen gegeben und gleichzeitig Abgrenzungen zum nächsten fachlichen Gliederungspunkt vorgenommen.

Den Abschluss jeder Lerneinheit bildet eine Aufgabensammlung zum entsprechenden Sachgebiet. Zur Erleichterung der Zuordnung sind unter den Seiten die Nummern der zugehörigen Aufgaben verzeichnet.

Auf der Bildungsverlag Eins Internetseite können Sie unter BuchPlusWeb Handlungsaufgaben abrufen. Diese beziehen sich auf die verschiedenen Stufen der Produktentstehung, -verwendung und -entsorgung. Sie berücksichtigen in diesem Rahmen sowohl die Systemanalyse als auch die Systemgestaltung.

Inhaltsverzeichnis

Einführung in die Technik — T

1	**Technik**	9
2	**Technische Systeme**	11
2.1	Aufbau eines technischen Systems	11
2.2	Unterteilung innerhalb eines technischen Systems	12
2.3	Funktionen technischer Systeme	13
3	**Übungsaufgaben Einführung in die Technik**	14

Fertigungstechnik — FT

1	**Urformen**	16
1.1	Gießen	16
1.1.1	Konstruktion des Gussteils	17
1.1.2	Herstellen einer Modelleinrichtung	17
1.1.3	Herstellen der gießfertigen Form in der Handformerei	18
1.1.4	Abgießen und Putzen des Gussstücks	18
1.2	Sintern	19
2	**Umformen**	19
2.1	Druckumformen	20
2.1.1	Walzen	20
2.1.2	Freiformen	21
2.2	Zugdruckumformen	22
2.2.1	Durchziehen	22
2.2.2	Tiefziehen	22
2.3	Biegeumformen	24
2.3.1	Grundlagen	24
2.3.2	Biegeumformverfahren	25
3	**Trennen**	26
3.1	Zerteilen	26
3.1.1	Scherschneiden	26
3.1.2	Messerschneiden	27
3.2	Spanen mit Dreh- und Fräsmaschinen	28
3.2.1	Ein- und Ausgangsgrößen für den Fertigungsprozess	28
3.2.2	Schneidstoffe für maschinelles Spanen	31
3.2.3	Arbeitsverfahren auf Drehmaschinen	33
3.2.3.1	Einteilung und Benennung der Drehverfahren	33
3.2.3.2	Drehwerkzeuge	34
3.2.3.3	Spannen und Stützen der Werkstücke	37
3.2.3.4	Einflussgrößen auf die Oberflächenbeschaffenheit beim Drehen	38
3.2.3.5	Berechnungen zum Drehen	39
3.2.4	Fertigen auf Fräsmaschinen	42
3.2.4.1	Einteilung der Fräsverfahren	42
3.2.4.2	Fräswerkzeuge	43
3.2.4.3	Berechnungen zum Fräsen	45
4	**Prüfen**	47
4.1	Subjektives und objektives Prüfen	47
4.2	Messen und Lehren	47
4.3	Messverfahren	48
4.3.1	Analoge und digitale Messverfahren	48
4.3.2	Direkte und indirekte Messverfahren	49
4.3.3	Ausschlag- und Kompensationsmessverfahren	49
4.4	Begriffe der Längenmesstechnik	50
4.5	Auswahl von Prüfverfahren und Prüfgeräten	51
4.6	Prüfmittelmanagement	52
5	**Übungsaufgaben Fertigungstechnik**	53

Werkstoffe — W

1	**Metalle**	62
1.1	Chemische Elemente	62
1.2	Aufbau von Metallen	64
1.2.1	Metallbindung	64
1.2.2	Schmelzverhalten von reinem Metall	64
1.2.3	Metallgefüge	66
1.2.4	Gittertypen	67
2	**Zweistofflegierungen**	68
2.1	Legierungen mit Mischkristallen	69
2.2	Legierungen mit Kristallgemengen	71
3	**Gefüge und Eigenschaften von Stahl**	74
3.1	Kohlenstoffgehalt von Stahl	74
3.2	Gefügebestandteile	74
3.3	Eigenschaften der Stähle in Abhängigkeit vom Gefüge	76
4	**Stoffeigenschaftändern von Stahl**	77
4.1	Glühen	77
4.1.1	Weichglühen	77
4.1.2	Spannungsarmglühen	77
4.1.3	Normalglühen	78
4.1.4	Rekristallisationsglühen	78
4.2	Härten	78
4.3	Vergüten	81
5	**Werkstoffnormung**	82
5.1	Normung von Stählen	82
5.1.1	Kurznamen von Stählen nach DIN EN 10027	82
5.1.2	Werkstoffnummern von Stählen	83
5.2	Normung von Fe-C-Gusswerkstoffen	85
5.2.1	Kurznamen für Gusswerkstoffe	85
5.2.2	Werkstoffnummern für Gusseisenwerkstoffe	85
5.3	Normung der NE-Metalle	86
5.3.1	Systematische Bezeichnung der Nichteisenmetalle (außer Al)	86
5.3.2	Kurzzeichen für Aluminium und Aluminiumlegierungen	86
5.3.3	Werkstoffnummern von NE-Metallen Allgemeines Nummerierungssystem	87
5.3.4	Werkstoffnummern für Aluminium und Aluminiumlegierungen	87
6	**Zugversuch**	88
7	**Übungsaufgaben Werkstoffe**	92

Technische Kommunikation — TK

1 Technisches Zeichnen 101
1.1 Technische Zeichnungen als Informationsträger 101
1.2 Von der räumlichen Darstellung zur technischen Zeichnung 103
1.2.1 Festlegung der Werkstücklage für die zeichnerische Darstellung 104
1.2.2 Blatteinteilung 105
1.2.3 Schriftfeld 105
1.2.4 Blattgrößen und Maßstäbe 106
1.3 Beschriftungen in technischen Zeichnungen 107
1.3.1 Normschrift 107
1.3.2 Maßeintragungen 107
1.3.3 Maßbezugsebenen 108
1.3.4 Bemaßung einzelner Formelemente ... 109
1.3.5 Eintragung von Toleranzangaben 110
1.3.6 Eintragung von Oberflächenangaben .. 111
1.3.7 Anwendungsbezogene Bemaßung 113
1.4 Darstellung und Bemaßung zylindrischer Werkstücke 114
1.5 Schnittdarstellungen 115
1.6 Darstellung und Bemaßung von Gewinden 116
1.7 Normen und Normteile 117
1.8 Gesamtzeichnung und Stückliste 118

2 Toleranzen 120
2.1 Maßtoleranzen 120
2.2 Passungen 122
2.2.1 Spiel, Übermaß, Übergang 122
2.2.2 Toleranzklassen 123
2.2.3 Passungssysteme 124
2.2.4 Passungsmaße 124
2.3 Formtoleranzen 125
2.4 Lagetoleranzen 126
2.5 Messen von Form- und Lageabweichungen 127
2.5.1 Symbolische Darstellung von Prüfeinrichtungen 127
2.5.2 Messverfahren zum Messen von Form- und Lageabweichungen 128

3 Montage-/Demontagebeschreibungen .. 130

4 Übungsaufgaben Technische Kommunikation 132

Grundlagen der Elektrotechnik — EL

1 Grundlagen 143
1.1 Elektrische Ladung 143
1.2 Elektrischer Strom 143
1.3 Elektrische Spannung 143

2 Gleichstromkreis 144
2.1 Stromkreis 144
2.2 Messung von Strom und Spannung ... 145
2.3 Leiter – Halbleiter – Nichtleiter 145
2.4 Elektrischer Widerstand 147
2.5 Ohmsches Gesetz 148
2.6 Grundschaltungen 149
2.7 Gemischte Schaltungen 151
2.8 Elektrische Arbeit und Leistung 154

3 Magnetismus 155
3.1 Dauermagnetismus 155
3.2 Elektromagnetismus 156
3.3 Prinzip des Gleichstrommotors 157
3.4 Prinzip des Gleichstromgenerators ... 158

4 Elektrisches Feld und Kondensator .. 159
4.1 Elektrisches Feld 159
4.2 Kondensator 160

5 Wechselstromkreis 161
5.1 Wechselstromerzeugung 161
5.2 Darstellung von Wechselgrößen 162
5.3 Effektivwerte des Wechselstroms 163
5.4 Widerstände im Wechselstromkreis .. 163
5.5 Transformator 166

6 Übungsaufgaben Elektrotechnik 167

Realisierung eines technischen Produkts — TP

1 Weg eines Produkts 174
1.1 Produktplanung 174
1.2 Konstruktion 175
1.3 Fertigung 178
1.4 Informationsfluss in der industriellen Fertigung 180

2 Nutzung 181

3 Recycling 182

4 Übungsaufgabe Realisieren eines technischen Produkts . 183

CNC-Technik — CN

1 CNC-Werkzeugmaschinen 185
1.1 Datenfluss in CNC-Maschinen 185
1.2 Koordinatensystem 186
1.3 Lageregelung an CNC-Maschinen 187
1.4 Bahnsteuerungen an CNC-Maschinen . 188

2 Grundlagen zur manuellen Programmierung 189
2.1 Wahl des Werkstücknullpunktes 189
2.2 Bemaßungsarten für die Programmierung 189
2.3 Programmierung von Bahnbewegungen 190
2.4 Programmierung von Schaltinformationen 192
2.4.1 Programmierung von Technologiedaten . 192
2.4.2 Programmierung von Werkzeugeinsatz und Zusatzfunktionen 193
2.5 Zusammenstellung von Programmdaten zu Sätzen 193

3 Programmieren zur Fertigung von Drehteilen 194
3.1 Programmieren der Weginformationen beim Drehen 194
3.1.1 Koordinatensysteme 194

3.1.2	Nullpunkte und Bezugspunkte	194
3.1.3	Drehteile mit geradliniger Kontur	195
3.1.4	Drehteile mit kreisförmiger Kontur	195
3.2	Programmieren von Werkzeugdaten	197
3.2.1	Werkzeuge und Werkzeugmaße	197
3.2.2	Schneidenradiuskompensation	198
3.3	Drehzyklen	199
4	**Programmieren zur Fertigung von Frästeilen**	**200**
4.1	Programmieren von Weginformationen beim Fräsen	200
4.1.1	Achsrichtungen bei Fräsarbeiten	200
4.1.2	Maschinennullpunkt und Referenzpunkt	200
4.1.3	Werkstücknullpunkt	201
4.1.4	Werkzeugbahnkorrekturen	201
4.2	Programmierhilfen	202
4.2.1	Zyklen beim Fräsen	202
4.2.2	Manipulation von Programmteilen	203
4.2.3	Unterprogramme	204
4.2.4	Einbau von Unterprogrammen und Zyklen in Hauptprogramme	204
4.3	Programmieren von Schaltinformationen	205
4.3.1	Programmieren von Schnittdaten	205
4.3.2	Werkzeuge und Werkzeugmaße	205
5	**Übungsaufgaben CNC-Technik**	**206**

Steuerungstechnik ST

1	**Grundbegriffe**	**210**
1.1	Steuern und Regeln	210
1.2	Steuerungs- und Leistungsteil gesteuerter Anlagen	211
1.3	Energieeinsatz in gesteuerten Anlagen	211
1.4	Funktionseinheiten von Steuerungen	212
1.5	Steuerungsarten	213
1.5.1	Verknüpfungs- und Ablaufsteuerungen	213
1.5.2	Verbindungs- und speicherprogrammierte Steuerungen	214
1.6	Grundlagen zum Entwurf von Steuerungen	215
1.6.1	Verknüpfungsfunktionen	215
1.6.2	Funktionstabelle	217
1.6.3	Ablaufbeschreibung (GRAFCET)	218
1.6.3.1	Aufbau des GRAFCET-Plans	218
1.6.3.2	Darstellung von Strukturelementen im GRAFCET-Plan	219
1.6.3.3	Beispiel für den GRAFCET-Plan einer Steuerung	220
2	**Pneumatische Steuerungen**	**222**
2.1	Symbole und Benennungen in der Pneumatik	223
2.1.1	Symbole für Elemente zur Druckerzeugung, -speicherung, -aufbereitung und -leitung (Auszug, DIN ISO 1219)	223
2.1.2	Symbole für Elemente zur Energiesteuerung	223
2.1.3	Symbole für Elemente zur Arbeitsverrichtung	227
2.2	Schaltpläne für pneumatische Steuerungen	227
2.2.1	Aufbau von Schaltplänen	227
2.2.2	Grundschaltungen zum Erzielen des Vor- und Rücklaufs eines Kolbens	229
2.2.3	Grundschaltungen zur Geschwindigkeitsbeeinflussung von Arbeitselementen	230
2.2.4	Grundschaltungen zur Schaltverzögerung und Signalabschaltung	231
2.3	Funktionsdiagramme	233
2.4	Erstellen von Schaltplänen	235
3	**Elektrische Steuerungen**	**238**
3.1	Bauelemente zur Signaleingabe	238
3.1.1	Schalter und Taster	238
3.1.2	Sensoren	238
3.2	Bauelemente zur Signalverarbeitung	239
3.3	Aktoren	240
3.4	Grundschaltungen zur Signalverarbeitung	241
3.4.1	Stromlaufplan	241
3.4.2	Logische Funktionen	241
3.4.3	Speicherschaltung	242
3.4.4	Signalabschaltung	242
4	**Speicherprogrammierbare Steuerungen (SPS)**	**244**
4.1	Baugruppe der SPS	244
4.2	Arbeitsweise der SPS	245
4.3	Programmieren speicherprogrammierbarer Steuerungen	246
4.3.1	Programmiersprachen	246
4.3.1.1	Anweisungsliste (AWL)	246
4.3.1.2	Kontaktplan (KOP)	247
4.3.1.3	Funktionsplan (FUP)	247
4.3.2	Programmieren kombinierter Verknüpfungen	248
4.3.3	Programmieren wichtiger Funktionen	248
4.3.3.1	Speicherverhalten	248
4.3.3.2	Zählfunktion	249
4.3.3.3	Zeitfunktionen	251
4.4	Sicherheit von Steuerungen	252
4.5	Entwurf speicherprogrammierter Ablaufsteuerungen	253
5	**Übungsaufgaben Steuerungstechnik**	**256**

Statik S

1	**Kräfte**	**260**
2	**Moment und Kräftepaar**	**262**
3	**Zusammensetzung und Zerlegen von Kräften in der Ebene mit gemeinsamem Angriffspunkt**	**263**
3.1	Zeichnerische Lösungsverfahren	263
3.2	Rechnerische Lösung	264
4	**Zusammensetzung von Kräften in der Ebene mit verschiedenen Angriffspunkten**	**266**
4.1	Zeichnerische Lösung	266
4.2	Rechnerische Lösung	267

5	**Körper in der Ebene im Gleichgewicht**	**269**
5.1	Gleichgewichtsbedingungen	269
5.2	Freimachen der Bauteile	270
5.3	Ermittlung von Gleichgewicht haltenden Lagerkräften	272
6	**Stabkräfte in ebenen Fachwerken**	**274**
7	**Übungsaufgaben Statik**	**277**

Festigkeitslehre   FL

1	**Grundlagen zur Festigkeitsberechnung**	**281**
1.1	Beanspruchungsarten	281
1.2	Belastungsarten – Belastungsfälle	281
1.3	Reaktionen des Werkstoffs auf Beanspruchung	282
1.4	Zulässige Spannung und Sicherheit	283
1.4.1	Wahl der Grenzspannung für die Festigkeitsberechnung	283
1.4.2	Wahl der Sicherheit für die Festigkeitsberechnung	283
1.4.3	Zulässige Nennspannungen für Werkstoffe des Maschinenbaus in N/mm^2	284
2	**Zugbeanspruchung**	**285**
3	**Druckbeanspruchung**	**286**
4	**Scherbeanspruchung**	**288**
5	**Biegebeanspruchung**	**289**
5.1	Spannungen beim Biegen	289
5.2	Äußere Belastung beim Biegen	290
5.3	Biegegleichung	293
5.4	Widerstandsmoment (W_x)	294
5.5	Berechnung biegebeanspruchter Werkstücke	295
6	**Verdrehbeanspruchung (Torsion)**	**297**
6.1	Spannungen beim Verdrehen	297
6.2	Äußere Beanspruchung beim Verdrehen	297
6.3	Polares Widerstandsmoment (W_p)	297
6.4	Berechnung auf Verdrehung beanspruchter Bauteile	298
7	**Übungsaufgaben Festigkeitslehre**	**299**

Maschinenelemente und Getriebe   MG

1	**Befestigungs- Übertragungs- und Lagerungselemente**	**305**
1.1	Schrauben und Muttern	305
1.1.1	Kraftübersetzung an der Schraube	305
1.1.2	Gewindearten	307
1.1.3	Verspannungsdiagramm	308
1.1.4	Festigkeitsklassen für Schrauben und Muttern	309
1.1.5	Berechnung von Befestigungsschrauben	310
1.1.6	Berechnung der Einschraubtiefe (Mutternhöhe)	311
1.2	Achsen und Wellen	312
1.2.1	Begriffe	312
1.2.2	Berechnung von Achsen und Wellen	312
1.3	Lager	313
1.3.1	Begriffe	313
1.3.2	Gleitlager	313
1.3.2.1	Schmierung von Gleitlagern	313
1.3.2.2	Bemessung der Gleitlager	314
1.3.3	Wälzlager	315
1.3.3.1	Grundlagen	315
1.3.3.2	Berechnung von Wälzlagern	316
1.4	Führungen	317
1.4.1	Gleitführungen	317
1.4.2	Wälzführungen	318
1.5	Federn	319
1.6	Profilformen	320
1.7	Wellenkupplungen	321
1.7.1	Nicht schaltbare Kupplungen	321
1.7.2	Mechanisch übertragende, schaltbare Kupplungen	322
1.7.3	Selbsttätig schaltende Kupplungen	323
2	**Getriebe**	**324**
2.1	Übersicht über mechanische Getriebe	324
2.2	Berechnungsgrundlagen für Getriebe	325
2.3	Zugmittelgetriebe	328
2.3.1	Kraftschlüssige Riemengetriebe	328
2.3.2	Formschlüssige Riemengetriebe	329
2.3.3	Kettengetriebe	329
2.3.4	Vergleich der Zugmittelgetriebe	330
2.4	Zahnradgetriebe	330
2.4.1	Zahnradmaße und ihre Berechnung	330
2.4.2	Zahnflankenformen	331
2.4.3	Formen von Zahnradgetrieben	333
2.4.3.1	Stirnradgetriebe	333
2.4.3.2	Planetengetriebe	334
2.4.3.3	Harmonic-Drive©-Getriebe	335
2.4.3.4	Kegelradgetriebe	336
2.4.3.5	Schraubenradgetriebe	336
2.4.3.6	Schneckengetriebe	336
2.5	Verstellbare Getriebe	337
2.5.1	Verstellbare Zahnradstufengetriebe	337
2.5.2	Stufenlos verstellbare Reibradgetriebe	337
2.5.3	Umschlingungsgetriebe	338
2.5.4	Kugelscheibengetriebe	338
3	**Übungsaufgaben Maschinenelemente und Getriebe**	**339**

Energietechnik   EN

1	**Physikalische Grundlagen zur Umwandlung von Wärmeenergie in mechanische Energie**	**345**
1.1	Erster Hauptsatz der Wärmelehre	345
1.2	Allgemeine Zustandsgleichung der Gase	347
1.3	Energieumwandlungen bei Zustandsänderungen	348
1.3.1	Isobare Zustandsänderung (p = konst.)	348
1.3.2	Isochore Zustandsänderung (V = konst.)	349
1.3.3	Isotherme Zustandsänderung (T = konst.)	350
1.3.4	Adiabatische Zustandsänderung (Q = 0)	351
2	**Thermodynamische Kreisprozesse**	**353**

2.1	Grundlagen	353
2.2	Verbrennungsmotoren	355
2.2.1	Viertakt-Ottomotor	355
2.2.2	Viertakt-Dieselmotor	358
3	**Übungsaufgaben Energietechnik**	**360**

Qualitätsmanagement QM

1	**Qualitätsmanagement**	**362**
1.1	Einflussgrößen auf Qualität	363
1.2	Qualitätssicherungsnormen	364
1.3	Qualitätssicherung in der Phase der Produktplanung	365
1.4	Qualitätssicherung in der Entwicklungs- und Konstruktionsphase	365
1.5	Qualitätssicherung in der Prozessplanung	366
1.5.1	Fertigungsplanung	366
1.5.2	Prüfplanung	369
1.6	Qualitätssicherung in der Fertigung	369
1.6.1	Prüfen in der Fertigung	369
1.6.2	Datenerfassung in der Fertigung	371
2	**Statistische Prozessregelung**	**371**
2.1	Maschinenfähigkeit, Prozessfähigkeit und Prozessüberwachung	372
2.2	Statistische Grundlagen zur Auswertung von Messreihen	373
2.2.1	Mittelwerte	373
2.2.2	Streuungsmaße	374
2.2.3	Statistische Sicherheit	374
2.3	Statistische Auswertung von Messungen zur Untersuchung der Maschinen- und der Prozessfähigkeit	376
2.3.1	Feststellen der Normalverteilung	376
2.3.2	Berechnung von Fähigkeitsindices (Maschinenfähigkeit und Prozessfähigkeit)	377
2.3.3	Prozessfähigkeit und Beherrschbarkeit	379
3	**Übungsaufgaben Qualitätsmanagement**	**380**

Elektrische Antriebe EA

1	**Kenngrößen von Elektromotoren**	**383**
2	**Gleichstrommotoren**	**384**
2.1	Aufbau und Wirkungsweise von Gleichstrommotoren	385
2.2	Drehrichtungsänderung	386
2.3	Änderung der Umdrehungsfrequenz	386
2.4	Grundschaltungen, Eigenschaften und Verwendung	386
3	**Wechselstrom- und Drehstrommotoren**	**387**
3.1	Wechselstrom und Drehstrom	387
3.2	Synchronmotoren	388
3.3	Asynchronmotoren	389
3.4	Drehrichtungsumkehr bei Drehstrommotoren	391
3.5	Wechselstrommotoren	392
4	**Schrittmotoren**	**392**
5	**Linearmotoren**	**393**
6	**Übungsaufgaben Elektrische Antriebe**	**394**

Sachwortverzeichnis **397**

Einführung in die Technik

1 Technik

Der Begriff Technik leitet sich aus dem griechischen „téchne" ab, unter dem im Altertum handwerkliches Wissen und Können des Menschen verstanden wurde.
Heute verstehen wir unter Technik die Gesamtheit aller Dinge und Verfahren, die vom Menschen entwickelt wurden, um seine Umwelt seinen Lebens- und Arbeitsverhältnissen anzupassen.

Beispiele

- Der Mensch fand in der Natur nur Höhlen und Überhänge als natürliche Behausung vor – die Bautechnik schuf Häuser.

Höhlen Sassi of Matera

Marktplatz in Quedlinburg

- Der Mensch kann nur begrenzt Lasten fortbewegen – die Transporttechnik schafft ein Vieltausendfaches.
- Der Mensch kann nur eine begrenzte Zahl von Informationen in einer Zeiteinheit erfassen und verarbeiten – die Informationstechnik erlaubt die Verarbeitung nahezu unbegrenzter Datenmengen in kürzester Zeit.

> Technik entstand aus dem Verlangen des Menschen durch künstlich geschaffene Produkte und Verfahren die Grenzen zu überschreiten, die ihm durch die natürliche Umwelt und die eigenen körperlichen und geistigen Fähigkeiten gegeben sind.

Der Mensch verändert also zielorientiert seine Umwelt. In den Industriestaaten ist die Umwelt vorwiegend durch Technik umgestaltet. Gebäude, Industrieanlagen, Verkehrsflächen, Äcker und auch Weiden und Wälder sind Produkte von Technik.

Die Eingriffe in die Umwelt haben aber nicht nur die positiven Auswirkungen, zu deren Zweck sie vorgenommen wurden, sondern sie sind immer mit negativen Begleiterscheinungen verknüpft wie folgende Beispiele zeigen:
- Gebäude und Verkehrswege versiegeln den Boden und nehmen Tieren und Pflanzen den Lebensraum
- Abgase beeinträchtigen die Gesundheit von Mensch und Tieren und schädigen das Klima.
- Tiere und Pflanzen sterben aus.

Verkehrsknoten

> Der Einsatz der Technik bewirkte auch eine zielorientierte Veränderung der Umwelt.

Technik

Mit der Technik nutzt der Mensch die in der Natur unmittelbar vorkommenden **Stoffe** oder er wandelt sie durch technische Verfahren in andere Stoffe um, die für die jeweilige Aufgabe besser geeignet sind. So werden z. B. aus chemischen Stoffen im Erdöl Kunststoffe mit unterschiedlichsten Eigenschaften oder aus chemischen Metallverbindungen reine Metalle und Legierungen erzeugt.

In der Natur vorhandene **Energie** (Sonnenenergie, Windenergie, Energie des strömenden Wassers u. a.) wird in Nutzenergie überführt. Stoffe aus der Natur (Kohle, Erdgas, Erdöl, Uran) liefern in chemischen und kernphysikalischen Prozessen Wärmeenergie, die in Nutzenergie überführt wird.

Braunkohlebagger

Naturwissenschaftliche Gesetze liefern den Menschen **Informationen** für weitere technische Entwicklungen.

> Technik schöpft aus den Beständen der Natur.

Der Mensch verwirklicht Technik in materiellen Produkten wie in Maschinen, Anlagen, Geräten, Werkzeugen und als Prozesstechnik in technischen Verfahren.

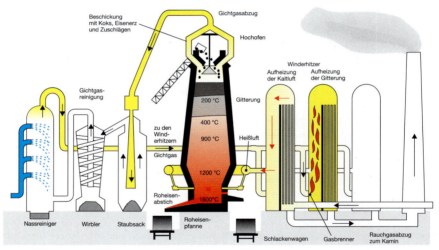

Hochofenprozess zur Roheisenerzeugung (Schema)

> Technik wird realisiert in Produkten und Verfahren.

Entsprechend dem technischen Fortschritt unterliegen Produkte und Verfahren einem fortlaufenden Optimierungsprozess, der in immer kleineren Schritten einer besten Lösung entgegengeht. Für fast alle Produkte und Verfahren endet der Optimierungsprozess jedoch mit dem Auftreten besser geeigneter oder gesellschaftlich mehr akzeptierter technischer Produkte und Verfahren. So verlor z. B. die Dampflokomotive mit der Elektrifizierung der Eisenbahn ihre Bedeutung – und die Kernenergie verlor in vielen Ländern wegen der fehlenden Endlager für ihre Abfallstoffe ihre Akzeptanz, sodass die Kernkraftwerke in Deutschland nach ihrer Laufzeit stillgelegt werden sollen und keine neuen mehr errichtet werden.

Andererseits verändern technische Neuerungen die Gesellschaft, z. B. führte die aufkommende Industrialisierung zur Verstädterung und die Ausweitung der Verkehrstechnik veränderte die Mobilität der Menschen.

> Technischer Fortschritt und gesellschaftlicher Wandel stehen in Wechselwirkung.

2 Technische Systeme

Technik wird durch menschliches Handeln realisiert. Handlungsbereiche im Rahmen der Technik sind die Analyse, die Planung, die Gestaltung und die Rückführung (Recycling) technischer Systeme.

2.1 Aufbau eines technischen Systems

Maschinen, Geräte, Anlagen usw. sind häufig kaum überschaubar. Man versucht darum durch Zusammenfassung die Überschaubarkeit herzustellen.
In der Technik bezeichnet man alles, was in sich geschlossen eine Funktion erfüllen kann, als **technisches System**. Man spricht so z. B. vom Verkehrssystem, Informationssystem. Auch ein Walzwerk, eine Ölraffinerie oder eine Maschinenfabrik kann man ebenso wie ein Automobil oder eine Werkzeugmaschine als System bezeichnen. Ein technisches System hat folgende Eigenschaften:

- Es ist nach außen abgegrenzt,
- es hat Eingang und Ausgang,
- es erfüllt eine Funktion, bei der Eingangs- und Ausgangsgrößen verknüpft werden,
- es interessiert den Betrachter nur die Gesamtaufgabe – nicht die Einzelaufgaben, die innerhalb des Systems gelöst werden.

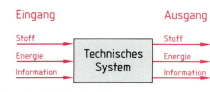

Allgemeine Systemdarstellung

Jedes technische System erfüllt eine Hauptfunktion wie z. B. Umwandlung von Energie, Produktion von Gütern, Verarbeitung von Informationen.
Das technische System stellt man grafisch durch ein Rechteck dar. Die Eingangs- und Ausgangsgrößen (Stoffe, Energien und Informationen) kennzeichnet man durch Pfeile.

Beispiel für ein System zur Fertigung von Getriebewellen

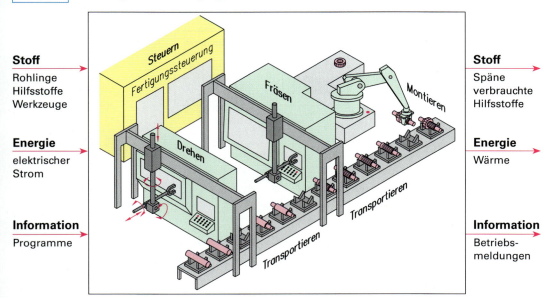

> Technische Systeme sind in sich geschlossen.
> In ihnen werden Eingangs- und Ausgangsgrößen miteinander verknüpft.

Übungsaufgabe T-1

2.2 Unterteilung innerhalb eines technischen Systems

Technische Systeme lassen sich in Teilsysteme untergliedern. Dabei ergibt sich:

System	Einrichtung	Gruppe	Element
Gesamtheit der Einrichtungen zur Auftragserfüllung.	*Selbstständig* verwendbare Einheit *innerhalb eines Systems.*	*Noch nicht selbstständig* verwendbare Einheit *innerhalb einer Einrichtung.*	*Kleinste, unteilbare* Einheit *in einer Gruppe.*

Beispiel für die Gliederung eines Systems

Das Fertigungs- und Montagesystem besteht aus verschiedenen Einrichtungen, z. B. der Dreheinrichtung, der Fräseinrichtung, der Handhabungseinrichtung, der Steuerung.

Die Handhabungseinrichtung besteht aus verschiedenen Gruppen, z. B. dem Antriebsmotor. Die Gruppe Antriebsmotor setzt sich aus Elementen zusammen, z. B. aus Wicklungen und Wellen.

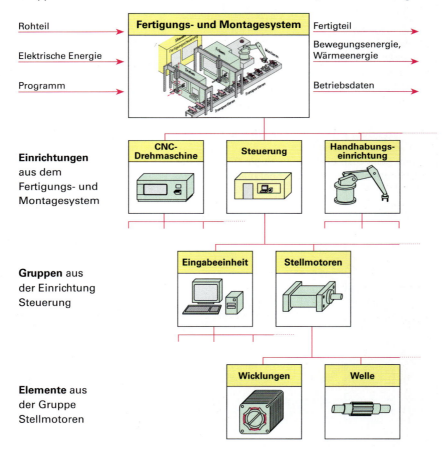

Ganz allgemein, ohne Rücksicht auf die Gliederung eines Systems, spricht man bei Einrichtungen und Gruppen auch von Einheiten. Was man als System bezeichnet, hängt vom Betrachter ab. So ist z. B. die Heizungsanlage eines Wohnhauses für den Architekten eine Einrichtung – ein Teilsystem. Der Heizungsbauer sieht die Heizungsanlage aber als ein System an, das von ihm installiert wird.

> Systeme bestehen aus Einrichtungen (Teilsystemen).
> Einrichtungen bestehen aus Gruppen.
> Gruppen bestehen aus Elementen.

Übungsaufgabe T-2

2.3 Funktionen technischer Systeme

Technische Systeme realisieren technologische Vorgänge an Stoff, Energie und Information. Diese Vorgänge können sein:

- **Formänderungen**, bei denen Gestalt oder Größe verändert werden,
- **Wandlungen**, bei denen die Struktur verändert wird,
- **Leitung** (Transport), bei denen ein Ortswechsel erzielt wird und
- **Speicherungen**, bei denen ein länger andauerndes Beharren im derzeitigen Zustand erzielt wird.

In jedem technischen System steht die Veränderung eines Arbeitsgegenstands, z. B. am Stoff, im Vordergrund. Gleichzeitig finden Änderungen an den anderen, z. B. der Energie und Information statt, aber diese stehen im Hintergrund. So ist der Hauptzweck eines Verkehrssystems der Stofftransport. Er ist zwangsläufig mit Energieänderungen und Informationsänderungen verknüpft, aber diese Änderungen sind Hilfen und nicht Zweck des Verkehrssystems.
Entsprechend dem Hauptzweck können alle technologischen Vorgänge in Systemen und deren Untergliederungen unter Berücksichtigung der Veränderungen in ein einfaches Schema eingebunden werden.

	Stoff	Energie	Information
Formen	Stoffformung z. B. Spanen von Metallen	Energieformung z. B. Gleichrichtung von Wechselstrom	Informationsformung z. B. durch Codierung
Wandeln	Stoffwandlung z. B. Metallgewinnung aus Erz MeO + C → Reduktion → Me + CO	Energiewandlung z. B. Wandlung von Wärmeenergie in mechanische Energie Q → Turbine → W_{mech}	Informationswandlung z. B. durch logische Verknüpfung A, B → A∪B → C
Leiten (Transportieren)	Stofftransport z. B. durch Roboter	Energietransport z. B. Stromleitung im Netz W_{el}	Informationstransport z. B. durch Funkübertragung Inf
Speichern	Stoffspeicherung z. B. Speichern im Hochregallager	Energiespeicherung z. B. Speicherung im Akkumulator $U=$, I, Akku	Informationsspeicherung z. B. durch Speicherung auf CD Inf → CD

> Technische Systeme realisieren an Stoff, Energie und Information je nach Hauptzweck des Systems: Formänderungen, Wandlungen, Weiterleitungen und Speicherung.

Übungsaufgabe T-3

3 Übungsaufgaben Einführung in die Technik

Technische Systeme

T-1 Auf einer elektrisch angetriebenen Bohrmaschine werden Werkstücke pneumatisch gespannt und gebohrt.
Stellen Sie die Anlage mit ihren Teilsystemen in Systemdarstellung dar.

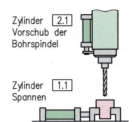

Technologieschema für eine Bohrvorrichtung

T-2 Betrachten Sie ein Personenkraftfahrzeug als technisches System.
a) Gliedern Sie es und benennen Sie die Einrichtungen.
b) Wählen Sie aus einer Einrichtung eine Gruppe aus und benennen Sie ein Element dieser Gruppe.

T-3 Eine Firma beabsichtigt elektrisch betriebene Freizeitboote zum kurzzeitigen Verleihen auf kleinen Weihern zu bauen. Gegen Einwurf einer Münze soll ein Boot eine gewisse Zeit fahren.
Die Firma will zur Herstellung alle Einrichtungen von verschiedenen Herstellern zukaufen.
Analysieren Sie dieses System mit dem Ziel, die zu beschaffenden Einrichtungen zu ermitteln.

T-4 „Durch die gesteigerte Technisierung wird dem Menschen eine völlig neuartige Verantwortung gegenüber der Natur auferlegt. Diese Verantwortung schließt immer auch gleichzeitig die Bereitschaft zum Verzicht ein. Für den Ingenieur heißt das zum Beispiel, dass er nicht das Recht beanspruchen darf, all das zu realisieren, was technisch verwirklichbar wäre."

Nehmen Sie anhand von Beispielen Stellung zu dieser Aussage.

Fertigungstechnik   FT

Werkstücke fertigen

Auftrag

Auftragsbeschreibung

Zeichnung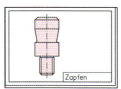

Vorgaben
- Werkstück (Form, Maße, Oberfläche, Toleranzen)
- Werkstoff
- Stückzahl
- Termine

Analysieren

Ergebnisse
- Fertigungsverfahren (Maschine)
- Abfolge der Fertigung
- Rohteil (Form, Maße)

Entscheidungen hinsichtlich Werkzeug
- Schneidstoff
- Werkzeugtyp
- Schneidenwinkel
- Einspannung
- Prüfung (Schneidhaltigkeit, Standzeit)

Fertigung planen
(für das jeweilige Verfahren)

Entscheidung hinsichtlich Maschine
- Art der Maschine
- Technologiedaten (Umdrehungsfrequenz, Vorschub ...)
- Verfahrbewegungen
- Einspannung
- Werkzeugeinsatz

- Einstellen bzw. Eingeben von Technologiedaten
- Einrichten der Werkstücke (Positionieren, Spannen, ggf. Stützen)
- Einrichten der Werkzeuge
- Bereitstellen von Hilfsstoffen

Fertigen

- Fertigung starten und überwachen
- Zwischenkontrollen durchführen
- Sicherheitsvorschriften beachten

Qualitätskontrolle durchführen

Kontrolle der
- Maße
- Form
- Oberfläche

- Entscheidung über Verwendung (gut, Nacharbeit, Ausschuss)
- Fehleranalyse

Übersicht über die Fertigungsverfahren

Fertigungsverfahren dienen zur Herstellung geometrisch bestimmter fester Körper, der Gewinnung erster Formen aus formlosem Zustand, der Veränderung dieser Formen, der Änderung der Stoffeigenschaften sowie dem Fügen und Beschichten.

Als *formlose Stoffe* werden Gase, Flüssigkeiten, Pulver, Fasern, Späne, Granulate u. Ä. bezeichnet. Maßgebender Ordnungsgesichtspunkt für die Einteilung der Fertigungsverfahren ist die Änderung des Zusammenhalts, die in den Fertigungsverfahren geschieht.

Einteilung der Fertigungsverfahren

Zusammenhalt schaffen	Zusammenhalt beibehalten	Zusammenhalt vermindern		Zusammenhalt vermehren
	Form ändern			
1. Urformen Form schaffen	2. Umformen	3. Trennen	4. Fügen	5. Beschichten
	6. Stoffeigenschaft ändern			
	Umlagern von Stoffteilchen	Aussondern von Stoffteilchen	Einbringen von Stoffteilchen	

1 Urformen

Urformen ist das Fertigen eines festen Körpers aus formlosem Stoff durch Schaffen des Zusammenhalts.

aus flüssigem Zustand	aus plastischem Zustand	aus breiigem Zustand	aus körnigem oder pulvrigem Zustand	aus span- oder faserförmigem Zustand	aus gas- oder dampfförmigem Zustand	aus ionisiertem Zustand
z. B. Gießen, Stereolithografie	z. B. Strangpressen von teigiger Masse	z. B. Betongießen, Porzellangießen	z. B. Pulverpressen, Lasersintern	z. B. Spanplattenerzeugung, Laminieren	z. B. Metall aufdampfen	z. B. Galvanoplastik

1.1 Gießen

Die Formgebung durch Gießen stellt besonders bei komplizierten Konstruktionen oft die wirtschaftlichste Lösung dar (z. B. Motorblock, Maschinenständer).
Mechanisierung und Automatisierung in der Gießerei erlauben die Fertigung großer Serien bei relativ geringen Kosten und hoher Genauigkeit in kurzer Zeit.
Funktionelle und ästhetische Gesichtspunkte können bei einer Formgebung durch Gießen besser als in jedem anderen Verfahren miteinander verknüpft werden, dabei müssen natürlich gießereitechnische Probleme, wie z. B. die gerichtete Erstarrung, Berücksichtigung finden.
Zur Herstellung eines Gusswerkstücks ist eine gießgerechte Form Voraussetzung. Diese Form enthält nicht nur den Hohlraum, der die Gestalt des Gusswerkstücks bestimmt, sondern auch das Eingusssystem und zumeist Speise- und Kühleinrichtungen sowie Kanäle zur Gasabführung. Zur Erzeugung des gesamten Formhohlraums werden bei allen Formverfahren, bei denen nach dem Gießvorgang die Form nicht wieder verwendbar ist, *Modelle* oder *Schablonen* benötigt.
Die Modelle werden im Formstoff eingeformt und anschließend wieder aus der Form entfernt.

Beim Urformen durch Gießen sind besondere technologische Probleme zu berücksichtigen. Diese Probleme werden am Beispiel der Fertigung eines Reitstockkörpers durch Gießen in einer **verlorenen Form** erklärt.

1.1.1 Konstruktion des Gussteils

Der Konstrukteur hat den Reitstock so gestaltet, dass er seine Funktion als Bauelement der Drehmaschine erfüllt und durch Gießen leicht zu fertigen ist.

Wichtige Grundregeln der Konstruktion sind:
- Alle Wanddicken sollen möglichst gleich sein,
- Kanten und Ecken sollen abgerundet werden, damit das Werkstück gleichmäßig und spannungsfrei erstarren kann,
- Hinterschneidungen sollen vermieden werden, damit der Formhohlraum einfach herzustellen ist.

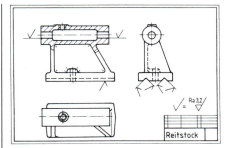
Zeichnung eines Reitstockoberteils

1.1.2 Herstellen einer Modelleinrichtung

Nach der Konstruktionszeichnung fertigt der Modellbauer eine neue Zeichnung an, den **Modellriss**, welche alle form- und gießtechnischen Gesichtspunkte berücksichtigt, d.h.
- alle Maße werden um das **Schwindmaß** vergrößert, da das Werkstück beim Erkalten schwindet. So beträgt die *Längenschwindung* bei:
  - Gusseisen 1 %,
  - Messing 1,5 %,
  - Aluminium 1,25 %,
  - Stahlguss 2 %.
- damit der Formvorgang vereinfacht wird, sieht man eine **Modellteilung** möglichst im größten Querschnitt vor.

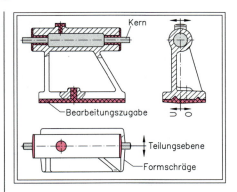
Modellriss eines Reitstockoberteils

- alle Flächen, die in der Form senkrecht zur Teilung liegen, erhalten eine Schräge, damit das Modell leicht aus der Form zu heben ist. Bei kleinen Modellen beträgt die **Formschräge** 2°.
- alle Flächen, die später bearbeitet werden, erhalten eine **Bearbeitungszugabe**. Kleine Bohrungen werden voll gegossen. Bei kleinen Werkstücken beträgt die Bearbeitungszugabe etwa 2 mm.
- für hinterschnittene Konturen und Innenkonturen wird ein Kernkasten vorgesehen, in dem Sandteile (Kerne) gefertigt werden, die später die entsprechenden Hohlräume erzeugen. Die Lagerstellen des Kerns werden durch die **Kernmarken** am Modell erzeugt.

Entsprechend dem Modellriss wird die Modelleinrichtung gefertigt. Als Modellwerkstoff verwendet man je nach Zahl der geforderten Abgüsse Holz, Metall oder Kunststoff.

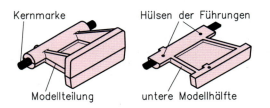
Modell

Kernkasten

Übungsaufgaben FT-1, FT-2

1.1.3 Herstellen der gießfertigen Form in der Handformerei

In der Formerei fertigt man mithilfe des Modells die verlorene Sandform an.
Dies geschieht in folgenden Arbeitsschritten:

1. **Einformen einer Modellhälfte im Unterkasten.**
Eine Modellhälfte wird auf eine Platte gelegt und mit Trennmittel eingepudert. Ein Formrahmen aus Metall wird darüber gesetzt, Formsand in den Kasten gefüllt und festgestampft. Der aufgestampfte Unterkasten wird umgedreht.

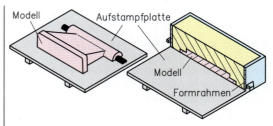

Aufstampfen des Unterkastens

2. **Einformen der zweiten Modellhälfte im Oberkasten**
Die zweite Modellhälfte wird auf die erste, bereits eingeformte Hälfte gelegt und ist gegen seitliches Verschieben durch Dübel gesichert. Ein zweiter Formrahmen wird mit Führungen auf den ersten gestellt. Die Form muss eine Eingussöffnung und einen Steiger erhalten. Dazu werden Modelle für den Einguss und den Steiger aufgesetzt. Nun wird der Oberkasten ebenso mit Sand gefüllt wie der Unterkasten.

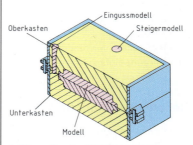

Aufstampfen des Oberkastens

3. **Ausheben der Modelle**
Ober- und Unterkasten werden voneinander getrennt. Zwischen dem Einguss und dem Formhohlraum des Reitstocks wird in den Sand ein Verbindungskanal, der sogenannte Lauf, geschnitten. Alle Modellteile werden aus dem Formsand herausgehoben.

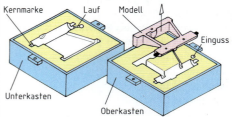

Ausheben der Modelle

4. **Vorbereiten der Form zum Gießen**
Der Kern für die durchgehende Bohrung wird in die Kernmarken des Unterkastens eingelegt. Der Oberkasten wird auf den Unterkasten gesetzt. Die Führungen zwischen den beiden Kästen verhindern ein seitliches Verschieben. Zum Schluss beschwert man den Oberkasten, damit er durch das Gießmaterial nicht hoch gedrückt werden kann. Die Form ist gießfertig.

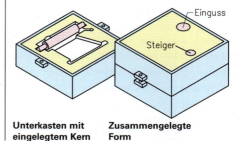

Unterkasten mit eingelegtem Kern   **Zusammengelegte Form**

1.1.4 Abgießen und Putzen des Gussstücks

Durch den Eingusstrichter wird der flüssige Gusswerkstoff in die Form gegossen. Nach dem Erstarren wird die Form zerschlagen und das Gussstück herausgenommen. Eingusstrichter, Lauf und Speisertrichter werden abgeschnitten und das Gussstück gesäubert. Abschließend werden Grate und andere Überstände abgeschliffen.

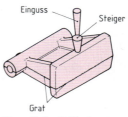 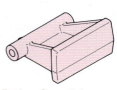

Gussstück mit Einguss und Steiger   **Fertiges Gussstück**

Übungsaufgaben FT-3, FT-4

1.2 Sintern

Durch das Urformverfahren Sintern stellt man aus pulverförmigen Ausgangsstoffen feste Werkstücke in ihrer Endform her. Diese Werkstücke zeichnen sich durch hohe Form- und Maßgenauigkeit aus.
Die Fertigung von Werkstücken aus Metallpulver oder aus Pulver metallischer Verbindungen erfolgt meist in mehreren Arbeitsgängen.

Arbeitsgänge beim Sintern

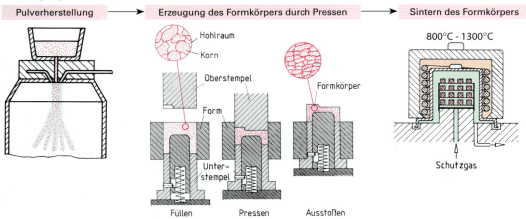

> Beim Sintern wird aus metallischen Pulvern unter hohem Druck ein Rohling gepresst und unter Wärmewirkung ein zusammenhängendes Werkstückgefüge geschaffen.

2 Umformen

Umformen ist Fertigen durch bildsames (plastisches) Ändern der Form eines festen Körpers. Dabei werden sowohl die Masse als auch der Zusammenhalt beibehalten.

Das Umformen weist gegenüber anderen Fertigungsverfahren folgende Vorteile auf:
1. geringere Materialverluste bei der Fertigung,
2. niedrige Fertigungszeit,
3. hohe Genauigkeit und Oberflächengüte.

Nachteilig ist, dass in den meisten Fällen besonders geformte Werkzeuge eingesetzt werden müssen, deren Herstellung erst bei größeren Serien wirtschaftlich ist.
Maßgebender Ordnungsgesichtspunkt der Umformverfahren ist die Art der bestimmenden äußeren Beanspruchung, welche die Formänderung des Körpers herbeiführt.
Es werden folgende fünf Hauptgruppen unterschieden:

Druckumformen	Zugumformen	Zugdruckumformen	Biegeumformen	Schubumformen
Beispiel: Freiformschmieden	Beispiel: Streckrichten	Beispiel: Drahtziehen	Beispiel: freies Biegen	Beispiel: Verdrehen

Übungsaufgaben FT-5, FT-6, FT-7

2.1 Druckumformen

2.1.1 Walzen

Walzen ist ein stetiges oder schrittweises Druckumformen mit einem oder mehreren sich drehenden Werkzeugen (Walzen), ohne oder mit Zusatzwerkzeugen (z. B. Dorne, Stangen, Führungswerkzeuge).

Beim **Längswalzen** wird das Walzgut senkrecht zur Walzenachse durch den Walzspalt bewegt. Das Längswalzen dient in erster Linie zur Erzeugung prismatischer Halbzeuge, die in Längsrichtung wesentlich größere Ausdehnung haben als in den beiden anderen: Bleche, Profilstäbe, Drähte.
Ausgangsmaterialien für das Längswalzen sind gegossene Blöcke oder Brammen.

Beispiele für Längswalzen

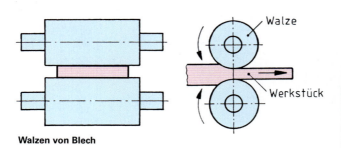
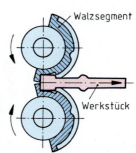

Walzen von Blech

Reckwalzen (Schmiedewalzen) von Formteilen mit Walzen, deren Profil sich in Umfangsrichtung ändert.

Beim **Querwalzen** dreht sich das Walzgut um die eigene Achse, ohne eine Längsbewegung auszuführen. Die Achsen von Werkstück und Walzen laufen parallel.
Nach diesem Verfahren werden kurze, in Längsrichtung liegende Werkstückpartien umgeformt.

Beispiele für Querwalzen

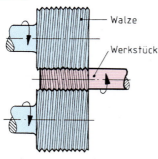
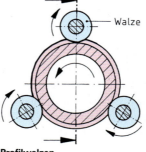
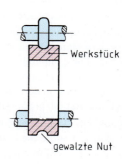

Gewindewalzen Profilwalzen

Beim **Schrägwalzen** stehen die Achsen der Walzen untereinander und zum Werkstück schräg. Dadurch wird am Werkstück neben einer Drehbewegung auch eine Bewegung in Achsrichtung erzeugt. Schrägwalzverfahren dienen zum Glätten von Oberflächen und zur Herstellung nahtloser Rohre.

Beim Schrägwalzen zum Lochen für die Rohrherstellung wird durch die kegelförmigen Walzen das Werkstück gestaucht. Das Material weicht dabei zur Seite aus, sodass ein Oval entsteht, das beim weiteren Umlauf wieder gestaucht wird. Durch dieses ständige Breiten und Stauchen reißt das Stück in der Mitte auf und wird über dem Dorn auf Maß gewalzt.

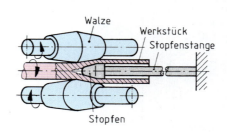

Schrägwalzen zum Lochen

Übungsaufgabe FT-8

2.1.2 Freiformen

- **Freiformen**

Freiformen ist Druckumformen mit nicht oder nur teilweise die Form des Werkstücks enthaltenden, gegeneinander bewegten Werkzeugen. Die Werkstückform entsteht dabei durch freie oder festgelegte Relativbewegung zwischen Werkzeug und Werkstück.

Beispiele für Freiformen

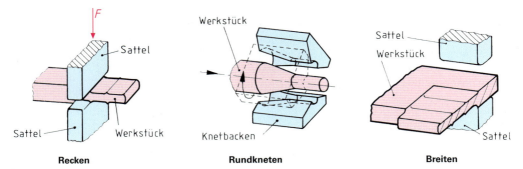

Recken   Rundkneten   Breiten

- **Gesenkformen**

Gesenkformen ist Druckumformen mit gegeneinander bewegten Formwerkzeugen, den Gesenken. Diese Gesenke umschließen das Werkstück entweder ganz oder zu einem wesentlichen Teil und enthalten dessen Form.

Beispiele zum Gesenkformen mit teilweise umschlossenem Werkstück

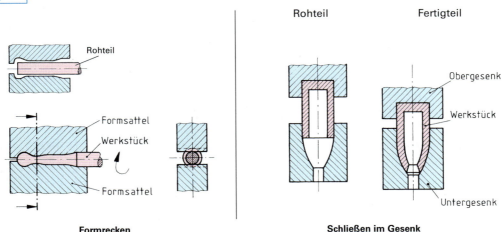

Formrecken   Schließen im Gesenk

Beispiele zum Gesenkformen mit ganz umschlossenem Werkstück

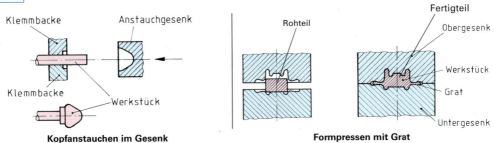

Kopfanstauchen im Gesenk   Formpressen mit Grat

Übungsaufgabe FT-9

2.2 Zugdruckumformen

2.2.1 Durchziehen

Das **Durchziehen** ist die einfachste Form des Zugdruckumformens.
Durch eine Zugkraft wird ein zuvor angespitzter Rundstab durch das sich kegelig verjüngende Zieheisen gezogen.

Infolge der Zugkraft F treten im Endquerschnitt S_1 Zugspannungen auf, durch die der Stab gereckt wird. Die Zugspannungen ändern sich von $\sigma_{z_1} = \dfrac{F}{S_1}$ im Endquerschnitt auf $\sigma_z = 0$ im Ausgangsquerschnitt. Außer den Zugspannungen treten im Ziehwerkzeug Druckspannungen auf, die zu einer Stauchung des Werkstoffs führen.

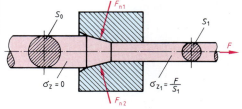

Kräfte beim Durchziehen

2.2.2 Tiefziehen

Tiefziehen ist Zugdruckumformen eines Blechzuschnitts (je nach Werkstoff auch einer Folie oder Platte, einer Tafel, eines Ausschnitts oder Abschnitts) zu einem Hohlkörper oder Zugdruckumformen eines Hohlkörpers zu einem Hohlkörper mit kleinerem Umfang ohne beabsichtigte Veränderung der Blechdicke.
Das Tiefziehen dient zur Herstellung flach gewölbter, napfartiger Hohlteile wie zum Beispiel Kochtöpfe.

Beim *Tiefziehen mit Werkzeugen* wird ein vorbereiteter Zuschnitt oder ein bereits durch Umformen erzeugter Hohlkörper mittels eines Stempels in die Matrize gezogen. Da der Umfang des Zuschnitts erheblich größer ist als der Umfang des tiefgezogenen Teils, versucht der Werkstoff Falten zu bilden. Ein Niederhalter verhindert dies. Der Werkstoff wird zwischen Niederhalter und Matrize gestaucht und zwischen Stempel und Matrizenöffnung gestreckt. Die Wanddicke des Werkstücks bleibt beim Ziehvorgang etwa gleich.

> **Beispiel** für einen Tiefziehvorgang mit Werkzeugen

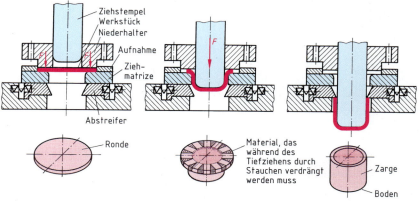

Beim Tiefziehen bleibt die Blechdicke nahezu unverändert. Man kann darum die Oberfläche des Tiefzieh-teils mit der Oberfläche des Zuschnitts etwa gleichsetzen. Aus dieser Überlegung heraus hat man Gleichungen für die Berechnung der Zuschnitte einfacher Teile aufgestellt. Schwierig ist dagegen die Zuschnittermittlung für unregelmäßig geformte Teile.

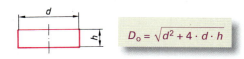
$D_o = \sqrt{d^2 + 4 \cdot d \cdot h}$

$D_o = \sqrt{d^2 + 4 \cdot (h_1^2 + d \cdot h_2)}$

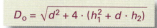

Der erste Zug beim Tiefziehen, bei dem aus einem flachen Zuschnitt – *der Ronde* – ein Werkstück erzeugt wird, heißt **Erstzug**. Falls die gewünschte Tiefe oder der kleinste Durchmesser wegen der Umformbarkeit des Werkstoffs nicht in einem Zug erreicht werden kann, muss das Tiefziehen im **Weiterzug** durchgeführt werden. Der Weiterzug kann dabei auch als **Stülpziehen** erfolgen. Dabei wird die Außenfläche des Werkstücks, z. B. des Näpfchens, nach innen gekehrt.

Beispiele für Weiterzüge

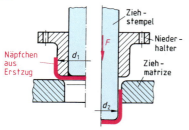 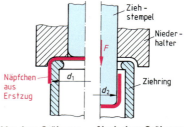

Vor dem Geradeauszug — Nach dem Geradeauszug — Vor dem Stülpzug — Nach dem Stülpzug

Das Verhältnis vom Durchmesser des Zuschnittes D_0 zum Innendurchmesser d_1 (= Stempeldurchmesser) des gezogenen Napfes bezeichnet man als **Ziehverhältnis** β, eine *Kenngröße* für die Umformung.

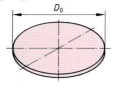 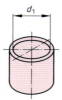

$$\beta = \frac{D_0}{d_1}$$

β Ziehverhältnis
D_0 Durchmesser des Zuschnittes
d_1 Innendurchmesser des Napfes nach Erstzug

Bei weiteren Zügen errechnet man die Ziehverhältnisse aus den jeweiligen Innendurchmessern vor und nach jedem Zug. Das **Gesamtverhältnis** bestimmt man dann als Produkt der Einzelwerte:

$$\beta_{ges} = \beta_1 \cdot \beta_2 \cdot \beta_3 \ldots$$

β_{ges} Gesamtziehverhältnis
β_1 Ziehverhältnis beim Erstzug
β_2 Ziehverhältnis beim Zweitzug (1. Weiterzug)
β_3 …weitere Züge

Beispiel für die Berechnung der Ziehverhältnisse

Aufgabe:
Eine Blechscheibe $D_0 = 200$ mm wird im Erstzug auf 100 mm und in zwei weiteren Zügen zunächst auf 63 mm und dann auf 45 mm gezogen.
Das Gesamtziehverhältnis ist zu berechnen.

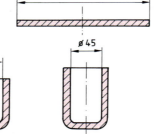

Lösung:

Erstzug	1. Weiterzug	2. Weiterzug	Gesamtziehverhältnis
$\beta_1 = \dfrac{D_0}{d_1}$	$\beta_2 = \dfrac{d_1}{d_2}$	$\beta_3 = \dfrac{d_2}{d_3}$	$\beta_{ges} = \beta_1 \cdot \beta_2 \cdot \beta_3$
$\beta_1 = \dfrac{200\text{ mm}}{100\text{ mm}} = 2$	$\beta_2 = \dfrac{100\text{ mm}}{63\text{ mm}} = 1{,}6$	$\beta_3 = \dfrac{63\text{ mm}}{45\text{ mm}} = 1{,}4$	$\beta_{ges} = 2 \cdot 1{,}6 \cdot 1{,}4 =$ **4,5**

Das größte Ziehverhältnis, das ein Werkstoff ohne Schädigung zulässt, nennt man das Grenzziehverhältnis. Mithilfe des Grenzziehverhältnisses kann man, vom Zuschnitt ausgehend, die Zahl der notwendigen Ziehstufen berechnen.

Übungsaufgabe FT-12

2.3 Biegeumformen

2.3.1 Grundlagen

Biegeumformen ist Umformen eines festen Körpers, wobei der plastische Zustand im Wesentlichen durch eine Biegebeanspruchung herbeigeführt wird.

Durch das Biegen wird eine Seite des Werkstücks gedehnt, die andere gestaucht. Als Folge der Formänderungen entstehen Zug- beziehungsweise Druckspannungen im Werkstück. Die größten Spannungen sind jeweils auf der Ober- beziehungsweise Unterseite des Werkstücks zu erwarten.

Wenn ein Werkstück nur so wenig gebogen wird, dass die Randspannungen an keiner Stelle die Grenze der Elastizität überschreiten, nennt man dies *elastisches* Biegen. Die Spannungen nehmen in diesem Fall proportional zum Randabstand von außen nach innen ab. Eine bestimmte Ebene – in der Querschnittsmitte – ist dann in der Länge unverändert *und* spannungsfrei. Sie wird **neutrale Faser** genannt.

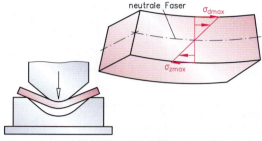

Spannungen im elastisch gebogenen Werkstück

> Beim elastischen Biegen liegen die Spannungen in der Randzone unterhalb der Elastizitätsgrenze.
> Die neutrale Faser geht durch den Flächenschwerpunkt. Sie ist beim elastischen Biegen spannungsfrei.

Biegt man über den elastischen Bereich hinaus, so wird der Werkstoff auch **plastisch verformt**. Auf der gestauchten Seite wird der Werkstoff dicker, auf der gestreckten Seite dünner. Durch diese Querschnittsänderung verlagert sich die sonst spannungsfreie Faser von der neutralen Faser, die in der Flächenmitte lag, in Richtung Druckseite. Solange noch nicht entlastet wurde, ist der nebenstehende Spannungsverlauf zu beobachten.

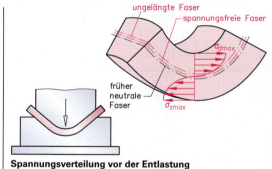

Spannungsverteilung vor der Entlastung

> Beim plastischen Biegen tritt eine Querschnittsänderung ein. Die spannungsfreie Faser verschiebt sich von ihrer Lage im Schwerpunkt der Fläche in Richtung zur gestauchten Zone.

Entlastet man das gebogene Teil, so bewirken die Spannungen unterhalb der Elastizitätsgrenze eine **Rückfederung** des Materials. Dadurch wird nicht nur die zuvor erreichte Form geändert, sondern es werden auch Spannungen in der Randzone verursacht. Sie bleiben als Restspannungen erhalten.
Diese Restspannungen können von Bedeutung sein, denn
- sie senken bei Werkstoffen, die zum Kriechen neigen, die Dauerstandfestigkeit.
- sie führen bei spanender Bearbeitung der Randzone zu Verzug.

Aus diesen Gründen kann Spannungsarmglühen vor dem Zerspanen erforderlich sein.

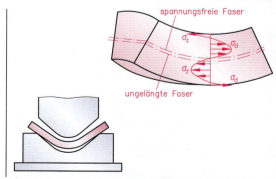

Spannungen im gebogenen Werkstück nach Rückfedern

> Nach Entlastung eines plastisch gebogenen Bauteils tritt Rückfederung ein.
> Die verbleibenden Restspannungen müssen notfalls durch Spannungsarmglühen gemindert werden.

Übungsaufgaben FT-13

2.3.2 Biegeumformverfahren

Das Biegeumformen ist zu unterteilen in Biegeumformen mit geradliniger und Biegeumformen mit drehender Werkzeugbewegung.

Beim Biegeumformen mit *geradliniger Werkzeugbewegung* führen die Werkzeugteile, welche die Formgebung bewirken, eine geradlinige Bewegung aus.

Beim Biegen mit *drehender Werkzeugbewegung* üben die Werkzeugteile eine Drehbewegung aus.

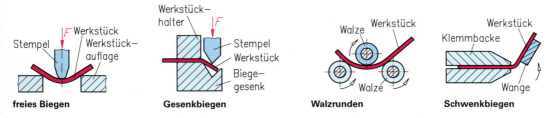

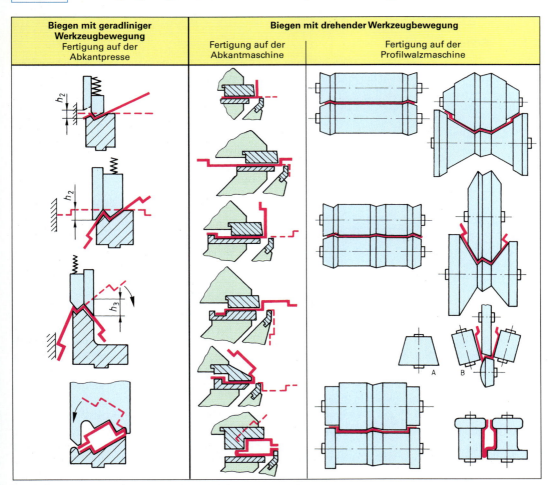

(nach Oehler, Biegen unter Pressen, Carl Hanser Verlag München)

3 Trennen

Trennen ist Fertigen zur Ändern der Form eines festen Körpers, wobei der Zusammenhalt örtlich aufgehoben, das heißt im Ganzen vermindert wird. Dabei ist die Endform in der Ausgangsform enthalten.

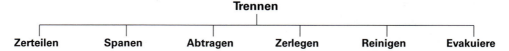

Das Trennen hat innerhalb der Fertigungsverfahren eine zentrale Bedeutung, obwohl heute eine hohe Maßgenauigkeit und Oberflächengüte auch in Um- und Urformverfahren erreicht wird.
Trennende Vor- und Nacharbeiten, wie z. B. Abschneiden von Rohteilen oder das Abtrennen von Speisern und Eingussstrichtern, sind in Um- und Urformtechnik nicht zu umgehen.
Höchste Genauigkeiten und Oberflächengüten besonders für Gleit- und Passflächen lassen sich nur durch trennende Formgebungsverfahren erzielen.

3.1 Zerteilen

Zerteilen ist mechanisches Trennen von Werkstücken, und zwar ohne Entstehen von formlosem Stoff, also ohne Späne. Es bezieht sich auf Werkstoffe aller Art, Metalle, Papier, Gummi u. a.
Das Zerteilen gliedert sich in Scherschneiden, Messerschneiden, Beißschneiden, Reißen und Brechen.

3.1.1 Scherschneiden

Beim Scherschneiden wird das Werkstück zwischen zwei Schneiden, die sich aneinander vorbei bewegen, getrennt. Das Trennen geschieht durch Überwinden der Scherfestigkeit des Werkstoffes.

Beispiel für Scherschneiden

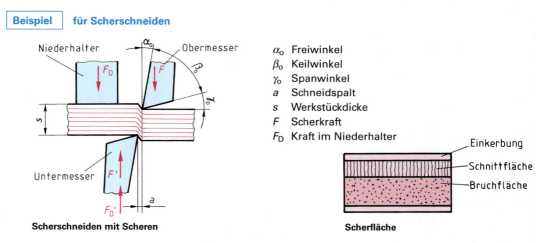

Scherschneiden mit Scheren   **Scherfläche**

α_o Freiwinkel
β_o Keilwinkel
γ_o Spanwinkel
a Schneidspalt
s Werkstückdicke
F Scherkraft
F_D Kraft im Niederhalter

Unter der Belastung wird der Werkstoff infolge der Kraft auf die Schermesser zunächst eingekerbt und an die Freiflächen der Schneiden gepresst. Die Schermesser schneiden dann den Werkstoff ein. Infolge der Querschnittsschwächung kommt es bei weiterer Steigerung der Scherkraft zu Anrissen und dann zum Bruch. Damit bei der Einkerbung keine zu starken Verformungen an den Kanten des Werkstücks auftreten, wird der Spanwinkel γ beim Scheren zwischen 2° und 16° gewählt.
Ein Freiwinkel zwischen 1,5° und 3° verhindert das Gleiten der Schermesser auf der Scherfläche.
Um das Aufeinanderlaufen der Schermesser zu vermeiden, wird ein Schneidspalt mit der Breite a gelassen.

> Beim Scherschneiden erfolgt die Trennung durch zwei Schneiden, welche die Werkstoffteilchen gegeneinander verschieben.
> Die Trennfläche zeigt Verformung durch Einkerbung, eine Schnittfläche und eine Bruchfläche.

Übungsaufgabe FT-14

Zur Herstellung von Flachteilen in großen Stückzahlen bei gleich bleibender Form- und Maßgenauigkeit verwendet man Schneidwerkzeuge, die maschinell betätigt werden.
Beim **Gesamtschneiden** wird ein Werkstück in Umriss und Durchbrüchen mit einem einzigen Hub der Presse ausgeschnitten. Die so gefertigten Teile sind von hoher Maß- und Formgenauigkeit.

Beispiel für Gesamtschneiden (Schema)

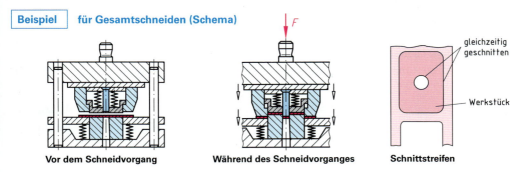

Beim **Folgeschneiden** werden die einzelnen Arbeitsschritte in mehreren aufeinander folgenden Pressenhüben gefertigt. Dadurch lassen sich komplizierte Werkstücke in mehreren Folgen mit verhältnismäßig einfachen Schneidwerkzeugen herstellen.

Beispiel für Folgeschneiden (Schema)

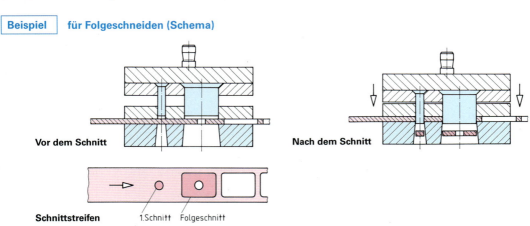

3.1.2 Messerschneiden

Beim **Messerschneiden** hat das Werkzeug *einen* Schneidkeil, der das Werkstück bis zur Unterlage durchtrennt.
Das Messerschneiden findet vorwiegend im Haushalt bei der Zerteilung von Nahrungsmitteln Anwendung. Es dient ferner zum Ausschneiden und Zerteilen weicher Werkstoffe wie Gummi, Leder, Papier und Kunststoff.

Beispiele für Messerschneiden

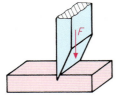
Drückend-Schneiden mit Stemmeisen

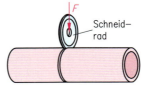
Drückend-Schneiden mit Rohrabschneider

Übungsaufgabe FT-15

3.2 Spanen mit Dreh- und Fräsmaschinen

3.2.1 Ein- und Ausgangsgrößen für den Fertigungsprozess

● **Übersicht über Ein- und Ausgangsgrößen**

Zur maschinellen, spanenden Fertigung eines Werkstücks muss der Mechaniker von der Zeichnung ausgehend eine geeignete Maschine sowie Werkzeuge, Spann- und Hilfsmittel auswählen und die zur Fertigung notwendigen Bewegungen von Werkzeug und Werkstück ermitteln und einstellen. Bei richtiger Eingabe dieser Größen in den Fertigungsprozess und fachgerechter Durchführung der Arbeit soll ein maß- und formgerechtes Werkstück mit geforderter Oberflächenbeschaffenheit bei möglichst geringen Herstellkosten und geringer Umweltbelastung entstehen.

Eingang	Fertigungsprozess	Ausgang
Vorgaben: ● Werkstückform ● Werkstoff ● kalkulierte Arbeitszeit ● Kosten **Zu wählen:** ● Rohteil ● Maschine ● Werkzeug (Standzeit) ● Spannmittel ● Hilfsstoffe **Technologiedaten:** ● Schnittgeschwindigkeit ● Vorschub ● Schnitttiefe **Zu beachten:** ● Arbeitssicherheit	maschinelle spanende Fertigung 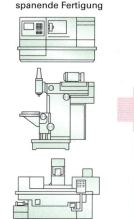	**Fertigteile** mit hinreichender: ● Maßgenauigkeit ● Formgenauigkeit ● Oberflächenqualität **Werkzeugverschleiß** **Fertigungsreststoffe:** ● Späne ● verbrauchte Hilfsstoffe ● Abwärme **Fertigungskosten:** ● Materialkosten ● Maschinenkosten ● Werkzeugkosten ● Arbeitslohn **Zu beachten:** ● Entsorgung ● Umweltschutz

● **Schneidengeometrie**

Der **Keilwinkel** β_o beeinflusst die Haltbarkeit des Werkzeugs. Für harte Werkstoffe wählt man deshalb größere Keilwinkel als für weiche Werkstoffe.

Der **Freiwinkel** α_o vermindert die Reibung zwischen Werkstück und Werkzeug. Er vermindert dadurch die Wärmeentwicklung am Werkzeug.

Der **Spanwinkel** γ_o beeinflusst die Spanbildung und damit die Oberflächenbeschaffenheit des Werkstücks.

$$\alpha_o + \beta_o + \gamma_o = 90°$$

Winkel an der Werkzeugschneide

> Die Winkel an der Werkzeugschneide sind hauptsächlich von der Festigkeit des zu bearbeitenden Werkstoffs abhängig.

● **Schneidenradius**

Die Herstellung einer völlig spitzen Schneidenecke ist nicht möglich. Eine solche Schneidenecke hätte auch nur eine geringe Standzeit. Aus diesem Grunde rundet man die Schneidenecke ab.
Bei unverändertem Vorschub erzeugt ein größerer Schneidenradius eine bessere Oberfläche.

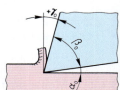

Einfluss des Schneidenradius auf die Oberflächengüte bei gleichem Vorschub

> Größerer Schneidenradius ergibt bei gleich bleibendem Vorschub bessere Oberflächenbeschaffenheit.

Übungsaufgaben FT-16, FT-17

• Technologische Daten

Schnittgeschwindigkeit

Die **Schnittbewegung** ist die Bewegung zwischen Werkzeug und Werkstück, welche ohne Vorschubbewegung nur eine einmalige Spanabnahme während eines Hubes oder einer Umdrehung bewirkt.

Die Schnittbewegung erfolgt mit Schnittgeschwindigkeit.

Die **Schnittgeschwindigkeit** wird entsprechend dem Fertigungsverfahren, dem Werkstoff des Werkstücks und dem Schneidenwerkstoff meist nach Angaben des Werkzeugherstellers gewählt.

Allgemein kann man feststellen, dass hohe Schnittgeschwindigkeiten gute Oberflächenbeschaffenheit, kurze Fertigungszeiten, aber auch geringere Standzeiten der Werkzeuge zur Folge haben.

> Die Schnittgeschwindigkeit wird für einen bestimmten Fertigungsvorgang entsprechend den Werkstoffen von Werkstück und Werkzeug gewählt.

Vorschub

Der **Vorschub** f ist der Weg, den das Werkzeug bei einer Umdrehung oder einem Hub in der Vorschubrichtung zurücklegt. Der Vorschub wird in Millimeter angegeben.

Bei Fräsern und anderen mehrschneidigen Werkzeugen wird häufig der Vorschub je Zahn f_z angegeben. Ein großer Vorschub ergibt großen Rillenabstand und geringe Oberflächenbeschaffenheit.

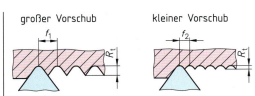

Vorschub und Oberflächenbeschaffenheit

> Der Vorschub ist der Werkzeugweg, der je Umdrehung oder Hub in Vorschubrichtung zurückgelegt wird. Großer Vorschub ergibt meist geringe Oberflächenbeschaffenheit.

Schnitttiefe

Die **Schnitttiefe** a_p ist der Betrag, um den die Schneide durch die Zustellbewegung in Eingriff gebracht wird. Zusammen mit dem Vorschub ergibt sie den **Spanungsquerschnitt** S.

> Spanungsquerschnitt = Schnitttiefe · Vorschub
> $$S = a_p \cdot f$$

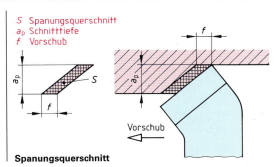

S Spanungsquerschnitt
a_p Schnitttiefe
f Vorschub

Spanungsquerschnitt

• Art der Bearbeitung

Schruppen	Schlichten
Zweck: Schnelles Abtrennen eines großen Werkstoffvolumens.	Zweck: Erzielung einer glatten Oberfläche mit hoher Maßgenauigkeit.
– große Schnitttiefe a_p – großer Vorschub f – geringe Schnittgeschwindigkeit v_c	– geringe Schnitttiefe a_p – kleiner Vorschub f – hohe Schnittgeschwindigkeit v_c

Übungsaufgaben FT-18, FT-19

Maßgenauigkeit

Die **Maßgenauigkeit** der durch Spanen hergestellten Werkstücke hängt von vielen Faktoren ab. Die Sorgfalt, mit welcher der Fachmann Einstellungen vornimmt und Maßkontrollen durchführt und auswertet, bestimmt wesentlich das Ergebnis. Sehr wichtig sind auch die Qualität der Maschine, sowie die Werkzeuge und die Umweltbedingungen.

Oberflächenbeschaffenheit

Das Produkt, welches durch Spanen hergestellt wird, soll möglichst gute Oberflächenbeschaffenheit aufweisen. Die Oberflächenbeschaffenheit wird verbessert durch:
- größeren Spanwinkel,
- größeren Schneidenradius,
- höhere Schnittgeschwindigkeit,
- geringeren Vorschub,
- Einsatz von Kühlschmiermitteln.

Spanarten und Spanformen

Späne können aus mehr oder weniger zusammenhängenden Spanteilchen bestehen. Aus dem Zusammenwirken verschiedener Einflussgrößen, wie z. B. Spanwinkel und Werkstoff, ergeben sich unterschiedliche Späne.

Spanarten

Spanarten	Spanbildung		Schnittbedingungen	Auswirkungen
Fließspan langer zusammenhängender Span		• geringe Werkstoffstauchung • kein voreilender Riss • schnelle Folge kleinster Schervorgänge • Spanteilchen bleiben zusammenhängend	• großer Spanwinkel • zäher Werkstoff • hohe Schnittgeschwindigkeit	• glatte saubere Oberfläche • kleine Schnittkraft • lange Späne behindern den Arbeitsvorgang
Scherspan Stücke noch zusammenhängender Spanteilchen mit vielen Scherrissen		• stärkere Werkstoffstauchung • kurzer voreilender Riss • einzelne unregelmäßige Schervorgänge • Spanteilchen bleiben nur teilweise zusammenhängend	• kleiner bis mittlerer Spanwinkel • zähe und leicht spröde Werkstoffe • mittlere Schnittgeschwindigkeit	• nicht so glatte Werkstückoberfläche mit unregelmäßigem Aussehen • kurzer bröckliger Span behindert nicht den Arbeitsvorgang • nur wenig größere Schnittkraft
Reißspan sehr kurzer unregelmäßiger Span		• geringe Werkstoffstauchung • bei spröden Werkstoffen • voreilender Riss, der auch in die Werkstückoberfläche eindringt • wenige unregelmäßige Schervorgänge	• kleiner Spanwinkel • vorwiegend bei spröden Werkstoffen • niedrige Schnittgeschwindigkeit	• raue Werkstückoberfläche • große Schnittkraft • kurzer Span behindert nicht den Arbeitsvorgang

Spanformen

Je nach eingestellten technologischen Bedingungen treten unterschiedliche Spanformen auf.
Der sich ergebende Span soll so kurz sein, dass eine Behinderung der Maschinenbedienung, Störungen des Fertigungsablaufs sowie eine Beschädigung von Arbeitsfläche und Werkzeug nicht auftreten.
Kurze Schraubenspäne, Schraubenbruchspäne und Spiralbruchspäne sind besonders günstig.

Beispiele für Spanformen

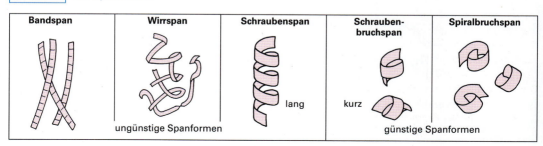

Übungsaufgaben FT-20, FT-21

3.2.2 Schneidstoffe für maschinelles Spanen

- **Schnellarbeitsstähle**

Schnellarbeitsstähle sind hochlegierte Stähle. Sie besitzen hohe Zähigkeit und Biegefestigkeit. Sie sind daher wenig empfindlich gegen wechselnde Schnittkräfte. Die Warmstandfestigkeit über 600 °C ist hingegen gering, sodass keine hohen Schnittleistungen möglich sind. Zur Erhöhung der Standzeit werden Schnellarbeitsstähle im Bereich der Schneiden häufig mit Titannitrid (goldfarbig) beschichtet.

Schnellarbeitsstähle werden besonders als profilgebende Werkzeuge, z. B. Profildrehmeißel, eingesetzt, wenn die Anschaffung von Werkzeugen mit Wendeschneidplatten oder aus Hartmetallen nicht wirtschaftlich ist.

Beschichtete Werkzeuge aus Schnellarbeitsstahl

- **Hartmetalle**

Hartmetalle sind Sinterwerkstoffe aus sehr harten Karbiden und Nitriden mit Kobalt, Nickel und anderen Metallen als Bindemittel.

Hartmetalle aus überwiegend Wolframkarbid mit Kobalt als Bindemittel sind die klassischen Hartmetalle und werden meist verwendet. Sie werden mit dem Kürzel **HW** gekennzeichnet.

Hartmetalle auf der Basis von wolframarmen Mischkarbiden, Nitriden und Karbonitriden werden auch als **Cermets** (**Cera**mics + **met**als) bezeichnet und mit dem Kürzel **HT** gekennzeichnet.

Hartmetall (HW)
Härteträger	Bindemittel
Wolframkarbid (+TiC, TaC u. a.)	Kobalt

Cermets (HT)
Härteträger	Bindemittel
Karbide und Nitride von Ti, Ta, Nb, Mo, W	Ni, Co, Mo

Cermets besitzen wegen der erheblich geringeren Dichte der Härteträger nur etwa 50 % der Dichte von Hartmetallen auf Wolframkarbidbasis. Sie sind zudem härter und verschleißfester. Da Cermets erst bei höheren Temperaturen oxidieren, erlauben sie beim Einsatz als Schneidstoff erheblich höhere Schnittgeschwindigkeiten.

Hartmetalle auf Basis von Wolframkarbid (HW) hingegen leiten Wärme besser ab und haben geringere Wärmedehnung. Als Folge dieser Eigenschaften ist die Beständigkeit gegen schnelle Temperaturwechsel höher als bei den Cermets.

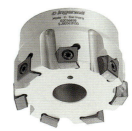

Fräser mit Wendeschneidplatten

> Hartmetalle auf Wolframkarbidbasis (HW) haben höhere Temperaturwechselbeständigkeit und Wärmeleitfähigkeit.
> Hartmetalle mit vorwiegend Titan- und Tantalkarbiden (HT) und -nitriden sind härter und verschleißfester.

- **Polykristalliner Diamant (PKD)**

Der Diamant ist der härteste in der Natur vorkommende Stoff. Als Einkristall sind seine Eigenschaften sehr richtungsabhängig. Darum verwendet man als Schneidstoff synthetisch erzeugte, vielkristalline Diamantpulver, deren Körnchen in alle Richtungen gleiche Eigenschaften haben. Sie werden in einer dünnen Schicht (ca. 0,5 mm) auf Hartmetallplatten aufgebracht.
Polykristalliner Diamant (PKD) erlaubt sehr hohe Schnittgeschwindigkeit und wird zum Zerspanen von NE-Metallen und glasfaserverstärkten Kunststoffen eingesetzt. Für die Zerspanung von Stahl ist er nicht geeignet, da der Diamant, der aus reinem Kohlenstoff besteht, bei den Zerspanungstemperaturen in den Stahl eindiffundiert und so die Schneidhaltigkeit verloren geht.

> Polykristalliner Diamant auf Hartmetallträgerplatten kann zum Zerspanen von NE-Metallen und Kunststoffen (GfK) eingesetzt werden. Zur Zerspanung von Stahl ist er ungeeignet.

Übungsaufgabe FT-22

Keramische Schneidstoffe

Sinterwerkstoffe aus Aluminiumoxid (Al_2O_3) und Zusätzen aus weiteren Metallverbindungen (MgO; Cr_2O_3; TiC) bezeichnet man als oxidkeramische Schneidstoffe. Für sehr hohe Schnittleistungen werden Nitride, z. B. Siliciumnitrid (Si_3N_4) und kubisches Bornitrid (CBN) eingesetzt.

Oxidkeramische Werkstoffe sind äußerst temperaturbeständig und verschleißfest, jedoch sehr stoßempfindlich. Sie erlauben hohe Schnittgeschwindigkeiten, allerdings nur bei kleinen Spanungsquerschnitten und schwingungs- und stoßfreier Betriebsweise.

Siliciumnitrid (Si_3N_4) besitzt gegenüber den genannten keramischen Werkstoffen folgende besonderen Eigenschaften:

- extrem hohe Schlagzähigkeit,
- hohe Festigkeit bis ca. 1200 °C,
- hervorragende Temperaturwechselbeständigkeit.

Siliciumnitrid wird deshalb zum Spanen bei *unterbrochenen* Schnitten bei Gusseisen und Stählen verwendet.

Schneidkeramiken werden als quadratische, dreieckige oder runde Wendeschneidplatten geliefert.

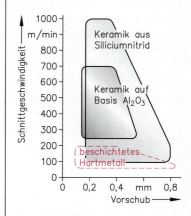

Schnittbedingungen beim Einsatz keramischer Werkstoffe

> Oxidkeramische Schneidstoffe ermöglichen bei kleinen Spanungsquerschnitten eine Spanabnahme mit extrem hohen Schnittgeschwindigkeiten. Die Standzeit ist wegen der hohen Warmstandfestigkeit sehr gut.

Normung von Wendeschneidplatten

Die in DIN 4987 erhaltenen Festlegungen gelten für Wendeschneidplatten aus Hartmetall, Schneidkeramik und anderen Schneidstoffen. Die Bezeichnung wird aus einer Kombination von Buchstaben und Zahlen gebildet, wobei jede Stelle dieser Kombination eine bestimmte Aussage beinhaltet.

Beispiel für die normgerechte Bezeichnung einer Wendeschneidplatte

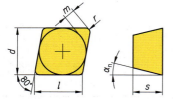

Schneidplatte DIN 4987–C P M N 12 07 08 F N–P10
① ② ③ ④ ⑤ ⑥ ⑦ ⑧ ⑨ ⑩

Abmessen einer Wendeschneidplatte

① Grundformen von Wendeschneidplatten	② Normal-Freiwinkel α_n der ungespannten Wendeschneidplatte	③ Toleranzklassen	④ Ausführung der Spanfläche und Befestigungsmerkmale	⑤ Plattengröße
80°	P $\alpha = 11°$	M niedrige Qualität	▨	12 mm Schneidenlänge

⑥ Plattendicke	⑦ Ausführung der Schneidenecke	⑧ Schneide	⑨ Schneidrichtung	⑩ Schneidstoff
7 mm	Radius $r = 0{,}8$ mm	Schneiden scharf	nach rechts und links schneidend	**P 10**

Übungsaufgabe FT-23

3.2.3 Arbeitsverfahren auf Drehmaschinen

3.2.3.1 Einteilung und Benennung der Drehverfahren

Als vorrangiges Unterscheidungsmerkmal und wichtigster Bestandteil der Benennung der Drehverfahren ist die Form der erzeugten Fläche in der DIN-Norm aufgeführt. Hinzu kommt noch die Unterscheidung, wie die Werkstückform erzeugt wurde.

- **Einteilung nach der Form der erzeugten Fläche am Werkstück**

Querplan-drehen	Längsrund-drehen	Form-drehen	Profil-drehen	Schraub-drehen	Abstechen
Erzeugen einer ebenen Stirnfläche	Erzeugen einer zylindrischen Außen- bzw. Innenfläche	Erzeugen einer beliebig geformten Mantelfläche durch Werkzeugsteuerung	Übertragen der Schneidenform auf die Mantelfläche	Erzeugen einer Schraubenlinie in der Mantelfläche	Erzeugen einer Nut

- **Einteilung nach der Richtung der Vorschubbewegung zur Drehachse**

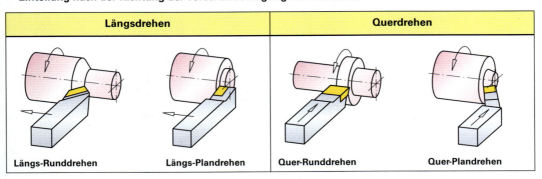

Längsdrehen: Längs-Runddrehen, Längs-Plandrehen
Querdrehen: Quer-Runddrehen, Quer-Plandrehen

- **Einteilung nach der Lage der bearbeiteten Fläche am Werkstück**

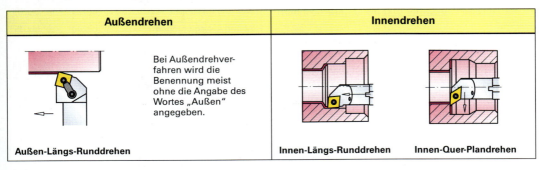

Außendrehen: Bei Außendrehverfahren wird die Benennung meist ohne die Angabe des Wortes „Außen" angegeben.
Außen-Längs-Runddrehen

Innendrehen: Innen-Längs-Runddrehen, Innen-Quer-Plandrehen

- Drehverfahren werden hauptsächlich nach der Form der bearbeiteten Fläche benannt.
- Als weiteres Merkmal wird bei Rund-, Plan- und Profildrehverfahren die Richtung der Vorschubbewegung mit **Längs-** bzw. **Plan-** vorangestellt.
- Bei Dreharbeiten innerhalb des Werkstücks wird das Wort **Innen-** der gesamten Benennung vorangestellt.

Übungsaufgabe FT-24

3.2.3.2 Drehwerkzeuge

● **Winkel an der Meißelschneide**

Der Drehmeißel ist ein einschnittiges Werkzeug mit keilförmiger Schneide. Die Winkel am Schneidkeil und die Stellung des Schneidkeils zum Werkstück beeinflussen stark die Kräfte zur Spanabnahme, die Standzeit der Werkzeuge und die Oberflächengüte des Werkstücks.

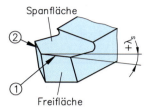 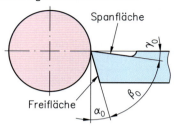 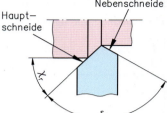

① **Hauptschneide:** Sie übernimmt hauptsächlich die Spanabnahme, sie weist in Vorschubrichtung.
② **Nebenschneide:** Sie ist geringfügig an der Spanabnahme mit beteiligt.
β_o **Keilwinkel:** Winkel zwischen Spanfläche und Freifläche.
γ_o **Spanwinkel:** Winkel zwischen der Spanfläche und einer waagerechten Bezugsfläche.
α_o **Freiwinkel:** Winkel zwischen Freifläche und einer senkrechten Bezugsfläche.
ε_r **Eckenwinkel:** Winkel zwischen der Hauptschneide und der Nebenschneide.
$\varkappa_r$ **Einstellwinkel:** Winkel zwischen der Hauptschneide und der Vorschubrichtung.
λ **Neigungswinkel:** Winkel zwischen der Hauptschneide und einer waagerechten Bezugsebene.

Einfluss des Spanwinkels γ_o

Große Spanwinkel ergeben günstige Schnittkräfte und daher geringe Schneidenbelastungen. Deshalb können hohe Zerspanleistungen mit großen Spanwinkeln erreicht werden. Eine Vergrößerung ergibt jedoch eine Schwächung des Schneidkeils. Daher sind große Spanwinkel nur bei weichen und zähen Werkstoffen möglich. Bei Verkleinerung des Spanwinkels erhöht sich die Schneidenbelastung, die Zerspanleistung sinkt. Die Stabilität des Schneidkeils nimmt mit kleinerem Spanwinkel zu, sodass die Gefahr von Schneidenausbrüchen absinkt. Kleine oder negative Spanwinkel verwendet man für harte und spröde Werkstoffe und bei unterbrochenem Schnitt.

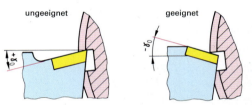

Beanspruchung der Schneide bei unterbrochenem Schnitt

Werkstoff des Werkstücks	Spanwinkel γ_o bei SS-Stahl	Hartmetall
Messing, hartes Gusseisen	0° bis 8°	0° bis 5°
hochfeste Stähle, Stahlguss	12° bis 15°	10° bis 12°
Stahl mit R_m bis 700 N/mm², weiches Gusseisen	15° bis 20°	14° bis 18°
Al und Al-Legierungen	20° bis 40°	30° bis 35°

Richtwerte für den Spanwinkel

> Für weiche, zähe Werkstoffe wählt man große Spanwinkel.
> Für harte, spröde Werkstoffe wählt man kleine Spanwinkel.

Einfluss des Freiwinkels α_o

Eine Vergrößerung des Freiwinkels bewirkt eine Verringerung der Reibung zwischen Werkzeug und Werkstück. Dadurch wird jedoch nur eine unbedeutende Erhöhung der Standzeit des Meißels erreicht. Man wählt Freiwinkel zwischen 3° und 12°. Für härtere Werkstoffe verwendet man die kleineren Freiwinkel.

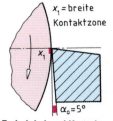 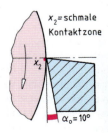

Freiwinkel und Kontaktzone

> Veränderungen des Freiwinkels beeinflussen die Zerspanungsbedingungen kaum.

Übungsaufgaben FT-25, FT-26

Einfluss des Einstellwinkels $\varkappa_r$

Der Einstellwinkel bestimmt die Länge des im Eingriff befindlichen Teils der Hauptschneide. Bei einem Einstellwinkel von 90° ergibt sich die kleinste im Eingriff befindliche Schneidenlänge, sie entspricht der Schnitttiefe.

Mit kleinerem Einstellwinkel vergrößert sich das Schneidenstück, das die Spanabnahme vornimmt. Bei langen im Eingriff befindlichen Schneiden verteilt sich die Belastung, zudem wird die entstehende Wärme besser abgeführt. Daher wählt man bei Schruppbearbeitungen Einstellwinkel von 45° oder 60°.

Bei gleichem Vorschub und gleicher Schnitttiefe ist bei allen Einstellwinkeln der Spanungsquerschnitt gleich groß.

Einstellwinkel und Eingriffslänge

Die Gefahr der Durchbiegung beim Drehen langer, dünner Wellen wird bei einem großen Einstellwinkel gemindert, weil dadurch der Kraftanteil quer zur Drehachse, Passivkraft F_p, verringert wird.

 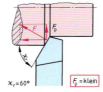 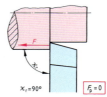

Einstellwinkel $\varkappa_r$ und Passivkraft F_p

> Zur Schruppbearbeitung wählt man kleine Einstellwinkel.
> Zum Drehen von langen, dünnen Wellen wählt man den Einstellwinkel $\varkappa_r = 90°$.

Einfluss des Neigungswinkels λ_s

Ein Neigungswinkel wird als positiv bezeichnet, wenn die Hauptschneide von der Schneidenecke aus nach hinten abfällt. Der Neigungswinkel ist negativ, wenn die Hauptschneide von der Schneidenecke aus nach hinten ansteigt. Meist wird mit $\lambda_s = 0°$ oder mit kleinem positiven Neigungswinkel gedreht.

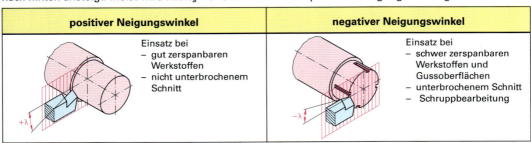

positiver Neigungswinkel	negativer Neigungswinkel
Einsatz bei – gut zerspanbaren Werkstoffen – nicht unterbrochenem Schnitt	Einsatz bei – schwer zerspanbaren Werkstoffen und Gussoberflächen – unterbrochenem Schnitt – Schruppbearbeitung

> Beim Drehen ist der Neigungswinkel λ_s meist 0° oder positiv. Nur bei großen und stoßartigen Belastungen werden Drehmeißel mit negativem Neigungswinkel eingesetzt.

- ## Bauarten von Drehmeißeln
Grundformen der Drehmeißel

Drehmeißel haben häufig rechteckige oder quadratische Querschnitte. Für das Innendrehen werden auch runde Querschnitte verwendet. Der Querschnitt eines Drehmeißels soll möglichst groß gewählt werden, um elastische Verformungen und damit Maßabweichungen an Werkstücken einzuschränken.

Der Verlauf der **Mittellinie** durch Schaft und Schneidkopf ist für die **Benennung des Meißels** entscheidend. In der Längsrichtung können Drehmeißel gerade, gebogen oder abgesetzt sein.

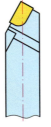  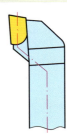

Gerader Drehmeißel   Gebogener Drehmeißel   Abgesetzter Drehmeißel

Übungsaufgaben FT-27, FT-28

Nach der Lage der Hauptschneide unterscheidet man rechte und linke Drehmeißel. Für die Klärung der normgerechten Bezeichnung sieht der Betrachter auf die Spanfläche des Meißels und dabei muss der Schaft von ihm fort gerichtet sein.

| Beispiele | für die Einteilung in linke und rechte Drehmeißel |

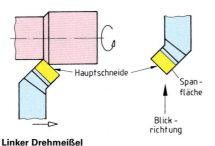 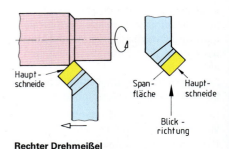

Linker Drehmeißel — **Rechter Drehmeißel**

Sieht der Betrachter von der Schneide her in Schaftrichtung
- die Hauptschneide rechts, dann ist es ein rechter Drehmeißel, oder
- die Hauptschneide links, dann ist es ein linker Drehmeißel.

Für unterschiedliche Dreharbeiten sind Drehmeißel mit verschiedenen Formen erforderlich. Viele Drehmeißel sind in ihrer Formgebung durch DIN-Normen festgelegt.

| Beispiele | für den Einsatz gebräuchlicher Drehmeißel |

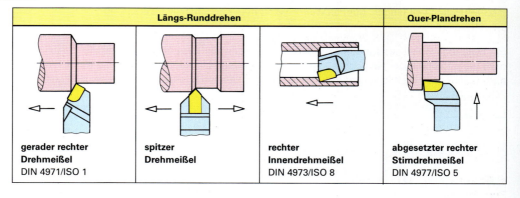

Ausführungsarten von Drehmeißeln

Einteilige Drehmeißel bestehen aus Schnellarbeitsstahl. Sie werden nach Bedarf aus Rohlingen (Drehlingen) geschliffen. Sie werden in der Einzelfertigung zum Profildrehen verwendet.
Drehmeißel aus unlegiertem Stahl mit eingelöteten Hartmetallplatten finden ähnliche Verwendung.
Zur Serienfertigung werden ausschließlich Drehmeißel mit auswechselbaren Schneidplatten eingesetzt.

| Beispiele | für Ausführungsarten von Drehmeißeln |

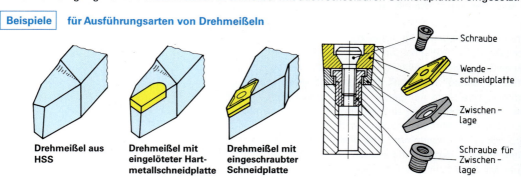

Übungsaufgaben FT-29, FT-30

3.2.3.3 Spannen und Stützen der Werkstücke

Zum Drehen müssen die Werkstücke sicher, schnell und mit gutem Rundlauf eingespannt werden. Die Art der Werkstückeinspannung richtet sich nach der Form und Größe des Werkstücks und nach der Anzahl gleicher Werkstücke.

- **Spannen im Spannfutter**

Kurze Werkstücke, z. B. Rundteile verschiedener Durchmesser oder Sechskantprofile, werden in das **Dreibackenfutter** eingespannt. Zum Spannen der Vierkant- oder Achtkantprofile ist ein **Vierbackenfutter** erforderlich.

| Beispiele | zum Spannen von Werkstücken in Spannfuttern |

 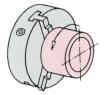 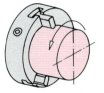 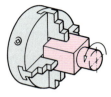

Spannmöglichkeiten in Spannfuttern

> Kurze Drehteile spannt man in Spannfutter.

- **Spannen in Spannzangen**

Eine Spannzange ist ein geschlitzter Hohlkörper, der beim Spannen etwas in die Drehspindel hineingezogen wird.
Die Spannzange wird entweder direkt in die kegelige Aufnahmebohrung der Arbeitsspindel eingesetzt oder in ein besonderes Schnellspannfutter für Spannzangen eingeschraubt. Zur Aufnahme des Werkstücks besitzt die Spannzange eine zentrische Bohrung, die nur das Spannen in einem *kleinen Durchmesserbereich* erlaubt, z. B. 10 ± 0,25. Daher muss für jeden zu spannenden Nenndurchmesser eine Spannzange vorhanden sein.

Spannzange

> Mit Spannzangen können Drehteile mit kleinen Durchmessern gespannt werden.

- **Spannen auf der Planscheibe**

Zum Spannen von *unregelmäßig geformten, großen Werkstücken* werden Planscheiben eingesetzt. Die Planscheiben werden direkt auf den Kopf der Arbeitsspindel geschoben, durch zylindrische oder kegelige Ansätze zentriert und mit Schrauben befestigt.

| Beispiele | zum Spannen von Werkstücken auf Planscheiben |

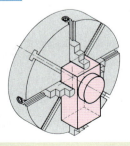 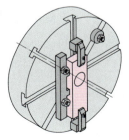 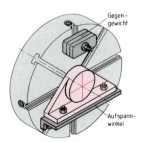

> Planscheiben dienen zum Spannen von großen, unregelmäßig geformten Werkstücken. Diese können mit einzeln verstellbaren Spannbacken, mit Spannlaschen oder mithilfe von Spannwinkeln auf der Planscheibe befestigt werden.

Übungsaufgabe FT-31

3.2.3.4 Einflussgrößen auf die Oberflächenbeschaffenheit beim Drehen

Die Oberflächenbeschaffenheit beim Drehen wird bestimmt durch:
- die Schnittbedingungen,
- die Schneidengeometrie,
- den Schneidstoff und
- die Zerspanbarkeit des Werkstoffs.

Als Maß für die Oberflächengüte wird häufig die gemittelte Rautiefe R_z gewählt.

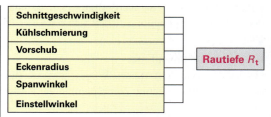

Die wichtigsten Einflussgrößen auf die Rautiefe

• Schnittgeschwindigkeit und Kühlschmierung

Je nach Größe der Schnittgeschwindigkeit ist eine unterschiedlich starke Aufbauschneidenbildung zu beobachten. Die **Aufbauschneide** entsteht durch Verschweißung kleiner Werkstoffteilchen auf der Spanfläche und wird
- *groß* bei niedrigen bis mittleren Schnittgeschwindigkeiten und bleibt
- *sehr klein* bei hohen Schnittgeschwindigkeiten.

Kleine Partikel der sich periodisch aufbauenden und wieder abreißenden Aufbauschneide gleiten zwischen Span- und Freifläche ab und verursachen so eine große Rautiefe.

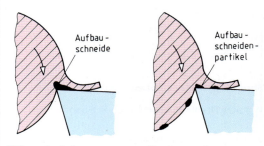

Bildung der Aufbauschneide — Abscherung der Aufbauschneide

Der Einfluss der **Kühlschmierung** auf die Oberflächenbeschaffenheit hängt von der Schmier- und Kühlwirkung des verwendeten Kühlschmierstoffs und der Schnittgeschwindigkeit ab. Eine Verbesserung der Oberflächenbeschaffenheit ist zu erreichen durch
- eine gute Schmierung bei niedrigen Schnittgeschwindigkeiten und
- eine gute Kühlung bei hohen Schnittgeschwindigkeiten.

In beiden Fällen wirkt der Kühlschmierstoff verschleißmindernd und reduziert die Aufbauschneidenbildung.

> Zu einer Verringerung der Rautiefe führen
> - die Erhöhung der Schnittgeschwindigkeit und
> - ein angepasster Kühlschmiermitteleinsatz.

• Vorschub und Eckenradius

Beim Drehen haben der Eckenradius und der Vorschub entscheidenden Einfluss auf die Oberflächenbeschaffenheit. Die zu erwartende Rautiefe R_t lässt sich überschlägig nach folgender Formel berechnen:

$$R_t = \frac{f^2}{8 \cdot R}$$

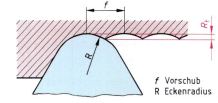

f Vorschub
R Eckenradius

Rautiefe und Eckenradius

> Je kleiner der Vorschub und je größer der Eckenradius, desto geringer wird die Rautiefe.

• Span- und Einstellwinkel

Mit zunehmendem positiven Spanwinkel verbessert sich der Spanablauf. Dabei nehmen die mechanischen und thermischen Belastungen ab, was zu einer Verbesserung der Oberflächenbeschaffenheit führt. Zu kleine Einstellwinkel erhöhen die Gefahr von Ratterschwingungen, welche die Oberflächenqualität beeinträchtigen.

> Je größer der positive Spanwinkel, desto geringer die Rautiefe. Der Einstellwinkel darf dabei ein Mindestmaß nicht unterschreiten.

Übungsaufgaben FT-32, FT-33

3.2.3.5 Berechnungen zum Drehen

• Wahl der Schnittgeschwindigkeit und Berechnung der Umdrehungsfrequenz

Die Wahl der Schnittgeschwindigkeit richtet sich nach folgenden Faktoren:

- Schlichten oder Schruppen,
- Werkstoff des Werkstücks,
- Werkstoff der Werkzeugschneide,
- Standzeit des Werkzeugs.

Die genaue Bestimmung der Schnittdaten sollte nach den Angaben der Werkzeughersteller erfolgen. Diese haben für die unterschiedlichsten Schneidenwerkstoffe umfangreiche Tabellen erstellt.
Zum Einstellen der Drehmaschine bestimmt man Schnitttiefe, Vorschub und Schnittgeschwindigkeit.

Richtwerte für das Zerspanen mit Hartmetall-Drehmeißeln (Standzeit 30 min)

Werkstoff des Werkstücks	Schruppen und unterbrochener Schnitt			Schlichten		
	HM-Sorte	Vorschub in mm	Schnittgeschwindigkeit in m/min	HM-Sorte	Vorschub in mm	Schnittgeschwindigkeit in m/min
unlegierte Stähle bis 500 $\frac{N}{mm^2}$ Zugfestigkeit	P20 P30 BK[1)	0,4 – 0,8 0,5 – 1,2 0,3 – 0,5	120 – 70 90 – 60 200 – 150	P01 P10 BK[1)	bis 0,1 0,1 – 0,4 bis 0,1	300 – 250 220 – 160 300 – 250
unlegierte Stähle über 500 – 700 $\frac{N}{mm^2}$ Zugfestigkeit	P25 P40 BK[1)	0,6 – 1,2 1,2 – 2,5 0,3 – 0,6	110 – 50 65 – 30 200 – 150	P01 P10 BK[1)	bis 0,1 0,1 – 0,4 bis 0,1	240 – 180 200 – 150 220 – 160
niedrig legierte Stähle 850 – 1400 $\frac{N}{mm^2}$ Zugfestigkeit	P25 P30 P40	0,6 – 1,0 0,6 – 1,2 1,2 – 2,5	80 – 40 60 – 25 30 – 15	P10 M10 BK[1)	0,1 – 0,4 0,1 – 0,3 bis 0,1	140 – 70 110 – 60 300 – 200
nicht rostende Stähle bis 700 $\frac{N}{mm^2}$ Zugfestigkeit	M10 P20	0,2 – 0,5 0,1 – 0,4	80 – 60 70 – 50	M10 K20 BK[1)	0,1 – 0,3 0,2 – 0,4 0,1 – 0,2	100 – 50 80 – 40 150 – 120
Werkzeugstähle 1500 – 1900 $\frac{N}{mm^2}$ Zugfestigkeit	K20 P30	0,2 – 0,6 0,3 – 0,8	40 – 25 30 – 15	P10 K10 BK[1)	0,1 – 0,3 0,1 – 0,5 bis 0,1	55 – 45 45 – 10 18 – 150
Gusseisen bis 200 $\frac{N}{mm^2}$ Zugfestigkeit	K20	0,3 – 1,2	70 – 30	K10 BK1[2)	0,1 – 0,5 bis 0,3	80 – 40 180 – 160
Aluminium-legierungen	K10 BK[1)	0,3 – 0,6 0,3 – 0,6	450 – 250 450 – 250	K10 BK[1)	0,1 – 0,3 bis 0,1	900 – 600 1200 – 900
Kupfer und Kupferlegierungen	K10	0,3 – 0,6	300 – 200	K10	bis 0,1 0,1 – 0,3	600 – 500 500 – 300
Duroplaste mit anorganischen Füllstoffen	K01	0,1 – 0,3	70 – 45	K05	bis 0,1	100 – 60

Aus der gewählten Schnittgeschwindigkeit wird für den zu bearbeitenden Werkstückdurchmesser die einzustellende Umdrehungsfrequenz berechnet.

$$n = \frac{v_c}{d \cdot \pi}$$

n Umdrehungsfrequenz
d Werkstückdurchmesser in m
v_c Schnittgeschwindigkeit in m/min

---
[1]) BK-TiC-TiN-Mehrfachbeschichtung auf P25 Grundhartmetall
[2]) BK1 Aluminiumoxid-Beschichtung (keramisch)

Übungsaufgaben FT-34, FT-35

Trennen

• **Berechnung der Hauptnutzungszeit t_h**

Die reine Nutzungszeit der Drehmaschine, also die Zeit, in der die Maschine das Werkstück bearbeitet, ist die Hauptnutzungszeit.

Vorschubweg beim Längsrunddrehen:
$$L = l + l_a + l_ü$$

Vorschubweg beim Querplandrehen:
$$L = \frac{d}{2} + l_a$$

Hauptnutzungszeit:
$$t_h = \frac{L \cdot i}{n \cdot f}$$

l	Werkstücklänge
l_a	Anschnittlänge
$l_ü$	Überlauflänge
L	Vorschubweg
i	Anzahl der Schnitte
f	Vorschub
n	Umdrehungsfrequenz
t_h	Hauptnutzungszeit

Beispiel für die Berechnung der Hauptnutzungszeit

Aufgabe:
Eine Welle aus E 295 mit 60 mm Durchmesser und 219 mm Länge soll auf 50 mm Durchmesser abgedreht werden. Der Drehmeißel hat eine Schneidplatte aus Hartmetall P20. Die Oberflächengüte soll Schlichtqualität haben (R_z = 40 μm).

Gegeben:
d = 60 mm
l = 219 mm
$l_a = l_ü$ = 1 mm

Schruppen v_{c1} = 120 m/min f_1 = 0,5 mm
Schlichten v_{c2} = 300 m/min f_2 = 0,1 mm

Gesucht:
Hauptnutzungszeit t_h

Lösung:
Planung der Schnittaufteilung
Durchmesseränderung beim Schruppen 9 mm erfordert eine Schnitttiefe von a_{p1} = 4,5 mm
Durchmesseränderung beim Schlichten 1 mm erfordert eine Schnitttiefe von a_{p2} = 0,5

Schruppen:
$$n_1 = \frac{v_{c1}}{d_1 \cdot \pi} = \frac{120 \text{ m}}{\text{min} \cdot 0{,}06 \text{ m} \cdot \pi} = 636 \frac{1}{\text{min}}$$

L = 219 mm + 2 mm = 221 mm

$$t_{h1} = \frac{L \cdot i}{n_1 \cdot f_1} = \frac{221 \text{ mm} \cdot 1 \cdot \text{min}}{636 \cdot 0{,}5 \text{ mm}} = 0{,}69 \text{ min}$$

Schlichten:
$$n_2 = \frac{v_{c2}}{d_2 \cdot \pi} = \frac{300 \text{ m}}{\text{min} \cdot 0{,}051 \text{ m} \cdot \pi} = 1872 \frac{1}{\text{min}}$$

L = 219 mm + 2 mm = 221 mm

$$t_{h2} = \frac{L \cdot i}{n_2 \cdot f_2} = \frac{221 \text{ mm} \cdot 1 \cdot \text{min}}{1872 \cdot 0{,}1 \text{ mm}} = 1{,}18 \text{ min}$$

Hauptnutzungszeit:
$t_h = t_{h1} + t_{h2}$ t_h = 0,69 min + 1,18 min t_h = **1,87 min**

• **Berechnung des Spanungsquerschnittes S**

Der Spanungsquerschnitt ist das Produkt aus Schnitttiefe und Vorschub:

$$S = b \cdot h = a_p \cdot f$$

$$h = f \cdot \sin \chi_r$$

S	Spanungsquerschnitt
a_p	Schnitttiefe
f	Vorschub
h	Spanungsdicke
b	Spanungsbreite
χ_r	Einstellwinkel

Als Schnitttiefe wählt man beim Schruppen das 6- bis 10-Fache des Vorschubs, beim Schlichten richtet sich die Schnitttiefe nach der Bearbeitungszugabe.

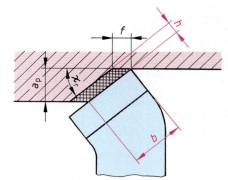

Vorschub und Schnitttiefe

Berechnung der Schnittkraft

Die beim Spanen auftretenden Kräfte bestimmen die Konstruktion der Werkzeugmaschine und ihre Leistung. Hohe Spankräfte dürfen nur geringe Verformungen der Maschine bewirken, da diese zwangsläufig zu Maßabweichungen am Werkstück führen. Schwankungen der Spankraft sind Ursache von Schwingungen, welche neben Maßabweichungen zu einer Minderung der Oberflächengüte beitragen.

Die **Zerspankraft** F ist die auf den Schneidkeil wirkende Gesamtkraft. Die Zerspankraft kann nach verschiedenen Richtungen räumlich zerlegt werden.

Die *Schnittkraft* ist der Anteil der Zerspankraft, welcher die Spanabnahme bewirkt.

Die Schnitttkraft steigt mit
- zunehmender Festigkeit des zu bearbeitenden Werkstoffs,
- zunehmendem Vorschub und der zunehmenden Schnitttiefe,
- abnehmender Schmierwirkung des Kühlschmiermittels.

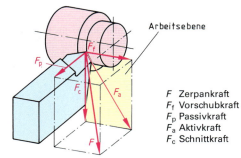

F Zerspankraft
F_f Vorschubkraft
F_p Passivkraft
F_a Aktivkraft
F_c Schnittkraft

Zerlegung der Zerspankraft beim Drehen

Der Werkstoff geht in die Schnittkraftberechnung über seine spezifische Schnittkraft k_c ein. Da die spezifische Schnittkraft mit der Spanungsdicke h sinkt, muss sie für die einzelnen Werkstoffe in Abhängigkeit von h aus Tabellen oder Diagrammen ermittelt werden (Vereinfachte Bestimmung).

Die **Schnittkraft** errechnet sich dann:

$$F_c = k_c \cdot S$$

F_c Schnittkraft
k_c spezifische Schnittkraft
S Spanungsquerschnitt

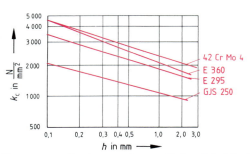

Diagramm zur Bestimmung der spezifischen Schnittkraft k_c in Abhängigkeit von der Spannungsdicke h

Berechnung der Schnittleistung

Aus der Schnittgeschwindigkeit, der Schnittkraft und dem Wirkungsgrad der Drehmaschine ergibt sich die für den Zerspanungsvorgang erforderliche Leistung.
Die erforderliche Motorleistung beim Wirkungsgrad η ist:

$$P_{zu} = \frac{F_c \cdot v_c}{\eta}$$

P_{zu} Leistungsaufnahme des Motors
F_c Schnittkraft
v_c Schnittgeschwindigkeit
η Wirkungsgrad

Beispiel für die Berechnung von Schnittkraft und Antriebsleistung

Aufgabe:
Ein Werkstück aus E 360 soll mit einer Schnittgeschwindigkeit von 150 m/min bearbeitet werden. Wirkungsgrad der Maschine 0,6;   Spandicke 0,2 mm;   Spanbreite 3,5 mm.
Es sind die Schnittkraft F_c und die erforderliche Leistungsaufnahme P_{zu} in kW zu berechnen.

Lösung:
$F_c = k_c \cdot h \cdot b$; k_c laut Diagramm 3500 $\frac{N}{mm^2}$

$F_c = 3\,500 \frac{N}{mm^2} \cdot 0{,}2\,mm \cdot 3{,}5\,mm = 2\,450\,N$

$P_{zu} = \frac{F_c \cdot v_c}{\eta}$

$P_{zu} = \frac{2\,450\,N \cdot 2{,}5\,m}{0{,}6\,s} = 10\,208\,\frac{Nm}{s} = \mathbf{10{,}21\,kW}$

Übungsaufgaben FT-38, FT-39

3.2.4 Fertigen auf Fräsmaschinen

3.2.4.1 Einteilung der Fräsverfahren

Fräsverfahren werden nach der Form der zu erzeugenden Fläche, nach der Lage der Schneiden zur Vorschubbewegung und nach dem Zusammenwirken von Schnitt- und Vorschubbewegung unterschieden.

- **Einteilung nach der Vorschubbewegung und der Form der zu erzeugenden Fläche**

Nach der Form der zu erzeugenden Fläche unterscheidet man Planfräsen, Rundfräsen, Profilfräsen u. a.

| Beispiele | für die Bezeichnung von Fräsverfahren nach Vorschub und Form der zu erzeugenden Fläche |

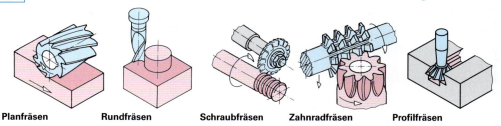

Planfräsen — Rundfräsen — Schraubfräsen — Zahnradfräsen — Profilfräsen

- **Einteilung nach der Lage der Schneiden zur Vorschubbewegung**

Als **Hauptschneiden** bezeichnet man die Schneiden, welche in Vorschubrichtung liegen. **Nebenschneiden** liegen nicht in Vorschubrichtung. Haupt- und Nebenschneiden bilden die **Schneidenecke**.
Nach der Lage der Schneiden am Fräser, durch welche die gewünschte Oberfläche erzeugt wird, unterscheidet man Umfangsfräsen, Stirnfräsen und Stirn-Umfangsfräsen.

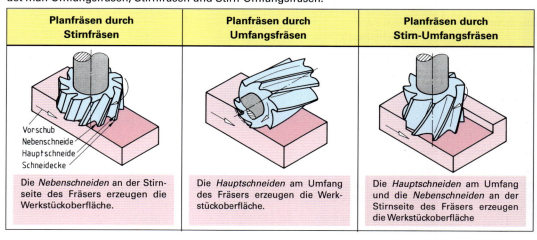

Planfräsen durch Stirnfräsen	Planfräsen durch Umfangsfräsen	Planfräsen durch Stirn-Umfangsfräsen
Die *Nebenschneiden* an der Stirnseite des Fräsers erzeugen die Werkstückoberfläche.	Die *Hauptschneiden* am Umfang des Fräsers erzeugen die Werkstückoberfläche.	Die *Hauptschneiden* am Umfang und die *Nebenschneiden* an der Stirnseite des Fräsers erzeugen die Werkstückoberfläche.

- **Einteilung nach der Art des Zusammenwirkens von Schnitt- und Vorschubbewegung**

Entsprechend dem Zusammenwirken von Schnitt- und Vorschubbewegung unterscheidet man Gegenlauf- und Gleichlauffräsen.

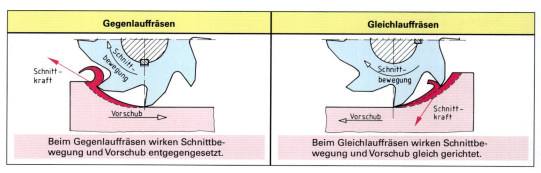

Gegenlauffräsen	Gleichlauffräsen
Beim Gegenlauffräsen wirken Schnittbewegung und Vorschub entgegengesetzt.	Beim Gleichlauffräsen wirken Schnittbewegung und Vorschub gleich gerichtet.

Übungsaufgaben FT-40, FT-41, FT-42

3.2.4.2 Fräswerkzeuge

- **Walzenfräser**

Walzenfräser werden zum Umfangsfräsen eingesetzt. Zur Bestimmung der Werkzeugwinkel an einem Walzenfräser mit achsparallelen Schneiden benutzt man die Tangente an einer Schneide.
Die Größe des Freiwinkels, Keilwinkels und Spanwinkels richtet sich hauptsächlich nach dem Werkstoff des zu bearbeitenden Werkstücks.

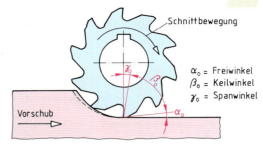

Schneidenwinkel am Walzenfräser

α_o = Freiwinkel
β_o = Keilwinkel
γ_o = Spanwinkel

Fräsertyp	Typ H	Typ N	Typ W
zu bearbeitender Werkstoff	harte und zähharte Werkstoffe, z. B. legierte Stähle	normalharte Werkstoffe, z. B. Baustahl, Gusseisen	weiche Werkstoffe, z. B. Aluminiumlegierungen
Drallwinkel			
Keilwinkel Spanwinkel Spanraum			

Wendeplattenbestückte Walzenfräser werden für schwere Zerspan- und Schrupparbeiten mit einzelnen Wendeschneidplatten bestückt. Sie erhalten so das Aussehen eines Igels und werden darum auch „**Igelfräser**" genannt. Wendeplattenbestückte Schlichtfräser werden meist mit leistenförmigen Hartmetallschneiden versehen, die eingelötet oder eingeschraubt werden.

Beispiele	für wendeplattenbestückte Walzenfräser

Walzenstirnfräser als Aufsteckfräser

Walzenstirnfräser als Schaftfräser

- **Messerköpfe**

Zum Planfräsen harter Werkstoffe und zur Erzielung sehr hoher Zerspanleistungen und großer Oberflächengüten werden Messerköpfe verwendet.

Ein Messerkopf besteht aus einem Grundkörper, in dem eine Vielzahl von Wendeplatten aus Hartmetall bzw. Schneidkeramik eingespannt sind.

Mit Messerköpfen wird
- beim Schruppen mit großem Vorschub und hoher Schnittgeschwindigkeit eine große Schnittleistung erzielt und
- beim Schlichten mit geringem Vorschub, geringer Schnitttiefe und sehr hoher Schnittgeschwindigkeit eine hohe Oberflächengüte erzielt.

Messerkopf mit Wendeschneidplatten

Übungsaufgabe FT-43

• Schaftfräser

Schaftfräser werden vorwiegend zur Bearbeitung kleiner Flächen, Nuten, Langlöcher und Taschen verwendet. Es gibt Fräser mit Schruppverzahnung oder Schruppschlichtverzahnung. Schaftfräser werden aus HSS-Stahl oder Hartmetall gefertigt und häufig mit Titannitrid beschichtet.

| Beispiele | für Zahnformen bei Schaftfräsern |

 Schruppverzahnung
 Schlichtverzahnung
 Schruppschlichtverzahnung

Falls mit einem Schaftfräser die vertikale Zustellung (Z-Richtung) im Werkstück erfolgen muss, wie dies beim Nuten- und Taschenfräsen erforderlich ist, müssen Fräser verwendet werden, die mit einem Zahn über die Mitte schneiden (Zentrumschnitt). Sie geben auch eine gute Oberfläche im Nut- bzw. Taschengrund.
Man bezeichnet diese Schaftfräser mit Zentrumschnitt auch als Langlochfräser.

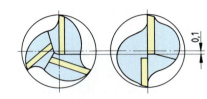

Schneiden bei Fräsern mit Zentrumschnitt

> Zustellung im Werkstück in Z-Richtung ist nur mit Fräsern möglich, die mit einem Zahn über die Mitte schneiden.

• Profilfräser

Zum Fräsen von Abrundungen, Kehlen, Führungen, Zahnrädern und speziellen Konturen werden Profilfräser eingesetzt. Man kann diese Fräser entsprechend in drei Gruppen unterteilen:
- Fräser zum Erzeugen von Radien,
- Fräser zur Erstellung von Führungen,
- Zahnradfräser,
- Fräser zur Erzeugung von Spezialprofilen.

| Beispiele | für Profilfräser zur Erzeugung von Radien |

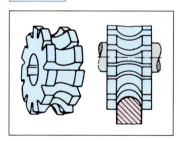
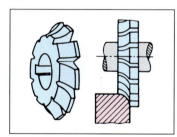

• Scheibenfräser

Zur Führung beweglicher Bauteile und zum Einpassen von Längsfedern und Scheibenfedern sind häufig Nuten zu fräsen. Beim Nutfräsen treten leicht Schwierigkeiten bei der Spanabfuhr auf. Darum fertigt man lange und tiefe Nuten vorzugsweise mit Scheibenfräsern. Diese Fräser schneiden je nach Aufbau mit jedem Zahn dreiseitig oder wechselseitig bis nahezu zur Nabentiefe. Die Teilung des zu verwendenden Scheibenfräsers ist entsprechend dem Werkstoff zu wählen: Lang spanende und weiche Werkstoffe erfordern große Teilung, kurz spanende Werkstoffe erlauben eine enge Teilung.

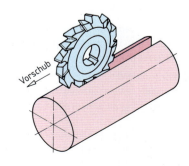

3.2.4.3 Berechnungen zum Fräsen

- Richtwerte für das Zerspanen mit Fräsern aus Schnellarbeitsstahl bzw. mit Hartmetall-Wendeschneidplatten

Werkstoff des Werkstücks	Bearbeitungsart	Walzenstirnfräser HSS		Walzenstirnfräser Hartmetall		Messerkopf Hartmetall		Scheibenfräser HSS		Scheibenfräser Hartmetall	
		f_z in mm	v_c in m/min	f_z in mm	v_c in m/min	f_z in mm	v_c in m/min	f_z in mm	v_c in m/min	f_z in mm	v_c in m/min
unlegierte Stähle	Schruppen Schlichten	0,1 – 0,2 0,05 – 0,1	40 – 30	0,1 – 0,45 0,1 – 0,2	150 – 80 280 – 100	0,2 – 0,5 0,1 – 0,2	180 – 100 200 – 100	0,1 – 0,2 0,05 – 0,1	80 – 40	0,1 – 0,4 0,05 – 0,2	160 – 80 180 – 100
niedrig leg. Stähle	Schruppen Schlichten	0,1 – 0,2 0,05 – 0,1	30 – 25	0,1 – 0,35 0,1 – 0,2	120 – 70 300 – 100	0,2 – 0,5 0,1 – 0,2	140 – 70 180 – 90	0,1 – 0,15 0,05 – 0,1	125 – 30	0,1 – 0,4 0,05 – 0,2	140 – 70 180 – 90
hochlegierte Stähle	Schruppen Schlichten	0,1 – 0,2 0,05 – 0,1	20 – 15	0,1 – 0,25 0,1 – 0,2	100 – 50 150 – 80	0,1 – 0,35 0,1 – 0,25	100 – 60 120 – 80	0,1 – 0,15 0,05 – 0,1	20 – 15	0,1 – 0,2 0,05 – 0,15	100 – 40 110 – 50
Stahlguss	Schruppen Schlichten	0,1 – 0,2 0,05 – 0,1	25 – 20	0,1 – 0,3 0,1 – 0,2	140 – 70 160 – 90	0,1 – 0,4 0,1 – 0,25	120 – 60 140 – 80	0,1 – 0,2 0,05 – 0,1	25 – 20	0,1 – 0,35 0,05 – 0,2	120 – 80 140 – 70
Gusseisen	Schruppen Schlichten	0,1 – 0,2 0,05 – 0,1	25 – 20	0,1 – 0,4 0,1 – 0,2	120 – 70 160 – 100	0,1 – 0,6 0,1 – 0,2	120 – 70 140 – 80	0,15 – 0,3 0,07 – 0,2	25 – 20	0,1 – 0,4 0,05 – 0,2	120 – 70 140 – 80
Messing	Schruppen Schlichten	0,2 – 0,3 0,1 – 0,2	150 – 60	0,1 – 0,35 0,05 – 0,1	150 – 80 360 – 140	0,2 – 0,4 0,1 – 0,3	140 – 80 160 – 90	0,2 – 0,3 0,07 – 0,2	150 – 60	0,1 – 0,4 0,05 – 0,2	140 – 70 180 – 80
Al-Knetlegierungen	Schruppen Schlichten	0,1 – 0,2 0,05 – 0,1	280 – 180	0,1 – 0,2 0,07 – 0,15	700 – 300 1000 – 400	0,1 – 0,6 0,05 – 0,2	1000 – 500 1400 – 800	0,2 – 0,3 0,07 – 0,2	280 – 150	0,1 – 0,3 0,05 – 0,15	1000 – 500 1400 – 700
Al-Gusslegierungen	Schruppen Schlichten	0,2 – 0,3 0,1 – 0,2	300 – 200	0,1 – 0,2 0,07 – 0,15	800 – 320 1200 – 400	0,05 – 0,4 0,05 – 0,2	700 – 300 900 – 400	0,2 – 0,3 0,07 – 0,2	300 – 170	0,1 – 0,3 0,05 – 0,15	600 – 300 800 – 400
Cu-Legierungen	Schruppen Schlichten	0,2 – 0,3 0,1 – 0,2	40 – 30 60 – 50	0,15 0,05	150 – 90 300 – 150	0,12 0,1	100 – 60 150 – 80	0,2 – 0,3 0,06 – 0,2	40 – 30 60 – 45	0,15 0,05	150 – 90 300 – 150
Duroplaste mit organischen Füllstoffen	Schruppen Schlichten	0,2 – 0,4 0,1 – 0,2	60 – 40 80 – 60	0,15 0,05	800 – 600 1000 – 800	– –	– –	– –	– –	– –	– –
Duroplaste mit anorganischen Füllstoffen	Schruppen Schlichten	0,2 – 0,4 0,1 – 0,2	30 – 20 40 – 30	0,15 0,05	800 – 600 1000 – 800	– –	– –	– –	– –	– –	– –

Trennen

- **Schnittgeschwindigkeit, Umdrehungsfrequenz und Vorschubgeschwindigkeit**

Aus den Schnittwerttabellen ist die für den entsprechenden Werkstoff angegebene Schnittgeschwindigkeit zu ermitteln und mithilfe des Fräserdurchmessers daraus die einzustellenden Umdrehungsfrequenz zu berechnen:

$$n = \frac{v_c}{d \cdot \pi}$$

n Umdrehungsfrequenz in 1/min
d Fräserdurchmesser
v_c Schnittgeschwindigkeit in m/min

Neben der Umdrehungsfrequenz wird für den Zerspanungsprozess die Vorschubgeschwindigkeit benötigt. Für ihre Berechnung ist der Vorschub je Fräserzahn aus den Schnittwerttabellen zu entnehmen. Unter der Berücksichtigung der Zähnezahl des eingesetzten Fräser ergibt sich:

$$v_f = f_z \cdot z \cdot n$$

v_f Vorschubgeschwindigkeit in mm/min
f_z Vorschub je Fräserzahn in mm
z Zähnezahl des Fräsers

- **Anlauf- und Überlaufweg beim Walzfräsen**

Der Anlaufweg l_a des Fräsers wird beim Walzfräsen mithilfe des Lehrsatzes des Pythagoras errechnet.

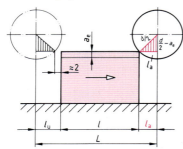

$$l_a^2 = \left(\frac{d}{2}\right)^2 - \left(\frac{d}{2} - a_e\right)^2$$

$$l_a^2 = \frac{d^2}{4} - \frac{d^2}{4} + 2 \cdot \frac{d}{2} \cdot a_e - a_e^2$$

$$l_a^2 = d \cdot a_e - a_e^2$$

$$l_a = \sqrt{d \cdot a_e - a_e^2}$$

$l_u = l_a + 2 \text{ mm}$

Anlaufweg beim Walzfräsen:
$$l_a = \sqrt{d \cdot a_e - a_e^2}$$

Überlaufweg:
$$l_u = l_a + 2 \text{ mm}$$

- **Hauptnutzungszeit beim Fräsen**

Die reine Nutzungszeit der Fräsmaschine ist die Hauptnutzungszeit t_h.

$$t_h = \frac{L \cdot i}{v_f} = \frac{(l + l_a + l_u) \cdot i}{v_f}$$

t_h Hauptnutzungszeit
L Fräserweg ($L = l + l_a + l_u$)
i Anzahl der Schnitte

Beispiel für die Berechnung der Hauptnutzungszeit beim Nutenfräsen

Aufgabe

Mit einem Scheibenfräser aus HSS-Stahl, 100 mm Durchmesser, 10 mm Breite und 16 Zähnen, soll in eine 300 mm lange Schiene aus Vergütungsstahl 38 Cr 4 eine 10 mm Nut von 9 mm Tiefe in zwei Schnitten eingefräst werden.

Lösung

1. Berechnung der Umdrehungsfrequenz
v_c laut Tabelle: 28 m/min

$$n = \frac{v_c}{d \cdot \pi} = \frac{28 \text{ m}}{\text{min} \cdot 0{,}1 \text{ m} \cdot \pi} = 89 \frac{1}{\text{min}}$$

2. Berechnung der Vorschubgeschwindigkeit
f_z laut Tabelle: 0,1 mm bis 0,15 mm (Schruppen)

$$v_f = z \cdot f_z \cdot n = 16 \cdot 0{,}15 \text{ mm} \cdot 89 \frac{1}{\text{min}} = 214 \frac{\text{mm}}{\text{min}}$$

3. Berechnung des Fräserwegs

$$l_a = \sqrt{d \cdot a_e - a_e^2}$$

$$l_a = \sqrt{100 \text{ mm} \cdot 4{,}5 \text{ mm} - (4{,}5 \text{ mm})^2} = 20{,}8 \text{ mm}$$

$L = l + l_a + l_u$

$L = 300 \text{ mm} + 21 \text{ mm} + 23 \text{ mm} = \textbf{344 mm}$

4. Berechnung der Hauptnutzungszeit

$$t_h = \frac{L \cdot i}{v_f}$$

$$t_h = \frac{344 \text{ mm} \cdot 2 \cdot \text{min}}{214 \text{ mm}} = \textbf{3,21 min}$$

Übungsaufgabe FT-46

4 Prüfen

4.1 Subjektives und objektives Prüfen

Beim Prüfen wird festgestellt, ob bestimmte Eigenschaften eines Prüfgegenstands innerhalb der vorgegebenen Grenzen liegen.

Geschieht dieses Prüfen nur mit den Sinnen, so spricht man vom **subjektiven Prüfen**. Subjektives Prüfen liefert Prüfergebnisse, die schwer miteinander vergleichbar und zur präzisen Steuerung von Prozessen ungeeignet sind. Aus diesen Gründen bemüht man sich, in der modernen Technik möglichst alle Eigenschaft durch geeignete Messgeräte präzise zu erfassen und in Zahlenwerten zu beschreiben. Man spricht in diesen Fällen vom **objektiven Prüfen**.

Durch objektives Prüfen ist man in der Lage, Abweichungen der Istwerte von Sollwerten anzugeben, Tendenzen von Abweichungen statistisch zu bestimmen und so Produktionsprozesse zu steuern.

> Subjektives Prüfen geschieht mit den Sinnen, objektives Prüfen mit Messgeräten.
> Nur durch objektives Prüfen mit Messgeräten sind Abweichungen von Sollwerten präzise zu beschreiben und Produktionsprozesse zu steuern.

4.2 Messen und Lehren

Die Tätigkeit Prüfen gliedert sich in Messen und Lehren.

Messen geschieht mit Messgeräten. Diese vergleichen die gemessene Größe mit der Einheit der Größe und geben einen Zahlenwert aus, z. B. eine Länge in mm, eine Temperatur in °C.

Lehren geschieht mit Lehren. Dies sind Geräte, die in bestimmter Weise einen Wert der Messgröße verkörpern, z. B. verkörpert eine Radienlehre einen bestimmten Radius oder eine Farblehre eine bestimmte Farbe. Man kann mit Lehren nur feststellen, ob der Prüfgegenstand den verkörperten Wert besitzt oder nicht. Unter Umständen kann auch die Tendenz der Abweichung vom Sollzustand angegeben werde, z. B. zu groß, zu dunkel. Der Zahlenwert einer Abweichung kann nach dem Lehren nicht angegeben werden.

Beispiele für Messen und Lehren in der Längenmesstechnik

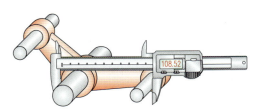

Messen einer Länge mit einem Messschieber

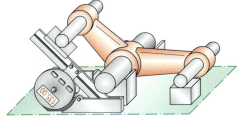

Messen eines Winkels mit einem Universalwinkelmesser

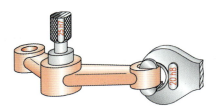

Lehren einer Bohrung mit einem Grenzlehrdorn und einer Dicke mit einer Grenzrachenlehre

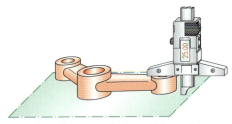

Messen eines Abstands mit einem Tiefenmaß

> Messen ist ein Prüfen, bei dem das Istmaß einer Messgröße als Zahlenwert ermittel wird.
> Lehren ist ein Prüfen, bei dem festgestellt wird, ob eine Messgröße mit einer Maß- order Formverkörperung übereinstimmt.

Übungsaufgaben FT-47, FT-48, FT-49

4.3 Messverfahren

4.3.1 Analoge und digitale Messverfahren

Analogmessverfahren erfassen, verarbeiten und zeigen die Messgröße nicht als Ziffer, sondern als physikalische Größe in unterschiedlicher Höhe an.

Digitalmessverfahren erfassen die Messgröße als ganzzahliges Vielfaches einer Einheit oder eines Schrittes. Digitalmessverfahren
- liefern genau definierte Messwerte,
- sind unmittelbar mit Datenverarbeitungsanlagen zu koppeln,
- ermöglichen sichere und störungsfreie Fernübertragung von Messwerten.

Häufig werden auch analog aufgenommene Messgrößen digitalisiert, digital verarbeitet und angezeigt. Die digitale Anzeige hat den Vorteil, dass Ablesefehler erheblich eingeschränkt werden und stets eine eindeutige Maßzahl angegeben wird. Dagegen lässt die analoge Anzeige das Abschätzen von Zwischenwerten zu. Die Entwicklung tendiert zum bevorzugten Einsatz digitaler Anzeige.

Beispiel für Analog- und Digitalmessverfahren

Analoges Messverfahren
In einer Längenmesseinrichtung wird die Länge in Form einer elektrischen Spannung an einem Widerstandsdraht abgegriffen. Die Spannung ist stets proportional dem vom Schleifkontakt zurückgelegten Weg und kann jeden beliebigen Zwischenwert annehmen.

Messprinzip

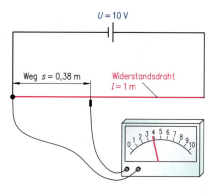

Kennlinie

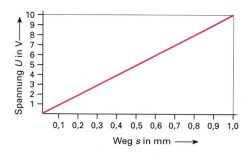

Digitales Messverfahren
In einer Längenmesseinrichtung wird die Länge in Form einer elektrischen Spannung an einem gewendelten Widerstandsdraht mit 10 Windungen abgegriffen. Die Spannung ist stets ein Vielfaches der Spannung am Widerstand einer einzelnen Windung.

Messprinzip

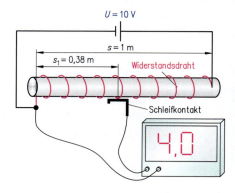

Kennlinie

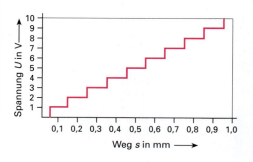

Übungsaufgaben FT-50, FT-51

4.3.2 Direkte und indirekte Messverfahren

Von einem *direkten Messverfahren* spricht man, wenn der gesuchte Messwert einer Messgröße durch unmittelbaren Vergleich mit einem Bezugswert derselben Messgröße gewonnen wird.

Bei *indirekten Messverfahren* wird der Messwert einer Messgröße auf eine andersartige physikalische Größe zurückgeführt und aus dem physikalischen Zusammenhang beider Größen ermittelt.

| Beispiele | für direkte und indirekte Messverfahren |

Messen eines Werkstücks mit einem direkten Messverfahren, z. B. Messen mit einer Bügelmessschraube.

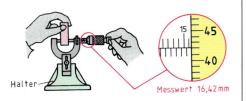

Messen der Blechstärke mit einem indirekten Messverfahren, z. B. mit einer pneumatischen Druckmesseinrichtung.

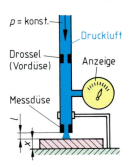

4.3.3 Ausschlag- und Kompensationsmessverfahren

Ausschlag- und Kompensationsmessverfahren unterscheiden sich in der Art des Vergleichs von Normal und Messwert.

Ausschlagmessverfahren zeigen den Wert der Messgröße auf einer geeichten Skala an.
Der Vergleich mit dem Normal erfolgt also indirekt.

Bei **Kompensationsmessverfahren** wird unter Einsatz eines Normals der Ausschlag wieder kompensiert.

Kompensationsmessverfahren sind gegenüber Ausschlagmessverfahren genauer, weil:

- dem Messvorgang im Betrieb des Messverfahrens keine Arbeit entzogen wird, wie zum Beispiel bei der Messung einer elektrischen Spannung.
- das Messgerät nur im Bereich um den Nullzustand eingesetzt wird. Dabei ist höhere Anzeigegenauigkeit zu erreichen als bei einem großen Messbereich.

Nachteilig ist der hohe Zeitaufwand zur Kompensation.

| Beispiel | für Ausschlagmess- und Kompensationsmessverfahren |

Ausschlagmessverfahren

Messen eines Gewichts mit einer Federwaage.

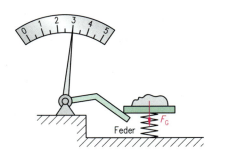

Kompensationsmessverfahren

Messen eines Gewichts mit einer Balkenwaage.

Übungsaufgaben FT-52, FT-53, FT-54

4.4 Begriffe der Längenmesstechnik

• **Begriffe zum Messvorgang**

Um den Messvorgang beschreiben zu können, ist es notwendig, einige Begriffe der Messtechnik zu kennen.

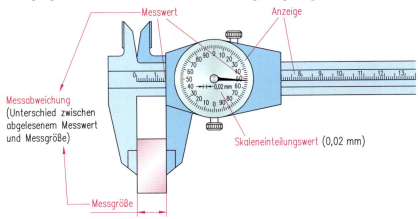

Begriffe der Messtechnik

Begriffe	Erläuterungen	
Anzeige	analog	digital
	Skalenteilungswert (1 mm) Nonius	Schrittwert (0,01 mm)
	Bei einem analogen Messgerät wird der Messwert durch Ablesen einer Markierung auf einer Hauptskala ermittelt. Die Ablesegenauigkeit kann durch eine Zusatzskala, wie z. B. durch den Nonius beim Messschieber, verfeinert werden.	Bei einer digitalen Messanzeige wird der Messwert als Ziffernwert angezeigt, wobei die Genauigkeit vom Schrittwert des Messgeräts abhängig ist.
	Die Anzeige ist die vom Messgerät ausgegebene Information über die Größe des Messwertes. Sie kann optisch – in analoger oder digitaler Form – vermittelt werden.	
Messwert	Der Messwert ist das Ergebnis des Vergleichs zwischen der Messgröße und der auf dem Messgerät festgelegten Maßeinheit. Messwert = Zahlenwert · Maßeinheit	
Messgröße	Die Messgröße ist die zu messende Größe an einem Werkstück.	
Skalenteilungswert bzw. Schrittwert	Der Skalenteilungswert bzw. Schrittwert entspricht der Differenz zweier benachbarter Teilungsmarken auf einer Strichskala bzw. einem Ziffernschritt auf einer Ziffernskala.	
Messabweichung	Eine Messabweichung ist die Differenz zwischen dem gemessenen Wert (Messwert) und dem tatsächlichen Wert (Messgröße).	
Bezugstemperatur	Die Bezugstemperatur ist die Temperatur, bei der Messgeräte genau anzeigen. Sie beträgt 20 °C. Sie muss für Messzeuge und Werkstücke eingehalten werden.	

4.5 Auswahl von Prüfverfahren und Prüfgeräten

Messen wendet man zur Ermittlung von Istmaßen an, z. B. Messen eines Bohrerdurchmessers mit dem Messschieber. Messen ist notwendig, wenn Maße protokolliert werden müssen.
Lehren wendet man an, wenn festgestellt werden soll, ob eine Form oder ein Maß innerhalb festgelegter Grenzen liegt, z. B. Prüfen der Rechtwinkligkeit zweier Flächen mit dem Flachwinkel.

Nach der Entscheidung, ob Messen oder Lehren, wird das entsprechende Prüfgerät ausgewählt. Die Prüfbedingungen erfordern bestimmte Merkmale des Prüfgeräts:

- Die Prüfgröße bestimmt die Art des Prüfgeräts,
  z. B. verwendet man für Winkelmessungen Winkelmesser.
- Die Größe des zu prüfenden Maßes bestimmt den Arbeitsbereich des Prüfgeräts,
  z. B. misst man eine Gebäudelänge mit dem Bandmaß.
- Die geforderte Messgenauigkeit bestimmt die Ablesegenauigkeit des Messgeräts,
  z. B. erfordert die Prüfung des Maßes 30 ± 0,05 mm eine Messschraube, Messuhr, o. Ä.
- Die Anzahl der zu prüfenden Teile bestimmt die besonderen Merkmale des Prüfgeräts,
  z. B. setzt man zur Kurbelwellenprüfung in der Autoindustrie automatisierte Prüfeinrichtungen ein.
- Die Qualifikation des Prüfers bestimmt die Handhabung und Art der Ablesung,
  z. B. setzt man bei geringer Qualifikation des Prüfers bei Serienprüfungen Lehren mit akustischer Anzeige von Toleranzüberschreitungen ein.
- Die Arbeitsbedingungen bestimmen die Unempfindlichkeit des Prüfgeräts,
  z. B. werden Messungen an umlaufenden Teilen am günstigsten berührungslos durchgeführt.

Beispiele für die Auswahl von Prüfgeräten, Prüfverfahren und Hilfsmitteln

Situation	ausgewähltes Prüfverfahren	Begründung der Entscheidung
In einer Werkstatt sind Stahlprofile von 350 mm bis 1910 mm Länge für eine Schweißkonstruktion zu messen.		Die Messung kann mit einem Rollmaß oder einem Gliedermaßstab vorgenommen werden. Der Messbereich von 2 m ist erforderlich, die Ablesegenauigkeit von 1 mm ist ausreichend.
An 20 Bolzen ⌀ 50 x 160 soll an einem Ende jeweils ein Zapfen mit ⌀ 30 und 40 mm Länge gedreht werden, Maßtoleranz 0,1 mm.		Die Messung des Zapfendurchmessers und der Zapfenlänge wird mit einem Messschieber mit Tiefenmesseinrichtung vorgenommen. Messbereich und Ablesegenauigkeit erfüllen die Anforderungen.
In einem Brenner ist wahrscheinlich eine falsche Düse eingesetzt worden. Die Bohrung der Düse ist zu prüfen.		Die Prüfung mit der Fühlerlehre ist einfach und sicher. Eine Prüfung mit einer kegligen Lochlehre würde nur den Durchmesser am Düsenaustritt erfassen.
Eine Exzenterscheibe soll 5 ± 0,5 mm außermittig sein. Es sind 50 Scheiben zu prüfen.		Trotz der großen Toleranz ist die Prüfung mit einer Messuhr sinnvoll, weil nach einmaliger Einstellung der Messuhr die Exzentrizität jeweils mit einer Umdrehung der Werkstücke geprüft werden kann.
Der Abstand einer Gewindebohrung von einer Passbohrung soll 100 ± 0,2 mm betragen. Das Maß ist zu prüfen.		Die große Toleranz erlaubt die Messung mit dem Messschieber. Der Einsatz von Messbolzen ermöglicht eine genauere Erfassung des Maßes als die Messung über die Gewindespitzen.

Die Wahl der Hilfsmittel, z. B. Spannzeuge, Unterlagen, richtet sich nach ähnlichen Gesichtspunkten wie die Auswahl der Prüfverfahren.
Zum wirtschaftlichen Prüfen ist der kleinstmögliche Aufwand anzustreben.

Übungsaufgaben FT-55, FT-56

4.6 Prüfmittelmanagement

Das Prüfmittelmanagement soll gewährleisten, dass in allen Phasen der Produktion sowie bei Wartung und Inspektion stets geeignete Messmittel in richtiger Weise eingesetzt werden.

Diese Aufgabe verlangt
- Prüfmittelplanung,
- Prüfmittelverwaltung,
- Prüfmittelüberwachung.

• Prüfmittelplanung

Die Planung der Prüfvorgänge im Rahmen der Fertigung bezieht sich auf das Produkt, die einzusetzenden Betriebsmittel (Maschinen, Werkzeuge, Vorrichtungen u. a.) sowie die zu verwendenden Prüfmittel.

Aufgaben der Prüfplanung sind
- Festlegung der zu prüfenden Merkmale und ihrer Grenzwerte,
- Beschreibung der Prüfmethode,
- Auswahl der Prüfmittel,
- Einordnung der Prüfungen in den Produktionsprozess,
- Bestimmung des Prüfumfangs (z. B. Stichprobe, 100%-Prüfung),
- Festlegung der Art der Auswertung (z. B. gut – schlecht, zahlenmäßige Messwerterfassung, statistische Auswertung),
- Festlegung der Konsequenzen der Auswertung (z. B. Ausschuss, Nacharbeit),
- Festlegung der Prüfer und der Verantwortlichkeit.

• Prüfmittelverwaltung

Jedes Prüfmittel, das in qualitätsentscheidenden Bereichen der Produktion sowie der Wartung und Instandhaltung eingesetzt wird, muss gekennzeichnet und registriert sein. In entsprechenden Karteien müssen die einzelnen Verwendungen des Prüfmittels und sein Einsatz dokumentiert werden. Ferner sind in den Karteien die Intervalle für die Überprüfung des jeweiligen Prüfmittels festgelegt.

• Prüfmittelüberwachung

Hinsichtlich ihrer Funktion und Genauigkeit müssen Prüfmittel regelmäßig überprüft werden. Im Rahmen der Wartung der Prüfmittel ist die Kalibrierung vorzunehmen.
Bei der Kalibrierung wird der Zusammenhang zwischen einem geeichten Normal und dem Anzeigewert des Prüfmittels festgestellt.

Durch **Justieren** wird das Prüfmittel so eingestellt, dass die Anzeige die geringste Abweichung vom Wert des Normals darstellt.

Das **Kalibrieren** kann in Betrieben mit eigenem Kalibrierlabor vorgenommen werden. Unabhängige Kalibrierdienste sind der Deutsche Kalibrierdienst (DKD) bei den Landesbehörden und die Physikalisch Technische Bundesanstalt (PTB) als Bundesbehörde.

Kalibrieren einer Messtasters

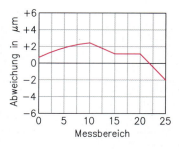

5 Übungsaufgaben Fertigungstechnik

Urformen

FT-1 Vergleichen Sie die Zeichnung, den Modellriss und das Modell eines Werkstücks.

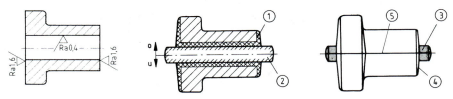

Zeichnung **Modellriss** **Modell**

a) Welche gießtechnischen Merkmale sind in den Zeichnungen mit Zahlen gekennzeichnet? Schreiben Sie die Merkmale hinter die Zahlen auf Ihr Lösungsblatt.
b) Wodurch werden Hohlräume in einem Gussstück erzeugt?
c) Welche Aufgabe haben die Kernmarken am Modell?
d) Wozu sind Formschrägen an diesem Modell erforderlich?
e) Wie groß ist das Schwindmaß für Gusseisen?
f) Welchen Durchmesser hat das Modell, wenn der Werkstückdurchmesser 250 mm werden soll?
g) Aus welchen Werkstoffen könnte das Modell gefertigt werden, wenn es für mehrere Abgüsse verwendet wird?

FT-2 Die Darstellung zeigt den Entwurf für ein Gehäuse, das durch Gießen hergestellt werden soll.
Skizzieren Sie den Entwurf für ein form- und gießgerechtes Modell im Schnitt unter Berücksichtigung folgender Gesichtspunkte:
- Bearbeitungszugabe,
- Formschräge,
- abgerundete Übergänge.

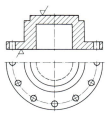

FT-3 Beschreiben Sie die Herstellung der Form für den dargestellten Rohrbogen in Sandguss.
Ordnen Sie dazu die untenstehenden Aussagen zu einem Fachbericht.

fertiges Gussstück

Kernkasten geöffnet

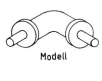
Modell

Aussagen:
- Das Unterkastenmodell wird auf den Aufstampfboden gelegt, Formsand in den Kasten gefüllt und der Sand festgestampft.
- Die aufgestampften Formhälften werden getrennt, die Modellhälften werden aus der Form gehoben.
- Lauf und Anschnitt werden hergestellt. Der Kern, der im Kernkasten hergestellt wurde, wird in den Formhohlraum gelegt.
- Das Oberkastenmodell und das Modell für den Einguss werden auf die Unterkastenhälfte aufgesetzt. Der Oberkasten wird aufgesetzt und aufgestampft.
- Oberkasten und Unterkasten werden zusammengelegt und beschwert. Die Form wird abgegossen.
- Der Unterkasten wird gewendet.

Übungsaufgaben Fertigungstechnik

FT-4 Das Bild zeigt ein Gussstück, wie es der Form entnommen wurde.
   a) Bezeichnen Sie die Teile ① bis ⑤.
   b) Welche Nacharbeiten am Gussstück sind noch im Gießereibetrieb nach dem Gießen vorzunehmen?

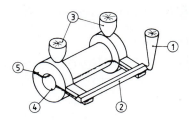

FT-5 Was versteht man unter Sintern?

Umformen

FT-6 Unterscheiden Sie Urformen und Umformen. Geben Sie dazu Beispiele an.

FT-7 Nach welchem Ordnungsgesichtspunkt werden Umformverfahren in Hauptgruppen eingeteilt?

FT-8 Übertragen Sie die nachfolgende Tabelle in Ihr Heft und unterscheiden Sie Längs-, Quer- und Schrägwalzen durch ausfüllen der freien Felder.

Verfahren	Bewegungsrichtung des Walzgutes	Erzeugnis
Längswalzen		
Querwalzen		
Schrägwalzen		

FT-9 Unterscheiden Sie Freiformen und Gesenkformen.

FT-10 Warum zählt das Tiefziehen zu den Zug-Druck-Umformverfahren, obwohl in der Benennung nur das Ziehen genannt wird?

FT-11 Nennen Sie ein Produkt, das durch Tiefziehen hergestellt wird. Beschreiben Sie die notwendigen Arbeitsgänge für das Teil, vom Blechzuschnitt ausgehend.

FT-12 Berechnen Sie für die dargestellten Werkstücke die erforderlichen Rondendurchmesser und das jeweilige Zielverhältnis.

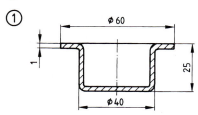 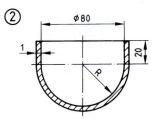

FT-13 Schreiben Sie einen Bericht über die Spannungsverteilung in einem rechteckigen Werkstückquerschnitt nach dem Umformen durch Biegen. Verwenden Sie dabei die Begriffe „Faser" und „spannungsfreie Faser".
Zeigen Sie den unverformten und den verformten Querschnitt in verschiedenen Farben in einer gemeinsamen Skizze.

Trennen

FT-14 Skizzieren Sie einen durch Scherschneiden entstandenen Schnitt, und benennen Sie die einzelnen Zonen.

FT-15 a) Unterscheiden Sie Gesamtschneiden und Folgeschneiden.
b) Geben Sie den Vorteil des jeweiligen Verfahrens an.

FT-16 Erstellen Sie in Ihrem Heft eine Tabelle in der nachfolgenden Form.

Winkel	Kurzzeichen	Einfluss
Freiwinkel	?	?
Spannwinkel	?	?
Keilwinkel	?	?

Ergänzen Sie nun die fehlenden Eintragungen.

FT-17 Erstellen Sie eine Skizze zum direkten Nachweis der Aussage: „Ein großer Schneidenradius ergibt bei gleichbleibendem Vorschub z. B. eine geringere Rautiefe R_t."

FT-18 Das skizzierte Werkstück wird plan gedreht.
a) Fertigen Sie eine perspektivische Skizze an, und kennzeichnen Sie die Richtung von Schnitt- und Vorschubbewegung.
b) Die Schnittgeschwindigkeit ist im Augenblick 100 m/min, die Vorschubgeschwindigkeit beträgt 100 mm/min. Ermitteln Sie die augenblickliche Wirkgeschwindigkeit.
c) In welche Richtung erfolgt zum Zwecke einer erneuten Spanabnahme eine Zustellbewegung?

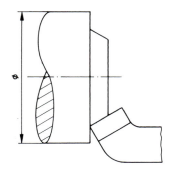

FT-19 Fertigen Sie eine Prozessdarstellung in der nachfolgenden Weise an.

Ergänzen Sie anschließend die entsprechenden Eingangs- und Ausgangsgrößen.

FT-20 a) Notieren Sie die Eingangs- und Ausgangsgrößen zur angegebenen Prozessbeschreibung.

b) Um welche Spanart handelt es sich in a)?

FT-21 Warum sind Schraubenbruchspan und Spiralbruchspan günstige Spanformen?

Übungsaufgaben Fertigungstechnik

FT-22 Warum ist polykristalliner Diamant für die Zerspanung von Stahl ungeeignet?

FT-23 In welchem Schnittgeschwindigkeitsbereich kann ein keramischer Schneidstoff aus Al_2O_3-Basis eingesetzt werden? Benutzen sie zur Beantwortung der Frage das Diagramm im Fachbuch.

FT-24 Benennen Sie die Arten von Dreharbeiten, mit denen die bezeichneten Teile der Werkstückkontur gefertigt werden, z. B. Bereich 4 = Längsrunddrehen.

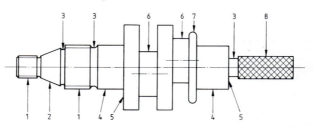

FT-25
a) Tragen Sie in die Skizzen die Winkel α, β, γ ein.

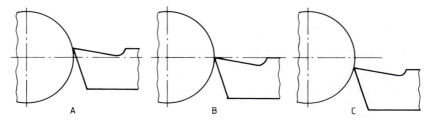

b) Welche Winkel werden durch die Einstellung über oder unter Mitte verändert?
c) Welche Folgen hat
   1. eine Vergrößerung des Spanwinkels,
   2. eine Verkleinerung des Spanwinkels?
d) Bei welcher Stellung (A, B, C) des Drehmeißels besteht die Gefahr, dass das Werkstück auf die Spanfläche aufläuft?

FT-26 Welche Wirkung ist mit einer Vergrößerung des Freiwinkels zu erzielen?

FT-27 Begründen Sie, warum für eine Schruppbearbeitung ein kleiner Einstellwinkel gewählt wird.

FT-28 Wann werden Drehmeißel mit negativem Neigungswinkel eingesetzt?

FT-29 Benennen Sie die dargestellten Drehverfahren und die verwendeten Drehmeißel.

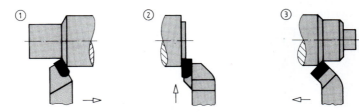

FT-30 Welche Ausführungsart von Drehmeißeln wird in der Serienfertigung eingesetzt?

FT-31 Die Auswahl der Art der Werkstückeinspannung kann anhand bestimmter Werkstückeigenschaften erfolgen. Übertragen Sie die nachfolgende Tabelle in Ihr Heft und ergänzen Sie die fehlenden Eintragungen in den freien Feldern.

Art der Werkstückeinspannung	Werkstückeigenschaften

FT-32 Beim Drehen hängt die erreichbare Rautiefe von den Schnittbedingungen und der Schneidengeometrie ab.
a) Geben Sie fünf Einflussgrößen auf die Rautiefe an.
b) Wie sind die fünf Einflussgrößen zu wählen, um eine möglichst geringe Rautiefe zu erreichen?
c) Erläutern Sie den Zusammenhang zwischen Aufbauschneidenbildung und Rautiefe.
d) Nennen Sie Maßnahmen, die zur Verringerung der Aufbauschneidenbildung führen.

FT-33
a) Welche Rautiefe ist für einen Lagerbolzen nach dem Drehen zu erwarten, wenn der Vorschub 0,2 mm/Umdrehung beträgt und das Werkzeug einen Schneidenradius von 0,3 mm hat?
b) Ein Drehmeißel ist mit einem Schneidwerkstoff P 20 bestückt. Der Schneidenradius ist mit 0,4 mm vorgegeben. Es soll eine Welle aus E360 (St70) feingedreht werden, sodass die Rautiefe unter 15 µm beträgt.
Welcher Vorschub ist einzustellen? (Der Vorschub ist an der Maschine nur in Stufungen von 0,1 mm/Umdrehung einstellbar.)

FT-34 Eine Welle von 20 mm Durchmesser soll mit einer Schnittgeschwindigkeit v_c = 100 m/min längs überdreht werden. Welche Umdrehungsfrequenz ist einzustellen?

FT-35 Wellen mit 80 mm Durchmesser aus S235 (St 37) sollen mit einem Hartmetallwerkzeug (P10) bei einem Vorschub von 0,3 mm abgedreht werden. Die Schnitttiefe soll 2 mm, die Standzeit 60 min betragen.
a) Ermitteln Sie die für die vorgegebenen Daten erforderliche Schnittgeschwindigkeit.
b) Berechnen Sie die an der Maschine einzustellende Umdrehungsfrequenz.

FT-36 Eine Welle mit 150 mm Durchmesser und 800 mm Länge wird mit einer Schnittgeschwindigkeit von 120 m/min einmal überdreht. Der Vorschub beträgt 0,2 mm.
Wie lange dauert der reine Drehvorgang?

FT-37 Berechnen Sie die fehlenden Maße h beziehungsweise h_m und b sowie den Spanungsquerschnitt S für die skizzierten Späne.

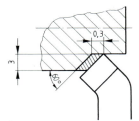

FT-38 Ein GG25 wird von 150 mm Durchmesser auf 138 mm Durchmesser abgedreht. Der Vorschub soll 0,5 mm betragen, der Anstellwinkel des Drehmeißels ist 60°.
Berechnen Sie die Schnittkraft F_c.

FT-39 Der Motor einer Drehmaschine leistet 20 kW. Die Maschine hat einen Wirkungsgrad von 0,5. Auf der Maschine sollen Werkstücke aus 42CrMo4 abgedreht werden. Der Vorschub soll 0,5 mm und die Schnittgeschwindigkeit 70 m/min betragen. Der Einstellwinkel des Werkzeuges ist 60°.
Werkstoffdaten: k_{c11} = 2 500 N/mm²; z = 0,26
Berechnen Sie: a) Spindelleistung P, c) Spandicke h, e) Schnitttiefe a_p.
b) Schnittkraft F_c, d) Spanbreite b,

FT-40 Benennen Sie die dargestellten Fräsarbeiten nach der zu erzeugenden Fläche. Geben Sie die normgerechte Bezeichnung des Fräsverfahrens an.

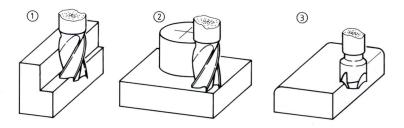

FT-41 Unterscheiden Sie das Gleichlauffräsen und das Gegenlauffräsen im Hinblick auf das Zusammenwirken von Schnittbewegung und Vorschub.

FT-42 Benennen Sie Schneiden und Flächen an dem skizzierten Werkzeug.

FT-43 Auf einer Waagerecht-Fräsmaschine sollen Werkstücke aus EN AC-AlCuMg 2 bzw. aus X 155 CrVMo 12-1 mit Walzenfräsern bearbeitet werden.
a) Wählen Sie für die Bearbeitung geeignete Fräsertypen aus. Begründen Sie die Auswahl.
b) Machen Sie eine allgemeine Aussage über die Größe von Keil- und Spanwinkel der ausgewählten Fräser.

FT-44 Was versteht man unter einem Langlochfräser?

FT-45 Skizzieren Sie die Querschnitte, die mit den abgebildeten Fräsern auf der angegebenen Maschine in eine ebene Werkstückoberfläche gefräst werden können. Geben Sie jeweils die Bezeichnung des verwendeten Fräsers an.

auf einer Waagerecht-Fräsmaschine	auf einer Senkrecht-Fräsmaschine
① ②	③

FT-46 In eine Welle von 450 mm Länge wird mit einem Scheibenfräser von 125 mm Durchmesser eine 6 mm breite und 8 mm tiefe Nut in einem Schnitt gefräst. Der Fräser hat 10 Zähne. Der Vorschub je Zahn soll $f_z = 0{,}1$ mm betragen. Die Schnittgeschwindigkeit soll 30 m/min sein.
a) Berechnen Sie den Mindestanlaufweg a.
b) Ermitteln Sie die Fräszeit.

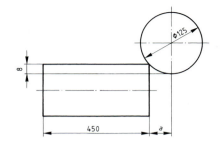

Prüfen

FT-47 Geben Sie je zwei Beispiele für subjektives und objektives Prüfen an.

FT-48 Unterscheiden Sie Messen und Lehren.

FT-49 Warum kann mit einer Grenzrachenlehre das Istmaß eines Werkstücks nicht festgestellt werden?

FT-50 Geben Sie die jeweiligen Vorteile von digitalen und analogen Messwertanzeigen an.

FT-51 Wie kann die Messgenauigkeit des im Beispiel dargestellten digitalen Messverfahrens erhöht werden? (Zur Beantwortung der Frage ist die Skizze, die das Messprinzip zeigt, ins Heft zu übertragen und so zu verändern, dass sich die Messgenauigkeit erhöht.)

FT-52 Übertragen Sie die nebenstehende Skizze eines Säulenmessgeräts in ihr Heft. Kennzeichnen Sie anschließend die Größen: Messwert, Messgröße, andersartige physikalische Größe. Beschreiben Sie den funktionalen Zusammenhang zwischen Messgröße und der andersartigen physikalischen Größe.

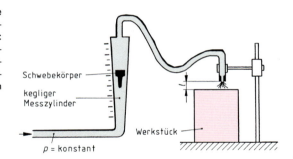

FT-53 Welchen Vorteil haben Kompensationsmessverfahren gegenüber Anschlagmessverfahren?

FT-54 Geben Sie je ein weiteres Beispiel für ein Anschlagmessverfahren und ein Kompensationsmessverfahren an.

FT-55 Zur Prüfung eines Messschiebers im Bereich von 12 bis 15 mm wurden drei Endmaße (10 mm, 2 mm und 1,5 mm) zusammengeschoben. Der Messschieber zeigte die abgebildete Anzeige. Bestimmen Sie
a) Messwert,
b) Wert der Messgröße,
c) Skaleneinteilungswert und
d) Messabweichung.

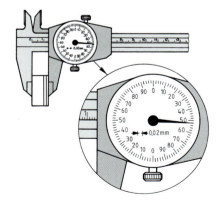

FT-56 Das gezeichnete Werkstück soll geprüft werden.
a) Erfassen Sie alle Maße (außer Radienmaßen) und ordnen Sie diese tabellarisch nach kleiner werdender Maßtoleranz.
b) Geben Sie zu jedem Maß das Prüfverfahren und das Prüfgerät an.

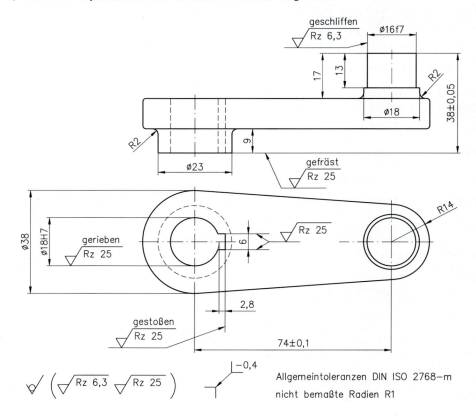

Werkstoffe W

Werkstoffe auswählen

Auftrag

Auftragsbeschreibung

Für ein Bauteil ist der Werkstoff auszuwählen

Schema

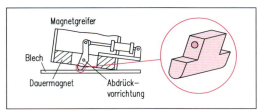

Analysieren

- Belastung des Bauteils feststellen (mechanisch, thermisch, chemisch)
- notwendige Eigenschaften aus der Belastung ermitteln

Belastung:
- Biegung
- Verschleiß

notwendige Eigensch.:
- unmagnetisch
- fest
- abriebfest
- weicher als Blech
- etc.

- bisher verwendete bzw. in ähnlichen Fällen eingesetzte Werkstoffe auflisten
- Kostenrahmen für Werkstoff ermitteln

Vorauswahl durchführen

- Werkstoffe mit den notwendigen Eigenschaften auswählen

geeignet:
- austenitischer Stahl
- Messing, Bronze
- PA, PE, PTFE
- Al-Legierungen

- Werkstoffhauptgruppe auswählen (Stahl, Leichtmetall, Kunststoff...)
- Werkstoffuntergruppe benennen (z. B. Baustahl, Messing...)

Werkstoff technisch und wirtschaftlich bewerten

- Fertigung:
  - Werkstoffkosten
  - Fertigungskosten
  - Umweltbelastung

	Punktebewertung		
	Werkstoffpreis	Fertigungskosten	Umbe...
austenitischer Stahl	1	1	
Messing	2	2	
Bronze	1	2	
Polyamid	3	2	
Polytetrafluorethylen	2	1	

- Nutzung:
  - Wartung
  - Instandhaltung (Ersatzteilbeschaffung...)

- Beseitigung:
  - Recycelbarkeit

ausgewählten Werkstoff normgerecht definieren

- Werkstoffbezeichnung

Druckstück:
Polyamid PA 610

- Werkstoffnummer
- Kurzzeichen

1 Metalle

1.1 Chemische Elemente

● **Vorkommen und Einteilung**

Alle Stoffe auf der Erde, z. B. Wasser, Stein, Holz, Stahl, Kunststoff, sind aus Grundstoffen aufgebaut. Diese Grundstoffe nennt man chemische Elemente. In der Natur gibt es 92 Elemente. Zu diesen kommen noch Elemente, die mit Mitteln der modernen Atomphysik erzeugt werden. Diese künstlich hergestellten Elemente sind bislang jedoch technisch bedeutungslos.

Auf der Erde sind die Elemente in sehr unterschiedlichen Mengen vorhanden. So bestehen z. B. 50 % der Erdrinde aus dem Element Sauerstoff, während 83 andere Elemente einen Anteil von insgesamt nur 1,4 % haben. Darunter befinden sich so wichtige Elemente wie Kupfer, Zink, Nickel, Kohlenstoff.

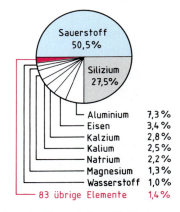

Verteilung der Elemente in der Erdrinde

> Alle Stoffe bestehen aus Grundstoffen, den chemischen Elementen. Chemische Elemente lassen sich mit üblichen Trennverfahren nicht in einfachere Stoffe zerlegen.

Jedes Element hat einen Namen, der durch ein international gültiges Symbol abgekürzt wird. Das Symbol setzt sich aus Buchstaben des lateinischen Namens des Elementes zusammen.

Eisen	= **F**errum	⇒ **Fe**
Sauerstoff	= **O**xygenium	⇒ **O**
Kohlenstoff	= **C**arboneum	⇒ **C**
Stickstoff	= **N**itrogenium	⇒ **N**

Etwa 70 Elemente zeigen als gemeinsame Merkmale besonderen Glanz, gute Wärmeleitfähigkeit, elektrische Leitfähigkeit und gute Umformbarkeit. Sie werden als **Metalle** bezeichnet. Die übrigen Elemente bezeichnet man als **Nichtmetalle**.

> Kennzeichen der Metalle:
> - glänzende Oberfläche,
> - gute elektrische Leitfähigkeit,
> - gute Wärmeleitfähigkeit,
> - gute Umformbarkeit.

Die Metalle werden nach der Dichte in **Leichtmetalle** und **Schwermetalle** unterteilt. Leichtmetalle haben eine Dichte unter 4,5 g/cm^3.

Von den Schwermetallen ist das Element Eisen das in der Technik am häufigsten verwendete Metall. Andere Schwermetalle sind als Legierungsmetalle des Eisens von Bedeutung, wie z. B. Mangan, Wolfram und Chrom.

Häufig verwendete Leichtmetalle sind die Elemente Aluminium, Magnesium und Titan.

Unter den Nichtmetallen nimmt das Element Kohlenstoff eine besondere Stellung ein. Kohlenstoff ist die Grundlage aller Stoffe der lebenden Natur und der Kunststoffe.

Schwermetalle:
Eisen	Fe	Kupfer	Cu	Zinn	Sn
Zink	Zn	Blei	Pb	Nickel	Ni
Mangan	Mn	Wolfram	W	Vanadium	V
Kobalt	Co	Molybdän	Mo	Chrom	Cr

Leichtmetalle:
Aluminium	Al	Magnesium	Mg	Titan	Ti

Nichtmetalle:
Kohlenstoff	C	Silicium	Si	Stickstoff	N
Schwefel	S	Wasserstoff	H	Chlor	Cl
Phosphor	P	Sauerstoff	O	Argon	Ar

Übungsaufgaben W-1, W-2, W-3

Aufbau der Elemente

Das Atom ist das kleinste Teilchen eines chemischen Elementes. Jedes Element hat anders aufgebaute Atome.

Bausteine der Atome sind das **Proton**, das **Neutron** und das **Elektron**. Sie unterscheiden sich voneinander durch ihre Masse, ihre elektrische Ladung und ihren Platz im Atom.

Protonen sind elektrisch positiv geladen. Elektronen sind elektrisch negativ geladen. Neutronen sind elektrisch neutral.

Protonen und Neutronen haben etwa gleiche Masse und bilden den Atomkern.

Das Elektron hat nur etwa 1/2000 der Masse eines Protons. Die Elektronen bilden die Hülle des Atoms.

Das erste brauchbare Atommodell wurde 1913 von E. Rutherford entworfen und von N. Bohr weiterentwickelt. Hiernach bewegen sich die Elektronen auf kreis- oder ellipsenförmigen Bahnen um den Atomkern.

Die Bahnen, auf denen sich die Elektronen bewegen, liegen schalenförmig um den Atomkern. Man spricht deshalb von Schalen, die unterschiedliche Abstände zum Kern haben.

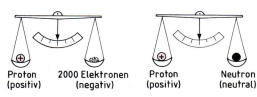

Massenvergleich der Atombausteine

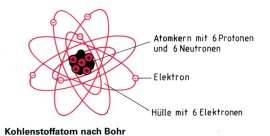

Kohlenstoffatom nach Bohr

Atombausteine:
- Kernbausteine: • Protonen (elektrisch positiv) • Neutronen (ungeladen)
- Bausteine der Hülle: • Elektronen (elektrisch negativ)

Atomaufbau der Elemente 1 bis 18

(nach dem Atommodell von Bohr)

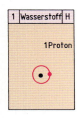
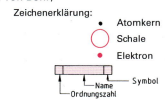

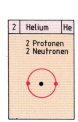

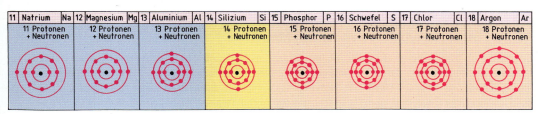

Übungsaufgaben W-4, W-5, W-6

1.2 Aufbau von Metallen

1.2.1 Metallbindung

Metallatome geben die Elektronen der äußeren Schalen ab. Dadurch entstehen elektrisch positiv geladene Teilchen, die man als **Metallionen** bezeichnet.

Die abgegebenen Elektronen bleiben ungebunden und können sich zwischen den Metallionen frei bewegen. Durch ihre negative Ladung bewirken sie den Zusammenhalt der Metallionen. Es entsteht ein **kristalliner Aufbau** – ein Metallkristall.

Bei starker Vergrößerung ist an polierten Metallflächen die Kristallform erkennbar.

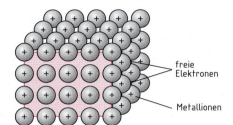
Schema eines Metallkristalls

10 000-fache Vergrößerung
Foto einer Aluminiumoberfläche

> In Metallen werden die positiv geladenen Metallionen von freien Elektronen zusammengehalten. Metalle sind kristallin aufgebaut.

Wirken Kräfte auf einen Metallkristall, so können die Schichten innerhalb des Metallkristalls leicht gegeneinander verschoben werden, ohne dass der Gesamtzusammenhang verloren geht. Die Folge ist eine gute Umformbarkeit der Metalle.

Metallkristall bei Umformung

> Metalle sind leicht umformbar.

Bildet man mit einem metallenen Draht und einer Batterie einen geschlossenen Stromkreis, so fließen Elektronen. Die Elektronen strömen vom Minuspol durch den Draht zum Pluspol. Die leichte Verschiebbarkeit der freien Elektronen in Metallen ist die Ursache für die gute elektrische Leitfähigkeit der Metalle.

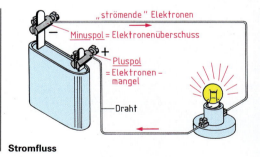
Stromfluss

> Die freien Elektronen sind die Ursache für die elektrische Leitfähigkeit der Metalle.

1.2.2 Schmelzverhalten von reinem Metall

Erwärmt man reines Metall, so steigt die Temperatur im Werkstoff zunächst gleichmäßig an. Dabei behalten die kleinsten Teilchen des Metallgefüges ihre Plätze im Metallkristall bei. Sie werden jedoch mit steigender Temperatur in immer stärkere Schwingungen versetzt. Schließlich lösen sich nacheinander einige Teilchen aus dem Gitter und bewegen sich frei – das Metall beginnt flüssig zu werden.

Übungsaufgaben W-7, W-8, W-9

Zum Übergang vom festen in den flüssigen Zustand benötigen die Teilchen sehr viel Wärme. Die Temperatur im Werkstoff steigt deswegen nicht weiter, obwohl ständig Wärme zugeführt wird. Erst wenn das ganze Metall geschmolzen ist, steigt die Temperatur wieder stetig an.

| Beispiel | für das Schmelzen eines reinen Metalles |

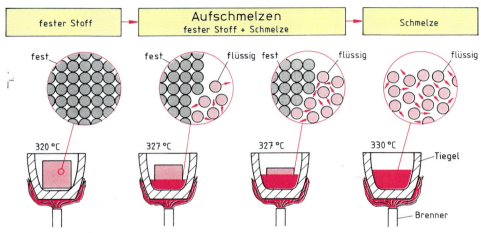

Schmelzen von reinem Blei

Misst man beim Aufschmelzen eines Metalls in bestimmten Zeitabständen die Temperaturen und trägt zugehörige Temperaturen und Zeiten in ein Diagramm ein, so erhält man durch Verbinden der einzelnen Punkte einen Linienzug. Dieser Linienzug gibt das Verhalten des Metalls genau wieder. Zunächst verläuft der Linienzug steil nach oben. Während eines bestimmten Zeitraumes erfolgt kein weiterer Temperaturanstieg. Es tritt also keine Temperaturveränderung ein. Diese Temperatur bezeichnet man als **Schmelztemperatur** oder Schmelzpunkt. Man spricht auch von einem **Haltepunkt,** weil die Temperatur „anhält". Anschließend verläuft die Kurve entsprechend der steigenden Temperatur wieder steil nach oben.

| Beispiel | für die Schmelzpunktbestimmung eines reinen Metalls |

Schmelzpunktbestimmung bei Blei

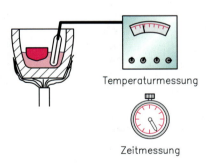

Versuchseinrichtung

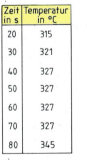

Zeit in s	Temperatur in °C
20	315
30	321
40	327
50	327
60	327
70	327
80	345

Messergebnisse

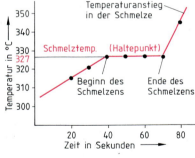

Aufheizkurve

Misst man den zeitlichen Verlauf der Temperatur bei der Abkühlung, so ergibt sich bei der Umwandlung vom flüssigen in den festen Zustand ein Haltepunkt bei der gleichen Temperatur wie der Schmelzpunkt. Schmelz- und Erstarrungspunkt sind gleich.

> Reine Metalle schmelzen und erstarren während eines Haltepunkts.
> Schmelz- und Erstarrungstemperatur sind gleich. Darum können Umwandlungspunkte über den Aufheiz- oder Abkühlungsverlauf ermittelt werden.

Übungsaufgaben W-10, W-11

1.2.3 Metallgefüge

Die Entstehung des kristallinen Aufbaus eines Metalls lässt sich am besten am Erstarrungsvorgang einer Metallschmelze erklären.

In einer Metallschmelze bewegen sich Metallionen regellos mit hoher Geschwindigkeit durcheinander. Kühlt die Schmelze ab, so wird die Bewegung der Metallionen langsamer. Bei Erreichen der **Erstarrungstemperatur** lagern sich die Ionen gleichzeitig an vielen Stellen der Schmelze zusammen. Es entstehen viele einzelne Kristalle, die während des Erstarrungsvorgangs wachsen.

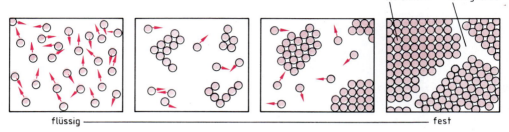

Entstehung des Metallgefüges

> Bei der Erstarrung einer Metallschmelze lagern sich Metallionen zu Kristallen zusammen.

Gegen Ende der Erstarrung stoßen die Kristalle aneinander. Die so entstandenen und gegeneinander gewachsenen Kristalle nennt man **Körner**. Die Grenzen zwischen den Körnern werden als **Korngrenzen** bezeichnet. Körner und Korngrenzen sind an polierten und mit Säure behandelten Metallproben unter dem Mikroskop zu erkennen. Diesen unter dem Mikroskop sichtbaren Aufbau des Metalls nennt man **Metallgefüge**.

Die Größe der Körner beeinflusst die Eigenschaften eines Metalls:

- grobkörnige Gefüge sind leichter zerspanbar,
- feinkörnige Gefüge sind zäher.

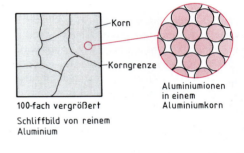

Gefüge von Aluminium

> Das Metallgefüge besteht aus vielen gegeneinander gewachsenen Kristallen.
> Man nennt diese Kristalle Körner.
> Feinkörnige Gefüge sind zäher, grobkörnige Gefüge sind besser zerspanbar.

Die Art, wie die Metallionen innerhalb eines Korns angeordnet sind, ist bei den einzelnen Metallen unterschiedlich. Zur Kennzeichnung dieser Ordnung denkt man sich die Mitten der nächsten benachbarten Metallionen miteinander verbunden. Man erkennt dann ein immer wiederkehrendes, räumliches Gebilde. Dieses räumliche Gebilde bezeichnet man als **Gitter**.

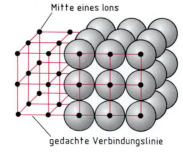

Gitteraufbau

> Die Anordnung der Metallionen im Metallkristall wird durch das Gitter beschrieben.

Übungsaufgaben W-12, W-13, W-14

1.2.4 Gittertypen

Kubisch-**r**aum**z**entriertes Gitter (krz-Gitter)

Beim kubisch-raumzentrierten Gitter sind acht Metallionen räumlich so angeordnet, dass die Verbindungen ihrer Mitten einen Würfel ergeben. Ein weiteres Metallion befindet sich in der Mitte – im Zentrum – des Würfels.
Metalle mit kubisch-raumzentriertem Gitteraufbau sind z. B. Chrom, Molybdän und Eisen (bei niedrigen Temperaturen).

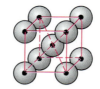

Kubisch-raumzentrierter Gitteraufbau

Kubisch-**f**lächen**z**entriertes Gitter (kfz-Gitter)

Beim kubisch-flächenzentrierten Gitter sind ebenfalls acht Metallionen räumlich so angeordnet, dass die Verbindungen ihrer Mitten einen Würfel bilden. Weitere sechs Metallionen befinden sich in den Mitten jeder Würfelfläche.
Metalle mit kubisch-flächenzentriertem Gitteraufbau sind z. B. Aluminium, Kupfer, Blei und Eisen (bei höheren Temperaturen).

Kubisch-flächenzentrierter Gitteraufbau

Hexagonales Gitter (hex-Gitter)

Beim hexagonalen Gitter bilden die Verbindungslinien benachbarter Metallionen einen Körper mit sechseckiger Grundfläche und Deckfläche. In der Mitte dieser beiden Flächen befindet sich je ein weiteres Metallion. Zwischen Grund- und Deckfläche haben zusätzlich drei Metallionen Platz.
Metalle mit hexagonalem Gitteraufbau sind z. B. Magnesium, Titan und Zink.

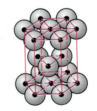

Hexagonaler Gitteraufbau

> Metalle kristallisieren hauptsächlich in
> - kubisch-flächenzentrierten Gittern,
> - kubisch-raumzentrierten Gittern oder
> - hexagonalen Gittern.

Aus den unterschiedlichen Gittertyen ergeben sich jeweils andere Eigenschaften:
Metalle mit hexagonalem Gitter – wie z. B. Magnesium – lassen sich schlechter umformen.
Metalle mit kubisch-flächenzentriertem Gitter – wie z. B. Blei – lassen sich gut umformen.

Auch für die Wärmebehandlung von Werkstoffen, z. B. beim Härten von Stahl, ist der Gittertyp von Bedeutung.

hex-Gitter   krz-Gitter   kfz-Gitter

steigende Umformbarkeit →

Bedeutung des Gittertyps für die Umformbarkeit

> Am besten umformbar sind Metalle mit kfz-Gitter, am schlechtesten Metalle mit hex-Gitter.

Übungsaufgaben W-15, W-16

2 Zweistofflegierungen

Reine Metalle haben im Maschinenbau und in der Fertigungstechnik nur geringe Bedeutung. Sie erfüllen nicht die vielseitigen Anforderungen, die an die Werkstoffe von Bauteilen gestellt werden. Zur Änderung der Eigenschaften werden darum Metalle mit anderen Metallen oder Nichtmetallen im flüssigen Zustand gemischt. Ein solches Gemisch ist eine **Legierung**.

Häufig verwendete Legierungen haben einen besonderen Namen wie z. B. Stahl, Gusseisen, Messing.
Stahl ist eine Sammelbezeichnung für schmiedbare Legierungen aus Eisen und höchstens 2,06% Kohlenstoff. Für besondere Anforderungen legiert man weitere Elemente zu.
Gusseisen ist eine Sammelbezeichnung für nicht schmiedbare Legierungen aus Eisen und 3 bis 5 % Kohlenstoff.
Messing ist eine Sammelbezeichnung für Legierungen aus Kupfer (mehr als 50 %) und Zink.

> Eine Legierung ist ein Gemisch von Metallen bzw. Metallen mit Nichtmetallen, das aus einer gemeinsamen Schmelze erstarrt.

An die einzelnen Bauelemente von Maschinen und Anlagen werden unterschiedliche Anforderungen gestellt, die für die Auswahl des Werkstoffs entscheidend sind.

Beispiel für verschiedene Legierungen in einem Getriebemotor

① Gehäuse aus Gusseisen
④ Wälzlager aus Stahl
② Welle aus Stahl
⑤ Deckel aus Zinkdruckguss
③ Zahnrad aus Stahl

Bauelemente	geforderte Eigenschaften	Werkstoff
① Gehäuse	mittlere Festigkeit, leicht herstellbar durch Gießen	**Gusseisen** mit 3,5 % Kohlenstoff und 1,5 % Silicium
② Welle	hohe Festigkeit und Zähigkeit	**Stahl** mit 0,42 % Kohlenstoff, 4 % Chrom, 0,5 % Silicium und 0,4 % Mangan
③ Zahnräder	hohe Zähigkeit mit harter Oberfläche	**Stahl** mit 0,2 % Kohlenstoff, 1,3 % Mangan und 0,5 % Silicium (oberflächengehärtet)
④ Wälzlager	harte und verschleißfeste Oberfläche	**Stahl** mit 1,05 % Kohlenstoff, 0,5 % Chrom und 0,3 % Silicium
⑤ Deckel	leicht herstellbar durch Gießen, sehr geringe Anforderungen	**Zinkdruckguss** mit 3,8 % Aluminium
Wicklung	gute elektrische Leitfähigkeit	**reines Kupfer**
Kontaktschrauben	gute elektrische Leitfähigkeit, mittlere Festigkeit	**Messing** mit 65 % Kupfer und 35 % Zink

Übungsaufgaben W-17, W-18

Entscheidend für die Eigenschaften legierter Werkstoffe ist das Verhalten der Legierungsbestandteile zueinander im festen Zustand.
Man unterscheidet grundsätzlich zwei Legierungstypen, Legierungen mit *Kristallgemengen* und Legierungen mit *Mischkristallen*.

2.1 Legierungen mit Mischkristallen

● **Aufbau und Eigenschaften**

Sind die Bestandteile einer Legierung am Aufbau des Kristallgitters gemeinsam beteiligt, so spricht man von einem **Mischkristall**.
Die Legierungsbestandteile sind im Korn gemischt. Legierungen mit Mischkristallbildung sind unter dem Mikroskop von den reinen Metallen nicht zu unterscheiden, da man im einzelnen Korn die verschiedenen Elemente nicht erkennen kann.

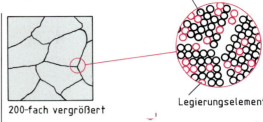

200-fach vergrößert

Gefüge von Mischkristallen

> Legierungen bilden Mischkristalle, indem die Bestandteile gemeinsame Gitter bilden.

Legierungsbestandteile mit kleinen Atomdurchmessern können Mischkristalle bilden, indem sie sich in Gitterlücken des Grundwerkstoffs einlagern. Die Fremdatome müssen erheblich kleiner sein als die Atome des Grundmetalls.
Diese Art der Mischkristalle bezeichnet man als **Einlagerungsmischkristalle**.

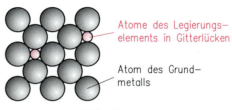

Einlagerungsmischkristall

Legierungsbestandteile mit etwa gleichem Atomdurchmesser wie das Grundmetall bilden Mischkristalle, indem die Atome des Legierungsbestandteils Atome des Grundwerkstoffs ersetzen. Diese Art der Mischkristalle bezeichnet man als **Austauschmischkristalle** (Substitutionsmischkristall).
Die Bildung von Austauschmischkristallen ist nur möglich, wenn die Ausgangsstoffe gleichen Gittertyp haben.

Austauschmischkristall

> Bei den Legierungen mit Mischkristallbildung müssen zwei Arten unterschieden werden:
> ● Einlagerungsmischkristalle,   ● Austauschmischkristalle.

Die Atome der Legierungsbestandteile in Mischkristallen behindern die Umformung des Grundwerkstoffs nur wenig. Deshalb sind Legierungen mit Mischkristallen leicht umformbar und zäh.
Wegen ihres einheitlichen Gefüges sind Mischkristalle verhältnismäßig korrosionsbeständig.

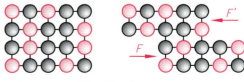

Umformung von Mischkristallen

> Mischkristalle
> ● haben hohe Zähigkeit,
> ● sind leicht umformbar,
> ● sind meist korrosionsbeständig.

Übungsaufgaben W-19, W-20

Zweistofflegierungen

● **Schmelz- und Erstarrungsverhalten von Legierungen mit Mischkristallen**

Legierungen mit Mischkristallen zeigen ein anderes Aufheiz- und Abkühlungsverhalten als reine Metalle. Sie schmelzen und erstarren nicht bei einer bestimmten Temperatur, einem Haltepunkt, sondern in einem Temperaturbereich. Temperaturbereiche nennt man in der Fachsprache Temperaturintervalle, darum spricht man von einem **Schmelz-** bzw. **Erstarrungsintervall**.

> **Beispiel** für das unterschiedliche Erstarrungsverhalten von zwei reinen Metallen und einer daraus gebildeten Legierung

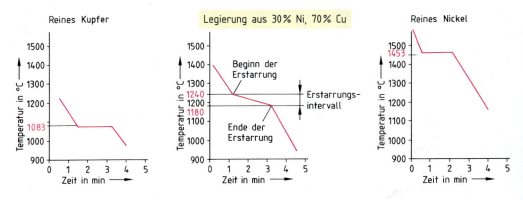

> Legierungen mit Mischkristallen schmelzen und erstarren in einem Temperaturintervall.

Die Temperaturen von Erstarrungsbeginn und Erstarrungsende sind abhängig von der Zusammensetzung der Legierung. Zur besseren Übersicht über das Schmelz- und Erstarrungsverhalten von verschiedenen Legierungen trägt man Beginn und Ende der Erstarrungsintervalle von Legierungen in ein Diagramm mit den Achsen Temperatur und Zusammensetzung ein. Verbindet man die Punkte untereinander, so erhält man ein Diagramm, das man als **Zustandsdiagramm** der Legierung bezeichnet.

> **Beispiel** für die Entwicklung eines Zustandsdiagramms aus Abkühlungskurven

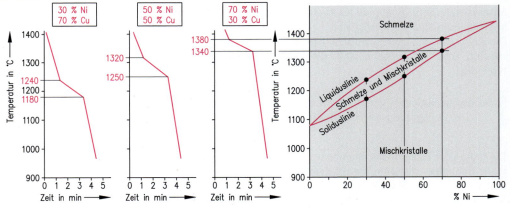

Abkühlungskurven von Kupfer-Nickel-Legierungen   **Zustandsdiagramm von Cu-Ni-Legierungen**

Aus diesem Zustandsdiagramm können Beginn und Ende des Schmelzens oder Erstarrens für jede beliebige Zusammensetzung abgelesen werden. Ferner kann man aus Zustandsdiagrammen die jeweils höchste Temperatur ablesen, auf die eine Legierung erhitzt werden darf, ohne dass sie zu schmelzen beginnt.

> Zustandsdiagramme von Legierungen mit Mischkristallen haben die Form einer „Zigarre". Oberhalb der Liquiduslinie liegt nur Schmelze vor. Unterhalb der Soliduslinie liegen nur Mischkristalle vor.

Übungsaufgaben W-21, W-22

2.2 Legierungen mit Kristallgemengen

• **Aufbau und Eigenschaften**

Liegen in einem Werkstoff die einzelnen Legierungsbestandteile im festen Zustand getrennt nebeneinander vor, so spricht man von **Kristallgemengen**.
Die verschiedenen Kristallarten sind aufgrund ihrer Größe nur unter dem Mikroskop deutlich zu erkennen. Weil sich die Atome von Grundmetall und Legierungselement bei Kristallgemengen meist im Durchmesser und im Gittertyp, in dem sie Kristalle bilden, unterscheiden, ist das Gefüge uneinheitlich.

> **Beispiel** für das Gefüge einer Legierung mit Kristallgemenge
>
> Aluminiumatome haben einen Durchmesser von $3 \cdot 10^{-10}$ m, Siliciumatome haben dagegen einen Durchmesser von $2{,}3 \cdot 10^{-10}$ m.
> Aluminium erstarrt im kfz-Gitter, Silicium nicht. In einer Legierung mit 12 % Si ist Aluminium das Grundmetall, in das Siliciumkörner eingelagert sind.

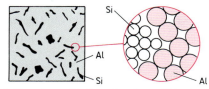

Gefüge einer schlecht umformbaren Al-Legierung mit 12 % Silicium

> Legierungen bilden Kristallgemenge, indem die Legierungsbestandteile nebeneinander eigene Kristalle bilden.

Die verschiedenen Atomdurchmesser und Gittertypen der einzelnen Bestandteile eines Kristallgemenges behindert die Umformung sehr. Darum verwendet man Werkstoffe mit Kristallgemenge möglichst nicht zum Umformen.

> Legierungen mit Kristallgemengen sind schlecht umformbar.

Kristallgemenge haben bei bestimmten Zusammensetzungen besonders niedrige Schmelztemperaturen und sind besonders dünnflüssig. Deshalb lassen sich solche Legierungen gut gießen.

> **Beispiel** für die Schmelzpunkterniedrigung in einer Legierung mit Kristallgemenge
>
> Im Gusseisen mit Kugelgrafit liegt der Legierungsbestandteil Kohlenstoff getrennt neben Eisen in Form von Grafitkugeln vor. Eine Legierung mit etwa 4 % Kohlenstoffgehalt schmilzt und erstarrt bei niedrigerer Temperatur als die Stoffe aus der sie besteht.
> Der Schmelzpunkt beträgt für
> • Eisen   1536 °C,
> • Grafit (Kohlenstoff)   3500 °C,
> • Legierung mit 4 % Kohlenstoff   1123 °C.

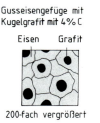

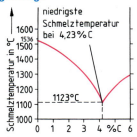

Schmelztemperatur von Fe-C-Gusslegierungen

> Bilden Stoffe Legierungen mit Kristallgemenge, so ist darunter stets eine Legierung mit einer bestimmten Zusammensetzung, die bei tieferer Temperatur schmilzt und erstarrt als die Ausgangsstoffe. Die Legierung ist besonders gut gießbar.

Legierungen mit Kristallgemengen ergeben bei spanabhebender Bearbeitung, z. B. Drehen, kurze Späne, weil der Span an den unterschiedlichen Gefügebestandteilen bricht. Darum verwendet man solche Legierungen zum Zerspanen auf automatischen Bearbeitungsmaschinen.

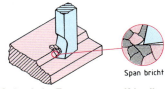

Kurze Späne beim Zerspanen von Kristallgemengen

> Legierungen mit Kristallgemengen sind sehr gut spanbar.

Übungsaufgaben W-23, W-24, W-25

Zweistofflegierungen

Viele Legierungen mit Kristallgemengen sind gute Lagerwerkstoffe. Dabei tragen die Körper des härteren Legierungsbestandteils die Welle, während die weicheren Körner die Schmierung begünstigen.

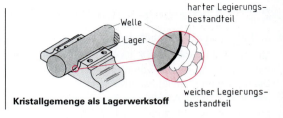

Kristallgemenge als Lagerwerkstoff

> Lagermetalle sind meist Legierungen mit Kristallgemengen.

● Schmelz- und Erstarrungsverhalten von Legierungen mit Kristallgemengen

Unter den möglichen Legierungen zweier Stoffe, die ein Kristallgemenge bilden, befindet sich ein Gemisch, das wie ein reines Metall bei einem Haltepunkt erstarrt. Diese Legierung weist eine besonders feine Verteilung der Bestandteile auf. Das Gefüge dieser Legierung nennt man **Eutektikum**. Der Schmelzpunkt des Eutektikums liegt stets tiefer als der Schmelzpunkt des niedrigst schmelzenden Bestandteiles.

Beispiel für das Erstarrungsverhalten und das Gefüge eines Eutektikums

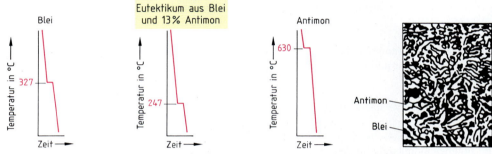

Abkühlungsverläufe der reinen Metalle und des Eutektikums   **Gefüge des Eutektikums**

> Kennzeichen eines Eutektikums:
> - feinstes Kristallgemenge,
> - Erstarrung bei einem Haltepunkt,
> - niedrigste Schmelztemperatur.

Legierungen, deren Zusammensetzung nicht eutektisch ist, scheiden zunächst in einem Erstarrungsintervall den gegenüber der eutektischen Zusammensetzung überschüssigen Bestandteil in Form kleiner Kristalle aus. Dadurch ändert sich die Zusammensetzung der Schmelze soweit, bis sie eutektische Zusammensetzung hat. Die restliche Schmelze erstarrt dann als Eutektikum.

Beispiel für das Erstarrungsverhalten und das Gefüge einer nicht eutektischen Legierung

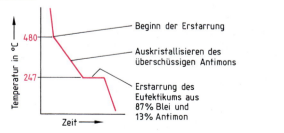 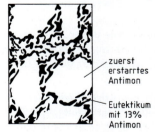

Abkühlungsverlauf einer Legierung mit 50% Antimon   **Gefüge einer Legierung mit 50% Antimon**

> In Legierungen mit Kristallgemengen, die nicht die eutektische Zusammensetzung haben, kristallisiert zunächst in einem Temperaturintervall der überflüssige Bestandteil aus. Die Restschmelze erstarrt eutektisch.

Übungsaufgaben W-26, W-27

Zur Erstellung des Zustandsdiagramms für ein Kristallgemenge trägt man auch den Beginn und das Ende der Erstarrung verschiedener Legierungen in ein Diagramm mit den Achsen Temperatur und Zusammensetzung ein. Hier entsteht ein V-förmiges Diagramm mit einer waagerechten Linie bei der Erstarrungstemperatur des Eutektikums.

| Beispiel | für das Zustandsdiagramm und die Gefüge einer Legierung mit Kristallgemenge |

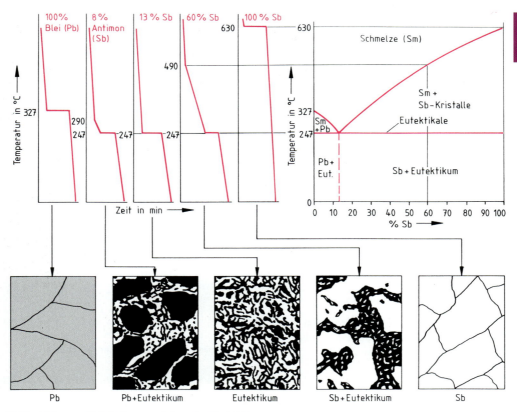

Gefügebilder von Blei, Antimon und deren Legierungen

In die verschiedenen Felder des Diagramms werden die jeweils vorliegenden Bestandteile eingetragen. Oberhalb der V-förmigen Kurve besteht eine Legierung nur aus Schmelze. Das Feld erhält die Beschriftung „Schmelze".

Zwischen der V-förmigen Kurve und der waagerechten Linie – **der Eutektikalen** – liegen die Bereiche, in denen der gegenüber dem Eutektikum überschüssige Bestandteil kristallisiert:
- Bei Legierungen, die mehr Blei als die eutektische Legierung enthalten, liegen Bleikristalle und Schmelze als Bestandteile vor.
- Bei Legierungen, die mehr Antimon als die eutektische Legierung enthalten, liegen Antimonkristalle und Schmelze vor.
- Unterhalb der eutektischen Temperatur ist alles fest. Als Bestandteile findet man hier die vorher ausgeschiedenen Kristalle und das Eutektikum. In die Felder trägt man demnach die Bezeichnungen der Gefügebestandteile „Blei + Eutektikum" und „Antimon + Eutektikum" ein.

Zustandsdiagramme von Legierungen mit Kristallgemengen haben die Form des Buchstaben V, der auf einer waagerechten Linie – der Eutektikalen – steht.

Übungsaufgaben W-28, W-29

3 Gefüge und Eigenschaften von Stahl

3.1 Kohlenstoffgehalt von Stahl

Stähle sind **Eisen-Kohlenstoff-Legierungen.** Entstehung und Veränderung des Gefüges von Eisen-Kohlenstoff-Legierungen werden durch das Zustandsdiagramm Eisen-Kohlenstoff veranschaulicht. Stähle haben höchstens 2,06 % Kohlenstoff. Deshalb bezeichnet man den Teil des Diagramms von 0,05 bis 2,06 % Kohlenstoff als die Stahlseite des Zustandsdiagramms der Eisen-Kohlenstoff-Legierungen.

> Das Eisen-Kohlenstoff-Diagramm beschreibt die Entstehung und Veränderung des Gefüges von Eisen-Kohlenstoff-Legierungen. Die Stahlseite reicht von 0,05 bis 2,06 % Kohlenstoff.

3.2 Gefügebestandteile

Die vielseitige Verwendung von Stahl erfordert unterschiedliche Werkstoffeigenschaften. Durch die Wahl des Kohlenstoffgehalts und eine entsprechende Behandlung können Stähle erzeugt werden, die den unterschiedlichsten Anforderungen genügen. Die Eigenschaften der Stähle und die Möglichkeiten, sie zu ändern, lassen sich am inneren Aufbau erklären.

- **Austenit**

Stahlschmelzen jeder Zusammensetzung erstarren zunächst als Mischkristalle. Die Kohlenstoffatome sind in Gitterlücken zwischen den Eisenatomen eingelagert. Die Eisenatome bilden bei der Erstarrung ein **kubisch-flächenzentriertes Gitter.** Man bezeichnet das Gefüge des Mischkristalls aus kubisch-flächenzentriertem Eisen und eingelagerten Kohlenstoffatomen als **Austenit**.
Austenit ist zäh und gut umformbar.

Das Eisen-Kohlenstoff-Diagramm zeigt wegen der Mischkristallbildung im oberen Bereich den für Mischkristalle typischen Verlauf.

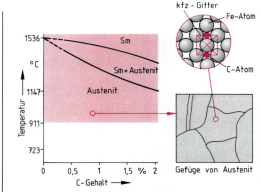

Austenit im Eisen-Kohlenstoff-Diagramm

> **Austenit** ist das Gefüge von Mischkristallen aus kubisch-flächenzentriertem Eisen mit Kohlenstoffatomen in den Gitterlücken. Austenit ist zäh und gut umformbar.

- **Ferrit**

Kühlt man reines Eisen langsam ab, lagern sich die Eisenatome um. Aus dem kubisch-flächenzentrierten Gitter des Eisens entsteht ein kubisch-raumzentriertes Gitter. Dieses Eisen mit dem kubisch-raumzentrierten Gitter bezeichnet man als **Ferrit**. In den Gitterlücken des Ferrits haben die Kohlenstoffatome keinen Platz. Ferrit ist weich und leicht umformbar.

Gitterlücke im krz-Gitter — **200-fach vergrößert Ferrit**

> **Ferrit** ist das Gefüge von nahezu reinem Eisen mit kubisch-raumzentriertem Gitteraufbau. Ferrit ist weich und leicht umformbar.

- **Zementit**

Kohlenstoffatome können mit Eisenatomen die Verbindung Fe_3C bilden. Diese Verbindung Fe_3C nennt man **Zementit**. Zementit besitzt hohe Festigkeit, ist aber hart und spröde.

> **Zementit** ist das Gefüge, das aus einer chemischen Verbindung des Eisens und des Kohlenstoffs mit der Formel Fe_3C besteht. Zementit ist hart und spröde.

Übungsaufgaben W-30, W-31

- **Perlit**

Kühlt man Austenit mit 0,8% Kohlenstoff ab, so bleibt bei 723 °C die Temperatur für eine gewisse Zeit konstant, weil ein neues Gefüge entsteht. Das Gitter des Eisens wandelt sich vom kubisch-flächenzentrierten in ein kubisch-raumzentriertes Gitter um. Weil die Gitterlücken im kubisch-raumzentrierten Gitter sehr klein sind, kann dieses Gitter keinen Kohlenstoff aufnehmen.
Die Kohlenstoffatome wandern darum geringe Strecken und bilden mit einem Teil des Eisens die Verbindung Fe_3C. Es entsteht so ein lamellenartiges Gefüge aus kubisch-raumzentriertem Eisen und Fe_3C. Man bezeichnet das Gefüge als **Perlit**.
Perlit entspricht einem eutektischen Gefüge. Weil es nicht aus der Schmelze, sondern aus Mischkristallen entsteht, spricht man von einem *eutektoidischen* Gefüge.

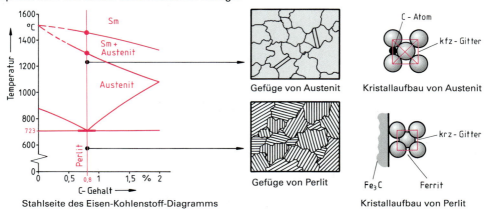

Entstehung von Perlit

> Austenit mit 0,8 % Kohlenstoff wandelt sich bei 723 °C in Perlit um.
> Perlit besteht aus lamellenartig gelagertem Ferrit und Zementit.

- **Gefüge untereutektoidischer Stähle**

Legierungen mit weniger als 0,8 % Kohlenstoff haben gegenüber dem Perlit zuviel Eisen. Das überschüssige Eisen wandelt sich bei der Abkühlung in einem Temperaturbereich in Ferrit um. Der Kohlenstoff aus diesem Eisen wandert von den Stellen, an denen der Ferrit entstanden ist, zu den noch vorhandenen Mischkristallen. Sobald diese Mischkristalle 0,8 % Kohlenstoff erreicht haben, entsteht aus ihnen Perlit. Stähle mit weniger als 0,8 % Kohlenstoff bestehen darum aus Ferritkörnern und Perlit.

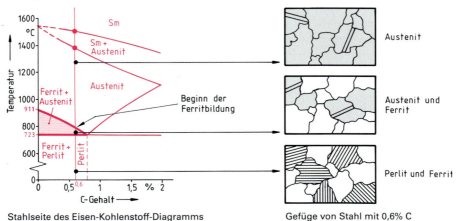

Entstehung des Gefüges untereutektoidischer Stähle

> Gefüge von unlegierten Stählen mit Kohlenstoffgehalten unter 0,8 % bestehen bei Raumtemperatur aus Ferrit und Perlitkörnern. Je höher der Anteil an Kohlenstoff, desto mehr Perlitkörner.

Übungsaufgaben W-32, W-33

Gefüge übereutektoidischer Stähle

Legierungen mit mehr als 0,8 % Kohlenstoff haben gegenüber dem Perlit zu viel Kohlenstoff. Darum bildet sich bei diesen Legierungen während der Abkühlung in einem Temperaturbereich zunächst Zementit. Die Mischkristalle werden dadurch ärmer an Kohlenstoff. Sobald die noch vorhandenen Mischkristalle 0,8 % Kohlenstoffgehalt erreicht haben, entsteht aus ihnen Perlit. Stähle mit mehr als 0,8 % Kohlenstoff bestehen darum aus Zementit, der schalenförmig an den Korngrenzen vorliegt, und Perlit.

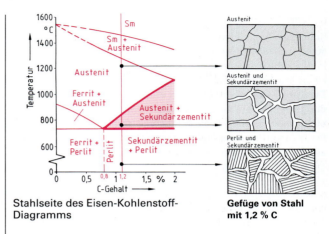

Stahlseite des Eisen-Kohlenstoff-Diagramms

Gefüge von Stahl mit 1,2 % C

> Gefüge von unlegierten Stählen mit Kohlenstoffgehalten über 0,8 % bestehen bei Raumtemperatur aus Perlitkörnern und Sekundärzementit an den Korngrenzen.

Zusammenfassung wichtiger Begriffe zu Gefügen von Stählen

Gefüge	Erklärung
Austenit	Mischkristalle mit einem kubisch-flächenzentrierten Gitter. Bei 1147 °C löst es bis zu 2,06 % Kohlenstoff.
Ferrit	Eisen mit einem kubisch-raumzentrierten Gitter. Ferrit löst nahezu keinen Kohlenstoff.
Zementit	Eine chemische Verbindung zwischen Eisen und Kohlenstoff – Fe_3C. Fe_3C liegt bei Stählen mit mehr als 0,8 % Kohlenstoff als Schalenzementit vor.
Perlit	Eutektoidisches Gefüge aus Ferrit und Zementit entsteht bei 723 °C.

3.3 Eigenschaften der Stähle in Abhängigkeit vom Gefüge

Aus der Kombination Ferrit/Zementit ergeben sich unterschiedliche Eigenschaften der Stähle.
Je höher der Gehalt an Zementit wird, desto härter und fester wird der Stahl. Seine Umformbarkeit und Zähigkeit sinken. Das Auftreten von Korngrenzenzementit (Sekundärzementit) führt zu besonders starkem Abfall der Zähigkeit. Die Härtbarkeit der Stähle steigt mit steigendem Kohlenstoffgehalt.

C-Gehalt	0 %	0,4 %	0,6 %	0,8 %	1,2 %
Perlitanteil	0 %	50 %	75 %	100 %	93 % (7% Sek.-Zem.)
Gefüge	Ferrit	Ferrit Perlit	Ferrit Perlit	Perlit	Perlit Sekundärzementit
Zugfestigkeit	ca. 200 N/mm²	ca. 700 N/mm²	ca. 850 N/mm²	ca. 950 N/mm²	ca. 1000 N/mm²
Härte	ca. 150 HB	ca. 180 HB	ca. 220 HB	ca. 240 HB	ca. 260 HB
Härtbarkeit	bis 0,35% nicht härtbar	steigende Härtbarkeit			

> Mit steigendem Gehalt eines Stahls an Zementit wachsen Härte, Festigkeit, Verschleißfestigkeit und Härtbarkeit. Die Zähigkeit und der Widerstand gegen Rissbildung sinken.

Übungsaufgabe W-34

4 Stoffeigenschaftändern von Stahl

4.1 Glühen

4.1.1 Weichglühen

Ziel des Weichglühens ist ein Gefüge, das besser spanend bearbeitet werden kann als das Ausgangsgefüge. Im Perlit muss die Werkzeugschneide die Zementitlamellen zerbrechen und stumpft dabei schnell ab. Durch Weichglühen überführt man die Zementitlamellen des Perlits in Kugeln, die leicht vom Werkzeug aus der Ferritmasse herausgehoben oder zur Seite gedrängt werden können. Dadurch wird die Schneide weniger beansprucht.

Spanen vor und nach dem Weichglühen

Bei untereutektoidischen Stählen glüht man viele Stunden lang unterhalb von 723 °C. Bei übereutektoidischen Stählen formt man zunächst durch eine mehrstündige Glühung bei etwa 750 bis 780 °C den schalenförmigen Zementit an den Korngrenzen zu Kugeln um. Danach glüht man unter 723 °C weiter, um Perlit mit kugelförmigem Zementit zu erhalten.

Beispiel für Weichglühen

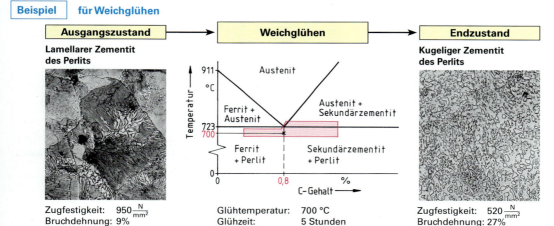

Ausgangszustand	Weichglühen	Endzustand
Lamellarer Zementit des Perlits		Kugeliger Zementit des Perlits
Zugfestigkeit: 950 N/mm²	Glühtemperatur: 700 °C	Zugfestigkeit: 520 N/mm²
Bruchdehnung: 9%	Glühzeit: 5 Stunden	Bruchdehnung: 27%
Härte: 240 HB	Abkühlung: im Ofen	Härte: 150 HB

> Weichglühen dient zur Verbesserung der Zerspanbarkeit und Umformbarkeit.
> Beim Weichglühen wird lamellarer Zementit in Kugelform überführt.

4.1.2 Spannungsarmglühen

Enthält ein Werkstück aus Stahl starke Eigenspannungen durch ungleichmäßiges Abkühlen beim Gießen, Schweißen, Schmieden oder anderen Verfahren, so können diese Spannungen durch Erwärmen abgebaut werden. Damit keine Gefügeänderungen und keine Verformung durch das Eigengewicht des Werkstückes eintreten, erfolgt das Spannungsarmglühen bei Temperaturen zwischen 500 und 600 °C. Beim Spannungsarmglühen muss das Werkstück über den ganzen Querschnitt die gleiche Temperatur aufweisen und anschließend sehr langsam abgekühlt werden. Deshalb zieht sich dieses Glühverfahren über mehrere Stunden hin.

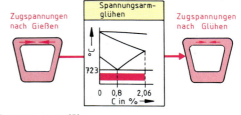

Spannungsarmglühen

> Spannungsarmglühen geschieht bei Temperaturen zwischen 500 und 600 °C über mehrere Stunden.
> Spannungsarmglühen führt man durch, um Spannungen im Werkstück abzubauen.

4.1.3 Normalglühen

Häufig muss das Gefüge gehärteter oder geschweißter Bauteile wieder in den Zustand, den es nach dem Fe-Fe$_3$C-Diagramm haben müsste, zurückgeführt werden. Dies geschieht durch Normalglühen. Gleichzeitig wird beim Normalglühen ein feinkörniges und damit zähes Gefüge erzeugt.
Normalglühen geschieht dadurch, dass man die Stähle bis in den Austenitbereich erhitzt. Es entsteht ein neues Gefüge. Man glüht etwa 15 Minuten je 10 mm Wanddicke. Danach kühlt man an ruhender Luft ab. Bei übereutektiodischen Stählen glüht man den Stahl meist vorher weich, sodass der Sekundärzementit in Kugelform überführt wird. Danach führt man die Normalglühung bei etwa 750 °C durch.

Beispiel für das Normalglühen einer 20 mm dicken Platte aus C35

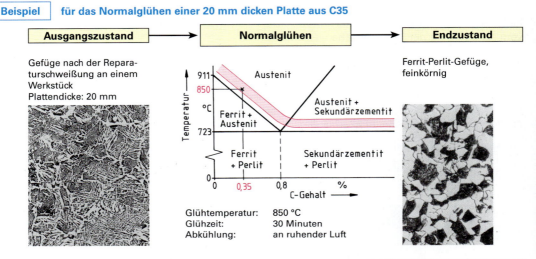

> Beim Normalglühen erhitzt man den Stahl kurzzeitig in den Austenitbereich und kühlt anschließend an der Luft ab. Normalglühen geschieht zur Erzeugung eines feinkörnigen und gleichmäßigen Gefüges.

4.1.4 Rekristallisationsglühen

Beim Kaltumformen tritt durch die Streckung der Gefügekörner eine Kaltverfestigung ein, die den Werkstoff in seinen Eigenschaften verändert. Festigkeit und Härte nehmen zu, die Dehnbarkeit nimmt ab. Um Stähle nach einer Kaltumformung wieder umformbar zu machen, glüht man sie bei einer Temperatur um 700 °C. Dabei tritt eine Kornneubildung – eine Rekristallisation – ein. Das Gefüge lässt sich nun wieder umformen.

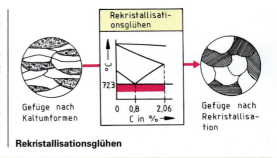

Rekristallisationsglühen

> Rekristallisationsglühen geschieht zum Zweck der Kornneubildung nach Kaltumformen. Beim Rekristallisationsglühen wird ein kalt verfestigtes Gefüge durch Kornneubildung wieder umformbar.

4.2 Härten

Härte und Verschleißfestigkeit werden durch Abschreckhärten erhöht. Zum Abschreckhärten wird das Werkstück zunächst bis in den Austenitbereich erhitzt. Dabei geht aller Kohlenstoff in Lösung, d. h. er befindet sich dann in Gitterlücken des kubisch-flächenzentrierten Gitters.
Übereutektoidische Stähle werden vor dem Härten weich geglüht, damit der Korngrenzenzementit in Kugelform überführt wird, und dann von einer Temperatur kurz über 723 °C gehärtet.

Übungsaufgaben W-38, W-39

Beim Abschrecken haben die Kohlenstoffatome keine Zeit zum Wandern und zur Bildung von Fe_3C. Das Gitter klappt vom kubisch-flächenzentrierten Gitter ins kubisch-raumzentrierte um. Die Kohlenstoffatome werden auf Zwischengitterplätzen eingeschlossen und verspannen das kubisch-raumzentrierte Gitter. Der Werkstoff wird hart und hochfest, aber spröder. Das Gefüge, welches sich nach dem Abschrecken einstellt, heißt **Martensit**.

Martensit

Beispiele für Gefüge und Kristalländerung beim Härten eines C60

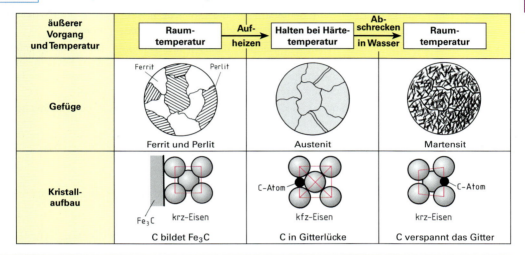

Härten ist Erwärmen in den Austenitbereich mit anschließendem Abschrecken, damit die Kohlenstoffatome zwangsweise im Gitter gehalten werden. Das entstandene Gefüge ist Martensit.

Beim Abschrecken kühlt das Werkstück außen am schnellsten ab. Nach innen hin verringert sich die Abkühlungsgeschwindigkeit. Dicke Werkstücke härten daher nur bis zu der Tiefe, in der die notwendige Abkühlungsgeschwindigkeit erreicht wird.
Die Einhärtetiefe kann durch Legierungselemente vergrößert werden.

Einhärtetiefe eines Bolzens aus C60

Bei der Durchführung der Härtung ist Folgendes zu beachten:
- **Aufheizen**
  Damit Wärmespannungen und Verzug in Werkzeugen gering bleiben, müssen die Werkstücke langsam aufgeheizt werden. Zweckmäßig geschieht dies in Stufen, z. B. zunächst bis 400 °C erhitzen und dort bis zur völligen Durchwärmung halten, danach weiteres Aufheizen auf Härtetemperatur. Die Haltezeit auf jeder Stufe ist 1/2 min je mm Wanddicke.

- **Halten bei Härtetemperatur (Austenitisieren)**
  Die Temperatur, auf die Stähle zu erhitzen sind, damit sie bei entsprechender Abkühlung Härtegefüge aufweisen, nennt man Härtetemperatur. Sie ist dem Fe-Fe_3C-Diagramm zu entnehmen. Für untereutektoidische Stähle liegt sie im Austenitbereich und bei übereutektoidischen Stählen bei etwa 780 °C.

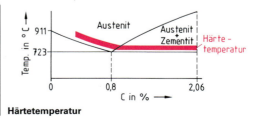
Härtetemperatur

Bei Härtetemperatur wird das Werkstück nach völliger Durchwärmung noch etwa 20 Minuten gehalten. Wenn an der Werkstückoberfläche die Härtetemperatur erreicht ist, dauert die Zeit bis zur völligen Durchwärmung nach einer „Faustformel" für Wanddicken ab 40 mm etwa:

> Durchwärmzeit in min = 1/2 der größten Wanddicke in mm – 10 min

- **Abschrecken**

Nach dem Austenitisieren werden die Werkstücke abgeschreckt. Die erreichbare Härte wird durch die mögliche Abkühlungsgeschwindigkeit und das Abschreckmittel bestimmt. Darum können unlegierte Stähle nur in begrenzten Wanddicken durchgehärtet werden.

Die Abkühlungsgeschwindigkeit richtet sich nach dem Kohlenstoffgehalt der Stähle. Je höher der Kohlenstoffgehalt eines Stahles ist, desto mehr behindern sich die Kohlenstoffatome gegenseitig bei der Wanderung. Die Folge ist eine geringere Abkühlungsgeschwindigkeit für die Martensitbildung.

Die Atome der Legierungselemente Chrom, Mangan, Wolfram und Vanadium behindern ebenfalls die Wanderung der Kohlenstoffatome. Bei hohen Gehalten an diesen Elementen ist auch bei langsamer Abkühlung keine Wanderung der Kohlenstoffatome möglich. Darum bildet sich bei legierten Stählen auch bei geringer Abkühlungsgeschwindigkeit ein Härtegefüge.

Durch unterschiedliche Abschreckmittel erreicht man verschiedene Abkühlungsgeschwindigkeiten. Entsprechend den einsetzbaren Abschreckmitteln unterscheidet man:

- **Wasserhärter:**   unlegierte Stähle, z. B. C60;
- **Ölhärter:**   legierte Stähle, z. B. 34 Cr 4;
- **Lufthärter:**   speziell legierte Stähle, z. B. 60 CrNiMo 8.

Beim Abschrecken muss das Werkstück im Abschreckmittel so bewegt werden, dass es ständig vom Abschreckmittel umgeben ist, denn die Bildung isolierender Dampfblasen führt zu weichen Stellen. Sobald die zu härtenden Teile beim Abschrecken eine Oberflächentemperatur von 150 °C bis 100 °C erreicht haben, werden sie in einem Temperaturausgleichsofen so lange gehalten, bis sich über den Querschnitt eine gleichmäßige Temperatur eingestellt hat. Dann erst wird auf Raumtemperatur abgekühlt. Anschließend erfolgt das Anlassen.

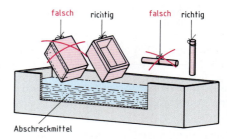

Richtiges und falsches Eintauchen der Werkstücke in ein Abschreckmittel

| Beispiel | für eine Temperaturfolge für die Härtung eines C45 |

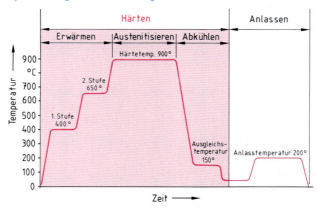

Arbeitsfolge beim Härten:
- Vorsichtiges Erwärmen, möglichst in Stufen auf Härtetemperatur.
- Halten ca. 20 Minuten nach vollständiger Durchwärmung.
- Abschrecken bis zur Ausgleichstemperatur.

Übungsaufgaben W-43, W-44, W-45, W-46

● **Anlassen bei niederen Temperaturen**

Durch Erwärmen auf niedrige Temperaturen von etwa 180 bis 250 °C können Kohlenstoffatome auf günstigere Zwischengitterplätze umgelagert werden. Dieses Erwärmen bezeichnet man als **Anlassen** bei niederen Temperaturen. Es führt zu einer unbedeutenden Minderung der Härte. Die Neigung zu Spannungsrissen nimmt jedoch *erheblich* ab. Darum werden alle Werkzeuge nach dem Härten etwa 1 Stunde je 20 mm Wanddicke, mindestens aber 2 Stunden lang, angelassen. Das Anlassen geschieht in Öfen, Salz- oder Ölbädern. Die Abkühlung erfolgt an der Luft oder in Öl.

> Anlassen bei niederen Temperaturen bewirkt
> ● geringen Abfall der Härte, ● geringen Anstieg der Zähigkeit, ● starke Minderung der Rissneigung.

Die Anlasstemperatur wird dem notwendigen Widerstand gegen Rissneigung und der Stahlqualität angepasst. Je geringer die Gefahr der Rissentstehung ist, desto geringer sind die Anlasstemperaturen.

> **Beispiel** für Anlasstemperaturen
>
> | Messzeuge, Lehren | 100 bis 200 °C; | Bohrer, Gewindebohrer | bis 250 °C; |
> |---|---|---|---|
> | Drehmeißel, Fräser | bis 200 °C; | Messer, Äxte | bis 300 °C. |

> Je geringer die Gefahr der Rissbildung, desto niedriger die Anlasstemperatur.

4.3 Vergüten

Bei hoch beanspruchten Bauelementen wie Drahtseilen, Schrauben und Wellen steigert man durch ein Wärmebehandlungsverfahren die Festigkeit und die Widerstandsfähigkeit gegen schlagartige Belastung (Zähigkeit). Die Veränderung dieser Eigenschaften erzielt man durch einen Härtevorgang mit nachfolgendem Anlassen bei Temperaturen zwischen 400–700 °C. Diese Wärmebehandlung durch Härten mit Anlassen bei hohen Temperaturen nennt man **Vergüten**.

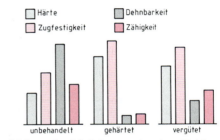

Vergleich von Festigkeitskennwerten eines Stahls nach Härten und Vergüten

> Vergüten ist Härten mit nachfolgendem Anlassen bei Temperaturen zwischen 400° bis 700 °C. Durch Vergüten erzielt man eine hohe Zugfestigkeit und hohe Widerstandsfähigkeit gegen schlagartige Belastung (Zähigkeit).

Beim Vergüten richtet sich die Temperatur für das Anlassen nach der Art des Stahls und der geforderten Zugfestigkeit. Stähle, die besonders zum Vergüten geeignet sind, heißen **Vergütungsstähle**. Sie sind in DIN EN 10083 genormt. Vergütungsstähle sind unlegierte Stähle mit einem Kohlenstoffgehalt von 0,22 bis 0,6 % und niedrig legierte Stähle.

Für jeden Stahl hat man in Versuchen Diagramme aufgestellt, aus denen die erreichbaren Festigkeitskennwerte in Abhängigkeit von der Anlasstemperatur abgelesen werden können. Diese Schaubilder heißen **Anlassschaubilder**.

> **Beispiel** für die Ermittlung der Anlasstemperatur
>
> Eine Kurbelwelle aus 34Cr4 soll auf eine Zugfestigkeit von 800 N/mm² vergütet werden. Im Anlassschaubild für den Stahl 34Cr4 findet man dafür eine Anlasstemperatur von 590 °C, eine Streckgrenze von 550 N/mm² und eine Bruchdehnung von 18 %.

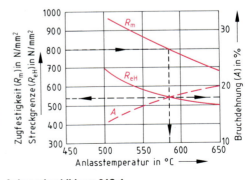

Anlassschaubild von 34Cr4

> Aus Anlassschaubildern können die Anlasstemperaturen für verschiedene Vergütungsstähle entnommen werden. Bei diesen Temperaturen werden bestimmte Festigkeitswerte erreicht.

Übungsaufgaben W-47, W-48

5 Werkstoffnormung

5.1 Normung von Stählen

5.1.1 Kurznamen von Stählen nach DIN EN 10027

- **Benennung nach den mechanischen Eigenschaften und Verwendung**

Für Stähle, die zu Konstruktionszwecken verwendet werden, gibt der Kurzname nach DIN EN 10027 Auskunft über die Festigkeitseigenschaften.

Hauptsymbole	
Kennzeichen für Verwendung	**Kennzahl für mechanische Eigenschaften bzw. Kennbuchstabe für Walzart**
S Stähle für den allgem. Stahlbau P Stähle für Druckbehälter L Stähle für Rohrleitungen E Stähle für Maschinenbau	Zahlenwert der Mindeststreckgrenze der kleinsten Erzeugnisdicke in N/mm²
H kaltgewalzte Flacherzeugnisse	Zahlenwert der Mindeststreckgrenze in N/mm²
D Flacherzeugnisse zum Kaltumformen	C kaltgewalzt D warmgewalzt

In der nur in Deutschland gültigen Ergänzung zu DIN EN 10027 werden Zusatzsymbole angegeben, die zur Kennzeichnung des Behandlungszustandes an das Hauptsymbol angehängt werden können.

Zusatzsymbole		Hinweise auf Kerbschlagarbeit			
Gruppe 1	**Gruppe 2 (nur mit Gruppe 1)**	**Mindestwerte der Kerbschlagarbeit**			**Prüftemperatur in °C**
		27J	40J	60J	
M thermomechanisch gewalzt N normalisiert Q vergütet G sonstige Angaben	C mit besonderer Kaltumformbarkeit F zum Schmieden L für tiefe Temperaturen	JR	KR	LR	20
		J0	K0	L0	0
		J2	K2	L2	−20
		J3	K3	L3	−30
J ⎱ Hinweis auf K ⎰ Kerbschlag- L ⎱ arbeit bei vorgegebener Temperatur	M thermomechanisch gewalzt N normalisiert Q vergütet W wetterfest	J4	K4	L4	−40
		J5	K5	L5	−50
		J6	K6	L6	−60

- **Beispiele** für Kurznamen mit Hinweisen auf Verwendung und mechanische Eigenschaften

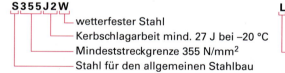

- **Benennung unlegierter Stähle**

Unlegierte Stähle, deren Eigenschaften durch eine Wärmebehandlung verändert werden können, werden nach der DIN EN 10027 durch das Symbol C für Kohlenstoff und eine angehängte Zahl, welche das 100-fache des C-Gehalts angibt, gekennzeichnet.

- **Beispiele** für die Kurzbenennung unlegierter Stähle nach DIN EN 10027

Schema für den Aufbau einer Kurzbenennung unlegierter Stähle:	
C	Kennzahl für den C-Gehalt

Übungsaufgabe W-49

- **Benennung legierter Stähle**

Nach DIN EN werden Stähle mit weniger als 5 % Anteil an einem Legierungselement gekennzeichnet durch:
- Kennzahlen für den C-Gehalt,
- Symbole für die Legierungselemente,
- Kennzahlen für die Legierungsanteile.

Die Kennzahlen ergeben sich durch Multiplikation des %-Anteils des Legierungselements mit dem Faktor *f* (siehe Tabelle).
Umgekehrt kann man aus der Kennzahl den prozentualen Anteil des einzelnen Legierungselements ermitteln, indem man die Kennzahl durch den Faktor dividiert.

Faktoren für Legierungselemente

Faktor *f*	Legierungselement
100	C, P, S, N, Ce
10	Al, Cu, Mo, Ta, Ti, V
4	Si, Co, Cr, W, Ni, Mn

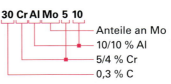

Kurzbenennung (unter 5 % legierter Stahl)

Schema für den Aufbau einer Kurzbenennung legierter Stähle mit weniger als 5 % Anteil an einem Legierungselement:		
Kennzahl für C-Gehalt	Chem. Symbole der Leg.-Elemente	Kennzahlen für Leg.-Anteile

Stähle, bei denen mindestens ein Legierungselement mehr als 5 % beträgt, sind Edelstähle. Bei diesen Stählen beginnt die Kurzbenennung mit dem großen Buchstaben **X**. Es folgen:
- Kennzahl für den C-Gehalt,
- Symbole der Legierungselemente,
- Anteile der Legierungselemente in Prozent.

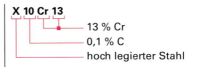

Kurzbenennung (über 5 % legierter Stahl)

Schema für den Aufbau einer Kurzbenennung legierter Stähle mit mehr als 5 % Anteil an einem Legierungselement:			
X	Kennzahl für C-Gehalt	Symbole der Leg.-Elemente	Leg.-Anteile in Prozent

5.1.2 Werkstoffnummern von Stählen

Neben den systematischen Benennungen von Werkstoffen mit Buchstaben und Zahlenkombinationen besteht auch ein Nummernsystem für Werkstoffe aller Art. Die Werkstoffnummern für Stähle sind fünfstellig. Mit der ersten Stelle wird die Werkstoffhauptgruppe gekennzeichnet. Die **Werkstoffhauptgruppe** Stahl hat die Nummer **1**. Nach einem Punkt folgt als zweistellige Zahl die **Stahlgruppennummer**. Sie lässt Rückschlüsse auf die Zusammensetzung bzw. Verwendung zu. Die folgenden zwei Zahlen sind **Zählnummern**, die keine Rückschlüsse auf Eigenschaften zulassen.

- **Unlegierte Stähle**

Grundstähle, die allein wegen ihrer Festigkeitseigenschaften verwendet werden, tragen die Stahlgruppennummer 00 und 90.
Unlegierte Qualitätsstähle werden mit den Stahlgruppennummern 01 bis 07 und 91 bis 97 gekennzeichnet. Eine höhere Zahl entspricht höhere Festigkeit bzw. höherer Kohlenstoffgehalt.
Unlegierte Edelstähle sind mit den Stahlgruppennummern 10 bis 19 gekennzeichnet. Darin sind mit 15 bis 18 die unlegierten Werkzeugstähle enthalten.

Werkstoffnummer (unlegierter Stahl)

Übungsaufgaben W-50, W-51, W-52, W-53

Legierte Stähle

Legierte Qualitätsstähle sind mit den Stahlgruppennummern 08 bis 09, sowie 98 und 99 gekennzeichnet.

Legierte Edelstähle haben die Stahlgruppennummern von 20 bis 89. Davon sind:

- 20 bis 29 Werkzeugstähle,
- 32 bis 33 sind Schnellarbeitsstähle, 35 ist Wälzlagerstahl,
- 40 bis 49 sind chemisch beständige Stähle,
- 50 bis 89 sind Stähle für den Maschinen- und Behälterbau.

```
1.23 16
  │  └── Zählnummer
  │      für X36 Cr Mo 17
  └───── Werkzeugstahl mit
         Cr-Mo oder
         Cr-Mo-V oder
         Mo-V
```

Werkstoffnummer (legierter Stahl)

Übersicht über das System der Werkstoffnummern von Stahl

Unlegierte Stähle			Legierte Stähle						
Grund-stähle	Qualitäts-stähle	Edelstähle	Qualitäts-stähle	Edelstähle					
				Werkzeug-stähle	Verschiedene Stähle	Chemisch bestän-dige Stähle	Bau-, Maschinenbau- und Behälterstähle		
00/90		10 Stähle mit besonderen physik. Eigenschaften		20 Cr	30	40 Nichtrostende Stähle mit < 2,5 % Ni ohne Mo, Nb und Ti	50 Mn, Si, Cu	60 Cr-Ni mit ≥ 2,0 < 3 % Cr	70 Cr Cr-B	80 Cr-Si-Mo Cr-Si-Mn-Mo Cr-Si-Mo-V Cr-Si-Mn-Mo-V
01/91 Allgemeine Baustähle mit R_m < 500 N/mm²		11 Maschinenbau, Behälterstähle mit < 0,50 % C		21 Cr-Si Cr-Mn Cr-Mn-Si	31	41 Nichtrostende Stähle mit < 2,5 % Ni mit Mo, ohne Nb und Ti	51 Mn-Si Mn-Cr	61	71 Cr-Si Cr-Mn Cr-Mn-B Cr-Si-Mn	81 Cr-Si-V Cr-Mn-V Cr-Si-Mn-V
02/92 Sonstige, nicht für eine Wärmebehandlung bestimmte Baustähle mit R_m < 500 N/mm²		12 Maschinenbaustähle mit ≥ 0,50 % C		22 Cr-V Cr-V-Si Cr-V-Mn Cr-V-Mn-Si	32 Schnellarbeitsstähle mit Cn	42	52 Mn-Cu Mn-V Si-V Mn-Si-V	62 Ni-Si Ni-Mn Ni-Cu	72 Cr-Mo mit < 0,35 % Mo Cr-Mo-B	82 Cr-Mo-W Cr-Mo-W-V
03/93 Stähle mit im Mittel < 0,12 % C oder R_m < 400 N/mm²		13 Maschinenbau u. Behälterstähle mit besonderen Anforderungen		23 Cr-Mo Cr-Mn-V Mo-V	33 Schnellarbeitsstähle ohne Co	43 Nichtrostende Stähle mit ≥ 2,5 % Ni ohne Mo, Nb und Ti	53 Mn-Ti Si-Ti	63 Ni-Mo Ni-Mo-Mn Ni-Mo-Cu Ni-Mo-V Ni-Mn-V	73 Cr-Mo mit ≥ 0,35 % Mo	83
04/94 Stähle mit im Mittel ≥ 0,12 % < 0,25 % C oder R_m ≥ 400 < 500 N/mm²		14		24 W Cr-W	34	44 Nichtrostende Stähle mit ≥ 2,5 % Ni mit Mo, ohne Nb und Ti	54 Mo Nb, Ti, V W	64	74	84 Cr-Si-Ti Cr-Mn-Ti Cr-Si-Mn-Ti
05/95 Stähle mit im Mittel ≥ 0,25 < 0,55 % C oder R_m ≥ 500 < 700 N/mm²		15 Werkzeugstähle		25 W-V Cr-W-V	35 Wälzlagerstähle	45 Nichtrostende Stähle mit Sonderzusätzen	55 B Mn-B < 1,65 % Mn	65 Cr-Ni-Mo mit < 0,4 % Mo + < 2 % Ni	75 Cr-V mit < 2,0 % Cr	85 Nitrierstähle
06/96 Stähle mit im Mittel ≥ 0,55 % C oder R_m ≥ 700 N/mm²		16 Werkzeugstähle		26 W außer Klassen 24, 25 und 27	36 Werkstoffe mit besonderen magnetischen Eigenschaften ohne Co	46 Chemisch beständige und hochwarmfeste Ni-Legierungen	56 Ni	66 Cr-Ni-Mo mit < 0,4 % Mo + ≥ 2 % < 3,5 % Ni	76 Cr-V mit > 2,0 % Cr	86
07/97 Stähle mit höherem P- oder S-Gehalt		17 Werkzeugstähle		27 mit Ni	37 Werkstoffe mit besonderen magnetischen Eigenschaften mit Co	47 Hitzebeständige Stähle mit < 2,5 % Ni	57 Cr-Ni mit < 0,4 % Mo	67 Cr-Ni-Mo mit < 0,4 % Mo + ≥ 3,5 < 5,0 % Ni oder ≥ 0,4 % Mo	77 Cr-Mo-V	87 ↑ Nicht für eine Wärmebehandlung beim Verbraucher bestimmte Stähle
		18 Werkzeugstähle	08/98 Stähle mit besonderen physik. Eigenschaften	28 Sonstige	38 Werkstoffe mit besonderen phy-sik. Eigenschaften ohne Ni	48 Hitzebeständige Stähle mit ≥ 2,5 % N	58 Cr-Ni mit ≥ 1,0 < 1,5 % Cr	68 Cr-Ni-V Cr-Ni-W Cr-Ni-V-W	78	88 hochfeste schweißgeeignete Stähle
		19	09/99 Stähle für verschiedene Anwendungsbereiche	29	39 Werkstoffe mit besonderen physik. Eigenschaften mit Ni	49 Hochwarmfeste Werkstoffe	59 Cr-Ni mit ≥ 1,5 < 2,0 % Cr	69 Cr-Ni außer Klassen 57 bis 68	79 Cr-Mn-Mo Cr-Mn-Mo-V	89 ↓

Übungsaufgabe W-54

5.2 Normung von Fe-C-Gusswerkstoffen

5.2.1 Kurznamen für Gusswerkstoffe

Kurznamen für Gusswerkstoffe setzen sich aus höchsten 6 Teilen zusammen. Sie beginnen stets mit EN als Hinweis auf die Norm. Es folgt mit Bindestrich die Kennzeichnung für Gusseisen GJ. Anschließend werden Grafitform, Gefüge, Eigenschaften u. a. gekennzeichnet.

	Grafitstruktur	Grundgefüge oder Wärmebehandlung	mechanische Eigenschaften oder chemische Zusammensetzung	zusätzliche Anforderungen
EN-GJ	L Lamellengrafit S Kugelgrafit M Temperkohle V Vermiculargrafit N grafitfrei	A Austenit F Ferrit P Perlit M Martensit B nicht entkohl. gegl. W entkohlend geglüht	Ziffer für Zugfestigkeit, evtl. angehängt, Ziffer für Bruchdehnung, Kurzzeichen für Härteprüfverfahren mit Härtewert	H wärmebehandelt W schweißgeeignet

Beispiele für Kurznamen von Gusseisenwerkstoffen

EN-GJS-800-8
- 8 % Bruchdehnung
- 800 N/mm² Mindestzugfestigkeit
- Kugelgrafit
- Gusseisen

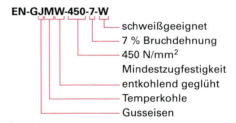

EN-GJMW-450-7-W
- schweißgeeignet
- 7 % Bruchdehnung
- 450 N/mm² Mindestzugfestigkeit
- entkohlend geglüht
- Temperkohle
- Gusseisen

5.2.2 Werkstoffnummern für Gusseisenwerkstoffe

Werkstoffnummern für Gusswerkstoffe tragen zu Beginn der Nummerierung die Buchstaben EN als Hinweis auf die Norm. Es folgt mit Bindestrich die Kennzeichnung für Eisen J (synonym für iron). Anschließend wird die Grafitform durch Buchstaben gekennzeichnet. Durch eine anschließende Ziffer wird auf das Hauptmerkmal des Werkstoffs hingewiesen. Die folgenden zwei Ziffern verweisen auf die Kennziffer der Norm. Die abschließende Ziffer weist auf besondere Anforderungen hin.

	Grafitstruktur	Hauptmerkmal	Werkstoffkennziffer	Werkstoffanforderungen
EN-J	L Lamellengrafit S Kugelgrafit M Temperkohle V Vermiculargrafit N grafitfrei	1 Zugfestigkeit 2 Härte 3 chem. Zusammensetzung	00 bis 99 entsprechend der Einordnung in die Norm	0 keine besonderen Anforderungen 5 schlagzäh bei tiefen Temperaturen 6 schweißgeeignet

Beispiele für Werkstoffnummern von Gusseisenwerkstoffen

EN-JL2060
- keine besonderen Anforderungen
- Kennziffer
- Hauptmerkmal Härte
- Lamellengrafit

EN-JM1026
- schweißgeeignet
- Kennziffer
- Hauptmerkmal Zugfestigkeit
- Temperkohle

Übungsaufgabe W-55

5.3 Normung der NE-Metalle

5.3.1 Systematische Bezeichnung der Nichteisenmetalle (außer Al)

Die systematische Bezeichnung der NE-Metalle erfolgt noch weitgehend nach der DIN-Norm. Lediglich für Aluminium und Aluminiumlegierungen und in Teilen für Kupfer und dessen Legierungen bestehen abweichende Regeln.

Das für die meisten NE-Metalle gültige Bezeichnungssystem besteht aus drei Teilen, von denen der mittlere stets einzusetzen ist.

Der erste Teil enthält für Gusslegierungen die Angabe der Herstellung. Der zweite Teil informiert über die chemische Zusammensetzung und der dritte über Eigenschaften.

Angabe des Gießverfahrens	chemische Zusammensetzung	Eigenschaften
G Sandguss **GD** Druckguss **GK** Kokillenguss **GZ** Schleuderguss	Symbol des Grundwerkstoffs anschließend, Symbole der Legierungselemente in fallender Reihenfolge mit jeweils angehängter Kennzahl des Prozentgehalts	**F** mit angehängtem Zahlenwert der Zugfestigkeit

Für Kupfer und Kupferlegierungen sind im dritten Teil der Normbezeichnung Angaben zu Herstellung und Eigenschaften nach einem besonderen System vorzunehmen, z. B.:

D für gezogenes Material   **R** mit Zahl für Mindestzugfestigkeit   **H** mit Zahl für Brinellhärte

Beispiele für Normbezeichnungen

GD-MgAl9Zn1
- 1 % Zink
- 9 % Aluminium
- Grundmetall Magnesium
- Druckgusslegierung

CuAl10Fe3Mn2H170
- Härte 170 HB
- 2 % Mangan
- 3 % Eisen
- 10 % Aluminium
- Grundmetall Kupfer

5.3.2 Kurzzeichen für Aluminium und Aluminiumlegierungen

Kurzzeichen für Aluminium und Aluminiumlegierungen beginnen mit den Buchstaben **EN** als Hinweis auf die Norm. Es folgen der Kennbuchstabe **A** für Aluminium und die Kennbuchstaben für Halbzeug bzw. Gusswerkstoff. Anschließend wird die chemische Zusammensetzung gekennzeichnet. Für Gusswerkstoffe folgt die Angabe des Gießverfahrens. Am Schluss wird der Behandlungszustand gekennzeichnet.

		Zusammensetzung	Gießverfahren	Werkstoffzustand
EN	**AW-** Halbzeug **AC-** Gusslegierung	Symbol des Grundwerkstoffs, anschließend Symbole der Legierungselemente in fallender Reihenfolge mit jeweils angehängter Kennzahl des Prozentgehalts	**S** Sandguss **K** Kokillenguss **D** Druckguss	**F** keine Festlegung **O** geglüht, z. B. **O1** lösungsgeglüht **H** kaltverfestigt, z. B. **H12** geringfügig kaltverfestigt **T** wärmebehandelt z. B. **T4** lösungsgegl., kalt ausgelagert

Beispiele für Normbezeichnungen

EN AW-AlCu4SiMgT4
- lösungsgeglüht, kalt ausgelagert
- Magnesium in Anteilen
- Silicium in Anteilen
- 4 % Kupfer
- Grundwerkstoff Aluminium
- Aluminium-Halbzeug

EN AC-AlSi12SF
- Gusszustand
- Sandguss
- 12 % Silicium
- Grundwerkstoff Aluminium
- Aluminium-Gusslegierung

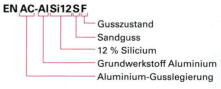

5.3.3 Werkstoffnummern von NE-Metallen
Allgemeines Nummerierungssystem

Die Werkstoffnummern sind siebenstellig. Sie werden durch zwei Punkte in drei Teile gegliedert, von denen meist nur die ersten zwei Teile angegeben werden.

Werkstoffnummern von Schwer- und Leichtmetallen (außer Al und Cu)

Werkstoff-Hauptgruppe	Sortennummern		Anhängezahlen	
2. Schwermetalle (außer Eisen)	2000 bis 2499	Zink, Cadmium und ihre Legierungen	.00 bis .09	**unbehandelt**, mit Angabe des Urformverfahrens oder des ersten Umformverfahrens
	3000 bis 3499	Blei und Bleilegierungen		
	3500 bis 3999	Zinn und Zinnlegierungen	.10 bis .19	**weich**, mit Korngrößenangabe
	4000 bis 4999	Nickel, Kobalt und ihre Legierungen	.20 bis .29	**kaltverfestigt**, mit Angaben der Zwischenhärten von gewalzt bis dreiviertelhart
	5000 bis 5999	Edelmetalle		
	6000 bis 6999	Hochschmelzende Metalle	.30 bis .39	**kaltverfestigt**, von hart bis überdoppelfederhart
			.40 bis .49	**lösungsgeglüht**, ohne mechanische Nacharbeit
3. Leichtmetalle	2000 bis 2490	Zink und Zinklegierungen	.50 bis .59	**lösungsgeglüht**, kaltnachbearbeitet
	5000 bis 5999	Magnesium und Magnesiumlegierungen	.60 bis .69	**warmausgehärtet**, ohne mechanische Nacharbeit
	7000 bis 7999	Titan und Titanverbindungen	.70 bis .79	**warmausgehärtet**, kaltnachbearbeitet
			.80 bis .89	**entspannt**, ohne vorherige Kaltverfestigung
			.90 bis .99	**Sonderbehandlungen**

5.3.4 Werkstoffnummern für Aluminium und Aluminiumlegierungen

Werkstoffnummern für Aluminium und Aluminiumlegierungen beginnen mit den Buchstaben **EN** als Hinweis auf die Norm. Es folgen der Kennbuchstabe **A** für Aluminium und die Kennbuchstaben für Halbzeug **W** bzw. Gusswerkstoff **C**. Anschließend wird durch Ziffern die chemische Zusammensetzung gekennzeichnet. Für Gusswerkstoffe folgt die Angabe des Gießverfahrens. Am Schluss wird der Behandlungszustand gekennzeichnet.

		Hauptlegierungselement	Kennzeichen der Legierungsgruppe	Kennziffer für Legierung	Für Gusswerkstoffe	
					Gießverfahren	Werkstoffzustand
EN	AW- AC-	(1 Al rein) 2 Cu 3 Mn 4 Si 5 Mg 6 MgSi 7 Zn 8 sonstige	0 bis 9 entsprechend DIN EN	drei Ziffern entsprechend der Einordnung in die Norm	**S** Sandguss **K** Kokillenguss **D** Druckguss	**F** Gusszustand **O** geglüht, z. B. **O1** lösungsgeglüht **H** kaltverfestigt z. B. **H12** geringfügig kaltverfestigt **T** wärmebehandelt z. B. **T4** lösungsgegl., kalt ausgelagert

Beispiele für Normbezeichnungen

EN AW-7022 T6

- lösungsgeglüht und warm ausgehärtet
- Kennziffer
- Originallegierung
- Hauptlegierungselement Zn
- Aluminium-Halbzeug

EN AC-43300 K F

- Gusszustand
- Kokillenguss
- Kennziffer
- Legierungsgruppe AlSi10Mg
- Hauptlegierungselement Si
- Aluminium-Gusslegierung

6 Zugversuch

Der Zugversuch nach DIN EN 10 002 ist einer der wichtigsten Versuche zur Prüfung von Metallen. Man ermittelt im Zugversuch das Werkstoffverhalten unter Zugbeanspruchung. Dabei werden als wichtige Werkstoffkennwerte die Zugfestigkeit, die Streckgrenze und die Dehnbarkeit des Werkstoffs festgestellt.

Versuchsdurchführung

Als Proben für den Zugversuch werden genormte Rund- oder Flachproben verwendet. Ausschnitte aus dickwandigen Werkstücken und Gussteilchen werden zu Rundproben gedreht. Aus Blechen werden Flachproben gefertigt.

Für die Probenabmessung gilt:

- Rundproben $\quad L_0 = 5 \cdot d_0$

- Flachproben $\quad L_0 = 5 \cdot 1{,}13 \cdot \sqrt{S_0}$

d_0 Anfangsdurchmesser
L_0 Anfangsmesslänge
S_0 Anfangsquerschnitt

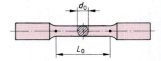

Diese Werkstoffproben werden auf einer Zugprüfmaschine einer stetig wachsenden Belastung ausgesetzt.

Als Prüfmaschinen verwendet man meist Universalprüfmaschinen, die neben dem Zugversuch auch die Durchführung von Biege-, Scher- und Druckversuchen erlauben.

Die Aufbringung der Prüfkraft auf die Zugprobe erfolgt mechanisch oder hydraulisch, wobei die jeweils wirkende Kraft durch einen Kraftmesser angezeigt wird. Ein Schreibgerät zeichnet die Verlängerung der Probe in Abhängigkeit von der wirkenden Kraft auf.

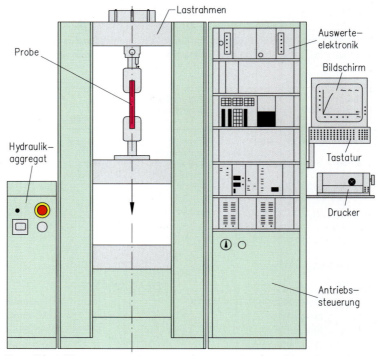

Zugprüfmaschine

Während des Zugversuchs, in dem in der Regel die Probe stetig und stoßfrei bis zum Bruch belastet wird, werden Zugkraft und Verlängerung fortlaufend gemessen. Die ermittelten Werte sind abhängig vom Werkstoff und den Abmessungen der Probe. Die Aufzeichnung der Verlängerung in Abhängigkeit von der Kraft ergibt das **Kraft-Verlängerungs-Schaubild**.

Durch die Umrechnung der Kraft- und Verlängerungswerte ergibt sich das Spannung-Dehnung-Schaubild des geprüften Werkstoffs. Dieses Diagramm zeigt das Verhalten eines Werkstoffs unter Zugbelastung. Aus dem **Spannung-Dehnung-Diagramm** können wichtige Kennwerte des Werkstoffs entnommen werden. Im Zugversuch ist die **Spannung** (σ) das Verhältnis zwischen Zugkraft und Anfangsquerschnitt der Probe.

$$\text{Spannung} = \frac{\text{Kraft}}{\text{Anfangsquerschnitt}} \qquad \sigma = \frac{F}{S_0}$$

Die **Dehnung** (ε) ist die prozentuale Längenänderung, bezogen auf die Anfangsmesslänge.

$$\text{Dehnung} = \frac{\text{Verlängerung}}{\text{Anfangsmesslänge}} \qquad \varepsilon = \frac{L - L_0}{L_0} \cdot 100\,\%$$

Beispiel für die Entwicklung des Spannung-Dehnung-Diagramms aus dem Kraft-Verlängerungs-Schaubild

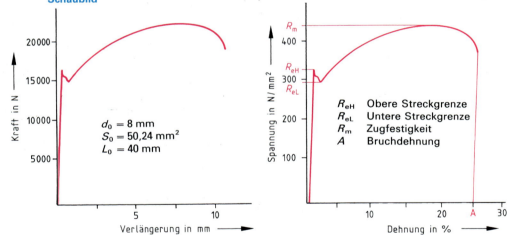

Kraft-Verlängerungs-Schaubild eines weichen Stahls   Spannung-Dehnung-Diagramm eines weichen Stahls

Das dargestellte Spannung-Dehnung-Diagramm eines weichen Stahls zeigt einen unstetigen Übergang vom elastischen in den plastischen Bereich. Innerhalb des elastischen Bereichs liegt der Bereich, in dem Spannung und Dehnung einander proportional sind. Im Bereich der proportionalen Dehnung gilt das hookesche Gesetz.

$$\alpha = E \cdot \varepsilon$$

Der Faktor E ist der **Elastizitätsmodul**. Er ist eine Werkstoffkonstante, z. B.

$E_{Fe} = 210\,000\,\frac{N}{mm^2} \qquad E_{Al} = 72\,500\,\frac{N}{mm^2}$

Die Grenzen für die Proportionalität und das elastische Verhalten sind messtechnisch nur schwer zu erfassen und werden im Zugversuch nicht bestimmt.

Übungsaufgabe W-56

Für Werkstoffe mit unstetigem Übergang vom elastischen in den plastischen Bereich wird als Kennwert die Streckgrenze ermittelt.

Die **Streckgrenze** R_e ist die Spannung, bei der bei zunehmender Verlängerung die Zugkraft erstmalig gleichbleibt oder abfällt. Bei wesentlichem Abfall der Zugkraft wird zwischen oberer und unterer Streckgrenze unterschieden.

Beispiele für das Verhalten von Werkstoffen beim Übergang vom elastischen in den plastischen Bereich

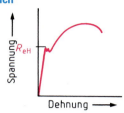

Werkstoff mit unstetigem Übergang vom elastischen in den plastischen Bereich

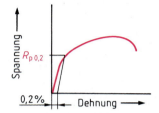

Werkstoff mit stetigem Übergang vom elastischen in den plastischen Bereich

Für Werkstoffe mit stetigem Übergang vom elastischen in den plastischen Bereich werden Dehngrenzen bestimmt, zum Beispiel die 0,2 %-Dehngrenze und die 0,01 %-Dehngrenze.

Die **0,2 %-Dehngrenze** $R_{p0,2}$ ist die Spannung, bei der eine bleibende Dehnung von 0,2 % auftritt. Sie wird in der Regel für diese Werkstoffe ermittelt. Beim Zugversuch zur Bestimmung der 0,2 %-Dehngrenze darf die Spannung je Sekunde nicht mehr als 30 N/mm² zunehmen.

Zur Bestimmung der 0,2 %-Dehngrenze wird im Spannung-Dehnung-Diagramm eine Parallele zur hookeschen Geraden im Abstand von 0,2 % Dehnung gezogen. Die Ordinate des Schnittpunkts mit der Spannung-Dehnung-Kurve ist die gesuchte 0,2 %-Dehngrenze.

Ist die hookesche Gerade sehr kurz, so wird die Zugprobe nach erkennbarem Überschreiten der Dehngrenze entlastet und wieder belastet. Dabei wird vom Schreibgerät eine Schleife gezeichnet, deren Mittellinie eine Parallele zur hookeschen Geraden darstellt. Diese Hilfslinie dient dann zur Bestimmung der Dehngrenze.

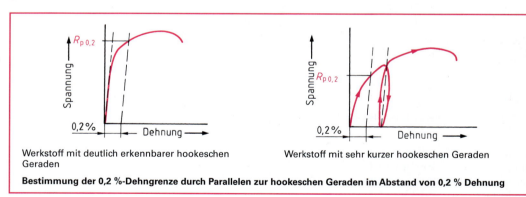

Werkstoff mit deutlich erkennbarer hookeschen Geraden

Werkstoff mit sehr kurzer hookeschen Geraden

Bestimmung der 0,2 %-Dehngrenze durch Parallelen zur hookeschen Geraden im Abstand von 0,2 % Dehnung

Die Streckgrenze bzw. die 0,2 %-Dehngrenze sind die Spannungen, aus denen für Konstruktionen mit Werkstoffen, welche ausgeprägte plastische Verformung vor dem Bruch zeigen, die zulässigen Zugspannungen unter Berücksichtigung einer Sicherheit ermittelt werden. Diese zulässigen Spannungen dürfen in einer Konstruktion nicht überschritten werden.

> Streckgrenze und 0,2 %-Dehngrenzen markieren technisch den Übergang vom elastischen in den plastischen Bereich.

Seltener als die 0,2 %-Dehngrenze wird für Werkstoffe mit stetigem Übergang vom elastischen in den plastischen Bereich die 0,01 %-*Dehngrenze* $R_{p0,01}$ ermittelt. Sie gibt die Spannung an, bei der eine bleibende Dehnung von 0,01 % in der Zugprobe auftritt. Man bezeichnet diese Spannung auch als *technische Elastizitätsgrenze*.

Als weiterer wichtiger Kennwert eines Werkstoffs wird im Zugversuch die **Zugfestigkeit** R_m ermittelt. Die Zugfestigkeit wird als Quotient aus der größten Zugkraft F_m und dem Anfangsquerschnitt S_0 der Zugprobe in N/mm² errechnet.

$$R_m = \frac{F_m}{S_0}$$

R_m Zugfestigkeit
F_m größte Zugkraft
S_0 Anfangsquerschnitt

Die Zugfestigkeit dient für alle Werkstoffe, welche *keine* ausgeprägte plastische Verformung vor dem Bruch zeigen, als Grenzspannung zur Ermittlung der zulässigen Zugspannung. Dies gilt für Werkstoffe wie Gusseisen, Hartguss, Glas u. a.

Nach Überschreiten der Zugfestigkeit schnürt sich die Probe gut plastisch verformbarer Werkstoffe ein, ihr Querschnitt nimmt an einer Stelle ab. Dadurch sind kleinere Kräfte zur Verlängerung der Probe nötig. Die Spannung-Dehnung-Kurve fällt mit weiterer Dehnung ab. Schließlich bricht die Probe.

Die nach dem Bruch bleibende Dehnung ist ein wichtiger Kennwert des Werkstoffs zur Beurteilung seiner Umformbarkeit. Man bezeichnet diesen Kennwert als die **Bruchdehnung** A.

Zur Bestimmung der Bruchdehnung werden die beiden Bruchstücke der Zugprobe sorgfältig in der Weise zusammengefügt, dass ihre Achsen eine Gerade bilden. Die Messlänge nach dem Bruch L_u wird gemessen. Aus dieser und der Anfangsmesslänge L_0 wird die Bruchdehnung in Prozent errechnet.

$$A_m = \frac{L_u - L_0}{L_0} \cdot 100 \, \%$$

A Bruchdehnung
L_0 Anfangsmesslänge
L_u Messlänge nach dem Bruch

Die **Brucheinschnürung** Z dient ebenfalls zur Beurteilung der Umformbarkeit eines Werkstoffs. Dieser Kennwert gibt die Querschnittsabnahme an der am stärksten eingeschnürten Stelle der Probe wieder.

$$Z = \frac{S_0 - S_u}{S_0} \cdot 100 \, \%$$

Z Brucheinschnürung
S_u kleinster Probenquerschnitt am Bruch
S_0 Anfangsquerschnitt

| **Beispiele** | für Spannung-Dehnung-Diagramme verschiedener Metalle |

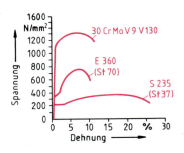
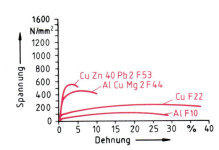

Übungsaufgabe W-59, W-60, W-61, W-62

7 Übungsaufgaben Werkstoffe

Chemische Elemente

W-1 Zeichnen Sie das nebenstehende Schema ab, und ordnen Sie die Elemente in das Schema ein. In der Klammer nach dem chemischen Element steht die zugehörige Dichte in kg/dm^3.
Eisen (7,86), Schwefel (2,06), Kohlenstoff (2,25), Magnesium (1,74), Vanadium (5,96), Phosphor (1,82), Zink (7,13), Zinn (7,30), Blei (11,35), Aluminium (2,70), Kupfer (8,93), Titan (4,50).

```
                    Elemente
                   /        \
              Metalle        Nichtmetalle
             /       \
    Leichtmetalle   Schwermetalle
         ?              ?              ?
         ?              ?              ?
```

W-2 Schreiben Sie die Namen folgender chemischer Elemente ab, und tragen Sie hinter jeden Namen das chemische Symbol ein.
Wasserstoff, Kupfer, Zinn, Zink, Schwefel, Kohlenstoff, Eisen, Blei, Stickstoff, Mangan, Magnesium, Sauerstoff, Chrom.

W-3 Metallische Werkstoffe werden durch Kurzzeichen erfasst. Im Kurzzeichen der Werkstoffe stehen unter anderem die chemischen Symbole der Elemente, die der Werkstoff enthält.
Schreiben Sie die Kurzzeichen ab, und bestimmen Sie die Namen der chemischen Elemente, die in diesen metallischen Werkstoffen enthalten sind:
- C45
- NiCu14FeMo
- CuAl12Ni5
- MgAl6Zn
- 16MnCr4
- CuZn40Pb2

W-4 Zeichnen Sie folgendes Schema ab, und füllen Sie es vollständig aus.

	Name des Atombausteins	elektrische Ladung	Massevergleich
Atomkern	?	?	?
	?	?	?
Elektronenhülle	?	?	?

W-5 Wodurch unterscheiden sich die Atome zweier verschiedener Elemente in ihrem Aufbau?

W-6 In der Tabelle „Atomaufbau der Elemente 1 bis 18" im Lehrbuch stehen links die metallischen Elemente, z. B. Natrium, Magnesium, Aluminium.
Auf der rechten Seite dieser Tabelle stehen die nicht metallischen Elemente, z. B. Sauerstoff, Schwefel, Fluor, Chlor.
a) Welche Gemeinsamkeit in der Atomhülle haben die metallischen Elemente?
b) Welche Gemeinsamkeit in der Atomhülle haben die nicht metallischen Elemente?

Aufbau von Metallen

W-7 Ein Stück Aluminium besteht aus vielen Aluminiumionen.
Wie werden diese Aluminiumionen zusammengehalten?

W-8 Ein Kochsalzkristall (chemische Formel: NaCl) besteht aus positiv geladenen Natriumionen ⊕ und negativ geladenen Chlorionen ⊖.
Wie wird sich dieser Kristall im Gegensatz zu einem Metallkristall verhalten, wenn man die Schichten um einen Atomabstand gegeneinander zu verschieben versucht?

W-9 Metalle werden als elektrische Leiter, z. B. in Elektrokabeln, verwendet.
Warum leiten Metalle den elektrischen Strom?

W-10 Wie verhalten sich die kleinsten Teilchen eines Metallstücks
  a) beim Erwärmen des Metallstücks,
  b) beim Aufschmelzen des Metallstücks,
  c) in der Metallschmelze?

W-11 Um den Erstarrungspunkt von Kupfer zu ermitteln, wurden in einem Versuch nebenstehende Werte ermittelt.

Zeit in min	0	5	15	30	40	45	60
Temperatur °C	1 300	1 190	1 083	1 083	1 083	1 020	860

  a) Stellen Sie aus den gegebenen Messwerten ein Diagramm auf, in dem die waagerechte Achse die Zeit in Minuten und die senkrechte Achse die Temperatur von 900 bis 1 400 °C enthält. Zeichnen Sie einen Kurvenzug.
  b) Bestimmen Sie aus dem Diagramm die Erstarrungstemperatur von Kupfer.

W-12 Die Abbildung stellt ein stark vergrößertes Schema eines Gefügebildes dar.
  a) Skizzieren Sie das Gefügebild so ab, dass lediglich die Korngrenzen gezeichnet werden.
  b) Beschreiben Sie, unter Berücksichtigung des Erstarrungsvorgangs, die Begriffe Korn und Korngrenze.

W-13 Stahlteile werden feuerverzinkt, indem man sie nach der Reinigung in flüssiges Zink eintaucht. Man sieht dann oft auf der Oberfläche ein interessantes Muster.
Wie ist dieses Muster aus der Erstarrung der Zinkschicht zu erklären?

W-14 Rundmaterial aus Messing soll grobkorngeglüht werden.
  a) Welche Eigenschaft soll damit verbessert werden?
  b) Welche Eigenschaft wird mit Sicherheit verschlechtert?

W-15 Zeichnen Sie die Tabelle ab, und ordnen Sie die aufgeführten Metalle nach ihrer Umformbarkeit in die Tabelle ein:

zufriedenstellend umformbar	gut umformbar	sehr gut umformbar
?	?	?

Chrom (krz) Magnesium (hex) Zink (hex) Eisen (erwärmt) (kfz) Aluminium (kfz) Kupfer (kfz)

W-16 In einem Metall sind die Metallionen gemäß der nebenstehenden Zeichnung angeordnet.
Fertigen Sie eine Skizze entsprechend der Vorlage an, und geben Sie den Gittertyp an.
Verbinden Sie zur besseren Übersicht die Mitte eines Ions mit den Mitten seiner Nachbarionen.

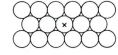
Draufsicht auf den Kristall

Legierungen

W-17 Warum legiert man Werkstoffe?

W-18 Wie nennt man folgende Legierungen:
  a) Eine Legierung, die aus etwa 99 % Eisen und 1 % Kohlenstoff besteht.
  b) Eine Legierung, die aus etwa 97 % Eisen und 3 % Kohlenstoff besteht.
  c) Eine Legierung, die aus etwa 65 % Kupfer und 35 % Zink besteht.

Übungsaufgaben Werkstoffe

W-19 Übernehmen Sie das Schema und ergänzen Sie die vorgegebenen Lücken.

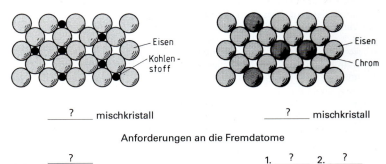

_____?_____ mischkristall   _____?_____ mischkristall

Anforderungen an die Fremdatome

_____?_____   1. ___?___   2. ___?___

W-20 Welche Eigenschaften haben Legierungen mit Mischkristallen?

W-21 Das Diagramm zeigt die Aufheizkurve einer Kupfer-Nickel-Legierung mit 50 % Nickel.
Übernehmen Sie das Diagramm, und tragen Sie die Worte
- Ende des Schmelzvorgangs,
- Beginn des Schmelzvorgangs

richtig in das Diagramm ein.

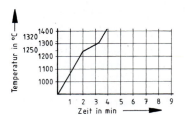

W-22 Es sind nebeneinander Abkühlungskurven ermittelt worden.
a) Übernehmen Sie diese Kurven, und zeichnen Sie das dazugehörige Zustandsdiagramm.
b) Beschriften Sie die einzelnen Felder des Diagramms.
c) Bestimmen Sie für eine Legierung mit 40 % Ni den Beginn und das Ende der Erstarrung.

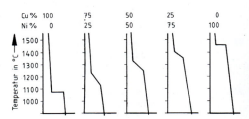

W-23 Die Darstellung stellt ein Gefügebild von Gusseisen mit Lamellengrafit dar.
a) Skizzieren Sie das Gefügebild ab, und beschriften Sie die Gefügebestandteile.
b) Erklären Sie, warum es sich um ein Kristallgemenge handelt.

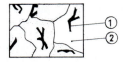

W-24 Gusseisen eignet sich gut als Werkstoff für Gleitlager, für Führungsbahnen sowie für Kolbenringe in Kraftfahrzeugmotoren.
Erklären Sie dies anhand des Gefüges.

W-25 Die Abbildung stellt ein Gefügebild von Automatenmessing dar.
Automatenmessing enthält unter anderem 2 % Blei.
a) Skizzieren Sie das Gefügebild ab, und kennzeichnen Sie den Gefügeanteil Blei.
b) Welche Bedeutung hat das Zulegieren von Blei im Automatenmessing?

W-26 Von den Blei-Zinn-Legierungen hat die eutektische Legierung die Zusammensetzung von 62 % Zinn und 38 % Blei. Im Folgenden ist eine Legierung mit 60 % Blei und 40 % Zinn zu untersuchen.

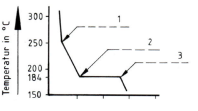

a) Welcher Bestandteil ist in dieser Legierung gegenüber der eutektischen Legierung im Überschuss?
b) Welcher Bestandteil der Legierung beginnt zuerst zu erstarren?
c) Zeichnen Sie die vorgegebene Abkühlungskurve dieser Legierung ab, und beschriften Sie die angegebenen Stellen.
d) Beschreiben Sie den Erstarrungsvorgang dieser Legierung. Die Erstarrung beginnt bei 250 °C und endet bei 184 °C.

W-27 Legierungen aus Aluminium und Silicium bilden Kristallgemenge. Unter diesen Al-Si-Legierungen weist die Legierung mit 11,7 % Si ein besonders feines Kristallgemenge auf.

G-AlSi 12 veredelt Gefüge

a) Wie nennt man dieses besonders feine Kristallgemenge?
b) Welche Eigenschaften hat diese Legierung hinsichtlich
- Abkühlungsverhalten,
- Erstarrungsverlauf,
- Erstarrungstemperatur?

W-28 Es liegt eine Legierung mit Kristallgemenge vor.
a) Woran erkennt man im Schliffbild, dass ein Kristallgemenge vorliegt?
b) Woran erkennt man im Schliffbild, dass eine nicht eutektische Legierung vorliegt?

W-29 Bei einer Untersuchung von Blei-Zinn-Legierungen wurden folgende Abkühlungskurven aufgenommen:

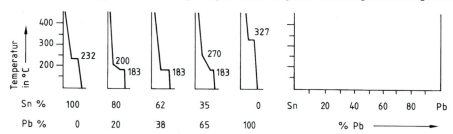

a) Übernehmen Sie diese Abkühlungskurven, und zeichnen Sie das zugehörige Zustandsdiagramm mit allen Beschriftungen.
b) Beim Löten in der Elektro- und Elektronikindustrie benötigt man möglichst niedrig schmelzende Lote, die schnell erstarren.
Welche Pb-Sn-Legierung empfehlen Sie nach dem Zustandsdiagramm?
c) Zum Löten von Kabelmänteln benötigt man Lote, die sich im breiigen Zustand „schmieren" lassen. Zwischen Beginn und Ende der Erstarrung soll ein Temperaturunterschied von 70 °C liegen. Welche Zusammensetzung muss das Lot haben?

Gefüge und Eigenschaften von Stahl

W-30 Ein unlegierter Stahl mit 0,65 % C ist auf 1 000 °C erwärmt worden.
a) Liegt bei dieser Temperatur ein Kristallgemenge oder ein Mischkristallgefüge vor?
b) Welche Bezeichnung trägt dieses Gefüge?
c) Wie ist der Gitteraufbau?
d) Wie liegt der Kohlenstoff im Gefüge vor?
e) Wie verhält sich das Gefüge beim Umformen?

Übungsaufgaben Werkstoffe

W-31 Die folgenden Aussagen beschreiben Gefügebestandteile von Stahl.
Nennen Sie die Gefügebezeichnung des jeweils beschriebenen Gefügebestandteils:
a) Chemische Verbindungen aus Fe und C. Es ist ein harter und spröder Gefügebestandteil;
b) Kristallgemenge aus Fe und Fe_3C;
c) Mischkristall aus Fe und C. Dieser Gefügebestandteil liegt bei höheren Temperaturen vor;
d) Nahezu kohlenstofffreies Eisen mit krz-Gitter.

W-32 In einem Untersuchungsbericht eines Metalllabors über eine Metallprobe heißt es u. a.: „... das Gefüge weist zu etwa gleichen Teilen Ferrit und Perlit auf."
a) Welchen Kohlenstoffgehalt hat der Stahl?
b) Welchen Gitteraufbau hat Ferrit?

W-33 Das nebenstehende Gefügebild zeigt das Gefüge eines Stahls mit 0,8 % Kohlenstoffgehalt.
a) Wie bezeichnet man dieses Gefüge?
b) Das streifenförmige Aussehen kommt dadurch zustande, dass zwei einzelne Bestandteile fein verteilt nebeneinander liegen.
Wie nennt man diese beiden Bestandteile?
c) Welche chemische Formel hat der kohlenstoffreichere Bestandteil?
d) Welche Eigenschaften haben die einzelnen Bestandteile?

W-34 Die nebenstehenden Darstellungen sind Gefügebilder von Stählen mit 0,2 %, 0,45 %, 0,8 % und 1,5 % Kohlenstoffgehalt.

a) Skizzieren Sie die Bilder geordnet nach dem Kohlenstoffgehalt ab.
b) Benennen Sie die gekennzeichneten Gefügebestandteile.

Stoffeigenschaftändern von Stahl

W-35
a) Wie ändert sich beim Weichglühen das Gefüge eines Stahls?
b) Welchen Zweck hat das Weichglühen von Stahl?

W-36
a) Bei welcher Temperatur ist ein Stahl mit 0,6 % C weichzuglühen?
b) Bei welcher Temperatur wird ein Stahl mit 1 % C weichgeglüht?

W-37 Eine Schweißkonstruktion aus Stahl ist spannungsarm zu glühen.
Schreiben Sie eine Glühanweisung.

W-38 Ein Stahlgussgehäuse mit 20 mm Wanddicke aus G-C45 wurde falsch vergütet. Es soll deswegen normalisiert werden.
Schreiben Sie eine Glühanweisung.

W-39 Ein Stahldraht wurde kalt gezogen.
a) Beschreiben Sie, wie sich folgende Eigenschaften verändert haben:
- Härte,
- Festigkeit,
- Dehnbarkeit.
b) Schreiben Sie eine Glühanweisung für das Rekristallisieren.

W-40 Übernehmen Sie die folgende Beschreibung über das Härten einer Meißelschneide. Setzen Sie dabei die in den Klammern zur Auswahl stehenden Begriffe richtig ein:
Die Meißelschneide wird auf 800 °C erwärmt. Es entsteht *(das Kristallgemenge/das Mischkristallgefüge)* Austenit mit *(krz/kfz)*-Gitter. Der Kohlenstoff ist dabei in das Gitter *(eingebaut/nicht eingebaut)*. Anschließend wird die Meißelschneide *(schnell/langsam)* abgekühlt. Aus dem *(krz/kfz)*-Gitter des Austenits wird ein *(krz/kfz)*-Gitter. Durch die *(schnelle/langsame)* Abkühlung werden die Kohlenstoffatome *(im Gitter eingeschlossen/aus dem Gitter herausgehalten)*. Dies bewirkt *(eine Verzerrung des Gitters/einen regelmäßigen Gitteraufbau)*. Dadurch wird die Meißelschneide wesentlich härter.

W-41 Prüfen Sie einen „Stahlnagel" (ca. 0,5 % C) und einen etwa gleich großen „normalen" Nagel (ca. 0,1 % C) bei unterschiedlichen Wärmebehandlungszuständen.

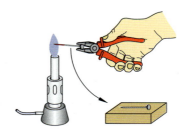

  a) Erhitzen Sie beide Nägel in der Flamme eines Bunsenbrenners bis zur Weißglut, und halten Sie diese Temperatur etwa 1 Minute lang. Lassen Sie dann die Nägel an der Luft langsam abkühlen.
  Beurteilen Sie die Härte der Nägel durch Befeilen.
  Wie sind die Gefüge beider Nägel nach der langsamen Abkühlung aufgebaut?

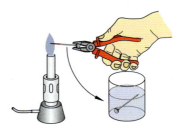

  b) Erhitzen Sie beide Nägel erneut bis zur Weißglut, und schrecken Sie die Nägel anschließend sofort in Wasser ab.
  Beurteilen Sie wieder die Härte durch Befeilen. Welche Gefüge liegen jetzt in den Nägeln vor?

W-42 Eine Reißnadel aus Stahl soll an der Spitze gehärtet werden. Der Stahl hat die Kurzbezeichnung C 60. Von welcher Temperatur ist die Nadel abzuschrecken?
Ermitteln Sie die Temperatur aus dem Fe-Fe$_3$C-Diagramm.

W-43 Auf einem Meißel steht Lufthärter. Welche Bedeutung hat diese Aufschrift?

W-44 Warum härten dickwandige Werkstücke aus unlegierten Stählen nicht durch?

W-45 Eine Schneidplatte aus unlegiertem Werkzeugstahl mit 1 % C soll gehärtet werden. Das Aufheizen soll in 2 Stufen erfolgen. Erstellen Sie eine Glühanweisung mit Temperaturen, Zeiten und Abschreckmitteln.

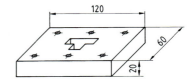

W-46 Nach dem Härten wird die Schneidplatte aus Aufgabe 3/28 angelassen. Bestimmen Sie die Anlasstemperatur.
Was geschieht im Werkstoff bei diesem Anlassen?

Übungsaufgaben Werkstoffe

W-47
a) Bei welcher Temperatur ist eine Welle aus C 60 (Stahl mit 0,6 % C) zu vergüten, damit 900 N/mm² Zugfestigkeit erreicht werden?
b) Ein Schalthebel aus C 35 soll entsprechend der Glühanweisung bei 500 °C vergütet werden. Welche Zugfestigkeit ist zu erwarten?
c) Um wie viel % ist die Zugfestigkeit eines C 45 wahrscheinlich abgefallen, wenn er statt bei 450 °C versehentlich bei 500 °C angelassen wurde?

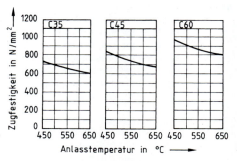

Vergütungsschaubilder

W-48 Eine Achse von 35 mm Ø aus C 45 soll vergütet werden. Der Werkstoff liegt im normal geglühten Zustand vor.
Geben Sie eine genaue Glühanweisung für das Härten und das anschließende Anlassen. Es soll eine Zugfestigkeit von 750 N/mm² erreicht werden.

Werkstoffnormung

W-49 Leiten Sie aus den Kurznamen die Eigenschaften folgender Stähle ab:
a) S490Q, b) P355K6N, c) H420, d) L355M, e) E335.

W-50 Bei niedrig legierten Stählen werden im Kurznamen die Prozent-Angaben der Legierungselemente durch die Faktoren 4, 10 und 100 verschlüsselt angegeben.
a) Zum leichteren Merken der Legierungselemente, die mit dem Faktor 4 verschlüsselt werden, gibt es den Spruch:
„**Si**eh, **Co**nrad **Cr**amer **W**usste **Ni**e **Man**gan."
Welche Elemente werden in diesem Merkspruch angegeben?
Lernen Sie den oben angegebenen Merkspruch auswendig.
b) Nennen Sie die vier Elemente, die durch den Faktor 100 verschlüsselt angegeben werden.
Merkspruch: „Caesar Putzte Seine Nase."
c) Nennen Sie die Elemente, die durch den Faktor 10 verschlüsselt angegeben werden.
Versuchen Sie selbst, ein Merkwort oder einen Merksatz zu finden.

W-51 Zeichnen Sie die Tabelle ab, und vervollständigen Sie die Tabelle, indem Sie die Zusammensetzung der Stähle bestimmen.

	C %	Mn %	S %	Cr %	Al %	Ni %	Mo %	V %	Pb %
38 Cr 2	?	?	?	?	?	?	?	?	?
16 MnCr 5	?	?	?	?	?	?	?	?	?
34 CrAlNi 7	?	?	?	?	?	?	?	?	?
40 CrMoV 6-7	?	?	?	?	?	?	?	?	?
9 SMnPb 3-6	?	?	?	?	?	?	?	?	?

W-52
a) Woran erkennt man im Kurznamen hoch legierte Stähle?
b) Durch welchen Faktor wird bei hoch legierten Stählen der Prozentanteil von Kohlenstoff und der übrigen Legierungselemente verschlüsselt angegeben?

W-53 Entschlüsseln Sie die folgenden Kurznamen hoch legierter Stähle:
X 22 CrNi 17, X 6 CrNiMo 18-10, X 10 CrMoWV 12-1.

W-54 Werkstoffnummern kann man nur mithilfe von Tabellen näher entschlüsseln. Es gibt jedoch einige einfach zu erkennende Regeln.
Übernehmen Sie die folgenden Sätze und ergänzen Sie diese:
a) Eine Werkstoffnummer für Stahl erkennt man ___?___
b) In den Werkstoffnummern für Grundstähle beginnt die Sortennummer stets mit ___?___, es folgt ___?___.
c) Nicht rostende, hoch mit Chrom legierte Stähle beginnen in der Werkstoffnummer mit ___?___.

W-55 Für die folgenden Bauelemente werden die angegebenen Werkstoffe verwendet. Entschlüsseln Sie die Normbezeichnungen.
   a) Nietmaschinenrahmen GS 52
   b) Schachtdeckel EN-GJL-200
   c) Drehmaschinenbett EN-GJL-350
   d) Pkw-Lenkgehäuse EN-GJS-500

Zugversuch

W-56 Bei einem Zugversuch mit langem Proportionalstab aus Stahl, d_0 = 5 mm, wird bei einer Zugkraft von 5 000 N eine Verlängerung von 2 mm gemessen.
   a) Wie groß ist die Spannung?
   b) Wie groß sind Gesamtdehnung, elastische Dehnung und plastische Dehnung?

W-57 Für ein Werkstück, das einer Zugkraft ausgesetzt sein wird, soll die zulässige Spannung ermittelt werden. Unter welchem Wert muss die zulässige Spannung liegen? Begründen Sie Ihre Antwort.

W-58 S 235 darf im Maschinenbau bei schwellender Belastung mit 0,33 R_{eH} belastet werden. R_{eH} beträgt 215 N/mm².
Berechnen Sie den Querschnitt eines Rundstabes, der maximal mit 60 000 N belastet wird.

W-59 Ein Zugversuch mit kurzem Proportionalstab $(L_0 = 5 \cdot d_0)$ ergab folgende Messwerte:
Ausgangsdurchmesser d_0 = 8 mm, Höchstkraft F_m = 35 000 N,
Anfangsmesslänge L_0 = 40 mm, Kraft an der Streckgrenze F_s = 22 400 N,
Messlänge nach Bruch L_u = 50,5 mm, Durchmesser am Bruch d_u = 6,15 mm.
Berechnen Sie: Zugfestigkeit R_m, Streckgrenze R_{eH}, Bruchdehnung A, Einschnürung Z.

W-60 Die Länge, bei der ein Werkstoff infolge seines Eigengewichts abreißt, bezeichnet man als *Reißlänge*.
Berechnen Sie die Reißlänge eines Werkstoffs mit R_m = 400 N/mm² und ϱ = 7,5 kg/dm³.

W-61 Ein Stahl hat A_5 = 15 %, er hält ein F_m von 11 800 N.
Berechnen Sie: R_m und d_0, wenn L_u = 28,75 mm beträgt.

W-62 Schreiben Sie ein Computerprogramm zum Auswerten von Zugversuchen. Das Programm soll zunächst die Probenform abfragen.
Nach Eingabe des Kennbuchstabens für die Probenform soll ein Hinweis auf die weitere Verfahrensweise gegeben werden. Danach wird der Bildschirm gelöscht. Es erscheint dann die Abfrage der Probendaten und der Versuchsdaten. Nach entsprechenden Eingaben soll der Computer dann die Ergebnisse berechnen, anzeigen und ausdrucken.

Technische Kommunikation TK

Fertigungszeichnung erstellen

Auftrag

Auftragsbeschreibung

Modellzeichnung für einen gegossenen Lagerbock erstellen

Skizze

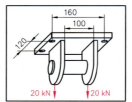

Pflichtenheft

- Lagerbohrung ⌀ 50 H 6
- Lagerbreite 100 mm
- Befestigung: 4 Schrauben Abstand 160 x 120 mm
- Abstand Lagermitte Auflagefläche 160 mm
- Anhängelast 40 kN gesamt

Analyse des Auftrags

Vorgaben lt. Pflichtenheft:
- Ziel der Darstellung
- Funktionsmaße
- Fertigungsverfahren
- Werkstoff

Betriebliche Vorgaben:
- CAD-System
- Betriebliche Vereinbarungen (Werksnormen)

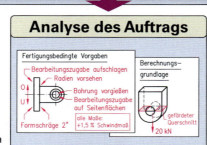

Ergebnisse:
- Darstellungsart
- Maße
- Fertigungsbedingte Konturvorgaben
- Belastung (Kräfte, Momente)
- Normauszüge

Entwicklung

Vorgaben:
- Belastung (Kräfte, Momente)
- Funktionsmaße
- Fertigungsbedingte Konturvorgaben
- Werkstoff

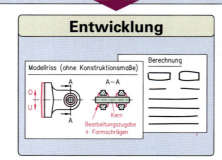

Ergebnisse:
- Konstruktionsmaße
- Kontur

Konstruktion

Betriebliche Vorgaben:
- CAD-System
- Werksnormen

Vorgaben aus Entwicklung:
- Konstruktionsmaße
- Kontur

Ergebnisse:
- CAD-Datensatz
- Zeichnungen
- Stückliste

Evtl.
- Gebrauchsanweisung
- Wartungs- und Entsorgungshinweise

1 Technisches Zeichnen

1.1 Technische Zeichnungen als Informationsträger

Der Austausch von Informationen zwischen Menschen wird meist über Sprache und Texte vorgenommen. Zeichnungen können darüber hinaus unabhängig von der Sprache zu einem eindeutigen Informationsaustausch genutzt werden. Alle Informationsträger und -wege in einem Betrieb basieren auf Fachsprache, Texten, Datensammlungen und Zeichnungen, die weitgehend vereinheitlicht sind. Man fasst sie unter dem Begriff „Technische Kommunikation" zusammen.

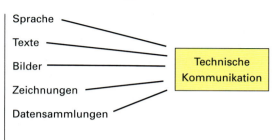

Informationsträger in einem Betrieb

Alle für die Fertigung eines Produktes notwendigen Informationen müssen klar und eindeutig sein. Die technische Zeichnung ist ein wesentliches Mittel im Produktherstellungsprozess, weil sie diese Bedingungen erfüllt.

Beispiele für technische Kommunikationsmittel in einem Fertigungsauftrag

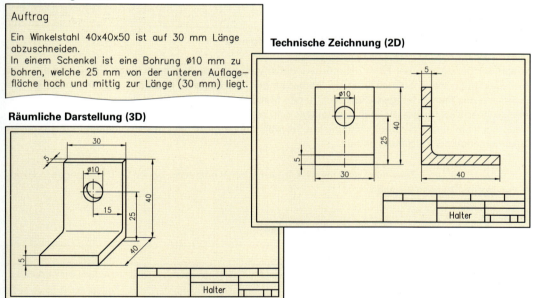

Formulierung als Text

Auftrag

Ein Winkelstahl 40x40x50 ist auf 30 mm Länge abzuschneiden.
In einem Schenkel ist eine Bohrung Ø10 mm zu bohren, welche 25 mm von der unteren Auflagefläche hoch und mittig zur Länge (30 mm) liegt.

Technische Zeichnung (2D)

Räumliche Darstellung (3D)

Der Fachmann muss die für seinen Beruf angewendeten Kommunikationsmittel lesen und verstehen können. Außerdem soll er in der Lage sein, aus technischen Informationen, wie z. B. aus einer Skizze, entsprechende technische Zeichnungen zu erstellen. Dazu muss er die fachlichen Grundlagen der technischen Kommunikation beherrschen.

Technische Kommunikationsmittel dienen dazu, alle notwendigen Informationen bereitzustellen, um einen reibungslosen Produktherstellungsprozess innerhalb eines Unternehmens zu ermöglichen und zu dokumentieren.

Technisches Zeichnen

Das wichtigste Kommunikationsmittel in der Fertigungsabteilung eines Betriebes ist die technische Zeichnung, weil optische Informationen vom Betrachter besser aufgenommen werden können als umfangreiche Texte.

Dreidimensionale Darstellungen von Werkstücken sind anschaulich und leicht zu verstehen, jedoch per Hand schwierig zu erstellen. Anwendung findet die dreidimensionale Darstellung bei der Konstruktion mit CAD-Systemen.

Per Hand werden Werkstücke üblicherweise in Ansichten gezeichnet, aus denen der Betrachter auf die räumliche Form des Körpers schließen kann.

> **Beispiele** für verschiedene Darstellungsformen eines Werkstücks

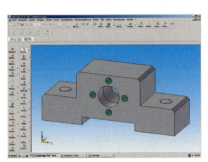
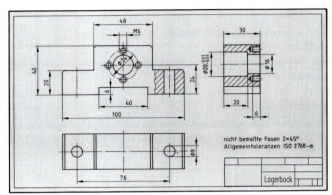

Räumliche Darstellung im CAD-System   **Technische Zeichnung**

Neben der Darstellung der Form des Körpers durch verschiedene Ansichten bietet eine Zeichnung auch aussagekräftige Informationen über die Abmessungen des Bauteils. Nach den Maßangaben kann der Fachmann das Bauteil fertigen. Zusätzlich zu den Maßangaben finden sich meist auch Angaben darüber, wie die Oberflächenbeschaffenheit des Bauteils sein soll.

Weiterhin ist in einer Ecke der Zeichnung ein Schriftfeld angebracht, welches vor allem Informationen zur Dokumentation der Zeichnung enthält.

> In einer technischen Zeichnung sind mehrere Informationen enthalten, denen Vereinbarungen in Form von Normen zugrunde liegen.

> **Beispiele** für genormte Elemente in Zeichnungen

genormte Elemente	Erklärungen
Ansichten	Aus der Lage der Ansichten kann man auf den räumlichen Aufbau des Werkstücks schließen.
Blatteinteilung	Die Blatteinteilung wird so vorgenommen, dass die Zeichenfläche optimal ausgenutzt wird.
Schriftfeld	Das Schriftfeld dient zur Dokumentation der Werkstückunterlagen und Zeichnungserstellung.
Maßeintragungen	Die Maßeintragungen beschreiben die Größe und Form des Werkstücks.
Schnittdarstellungen	Die Schnittdarstellungen erlauben, innere Konturen des Werkstücks zu verstehen.
Gewindedarstellungen	Die Gewindedarstellungen bieten eine vereinfachte Information über die Art und Größe von Gewinden.
Toleranzangaben	Die Toleranzangaben legen fest, wie genau das Werkstück hergestellt werden soll.

1.2 Von der räumlichen Darstellung zur technischen Zeichnung

Den räumlichen Aufbau eines Werkstücks auf einer Blattebene kann man darstellen, indem das Werkstück in verschiedenen **Ansichten** gezeichnet wird. Man unterscheidet z. B.:
- Vorderansicht
- Seitenansicht
- Draufsicht.

Eine Ansicht zeichnet man aus der jeweiligen Blickrichtung des Zeichners. Die von ihm gesehene Kontur des Werkstücks wird auf das Zeichenblatt übertragen.

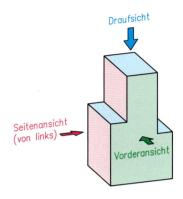

Damit die Zeichnung auch von einer anderen Person gelesen werden kann, müssen die Ansichten nach festgelegten Regeln auf dem Zeichenblatt angeordnet sein.
Von der Vorderansicht ausgehend, gelten folgende Vereinbarungen:
- die Seitenansicht von links wird rechts neben die Vorderansicht gezeichnet,
- die Draufsicht wird unter der Vorderansicht gezeichnet.

Hält man diese Regeln ein, so erkennt der Betrachter, aus welchen Blickrichtungen die Ansichten gezeichnet worden sind. Er kann sich somit das Werkstück räumlich vorstellen.

Vorderansicht   **Seitenansicht (von links)**

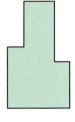

Draufsicht

Anordnung der Ansichten auf einem Zeichenblatt

Damit ein Werkstück eindeutig dargestellt ist, zeichnet man so viele Ansichten, wie nötig.
- Prismatische Werkstücke werden meist in drei Ansichten gezeichnet.
- Bei Drehteilen reichen oftmals zwei Ansichten aus.
- Für flache Werkstücke ist vielfach nur die Draufsicht mit der zusätzlichen Angabe der Dicke ausreichend.

Drehteil in zwei Ansichten

Folgende Vereinbarungen über **Linienarten** bestehen:
- Sichtbare Kanten werden mit einer breiten Volllinie gezeichnet,
- verdeckte Kanten zeichnet man gestrichelt und schmal,
- Strichpunktlinien wendet man für Mittellinien und Symmetrielinien an.

Flaches Werkstück in einer Ansicht

Linienart	Breite	Anwendung
———	0,5 mm	sichtbare Kanten
– – –	0,25 mm	verdeckte Kanten
–·–·–	0,25 mm	Mittellinie

Linienarten und Strichstärken

> Die technische Zeichnung stellt einen Körper in Ansichten dar. Aus diesen Ansichten kann man auf die räumliche Struktur des Werkstücks schließen.

Übungsaufgabe TK-1

1.2.1 Festlegung der Werkstücklage für die zeichnerische Darstellung

Wenn der Fachmann eine technische Zeichnung von einem Werkstück erstellt, so wählt er zuerst die Vorderansicht aus. Diese Ansicht ist so zu wählen, dass möglichst wenig Kanten, z. B. durch vorliegende Flächen, verdeckt werden.

Verdeckte Kanten lassen sich nicht immer vermeiden und müssen dann gezeichnet werden, wenn die alleinige Darstellung der sichtbaren Kanten nicht ausreicht, um die räumliche Formgebung des Werkstücks vollständig wiederzugeben.

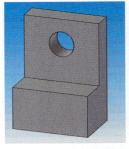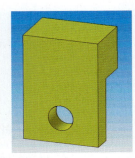

Werkstück in unterschiedlichen Perspektiven

Regeln zur Wahl von Körperansichten und zur Darstellung von verdeckten Kanten und Bohrungen:

- Die Anordnung der Ansichten ist so zu wählen, dass möglichst wenige verdeckte Kanten dargestellt werden müssen.

- Verdeckte Kanten werden durch schmale Strichlinien dargestellt.

- Angrenzungen von verdeckten Kanten an anderen Körperkanten beginnen und enden immer als Strich, nicht als Lücke.

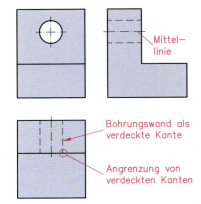

Günstige Anordnung der Ansichten mit wenigen verdeckten Kanten

- Wandungen von Bohrungen werden auch als verdeckte „Kante" dargestellt.

- Die Lage der Bohrungsmitte wird in allen Ansichten durch dünne Strichpunktlinien dargestellt.

- Das Achsenkreuz von Strichpunktlinien wird durch den Schnitt zweier Linien erfasst.

- Verdeckte Kanten müssen nicht immer eingezeichnet werden, sondern nur dann, wenn die Lesbarkeit der Zeichnung verbessert wird.

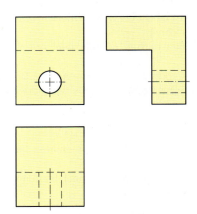

Ungünstige Anordnung der Ansichten mit mehreren verdeckten Kanten

> Verdeckte Kanten sind aus der Blickrichtung einer Ansicht nicht sichtbar. Sie werden durch schmale Strichlinien dargestellt.
> Äußere Begrenzungen von Bohrungen werden als verdeckte Kanten gezeichnet.

Übungsaufgabe TK-2

1.2.2 Blatteinteilung

Ein Zeichenblatt besteht aus einer Zeichenfläche und einem Schriftfeld. Damit die Körperansichten auf die Zeichenfläche des Zeichenblattes passen und ausreichend Platz für eine spätere Bemaßung vorhanden ist, muss das Zeichenblatt entsprechend eingeteilt werden.

Die Abstände zwischen den Ansichten sind möglichst gleich groß zu wählen und betragen bei einfachen Werkstücken etwa 30 mm.

Die Seitenabstände a und b für eine günstige Blatteinteilung können wie folgt bestimmt werden:

$$a = \frac{\text{Breite der Zeichenfläche} - x}{2}$$

$$b = \frac{\text{Höhe der Zeichenfläche} - y}{2}$$

Je nach Form des Werkstücks ist es manchmal günstiger, das Zeichenblatt im Querformat zu nutzen.

Hochformat

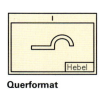
Querformat

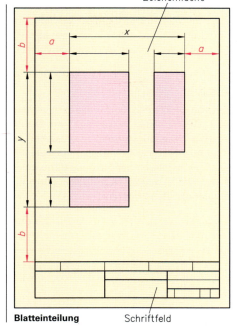
Blatteinteilung   Schriftfeld

> Ansichten werden möglichst gleichmäßig und übersichtlich auf der Zeichenfläche angeordnet.

1.2.3 Schriftfeld

Alle technischen Zeichnungen erhalten ein Schriftfeld, in das alle für den betrieblichen Informationsaustausch notwendigen Angaben eingetragen sind. Der Aufbau von Schriftfeldern ist genormt und legt vereinheitlichte Datenfelder fest. Um die Anzahl der Datenfelder gering zu halten, gibt es Pflichtfelder, welche im besonderen Fall durch weitere optionale Felder ergänzt werden können.

Name der verantwortlichen Abteilung des Unternehmens	Name der Person, die Rückfragen zu den technischen Inhalten geben kann	Name der Person, die das Dokument erstellt hat, z. B. Techn. Zeichner	Name der Person, die das Dokument genehmigt hat, z. B. Abteilungsleiter	Status des Dokuments, z. B. freigegeben, nicht freigegeben

Verantwortl. Abt.	Technische Referenz	Erstellt durch *Pflicht*	Genehmigt von		
Emblem und Name des gesetzlichen Eigentümers *Pflicht*		Dokumentenart *Pflicht*	Dokumentenstatus		
		Titel, Zusätzlicher Titel *Pflicht*	Sachnummer *Pflicht*		
			Änd.	Ausgabedatum *Pflicht*	Spr.	Blatt

Darstellungsart des Inhalts, z. B. Gesamtzeichnung oder Einzelteilzeichnung	Name des Dokumentinhalts bzw. dargestellten Bauteils mit Zusatzinformationen	Änderungsindex, um verschiedene Versionen des Dokuments zu identifizieren	Datum der ersten offiziellen Freigabe	Sprachzeichen, um die Sprache anzuzeigen, z. B. „de" für Deutsch

Schriftfeld nach DIN EN ISO 7200

> Zeichnung und Schriftfeld zusammen dienen als ein betriebliches Dokument, nach welchem die Fertigung durchgeführt wird und spätere Ersatzteilbeschaffungen möglich sein müssen.

1.2.4 Blattgrößen und Maßstäbe

Ein Werkstück wird möglichst in seinen realen Abmessungen im Maßstab 1:1 gezeichnet, damit die Größe des Werkstücks vorstellbar bleibt. Kann man die realen Werkstückabmessungen auf ein Zeichenblatt nicht übertragen, da das Werkstück zu groß oder zu klein ist, muss man Folgendes abwägen:

- Das Zeichenblatt wird größer gewählt, um den Originalmaßstab 1:1 zu erhalten.
- Zu große Werkstücke werden maßstäblich verkleinert gezeichnet.
- Zu kleine Werkstücke werden maßstäblich vergrößert gezeichnet.

• Blattgrößen

Die Größen von genormten Zeichenblättern werden in DIN-Formaten geordnet. Die Fläche des Ausgangsformates eines Fertigblattes A0 beträgt 1 m². Die Seitenverhältnisse sind immer: $1 : \sqrt{2}$

Halbiert man das Ausgangsformat, so entstehen zwei gleich große nachfolgende Formate. Aus dem Ausgangsformat A0 werden zwei Nachfolgeformate A1; aus A1 werden zwei Nachfolgeformate A2 usw.

Durch jeweiliges Halbieren der Ausgangsformate ergibt sich somit die Größe des nächst kleineren Formates. Das Fertigblatt ist das auf Normformat geschnittene äußere Zeichenblatt. Die Zeichenfläche wird durch einen umlaufenden Rand begrenzt.

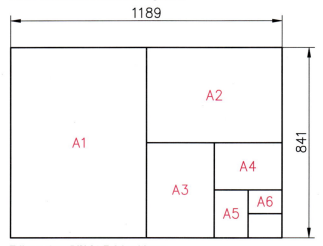

DIN-Format	Fertigblatt-Maße*
A0	841 x 1189
A1	594 x 841
A2	420 x 594
A3	297 x 420
A4	210 x 297
A5	148 x 210
A6	105 x 148

Teilung eines DIN A0-Zeichenblattes

*alle Maße in mm

> Das Ausgangsformat eines Zeichenblattes ist DIN A0. Die nächst kleineren Formate ergeben sich durch wiederholtes Halbieren des Ausgangsformates.

• Maßstäbe für technische Zeichnungen

Für alle Gebiete der Technik sind die verwendbaren Maßstäbe festgelegt.

natürlicher Maßstab	1:1					
Verkleinerungsmaßstäbe	1:2	1:5	1:10	1:20	1:50	1:100
Vergrößerungsmaßstäbe	2:1	5:1	10:1	20:1	50:1	

Der verwendete Maßstab muss in der technischen Zeichnung kenntlich gemacht werden. Dazu trägt der Zeichner in dem dafür vorgesehenen Schriftfeld den Maßstab ein.

Die Bemaßung des Werkstücks erfolgt mit den wirklichen Abmessungen des Werkstücks.

> Der Maßstab gibt das Verhältnis der Zeichnungsabmessungen des Werkstücks zur Wirklichkeit an.

Übungsaufgabe TK-3

1.3 Beschriftungen in technischen Zeichnungen

1.3.1 Normschrift

In der Norm sind Schriftform und Schriftgröße nach internationalen Vereinbarungen festgelegt. Damit in der Fertigung Fehler vermieden werden, müssen die Schriftzeichen, besonders die Zahlen, einheitlich geschrieben werden und klar lesbar sein.
Auch die Lesrichtung von Zahlen und Texten in Zeichnungen ist vereinbart, damit keine Fehler auftreten und z. B. statt *86* die Zahl *98* gelesen wird.

Schriftform A (kursiv)	Schriftform B (vertikal)
abcdefghi *ABCDEFGHI* *1234567890*	a b c d e f g h i A B C D E F G H I 1 2 3 4 5 6 7 8 9 0

> Durch die international vereinbarte Normschrift verringert man im Bereich der technischen Kommunikation Informationsfehler.

1.3.2 Maßeintragungen

Für die **Bemaßung** von Körpern werden folgende drei Bemaßungselemente benutzt:

- **Maßhilfslinie**: Sie dient zum Herausziehen von Maßen und verläuft senkrecht zur bemaßenden Körperkante.
- **Maßlinie**: Sie stellt die Größe der zu bemaßenden Körperkante dar, verläuft parallel zu ihr und wird durch Maßpfeile abgeschlossen.
- **Maßzahl**: Sie gibt die Größe der Körperkante an und wird über die Maßlinie geschrieben.

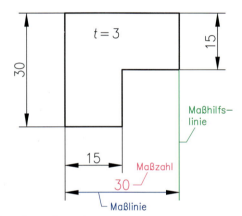

Bemaßungselemente

Um eine normgerechte Bemaßung vorzunehmen, muss Folgendes beachtet werden:

- Im Maschinenbau werden Längenmaße in Millimetern ohne Nennung der Einheit angegeben.
- Alle Maße müssen von unten oder von rechts lesbar sein.
- Es wird in der Ansicht bemaßt, welche am deutlichsten die zu bemaßende Kontur zeigt.
- Doppelbemaßungen sind nicht erlaubt, sondern nur als Kontrollmaße zulässig und müssen in Klammern gesetzt werden.
- An verdeckte Kanten soll möglichst keine Maßlinie geführt werden.
- Maßlinien sind in übersichtlichen Abständen anzubringen.

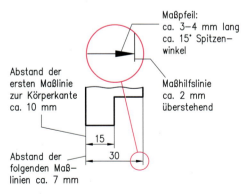

Form, Größe und Abstände von Maßlinien

> Die Bemaßung hat die Aufgabe, die Abmessungen eines Werkstücks eindeutig festzulegen. Für alle Längenmaße ohne Einheit gilt im Maschinenbau die Einheit „mm" als vereinbart.

1.3.3 Maßbezugsebenen

- **Maßbezugsebenen unsymmetrischer Werkstücke**

Eine Bemaßung sollte immer von Bezugsebenen ausgehend erfolgen. Die Bezugsebene ist eine Fläche (in der Ansicht eine Kante), von der aus alle Maße angetragen werden.
Um ein Werkstück vollständig zu bemaßen, wird für jede der drei räumlichen Achsen eine Bezugsebene festgelegt. Häufig werden Auflageflächen als Bezugsebenen gewählt. Die Wahl einer Bezugsebene kann auch durch die Arbeitsfolge zur Fertigung des Werkstücks bestimmt werden.

| Beispiel | für eine Bemaßung nach Bezugsebenen |

Für das Anreißen mit dem Parallelanreißer werden die Auflageflächen des Werkstücks als Bezugsebenen für das Werkstück gewählt.

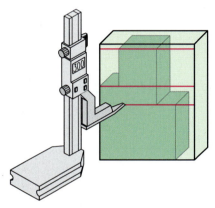
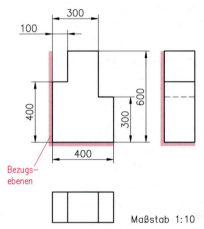

Parallelanreißer mit Werkstück

Bezugsebenen an einem Werkstück

- **Maßbezugsebenen symmetrischer Werkstücke**

Bei symmetrischen Werkstücken dient die Symmetrieebene als Bezugsebene. Die Symmetrieebene ist die Ebene, an der das Werkstück nach beiden Seiten gespiegelt werden kann.
In der zweidimensionalen Ansicht entspricht die Symmetrieebene der Mittellinie, welche mit einer schmalen Strichpunktlinie gezeichnet wird.

| Beispiel | für eine Symmetriebemaßung |

Von der Mittellinie ausgehend werden alle Breitenmaße symmetrisch angetragen.
Für die Höhenmaße ist die Hauptauflagefläche als Bezugsebene gewählt worden.

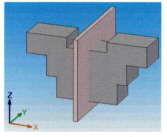
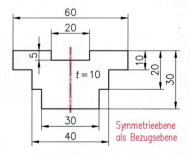

Symmetrieebene eines Werkstücks

Werkstück mit Symmetriebemaßung

Neben Symmetrieebenen dienen möglichst große Auflage- oder Spannflächen als Bezugsebenen, welche in einem frühen Stadium gefertigt werden und dann für Prüf- und Anreißaufgaben zur Verfügung stehen.

1.3.4 Bemaßung einzelner Formelemente

Ein Werkstück ist vollständig, eindeutig und normgerecht zu bemaßen. Doppelbemaßungen – sogenannte Überbemaßungen – dürfen nicht vorgenommen werden.

- **Bemaßung von Radien, Durchmessern und Winkeln**

Rundungen an Werkstücken werden durch Radien bemaßt. Sie werden durch ein „R" vor der Maßzahl gekennzeichnet. Die Maßlinie des Radius kann von außen oder von innen an die Rundung herangeführt werden.

Die Bemaßung einer **Bohrung** besteht aus:
- Längenmaßen, die eindeutig die Lage des Bohrungsmittelpunktes bestimmen,
- der Durchmesserangabe mit einem ⌀-Zeichen vor der Maßzahl,
- einem Längenmaß, welches die Tiefe der Bohrung angibt.
  (Entfällt bei Durchgangsbohrungen)

Schrägen lassen sich auf zwei Arten bemaßen:
- Die Endpunkte der Schräge werden bemaßt.
- Die Schräge wird durch eine Winkelangabe in Grad und die Lage eines Bezugspunktes festgelegt.

Fasen bemaßt man entweder
- durch Bemaßung der Ecken oder
- durch Eckabstands und des Fasenwinkels

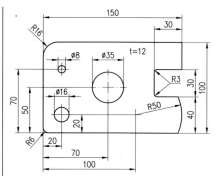

Werkstück mit Radien und Bohrungen

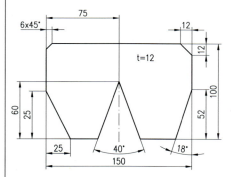

Werkstück mit Fasen und Winkeln

- **Bemaßung von Teilkreisdurchmessern und Teilungen**

Durchmesser können auf zwei Arten bemaßt werden:
- Der Durchmesser wird direkt in den zu bemaßenden Kreis eingetragen. Ausnahmsweise dürfen sich hierbei Maßlinien schneiden.
- Die Durchmesserangabe kann mithilfe von Maßhilfslinien achsparallel an den Durchmesser herangeführt werden.

Bohrungen und andere Formelemente können auf Kreisen mit gleichen Winkelabständen liegen. Solche **Teilungen** lassen sich vereinfacht bemaßen. Man gibt die Anzahl und den Winkelabstand der Formelemente an; zusätzlich wird der Gesamtwinkel in Klammern eingetragen.

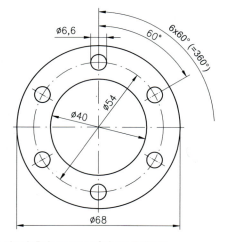

Flansch mit Bohrungen auf einem Teilkreis

1.3.5 Eintragung von Toleranzangaben[1]

Maßangaben bestimmen die Größe einzelner Konturen eines Werkstücks. Berücksichtigt wird dabei aber nicht, dass Maße nie genau eingehalten werden können, aber auch nicht genau eingehalten werden müssen. Daher legt man für die Maße zulässige Abweichungen in Form von Toleranzangaben fest.
Man unterscheidet in Zeichnungen drei Arten der Toleranzangaben:

- **Allgemeintoleranzen:** Diese gelten für alle Maße ohne Toleranzzeichen.
- **einzeltolerierte Maße:** Sie sind mit den Zahlenwerten der Grenzabmaße gekennzeichnet.
- **Passmaße:** In Passmaßen sind die Grenzabmaße durch eine Buchstaben- und Zahlenkombination verschlüsselt.

Beispiele für eine Zeichnung mit Toleranzangaben

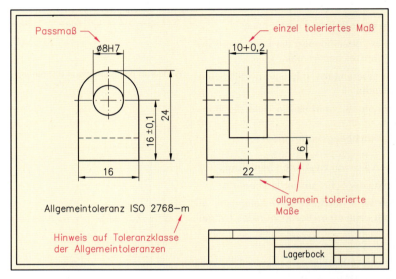

Allgemeintoleranzen gelten für alle Maße, die nicht unmittelbar mit einem Toleranzzeichen versehen sind. Die Größe der Allgemeintoleranzen entspricht den werkstattüblich erreichbaren Maßabweichungen. Allgemeintoleranzen sind in folgende Toleranzklassen eingeteilt:

    f fein   **m** mittel   **g** grob   **v** sehr grob

Der Hinweis auf die Toleranzklasse wird auf der Zeichnung durch „*Allgemeintoleranzen DIN ISO 2768 -....*" gegeben. Die Grenzabmaße sind Tabellen zu entnehmen.
Z. B. betragen bei der Toleranzklasse m für das Maß 22 die Grenzabmaße ± 0,2 mm.

Einzeltolerierte Maße enthalten hinter dem Nennmaß die Angabe der Abmaße mit Vorzeichen +/–. Falls die Abmaße gleich groß sind, wird der Zahlenwert mit ± eingetragen. Wird nur ein Abmaß angegeben, gilt das Nennmaß als Grenze zur nicht zahlenmäßig beschriebenen Seite. Die Angabe 10+0,2 bedeutet z. B., dass die Grenzmaße 10,0 mm und 10,2 mm sind.

Passmaße werden durch einen Buchstaben und eine Zahl gekennzeichnet. Die Kombination weist auf die Größe der Abmaße hin und kann mithilfe von genormten Passungstabellen entschlüsselt werden. Große Buchstaben stehen an Angaben für Bohrungen, kleine Buchstaben an Angaben für Wellen. So bedeutet z. B. ⌀ 8H7 : Das Höchstmaß der Bohrung kann 8,015 mm und das Mindestmaß 8,000 mm sein.

> Für nicht gekennzeichnete Maße gelten Allgemeintoleranzen, deren Toleranzklasse in der Zeichnung angegeben wird.
> Einzeltolerierte Maße enthalten hinter dem Nennmaß die Grenzabmaße.
> Passmaße werden durch einen Buchstaben und eine Zahl gekennzeichnet.

---

[1] Allgemeintoleranzen, Toleranzen und Passmaße siehe auch Kap. Prüftechnik in diesem Buch.

1.3.6 Eintragung von Oberflächenangaben

Die Funktionstauglichkeit eines Werkstückes ist oftmals auch von der Beschaffenheit der Oberfläche abhängig. An die Oberflächenrauheit werden z. B. in Dichtungsbereichen oder bei Gleitflächen besondere Anforderungen gestellt. Entsprechende Oberflächenangaben müssen in der Zeichnung normgemäß den jeweiligen Werkstückflächen zugeordnet werden.

- **Symbole für Oberflächenangaben**

Das Grundsymbol für Oberflächenangaben besteht aus zwei unter 60° gezeichneten Linien ungleicher Länge.

Grundsymbol für Oberflächenangaben

Eine zusätzliche waagerechte Linie weist darauf hin, dass die Oberfläche materialabtrennend bearbeitet wird.

Materialabtrennend bearbeitete Oberfläche

Steht statt der Linie ein Kreis ohne zusätzliche Angabe, so bleibt die Oberfläche im Anlieferungszustand.

Oberfläche bleibt im Anlieferungszustand

An das Grundsymbol werden die Zusatzangaben eingetragen:
- **a** Rauheitswerte Ra in µm und Rz in µm
- **b** Zweite Anforderung an die Oberflächenbeschaffenheit (wie a)
- **c** Fertigungsverfahren, Behandlung
- **d** Rillenrichtung
- **e** Bearbeitungszugabe in mm

Lage von Oberflächenangaben am Symbol

| Beispiele | von Symbolen für Oberflächenangaben |

 Spanend bearbeitete Oberfläche mit dem oberen Grenzwert für die Rauheitskenngröße $Ra = 0{,}8$ µm.

 Durch Walzen bearbeitete Oberfläche mit der Rauheitskenngröße $Rz = 100$ µm.

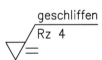 Geschliffene Oberfläche mit der Rauheitskenngröße $Rz = 4$ µm, Rillenrichtung parallel zur Projektionsachse

Werte für die Kennzeichnung der Oberflächenbeschaffenheit

Oberflächenbeschaffenheit nach alter Norm	Oberflächenangaben nach DIN EN ISO 1302							
	Rz in µm				Ra in µm			
	R 1	R 2	R 3	R 4	R 1	R 2	R 3	R 4
geschruppt Riefen fühlbar und mit bloßem Auge sichtbar	160	100	63	25	25	12,5	6,3	3,2
geschlichtet Riefen mit bloßem Auge noch sichtbar	40	25	16	10	6,3	3,2	1,6	0,8
fein geschlichtet Riefen mit bloßem Auge nicht mehr sichtbar	16	6,3	4	2,5	1,6	0,8	0,4	0,2
feinst geschlichtet	–	1	1	0,4	–	0,1	0,1	0,025

R 2 ist zu bevorzugen

Technisches Zeichnen

- **Eintragung von Oberflächenangaben in Zeichnungen**

Für die Eintragung von Oberflächenangaben gilt, dass jede Fläche gekennzeichnet sein muss. Symmetrieeigenschaften werden nicht übernommen:

- Die Symbole und Beschriftungen müssen von unten oder von rechts lesbar sein.

- Das Symbol darf man auch in anderen Lagen zeichnen, wenn nur Angaben zur Rauheit eingetragen werden. Die grundsätzliche Lesbarkeit von unten oder von rechts muss beibehalten bleiben.

- Sind in dem Symbol Angaben zu besonderen Oberflächenbeschaffenheiten enthalten, werden dann Bezugslinien eingezeichnet, wenn sie nicht von unten oder rechts lesbar sind.

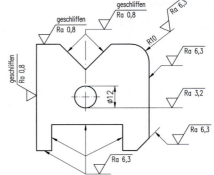

Eintragungsrichtungen von Oberflächenangaben

> Die Eintragungsrichtung der Oberflächensymbole ist so zu wählen, dass die Spitze des Symbols wie ein Bearbeitungskeil auf die zu bearbeitende Oberfläche weist.

- Ist ein Werkstück durchweg mit der gleichen Oberflächenqualität zu fertigen, so erhält die Zeichnung das entsprechende Oberflächenzeichen als Hauptsymbol. Die abweichenden Oberflächenqualitäten werden in der Zeichnung gekennzeichnet und in einer Klammer hinter das Hauptsymbol werden die entsprechenden Oberflächenzeichen angeordnet.

- Das Symbol sollte dort eingetragen werden, wo die zugehörige Bemaßung erfolgt.

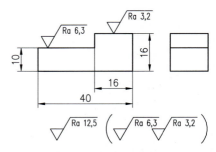

Werkstück mit Oberflächenangaben

- **Fertigungsverfahren und Oberflächenangaben**

Oberflächenbeschaffenheit									feinst geschlichtet				fein geschlichtet			geschlichtet			geschruppt			
Rauheitskenngröße *Rz* in μm		0,04	0,06	0,1	0,16	0,25	0,4	0,63	1	1,6	2,5	4	6,3	10	16	25	40	63	100	160	250	400	630	1000
Urformen	Sandformgießen																							
	Kokillengießen																							
Umformen	Schmieden																							
	Ziehen																							
Trennen	Feilen																							
	Schaben																							
	Bohren																							
	Reiben																							
	Längs drehen																							
	Fräsen																							
	Flach-Stirnschleifen																							

Zeichenerklärung: Rauheitswert bei sorgfältiger Fertigung ──────── Rauheitswert bei grober Fertigung

Übungsaufgabe TK-5

1.3.7 Anwendungsbezogene Bemaßung

Für die Eintragung von bestimmten Maßen kann es notwendig sein, die jeweilige Maßeintragung anwendungsbezogen vorzunehmen.

Die Ausgangszeichnung dient als Grundlage für die Darstellung der Funktion. Sie ist so vermaßt, dass das Bauteil hergestellt werden kann und dass die Funktion des Bauteils sichergestellt ist. Für die Fertigung, bzw. für die Prüfung können daraus abgeleitet eigene Zeichnungen mit den anwendungsbezogenen Maßen erstellt werden.

Beispiele für anwendungsbezogene Bemaßung

Sachverhalt
Die zwei Stifte des dargestellten Oberteils sollen in die Bohrungen des Unterteils passen.

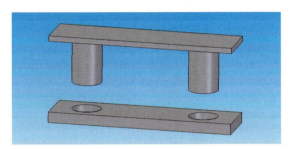

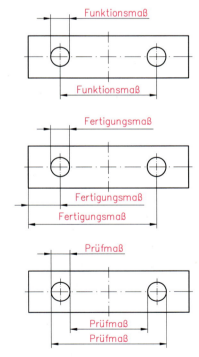

Funktionsgerechte Bemaßung
Damit dies sichergestellt ist, wählt der Zeichner für die Bemaßung der Bohrungsabstände eine funktionsgerechte Maßeintragung. Aus dem Bohrungsabstand und dem Bohrungsdurchmesser mit den jeweiligen Toleranzangaben ergeben sich entsprechende Fertigungs- bzw. Prüfmaße.

Fertigungsgerechte Bemaßung
Für die Fertigung des Unterteils ist es vorteilhaft, wenn die Bemaßung so eingetragen ist, wie der Fachmann den Flachstahl anreißen würde. Dies ist eine fertigungsgerechte Bemaßung.

Prüfgerechte Bemaßung
Eine prüfgerechte Bemaßung ergibt sich aus den zur Prüfung des Werkstücks verwendeten Messmitteln. Die dargestellte prüfgerechte Bemaßung des Unterteils erleichtert die Prüfung der Bohrungsabstände mit dem Messschieber.

> Die funktionsgerecht bemaßte Zeichnung dient als Vorgabe für die Fertigung, Prüfung und Dokumentation eines Bauteils.
> Anwendungsbezogene Maße können in zusätzlichen Zeichnungen für die Fertigung bzw. Prüfung eingetragen werden.

Übungsaufgaben TK-6 bis TK-8

1.4 Darstellung und Bemaßung zylindrischer Werkstücke

Zylindrische Bauteile können in einer Ansicht bemaßt werden. Das Durchmesserzeichen vor der Maßzahl gibt die Information, dass es sich um ein Drehteil handelt.

Die **Drehachse** des zylindrischen Bauteils wird durch eine schmale Strichpunktlinie gekennzeichnet.

Fasen an Drehteilen werden mit einem Längenmaß und dem Winkel bemaßt.

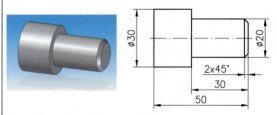

Darstellung eines Bolzens mit Fase

Sind an Drehteilen **Abflachungen** vorhanden, werden diese durch zwei sich kreuzende schmale 45°-Volllinien gekennzeichnet.

Oft werden Abflachungen an Drehteilen angebracht, damit man bei der Montage einen Maulschlüssel ansetzen kann. Die sogenannte **Schlüsselweite** kann vereinfacht mit dem Kurzzeichen SW und der entsprechenden Maßzahl dargestellt werden.

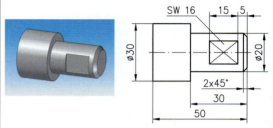

Zylindrisches Werkstück mit Abflachungen

Abflachungen an zylindrischen Werkstücken führen in den unterschiedlichen Ansichten der Werkstückkontur zu Kanten, die nur mithilfe von Konstruktionslinien ermittelt werden können.

Folgende Vorgehensweise zur Konstruktion der Abflachung ist möglich:

- Blatteinteilung mit gleichen Abständen der Ansichten wählen und 45°-Linie einzeichnen.
- Mittellinien und Umrisse (Hüllform) in allen Ansichten mit schmalen Linien zeichnen.
- Mithilfe der Konstruktionslinien die Lage der fehlenden Kanten der Werkstückkontur in allen Ansichten ermitteln.
- Konstruktionslinien entfernen und der sichtbare Kanten mit breiter Volllinie ausziehen.

Beispiel für ein Werkstück mit Abflachung

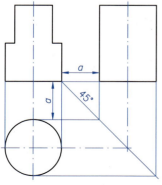

Hüllform des Werkstücks

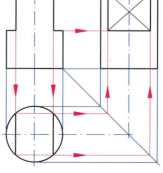

Konstruktion der Abflachung

Übungsaufgaben TK-9, TK-10

1.5 Schnittdarstellungen

Der innere Aufbau eines Werkstücks wird besser vorstellbar, wenn man sich der Schnittdarstellungen bedient.
Beim Zeichnen eines Schnittes kann man sich das Werkstück in der Mitte durchgetrennt vorstellen. Es werden neue Kanten in der Schnittfläche sichtbar. Die gedachte Schnittfläche kennzeichnet man in der Zeichnung durch eine Schraffur. Die Schraffur besteht aus schmalen Volllinien, die in gleichmäßigen Abständen diagonal gezeichnet werden. Die bevorzugte Schraffurrichtung verläuft unter 45° von unten links nach oben rechts.

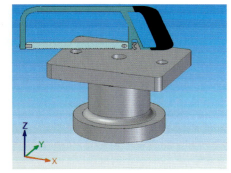

Gedankliches Modell eines Schnittes

Schnitte kann man in verschiedenen Darstellungen zeichnen. Man unterscheidet:
- Vollschnitt,   • Halbschnitt,   • Teilschnitt.

• Vollschnitt

Das Werkstück wird als vollständig durchgeschnitten gezeichnet. Die sichtbar gewordenen Kanten zeichnet man als breite Volllinie, verdeckte Kanten lässt man entfallen. Die Schraffurlinien sollen ohne Versatz durch die ganze Schnittfläche verlaufen.

• Halbschnitt

Das Werkstück wird nur auf einer Seite bis zur Symmetrielinie im Schnitt gezeichnet. Die Symmetrielinie bleibt auch in der Darstellung erhalten.
Im nicht geschnittenen Teil des Werkstücks werden keine verdeckten Kanten eingezeichnet.
Im Halbschnitt bemaßt man die Durchmesser mit nur einem Maßpfeil.
Bei einem Halbschnitt mit senkrechter Mittellinie liegt der Schnitt immer rechts von der Mittellinie.
Bei einem Halbschnitt mit waagerechter Mittellinie liegt der Schnitt immer unter dieser.

• Teilschnitt

Ein Teilschnitt wird durch eine Ausbruchlinie begrenzt. Der Rest der Werkstücks wird in einer normalen Ansichtsdarstellung gezeichnet.

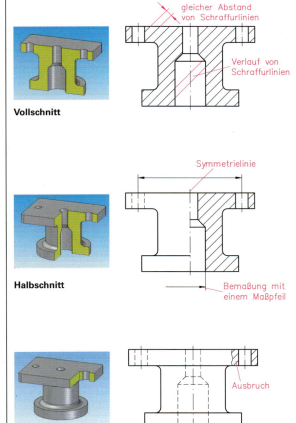

> Der Halbschnitt wird bei symmetrischen Bauteilen angewandt und hat gegenüber dem Vollschnitt den Vorteil, dass die Innenkontur und gleichzeitig die Außenkontur sichtbar werden. Der Teilschnitt zeigt nur die Innenkontur von wichtigen Teilbereichen eines Bauteils.

Übungsaufgabe TK-11

1.6 Darstellung und Bemaßung von Gewinden

In der Technik hat man sich auf eine vereinfachte Darstellung von Gewinden geeinigt, weil die eigentlichen Gewindegänge sehr aufwendig zu zeichnen sind.

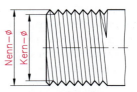

Darstellung eines Gewindebolzens mit Gewindegängen

- **Außengewinde in der Ansicht**

Folgende Vereinbarungen gelten:
- der Nenndurchmesser wird als breite Volllinie gezeichnet,
- der Kerndurchmesser wird als schmale Volllinie dargestellt,
- den Anschnitt des Gewindes zeichnet man mit einer 45°-Fase,
- das Gewindeende erhält eine breite Volllinie,
- bei der Ansicht in Achsrichtung wird das Außengewinde mit einem Vollkreis (breite Volllinie) für den Nenndurchmesser und einem 3/4-Kreis (schmale Volllinie) mit beliebiger Lage für den Kerndurchmesser gezeichnet.

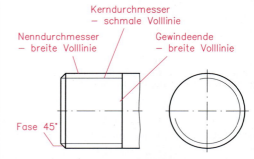

Vereinfachte Darstellung eines Gewindebolzens

- **Innengewinde im Schnitt**

Folgende Vereinbarungen gelten:
- der Nenndurchmesser wird als schmale Volllinie gezeichnet,
- der Kerndurchmesser wird als breite Volllinie dargestellt, die Schraffur wird bis zu dieser Linie geführt,
- das Gewindeende erhält eine breite Volllinie,
- bei der Ansicht in Achsrichtung wird ein Innengewinde mit einem Vollkreis (breite Volllinie) für das Kernloch und einem 3/4-Kreis (schmale Volllinie) mit beliebiger Lage für den Nenndurchmesser gezeichnet.

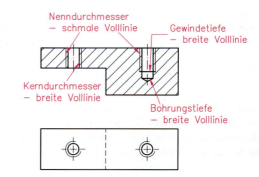

Darstellung von Innengewinden

- **Bemaßung von Gewinden**

Ein Gewinde ist durch die Angabe der Gewindeart, des Nenndurchmessers und der Gewindelänge vollständig bemaßt.
Die Gewindeart wird durch Buchstaben verschlüsselt angegeben, an welchen sich die Zahl des Nenndurchmessers anschließt.

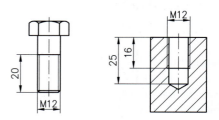

Bemaßung von Gewinden

> Gewinde werden in technischen Zeichnungen vereinfacht durch Volllinien mit unterschiedlichen Strichstärken für Nenn- und Kerndurchmesser dargestellt.

Übungsaufgaben TK-12, TK-13

1.7 Normen und Normteile

Durch Normen vereinheitlicht man Verfahren, Methoden und Gegenstände. Im Rahmen der internationalen Arbeitsteilung und Gewährleistung der Austauschbarkeit von Bauteilen werden Normen gemeinschaftlich festgelegt. Normangaben enthalten in der Regel neben dem Fachbegriff Kurzzeichen für den Geltungsbereich der Norm und eine Nummer. Diese Nummer verweist auf das Normblatt, in dem alle Vorgaben genau festgelegt sind.

Beispiele für genormte Konturen und Bauteilformen

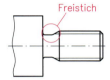

Gewindefreistich nach DIN 76-1

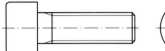

Zylinderschraube nach DIN EN ISO 4762

Es existieren nationale und internationale Arbeitsausschüsse, welche Normen für die Allgemeinheit entwickeln, pflegen und für verbindlich erklären.

Deutsche Norm – DIN	Internationale Norm – ISO	Europäische Norm – EN
In Deutschland werden die Normen durch das Deutsche Institut für Normung e.V. erstellt, welche dann mit **DIN** gekennzeichnet sind.	Normen des Internationalen Normenausschusses (International Standardization Organisation) werden mit **ISO** gekennzeichnet. Wenn DIN-Normen der ISO-Norm entsprechen, werden sie mit den Zeichen **DIN ISO** aufgeschrieben.	Findet man die Kennzeichnung **EN**, so enthält diese Norm auch die Festlegungen der europäischen Norm.

Neben genormten Bauelementen sind auch Werkstückdetails, wie z. B. Gewindefreistiche und Zentrierbohrungen, in einer Norm vereinheitlicht. Diese Werkstückdetails können in der Zeichnung vereinfacht dargestellt werden. Der Fachmann muss dann in der Fertigung mit entsprechenden Werkzeugen dieses Werkstückdetail herstellen. Die notwendigen Abmessungen kann er aus Tabellenbüchern entnehmen.

Beispiel für ein genormtes Werkstückdetail

Vereinfachte Darstellung in der Zeichnung

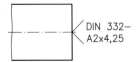

Auszug der Norm aus dem Tabellenbuch

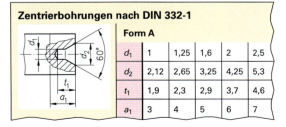

Zentrierbohrungen nach DIN 332-1

Form A

d_1	1	1,25	1,6	2	2,5
d_2	2,12	2,65	3,25	4,25	5,3
t_1	1,9	2,3	2,9	3,7	4,6
a_1	3	4	5	6	7

Normteile sind in Form, Größe und Material vereinheitlichte Bauelemente, deren Abmessungen und Eigenschaften aus Tabellen entnommen werden können.

1.8 Gesamtzeichnung und Stückliste

Die Funktion und den Aufbau einer Baugruppe kann man in einer Gesamtzeichnung darstellen. Sie zeigt die Einzelteile einer Baugruppe im Zusammenbau.
Jedes Einzelteil erhält in der Gesamtzeichnung eine Positionsnummer. In der zugehörigen Stückliste werden dann alle Einzelteile der Baugruppe listenartig aufgeführt. Die Gesamtzeichnung enthält keine Bemaßung. Wichtige Zusammenbaumaße können jedoch eingetragen werden.
Bei Schnittdarstellungen werden die verschiedenen Bauteile unterschiedlich schraffiert, insbesondere, wenn sie aneinander grenzen. Man erreicht dies durch Änderung der Schraffurrichtung oder durch eine andere Schraffurbreite.

Beispiel einer Gesamtzeichnung mit Stückliste

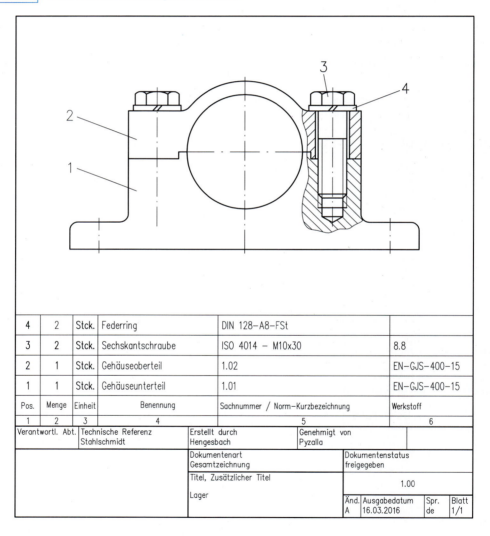

In einer Gesamtzeichnung wird eine Baugruppe im zusammengebauten Zustand dargestellt. Die Einzelteile erhalten Positionsnummern und sind damit in der Stückliste aufgeführt. Unterschiedliche Schraffuren erleichtern die Lesbarkeit.

Übungsaufgaben TK-14, TK-15

Stückliste

Zu jeder Baugruppe gehören eine Gesamtzeichnung, Einzelteilzeichnungen und eine Stückliste. Positionsnummern kennzeichnen die Einzelteile. Mithilfe der Positionsnummern in der Stückliste werden den Einzelteilen Angaben zu Menge, Benennung und Kennzeichnung zugeordnet.

Regeln für die Anfertigung von Stücklisten	Hinweise
Gleichartige Bauteile werden unter einer Positionsnummer geführt.	Die Anzahl gleicher Bauteile ist in der Stückliste sofort abzulesen.
Die Benennung der Einzelteile ist identisch mit der Benennung in der Einzelteilzeichnung.	Die Zugehörigkeit der Einzelteile zur Gesamtzeichnung ist dadurch eindeutig geregelt.
Die Zeichnungsnummer (Sachnummer) von zu fertigenden Bauteilen wird meistens von der Nummer der Gesamtzeichnung abgeleitet.	Mithilfe der Zeichnungsnummer und der Stückliste lassen sich die Einzelteilzeichnungen für ein Bauteil dokumentieren.
Werden Normteile verwendet, so werden bei den Angaben zur Kennzeichnung die betreffenden Normen und notwendigen Abmessungen eingetragen.	Normteile sind eindeutig festgelegt. Form und nicht bekannte Abmessungen können in den jeweiligen Normblättern ermittelt werden.
Wird die Stückliste direkt über das Schriftfeld in die Gesamtzeichnung eingetragen, so wird sie von unten nach oben durchnummeriert.	Diese Art der Durchnummerierung ermöglicht ein späteres Ergänzen mit zusätzlichen Einzelteilen.
Schreibt man Stücklisten auf gesonderte Blätter, erfolgt die Nummerierung von oben nach unten.	Zusätzliche Einzelteile können nach unten weiter ergänzt werden.

Beispiel für eine Stückliste

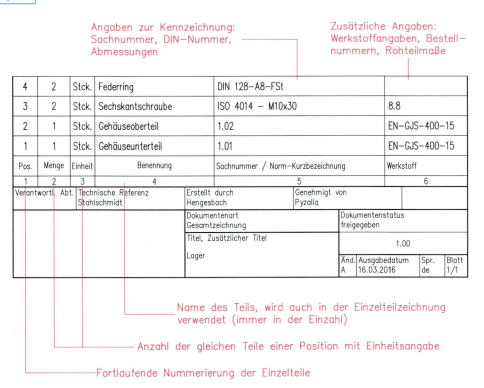

Übungsaufgabe TK-16

2 Toleranzen

Jedes Werkstück besteht aus vielen einzelnen Grundkörpern, z. B. Zylinder, Kegel, Prisma, die entsprechend der angestrebten Funktion zusammengesetzt sind. Jeder Grundkörper beinhaltet Elemente wie Längen, Winkel, Flächen, Achsen, Kanten u. a.
Das Werkstück wird durch die Abmessungen der Grundkörper und die Lage der Grundkörper und deren Elemente zueinander exakt beschrieben.

Beispiel für die Zusammensetzung eines Werkstücks aus Grundkörpern

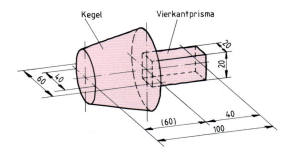

Maße der Grundkörper
Kantenlängenmaße, Durchmessermaße.
Form der Grundkörper
Kegelstumpf mit Mantelfläche, Stirnflächen und Achse, Vierkantprisma mit Flächen, Kanten, Mittelachse.
Lage der Grundkörper zueinander
Mitten von Kegelstumpf und Vierkantprisma liegen auf einer Achse, Flächen des Vierkantprismas liegen rechtwinklig bzw. parallel zueinander.

Es ist weder möglich noch wirtschaftlich, maßlich genaue und geometrisch ideale Körper herzustellen und aneinanderzureihen. Darum weichen alle Werkstücke vom Idealzustand ab:

- in den **Maßen**,   • in der **Form**,   • in der **Lage** der Grundkörper.

Um die Funktion und die Austauschbarkeit von Werkstücken und Baugruppen zu gewährleisten, müssen die zulässigen Abweichungen vom Idealzustand angegeben werden. Man benötigt darum:

- **Maßtoleranzen**,   • **Formtoleranzen**,   • **Lagetoleranzen**.

2.1 Maßtoleranzen[1]

Das in der Zeichnung angegebene **Nennmaß** N ist bei der Fertigung nicht genau einzuhalten.
Grenzabmaße geben die für die Fertigung zulässigen Abweichungen vom Nennmaß an.
Das **obere Abmaß** gibt die Differenz zwischen dem zulässigen Höchst- und dem Nennmaß an.
Das **untere Abmaß** gibt die Differenz zwischen dem Mindest- und dem Nennmaß an.
Die **Maßtoleranz** T ist die Differenz zwischen Höchst- und Mindestmaß.
Aus dem Nennmaß, das für gefügte Teile gleich ist, und den Abmaßen ergeben sich die übrigen Maße.

gewählte Maßbuchstaben	genormte Maßbuchstaben
N Nennmaß	ES oberes Abmaß (Bohrung)
G_o Höchstmaß	EI unteres Abmaße (Bohrung)
G_u Mindestmaß	es oberes Abmaß (Welle)
T Maßtoleranz	ei unteres Abmaß (Welle)

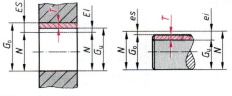

Höchstmaß und Mindestmaß

Bohrung	Welle
Höchstmaß = Nennmaß + oberes Abmaß	Höchstmaß = Nennmaß + oberes Abmaß
$G_o = N + ES$	$G_o = N + es$
Mindestmaß = Nennmaß + unteres Abmaß	Mindestmaß = Nennmaß + unteres Abmaß
$G_u = N + EI$	$G_u = N + ei$

---

[1] Von den hier verwendeten Maßkennzeichnungen durch Buchstaben sind nur die Kennzeichnungen der Abmaße genormt.

Beispiele für Maßtoleranzen *T*

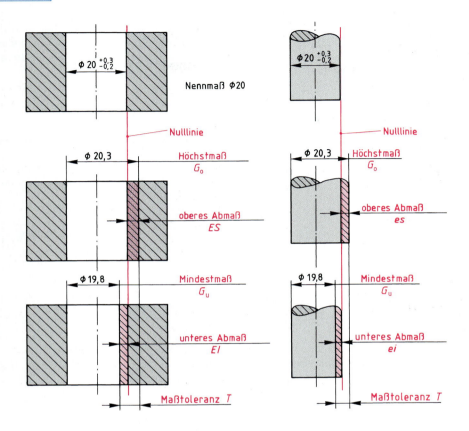

Die Maßtoleranzen sind abhängig vom *Nennmaß*, das in der Zeichnung angegeben ist. Mit steigendem Nennmaß wachsen die Toleranzen etwa nach einer Funktion der Form $y = \sqrt[3]{x}$.

Für nicht gesondert tolerierte Maße können die zulässigen Abweichungen durch **Allgemeintoleranzen** nach DIN ISO 2768 festgelegt werden. Man unterscheidet vier Toleranzklassen.

Grenzabmaße für Längenmaße

Toleranz-klasse	Grenzabmaße in mm für Nennmaßbereich in mm							
	0,5 bis 3	über 3 bis 6	über 6 bis 30	über 30 bis 120	über 120 bis 400	über 400 bis 1000	über 1000 bis 2000	über 2000 bis 4000
f (fein)	± 0,05	± 0,05	± 0,1	± 0,15	± 0,2	± 0,3	± 0,5	–
m (mittel)	± 0,1	± 0,1	± 0,2	± 0,3	± 0,5	± 0,8	± 1,2	± 2
c (grob)	± 0,2	± 0,3	± 0,5	± 0,8	± 1,2	± 2	± 3	± 4
v (sehr grob)	–	± 0,5	± 1	± 1,5	± 2,5	± 4	± 6	± 8

Die Maßtoleranz ist die Differenz zwischen Höchstmaß und Mindestmaß. Sie ist abhängig vom Nennmaß und der gewählten Toleranzklasse.

Übungsaufgaben TK-17, TK-18

2.2 Passungen

Fügen durch Zusammenlegen sowie durch An- und Einpressen stellt an die zu vereinigenden Bauteile besondere maßliche Anforderungen. Die in Zeichnungen eingetragenen Maße sind in der Fertigung absolut nicht erreichbar. Daher kann die Art und Weise des Zusammenpassens nicht ohne Weiteres garantiert werden. Für die Fertigung müssen darum die Abweichungen angegeben werden, die für die Funktion der später gefügten Bauteile geduldet werden.

2.2.1 Spiel, Übermaß, Übergang

Werden Bauteile mit Innenpassflächen (z. B. Bohrungen) und Bauteile mit Außenpassflächen (z. B. Wellen) gefügt, so können die Teile mit Spiel oder Übermaß gefügt sein. Die Beziehung, die sich aus der Maßdifferenz der Passteile ergibt, bezeichnet man als **Passung**. Die **Passtoleranz** P_T ist die Summe der Maßtoleranzen von Bohrung und Welle.

● **Spielpassung**

Eine Spielpassung liegt vor, wenn zwischen Bohrung und Welle immer Spiel ist, d. h. das Mindestmaß der Bohrung ist größer oder gleich dem Höchstmaß der Welle.
Höchstspiel entsteht, wenn eine Bohrung mit Höchstmaß mit einer Welle mit Mindestmaß gefügt wird.
Mindestspiel tritt bei einer Kombination einer Bohrung mit Mindestmaß und einer Welle mit Höchstmaß auf.
Die Differenz zwischen Maß der Bohrung und Maß der Welle ist bei einer Spielpassung stets positiv.

Beispiel für eine Spielpassung

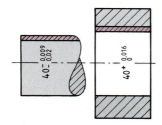

Höchstspiel:
40,016 mm – 39,980 mm = 0,036 mm

Mindestspiel:
40,000 mm – 39,991 mm = 0,009 mm

Passtoleranz:
0,016 mm + 0,011 mm = **0,027 mm**

$P_T = 0,027$ mm

● **Übermaßpassung**

Eine Übermaßpassung liegt vor, wenn beim Fügen der Teile stets Übermaß entsteht, d. h. das Höchstmaß der Bohrung ist stets kleiner als das Mindestmaß der Welle.
Höchstübermaß entsteht, wenn eine Bohrung mit Mindestmaß und eine Welle mit Höchstmaß gefügt werden.
Mindestübermaß tritt bei einer Kombination von Bohrung mit Höchstmaß und Welle mit Mindestmaß auf.
Die Differenz zwischen Maß der Bohrung und Maß der Welle ist bei einer Übermaßpassung stets negativ.

Beispiel für eine Übermaßpassung

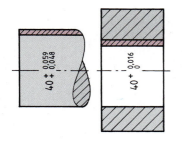

Höchstübermaß
40,000 mm – 40,059 mm = – 0,059 mm

Mindestübermaß:
40,016 mm – 40,048 mm = – 0,032 mm

Passtoleranz:
0,016 mm + 0,011 mm = **0,027 mm**

$P_T = 0,027$ mm

Übungsaufgabe TK-19

- **Übergangspassung**

Eine Übergangspassung liegt vor, wenn beim Fügen der Teile entweder Spiel oder Übermaß entsteht, abhängig von den Istmaßen der Teile.
In einer Übergangspassung kann Höchstspiel auftreten, wenn die Bohrung mit Höchstmaß mit einer Welle mit Mindestmaß gefügt wird. Es tritt Höchstübermaß auf, wenn die Bohrung Mindestmaß und die Welle Höchstmaß hat.

Beispiel	für eine Übergangspassung

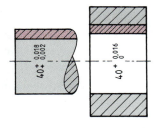

Höchstspiel:
40,016 mm − 40,002 mm = 0,014 mm

Höchstübermaß:
40,000 mm − 40,018 mm = − 0,018 mm

Passtoleranz:
0,016 mm + 0,016 mm = **0,032 mm**

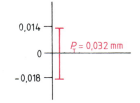

2.2.2 Toleranzklassen

Ein toleriertes Maß kann entweder durch ein Nennmaß und Abmaße oder durch Nennmaß und das Kurzzeichen für die geforderte Toleranzklasse gekennzeichnet werden, z. B. $20^{+0,021}_{-0,00}$ oder 20^{H7}.

Die **Toleranzklasse** wird durch einen Buchstaben für die Lage des Grundabmaßes zur Nulllinie und eine Zahl für den Toleranzgrad gekennzeichnet. Bohrungen erhalten die großen Buchstaben von A bis Z. Wellen erhalten die kleinen Buchstaben von a bis z (außer I, L, O, Q, W bzw. i, l, o, q, w). Das **Grundabmaß** ist üblicherweise das Abmaß, welches der Nulllinie am nächsten liegt.

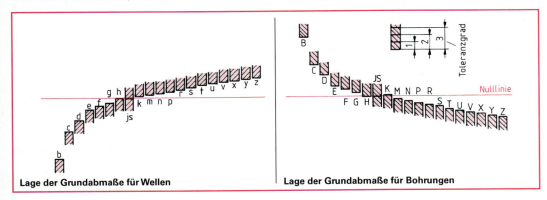

Lage der Grundabmaße für Wellen | **Lage der Grundabmaße für Bohrungen**

Bei den Bohrungen berührt das Grundabmaß H die Nulllinie von oben.
Bei den Wellen berührt das Grundabmaß h die Nulllinie von unten.
Die Toleranz JS bzw. js liegt symmetrisch um die Nulllinie.
Der **Toleranzgrad** wird durch Zahlen von 1 bis 18 (früher Qualitäten genannt) angegeben. Mit steigender Zahl wächst die Größe der Toleranz.

Grundtoleranzen in Mikrometer für den Nennmaßbereich von 30 mm bis 50 mm

Grundtoleranzgrad	IT01	IT0	IT1	...	IT4	IT5	IT6	IT7	IT8	IT9	IT10	IT11	IT12	IT13	IT14	...	IT18
Grundtoleranz in µm	0,6	1	1,5	...	7	11	16	25	39	62	100	160	250	390	620	...	3900

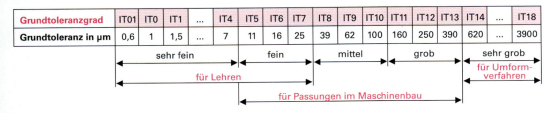

Toleranzen

Bei gleichem Toleranzgrad vergrößert sich die Grundtoleranz mit größer werdendem Nennmaß. Jedoch erhält nicht jedes Nennmaß eine andere Grundtoleranzgröße. Man teilt die Nennmaße bis 500 mm in Bereiche mit jeweils gleicher Toleranz ein.

Grundtoleranzgröße in Abhängigkeit vom Nennmaß

Nennmaßbereich	Toleranz bei Toleranzgrad 7
über 6 bis 10 mm	15 µm
über 10 bis 18 mm	18 µm
über 18 bis 30 mm	21 µm

> Der Grundtoleranzgrad wird entsprechend der Verwendung gewählt.
> Bei gleichem Toleranzgrad wächst die Toleranz mit dem Nennmaß.

2.2.3 Passungssysteme

Jede Passung ließe sich durch Kombination entsprechender Toleranzklassen für Bohrungen und Welle herstellen.

Aus wirtschaftlichen Gründen hat man zwei Passungssysteme festgelegt. Als Passungssystem **Einheitsbohrung** bezeichnet man das System, in dem man einer Bohrung mit einer Toleranzklasse verschiedene Toleranzklassen der Wellen zuordnet. Bei Passungssystem Einheitsbohrung erhalten alle Bohrungen das Grundabmaß H.
Als Passungssystem **Einheitswelle** bezeichnet man das System, in dem man einer Welle mit einer Toleranzklasse verschiedene Toleranzklassen der Bohrungen zuordnet. Beim Passungssystem Einheitswelle erhalten alle Wellen das Grundabmaß h.
In der Praxis wird das System der Einheitsbohrung bevorzugt, weil es leichter ist, verschiedene Wellen mit bestimmten Durchmessern herzustellen, als Bohrungen mit verschiedenen Toleranzen aufzureiben.

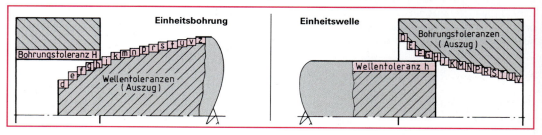

2.2.4 Passungsmaße

- **Passungssystem Einheitsbohrung (Auszug)**

Nennmaß-bereich mm	Reihe I (Grenzabmaße in µm)							Reihe II (Grenzabmaße in µm)						
	H7	r6	n6	h6	f7	x8/u8[1]	h9	f7	H7	s6	m6	k6	j6	g6	H8	e8	d9
über 6 bis 10	+15 / 0	+28 / +19	+19 / +10	0 / −9	−13 / −28	+22 / 0	+56 / +34	0 / −36	−13 / −28	+15 / 0	+32 / +23	+15 / +6	+10 / +1	+7 / −2	−5 / −14	+22 / 0	−25 / −47	−40 / −76
über 10 bis 14	+18 / 0	+34 / +23	+23 / +12	0 / −11	−16 / −34	+27 / 0	+67 / +40 +72 +45	0 / −43	−16 / −34	+18 / 0	+39 / +28	+18 / +7	+12 / +1	+8 / −3	−6 / −17	+27 / 0	−32 / −59	−50 / −93
über 14 bis 18																		

- **Passungssystem Einheitswelle (Auszug)**

Nennmaß-bereich mm	Reihe I (Grenzabmaße in µm)								Reihe II (Grenzabmaße in µm)						
	h6	H7	F8	h9	H8	F8	E9	D10	C11	h7 D10	C11	h6 G7	h9 H11	h11 H11	A11
über 6 bis 10	0 / −9	+15 / 0	+35 / +13	0 / −36	+22 / 0	+35 / +13	+61 / +25	+98 / +40	+170 / +80	0 / −90	+98 / +40	+170 / +80	0 / −9	+20 / +5	0 / −36	+90 / 0	0 / −90	+90 / 0	+370 / +280
über 10 bis 18	0 / −11	+18 / 0	+43 / +16	0 / −43	+27 / 0	+43 / +16	+75 / +32	+120 / +50	+205 / +95	0 / −110	+120 / +50	+205 / +95	0 / −11	+24 / +6	0 / −43	+110 / 0	0 / −110	+110 / 0	+400 / +290
über 18 bis 24	0 / −13	+21 / 0	+53 / +20	0 / −52	+33 / 0	+53 / +20	+92 / +40	+149 / +65	+240 / +110	0 / −130	+149 / +65	+240 / +110	0 / −13	+28 / +7	0 / −52	+130 / 0	0 / −130	+130 / 0	+430 / +300
über 24 bis 30																			

[1]) bis 24 mm x8; über 24 mm u8

2.3 Formtoleranzen

Zur Beurteilung der Formabweichung eines Werkstückteils benötigt man eine Beschreibung der zulässigen Abweichung von der Idealform. Man nennt den Bereich, innerhalb dem alle Punkte der tolerierten Form liegen müssen, die **Toleranzzone**.

Beispiel	für eine Toleranzzone

Die tolerierte Achse des Kurbelzapfens muss innerhalb eines Zylinders von 0,05 mm Durchmesser liegen, der parallel zur Bezugsachse A-B (Achse der Kurbelwelle) liegt.

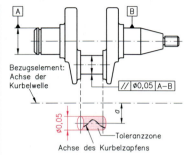

Die Toleranzzone gibt den Raum oder die Fläche an, in der alle Punkte des tolerierten Elementes liegen müssen.

In der technischen Zeichnung enthält die Eintragung einer Formtoleranz folgende Angaben:
- Symbol für die tolerierte Eigenschaft
- Hinweispfeil auf das tolerierte Element
- Maßangabe für die Größe der Toleranzzone

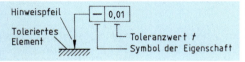

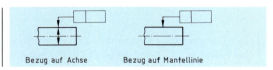

Formtoleranzen nach DIN ISO 1101 (Auszug)

tolerierte Eigenschaft, Symbol	Toleranzzone	Beispiele	
Geradheit ⎯		— ⌀ 0,0	Die Achse des Bolzens muss auf der Länge l innerhalb eines Zylinders vom Durchmesser $t = 0,04$ mm liegen.
Ebenheit ▱		⌷ 0,08	Die gekennzeichnete Fläche mit den Maßen l_1 und l_2 muss zwischen zwei parallelen Ebenen vom Abstand $t = 0,08$ mm liegen.
Rundheit ○		○ 0,05	Die Umfangslinie muss in jedem Querschnitt innerhalb eines Kreisrings von $t = 0,05$ mm Breite liegen.
Zylinderform ⌭		⌭ 0,06	Die Zylinderoberfläche muss auf der Länge l innerhalb eines Zylindermantels von $t = 0,06$ mm Wanddicke liegen.

2.4 Lagetoleranzen

Lagetoleranzen beschreiben die zulässigen Abweichungen von Elementen eines Bauteils zueinander. Dabei ist es notwendig, ein Element zum *Bezugselement* zu erklären.

Als Bezugselement wird das Element gewählt, welches bei der Funktion des Bauteils von besonderer Bedeutung ist. In der Zeichnung ist das Bezugselement durch das Bezugsdreieck und den Bezugsbuchstaben besonders gekennzeichnet.

Das tolerierte Element hat in der technischen Zeichnung in einem Toleranzrahmen folgende Angaben:
- Symbol für die tolerierte Eigenschaft,
- Maßangabe für die Größe der Toleranzzone,
- Bezugsbuchstabe für die Kennzeichnung des Bezugselementes,
- Hinweispfeil an das tolerierte Element.

Bei den Lagetoleranzen unterscheidet man Richtungs-, Orts- und Lauftoleranzen.

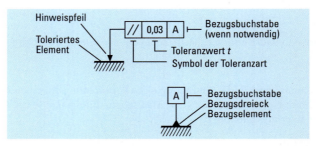

> Lagetoleranzen beschreiben die zulässigen Abweichungen von Elementen eines Bauteils zueinander. Das Element, welches für die Funktion des Bauteils von besonderer Bedeutung ist, wird zum Bezugselement erklärt.

Lagetoleranzen nach DIN ISO 1101

	tolerierte Eigenschaft, Symbol	Toleranzzone		Beispiele	
Richtung	Parallelität //	(Zylinder um Bezugsachse)	Bezugsachse	// ⌀0,05 A	Die tolerierte Achse der kleinen Bohrung muss innerhalb eines zur Bezugsachse parallelliegenden Zylinders vom Durchmesser $t = 0,05$ mm liegen.
		(zwei parallele Ebenen)	Bezugsfläche	// 0,05	Die tolerierte Fläche muss zwischen zwei zur Bezugsfläche parallelen Ebenen liegen. Abstand $t = 0,05$ mm.
	Rechtwinkligkeit ⊥	90°	Bezugsfläche	⊥ 0,03 A	Die tolerierte Achse muss innerhalb von zwei parallelen Ebenen im Abstand $t = 0,03$ mm liegen. Die Ebenen stehen rechtwinklig zur Bezugsfläche.
	Neigung ∠	50°	Bezugsfläche	∠ 0,1 A 50°	Die tolerierte Fläche muss zwischen zwei parallelen Ebenen (Winkel 50°) im Abstand von $t =, 0,1$ mm liegen.

Übungsaufgabe TK-23

Fortsetzung Lagetoleranzen

	tolerierte Eigenschaft, Symbol	Toleranzzone	Beispiele	
Ort	Position ⊕		⊕ ⌀ 0,10	Die Achse des Bolzens muss innerhalb eines Zylinders von $t = 0,10$ mm Durchmesser liegen.
	Symmetrie		A ≡ 0,1 A	Die Mittelebene des Ansatzes muss zwischen zwei parallelen Ebenen liegen, die $t = 0,1$ mm Abstand haben und parallel zur Bezugsebene liegen.
	Koaxialität Konzentrizität		A ◎ 0,1 A	Die Achse des tolerierten Zapfens muss innerhalb eines Zylinders von $t = 0,05$ mm liegen. Dieser Zylinder muss mit der Achse des mit A gekennzeichneten Elements fluchten.
Lauf	Planlauf		A ↗ 0,1 A	Die Planlaufabweichung, bezogen auf die gekennzeichnete Achse A, darf 0,10 mm nicht überschreiten.
	Rundlauf		↗ 0,05 A B	Die Rundlaufabweichung, bezogen auf die Achse AB, darf 0,05 mm nicht überschreiten.

2.5 Messen von Form- und Lageabweichungen

2.5.1 Symbolische Darstellung von Prüfeinrichtungen

Das Messen von Form und Lage ist aufwendiger als das Messen von Längen. Meist müssen zum Prüfen von Form und Lage Messgeräte, Hilfsmittel zum Positionieren usw. zu einer Messeinrichtung kombiniert werden. Zur Verdeutlichung des Aufbaus solcher Einrichtungen und der Bewegungen zur Messung verwendet man Symbole.

Grafische Symbole in der Längenprüftechnik

Symbol	Erklärung	Symbol	Erklärung	Symbol	Erklärung
↓	Messstelle	○──○	Sinuslineal	⇨⇨⇨	geradlinige Verschiebung in definierter Schrittweite
	Messständer mit anzeigendem Längenmessgerät (Messuhr)	E	Parallelendmaß(e)		schrittweise Verschiebung in beliebige Positionen in einer Ebene
	Prüfplatte	M	Prüfprisma		schrittweise Drehung in beliebige Winkellagen
L	Anschlag	↔	geradlinige Verschiebung	○	genau eine Umdrehung
I I	Auflager fest bzw. höhenverstellbar	←↔→	schrittweise geradlinige Verschiebung in beliebige Positionen		Rundtisch kippbar

2.5.2 Messverfahren zum Messen von Form- und Lageabweichungen

Die Messung von Form- und Lageabweichungen bezieht sich stets auf ein angemessenes genaues **Hilfsbezugselement** wie z. B. eine Prüfplatte, einen Prüfdorn usw.

Der Messvorgang bei der Messung von Form- und Lageabweichungen erfolgt in mehreren Schritten:
1. Ausrichten des Prüflings,
2. Messungen,
3. Auswertung der Messungen.

Beispiele für Messverfahren zur Ermittlung von Formabweichungen

Prüfauftrag	Messverfahren	Auswertung
Geradheit (− 0,1)	Lineal als Geradheitsmesser. Durch Einschieben von Fühlerlehren wird die Spaltbreite ermittelt.	Die Geradheitsabweichung f_G ist das Maß der größten einschiebbaren Fühlerlehre.
Geradheit (− ⌀ 0,1)	Messung mit M1 und M2 an Welle in zwei Positionen.	Die Geradheitsabweichung der Achse ist die Hälfte des größten Unterschieds zwischen Messwert 1 und Messwert 2. $$f_G = \frac{M_1 - M_2}{2}$$
Ebenheit (⌀ 0,15)	Messung der Oberfläche mit Messuhr.	Die Ebenheitsabweichung ist die größte Differenz zwischen den Messwerten. $$f_E = M_{max} - M_{min}$$
Rundheit (○ 0,1)	Messquerschnitt	Für jeden Messquerschnitt wird aus einzelnen Messwerten das Profil dargestellt. Die Rundheitsabweichung im einzelnen Querschnitt ist die Radiendifferenz des kleinsten Kreisringes, der das Profil einschließt. Die Rundheitsabweichung ist die größte auftretende Radiendifferenz.

Beispiele	für Messverfahren zur Ermittlung von Lageabweichungen	
Prüfauftrag	**Messverfahren**	**Auswertung**
Parallelität		Die Parallelitätsabweichung einer Winkellage ist die halbe Differenz der Messwerte M1 und M2. $$f_p = \frac{M_1 - M_2}{2}$$ Die Parallelitätsabweichung des Werkstücks ist der größte in den einzelnen Winkellagen ermittelte Wert der Abweichung.
Rechtwinkligkeit		Die Rechtwinkligkeitsabweichung wird aus der Differenz der Messwerte M1 und M2 und dem Verhältnis l_1/l_2 berechnet. $$f_R = (M_1 - M_2) \cdot \frac{l_1}{l_2}$$
Rundlauf		Die Rundlaufabweichung f_L ist die Differenz zwischen der größten und kleinsten Anzeige bei einer Umdrehung. $$f_L = M_{max} - M_{min}$$
Planlauf		Die Planlaufabweichung ist die Differenz zwischen der größten und kleinsten Anzeige bei einer Umdrehung. $$f_L = M_{max} - M_{min}$$ Bei einer Prüfung ist der größte Radius zu wählen.

In der Serienfertigung lassen sich Form- und Lageabweichungen mit speziellen Messvorrichtungen schnell und einfach feststellen.

| Beispiele | für den Einsatz pneumatischer Messvorrichtungen |

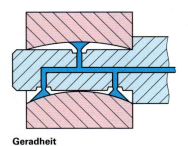

Geradheit

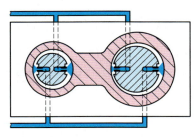

Lochabstand

Übungsaufgaben TK-24, TK-25

3 Montage-/Demontagebeschreibungen

Montagebeschreibungen sind aus Bildern und Texten verfasste Dokumente, welche als Hilfsmittel dienen, um z. B.:

- Einzelteile zu Baugruppen zusammenzusetzen,
- Baugruppen an Maschinen oder Werkzeugen zu fügen oder
- Bauteile an ihrem Bestimmungsort anzubringen.

Sie geben ähnlich einem Arbeitsplan schrittweise den Arbeitsablauf zur Montage der Werkstücke vor. Die Beschreibungen der Arbeitsschritte werden jedoch meistens zusätzlich durch Grafiken, Bilder oder Anordnungspläne unterstützt. Dadurch sind Montagebeschreibungen leicht und ohne spezielle fachliche Kenntnisse begreifbar.

> Montage- bzw. Demontagebeschreibungen sind durch Grafiken und Anordnungspläne erläuterte Handlungsanweisungen zur Montage oder Demontage von Werkstücken.

Beispiele für die Beschreibung einer Montage

Aufgabe: Für die dargestellte Lochstanze ist ein Montageplan zu erstellen.

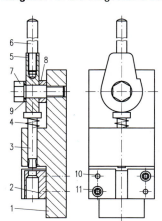

Auszug aus der Stückliste:

11	2	St.	Zylinderschraube
10	2	St.	Passstift
9	1	St.	Scheibe
8	1	St.	Distanzhülse
7	1	St.	Sechskantpassschraube
6	1	St.	Hebel
5	1	St.	Spiralexzenter
4	1	St.	Feder
3	1	St.	Stempel
2	1	St.	Matritze
1	1	St.	Grundkörper
Pos.	Menge	Einh.	Benennung
1	2	3	4

Montageplan zur Montage der Lochstanze in Form einer Beschreibung

Unterbaugruppe I
Verschraube Hebelstange ⑥ mit Spiralexzenter ⑤.

Unterbaugruppe II
Schiebe die Feder ④ auf den Lochstempel ③ und führe dann den Stempel in die Stempelführung des Grundkörpers ① von oben ein. Drücke den Lochstempel ③ gegen die Feder ④ in die Stempelführung ein und fixiere ihn mithilfe der Montageklammer in dieser Position.

Unterbaugruppe III
Schiebe die Scheibe ⑨ auf die Sechskantpassschraube ⑦. Stecke die Schraube ⑦ in den Spiralexzenter ⑤ und die Distanzhülse ⑧.

Verschraube Unterbaugruppe I mit Unterbaugruppe II.
Entferne die Montageklammer und prüfe die einwandfreie Bewegung des Lochstempels.
Bewege mithilfe des Spiralexzenters den Stempel in die untere Endlage. Schiebe die Matrize ② auf dem Grundkörper ① in die Endposition, dabei wird die Matrize durch den Lochstempel positioniert.

Verschraube die Matrize ② mithilfe der Zylinderschrauben mit Innensechskant ⑪ und den entsprechenden Federringen mit dem Grundkörper ①.

Prüfe die Lage von Stempel und Matrize durch Lichtspaltprüfung. Falls der Schneidspalt nicht gleichmäßig breit ist, korrigiere die Lage durch erneutes Lösen und Festschrauben.
Bei gleichmäßigem Schneidspalt verbohre die Matrize ② (in der die Bohrungen $\varnothing$ 4 mm bereits enthalten sind) mit dem Grundkörper ①. Benutze dazu einen Bohrer mit dem $\varnothing$ 3,8 mm. Reibe die Bohrung anschließend auf den $\varnothing$ 4^{H7} auf und schlage die Stifte ⑩ ein.

Montageplan als Tabelle

Nr.	Schritt	Tätigkeit	Werkzeug	Bemerkung
1	Hebelstange ⑥ mit Spiralexzenter ⑤	verschrauben	Rohrzange	Schutzkappe verwenden
2	Stempel 3 mit Feder ④ in Grundkörper ①	einführen und fixieren		Montageklammer verwenden
3	Passschraube ⑦, Scheibe ⑨, Spiralexzenter ⑤ und Distanzhülse ⑧ mit Grundkörper ①	verschrauben	Maulschlüssel	
4	Montageklammer entfernen, Stempel in hintere Endlage bringen			
5	Matrize ② und Grundkörper ①	verschrauben	Innensechskantschlüssel	
6	Funktion und Schneidespalt	prüfen		gleichmäßiger Schneidespalt
7	Matrize ② und Grundkörper ①	verbohren und verstiften	Bohrer $\varnothing$ 3,8 mm Reibahle $\varnothing$ 4^{H7} mm	
8	Funktion	prüfen		

Montageplan als Struktur

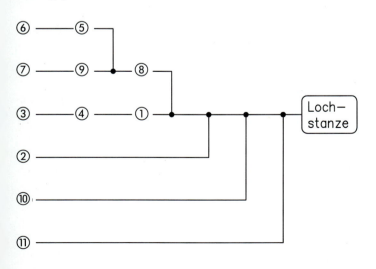

① Grundkörper
② Matrize
③ Stempel
④ Feder
⑤ Spiralexzenter
⑥ Hebel
⑦ Sechskantpassschraube
⑧ Distanzhülse
⑨ Scheibe
⑩ Passstift
⑪ Zylinderschraube

Übungsaufgabe TK-26

4 Übungsaufgaben Technische Kommunikation

Technisches Zeichnen

TK-1 Skizzieren Sie das beschriebene Werkstück in drei Ansichten ohne Bemaßung. Achten Sie darauf, dass wichtige Merkmale gut zu erkennen sind.
„Das Bauteil besteht aus einem quadratischen Vierkantstahl von 40 mm Kantenlänge und 100 mm Länge. In Längsrichtung des Werkstücks ist mittig von der Kopfseite her eine Nut von 15 mm Breite und 45 mm Tiefe eingefräst.
Rechtwinklig zur Nut ist in 20 mm Abstand von der Unterseite mittig eine Bohrung von 20 mm quer durch den Vierkantstahl gebohrt."

TK-2 a) Skizzieren Sie das Werkstück 1 in drei Ansichten und das Werkstück 2 nur in der Draufsicht. Die Werkstückmaße sind den Werkstückzeichnungen zu entnehmen.
b) Erarbeiten Sie Vorschläge für die Bemaßung der Skizzen.
c) Zeichnen und bemaßen Sie die skizzierten Werkstücke normgerecht. Erstellen Sie die Werkstückzeichnung auf Zeichenkarton, DIN A4.

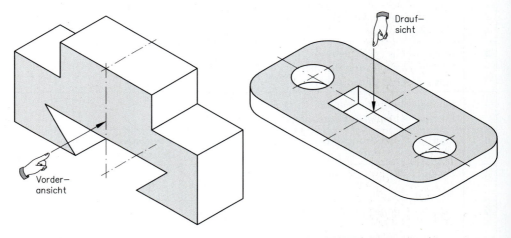

Werkstück 1   **Werkstück 2**

TK-3 Zeichnen Sie das Werkstück im Maßstab 1:2 (1:5) auf Zeichenkarton, DIN A4.

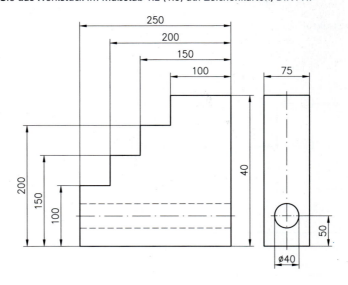

TK-4 Von den dargestellten Ansichten ist jeweils nur eine richtig. Um die richtigen Ansichten herauszufinden, geben Sie zu allen Feldern in den übrigen Darstellungen die Anzahl der Fehler an.

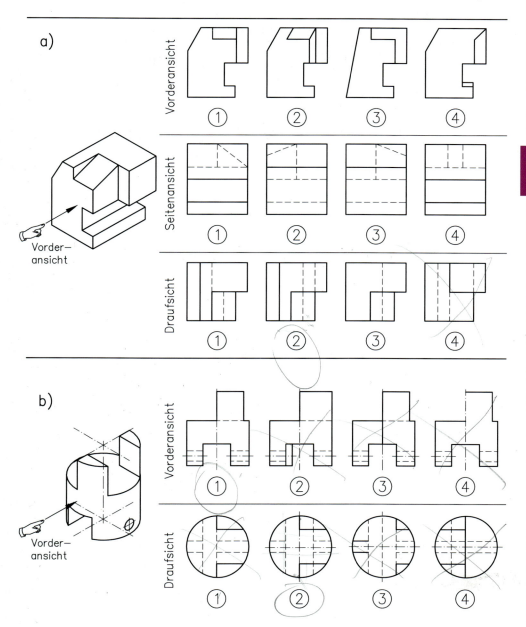

TK-5 Ergänzen Sie die Einzelteilzeichnung des Werkstücks 1 (Aufgabe TK-2) mit folgenden Oberflächenangaben:
- Die Oberflächen der Schwalbenschwanz-Nut soll geschliffen werden und eine Rauheitskenngröße $Rz = 6{,}3$ µm nicht überschreiten.
- Alle anderen Oberflächen sollen eine Rauheitskenngröße Rz besitzen, die durch Fräsen (geschlichtet) erreicht werden kann.

TK-6 Ein Werkstück ist prüfgerecht bemaßt. Bestimmen Sie anhand der Zeichnung die für das Anreißen notwendigen Maße. Erstellen Sie anschließend eine neue Zeichnung mit allen notwendigen Anreißmaßen. Kennzeichnen Sie die gewählten Maßbezugskanten mit einem Pfeil.

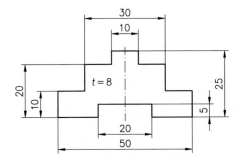

TK-7 Erarbeiten Sie Vorschläge, wie der genaue Mittenabstand zweier Bohrungen mithilfe eines Messschiebers ermittelt werden kann.

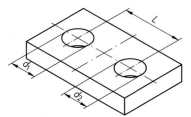

TK-8 Die nebenstehende Zeichnung ist fertigungsgerecht bemaßt. Zeichnen Sie das dargestellte Werkstück neu und bemaßen Sie es prüfgerecht. Die angegebenen Maßtoleranzen sind zu beachten.

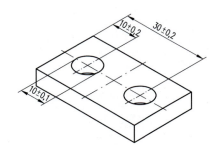

TK-9 Darstellung und Bemaßung von Drehteilen
a) Skizzieren Sie die Seitenansicht von links der Drehteile 5 und 6. Die Werkstückmaße sind dem Raster zu entnehmen. Der Abstand der Rasterlinien entspricht 5 mm.
b) Erarbeiten Sie Vorschläge für die Bemaßung der Skizzen.
c) Zeichnen und bemaßen Sie die skizzierten Werkstücke normgerecht. Erstellen Sie die Werkstückzeichnung auf Zeichenkarton, DIN A4.

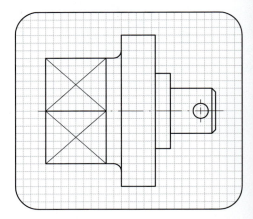

TK-10 Darstellung und Bemaßung zylindrischer Werkstücke
  a) Skizzieren Sie die Werkstücke 1 und 2 in drei Ansichten. Die Werkstückmaße sind den Werkstückzeichnungen zu entnehmen.
  b) Erarbeiten Sie Vorschläge für die Bemaßung der Skizzen.
  c) Zeichnen und bemaßen Sie die skizzierten Werkstücke normgerecht. Erstellen Sie die Werkstückzeichnungen auf Zeichenkarton, DIN A4.

Werkstück 1

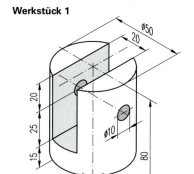

Werkstück 2

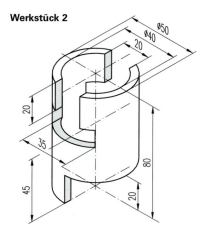

TK-11 Schnittdarstellungen und Bemaßung von Drehteilen
  a) Skizzieren Sie das Werkstück 1 im Halbschnitt (Maßstab 1:1) und das Werkstück 2 im Teilschnitt im Maßstab 2:1. Der Teilschnitt für das Teil 2 ist so zu legen, dass die Zentrierbohrung sichtbar wird. Die Werkstückmaße sind dem Raster zu entnehmen. Der Abstand der Rasterlinien entspricht 5 mm.
  b) Erarbeiten Sie Vorschläge für die Bemaßung der Skizze von Werkstück 1.
  c) Zeichnen und bemaßen Sie die skizzierten Werkstücke normgerecht. Erstellen Sie die Werkstückzeichnung auf Zeichenkarton, DIN A4.

Werkstück 1

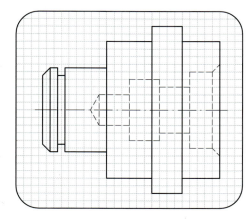

Werkstück 2 (Wellenende)

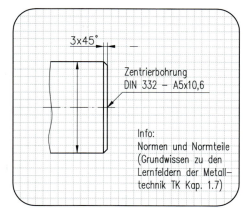

Info:
Normen und Normteile
(Grundwissen zu den
Lernfeldern der Metall-
technik TK Kap. 1.7)

Übungsaufgaben Technische Kommunikation

TK-12 Darstellung und Bemaßung von Werkstücken im Vollschnitt
  a) Skizzieren Sie die Vorder- und Seitenansicht der Werkstücke im Vollschnitt.
     Die Werkstückmaße sind dem Raster zu entnehmen. Der Abstand der Rasterlinien entspricht 5 mm.
  b) Erarbeiten Sie Vorschläge für die Bemaßung der Skizzen. Achtung: Die vorgegebene Bemaßung ist vereinfacht dargestellt. Die genauen Maße sind dem Tabellenbuch zu entnehmen.
  c) Zeichnen und bemaßen Sie die skizzierten Werkstücke 1 und 2 normgerecht. Erstellen Sie die Werkstückzeichnungen auf Zeichenkarton, DIN A4.

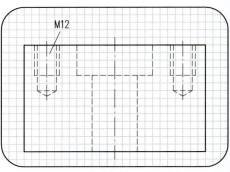

Werkstück 1 (FI DIN 174 – 50 x 40 x 100)

Werkstück 2 (FI DIN 174 – 80 x 70 x 120)

TK-13 Schnittdarstellungen
Die nachfolgenden Schnittdarstellungen sind zum Teil fehlerhaft. In jeder Reihe ist jedoch eine Darstellung richtig. Um diese herauszufinden, ist jede Darstellung auf Fehler zu überprüfen. Die gefundenen Fehler sind zu benennen.

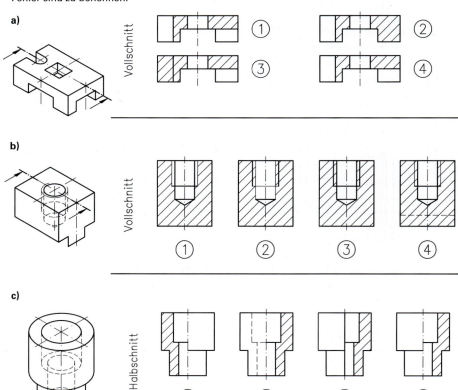

TK-14 Rohteilermittlung aus einer Teilzeichnung

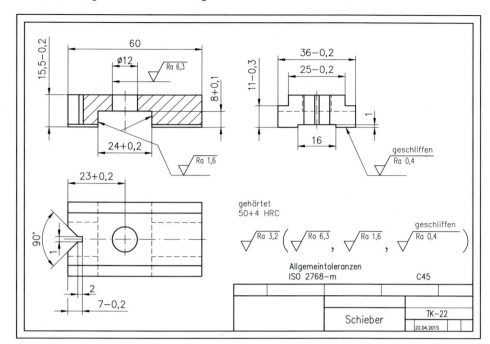

1. Aus welchem Werkstoff soll der Schieber gefertigt werden? Begründen Sie die Werkstoffauswahl.
2. Wählen Sie einen geeigneten Rohling (Halbzeug) zur Herstellung des Schiebers aus.a
3. Berechnen Sie die Masse des Rohlings in Gramm.
4. Wie viel Werkstoff muss vom Rohling (Halbzeug) abgespant werden, um den Schieber zu fertigen?
5. Der Preis für 1 kg C45 beträgt 1,10 €. Berechnen Sie den Materialpreis für einen Schieber.

TK-15 Analyse von Oberflächenkennzeichnungen und Toleranzen

Bearbeiten Sie folgende Aufgaben für die Zeichnung aus Aufgabe TK-14.

1. Erläutern Sie die Oberflächenangaben in der Teilzeichnung: ∇ Ra 3,2 bzw. ∇ Ra 3,2 (∇ Ra 6,3 ...)
2. Ist der Oberflächenrauheitswert ∇ Ra 3,2 durch Fräsen ohne besondere Sorgfalt herzustellen?
3. a) Mit welchem Fertigungsverfahren soll der Rauheitswert ∇ Ra 0,4 erreicht werden?
   b) Welcher kleinste Rauheitswert kann mit dem in a) genannten Fertigungsverfahren ohne besondere Sorgfalt erreicht werden?
   c) Mit welchem Rauheitswert sollen die Schenkel des 90°-Winkels gefertigt werden?
4. Geben Sie die Maßtoleranzen für die folgenden Maße an: 1; 60; ⌀ 12.
5. Begründen Sie die gewählten Maßtoleranzen der Maße: $8^{+0,1}$; $25_{-0,2}$.

TK-16 Analyse der Gesamtzeichnung: „Spannvorrichtung"

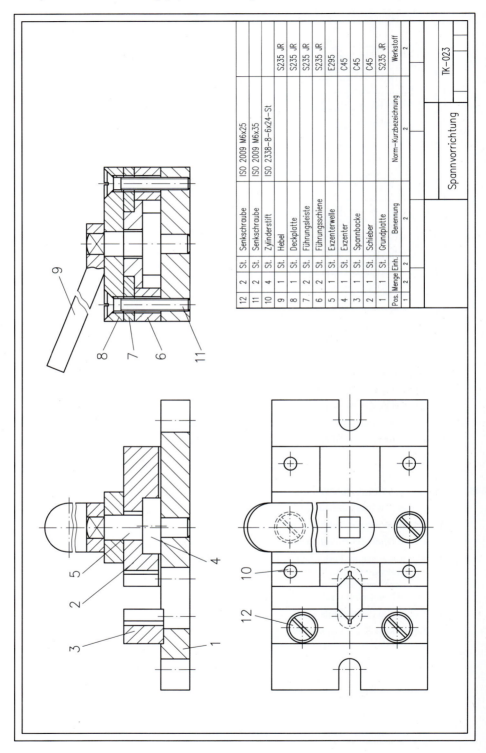

a) Fragen zu Funktionen
   1. Beschreiben Sie die Vorgänge, die in der dargestellten Spannvorrichtung ablaufen, wenn Hebel 9 bewegt wird.
   2. Die Spannvorrichtung ist besonders zum Spannen runder Teile geeignet. Begründen Sie diese Aussage.
   3. Bestimmen Sie den maximalen Hub der Spannvorrichtung.
   4. Um welchen Winkel muss der Hebel gedreht werden, damit der größte Hub erreicht wird?
   5. Bestimmen Sie den kleinsten und den größten Werkstückdurchmesser, der mit der Spannvorrichtung gespannt werden kann. Beachten Sie bei ihren Überlegungen, dass der Spannbereich eines Exzenterspanners zwischen 60° und 120° liegt. Die Hebeldrehung beginnt dabei in der hinteren Endstellung der Vorrichtung.
   6. Begründen Sie, warum die Auflagefläche des Schiebers eine Längsnut hat.
   7. Geben Sie Gründe an, weshalb die Spannbacke 3 in die Grundplatte 1 eingelassen wurde.
   8. Warum besitzt die Grundplatte an beiden Enden Langlöcher?
   9. Geben Sie die Bedeutung des Langlochs in der Grundplatte an, das sich im Spannbereich der Vorrichtung befindet.
   10. Welcher Bohrungsdurchmesser kann für die Durchgangsbohrungen in zylindrischen Werkstücken verwendet werden, ohne die Vorrichtung zu beschädigen?

b) Fragen zur Montage
   1. Welche Aufgabe haben die Zylinderstifte Position 10?
   2. Aus welchem Grund braucht Teil 3 nicht verstiftet zu werden?
   3. Zu Beginn der Fertigung der Einzelteile gibt der Meister den folgenden Hinweis: „Die Bohrungen für die Stifte fertigt ihr erst, nachdem ihr die Vorrichtung verschraubt habt." Begründen Sie die Anweisung des Meisters.

c) Fragen zur Fertigung der „Spannvorrichtung"
   1. Zählen Sie die Fertigungsverfahren auf, die bei der Herstellung der Vorrichtung zum Einsatz kommen. Fertigen Sie zu diesem Zweck eine Tabelle mit folgendem Muster an:

Pos.	Benennung	Fertigungsverfahren	
		Gruppe	Verfahren
8	Deckplatte	Trennen	1. Sägen 2. Feilen 3. Bohren 4. Senken

Toleranzen

TK-17 Tragen Sie die Grenzmaße und Toleranzen in eine Tabelle ein.

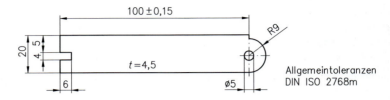

Nennmaß	Höchstmaß	Mindestmaß	Toleranz
5	?	?	?
4	?	?	?
100	?	?	?
6	?	?	?
20	?	?	?

TK-18 Ermitteln Sie für die angegebenen Maße jeweils N, ES, EI, G_o, G_u, T.
    a) 25 +0,05/+0,03 **b)** 18 –0,02/–0,04

TK-19 Berechnen Sie Spiel bzw. Übermaß für die Beispiele
    a) Bohrung ⌀ 16 +0,018/0; Welle ⌀ 16 –0,032/–0,059
    b) Bohrung ⌀ 15 +0,027/0; Welle ⌀ 15 +0,034/+0,028

TK-20 Ergänzen Sie die Tabelle mithilfe der nachstehenden Grenzabmaße.
Auszug aus den Passungsnormen (Werte in $\frac{1}{1000}$ mm)

	H7	g6	m6	r6
20	+21 0,0	− 7 −20	+21 + 8	+41 +28

	h6	G7	K7	R7
15	0,0 −11	+24 + 6	+ 6 −12	−16 −34

Einheitsbohrung N = 20 mm				
	Bohrung	Wellen		
	H7	g6	m6	r6
G_o	?	?	?	?
G_u	?	?	?	?
Es/es	?	?	?	?
EI/ei	?	?	?	?
T	?	?	?	?

Einheitswelle N = 15 mm				
	Welle	Bohrungen		
	h6	G7	K7	R7
G_o	?	?	?	?
G_u	?	?	?	?
Es/es	?	?	?	?
EI/ei	?	?	?	?
T	?	?	?	?

Passung	20 H7/g6	20 H7/m6	20 H7/r6
Höchst-/Mindestspiel	?	?	?
Höchst-/Mindestübermaß	?	?	?
P_T Passtoleranz	?	?	?

Passung	15 G7/h6	15 K7/h6	15 R7/h6
Höchst-/Mindestspiel	?	?	?
Höchst-/Mindestübermaß	?	?	?
P_T Passtoleranz	?	?	?

Geben Sie jeweils an, ob Spiel oder Übermaß vorliegt.

TK-21 An der Messfläche eines Endmaßes befindet sich nebenstehende Zeichnungsangabe.
    a) Welche Eigenschaft wird toleriert?
    b) Wie breit ist die Toleranzzone?

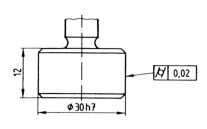

TK-22 Der Prüfzylinder eines Lehrdornes ist bemaßt.
    a) Welche Eigenschaft der Form ist hier toleriert?
    b) Wie kann diese Eigenschaft geprüft werden?

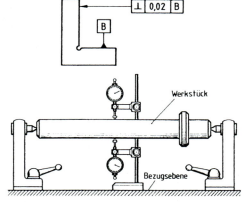

TK-23 Bei der Herstellung eines Flachwinkels ist nebenstehende Zeichnungsangabe zu berücksichtigen.
    a) Entschlüsseln Sie die dargestellten Symbole.
    b) Wie ist die geforderte Eigenschaft zu prüfen?

TK-24 Eine Welle soll auf ihre Geradheit geprüft werden. Wie ist zu verfahren, wenn das Werkstück, wie die Skizze zeigt, eingespannt ist?

TK-25 Für den Prüfplan des Hebels ist die Prüfanordnung für das Maß 88 ± 0,03 und den Winkel 135° ± 5' darzustellen.

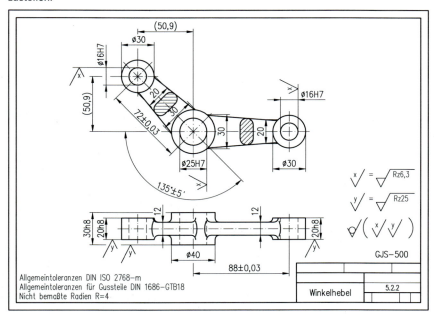

Montage-/Demontagebeschreibungen

TK-26 Zerlegen Sie einen Kugelschreiber.
Beschreiben Sie seine Montage.
Prüfen Sie Ihre Beschreibung durch Montieren der Einzelteile.

Grundlagen der Elektrotechnik EL

Messungen in elektrisch gesteuerten Anlagen durchführen

Auftrag

Auftragsbeschreibung

Eine SPS gesteuerte Anlage funktioniert nicht bestimmungsgemäß. Es findet kein Teilestopp an der Übergabestelle für ein Fertigungszentrum statt. Fehlerart und -quelle sind festzustellen.

Technologieschema

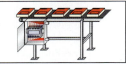

Analysieren

Vorgaben
- allgemeine Fehlerbeschreibung
- definierte Aufgabenstellung
- keine weiteren Informationen oder Dokumente

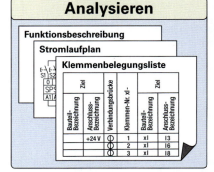

Ergebnisse
- Unterlagen zur Anlage:
  – Funktionsbeschreibung
  – Stromlaufplan
  – Klemmenbelegungsliste
- Messgerät (Art und Messbereich)
- Steuerungsart
- Fehlerlisten, Anlagenzustand, Ausfallzeiten

Planen

Eingang
- ausgewertete Informationen
- Art und Messbereich des Messgerätes

Ergebnisse
- Messgerät
- Messplan mit
  – Messstelle und
  – Abfolge Messstrategie
- Sicherheit (Mensch, Anlage)

Ausführen

Eingang
- Sicherheit für Personen und System herstellen
- Messgerät einstellen (Stromart, Messbereich)
- Messstellen kontaktieren
- Schwellenwerte messen

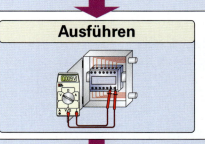

Ergebnisse
- Messwerte
- Messprotokoll
- Auffälligkeiten (erkennbar) in der Messumgebung

Auswerten

Eingang
- Messprotokoll Auffälligkeiten

Ergebnisse
- Fehlerstatistik
- aktualisierte Fehlerliste (Fehlererkennung)

1 Grundlagen

1.1 Elektrische Ladung

Die kleinste Ladungsmenge ist die Ladung eines Elektrons. Man bezeichnet sie als negative Ladung. Da die Ladung eines Elektrons äußerst klein ist, fasst man die Ladung von $6{,}24 \cdot 10^{18}$ Elektronen zu einer Einheit, einem Coulomb, zusammen.

> Die kleinste elektrische Ladung ist die Ladung eines Elektrons.
> Die Einheit der elektrischen Ladung ist ein Coulomb (C).
> 1 Coulomb entspricht der Ladung von $6{,}24 \cdot 10^{18}$ Elektronen.

1.2 Elektrischer Strom

Der in einem Leiter fließende Strom besteht aus Elektronen, die sich im Leiter fortbewegen.
Die Stärke des Stroms beschreibt man durch die Menge an Elektronen, die in einer Sekunde den Leiterquerschnitt passieren.
Man bezeichnet einen Strom von 1 Coulomb, der in einer Sekunde den Leiterquerschnitt passiert, als ein Ampere.

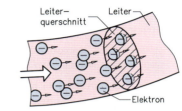
Elektronenstrom

> Die elektrische Stromstärke beschreibt die Menge an Elektronen je Sekunde, die im Leiterquerschnitt fließt.
> Die Einheit des elektrischen Stroms ist ein Ampere (A).
> 1 Ampere = 1 Coulomb je Sekunde = $6{,}24 \cdot 10^{18}$ Elektronen je Sekunde

Der elektrische Strom kann verschiedene Wirkungen ausüben. In der Technik werden die Wärmewirkung, die chemische Wirkung und die magnetische Wirkung genutzt.

Beispiel für die Nutzung von Wirkungen des elektrischen Stroms

Wärmewirkung

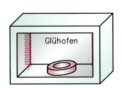

chemische Wirkung

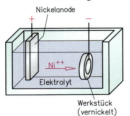

magnetische Wirkung

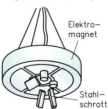

1.3 Elektrische Spannung

Damit ein Elektronenstrom durch einen Leiter fließen kann, muss auf der einen Seite ein Elektronenüberschuss vorhanden sein, von dem aus die Elektronen zur Seite des Elektronenmangels fließen können.
Eine Einrichtung, in der Elektronen getrennt sind und die einen Elektronenstrom verursachen kann, bezeichnet man als Spannungsquelle. Die Seite der Spannungsquelle mit dem Elektronenüberschuss bezeichnet man als den Minuspol, die Seite mit dem Elektronenmangel als den Pluspol.
Zur Erzeugung des Elektronenüberschusses bzw. des Elektronmangel aus der anderen Seite muss Trennungsarbeit verrichtet werden. Wenn eine Trennungsarbeit von einem Newtonmeter an einem Coulomb verrichtet wird, entsteht eine Spannung von einem Volt.

> Ursache des elektrischen Stroms ist die Spannung.
> Die Einheit der Spannung ist ein Volt (V).
> Ein Volt entspricht der Trennungsarbeit von 1 Nm, die an einem Coulomb verrichtet wurde.
>
> $$1\,V = 1\,\frac{Nm}{C}$$

Übungsaufgaben EL-1, EL-2

- In **Generatoren** wird die Ladungstrennung durch Bewegung eines Leiters in einem Magnetfeld bewirkt. Diese Art der Ladungstrennung ist für die Stromversorgung von Haushalten und Industrie die wichtigste Methode zur Stromerzeugung.

- In **galvanischen Elementen**, z. B. Batterien, geschah die Ladungstrennung, indem man bei ihrer Erzeugung Metalle unter Elektronenzufuhr aus chemischen Verbindungen trennte. In der Batterie sind die Metalle bestrebt, unter Elektronenabgabe wieder eine chemische Verbindung einzugehen. Technisch sind Batterien zum Betrieb mobiler Geräte von besonderer Bedeutung.

- In **Fotoelementen** kommt es durch das einfallende Licht zu einer Ladungstrennung. Fotoelemente enthalten Halbmetalle wie z. B. Silicium und Germanium. Fotoelemente dienen in Fotovoltaikanlagen zur Nutzung der Energie des Tageslichts.

- In **Thermoelementen** findet eine Diffusion von Elektronen statt, wenn zwischen der Verbindungsstelle unterschiedlicher Leiterwerkstoffe und den freien Leiterenden eine Temperaturdifferenz auftritt. Infolge dieser Diffusion wird eine Thermospannung erzeugt, die proportional zur Temperaturdifferenz ist. Thermoelemente werden deshalb z. B. in Temperaturmessgeräten eingesetzt.

- In **Piezokristallen** führen Druckkräfte zu geringfügigen Längenänderungen und zur Ladungstrennung. Mithilfe von Piezokristallen wandelt man z. B. in Kristallmikrofonen den Schall in elektrische Impulse um.

- Durch **Reibung**, also durch Zufuhr mechanischer Energie kann ein Kunststoffstab aufgeladen werden. So kann durch Reibung von Kunststoffkleidung und Autositz eine Ladungstrennung bewirkt werden, sodass man beim Berühren der Autokarosserie einen leichten elektrischen Schlag erhält.

Beispiele für Spannungsquellen

Generator Akkumulator Solarzelle Thermoelement

Spannungsquellen wandeln zugeführte Energie in elektrische Energie um.

2 Gleichstromkreis

2.1 Stromkreis

Verbindet man die Pole einer Spannungsquelle über eine elektrisch leitende Verbindung mit einem Verbraucher, so fließen Elektronen vom Minuspol (−) der Spannungsquelle über Leiter und Verbraucher zum Pluspol (+).

Die in sich geschlossene Anordnung von Spannungsquelle, Leiter und Verbraucher bezeichnet man als *elektrischen Stromkreis*.

Aus historischen Gründen hat man als Stromrichtung eine Bewegung vom Pluspol zum Minuspol festgelegt. Diese Festlegung wird als technische Stromrichtung bezeichnet.

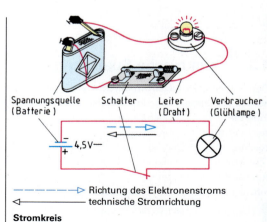

Stromkreis

Der geschlossene Stromkreis besteht aus Spannungsquelle, Leiter und Verbraucher.
Technische Stromrichtung: vom Pluspol zum Minuspol.

Übungsaufgabe EL-3

2.2 Messung von Strom und Spannung

- **Strommessung**

Strommessung ist Durchflussmessung, deshalb müssen **Strommessgeräte** direkt in den Stromkreis eingesetzt werden. Sie stehen in einer Reihe mit dem Verbraucher – sie sind *in Reihe geschaltet*. Strommessgeräte zeigen die Stromstärke in Ampere an, man nennt sie auch Amperemeter. Strommessgeräte dürfen nur zusammen mit einem Verbraucher zum Einsatz kommen, da sonst ein extrem hoher Strom fließt, den man in der Technik als **Kurzschlussstrom** bezeichnet.

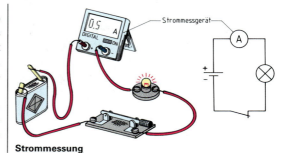
Strommessung

> Der Strommesser wird immer mit dem Verbraucher in Reihe geschaltet.

- **Spannungsmessung**

Spannungsmessung ist die Messung eines Unterschiedes. Spannungen müssen immer zwischen zwei Punkten eines Stromkreises gemessen werden, z. B. zwischen den beiden Polen einer Spannungsquelle oder zwischen dem Eingangs- und Ausgangspunkt eines Verbrauchers.
Das **Spannungsmessgerät** wird *parallel zum Verbraucher* angeschlossen. Spannungsmesser zeigen die Spannung in Volt an, man bezeichnet sie auch als Voltmeter.

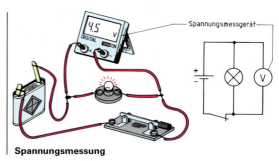
Spannungsmessung

> Der Spannungsmesser wird immer mit dem Verbraucher parallel geschaltet.

2.3 Leiter – Halbleiter – Nichtleiter

- **Leiter**

Metallische Leiter
Metalle sind chemische Elemente, deren Atome nur wenige Elektronen auf den Außenschalen besitzen.

In Verbindung mit anderen Metallatomen werden die Elektronen der äußeren Schale freigegeben. Es entstehen somit *positiv geladene Metallionen*, zwischen denen sich die freigegebenen Elektronen bewegen. Weil der Aufenthaltsbereich der freigegebenen Elektronen begrenzt ist, spricht man von *gleichsam freien* (oder quasifreien) *Elektronen*. Sie erfüllen eine doppelte Funktion:

- Sie halten die positiv geladenen Metallionen zusammen.
- Sie stehen als frei bewegliche Ladungsträger für den Transport des elektrischen Stroms zur Verfügung.

Sobald mit einem metallischen Leiter ein Stromkreis geschlossen wird, setzen sich die freien Elektroden in Richtung Pluspol in Bewegung.
Am Minuspol der Spannungsquelle treten Elektronen in den Leiter ein, und am Pluspol treten dafür andere heraus. Obwohl sich die Elektronen nur mit sehr geringer Geschwindigkeit (ca. 0,3 m/h) im Leiter in Stromrichtung bewegen, pflanzt sich der „Stoß", der durch das Eintreten von Elektronen in den Leiter entsteht, mit hoher Geschwindigkeit fort.

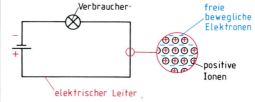
Metall als elektrischer Leiter

> Quasifreie Elektronen sind die Ursache für die gute elektrische Leitfähigkeit eines Metalls.

Übungsaufgaben EL-4, EL-5

Elektrolyte als Leiter

Wässrige Lösungen von Säuren, Laugen und Salzen können ebenfalls elektrischen Strom leiten, denn in Wasser sind Säuren, Laugen und Salze in positive und negative Ionen aufgespalten. Unter Spannung wandern die Ionen zu den entgegengesetzt geladenen Polen und transportieren so elektrische Ladungen. An den Polen erfolgen dabei stets chemische Umsetzungen. Diese elektrisch leitenden Flüssigkeiten nennt man **Elektrolyte**.

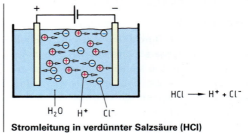

Stromleitung in verdünnter Salzsäure (HCl)

> In Elektrolyten erfolgt der Ladungstransport über Ionen.

• Halbleiter

In Halbleiterwerkstoffen, z. B. in reinem Silicium und Germanium, erfolgt die Bindung zwischen den Nachbaratomen durch die Elektronen der Außenschale. Daher sind diese Elektronen nicht mehr frei beweglich wie bei den Metallen, sondern so fest gebunden, dass sie bei niedrigen Temperaturen nicht zur Leitung des elektrischen Stroms zur Verfügung stehen. Erst bei höheren Temperaturen können einige dieser Elektronen durch die Wärmebewegung freigesetzt werden und Ladungen transportieren. Reine Halbleiter leiten also den elektrischen Strom erst bei höheren Temperaturen.

| Beispiel | für das Verhalten eines Halbleiterwerkstoffs bei verschiedenen Temperaturen |

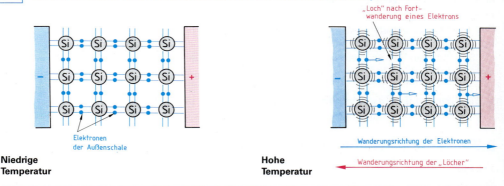

> Reine Halbleiter leiten bei niedrigen Temperaturen keinen elektrischen Strom.
> Bei hohen Temperaturen werden Halbleiter zu Leitern.

Legiert man zu einem Halbleiterwerkstoff in sehr geringen Mengen Stoffe, deren Atome z. B. gegenüber Silicium oder Germanium ein Elektron mehr oder ein Elektron weniger auf der Außenschale haben, so kann man gezielt überschüssige (quasifreie) Elektronen oder Löcher erzeugen. Man nennt diese Halbleiterwerkstoffe **dotierte** Halbleiter. Halbleiterbauelemente der Elektronik (z. B. Dioden, Transistoren) sind Kombinationen verschieden dotierter Halbleiter.

> Dotieren ist das Legieren eines Halbleiterwerkstoffs mit sehr wenigen Fremdatomen. Elektronische Halbleiterbauelemente bestehen aus dotierten Halbleiterwerkstoffen.

• Nichtleiter

Stoffe ohne bewegliche Ladungsträger leiten den elektrischen Strom nicht. Solche Stoffe sind z. B. Gummi, Kunststoffe, Glas, trockene Luft und chemisch reines Wasser. Man verwendet diese Stoffe zur Isolierung von elektrischen Leitern und Geräten. Deshalb bezeichnet man sie als **Isolierstoffe** oder **Nichtleiter**.

> Stoffe, in denen Ladungen nicht bewegt werden können, werden als Nichtleiter oder Isolierstoffe bezeichnet.

Übungsaufgaben EL-6, EL-7, EL-8

2.4 Elektrischer Widerstand

Der Stromfluss wird in jeder Leitung und jedem Verbraucher behindert. Je geringer der Widerstand ist, den ein Werkstoff dem Elektronenstrom entgegensetzt, desto ungehinderter können die Elektronen fließen.

Um die Elektronen durch einen Widerstand zu „treiben", ist ein Energiebetrag notwendig. Wenn ein Widerstand so groß ist, dass ein Newtonmeter Arbeit notwendig ist, um ein Coulomb Elektronen in einer Sekunde durch den Widerstand zu „treiben", so hat er ein Ohm (Einheitenzeichen: Ω).
Anders ausgedrückt kann man sagen:
Ein Ohm ist der elektrische Widerstand zwischen zwei Punkten eines elektrischen Leiters, durch den bei der Spannung ein Volt zwischen den Punkten ein Strom von einem Ampere fließt.

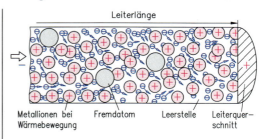

Metallionen bei Wärmebewegung — Fremdatom — Leerstelle — Leiterquerschnitt

Einflussgrößen auf den elektrischen Widerstand

Die Einheit des Widerstands ist Ohm (Ω).

$$1\,\Omega = \frac{1\,\text{Nm/s}}{1\,\text{C}} = \frac{1\,\text{V}}{1\,\text{A}}$$

Der elektrische Widerstand eines den Strom leitenden Gegenstands ist materialabhängig. Diese Abhängigkeit beschreibt man durch den spezifischen Widerstand (Formelzeichen: ϱ).
Mit zunehmender Länge des Leiters und abnehmendem Querschnitt steigt der Widerstand.

Widerstand eines Leiters $\quad R = \dfrac{\varrho \cdot l}{S}$

- R Widerstand
- ϱ spezifischer Widerstand
- S Querschnitt des Leiters

Werkstoffe mit einem niedrigen spezifischen Widerstand wie z. B. Kupfer und Aluminium werden als Leiter in der Technik eingesetzt. Werkstoffe mit höherem Widerstand, z. B. Konstantan, dienen zur Herstellung genauer Widerstände für Heizspiralen u. Ä. Werkstoffe mit sehr hohen spezifischen Widerständen, z. B. Porzellan und PVC, gelten als Nichtleiter oder als Isolatoren.

Spezifische Widerstände von Leitern und Isolatoren bei 20 °C

Werkstoff	spezifischer Widerstand in $\dfrac{\Omega \cdot mm^2}{m}$	Werkstoff	spezifischer Widerstand in $\dfrac{\Omega \cdot mm^2}{m}$
Aluminium	0,024	Glas	10^{17}
Eisen	0,130	Paraffin	10^{22}
Chrom-Nickel-Stahl	1,020	Gummi	10^{15}
Kupfer	0,0178	Porzellan	10^{20}
Konstantan (60%Cu, 40%Ni)	0,500	destilliertes Wasser	$5 \cdot 10^5$
		PVC	10^{16}
Silber	0,0149	PE	10^{15}

Beispiele für die Berechnung des elektrischen Widerstands eines Leiters

Aufgabe
Ein aufgewickelter Kupferdraht mit 0,016 mm² Querschnitt ist 73,1 m lang.
Der elektrische Widerstand ist zu berechnen.

Lösung

$$R = \frac{\varrho \cdot l}{S} \qquad R = \frac{0{,}0178\,\Omega\,\text{mm}^2 \cdot 73{,}1\,\text{m}}{\text{m} \cdot 0{,}016\,\text{mm}^2} \qquad R = 80\,\Omega$$

Übungsaufgabe EL-9

Gleichstromkreis

Der Widerstand eines elektrischen Leiters ist temperaturabhängig. Er wächst mit steigender Temperatur. In der Nähe des absoluten Nullpunktes der Temperatur sinkt der Widerstand vieler Leiterwerkstoffe auf null. Man spricht dann von Supraleitung. In der Werkstoffwissenschaft ist man bestrebt, die Temperatur, bei der Supraleitung einsetzt, auf möglichst hohe Temperaturen anzuheben, um verlustlos große Ströme leiten zu können.

Der Widerstand bei einer bestimmten Temperatur kann aus dem Widerstand bei 20 °C (p_{20}) mithilfe eines Temperaturbeiwertes (α) errechnet werden.

$$R = R_K \cdot (1 + \alpha \cdot \Delta\vartheta)$$

R_K Widerstand bei 20 °C
α Temperaturbeiwert
$\Delta\vartheta$ Temperaturänderung gegenüber 20 °C

Werkstoff	Temperaturbeiwert α in $\frac{1}{K}$
Kupfer	0,0039
Aluminium	0,0038
Eisen	0,0045

Beispiel für die Berechnung eines Widerstandes bei einer von 20 °C abweichenden Temperatur

Aufgabe
Ein Stahldraht hat bei 20 °C einen Widerstand von 60 Ω.
Auf welchen Wert steigt der Widerstand bei einer Temperaturerhöhung auf 70 °C?
(α = 0,0045 1/K)

Lösung
$R = R_K \cdot (1 + \alpha \cdot \Delta\vartheta)$

$R = 60\ \Omega \cdot \left(1 + 0{,}004\ \frac{1}{K} \cdot 50\ K\right)$

$R = 73{,}5\ \Omega$

Der Widerstand von elektrischen Leitern ist temperaturabhängig. Bei metallischen Leitern steigt der Widerstand mit steigender Temperatur.

2.5 Ohmsches Gesetz

Der gesetzmäßige Zusammenhang zwischen den drei Grundgrößen Spannung, Strom und Widerstand wird durch das ohmsche Gesetz beschrieben. Es sagt aus, dass
- bei konstantem Widerstand die Stromstärke linear mit der Spannung zunimmt und dass
- die Stromstärke dem Widerstand umgekehrt proportional ist.

Ohmsches Gesetz $U = R \cdot I$

U Spannung in V
I Stromstärke in A
R Widerstand in Ω

Beispiel für einen Versuch zum Nachweis des ohmschen Gesetzes

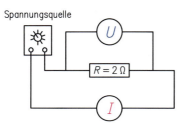

U in V	I in A
2	1
4	2
6	3
10	5

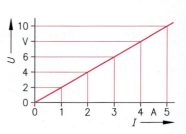

Übungsaufgaben EL-10, EL-11, EL-12

2.6 Grundschaltungen

● **Reihenschaltung**

In einer Reihenschaltung liegen alle Verbraucher hintereinander im Stromkreis und werden vom gleichen Strom durchflossen. Die Reihenschaltung findet z. B. bei Lichterketten für Weihnachtsbäume Verwendung. Zudem stellt jede Zuleitung zu einem Verbraucher einen Widerstand dar, der mit dem Verbraucher in Reihe geschaltet ist.

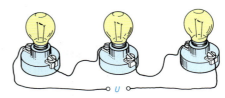

Reihenschaltung von Glühlampen

Für die Reihenschaltung gilt:

1. Der Strom ist an allen Stellen gleich.
   $I_{ges} = I_1 = I_2 = I_3 = ...$

2. Der Gesamtwiderstand ist gleich der Summe der Einzelwiderstände.
   $R_{ges} = R_1 + R_2 + R_3 + ...$

3. Der Spannungsbetrag, der notwendig ist, um den Strom durch den einzelnen Widerstand zu treiben – Spannungsabfall am Widerstand – ist nach dem ohmschen Gesetz:
   $U_1 = I \cdot R_1 \quad U_2 = I \cdot R_2 \quad U_3 = I \cdot R_3 ...$
   Die Gesamtspannung ist gleich der Summe der Teilspannungen.
   $U_{ges} = U_1 + U_2 + U_3 + ...$

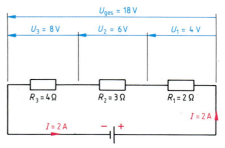

Reihenschaltung mit Widerständen

Beispiel — für die Berechnung von Spannungen und Strom in einer Reihenschaltung

Aufgabe

In der skizzierten Reihenschaltung fließt ein Strom von 2,5 A.
Es sind die Spannungsabfälle an den Widerständen und die Gesamtspannung zu berechnen.

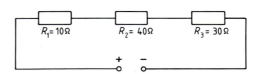

Lösung

$R_{ges} = R_1 + R_2 + R_3$	$U_{ges} = I \cdot R_{ges}$	$U_1 = I \cdot R_1$	$U_2 = I \cdot R_2$	$U_3 = I \cdot R_3$
$R_{ges} = 10\,\Omega + 40\,\Omega + 30\,\Omega$	$U_{ges} = 2,5\,A \cdot 80\,\Omega$	$U_1 = 2,5\,A \cdot 10\,\Omega$	$U_2 = 2,5\,A \cdot 40\,\Omega$	$U_3 = 2,5\,A \cdot 30\,\Omega$
$R_{ges} = \mathbf{80\,\Omega}$	$U_{ges} = \mathbf{200\,V}$	$U_1 = \mathbf{25\,V}$	$U_2 = \mathbf{100\,V}$	$U_3 = \mathbf{75\,V}$

Reihenschaltung: $\quad I_{ges} = I_1 = I_2 = I_3 = ... \quad R_{ges} = R_1 + R_2 + R_3 + ... \quad U_{ges} = U_1 + U_2 + U_3 + ...$

Übungsaufgabe EL-13, EL-14

Gleichstromkreis

- **Parallelschaltung**

In einer Parallelschaltung liegen die Verbraucher parallel zueinander. An allen Verbrauchern liegt die gleiche Spannung an.
Die Geräte am Stromnetz sind parallel geschaltet.

Für die Parallelschaltung gilt:

1. Die Spannung ist an allen Verbrauchern gleich.
$$U_{ges} = U_1 = U_2 = U_3 = ...$$

2. Der Strom, welcher durch den einzelnen Widerstand fließt, ist
$$I_1 = \frac{U}{R_1} \qquad I_2 = \frac{U}{R_2} \qquad I_3 = \frac{U}{R_3}$$
Der Gesamtstrom ist gleich der Summe der Teilströme.
$$I_{ges} = I_1 + I_2 + I_3 + ...$$

3. Den Gesamtwiderstand errechnet man aus
$$\frac{U}{R_{ges}} = \frac{U}{R_1} + \frac{U}{R_2} + \frac{U}{R_3} + ... \quad |:U$$
$$\frac{1}{R_{ges}} = \frac{1}{R_1} + \frac{1}{R_2} + \frac{1}{R_3} + ...$$

Parallelschaltung von Glühlampen

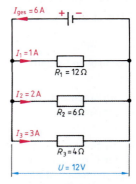

Parallelschaltung von Widerständen

| Beispiel | für die Berechnung von Strom und Widerstand in einer Parallelschaltung |

Aufgabe
In der skizzierten Parallelschaltung liegen die Widerstände an einer Spannung von 60 V. Es sind die Teilströme und der Gesamtwiderstand zu berechnen.

Lösung

$$I_1 = \frac{U}{R_1} \qquad I_2 = \frac{U}{R_2} \qquad I_3 = \frac{U}{R_3}$$

$$I_1 = \frac{60\,V}{40\,\Omega} = \mathbf{1{,}5\,A} \quad I_2 = \frac{60\,V}{10\,\Omega} = \mathbf{6\,A} \quad I_3 = \frac{60\,V}{20\,\Omega} = \mathbf{3\,A}$$

$$\frac{1}{R_{ges}} = \frac{1}{R_1} + \frac{1}{R_2} + \frac{1}{R_3} + ...$$

$$\frac{1}{R_{ges}} = \frac{1}{40\,\Omega} + \frac{1}{10\,\Omega} + \frac{1}{20\,\Omega} = 0{,}175\,\frac{1}{\Omega}$$

$$R_{ges} = \mathbf{5{,}7\,\Omega}$$

$$I_{ges} = \frac{U}{R_{ges}} = \frac{60\,V}{5{,}7\,\Omega} = \mathbf{10{,}5\,A}$$

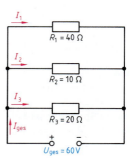

Parallelschaltung: $U_{ges} = U_1 = U_2 = U_3 = ...$ $\quad I_{ges} = I_1 + I_2 + I_3 + ... \quad \frac{1}{R_{ges}} = \frac{1}{R_1} + \frac{1}{R_2} + \frac{1}{R_3} + ...$

Übungsaufgaben EL-15, EL-16, EL-17

2.7 Gemischte Schaltungen

● **Ersatzschaltungen**

Gemischte Schaltungen sind aus mehreren in Reihe und/oder parallel geschalteten Widerständen zusammengesetzt. Durch schrittweises Zusammenpfügen der einzelnen Widerstände kann aus der gemischten Schaltung ein Ersatzwiderstand berechnet werden.
In umgekehrter Folge können Teilspannungen und Teilströme in einer gemischten Schaltung mithilfe der Widerstände, die in den Ersatzschaltungen ermittelt wurden, berechnet werden.

> **Beispiel** für die Berechnung vom Ersatzwiderstand, Spannungen und Strömen

Vorgegebene gemischte Schaltung

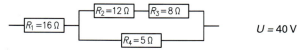

$U = 40\,\text{V}$

● **Berechnung der Widerstände**

1. Ersatzschaltung

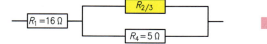

⟹ $R_{2/3} = R_2 + R_3$
$R_{2/3} = 12\,\Omega + 8\,\Omega = \mathbf{20\,\Omega}$

2. Ersatzschaltung

⟹ $\dfrac{1}{R_{2/3/4}} = \dfrac{1}{R_{2/3}} = \dfrac{1}{R_4}$

$\dfrac{1}{R_{2/3/4}} = \dfrac{1}{20\,\Omega} + \dfrac{1}{5\,\Omega} = \dfrac{5}{20}\,\Omega$

$R_{2/3/4} = \dfrac{20}{5}\,\Omega = \mathbf{4\,\Omega}$

3. Ersatzschaltung

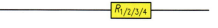

⟹ $R_{1/2/3/4} = R_1 + R_{2/3/4}$
$R_{1/2/3/4} = 16\,\Omega + 4\,\Omega = \mathbf{20\,\Omega}$

● **Berechnung von Spannungen und Strömen**

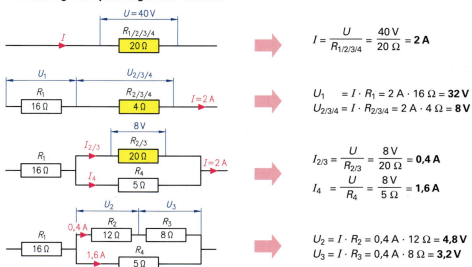

⟹ $I = \dfrac{U}{R_{1/2/3/4}} = \dfrac{40\,\text{V}}{20\,\Omega} = \mathbf{2\,A}$

⟹ $U_1 = I \cdot R_1 = 2\,\text{A} \cdot 16\,\Omega = \mathbf{32\,V}$
$U_{2/3/4} = I \cdot R_{2/3/4} = 2\,\text{A} \cdot 4\,\Omega = \mathbf{8\,V}$

⟹ $I_{2/3} = \dfrac{U}{R_{2/3}} = \dfrac{8\,\text{V}}{20\,\Omega} = \mathbf{0{,}4\,A}$
$I_4 = \dfrac{U}{R_4} = \dfrac{8\,\text{V}}{5\,\Omega} = \mathbf{1{,}6\,A}$

⟹ $U_2 = I \cdot R_2 = 0{,}4\,\text{A} \cdot 12\,\Omega = \mathbf{4{,}8\,V}$
$U_3 = I \cdot R_3 = 0{,}4\,\text{A} \cdot 8\,\Omega = \mathbf{3{,}2\,V}$

> In gemischten Schaltungen werden schrittweise die Widerstände zu einfachen Reihen- und Parallelschaltungen zusammengeführt. Aus den so ermittelten Ersatzschaltungen wird am Ende der Gesamtwiderstand berechnet.
> Aus den Ersatzschaltungen können Teilspannungen und Teilströme ermittelt werden.

Übungsaufgabe EL-18

Spannungsteiler

In kleineren elektrischen und elektronischen Geräten werden häufig mehrere verschiedene Spannungen benötigt, für die aber nur eine einzelne Spannungsquelle mit der größten notwendigen Spannung zur Verfügung steht. Um eine kleinere Teilspannung aus der größeren zu gewinnen, verwendet man Spannungsteiler. Diese Spannungsteiler können aus Festwiderständen oder aus verstellbaren Widerständen gestaltet werden.

Im unbelasteten Zustand teilt der Spannungsteiler die Gesamtspannung im Verhältnis der Teilwiderstände. Man bezeichnet die Teilspannung am unbelasteten Spannungsteiler als Leerlaufspannung.

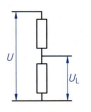
mit Festwiderständen

mit Stellwiderstand

Spannungsteiler

Beispiel für die Spannung an einem unbelasteten Spannungsteiler aus zwei Festwiderständen

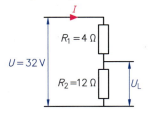

$$I = \frac{U}{R_{ges}} \quad I = \frac{32\,V}{4\,\Omega + 12\,\Omega} = \mathbf{2\,A}$$

$$U_2 = I \cdot R_2 \quad U_2 = 2\,A \cdot 12\,\Omega = \mathbf{24\,V}$$

Durch den Anschluss eines Verbrauchers an den Spannungsteiler schaltet man den Widerstand des Verbrauchers zum Widerstand am Spannungsteiler parallel. Als Folge sinkt der Gesamtwiderstand, der Strom steigt an und die Lastspannung am Spannungsteiler sinkt ab.

Die Lastspannung am Spannungsteiler fällt gegenüber der Leerlaufspannung umso stärker ab, je kleiner der Lastwiderstand des Verbrauchers wird.

Beispiel für die Verhältnisse an einem belasteten Spannungsteiler aus zwei Festwiderständen

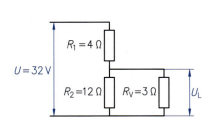

$$\frac{1}{R_{2/V}} = \frac{1}{R_2} + \frac{1}{R_V}$$

$$\frac{1}{R_{2/V}} = \frac{1}{12\,\Omega} + \frac{1}{3\,\Omega} = \frac{5}{12\,\Omega}$$

$$R_{2/V} = 2{,}4\,\Omega$$

$$I = \frac{U}{R_{ges}} \quad I = \frac{32\,V}{4\,\Omega + 2{,}4\,\Omega} = \mathbf{5\,A}$$

$$U_2 = R_{2/V} \cdot I \quad U_2 = 2{,}4\,\Omega \cdot 5\,\Omega = \mathbf{12\,V}$$

Die Lastspannung am Spannungsteiler fällt gegenüber der Leerlaufspannung umso stärker ab, je kleiner der Lastwiderstand des Verbrauchers wird.

Messschaltungen

Jedes Messinstrument hat einen Eigenwiderstand R_i. Bei Spulenmessgeräten ist er der Widerstand der Kupferwicklung der Messspule, bei digitalen Messgeräten der Widerstand der Elektronik.

Der Eigenwiderstand eines Messgeräts beeinflusst die Genauigkeit der Messung und begrenzt den Messbereich. Aus diesem Grunde werden Messgeräte durch zugeschaltete Widerstände den zu messenden Größen angepasst.

Übungsaufgaben EL-19, EL-20

• Strommessung

Zur Messung des Stroms wird das Messinstrument mit dem Verbraucher in Reihe geschaltet. Dies hat zur Folge, dass der Widerstand des Stromkreises erhöht wird und dadurch die Spannung am Verbraucher und der Strom sinken. Es wird also ein zu kleiner Strom gemessen. Um diesen Fehler durch den Eigenwiderstand des Messgerätes klein zu halten, muss der Eigenwiderstand zur Strommessung möglichst gering sein.

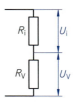

Spannungsabfall U_i am Strommesser

In vielen Fällen übersteigen die zu messenden Ströme den für das Messwerk zulässigen Stromfluss. In diesen Fällen muss zur Erweiterung des Messbereichs der Strom durch Parallelschalten eines Nebenwiderstands R_N so geteilt werden, dass das Messwerk nicht überlastet wird.

Beispiel für eine Messbereichserweiterung

Ein Strommessgerät hat einen Eigenwiderstand von 0,1 Ω und einen Messbereich von 1 A. Der Messbereich soll auf 10 A erweitert werden. Es ist der parallel zu schaltende Nebenwiderstand zu berechnen.

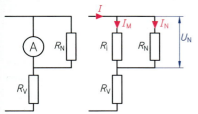

$I = I - I_M$ $\qquad I_M = 10\,A - 1\,A = \mathbf{9\,A}$

$U_M = I_M \cdot R_M$ $\qquad U_M = 1\,A \cdot 0,1\,\Omega = \mathbf{0,1\,V}$

$R_N = \dfrac{U_N}{I_N}$ $\qquad R_N = \dfrac{0,1\,V}{9\,A} = \mathbf{0,011\,\Omega}$

> Der Messbereich von Strommessern wird durch Parallelschalten von Nebenwiderständen erweitert.

• Spannungsmessung

Zur Spannungsmessung muss der Widerstand des Messwerks möglichst hoch sein, damit nur ein kleiner Strom über das Messwerk fließt. Durch Schaltung eines Widerstands in Reihe mit dem Widerstand des Messwerks wird der Messbereich für die Spannungsmessung eingestellt.
Durch Zufügen weiterer Vorwiderstände, die in Reihe geschaltet werden, kann der Messbereich erweitert werden.

Beispiel für die Messbereichseinstellung und Erweiterung des Messbereichs eines Spannungsmessers

Ein Messwerk benötigt zum vollen Ausschlag einen Strom von $I_M = 4$ mA und eine Spannung von $U_M = 0,02$ V. Welcher Widerstand ist vor zu schalten, damit der Messbereich 20 V beträgt?
Welcher zusätzliche Widerstand ist nötig, um den Messbereich auf 100 V zu erhöhen?

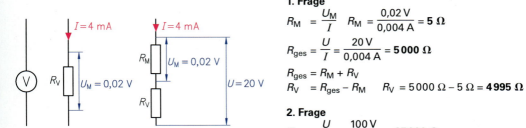

1. Frage

$R_M = \dfrac{U_M}{I}$ $\qquad R_M = \dfrac{0,02\,V}{0,004\,A} = \mathbf{5\,\Omega}$

$R_{ges} = \dfrac{U}{I} = \dfrac{20\,V}{0,004\,A} = \mathbf{5\,000\,\Omega}$

$R_{ges} = R_M + R_V$
$R_V = R_{ges} - R_M \qquad R_V = 5\,000\,\Omega - 5\,\Omega = \mathbf{4\,995\,\Omega}$

2. Frage

$R_{ges} = \dfrac{U}{I} = \dfrac{100\,V}{0,004\,A} = \mathbf{25\,000\,\Omega}$

$R_{ges} = R_M + R_V$
$R_V = R_{ges} - R_M = 25\,000\,\Omega - 5\,\Omega = \mathbf{24\,995\,\Omega}$

> Der Messbereich von Spannungsmessern wird durch Inreiheschalten von Vorwiderständen erweitert.

Übungsaufgaben EL-21, EL-22

2.8 Elektrische Arbeit und Leistung

• Elektrische Arbeit

Bei der Spannungserzeugung wird bei der Ladungstrennung Arbeit verrichtet. Ein Volt entspricht einer Arbeit von einem Newtonmeter, die an einem Coulomb (6,24 · 10^{18} Elektronen) verrichtet wurde.
Fließt umgekehrt ein Strom, der durch einen Spannungsunterschied verursacht wurde, so wird eine Arbeit verrichtet:

$W = Q \cdot U$

- W Verrichtete Arbeit in Nm
- Q Ladungsmenge in C
- U Spannung in V

Die Ladungsmenge, welche dabei transportiert wird, ergibt sich aus der Stromstärke und dem Stromfluss:

$Q = I \cdot t$

- Q Ladungsmenge in C m
- I Stromstärke in A
- t Zeit des Stromflusses in s

Somit ist die Formel für die elektrische Arbeit:

$W = U \cdot I \cdot t$

- U Spannung in V
- I Stromstärke in A
- t Zeit des Stromflusses in s

Als Einheit für die elektrische Arbeit ergibt sich eine VAs. Für 1 VA hat man die Einheit Watt (Einheitenzeichen: W) geschaffen. Damit ist die Einheit der elektrischen Arbeit eine Wattsekunde (Ws). Da diese Einheit sehr klein ist, wird in der Praxis mit der Einheit Kilowattstunde (Einheitenzeichen: kWh) gearbeitet:

1 kWh = 3,6 · 10^6 Ws

• Elektrische Leistung

Leistung beschreibt die Arbeit, die in der Zeiteinheit verrichtet wird. Die Einheit der Leistung ist das Watt.

$P = \dfrac{W}{t}$

- P Leistung in W
- W Arbeit in Ws
- t Zeit, in der die Arbeit verrichtet wurde, in s

Für die elektrische Leistung gilt:

$P = U \cdot I$

- P Leistung in W
- U Spannung in V

Beispiel für eine Berechnung der elektrischen Leistung und Arbeit

Ein elektrisches Heizgerät zum Erwärmen von Babyflaschen im Auto soll an 12 V angeschlossen werden. Der Stromfluss soll 8 A sein.
a) Wie groß wird die elektrische Leistung sein?
b) Wie groß ist die elektrische Arbeit, die in 5 Minuten verrichtet werden kann?
c) Welche Wassermenge kann ohne Berücksichtigung der Flasche und Verlusten in 5 Minuten von 15 auf 35 °C erwärmt werden?
d) Reicht dies für eine 250-ml-Flasche, wenn 80 % der Wärme genutzt werden?

Lösung
a) $P = U \cdot I$ $P = 12\,\text{V} \cdot 8\,\text{A} = \mathbf{96\,W}$
b) $W = P \cdot t$ $W = 96\,\text{W} \cdot 300\,\text{s} = \mathbf{28\,800\,Ws = 28\,800\,J}$
c) $Q = m \cdot c \cdot \Delta\vartheta$
$m = \dfrac{Q}{c \cdot \Delta\vartheta}$ $m = \dfrac{28\,800\,\text{J}\,\text{kgK}}{4\,200\,\text{J} \cdot 20\,\text{K}} = \mathbf{0{,}343\,kg}$
d) $m_{Nutz} = m_{th} \cdot \eta$ $m_{Nutz} = 0{,}343\,\text{kg} \cdot 0{,}8 = \mathbf{0{,}274\,kg}$
Die Leistung reicht aus, um eine 250-ml-Flasche aufzuwärmen.

Übungsaufgaben EL-23, EL-24

3 Magnetismus

3.1 Dauermagnetismus

Dauermagnete ziehen magnetisierbare Stoffe, wie z. B. Stahl, an. Die beiden Stellen eines Dauermagneten mit der stärksten Anziehungskraft nennt man die **Magnetpole**.
Hängt man einen Dauermagneten frei auf, so richtet er sich in Nord-Süd-Richtung der Erde aus. Den nach Norden weisenden Pol nennt man den *Nordpol* des Magneten, den anderen Pol den *Südpol*.

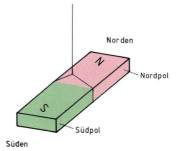

Ausrichtung eines drehbar aufgehängten Stabmagneten

> Der Nordpol eines drehbar aufgehängten Dauermagneten zeigt nach Norden, der Südpol nach Süden.

In der Umgebung eines Magneten – dem *Magnetfeld* – wirken magnetische Kräfte. Die Richtung dieser Kräfte beschreibt man durch gedachte Linien – die **Feldlinien**.
Feldlinien sind in sich geschlossen und verlaufen außerhalb des Magneten vom Nordpol zum Südpol. Die Feldlinien beschreiben auch die Größe der magnetischen Kräfte im Magnetfeld. Je dichter die Feldlinien angeordnet sind, desto größer ist die Kraft im Feld.

Beispiele für die Bauformen und Felder von Dauermagneten

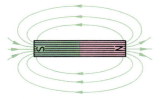

Stabmagnet

Hufeisenmagnet

> Feldlinien verlaufen außerhalb des Magneten vom Nordpol zum Südpol.
> Die Richtung der Feldlinien veranschaulicht die Kraftrichtungen im Magnetfeld.
> Die Dichte der Feldlinien veranschaulicht die Stärke des Magnetfeldes.

Zwischen den Polen verschiedener Magnete ergeben sich Wechselwirkungen.

Um gleichnamige Magnetpole gegeneinander zu führen, muss man Kraft aufwenden. Die gleichnamigen Magnetpole stoßen sich gegenseitig ab.

Nähert man ungleichnamige Magnetpole einander, so beobachtet man das Gegenteil. Ungleichnamige Magnetpole ziehen sich gegenseitig an.

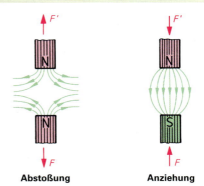

Abstoßung **Anziehung**

> Gleichnamige Magnetpole stoßen sich ab.
> Ungleichnamige Magnetpole ziehen sich an.

Übungsaufgaben EL-25, EL-26

3.2 Elektromagnetismus

Um einen stromdurchflossenen Leiter entsteht ein ringförmiges Magnetfeld, das mit Eisenfeilspänen sichtbar gemacht werden kann.
Die Richtung der Feldlinien dieses Feldes hängt von der Stromrichtung ab.

Man kann die Richtung der Feldlinien nach folgender Regel feststellen:

Schaut man in der technischen Stromrichtung hinter dem Strom her, dann verlaufen die Feldlinien im Uhrzeigersinn.

In gedachten Schnitten senkrecht zum Leiterquerschnitt stellt man den vom Betrachter fortfließenden technischen Strom durch das folgende Symbol dar: $\otimes$.

Den auf den Betrachter zufließenden Strom kennzeichnet man so: $\odot$.

Man kann diese Symbole als Blick auf die Federn eines wegfliegenden Pfeils beziehungsweise als Spitze eines auf den Betrachter zufliegenden Pfeils deuten.

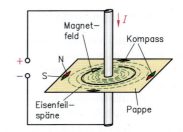

Magnetfeld um einen geraden Leiter

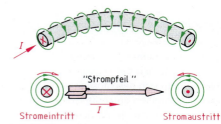

Symbole für Stromrichtung

> Um einen stromdurchflossenen Leiter entsteht ein Magnetfeld.
> In technische Stromrichtung gesehen verlaufen die Feldlinien rechts herum.

Formt man einen Leiter zu einer Windung, so entsteht auf beiden Seiten dieser Windung ein Magnetfeld mit Nord- und Südpol. Am Nordpol treten die Feldlinien aus der Schleife aus, am Südpol treten sie wieder in die Schleife ein. Eine Verstärkung der magnetischen Wirkung lässt sich durch Vergrößerung der Windungszahl und Erhöhung des Stroms erreichen. Eine weitere, sehr hohe Verstärkung des Magnetfeldes erreicht man durch einen Eisenkern in der Magnetspule.

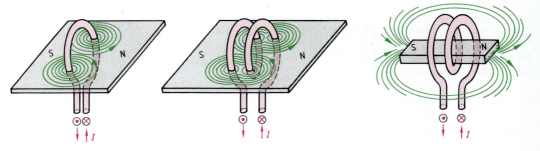

Magnetfeld einer stromdurchflossenen Spule

> Eine Magnetspule hat Nord- und Südpol.
> Die Stärke des Feldes einer Magnetspule wächst mit steigender Windungszahl, steigender Stromstärke und kürzerer Baulänge.
> Die Kraft einer Magnetspule wird durch einen Eisenkern erheblich verstärkt.

Übungsaufgabe EL-27

3.3 Prinzip des Gleichstrommotors

Auf einen stromdurchflossenen Leiter wirken in einem Magnetfeld Kräfte ein. Bei freier Lagerung des Leiters können diese Kräfte eine Bewegung des Leiters verursachen. In Elektromotoren wird diese Bewegung ausgenutzt, um elektrische Energie in Bewegungsenergie umzuwandeln.

Hängt man in das Magnetfeld eines hufeisenförmigen Dauermagneten eine Leiterschaukel, so erfährt diese eine Ablenkung, sobald sie von einem Gleichstrom durchflossen wird. Ursache dieser Bewegung ist die Wechselwirkung zwischen dem Magnetfeld des Dauermagneten – dem äußeren Feld – und dem Magnetfeld um den stromdurchflossenen Leiter – dem inneren Magnetfeld.

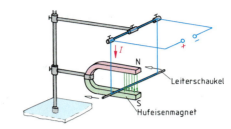

Bewegung durch Magnetkräfte

Betrachtet man den Feldlinienverlauf der beiden überlagerten Magnetfelder, dann stellt man fest, dass bei der angenommenen Stromrichtung im Bereich rechts vom Leiter die Feldlinien gleich gerichtet sind; hier verstärken sich die Magnetfelder. Links vom Leiter sind die Feldlinien entgegengesetzt gerichtet; äußeres und inneres Magnetfeld schwächen sich in ihrer Wirkung gegenseitig. Dies erklärt, warum die Leiterschaukel zur Seite der Magnetabschwächung ausweicht.

Leiterbewegung durch Magnetfeldüberlagerung

> Ein stromdurchflossener Leiter erfährt in einem äußeren Magnetfeld eine Kraftwirkung, die senkrecht zu den Kraftlinien des äußeren Feldes gerichtet ist.

Setzt man in das Feld eines Dauermagneten statt einer Leiterschaukel eine leicht drehbare, stromdurchflossene Spule ein, so bilden sich an dieser Spule Nord- und Südpol aus. Die Spule stellt sich daraufhin mit einer Drehbewegung so ein, dass ihre Pole den Polen des äußeren Feldes entgegengerichtet sind.

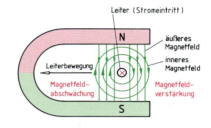

Halbdrehung einer Spule im Magnetfeld

Um eine dauernde Drehbewegung zu erhalten, kehrt man beim **Gleichstrommotor** durch einen selbsttätigen Polwender, den **Kommutator,** die Stromrichtung – und damit die Polung der Magnetspule – um.

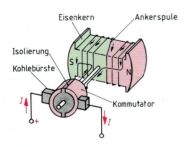

Stromzufuhr über Kommutator

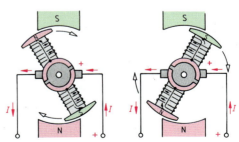

Umpolung durch Kommutator

> Die Drehbewegung des Ankers ergibt sich durch die Anziehung bzw. Abstoßung der Pole. Durch die Umpolung des inneren Magnetfeldes wird die Drehbewegung aufrecht erhalten.

Übungsaufgabe EL-28

3.4 Prinzip des Gleichstromgenerators

• **Elektromagnetische Induktion**

Bewegt man einen Leiter durch ein Magnetfeld, sodass er dabei Feldlinien „schneidet", dann wird in ihm eine Spannung erzeugt – induziert (inducere = lat. hereinführen).
Die Höhe der erzeugten Spannung hängt ab von
- der *Dichte der Feldlinien* (Stärke des Feldes),
- der *Länge des Leiters* im Magnetfeld,
- der *Geschwindigkeit der Bewegung*.

Vereinfacht kann man auch sagen:
- Die Spannung hängt von der Zahl der Feldlinien ab, die pro Zeiteinheit geschnitten werden.

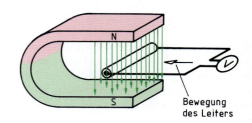

Entstehung einer Spannung in einem bewegten Leiter (Induktion)

> In einem bewegten Leiter, der Feldlinien schneidet, wird eine Spannung induziert.

Die Richtung eines durch Induktion erzeugten Stroms kann einfach durch die „Rechte-Hand-Regel" bestimmt werden:

Hält man die rechte Hand so, dass die Feldlinien in die offene Handfläche eintreten, dann zeigen die gestreckten Finger in die Stromrichtung, wenn der abgespreizte Daumen in die Bewegungsrichtung weist.

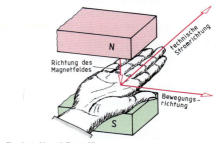

„Rechte-Hand-Regel"

• **Gleichstromgenerator**

Soll mit einem Generator eine Gleichspannung erzeugt werden, dann muss die wechselnde Polung unterbunden werden. Nach jeder Halbdrehung der Leiterschleife müsste eine Umpolung erfolgen. Dies wird erreicht, wenn man den vom Elektromotor her bekannten Kommutator (Wandler) ersetzt.

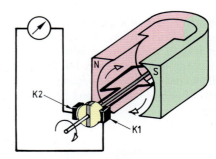

Prinzip eines Gleichstromgenerators

Die so erzeugte Gleichspannung verändert sich sinusförmig zwischen Null und dem Scheitelwert, man spricht von einer *pulsierenden Gleichspannung*. Den ebenfalls fließenden Strom nennt man **pulsierenden Gleichstrom**.

Pulsierende Gleichspannung bei zweiteiligem Kommutator

Das Pulsieren einer Gleichspannung ist unerwünscht. Daher verringert man die Schwankungen, indem man statt einer einfachen Leiterschleife mit mehreren Spulen auf dem Anker arbeitet. Der Kommutator muss dann mit einer entsprechenden Aufteilung versehen werden. So erhält man eine weitgehend geglättete pulsierende Gleichspannung.

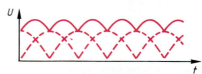

Pulsierende Gleichspannung bei vierteiligem Kommutator

> Gleichstromgeneratoren liefern aufgrund geschickter Umpolung einen pulsierenden Gleichstrom.

Übungsaufgabe EL-29

4 Elektrisches Feld und Kondensator

4.1 Elektrisches Feld

In der Umgebung eines elektrisch geladen Körpers üben die elektrischen Ladungen Kräfte aus. Man bezeichnet den Raum, in dem diese Kräfte wirken, als elektrisches Feld.

Die Richtung der Kräfte im elektrischen Feld veranschaulicht man durch Feldlinien:
- Feldlinien geben die Richtung der Kraftwirkung auf eine im elektrischen Feld befindliche positive Ladung an. Sie verlaufen demnach vom positiv geladenen Gegenstand zum negativ geladenen.
- Feldlinien treten senkrecht aus der Oberfläche aus.
- Feldlinien weisen durch die Dichte des Zusammenlagerns auf die Stärke des elektrischen Feldes hin.

Als **Feldstärke** bezeichnet man die Kraft an einem Punkt des Feldes, die dort auf eine Ladung von einem Coulomb wirkt.

Beispiele für elektrische Felder um verschiedene Körper

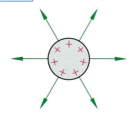
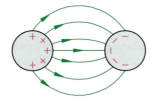
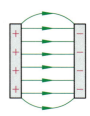

Feldlinien geben durch ihren Verlauf die Kraftrichtung im elektrischen Feld an und weisen durch ihre Dichte auf die Stärke des Feldes hin.

Da sich gleichnamige Ladungen abstoßen, befinden sich die Ladungen auf einem leitenden Gegenstand auf der Oberfläche und sind besonders an Spitzen und Kanten stark gedrängt. Man spricht von **Spitzenwirkung** und nutzt sie z. B. an Blitzableitern, um dem Blitz eine festgelegte Einschlagstelle zuzuweisen, falls er einschlagen sollte.

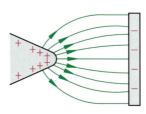

Spitzenwirkung

An Spitzen und Kanten elektrisch geladener Körper treten hohe Feldstärken auf.

Wird ein elektrisch leitender Körper in ein elektrisches Feld gebracht, so werden Ladungen getrennt. Im Inneren eines Hohlkörpers entsteht so ein feldfreier Raum. Man spricht von einem faradayschen Käfig.

Ein geschlossenes Auto mit einer Blechkarosserie stellt einen solchen **faradayschen Käfig** dar und schützt die Insassen bei einem Blitzeinschlag.

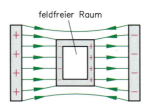

Faradayscher Käfig

Das Innere eines faradayschen Käfigs ist frei von elektrischen Feldern.

Übungsaufgabe EL-30

4.2 Kondensator

Ein Kondensator ist ein Bauelement, das aus zwei gleich großen Metallflächen besteht, die durch einen Isolierstoff voneinander getrennt sind. Man bezeichnet den Isolierstoff als das **Dielektrikum**.
Wird ein Kondensator an eine Gleichspannungsquelle angeschlossen, so fließt kurzzeitig ein Strom – der Kondensator wird aufgeladen.

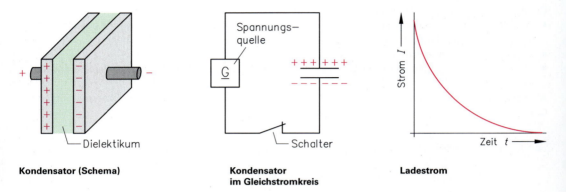

Kondensator (Schema)   **Kondensator im Gleichstromkreis**   **Ladestrom**

Auf der einen Fläche des Kondensators entsteht ein Elektronenmangel, auf der anderen ein Elektronenüberschuss. Nach Abschalten der Spannungsquelle behält der Kondensator seine Spannung – er speichert die elektrische Ladung.

> Ein Kondensator ist ein Bauelement aus zwei Metallflächen mit dazwischen liegendem Isolierstoff, dem Dielektrikum.
> Ein Kondensator kann elektrische Energie speichern und er sperrt nach Aufladen den Stromfluss im Gleichstromkreis.

Die Ladungsmenge, die ein Kondensator speichern kann, bezeichnet man als seine **Kapazität** C. Die Kapazität gibt diejenige Ladungsmenge an, die der Kondensator bei einer angelegten Spannung von einem Volt aufnimmt.
Die Einheit der Kapazität ist ein **Farad** (Einheitenzeichen: F).

$$C = \frac{Q}{U}$$

C Kapazität in F
Q Ladungsmenge in As
U Spannung in V

Die Kapazität eines Kondensators hängt von seiner Bauart ab. Sie wächst mit steigender Plattengröße und abnehmendem Plattenabstand. Besonderen Einfluss hat das Material des Dielektrikums. Dessen Einfluss drückt man durch die **Dielektrizitätskonstante** aus. Dies ist eine Zahl, die angibt, um das Wievielfache sich die Kapazität eines Kondensators erhöht, wenn statt Luft das Material eingebracht wird. So erhöht Hartpapier die Kapazität auf etwa das Sechsfache, Spezialkeramik dagegen steigert die Kapazität bis zum Zehntausendfachen.

> Die Kapazität eines Kondensators wächst mit
> - steigender Plattengröße,
> - sinkendem Plattenabstand,
> - größerer Dielektrizitätskonstanten des Dielektrikums.

Übungsaufgabe EL-31

5 Wechselstromkreis

5.1 Wechselstromerzeugung

Die einfachste Bauform eines Wechselstromgenerators ist eine Leiterschleife, die in einem Magnetfeld gedreht wird. Die dabei induzierte Spannung wird über zwei ringförmige Schleifkontakte abgegriffen.

Bei einer gleichförmigen Drehbewegung der Leiterschleife überstreicht diese in gleicher Zeit den gleichen Drehwinkel. Die Anzahl der magnetischen Feldlinien, die dabei von den parallel zur Drehachse liegenden Bereichen der Leiterschleife geschnitten werden, ist jedoch unterschiedlich.

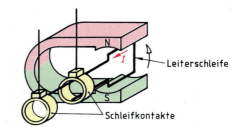

Prinzip des Wechselstromgenerators

Da sich die induzierte Spannung aufgrund der Zahl der Feldlinien, welche pro Zeiteinheit geschnitten werden, ergibt, wird in den verschiedenen Stellungen der Leiterschleife eine unterschiedliche Spannung erzeugt. Bei waagerechter Lage der Schleife ist die Spannung Null. Im Verlauf einer Umdrehung entsteht eine Wechselspannung, die sich entsprechend einer Sinuskurve ändert. Die Wechselspannung bewirkt in einem Stromkreis einen Wechselstromfluss.

Beispiel für den Verlauf der Spannung an einem Wechselstromgenerator

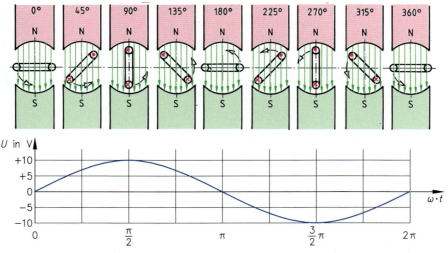

Man bezeichnet die Zeit, in der die Wechselspannung all ihre Werte einmal durchläuft als eine Periode. Die Anzahl der Perioden in einer Sekunde ist die Frequenz der Wechselspannung. Sie wird in der Einheit Hertz angegeben.

1 Hertz = 1 Hz = 1 Periode pro Sekunde

> In einer Leiterschleife, die in einem Magnetfeld gedreht wird, werden je nach Lage der Schleife zu den Feldlinien unterschiedliche Spannungen induziert.
> Ein Wechselstromgenerator erzeugt eine Spannung mit sinusförmigem Verlauf.

Der Augenblickswert der Spannung ergibt sich aus dem Sinus des Drehwinkels und dem Maximalwert der Spannung.

$$U = U_S \cdot \sin\alpha$$

U Augenblickswert der Spannung
U_S Maximalwert der Spannung
α augenblicklicher Drehwinkel

Übungsaufgaben EL-32, EL-33

5.2 Darstellung von Wechselgrößen

Im Wechselstromkreis können Spannung und Stromstärke nicht unmittelbar angegeben werden, da sie innerhalb einer Periode laufenden Änderungen unterworfen sind. Man benutzt darum Zeiger- und Liniendiagramme zur Darstellung.

Im **Zeigerdiagramm** stellt man den Verlauf von Spannung und Stromstärke durch einen rotierenden Zeiger dar.
Die Länge des Zeigers, der im Gegenuhrzeigersinn rotiert, entspricht dem Scheitelwert (Höchstwert) der Spannung u_s.
In einer Periode durchläuft der Zeiger einmal einen vollen Kreis mit dem Winkel 2π im Bogenmaß, bzw. 360° im Gradmaß.

Die Winkelgeschwindigkeit, mit welcher der Zeiger den Kreis durchläuft, bezeichnet man in der Elektrotechnik als die **Kreisfrequenz**. Sie ergibt sich aus dem überstrichenen Kreisbogen und der Frequenz.

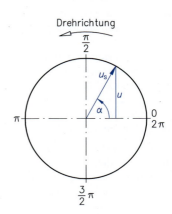

Zeigerdiagramm

$\acute{\omega} = 2 \cdot \pi \cdot f$

$\acute{\omega}$ Kreisfrequenz in 1/s
f Frequenz in 1/s

Unter Verwendung der Kreisfrequenz ergibt sich so der Augenblickswert einer Spannung mit:

u Augenblickwert der Spannung
u_s Scheitelwert der Spannung
$\acute{\omega}$ Kreisfrequenz in 1/s

Das **Liniendiagramm** einer Wechselspannung kann aus dem Zeigerdiagramm konstruiert werden. Es zeigt den typischen Sinusverlauf.

| **Beispiel** | für die Konstruktion eines Liniendiagramms aus dem Zeigerdiagramm |

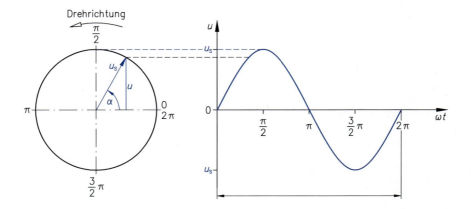

Eine Wechselspannung oder ein Wechselstrom kann in einem Zeigerdiagramm dargestellt werden. Aus dem Zeigerdiagramm kann das Liniendiagramm abgeleitet werden.

Übungsaufgabe EL-34

5.3 Effektivwerte des Wechselstroms

Legt man eine Wechselspannung an einen ohmschen Widerstand, z. B. einen Heizwiderstand, so folgt der Stromfluss genau phasengleich der Spannung. Spannung und Strom erreichen ihre Scheitelwerte und ihre Nulldurchgänge zur gleichen Zeit.

Ermittelt man aus den augenblicklichen Werten der Spannung u und dem Strom i die augenblickliche Leistung p so kann man aus diesen Werten die Leistungskurve des Wechselstroms erstellen.

Die Fläche unter der Leistungskurve entspricht der verrichteten Arbeit.

Durch Flächenvergleich ist zu erkennen, dass die verrichtete Arbeit halb so groß ist, wie die aus den Höchstwerten von Spannung und Strom errechnete Arbeit:

$$W = \frac{u_s \cdot i_s}{2} = \frac{u_s}{\sqrt{2}} \cdot \frac{i_s}{\sqrt{2}} = 0{,}707 \cdot u_s \cdot 0{,}707 \cdot i_s$$

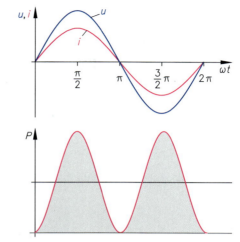

Wechselstromleistung und -arbeit

Die Spannung und den Strom, der sich aus der Gleichung ergibt und etwa 71 % des Höchstwertes ausmacht, bezeichnet man als die **Effektivwerte** des Wechselstroms. Sie erbringen an einem ohmschen Widerstand die gleiche Leistung wie entsprechende Werte eines Gleichstroms.

Man kennzeichnet die Effektivwerte des Wechselstroms in Gleichungen mit großen Buchstaben. Für sinusförmige Wechselspannungen und Wechselströme gilt:

$$U = 0{,}707 \cdot u_s \qquad I = 0{,}707 \cdot i_s$$

In der Technik werden stets die Effektivwerte von Wechselspannungen, Wechselströmen und elektrischen Leistungen angegeben.

> Die Effektivwerte einer Wechselspannung und eines Wechselstroms haben an einem ohmschen Widerstand die gleiche Wirkung wie eine gleich große Gleichspannung.
> In der Technik werden stets Effektivwerte angegeben.

5.4 Widerstände im Wechselstromkreis

- **Ohmscher Widerstand**

Ohmsche Widerstände haben unabhängig von der Frequenz des Wechselstroms stets den gleichen Widerstand. Da ein ohmscher Widerstand im Wechselstromkreis die gleiche Wirkung wie im Gleichstromkreis hat, bezeichnet man ihn als **Wirkwiderstand**.

Spannung und Strom liegen an einem ohmschen Widerstand in gleicher Phase, d. h. Strom und Spannung erreichen zur gleichen Zeit ihre Maximalwerte.

Für einen Wechselstromkreis mit einem Wirkwiderstand gilt zu jeder Zeit das ohmsche Gesetz.

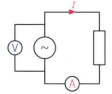

Idealer ohmscher Widerstand

$$U = R \cdot I$$

- U Effektivwert der Spannung in V
- I Effektivwert des Stroms in A
- R Widerstand in Ω

> Ein ohmscher Widerstand hat im Wechselstromkreis die gleiche Wirkung wie im Gleichstromkreis. Man bezeichnet ihn als Wirkwiderstand.

Übungsaufgaben EL-35, EL-36

Induktiver Widerstand

Schließt man eine Spule an eine Wechselspannung an, so erzeugt der sinusförmig sich ändernde Strom einen sich sinusförmig ändernden magnetischen Fluss. Da ein sich änderndes magnetisches Feld eine Spannung erzeugt, entsteht so eine Spannung, die ihrer Ursache, der Stromänderung, entgegenwirkt. Dadurch hemmt sie den Stomfluss und erzeugt einen Widerstand. Man nennt diesen Widerstand infolge der Selbstinduktion den **induktiven Blindwiderstand** der Spule.

Der induktive Blindwiderstand einer Spule ist abhängig von den Eigenschaften der Spule und der Frequenz des Wechselstroms.

Die Eigenschaften der Spule fasst man unter der Induktivität der Spule zusammen. Die Induktivität wird in Henry gemessen.

$$1\,H = 1\,\frac{Vs}{A}$$

Der induktive Blindwiderstand einer Spule beträgt:

$$X_l = \dot{\omega} \cdot L = 2 \cdot \pi \cdot f \cdot L$$

X_l induktiver Blindwiderstand in Ω
$\dot{\omega}$ Kreisfrequenz in 1/s
L Induktivität in H
f Frequenz in 1/s

Ferner bewirkt der induktive Widerstand, dass der Strom später als die Spannung seinen Höchstwert erreicht. In einem Stromkreis mit induktivem Widerstand eilt der Strom der Spannung um 90° nach.

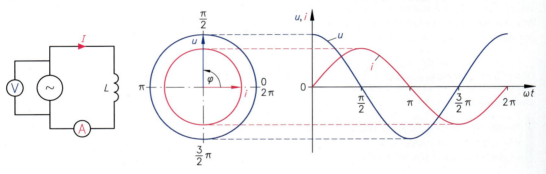

Ideale Spule — Zeiger- und Liniendiagramm der idealen Spule

> Der induktive Blindwiderstand einer Spule steigt mit deren Induktivität und der Frequenz des Wechselstroms.
> In einem Wechselstromkreis mit einem induktiven Widerstand eilt der Strom der Spannung um 90° nach.

Beispiel

Eine Spule hat eine Induktivität von 200 mH.
a) Wie groß ist ihr Widerstand beim Anschluss an eine Spannungsquelle von 24 V und 50 Hz?
b) Welcher Strom wird fließen?

Lösung:

a) $X_l = 2 \cdot \pi \cdot f \cdot L$
$X_l = 2 \cdot \pi \cdot 50\,1/s \cdot 0{,}2\,Vs/A =$ **62,82 Ω**

b) $I = \dfrac{U}{X_l}$

$I = \dfrac{24\,V}{62{,}82\,\Omega} =$ **0,382 A**

Übungsaufgabe EL-37

• Kapazitiver Widerstand

Ein Kondensator wird im Wechselstromkreis periodisch geladen und wieder entladen – es fließt ein Lade- und Entladestrom. Der Widerstand, den ein Kondensator im Wechselstromkreis bildet, ist abhängig von der Kapazität des Kondensators und der Schnelligkeit der Umladung und damit von der Frequenz des Wechselstroms. Der Widerstand sinkt mit steigender Kapazität des Kondensators und steigender Frequenz des Stroms.

Man nennt den Widerstand des Kondensators im Wechselstromkreis den **kapazitiven Blindwiderstand**.

$$X_C = \frac{1}{2 \cdot \pi \cdot f \cdot C}$$

X_C kapazitiver Blindwiderstand in Ω
f Frequenz in 1/s
C Kapazität in F

Ferner bewirkt der kapazitive Blindwiderstand, dass der Strom eher als die Spannung seinen Höchstwert erreicht. In einem Stromkreis mit kapazitivem Widerstand eilt der Strom der Spannung um 90° voraus.

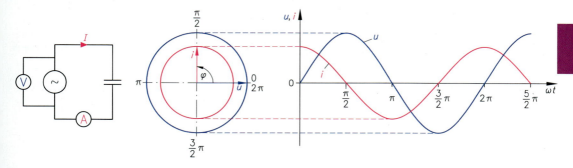

Idealer Kondensator   Zeiger- und Liniendiagramm des idealen Kondensators

> Der kapazitive Blindwiderstand eines Kondensators sinkt mit steigender Kapazität und sinkender Frequenz des Wechselstroms.
> Beim kapazitiven Blindwiderstand eilt der Strom der Spannung um 90° voraus.

Beispiel

Ein Kondensator hat eine Kapazität von 20 nF.
a) Wie groß ist der kapazitive Blindwiderstand des Kondensators beim Anschluss an eine Wechselspannung von 1 000 Hz?
b) Welcher Strom fließt beim Anschluss an eine Spannungsquelle von 24 V?

Lösung:

a) $X_C = \dfrac{1}{2 \cdot \pi \cdot f \cdot C}$

$X_C = \dfrac{1\ \text{s}}{2 \cdot \pi \cdot 1\,000 \cdot 20 \cdot 10^{-9}\ \text{As}} = 7{,}96\ \text{k}\Omega$

b) $I = \dfrac{U}{X_C}$

$I = \dfrac{24\ \text{V}}{7\,960\ \Omega} = 3\ \text{mA}$

Übungsaufgaben EL-38, EL-39, EL-40

5.5 Transformator

Der Transformator dient zur Umformung von Wechselspannungen. Er wird z. B. in Schweißgeräten verwendet, um die Netzspannung von 230 V bzw. 400 V in die Schweißspannung von etwa 60 V umzuformen.

Ein Transformator besteht aus zwei Spulen, die einen gemeinsamen Eisenkern aus Transformatorblechen besitzen. Die Spule, welche an der umzuformenden Eingangsspannung liegt, ist die **Primärspule**. Die Spule, an der die gewünschte Ausgangsspannung abgegriffen werden kann, ist die **Sekundärspule**.

Die Funktion des Transformators ist so zu erklären: Die an die Primärspule angeschlossene Wechselspannung erzeugt ein sich ständig änderndes Magnetfeld. Dieses Magnetfeld induziert in der Sekundärspule eine Wechselspannung. Die Spannung am Ausgang der Sekundärspule hängt von der Spannung an der Primärspule und dem Verhältnis der Windungszahlen von Primärspule zur Windungszahl der Sekundärspule ab.

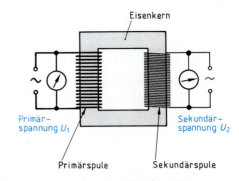

Schematischer Aufbau eines Transformators

$$\frac{\text{Primärspannung}}{\text{Sekundärspannung}} = \frac{\text{Windungszahl der Primärspule}}{\text{Windungszahl der Sekundärspule}}$$

$$\frac{U_1}{U_2} = \frac{N_1}{N_2} \qquad \frac{I_1}{I_2} = \frac{N_2}{N_1}$$

Verhältnisse am Transformator

Beispiele für Berechnungen am Transformator

Beispiel 1

Gegeben: Primärspannung $U_1 = 220$ Volt
Primärspule $N_1 = 100$ Windungen
Sekundärspule $N_2 = 500$ Windungen

Gesucht: Sekundärspannung U_2

Lösung: $\frac{U_1}{U_2} = \frac{N_1}{N_2}$

$U_2 = \frac{U_1 \cdot N_2}{N_1} = \frac{220 \text{ V} \cdot 500}{100} = \mathbf{1\,100\text{ V}}$

Beispiel 2

Gegeben: Primärspannung $U_1 = 220$ V
Sekundärspannung $U_2 = 55$ V
Primärspule $N_1 = 100$ Windungen

Gesucht: Sekundärspule N_2

Lösung: $\frac{U_1}{U_2} = \frac{N_1}{N_2}$

$N_2 = \frac{U_2 \cdot N_1}{U_1} = \frac{55 \text{ V} \cdot 100}{220 \text{ V}} = \mathbf{25\text{ Windungen}}$

Bei einem Transformator verhält sich die Primär- zur Sekundärspannung wie die Windungszahl der Primär- zur Windungszahl der Sekundärspule.

Übungsaufgaben EL-41, EL-42

6 Übungsaufgaben Elektrotechnik

Grundlagen

EL-1 Erstellen Sie eine Tabelle, in deren Kopfzeile Sie die unterschiedlichen Wirkungen des elektrischen Stroms eintragen. Ergänzen Sie die Tabelle anschließend um jeweils drei Beispiele für die in der Kopfzeile angegebenen Wirkungen.

EL-2 Skizzieren Sie die nachfolgende Darstellung ab. Ergänzen Sie Ihre Skizze anschließend so, dass sie die Beschreibungen zur elektrischen Spannung im Fachbuch für Sie anschaulich wiedergibt. Verwenden Sie für die Darstellung von Elektronen und positiv geladenen Teilchen die dargestellten Symbole.

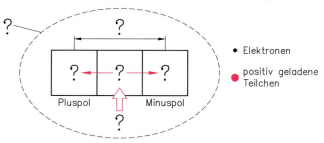

Gleichstromkreis

EL-3 Der nebenstehende Schaltplan ist gegeben.
  a) Zeichnen Sie den Schaltplan ab und benennen Sie alle dargestellten Elemente.
  b) Wird die dargestellte Glühlampe funktionieren? Begründen Sie Ihre Antwort.
  c) Wie hat sich die Spannungsquelle (z. B. eine Batterie) verändert, wenn die Lampe erloschen ist?

EL-4 Sie möchten Strom und Spannung in den dargestellten Stromkreisen messen. Welche Anordnung der Messgeräte a), b) oder c) ist richtig?

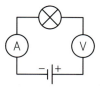 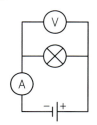 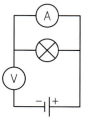

EL-5 Warum leiten Metalle?

EL-6 Unterscheiden Sie den Ladungstransport in Metallen vom Ladungstransport in Elektrolyten.

EL-7 Warum leiten Halbleiter im Gegensatz zu Metallen erst bei höheren Temperaturen?

EL-8 Geben Sie Beispiele für den Einsatz von Nichtleitern an.

EL-9 Ein Dachständeranschluss besteht aus einem Kunststoffkabel mit Al-Leitern und VPE-Isolierung. Von der Verteilerstation bis zum Dachständeranschluss ist ein Kabel mit einer Länge von 1,5 km und einem Querschnitt von 25 mm² pro Draht verlegt. Wie groß ist der Widerstand der Zuleitung?

EL-10 Auf welchen Wert steigt der Widerstand an, wenn die Zuleitung aus Aufgabe 9 sich im Sommer aufgrund intensiver Sonneneinstrahlung um 30 °C erwärmt?

EL-11 Die Spannung einer Batterie soll ermittelt werden. Leider steht nur ein Strommessgerät zur Verfügung, das eine Stromstärke von $I = 0{,}002$ A anzeigt. Der Widerstand des Verbrauchers ist bekannt und beträgt $R = 120\ \Omega$. Wie groß ist die Batteriespannung?

Übungsaufgaben Elektrotechnik

EL-12 Ein Waffeleisen besitzt einen Widerstand von 110 Ω. Wie viele Waffeleisen dürfen an eine Mehrfachsteckdose angeschlossen werden, die mit einer 230 V Steckdose verbunden ist? Die Steckdose ist im Verteilerkasten mit 16 A (maximal zulässige Stromstärke) abgesichert.

EL-13 In der nebenstehenden Schaltung sind mehrere Widerstände zusammengeschaltet worden.
a) Berechnen Sie den Gesamtwiderstand R_{ges} der dargestellten Schaltung.
b) Berechnen Sie den Spannungsabfall an jedem Widerstand.
c) Skizzieren Sie den Schaltplan ab und ergänzen ihn um ein Strommessgerät, sodass der Gesamtstrom I_{ges} gemessen werden kann.

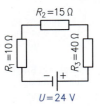

EL-14 Die nebenstehenden Schaltpläne sind gegeben.
a) Brennen die Lampen 1 und 2 gleich hell?
b) Brennen die Lampen 1 und 2 gleich hell wie die Lampe 3)
c) Begründen Sie beide Antworten.

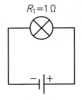 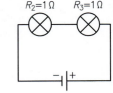

EL-15 In dem skizzierten Schaltplan liegen die Widerstände R_1 = 10 Ω, R_2 = 30 Ω und R_3 = 60 Ω an einer Spannung U = 100 V. Berechnen Sie
a) den Gesamtwiderstand,
b) die Teilströme I_1 und I_3 und
c) den Gesamtstrom, der am Spannungsmessgerät gemessen wird.

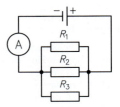

EL-16 Durch zwei parallele Widerstände R_1 = 6 Ω und R_2 = 10 Ω fließt ein Gesamtstrom von I = 3,6 A.
a) Fertigen Sie eine Skizze (Schaltplan) der Schaltung an.
b) Mit welcher Spannung wird die Schaltung betrieben?
c) Wie groß sind die Teilströme I_1 und I_2?

EL-17 Die beiden parallel geschalteten Frontscheinwerfer eines Geländewagens haben bei Betriebstemperatur einen Widerstand von je 2,13 Ω. Die beiden ebenfalls parallel geschalteten Rücklichter haben einen Widerstand von jeweils 21 Ω. Die Frontscheinwerfer sind mit den Rücklichtern wiederum parallel geschaltet und werden mit einer Spannung von 12 V betrieben.
a) Skizzieren Sie die Schaltung mit allen Verbrauchern.
b) Berechnen Sie die Größe der Teilströme, wenn alle Scheinwerfer funktionieren.
c) Berechnen Sie die Größe der Teilströme, wenn ein Rücklicht ausgefallen ist.
d) Bestimmen Sie den Gesamtwiderstand und den Gesamtstrom.

EL-18 Zehn Widerstände R_1 = 3 Ω, R_2 = 4 Ω, R_3 = 5 Ω, R_4 = 6 Ω, R_5 = 7 Ω, R_6 = 8 Ω, R_7 = 9 Ω, R_8 = 10 Ω, R_9 = 11 Ω, R_{10} = 12 Ω sind in der nachfolgenden Weise miteinander verschaltet.
Bestimmen Sie
a) den Gesamtwiderstand,
b) den Gesamtstrom für den Fall, dass eine Spannung von 24 V anliegt und
c) die Spannungsabfälle an den einzelnen Widerständen sowie den durch die einzelnen Widerstände fließenden Teilstrom.

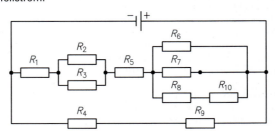

EL-19 Die nebenstehende Lampenschaltung führt dazu, dass die Lampe beim Schließen des Stromkreises zerstört wird. Da keine andere Spannungsquelle zur Verfügung steht, soll das Problem mit einem Spannungsteiler mit Festwiderstand gelöst werden.
a) Bestimmen Sie den benötigten Widerstand.
b) Zeichnen Sie die Schaltung ab und ergänzen Sie die Schaltung um den benötigten Widerstand.

Kennzeichnung:
$U = 4$ V
$I = 0{,}25$ A

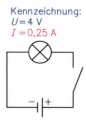

EL-20 Der nebenstehende Spannungsteiler mit Stellwiderstand soll eingesetzt werden, um einen Verbraucher anschließen zu können, dessen zulässige Spannung bei 8 V liegt. Berechnen Sie den erforderlichen Widerstand für den unbelasteten Spannungsteiler.

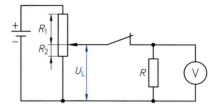

EL-21 Das im Lehrbuchbeispiel beschriebene Messgerät soll nun auf die Messbereiche 0,01 A und 0,1 A erweitert werden. Welche Nebenwiderstände R_{N1} und R_{N2} werden in der nachfolgenden Schaltung benötigt?

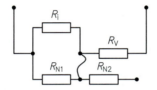

EL-22 Die Messbereiche des im Lehrbuchbeispiel beschriebenen Messgeräte sollen nun erweitert werden. Welche Widerstände sind vorzusehen, damit in den Messbereichen 200 V und 1 000 V gemessen werden können?

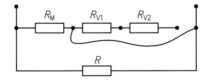

EL-23 Die folgenden Elektrogeräte zeigen eine Leistungsaufnahme im Stand-by-Modus von: DVD-Player 30 W, Zahnbürste 1,5 W, Handy-Ladegerät 0,1 W und HiFi-Anlage 21 W. Alle Geräte sind 24 Stunden pro Tag am Netz.
a) Wie viel elektrische Arbeit wird durch diesen Stand-by-Betrieb jährlich verbraucht und was kostet sie bei einem Stromtarif von 0,18 €/kWh? Fertigen Sie zur übersichtlicheren Darstellung Ihrer Rechnung eine Tabelle an.
b) Wie viel Prozent vom Gesamtenergieverbrauch einer vierköpfigen Familie (3 600 kWh) betragen die Kosten für den Stand-by-Betrieb?

EL-24 In einem technologischen Experiment mit einer Bohrmaschine ist die elektrische Leistung in Watt zu messen. Leider steht das für den Einsatz vorgesehene Wattmeter nicht zur Verfügung, sondern nur ein Spannungs- und ein Strommessgerät.

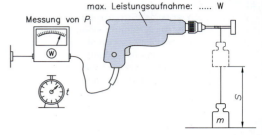

a) Entwickeln Sie eine Möglichkeit, wie Sie mithilfe der zur Verfügung stehenden Messgeräte die Leistungsaufgabe messen können. Dokumentieren Sie das Ergebnis in Form eines elektrischen Schaltplans.

b) Die Bohrmaschine ist an ein 230 V-Netz angeschlossen und nimmt während des Experiments eine Leistung von 4 W auf. Welche Stromstärke wurde in diesem Fall gemessen?

Magnetismus

EL-25
a) Welcher Magnet besitzt ein stärkeres Magnetfeld?
b) Zeichnen Sie die Richtung der Feldlinien ein.

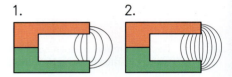

EL-26 Was passiert, wenn man einen Stabmagneten etwa in der Mitte teilt und die Hälften anschließend aufeinander zu bewegt, wenn
a) eine Hälfte vorher um 180° gedreht wurde?
b) keine Hälfte gedreht wurde?

EL-27
a) Erklären Sie die Funktionsweise des nebenstehenden Relais mithilfe Ihrer Kenntnisse zum Elektromagnetismus.
b) Welche Möglichkeiten bestehen, die Kraftwirkung zum Schließen des Schalters an dem dargestellten Relais zu erhöhen?
c) Geben Sie die Richtung der Feldlinien an.
d) Welchen Nutzen hat ein Relais?

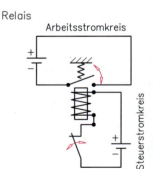

EL-28 Die Darstellungen zeigen jeweils einen stark vereinfachten Gleichstrommotor mit einer Spule, die nur eine Wicklung besitzt.

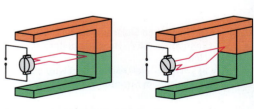

a) Skizzieren Sie beide Darstellungen ab.
b) Zeichnen Sie jeweils ein:
– Stromrichtung in Leiter und Spule
– Feldlinien und deren Richtung
– Richtung der Leiterbewegung im oberen und unteren Bereich der Wicklung
c) Beschreiben Sie die Funktion des Kommutators.

EL-29   Die nachfolgende Darstellung zeigt einen stark vereinfachten Gleichstromgenerator, dessen Spule nur eine Wicklung besitzt. Skizzieren Sie die Darstellung ab und tragen Sie ein:
– Stromrichtung in Leiter und Spule
– Feldlinien und deren Richtung
– Richtung der Leiterbewegung im oberen und unteren Bereich der Wicklung mithilfe der „Rechte-Hand-Regel"

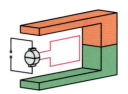

Elektrisches Feld und Kondensator

EL-30   Durch elektrische Felder kann z. B. die Funktion elektronischer Geräte gestört werden. Deshalb schirmt man in besonders sensiblen Bereichen, z. B. in einem Operationsraum mit vielen elektronischen Messgeräten, die elektrischen Leitungen ab, um die elektrischen Felder zu kompensieren.
Wie funktioniert diese Feldaufhebung?

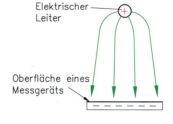

EL-31   Aus welchem Grund werden Kondensatoren in der nebenstehend dargestellten „Wickeltechnik" aus unterschiedlichen Schichten hergestellt?

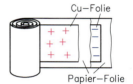

Wechselstromkreis

EL-32   Worauf führen Sie zurück, das bei einem Wechselstromgenerator eine wechselnde Spannung erzeugt wird und bei einem Gleichstromgenerator eine pulsierende Gleichspannung?

EL-33   Berechnen Sie den exakten Spannungswert bei $\pi/4$, wenn der Maximalwert der von einem Wechselstromgenerator erzeugten Spannung u_s = 10 V beträgt.

EL-34   Konstruieren Sie aus einem Zeigerdiagramm für die Werte u_s = 230 V und f = 50 1/s ein Liniendiagramm für eine Periode.

EL-35   a) Weisen Sie grafisch nach, dass die durch Wechselspannung und -strom verrichtete Arbeit genau halb so groß ist, wie die aus den Höchstwerten von Spannung und Strom verrichtete Arbeit.
b) Berechnen Sie die verrichtete Arbeit einer Heizspirale, die mit einer Höchstspannung von 230 V und einer Höchststromstärke von 4 A betrieben wird.

EL-36   Berechnen Sie den Wirkwiderstand zu den Werten von Aufgabe 35 b).

EL-37   Wie groß ist der induktive Widerstand einer Spule mit der Induktivität L = 60 mH bei der Frequenz f = 50 Hz?

EL-38   Ein Kondensator hat einen kapazitiven Blindwiderstand von 535 Ω und ist an einer Wechselspannung von 50 Hz angeschlossen. Wie groß ist seine Kapazität?

EL-39   Die Kennzeichnung eines Kondensators ist verwischt, sodass sein Kapazitätswert nicht mehr zu erkennen ist. Um einen Kondensator mit gleichen Kenngrößen einsetzen zu können, wurde er an einer Spannungsquelle mit U = 24 V und 50 Hz angeschlossen und ein Strom von I = 4 mA gemessen. Bestimmen Sie anhand der Messwerte die Kapazität des Kondensators.

EL-40 Übertragen Sie das nebenstehende Zeigerdiagramm mit dem eingezeichneten Spannungspfeil in Ihr Heft. Ergänzen Sie dort mit einem roten Stift die Pfeile für den Scheitelwert der Ströme bei
– Ohm'schem Widerstand,
– induktivem Widerstand und
– kapazitivem Widerstand.

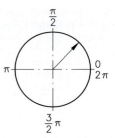

EL-41 Mit einem Transformator soll eine Wechselspannung von 24 V auf 72 V transformiert werden. Für den Aufbau des Transformators stehen Spulen mit 250, 500, 750 und 1 500 Windungen sowie ein Eisenkern zur Verfügung. Skizzieren Sie einen Transformator, der imstande wäre, die Spannung wunschgemäß zu transformieren.

EL-42 Ein Schweißtransformator transformiert die Netzspannung von 240 V auf 20 V.
a) In welchem Verhältnis müssen die Windungszahlen von Primär- und Sekundärspule zueinander stehen?
b) Bestimmen Sie die Windungszahl der Primärspule, wenn die Sekundärspule 40 Windungen besitzt.

Realisierung eines technischen Produkts — TP

Auftrag
Kundenwunsch: Auto optisch aufwerten durch Designer-Felgen

Planungsphase

Analyse der
- wirtschaftlichen
- technischen
- gesellschaftlichen

Anforderungen

wirtschaftliche Anforderungen
- preiswerter Werkstoff
- kostengünstige Herstellung
- günstiger Vertrieb

technische Anforderungen
- Herstellbarkeit
- Funktionstüchtigkeit
- Verfügbarkeit von Werkstoff und Verfahren

Kundenanforderungen
- gutes Aussehen
- hohe Betriebssicherheit
- vertretbarer Preis

gesellschaftliche Anforderungen
- Betriebssicherheit
- umweltgerechte Fertigung
- arbeitssichere Fertigung
- Recycelbarkeit

Ergebnis: Lastenheft mit Anforderungen von Kunden und Gesellschaft

Entwicklungsphase

Entwicklungsschritte:
- Pflichtenheft mit Zielformulierung
- Funktionsprinzipienaufstellung
- Rohentwurf
- Berechnung und Dimensionierung
- Konstruktion

Ergebnis: Konstruktionsunterlagen
- Werkstoff
- Dimensionierung
- CAD-Daten

Fertigungsphase

Fertigungsplanung: Arbeits- und Prüfplan, Prüfmittelüberwachung, Fertigungszeiten, Materialfluss, Bearbeitungsanforderung, Mitarbeiterqualifikation, Programmierung von Bearbeitungs- und Materialflusssystemen

Fertigungssteuerung: Programmablauf, Prozessmeldungen

Fertigung

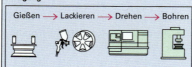

Gießen → Lackieren → Drehen → Bohren

Fertigungsprozess: Realisierung von Stoff-, Energie- und Informationsfluss, Formung und Wandlung von Stoff, Energie und Information, Arbeitssicherheit, Ergonomie, Umweltschutz

Betriebsdatenerfassung: Stückzahlen, Bearbeitungszeiten, Maschinenlaufzeiten, Materialbestände, Prüfwerte, Prüfmittelüberwachung

Nutzungsphase

- Gebrauchsanleitung
- Wartungspläne

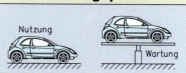

Nutzung — Wartung

- Instandhaltungsvorschriften
- Entsorgungshinweise

Beseitigungsphase

- gesetzliche Vorschriften

- Wertigkeit der Recyclingverfahren

1 Weg eines Produkts

Der Käufer eines Produkts erfüllt sich einen Wunsch bzw. befriedigt einen Bedarf. Das gilt für ein einfaches Produkt wie ein Kleidungsstück ebenso wie für ein komplexes System wie z. B. eine Industrieanlage. Am Beginn jeder Produkt- und Produktionsplanung steht darum ein Kundenwunsch.

> **Beispiel** für einen Kundenwunsch
>
> Ein Kunde benötigt eine Vorrichtung bzw. ein Werkzeug zum Fügen von Stahlblechbändern in mittlerer Stückzahl mithilfe spezieller Bolzen.

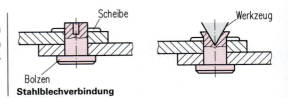

Stahlblechverbindung

In der **Planungsphase** werden aus diesem Kundenwunsch Anforderungen an das Produkt formuliert. In der folgenden Entwicklungs- und **Konstruktionsphase** werden diese Anforderungen unter Berücksichtigung technischer Standards in konkrete Pläne umgesetzt. In der Phase der **Realisierung** wird das Produkt erzeugt.

Nach der Fertigung folgen der Vertrieb und die **Nutzung** durch den Kunden. Um die Funktionstüchtigkeit des Produkts zu erhalten, wird der Kunde das Produkt warten und bei Funktionsstörungen instand setzen lassen.

Entspricht das Produkt nicht mehr dem Kundenwunsch oder ist es nicht mehr instand zu setzen, so wird es beseitigt. Dies sollte möglichst durch ein vollständiges **Recycling** geschehen, um Rohstoffe zu schonen und die Umwelt nicht durch Abfall zu belasten.

Phasen im Leben eines Produkts

In jeder Phase begleiten Qualitäts-, Sozial- und Umweltmanagement mehr oder weniger ausgeprägt den Weg des Produkts.

1.1 Produktplanung

In der Planungsphase werden zunächst die Anforderungen des Kunden an das zu gestaltende Produkt in einem Gespräch geklärt und die Ergebnisse in einem **Lastenheft** festgehalten. Die Anforderungen beziehen sich auf wirtschaftliche, technische und gesellschaftliche Kriterien, die vom Produkt zu erfüllen sind.

> Ergebnis der Produktplanung ist das Lastenheft, in ihm werden wirtschaftliche, technische und gesellschaftliche Anforderungen des Kunden festgehalten.

| Beispiel | für Anforderungen an das zu gestaltende Produkt: die Nietvorrichtung |

Im Lastenheft werden die folgenden Kundenanforderungen festgehalten:

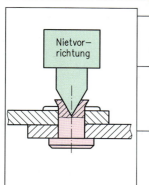

- **Wirtschaftliche Anforderungen** sind:
  - geringe Anschaffungskosten,
  - niedrige Wartungs- und Instandhaltungskosten.
- **Technische Anforderungen** sind:
  - hohe Prozesssicherheit,
  - einfache Bedienbarkeit,
  - Wartungsfreundlichkeit.
- **Gesellschaftliche Anforderungen** sind:
  - hohe Arbeitssicherheit,
  - keine Umweltbelastung im Betrieb und bei der Herstellung,
  - Einhaltung technischer Standards,
  - recycelbar.

1.2 Konstruktion

In der Konstruktionsphase werden die Anforderungen des Kunden (Lastenheft) in Kombination mit den Anforderungen des Herstellers in konkrete Pläne umgesetzt. Der Konstruktionsprozess umfasst:
- Erstellung des Pflichtenheftes,
- Sammeln und Auswählen von Lösungsvarianten,
- Berechnen und Konstruieren (Erstellen von Gesamt- und Teilzeichnungen) des Objekts.

Zur Erstellung des **Pflichtenheftes** gehören
- Erfassung der Betriebsdaten,
- Festlegung der Gesamtfunktion sowie der notwendigen Teilfunktionen und
- Anforderungen des Herstellers an den Fertigungsprozess.

> Grundlage der Konstruktion ist das Pflichtenheft. In ihm werden die Anforderungen des Kunden aus dem Lastenheft und die Anforderungen des Herstellers abgeglichen.

| Beispiel | für Inhalte des Pflichtenheftes für die Nietvorrichtung |

Daten des Bolzens:
Kopfdurchmesser 10 mm, Schaftdurchmesser 5,9 mm, Schaftlänge 6,5 mm, Vorbohrungsdurchmesser 2 mm, Werkstoff S235, Kraft zum Aufpilzen min. 1250 N.

Gesamtfunktion und Einrichtungen für Teilfunktionen:

Einsetzbare Wirkenergien im Herstellprozess:
Handkraft, Druckluft

Für jedes Teilsystem werden Lösungsvorschläge zusammengetragen und zu einem Gesamtsystem zusammengefügt. Eine gute Hilfe zum Zusammenfügen von Lösungsvarianten ist der **„Morphologische Kasten"**. In ihm werden für jede im Pflichtenheft festgelegte Teilfunktion mögliche Lösungsprinzipien aufgezeigt. Durch die Kombination unterschiedlicher Lösungsvarianten wird eine erste Systemgestaltung festgelegt.

Übungsaufgabe TP-1

| Beispiel | für einen morphologischen Kasten zur Auswahl von Lösungsvarianten für die Nietvorrichtung |

Teilfunktionen	Lösungen			
Positionieren des Niets	durch Aufpilzwerkzeug		durch Bolzenkopf	
Kraftaufbringung	von Hand – Hebel	Exzenter	pneumatisch direkt	pneumatisch indirekt (Hebel, Keil)
Aufpilzen	mit Kegel		mit Pyramide	
Stützen und Tragen	Schweißkonstruktion		Gusskonstruktion	

Auswahl:
- Positionierung durch Bolzenkopf,
- Kraftaufbringung: pneumatisch (indirekt),
- Aufpilzung mit Kegel,
- Stützen und Tragen durch Schweißkonstruktion.

Zu den ausgewählten Lösungsprinzipien werden in einem weiteren Schritt Lösungsvarianten konstruiert, skizziert, bewertet und ausgewählt.

| Beispiel | für die Bewertung und Auswahl von Lösungsvarianten für die Teilfunktion Kraftaufbringung |

Auswahl-kriterien	Varianten		
	1	2	3
Wartungsaufwand (Verschleiß)	hoch (häufige Schmierung der Gleitflächen)	gering	gering
Fertigungsaufwand	mittel bis hoch (wegen Härten der Gleitflächen)	mittel	mittel
Bauhöhe	gering	hoch	mittel
Zylinderhub (Luftverbrauch)	groß	mittel	mittel

Übungsaufgabe TP-2

Die Erstellung der Zeichnungsunterlagen für eine Konstruktion beginnt mit der Entwurfszeichnung, in der die räumliche Lage der Einzelteile unter funktionalen Gesichtspunkten festgelegt wird. Sie stellt den ungefähren Entwurf der Gesamtzeichnung dar. Ihr endgültiger Zustand wird im Laufe des weiteren Konstruktionsprozesses bestimmt.

Der Konstrukteur lässt sich bei der Erstellung des Entwurfs von folgenden Überlegungen leiten:
- Er konstruiert **fertigungs-, montage- und werkstoffgerecht**, d.h. er wählt notwendige Fertigungs- und Montageprozesse aus, geht sie in Gedanken durch und sucht für die jeweilige Fertigung geeignete Werkstoffe aus.
- Er hält die **Fertigungstiefe möglichst klein**, indem er auf Fremdteile, Normteile und andere Zukaufteile zurückgreift.
- Er berücksichtigt **ergonomische und sicherheitstechnische Gesichtpunkte**, indem er die körpergerechte Bedienung und Handhabung festlegt. Bedienergerechte Formen, Maße und Kräfte für Bedienelemente sowie Bewegungsabläufe entnimmt er den entsprechenden Normen und Vorschriften.
- Er gestaltet die Konstruktion **wartungsgerecht**, indem er Wartungsstellen leicht zugänglich macht.
- Er berücksichtigt späteres **Recycling**, indem er eine leichte Zerlegung und Werkstofftrennung plant.

Nach der Erstellung des Entwurfs werden die wichtigen Maße der Einzelteile bestimmt bzw. berechnet. Danach werden die Einzelteilzeichnungen erstellt.
Die Kontur der einzelnen Teile wird fertigungsgerecht gestaltet, fertigungsgerecht bemaßt und normgerecht gezeichnet.
Zur Erstellung der Gesamtzeichnung werden die Einzelteile zueinander maßstäblich positioniert. Sie zeigen dann die Konstruktion im zusammengebauten Zustand.

> Ein guter Entwurf ist
> fertigungs-, wartungs- und recyclinggerecht und berücksichtigt ergonomische, sicherheits- und umwelttechnische Gesichtspunkte.

Beispiel für die Gesamtzeichnung der Nietvorrichtung (Ausschnitt)

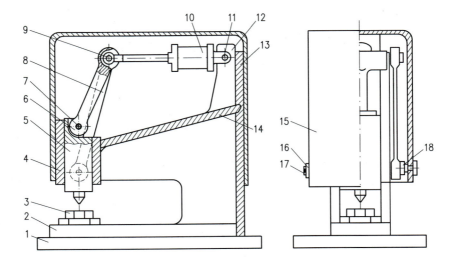

1.3 Fertigung

Die Herstellung der Teile, die in Eigenfertigung erstellt werden müssen, beginnt in der Fertigungsplanung mit der Analyse der Bauteile. In dieser Analyse werden, entsprechend den Vorgaben der jeweiligen Zeichnung (Form, Maße, Oberflächenqualität, Toleranzen), die Fertigungsverfahren und die Abfolge der einzelnen Fertigungsschritte festgelegt. Ferner werden die Form und die Maße des Rohteils bestimmt.

In der anschließenden Fertigungsplanung werden für die gewählten Fertigungsverfahren Entscheidungen über den Maschineneinsatz sowie den Einsatz von Hilfsmitteln (z. B. Spannmittel) und Messgeräten getroffen. Für die Maschinen, Geräte und Hilfsmittel werden technologische Daten (z. B. Umdrehungsfrequenz, Vorschub) festgelegt und Einsatzbedingungen in Arbeitsplänen und Programmen festgehalten.

In der folgenden Fertigung geschieht die Herstellung der Teile entsprechend den Planungen unter Beachtung der Arbeitssicherheit. Zwischenkontrollen zwischen den einzelnen Arbeitsgängen dienen der Qualitätssicherung. Die Fertigung schließt mit der Montage der in Eigenfertigung hergestellten Einzelteile, der Fremdteile, der Normteile und der anderen Zukaufteile ab.

> Grundlagen für die Fertigung sind die in der Fertigungsplanung getroffenen Entscheidungen hinsichtlich Fertigungsverfahren, Maschineneinsatz, Fertigungsdaten und Fertigungszeiten.

Beispiel für die Fertigungsplanung eines Aufnahmestempels für die Nietvorrichtung

Auftrag:
Für die Nietvorrichtung soll der gezeichnete Aufnahmestempel gefertigt werden. Zu diesem Zweck ist eine systematische Arbeitsplanung durchzuführen.

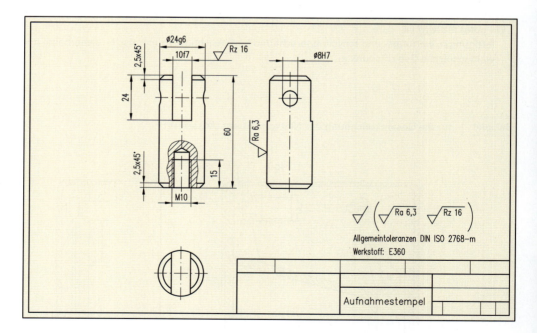

Analyse
- **Werkstoff:** E 360
- **Hauptabmessungen:** ⌀ 24 x 68
- **Maßgenauigkeit:**
  Passung für
  – Außendurchmesser (⌀ 24 g6),
  – Bolzendurchmesser (⌀ 8 H7),
  – Nutbreite (10 f7).
  Für übrige Maße:
  Allgemeintoleranzen DIN ISO 2768-m
- **Oberflächengüte:**
  – Außenkontur Rz = 6,3 µm
  – Seitenwand der Nut Rz = 16 µm

Planung
- **Halbzeug:**
  Rundstahl DIN EN 10083, ⌀ 27 x beliebig lang (wird passend abgestochen, evtl. ablängen mit Maschinenbügelsäge)
- **Fertigungsverfahren und -abfolge:**
  – Bearbeitung auf der Drehmaschine:
    Außenkontur drehen
    Gewindebohrung herstellen
  – Bearbeitung auf der Fräsmaschine:
    Fräsen der Nut
    Bohren der Durchgangsbohrung für den Bolzen

Arbeitsplan				
Teil: Aufnahmestempel		**Zeichnung-Nr.** BV1		**Datum:** 01.06.2016
Halbzeug: Rundstahl DIN EN 10083 ⌀ 27 mm (Länge nach Lagerbestand, ggf. auf 85 mm ablängen)				
Nr.	**Arbeitsgang**	**Werkzeug**	**Einstelldaten**	**Bemerkung**
1	Spannen des Halbzeugs	Dreibackenfutter		LZ-Drehmaschine, freies Halbzeugende ca. 75 mm
2	Außenkontur plandrehen	abgesetzter rechter HM-Drehmeißel, ISO 2, Schneidplatte P10, $\kappa = 90°$, $\gamma_o = 10°$	Schruppen $a_p = 1$ mm $f = 0,5$ mm $v_c = 155$ m/min $n = 2055$ 1/min	Kühlschmiermittel einsetzen
3	Außenkontur längsdrehen (schruppen und schlichten) sowie Fase 2,5 x 45° drehen	gebogener rechter HM-Drehmeißel, ISO 2, Schneidplatte P10, $\kappa = 45°$, $\gamma_o = 10°$	Schruppen, s. Nr. 1 Schlichten $a_p = 0,5$ mm $f = 0,1$ mm $v_c = 250$ m/min $n = 3183$ 1/min	
4	Zentrierung für Kernbohrung	HSS-Zentrierbohrer Form A, ⌀ 2,5 mm	$n = 500$ min Vorschub von Hand	Bohrfutter in Reitstock einsetzen, Kühlschmiermittel einsetzen
5	Kernbohrung vorbohren	HSS-Spiralbohrer ⌀ 5 mm	$n = 1600$ min^{-1} $f = 0,07$ mm	Kühlschmiermittel einsetzen
6	Kernbohrung bohren	Spiralbohrer Typ H, ⌀ 8,5 mm	$f = 0,1$ mm $n = 850$ min^{-1}	Kühlschmiermittel einsetzen

Nr.	Arbeitsgang	Werkzeug	Einstelldaten	Bemerkung
7	Gewinde M 10 schneiden	Maschinengewindebohrer	Drehbewegung und Vorschub von Hand	Schneidemulsion
8	Umspannen	Dreibackenfutter		Einspannlänge ca. 50 mm
9	Länge Quer-Absteckdrehen	HM-Stechdrehmeißel, ISO 7	$v_c = 155$ m/min Vorschub von Hand	Kühlschmiermittel einsetzen
10	Fase 2,5 x 45° drehen	gebogener rechter HM-Drehmeißel, ISO 2, Schneidplatte P10, $\kappa = 45°$, $\gamma_o = 10°$	Schlichten $v_c = 250$ m/min $n = 3183$ 1/min	Kühlschmiermittel einsetzen
11	Spannen des Drehteils	Maschinenschraubstock mit Horizontal-Prisma		Senkrecht-Fräsmaschine Werkstückachse verläuft horizontal freies Drehteilende ca. 35 mm
12	Nut fräsen	HSS-Scheibenfräser $\varnothing$ 80 mm, 8 mm breit, Z = 16	$f_z = 0,1$ mm $n = 80$ min^{-1} $v_f = 128$ mm/min	Kühlschmiermittel einsetzen
13	Zentrierung für Durchgangsbohrung	HSS-Zentrierbohrer From A, $\varnothing$ 2,5 mm	$n = 500$ min Vorschub von Hand	Bohrfutter in Frässpindel einsetzen
14	Durchgangsbohrung vorbohren	HSS-Spiralbohrer $\varnothing$ 5 mm	$n = 1600$ min^{-1} $f = 0,07$ mm	Kühlschmiermittel einsetzen
15	Durchgangsbohrung aufbohren	HSS-Spiralbohrer $\varnothing$ 7,8 mm	$n = 1020$ min^{-1} $f = 0,09$ mm	Kühlschmiermittel einsetzen
16	Reiben	HSS-Maschinenreibahle $\varnothing$ 8 H7	$n = 600$ min^{-1} $f = 0,18$ mm	Schneidöl einsetzen

Qualitätsprüfung
- **Maße:**
  Nicht tolerierte Maße: Messschieber
  $\varnothing$ 24 g6: Grenzrachenlehre
  10 f7: Endmaß
  $\varnothing$ 8 H7: Grenzlehrdorn
- **Oberfläche:**
  Rz = 6,3 µm und Rz = 16 µm: Tastschnittgerät

1.4 Informationsfluss in der industriellen Fertigung

Das betriebliche Informationssystem gliedert sich für den Bereich der industriellen Fertigung in zwei Teilsysteme:

- **Planungs- und Steuerungssystem**, in ihm wird
  - konstruiert,
  - Maschinen- und Materialeinsatz geplant und
  - Materialbeschaffung und Zeitplanung betrieben.

- **Kontrollsystem**, in ihm werden
  - Qualität,
  - Kosten und
  - Termine kontrolliert.

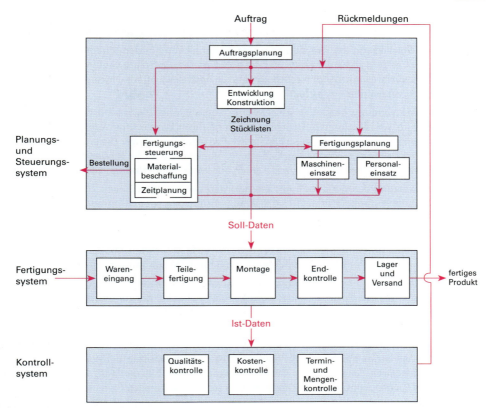

Informationsfluss bei industrieller Fertigung

2 Nutzung

Unter **Inspektion** versteht man das Prüfen und Beurteilen des Istzustandes von Betriebsmitteln. Darüber hinaus werden die Ursachen der Abnutzung und die Folgen für die spätere Nutzung abgeleitet.
Der zeitliche Abstand regelmäßiger Inspektionsintervalle richtet sich nach:
- der *Umwelteinflüssen am Einsatzort*, z. B. Schmutz, Hitze,
- den zu *erwartenden Schädigungen*, z. B. Verschleiß, Korrosion, Lockerung von Schrauben,
- der *Maschinen- und Anlagenbelastung*, z. B. häufigem Teillastbetrieb, ständiger Überlastung.

Maßnahmen zum Austausch von Bauteilen oder Justierungsarbeiten richten sich nach dem Abstand der Inspektionsintervalle.

Durch **Warten** sollen Maschinen, Anlagen und Geräte in ihrem Sollzustand erhalten bleiben.
Zumindest möchte man aber den unvermeidlichen Abnutzunsprozess verlangsamen und damit weiterhin einen sicheren Umgang gewährleisten. Arbeiten im Rahmen von Wartung sind ihrer Art nach Erhaltungsmaßnahmen, z. B. Reinigen, Konservieren, Schmieren, Nachstellen und Ergänzen.

Die **Instandsetzung** umfasst alle Maßnahmen, durch die nach einem Störfall die Betriebsfähigkeit einer Maschine oder Anlage wiederhergestellt wird.
Bei der **vorausbestimmten Instandsetzung** werden Baugruppen und Bauteile nach einer festgelegten Betriebsstundenzahl oder nach einer festgelegten Zahl von Fertigungsabläufen ausgebaut und instand gesetzt.
Im Falle einer **zustandsorientierten Instandsetzung** erfolgt diese, sobald durch Inspektion festgestellt wurde, dass die vorher festgelegte Abnutzungsgrenze erreicht ist.
In beiden Fällen werden Baugruppen und Bauteile ausgebaut, bevor ein Schaden eingetreten ist. Damit entfällt eine Störungssuche. Ersatzteile können vorbestellt und bereitgehalten werden.

3 Recycling

Entspricht ein Produkt von der Funktion oder Gestalt her nicht mehr dem Kundenwunsch oder ist es nicht mehr instand zu setzen, so wird es recycelt oder entsorgt. Das Recycling beginnt mit dem Zerlegen in Einheiten, die gemeinsam verarbeitet werden können. Je nach Beschaffenheit werden unterschiedliche **Recyclingstrategien** angewendet:

- Die **Wiederverwendung** geschieht ohne weitere Aufbereitung. Sie kommt nur in sehr wenigen Fällen zum Einsatz, da jede Nutzung Gebrauchsspuren hinterlässt. Wo sie angewendet werden kann, ist sie die umweltschonendste und häufig wirtschaftlichste Form des Recyclings. Die unmittelbare Wiederverwendung ist in sehr geringem Ausmaß im Bereich des Hausbaus, z. B. der Verwendung alter Dachziegel, und bei der Verwendung von Autoteilen, z. B. Felgen aus verunfallten Kraftfahrzeugen, anzutreffen.
- Die **Instandsetzung** demontierter Einheiten erfordert nur geringen Einsatz an zusätzlichen Materialien. Bei der Kraftfahrzeugreparatur mit Türen, u. a. aus verunfallten oder ausgemusterten Fahrzeugen, die nur noch neu lackiert oder ein wenig ausgebeult werden müssen, werden solche Instandsetzungen mit demontierten Teilen vorgenommen.
- Bei der **Wiederaufrüstung** werden weite Teile des ausgemusterten Bauteiles durch Neuteile ersetzt. Wiederaufgerüstete Einheiten werden unter dem Begriff „Austauschteile" gehandelt.
- Das **Werkstoffrecycling** sieht die Trennung in einheitliche Werkstoffe vor, die nach entsprechender Behandlung in eine neue Form gebracht werden. Aller Aufwand, der für Formgebung u. a. aufgewendet wurde, ist damit verloren. Der klassische Schrotthandel mit Altmetallen, die sortiert und anschließend eingeschmolzen werden, gehört in diese Kategorie.
- Durch **thermische Verwertung** wird die bei der Verbrennung von organischen Materialien und Kunststoffen frei werdende Wärmemenge genutzt. Diese Stoffe ersetzen bei der thermischen Verwertung Energieträger wie Öl, Gas und Kohle. Bei einigen Kunststoffen, z. B. dem PVC sowie mit Schutzanstrichen versehenen Stoffen, können bei der Verbrennung schädliche Abfallstoffe entstehen, die aufwendig ausgefiltert werden müssen.

Wenn keine der angeführten Verwertungen möglich ist, werden Abfallstoffe deponiert.

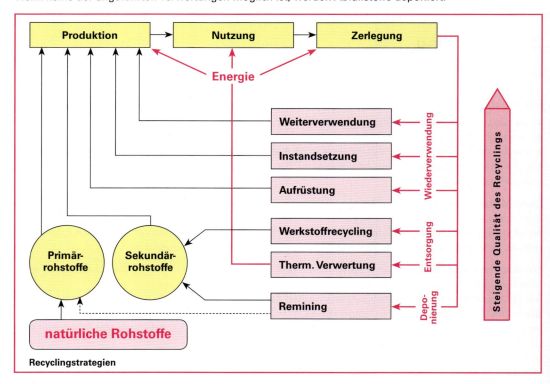

Recyclingstrategien

Beim Recycling werden unterschiedliche Strategien realisiert. Sie reichen von der günstigen Wiederverwendung über Instandsetzung und Werkstoffrecycling bis zur weniger günstigen thermischen Verwertung.

Jede Gestaltung eines Systems oder eines Prozesses soll so ausgelegt sein, dass eine möglichst hohe Qualität des Recyclings erreicht wird, um natürliche Ressourcen zu schonen und die Umwelt möglichst wenig zu belasten.

Eine hohe Qualität des Recyclings kann erreicht werden u. a. durch:
- **leichte Zerlegbarkeit** des zu recycelnden Systems, um kostengünstig wiederverwendbare Baugruppen abzutrennen,
- Einsatz **leicht aufrüstbarer Bauteile**, damit sie auch in Folgeserien einsetzbar sind,
- Vermeidung von Werkstoffen und Werkstoffkombinationen, die nur durch Deponierung beseitigt werden können.
- Verwendung möglichst **einheitlicher Werkstoffe**, um Werkstoffrecycling zu vereinfachen,
- Einsatz von **recycelbaren Kunststoffen** bzw. solchen, die bei thermischer Verwertung keine schädlichen Stoffe bilden.

4 Übungsaufgabe
Realisieren eines technischen Produkts

Für eine sehr kleine Serie Laschen soll ein Werkzeug gefertigt werden, mit dem zugeschnittene Rohlinge mit Hammerschlägen zu den geforderten Laschen umgeformt werden können.
Das Unterteil des Werkzeuges soll zwischen Schraubstockbacken eingespannt werden.

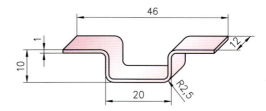

Es wurde ein nicht maßstäblicher Entwurf des Werkzeugs erstellt.
a) Berechnen Sie die Maße des Rohteils zur Fertigung der Lasche.
b) Legen Sie die Abmessungen der Konturen fest, welche die Form der Lasche bestimmen.
c) Erstellen Sie eine fachgerechte Gesamtzeichnung sowie Teilzeichnungen des Werkzeugs. Dabei ist auf eine fertigungsgerechte Konstruktion der Einzelteile zu achten. Für die Fertigung stehen konventionelle Werkzeugmaschinen zur Verfügung.
d) Planen Sie die Herstellung der Einzelteile.
e) Beschreiben die die Montage.

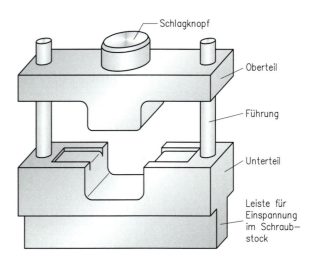

Übungsaufgabe TP-3

CNC-Technik

Werkstücke auf CNC-Maschinen fertigen

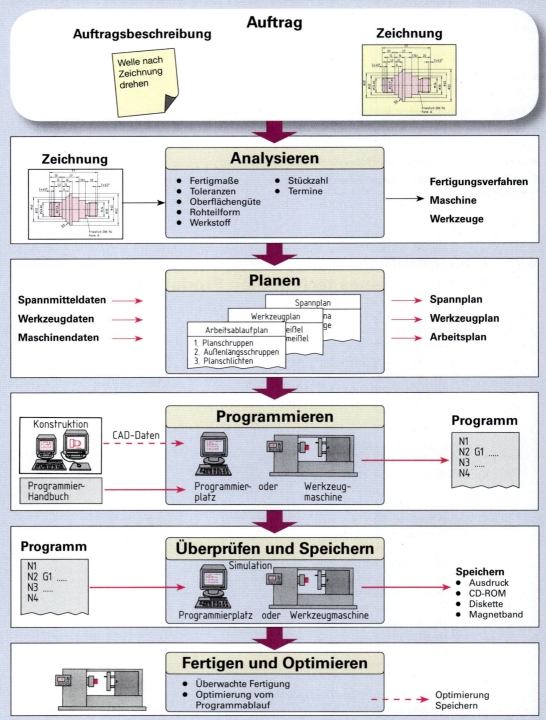

1 CNC-Werkzeugmaschinen

1.1 Datenfluss in CNC-Maschinen

Im Zuge der Automatisierung werden Werkzeugmaschinen mit Steuerungen ausgerüstet, die den selbstständigen Ablauf eines gewünschten Fertigungsganges ermöglichen.

Das Programm, nach dem diese Maschinen gesteuert werden, wird im Wesentlichen in Form von Zahlenausdrücken (numerisch) eingegeben. Man nennt darum Werkzeugmaschinen, die so gesteuert werden, numerisch gesteuerte Werkzeugmaschinen oder **NC-Maschinen** (Numerical Control).

Fräskopf

Durch Einsatz von Mikrocomputern innerhalb der numerischen Steuerung der Werkzeugmaschine ist diese so erweitert worden, dass man von **CNC-Maschinen** (CNC = Computerized Numerical Control) spricht.

Der numerischen Steuerung der Maschine müssen alle für die Fertigung wichtigen Daten eingegeben werden. Dies sind:
- *geometrische Daten,* durch welche die Abmessungen des zu fertigenden Werkstücks festgelegt werden,
- *technologische Daten,* durch die Vorschub, Umdrehungsfrequenz, Kühlmittelzufuhr, Spannvorgänge und Werkzeugwechsel u. a. bestimmt werden.

Die Werkzeugmaschine, welche numerisch gesteuert wird, muss gegenüber einer manuell oder mechanisch gesteuerten Maschine besonders ausgestattet sein mit:
- automatisch auswertbarem Wegmesssystem,
- geschwindigkeitssteuerbaren Antrieben,
- ansteuerbaren Hilfssystemen, z. B. zum Werkzeugwechsel, Kühlung.

5-Achs-CNC-Fräsmaschine

Die numerische Steuerung besteht mindestens aus folgenden Teilsystemen:
- Dateneingabe,
- Datenverarbeitung und -speicherung,
- Befehlsausgabe an die Werkzeugmaschine.

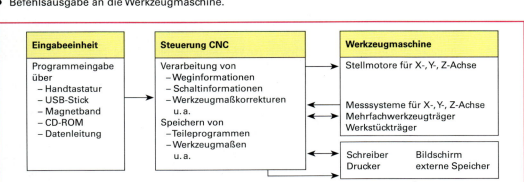

CNC-Maschinen sind Fertigungsmaschinen, die mit einer computergeführten Steuerung ausgestattet sind. Sie führen entsprechend einem aus Zahlen und Buchstaben bestehenden Programm einen selbstständigen Fertigungsablauf durch.

CNC-Werkzeugmaschinen

1.2 Koordinatensystem

Jeder Punkt eines Werkstücks, der bei der Bearbeitung auf einer Maschine angefahren wird, muss eindeutig festgelegt sein. Diese Festlegung geschieht im Sprachgebrauch z. B. durch die Angabe von Länge, Breite und Höhe. Für eine Bearbeitung auf CNC-Maschinen ist diese Angabe zu unpräzise, darum stellt man sich jedes Werkstück in einem rechtwinkligen Koordinatensystem vor und gibt die Abstände der Bearbeitungspunkte in X-, Y- und Z-Richtung an. Die Lage dieser Achsen zueinander ist in DIN 66217 festgelegt und wird durch die **„Rechte-Hand-Regel"** anschaulich gemacht.

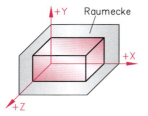
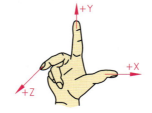

Daumen	in + **X**-Richtung
Zeigefinger	in + **Y**-Richtung
Mittelfinger	in + **Z**-Richtung

Dreiachsiges Koordinatensystem   **Rechte-Hand-Regel**

> In einem X-, Y-, Z-Koordinatensystem ist die Lage jedes Punktes im Raum eindeutig bestimmt.
> Für die Lage der Achsen zueinander gilt die „Rechte-Hand-Regel".

Die richtige Lage des Koordinatensystems am Werkstück richtet sich nach dem Bearbeitungsvorgang und ist für jeden Werkzeugmaschinentyp genormt.

Beispiele für die Achsrichtungen bei Werkzeugmaschinen nach DIN 66217

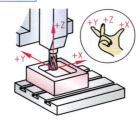
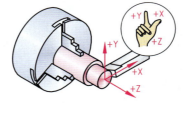
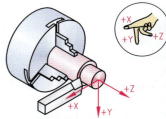

Fräsmaschine   **Meißel hinter der Drehmitte**   **Meißel vor der Drehmitte**

Die Festlegung der Achsrichtungen erfolgt immer parallel zu den Führungsbahnen der Maschine; sie ist jedoch stets im Zusammenhang mit dem aufgespannten Werkstück zu sehen.
Die Z-Richtung liegt immer parallel zur Arbeitsspindel. Ihre positive Richtung ist so festgelegt, dass mit zunehmendem Z-Wert der Abstand zwischen Werkzeug und Werkstück größer wird.

> Die Achsrichtungen einer Werkzeugmaschine ergeben sich aus der Lage von Führungsbahnen und Werkzeugbewegung.
> Die Achsrichtungen sind im Handbuch der jeweiligen Werkzeugmaschine angegeben.

Zur Bearbeitung komplizierter Konturen und Hinterschneidungen in hoher Oberflächengüte sowie zur Betätigung angetriebener Werkzeuge reichen Werkzeugbewegungen allein in Richtung der drei Achsen nicht aus. Durch Schwenkbewegungen um die einzelnen Achsen wird erst eine optimale Erreichbarkeit jeder Werkstückposition erreicht.
Die Schwenkbewegungen werden mit **A**, **B** und **C** gekennzeichnet. A ist die Bewegung um die X-Achse, B um die Y-Achse und C um die Z-Achse. Die positive Drehrichtung liegt vor, wenn in Achsrichtung gesehen die Drehung im Uhrzeigersinn erfolgt.

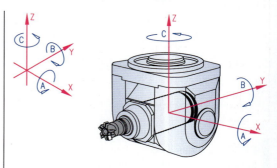

Schwenkachsen A, B und C

Übungsaufgabe CN-1

1.3 Lageregelung an CNC-Maschinen

● **Lageregelkreis**

Die programmgemäße Bewegung von Werkstück und Werkzeug wird in einem **Lageregelkreis** geregelt. Dabei misst das zu einer Bearbeitungsrichtung gehörende Messsystem in jedem Augenblick den Istwert der Lage des Werkzeugs zum Werkstückträger. Eine elektronische Regeleinrichtung vergleicht ihn mit dem Sollwert und gibt einen entsprechenden Stellbefehl an den Stellmotor. Dies wird so lange fortgeführt, bis der Istwert – innerhalb festgesetzter Grenzen – mit dem Sollwert übereinstimmt.

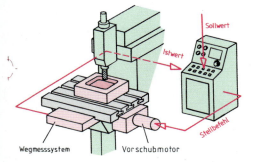

Lageregelung an einer CNC-Maschine

● **Messverfahren zur Lageregelung**

Inkrementales Messen geschieht, wenn man einen neuen Standort jeweils *vom letzten Standort aus* bestimmt, z. B. 30 mm nach rechts, von dort 20 mm zurück nach links, dann von dort 40 mm nach links. Man verwendet an Werkzeugmaschinen zum inkrementalen Messen in 0,001 mm geteilte Glaslineale, die von einer Lichtquelle beleuchtet werden. Eine Fotozelle zählt die bei einer Bewegung auftretenden Lichtreflexe und meldet ihre Zahl an den Rechner der Maschine. Dieser ermittelt dann aus dieser Zahl die Positionsänderung gegenüber dem letzten Standort.

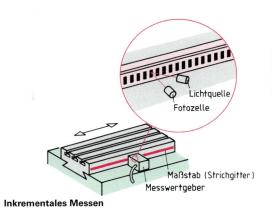

Inkrementales Messen

> Inkrementale Messverfahren erfassen den Messwert in Schritten vom jeweils letzten Standort aus.

Absolutes Messen liegt vor, wenn man alle Standorte von einem *festen Nullpunkt* aus misst, z. B. nach rechts auf 120 mm vom Nullpunkt, zurück auf 80 mm vom Nullpunkt, wieder nach links auf 200 mm vom Nullpunkt.
Man verwendet zum absoluten Messen in 0,001 mm geteilte Code-Lineale, auf denen jeder Punkt ein ganz bestimmtes Hell-Dunkel-Muster aufweist. Zur genauen Bestimmung der Maschinentischposition wird dieses Muster von Fotozellen aufgenommen und an den Rechner der Maschine weitergeleitet. Daraus ermittelt der Rechner die genaue Position auf dem Maschinentisch.

Direktes absolutes Messen mit Code-Lineal

> Bei absoluten Messverfahren kann jeder Punkt auf der Messstrecke sofort zahlenmäßig bestimmt werden, weil er ein für die Messstrecke nur einmal auftretendes Signal liefert.

Übungsaufgaben CN-2, CN-3

1.4 Bahnsteuerungen an CNC-Maschinen

Mit einer Bahnsteuerung können in einer Ebene oder im Raum beliebige Schrägen oder Kurven gesteuert werden, das Werkzeug ist während der Bewegung im Eingriff. Beliebige Umrisse erreicht man durch das gleichzeitige Zusammenwirken von zwei oder mehreren Vorschubmotoren.

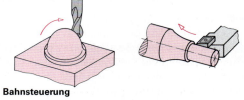

Bahnsteuerung

> Bei Bahnsteuerungen erfolgt die Bearbeitung auf räumlichen Geraden oder Kurven, bei denen mehrere Achsen gleichzeitig mit voneinander unabhängigen Geschwindigkeiten gesteuert werden.

• 2D-Bahnsteuerung

Die Steuerung einer Senkrechtfräsmaschine, mit der nur in der X-Y-Ebene Geraden, Kreisbögen und beliebige Kurven gefahren werden, nennt man eine 2D-Bahnsteuerung. Dabei müssen Zustellbewegungen in Z-Richtung von Hand vorgenommen werden. Bei einer 2D-Bahnsteuerung werden nur die Bewegungen in X- und Y-Richtung programmiert.
An Fräsmaschinen werden 2D-Bahnsteuerungen nur an Maschinen zur Schriftgravur eingesetzt.
Bei Drehmaschinen können in der X-Z-Ebene Geraden, Kreisbögen und Kurven gefahren werden.

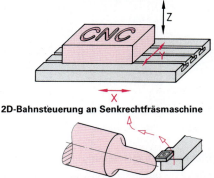

2D-Bahnsteuerung an Senkrechtfräsmaschine

2D-Bahnsteuerung an Drehmaschine

> Bei einer 2D-Bahnsteuerung erfolgt eine Steuerung in zwei Achsrichtungen. Alle Drehmaschinen sind mit einer 2D-Bahnsteuerung ausgestattet.

• 2$^{1}/_{2}$ D-Bahnsteuerung

Eine Steuerung, die zwar in jeder beliebigen Ebene Geraden, Kreisbögen und Kurven fahren kann, jedoch gleichzeitig immer nur in zwei Achsrichtungen, nennt man eine 2$^{1}/_{2}$ D-Bahnsteuerung. Die beiden steuerbaren Achsrichtungen sind in allen Ebenen möglich.
Eine 2$^{1}/_{2}$ D-Bahnsteuerung kann in einem Satz nur in zwei Achsrichtungen programmiert werden, z. B. in der X-Y-Ebene oder der X-Z-Ebene oder der Y-Z-Ebene.

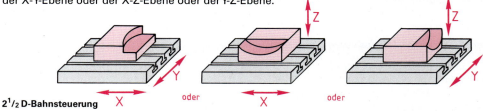

2$^{1}/_{2}$ D-Bahnsteuerung

> Bei einer 2$^{1}/_{2}$ D-Bahnsteuerung sind die drei Achsen steuerbar, gleichzeitig können jedoch stets nur zwei Achsen gesteuert werden.

• 3D-Bahnsteuerung

Die Steuerung einer Werkzeugmaschine, bei der alle drei Achsen gleichzeitig vom Computer aus steuerbar sind, nennt man eine 3D-Bahnsteuerung.
Bei einer 3D-Bahnsteuerung können in einem Satz gesteuerte Bewegungen in X-, Y- und Z-Richtung programmiert werden, d. h. es können beliebige räumliche Bewegungen ausgeführt werden.

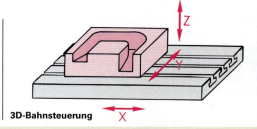

3D-Bahnsteuerung

> Bei einer 3D-Bahnsteuerung können alle drei Achsen gleichzeitig gesteuert werden.

Übungsaufgaben CN-4, CN-5

2 Grundlagen zur manuellen Programmierung

2.1 Wahl des Werkstücknullpunktes

Bei der Programmierung werden die Werkstückabmessungen als Koordinaten erfasst, um die erforderlichen Wegbeschreibungen programmieren zu können. Daher bezieht man das Koordinatensystem immer auf das Werkstück; als Nullpunkt des Systems wählt man einen charakteristischen Punkt des Werkstücks.

Diesen frei gewählten Bezugspunkt bezeichnet man als Werkstücknullpunkt. In Zeichnungen trägt man ihn durch das abgebildete Symbol ein. Bei Werkstücken mit dreidimensionaler Ausdehnung muss die Nullpunktfestlegung sich auf alle drei Achsen erstrecken.

Symbol für Werkstücknullpunkt

| **Beispiele** | für die Lage von Werkstücknullpunkten |

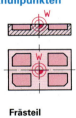
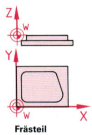

Drehteil — Frästeil — Frästeil

Als Ursprung des Werkstück-Koordinatensystems wählt man einen sinnvollen Punkt des Werkstücks als Werkstücknullpunkt. Der Werkstücknullpunkt wird in der Zeichnung durch ein Symbol angegeben.

2.2 Bemaßungsarten für die Programmierung

● **Absolutbemaßung**

In den meisten Fällen gibt man der Steuerung von CNC-Maschinen alle Maße so ein, dass sie sich auf den Werkstücknullpunkt beziehen. Die Maßangaben sind in einem solchen Falle Absolutmaße. Da der Werkstücknullpunkt jedoch nicht immer einem Eckpunkt entspricht, können sich Werkstückbereiche nach allen Seiten vom Nullpunkt aus erstrecken.

Bei der **Parallelbemaßung** setzt man alle Maße einer Achsrichtung auf eigene parallel verlaufende Maßlinien, die sich auf den Werkstücknullpunkt beziehen.

Bei der **steigenden Bemaßung** schreibt man alle Maße einer Achsrichtung fortlaufend an eine Maßlinie, die vom Werkstücknullpunkt ausgeht. Die zugehörigen Maßzahlen werden um 90° gedreht an die jeweilige Maßhilfslinie geschrieben. Für die CNC-Technik wird die steigende Bemaßung bevorzugt.

| **Beispiel** | für eine Konturbeschreibung durch Absolutmaße |

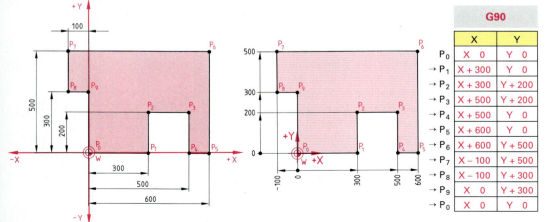

	G90	
	X	**Y**
P_0	X 0	Y 0
→ P_1	X + 300	Y 0
→ P_2	X + 300	Y + 200
→ P_3	X + 500	Y + 200
→ P_4	X + 500	Y 0
→ P_5	X + 600	Y 0
→ P_6	X + 600	Y + 500
→ P_7	X − 100	Y + 500
→ P_8	X − 100	Y + 300
→ P_9	X 0	Y + 300
→ P_0	X 0	Y 0

Absolutbemaßung als Parallelbemaßung — Absolutbemaßung als steigende Bemaßung — Koordinaten

Übungsaufgabe CN-6

CNC-Maschinen befinden sich nach dem Einschalten in der **Absolutmaßprogrammierung,** sodass kein zusätzlicher Befehl eingegeben werden muss. Wenn jedoch innerhalb eines Programmes von einer anderen Art der Maßangabe in die Absolutprogrammierung umgeschaltet werden soll, ist **G90** einzugeben.

> Die Absolutmaßprogrammierung wird der Steuerung durch G90 eingegeben.
> Absolutmaße sind die tatsächlichen Abstände zum Werkstücknullpunkt.

- **Inkrementalbemaßung**

Aus fertigungstechnischen Gründen kann es vorteilhaft sein, dass die Steuerung jeden angefahrenen Punkt als Startpunkt für die nachfolgende Bewegung ansieht. In diesem Falle muss die Entfernung und die Bewegungsrichtung von einem Punkt zum nächsten angegeben werden.
Die Abstände werden durch die Koordinaten in X-, Y- und Z-Richtung angegeben. Die Bewegungsrichtung wird entsprechend den Achsrichtungen des Koordinatensystems mit Vorzeichen gekennzeichnet. Das Pluszeichen braucht als Vorzeichen nicht geschrieben zu werden.
Die Bewegungen von Punkt zu Punkt erreicht man durch die erforderliche Anzahl von Verstellschritten. Da man den kleinsten Wegabschnitt (meist 1 μm) als Inkrement bezeichnet, nennt man diese Art, die Steuerung zu programmieren, die **Inkrementalmaßprogrammierung**.
Der Steuerung wird die Inkrementalmaßprogrammierung durch **G91** eingegeben.

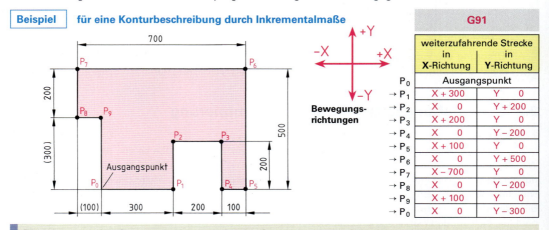

Beispiel für eine Konturbeschreibung durch Inkrementalmaße	G91	
	weiterzufahrende Strecke in X-Richtung	in Y-Richtung
P₀	Ausgangspunkt	
→ P₁	X + 300	Y 0
→ P₂	X 0	Y + 200
→ P₃	X + 200	Y 0
→ P₄	X 0	Y − 200
→ P₅	X + 100	Y 0
→ P₆	X 0	Y + 500
→ P₇	X − 700	Y 0
→ P₈	X 0	Y − 200
→ P₉	X + 100	Y 0
→ P₀	X 0	Y − 300

> Die Inkrementalmaßprogrammierung wird der Steuerung durch G91 eingegeben.
> Bei Inkrementalmaßprogrammierung gibt man die Entfernungen vom letzten bis zum nächsten Punkt in den jeweiligen Achsrichtungen an.

2.3 Programmierung von Bahnbewegungen

- **Bearbeitungsrichtung**

Bei der Fertigung können die Anfahr- und Bearbeitungswege vom Werkzeugträger oder vom Werkstückträger ausgeführt werden. Die Bearbeitungsrichtung ändert sich jedoch dadurch nicht. Man betrachtet nur die relative Bewegung des Werkzeugs gegenüber dem Werkstück. Um keine Missverständnisse aufkommen zu lassen, hat man deshalb vereinbart, bei der Programmierung so vorzugehen, als stünde das Werkstück fest und es würde nur das Werkzeug bewegt.

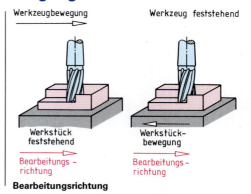

Bearbeitungsrichtung

> Beim Programmieren geht man immer davon aus, dass sich das Werkzeug bewegt und das Werkstück stillsteht, auch wenn die Bearbeitung an der Maschine anders erfolgt.

Übungsaufgabe CN-7

- **Bewegungen im Eilgang**

Wenn ein Werkzeug, das nicht im Eingriff ist, von einem Punkt zu einem anderen verfahren werden soll, erwartet man, dass diese Bewegung schnell ausgeführt wird. Die Vorschubmotoren werden dann in jeder Achse den Werkzeug- oder Werkstückträger im Eilgang bewegen. Sobald das Werkzeug in die Nähe des anzufahrenden Punktes kommt, wird es abgebremst und am Zielpunkt genau gestoppt. Der Zielpunkt wird auf einer unbestimmten Bahn angefahren. Der Maschinensteuerung gibt man den Befehl, einen Punkt im Eilgang anzusteuern, durch **G00** (vereinfacht G0) ein, es folgen die Koordinaten des Zielpunktes.

Beispiel	für die Beschreibung einer Eilgangbewegung bei Absolutmaßprogrammierung

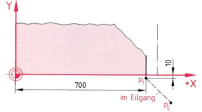

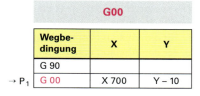

	G00		
	Wegbe-dingung	X	Y
	G 90		
→ P$_1$	G 00	X 700	Y – 10

Das exakte Ansteuern eines Punktes im Eilgang auf nicht vorgegebener Bahn wird durch G00 (auch G0) eingegeben.

- **Geradlinige Arbeitsbewegungen**

Soll die Steuerung von einem bestimmten Anfangspunkt aus eine geradlinige Arbeitsbewegung zu einem Endpunkt hin ausführen, so ist dazu **G01** (vereinfacht G1) erforderlich.

Beispiel	für die Beschreibung geradliniger Arbeitsbewegungen bei Absolutmaßprogrammierung

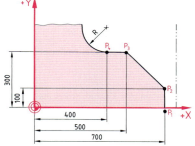

	G01		
	Wegbe-dingung	X	Y
	G 90		
→ P$_1$	G 00	X 700	Y – 10
→ P$_2$	G 01	X 700	Y 100
→ P$_3$	G 01	X 500	Y 300
→ P$_4$	G 01	X 400	Y 300

Der Wegbefehl G01 bleibt in der Steuerung so lange wirksam, bis er durch einen anderen Wegbefehl aufgehoben wird. Es genügt daher in einem Programm mit mehreren aufeinander folgenden geradlinigen Bewegungen G01 nur im ersten Satz einzugeben.

Geradlinige Arbeitsbewegungen mit vorgegebenem Vorschub werden auf G01 hin ausgeführt.

- **Kreisförmige Arbeitsbewegungen**

Zur eindeutigen Durchführung einer kreisförmigen Arbeitsbewegung sind neben den Zielkoordinaten auch Angaben zur Bewegungsrichtung und zur Lage des Kreismittelpunktes erforderlich.

Kreisförmige Arbeitsbewegungen im Uhrzeigersinn werden auf den Befehl G02 hin ausgeführt, kreisförmige Arbeitsbewegungen im Gegenuhrzeigersinn erfolgen auf den Befehl G03.

Bei einer Bahnbeschreibung ist der Kreismittelpunkt im Gegensatz zum Anfangs- und Endpunkt ein Punkt, der außerhalb der Bewegungsbahn liegt; er dient der Steuerung lediglich als Information über Lage und Größe des Kreises. Daher gibt man die Koordination des Kreismittelpunkts – meist auch bei Absolutmaßprogrammierung – inkremental als Abstand vom Anfangspunkt in das Programm. Nähere Angaben findet man im Handbuch der entsprechenden Steuerung.
Die Kreismittelpunktkoordinaten bekommen die Adressbuchstaben:

I für den Abstand vom Anfangspunkt auf der **X-Achse**,
J für den Abstand vom Anfangspunkt auf der **Y-Achse**,
K für den Abstand vom Anfangspunkt auf der **Z-Achse**.

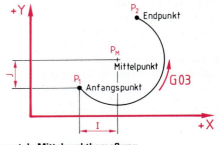

Inkrementale Mittelpunktbemaßung

| Beispiel | für die Beschreibung einer Kontur mit kreisförmiger Bewegung bei Absolutmaßprogrammierung |

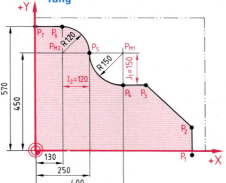

	Wegbedingung	X	Y	I	J
	G 90				
→ P$_1$	G 00	X 700	Y – 10		
→ P$_2$	G 01	X 700	Y 100		
→ P$_3$	G 01	X 500	Y 300		
→ P$_4$	G 01	X 400	Y 300		
→ P$_5$	G 02	X 250	Y 450	I – 0	J 150
→ P$_6$	G 03	X 130	Y 570	I – 120	J 0
→ P$_7$	G 01	X 000	Y 570		

> Bei einer kreisförmigen Arbeitsbewegung werden die Koordinaten des Kreismittelpunkts häufig inkremental vom Anfangspunkt des Kreisbogens programmiert.

2.4 Programmierung von Schaltinformationen

2.4.1 Programmierung von Technologiedaten

- **Schaltinformationen für die Vorschubbewegung**

Die Vorschubbewegung kann nach dem Adressbuchstaben **F** als Vorschub in mm (je Umdrehung) oder als Vorschubgeschwindigkeit in mm/min eingegeben werden.

Vorschubbewegung	Befehl	Beispiel
in mm/min	G94	G94 F100 bedeutet v_f = 100 mm/min
in mm	G95	G95 F0,25 bedeutet f = 0,25 mm (je Umdrehung)

- **Schaltinformationen für die Schnittbewegung**

Die Schnittbewegung kann beim Drehen entweder mit konstanter Schnittgeschwindigkeit oder konstanter Umdrehungsfrequenz mit dem Adressbuchstaben **S** eingegeben werden.
Beim Fräsen wird nur mit konstanter Umdrehungsfrequenz gearbeitet.

Schnittbewegung	Befehl	Beispiel
konstante Schnittgeschwindigkeit	G96	G96 S40 bedeutet v_c = 40 m/min
konstante Umdrehungsfrequenz	G97	G97 S900 bedeutet n = 900 1/min

Übungsaufgabe CN-8

Beim Drehen ist bei den meisten Maschinen eine konstante Schnittgeschwindigkeit programmierbar. Die Steuerung stellt entsprechend dem programmierten X-Wert die Umdrehungsfrequenz ein. Damit beim Plandrehen in Nähe der Werkstückmitte nicht extreme Umdrehungsfrequenzen auftreten, kann ein Höchstwert eingegeben werden.

Schnittgeschwindigkeit	Befehl	Beispiel
Begrenzung der Umdrehungsfrequenz	G92	G92 S2000 bedeutet bei PAL höchste Umdrehungsfrequenz 2000 1/min

2.4.2 Programmierung von Werkzeugeinsatz und Zusatzfunktionen

- **Schaltinformationen für den Werkzeugeinsatz**

Die benötigten Werkzeuge sind in einem Mehrfach-Werkzeugträger oder Magazin abgelegt und durch Nummerierung gekennzeichnet. Durch den Adressbuchstaben **T** werden die Schaltbefehle zum Werkzeugeinsatz erteilt. Das **T-Wort** enthält als Zahlenwert die Nummer des verlangten Werkzeugs.

T03
Einsatzbefehl für Werkzeug Nr. 3

Bei vielen Steuerungen löst allein der Buchstabe **T** einen Werkzeugwechsel aus. Aus Kollisionsgründen muss *vor* jedem Werkzeugwechsel eine sichere Werkzeugwechselposition angefahren werden.

Werkzeugmagazin

- **Schaltinformationen für Zusatzfunktionen**

Zusatzfunktionen werden durch **M-Wörter** eingegeben.

M 00 Programmierter Halt	**M 06** Werkzeugwechsel	**M 17** Unterprogrammende
M 03 Spindel EIN, Rechtslauf	**M 08** Kühlmittel EIN	**M 30** Programmende mit Rücksprung auf Satz 1
M 04 Spindel EIN, Linkslauf	**M 09** Kühlmittel AUS	

Die Spindeldrehrichtung wird folgendermaßen beschrieben:
- Bei Drehmaschinen blickt man von der Antriebsseite auf die Werkstückeinspannung.
- Bei Fräsmaschinen blickt man von der Arbeitsspindel auf die Werkstückeinspannung.

2.5 Zusammenstellung von Programmdaten zu Sätzen

In das Programm werden alle Daten eingegeben, welche die Steuerung benötigt, um am Werkstück einen Arbeitsschritt ausführen zu können. Dabei werden zusammengehörige Befehle zu Sätzen zusammengefasst. Die Sätze nummeriert man nach der Abfolge der Arbeitsschritte in Einer- oder Zehnerstufen.

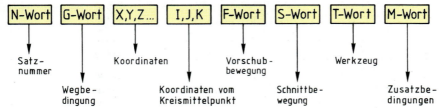

In einem Satz können Befehle und Wegangaben entfallen, die für den jeweiligen Arbeitsablauf nicht notwendig oder bereits wirksam sind. Man nennt solche Programmworte **modal** wirksam oder **selbst haltend**.

In Sätzen für Kreisbogenprogrammierung und Eilgangprogrammierung müssen immer alle Programmworte angegeben werden, auch wenn im vorherigen Satz bereits das gleiche G-Wort programmiert wurde.

3 Programmieren zur Fertigung von Drehteilen

3.1 Programmieren der Weginformationen beim Drehen

3.1.1 Koordinatensysteme

Drehmaschinen werden mit Werkzeugträgern gebaut, bei denen das Werkzeug von vorne gesehen vor oder hinter der Drehmitte angeordnet ist. Im Gegensatz zu herkömmlichen Drehmaschinen werden CNC-Maschinen bevorzugt mit Werkzeugträgern ausgerüstet, die sich hinter dem Werkstück befinden. Daher muss je nach Bauform der Maschine zum Programmieren eine andere Lage des Koordinatensystems berücksichtigt werden. In beiden Fällen entspricht die Werkstückachse der Z-Achse.

Die positive X-Achse weist immer vom Drehteil aus in radialer Richtung auf das Werkzeug. Damit ergibt sich für beide Werkzeuganordnungen, dass größere Z-Werte eine größere Werkstücklänge und größere X-Werte einen größeren Werkstückdurchmesser zur Folge haben.

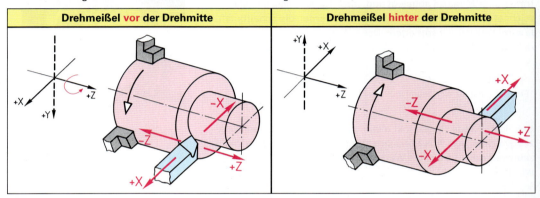

Die Z-Achse ist immer Drehachse des Werkstücks. Größerer Z-Wert bedeutet größere Werkstücklänge. Die X-Achse verläuft rechtwinklig zur Z-Achse auf das Drehwerkzeug zu. Größerer X-Wert bedeutet größerer Werkstückdurchmesser.

3.1.2 Nullpunkte und Bezugspunkte

- **Maschinennullpunkt, Referenzpunkt und Werkstücknullpunkt**

Nullpunkte legen für die Bearbeitung auf CNC-Maschinen das Koordinatensystem fest. Dabei unterscheidet man einen Maschinennullpunkt und einen Werkstücknullpunkt. Bezugspunkte – auch Referenzpunkte genannt – sind genau festgelegte Punkte, welche die Programmierung und das Bedienen der Maschine erleichtern.

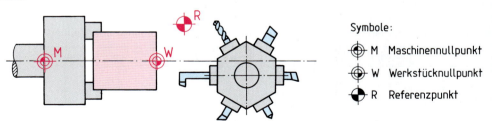

Nullpunkte und Bezugspunkte an einer Drehmaschine

Der **Maschinennullpunkt** ist der Ursprung des Maschinenkoordinatensystems. Er liegt bei CNC-Drehmaschinen im Schnittpunkt der Arbeitsspindelachse mit dem Werkstückträger.

Der **Referenzpunkt** ist ein festgelegter Punkt im Arbeitsbereich inkremental messender CNC-Drehmaschinen, welcher einen genau bestimmten Abstand zum Maschinennullpunkt hat. Der Referenzpunkt wird zum Nullsetzen des Messsystems angefahren, da der Maschinennullpunkt meist nicht angefahren werden kann.

- **Wahl des Werkstücknullpunktes**

Für Dreharbeiten wird der Werkstücknullpunkt mit der Koordinate X = 0 auf die Drehmitte gelegt. Der Koordinatenpunkt Z = 0 kann an beliebige Stelle des Werkstücks gelegt werden. Zweckmäßig ist die Wahl auf der Ebene des Anschlags am Futter oder an einer Planfläche möglichst am Werkstückende.

> Bei Drehteilen legt man den Werkstücknullpunkt auf die Drehmitte an die rechte oder linke Planfläche der Fertigkontur.

3.1.3 Drehteile mit geradliniger Kontur

Geradlinige Drehteilkonturen werden mit dem Wegbefehl G01 programmiert. Der anzufahrende Endpunkt wird in X-Richtung nicht mit dem Radius, sondern mit dem Durchmesser programmiert. Abstände in Z-Richtung werden auf den Werkstücknullpunkt bezogen.

Beispiel für die Konturbeschreibung eines Drehteils

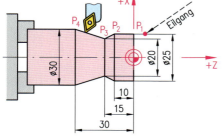

Wegbe-dingung	X	Y
G 90		
→ P$_1$ G 00	X 25	Z 5
→ P$_2$ G 01	X 25	Z –10
→ P$_3$ G 01	X 20	Z –15
→ P$_4$ G 01	X 30	Z –30

> Bei Drehteilen werden in X-Richtung Durchmesser und in Z-Richtung Längen programmiert.

3.1.4 Drehteile mit kreisförmiger Kontur

Zur Festlegung des Richtungssinns von kreisförmigen Bewegungen muss ein Betrachter immer in Richtung der negativen Y-Achse auf die X-Z-Ebene blicken. Soll sich – aus dieser Sicht – der Meißel in Vorschubrichtung im Uhrzeigersinn bewegen, so ist das durch einen G02-Befehl zu programmieren, soll er sich im Gegenuhrzeigersinn bewegen, so ist ein G03-Befehl zu programmieren.

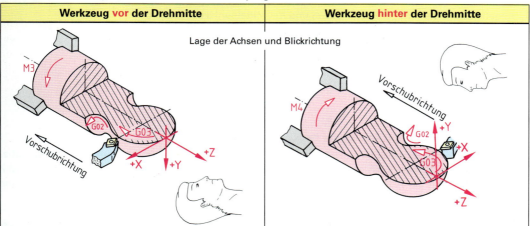

> Zur Beurteilung des Richtungssinns für die Wegbedingungen G02 und G03 blickt man bei einer Stellung des Drehmeißels **vor** der Drehmitte **von unten** auf das Werkstück.
> Stellung des Drehmeißels **hinter** der Drehmitte **von oben** auf das Werkstück.

Programmieren zur Fertigung von Drehteilen

- **Kreisprogrammierung mit Angabe der Mittelpunktkoordinaten**

Bei der Programmierung kreisförmiger Bahnbewegungen des Werkzeuges in der X-Z-Ebene werden die Koordinaten des Endpunktes und die Mittelpunktkoordinaten angegeben. Die Mittelpunktkoordinaten werden immer inkremental auf den Anfangspunkt der kreisförmigen Arbeitsbewegung des Werkzeuges bezogen. Der Abstand des Mittelpunktes in X-Richtung hat dabei den Adressbuchstaben **I** und der Abstand in Z-Richtung den Adressbuchstaben **K**.

Beispiele für die Programmierung von Radien mit Mittelpunktkoordinaten

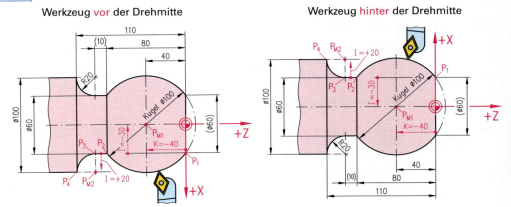

Werkzeug vor der Drehmitte — Werkzeug hinter der Drehmitte

Die Beispiele zeigen, dass sowohl für den Werkzeugeinsatz „Drehmeißel vor der Drehmitte" als auch für den Werkzeugeinsatz „Drehmeißel hinter der Drehmitte" die Programme gleich sind. Das bedeutet, dass für gleiche Werkstücke gleiche Programme erstellt werden, wenn die vereinbarten Koordinatensysteme und Blickrichtungen beachtet werden.

Tabelle mit Weginformationen

	Wegbedingung	X	Z	I	K
	G 90				
→ P₁		X 60	Z 0		
→ P₂	G 03	X 60	Z – 80	I – 30	K – 40
→ P₃	G 01	X 60	Z – 90		
→ P₄	G 02	X 100	Z 110	I + 20	K 0

Angaben bei kreisförmiger Arbeitsbewegung mit Mittelpunktkoordinaten:
- Richtungssinn mit G02 im Uhrzeigersinn oder G03 im Gegenuhrzeigersinn,
- Endpunktkoordinaten der Kreisbewegung mit X; Z,
- Mittelpunktkoordinaten der Kreisbewegung mit I und K inkremental,
  – I für den Abstand vom Anfangspunkt auf der X-Achse,
  – K für den Abstand vom Anfangspunkt auf der Z-Achse.

- **Kreisprogrammierung mit Angabe des Radius**

Bei komplizierten Konturen ist es einfacher, statt der Mittelpunktkoordinaten den Radius der Werkzeugbewegung zu programmieren. Bei der Programmierung wird der Endpunkt mit seinen Koordinaten X und Z und der Radius mit der Adresse **R** in das Programm eingesetzt. Nicht alle CNC-Maschinensteuerungen bieten beide Möglichkeiten der Kreisprogrammierung.

Angaben bei kreisförmiger Arbeitsbewegung mit Radiusangabe:
- Richtungssinn mit G02 oder G03,
- Endpunktkoordinaten der Kreisbewegung,
- Radius der Kreisbewegung mit R.

3.2 Programmieren von Werkzeugdaten

3.2.1 Werkzeuge und Werkzeugmaße

Auf CNC-Drehmaschinen setzt man ausschließlich Drehmeißel mit auswechselbaren Wendeschneidplatten ein. Der Drehmeißel wird in den Werkzeughalter eingesetzt. Werkzeughalter sind meist mit Schäften nach DIN 69 880 ausgestattet, mit denen sie in entsprechend gestaltete Mehrfachwerkzeugträger eingesetzt werden. Die Mehrfachwerkzeugträger bezeichnet man auch als Revolver. Werkzeugrevolver mit 6 bis 20 Werkzeugpositionen oder mehr sind üblich.

Beispiel für einen Werkzeughalter mit Schaft und einen Werkzeugrevolver einer CNC-Drehmaschine

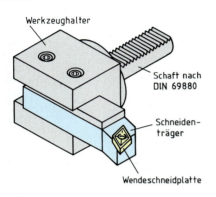

Der Steuerung müssen die Maße der eingesetzten Werkzeuge eingegeben werden. Bezugspunkt für die Ermittlung der Werkzeugmaße ist der sogenannte **Werkzeugeinstellpunkt**.
Der Werkzeugeinstellpunkt ist ein der Steuerung bekannter Punkt, der bei allen Werkzeugpositionen an der dem Futter zugewandten Seite des Revolvers liegt.

Zur Eingabe in den Werkzeugspeicher der Steuerung benötigt man folgende Daten des Werkzeugs:

- **Werkzeuglänge L**
  Dies ist der Abstand der Schneidenspitze von Werkzeugeinstellpunkt in Z-Richtung.

- **Querlage Q**
  Dies ist der Abstand der Schneidenspitze von Werkzeugeinstellpunkt in X-Richtung.

- **Schneidenradius R**
  Dies ist die Rundung der Werkzeugschneide.

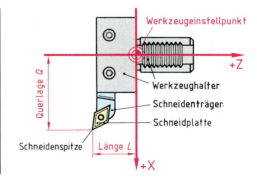

Die Ermittlung der Werkzeugmaße kann auf verschiedene Arten vorgenommen werden.
Vor Beginn der Bearbeitung „kratzt" man das Rohteil mit der Werkzeugschneide in jeder Achsrichtung an und übernimmt die Maße in den Werkzeugspeicher der Steuerung.
Man kann auch mithilfe von **Werkzeugeinstellgeräten** die Lage der Schneide zum Werkzeugeinstellpunkt genau bestimmen. Die Messungen dazu können an der Maschine selbst oder außerhalb auf speziellen Vorrichtungen durchgeführt werden. Durch diese Methode werden Stillstandzeiten der CNC-Maschine erheblich verkürzt.

> Für den Einsatz der Werkzeuge werden folgende Daten in den Werkzeugspeicher eingegeben:
> - die Länge L (Abstand der Schneidenspitze in Z-Richtung),
> - die Querlage Q (Abstand der Schneidenspitze in X-Richtung),
> - der Schneidenradius R.

3.2.2 Schneidenradiuskompensation

Die Schneide eines Drehmeißels endet nie in einer punktförmigen Schneidenspitze, sondern ist stets mit einem kleinen Radius versehen. Dadurch erhöht sich die Standzeit des Werkzeugs und die Oberflächenqualität des Werkstücks verbessert sich. Die Schneidenradien betragen etwa 0,2 bis 2 mm. Beim Drehen zylindrischer Werkstücke verursacht ein Schneidenradius keinen Fehler. Beim Drehen konischer Werkstücke und beim Drehen größerer Radien muss der Schneidenradius berücksichtigt werden. Dabei ist der Weg, den ein Meißel mit *punktförmiger* Schneidenspitze zur Erzeugung der programmierten Kontur zurücklegen würde, nicht gleich dem Weg einer *gerundeten* Schneidenecke. In der Praxis würde das gefertigte Werkstück nicht die vorbestimmte Form haben, sondern eine Formabweichung aufweisen.

| Beispiele | für die Entstehung von Konturfehlern durch einen Schneidenradius |

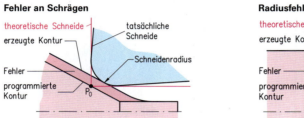
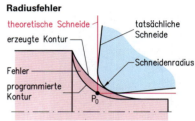

Beim Drehen mit Meißeln mit gerundeter Schneidenecke entstehen an Schrägen und in großen Radien Konturfehler, falls keine Korrekturen vorgenommen werden.

Um eine Schneidenradiuskompensation zutreffend ausführen zu können, benötigt die Steuerung folgende Angaben:
- Lage der Schneide zur Werkstückkontur in Vorschubrichtung und
- Schneidenradius und Stellung der Schneide zum Werkstück.

- **Lage der Schneide zur Werkstückkontur in Vorschubrichtung**

Bei dem Befehl **G41** erfolgt die Korrektur für ein Werkzeug, das links von der Kontur arbeitet – *betrachtet in Vorschubrichtung*.

Bei dem Befehl **G42** erfolgt die Korrektur für ein Werkzeug, das rechts von der Kontur arbeitet – *betrachtet in Vorschubrichtung*.

Die Schneidenradiuskompensation bleibt so lange wirksam, bis mit dem Befehl **G40** die vorherige Anweisung zur Werkzeugkorrektur aufgehoben wird.

| Beispiele | für die G-Funktionen zur Schneidenradiuskompensation bei Drehteilen |

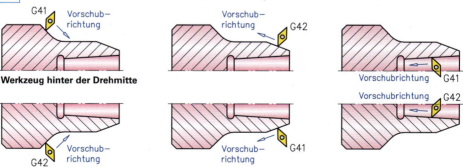

Schneidenradiuskompensation: G41 Werkzeug in Vorschubrichtung links von der Kontur,
G42 Werkzeug in Vorschubrichtung rechts von der Kontur,
G40 für das Aufheben der Schneidenradiuskompensation.

3.3 Drehzyklen

Bei vielen Dreharbeiten gibt es Arbeitsgänge, die sich häufig wiederholen, wie z. B. das Schruppen von einem großen Durchmesser in mehreren Schnitten auf einen kleineren Durchmesser. Eine solche Abfolge nahezu gleicher Schnitte beim Drehen nennt man **Drehzyklus**.
Die Programmierung von Drehzyklen geschieht bei den verschiedenen Steuerungsherstellern unterschiedlich.

| Beispiele | für Konturschruppzyklen (PAL-Codierung) |

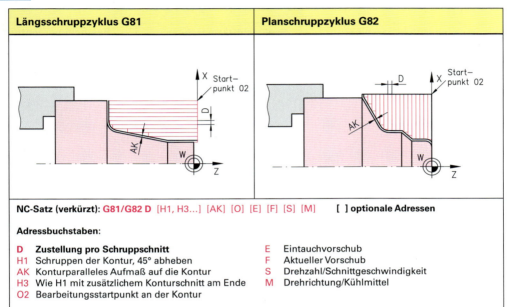

| Längsschruppzyklus G81 | Planschruppzyklus G82 |

NC-Satz (verkürzt): G81/G82 D [H1, H3...] [AK] [O] [E] [F] [S] [M]   [ ] optionale Adressen

Adressbuchstaben:

- **D** Zustellung pro Schruppschnitt
- **H1** Schruppen der Kontur, 45° abheben
- **AK** Konturparalleles Aufmaß auf die Kontur
- **H3** Wie H1 mit zusätzlichem Konturschnitt am Ende
- **O2** Bearbeitungsstartpunkt an der Kontur
- **E** Eintauchvorschub
- **F** Aktueller Vorschub
- **S** Drehzahl/Schnittgeschwindigkeit
- **M** Drehrichtung/Kühlmittel

In den Steuerungen von CNC-Maschinen sind häufig verwendete Bearbeitungsprogramme fest als Zyklen enthalten. Zyklen werden durch ein G-Wort im Programm aufgerufen und durch Parameter mit Adressbuchstaben in einem Satz programmiert.

| Beispiel | für die Programmierung einer Drehbearbeitung mit dem Schruppzyklus G81 |

Aufgabe: Es soll die Außenkontur mithilfe der automatischen Schnittaufteilung des Konturzyklus G81 und einer maximalen Schnitttiefe von 2 mm gedreht werden.

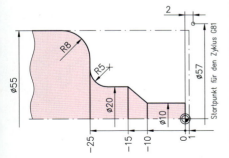

Programm	Bemerkungen
N70 X57 Z2	Anfahren des Startpunktes
N80 G81 D2 H3	Aufruf des Zyklus G81, Schruppbearbeitung mit anschließendem Konturschnitt
N90 G1 G42 X10 Z0	Beginn der Beschreibung der Kontur, Werkzeubahnkorrektur, rechts
N100 Z-10	Geradlinige Vorschubbewegung
N110 X20 Z-15	Geradlinige Vorschubbewegung
N120 Z-20	Geradlinige Vorschubbewegung
N130 G2 X30 Z-25 I5 K0	Kreisförmige Bewegung im Uhrzeigersinn
N140 G1 X39	Geradlinige Vorschubbewegung
N150 G3 X55 Z-33 I0 K8	Kreisförmige Bewegung im Gegenuhrzeigersinn
N160 G40	Schneidenradiuskorrektur aufheben
N170 G80	Ende des Konturzyklus
N180 G0 X80 Z50 M30	Wegfahren des Werkzeuges

4 Programmieren zur Fertigung von Frästeilen

4.1 Programmieren von Weginformationen beim Fräsen

4.1.1 Achsrichtungen bei Fräsarbeiten

Bei Fräsmaschinen unterscheidet man nach der Lage der Arbeitsspindel Senkrechtfräsmaschinen und Waagerechtfräsmaschinen.

Zur Fertigung komplizierter Werkstücke müssen Fräsmaschinen über zusätzliche Bewegungsrichtungen verfügen. Solche Maschinen bezeichnet man als Bearbeitungszentren.

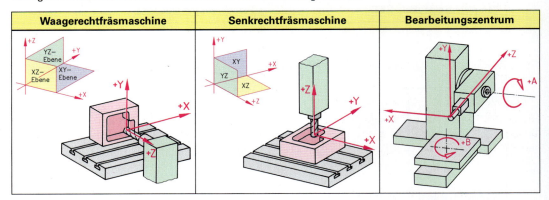

Programmgesteuerte Schwenkbewegungen um die X-, Y- und Z-Achse werden mit A, B und C bezeichnet. Die Bewegungen sind positiv, wenn sie sich in Richtung der positiven Achse gesehen im Uhrzeigersinn drehen.

4.1.2 Maschinennullpunkt und Referenzpunkt

Der Maschinennullpunkt ist der Ursprung des Koordinatensystems. Er liegt bei CNC-Fräsmaschinen an der Grenze des Arbeitsbereichs. Bei Fräsmaschinen mit inkrementalen Messsystemen muss beim Einschalten der Maschine ein Nullpunkt angefahren und die Messsysteme müssen dort in allen Achsrichtungen Null gesetzt werden. Einen solchen Punkt bezeichnet man als Referenzpunkt. An Fräsmaschinen sind der Referenzpunkt und der Maschinennullpunkt vielfach identisch.

Beispiel für die Lage von Maschinennullpunkt und Referenzpunkt an Fräsmaschinen

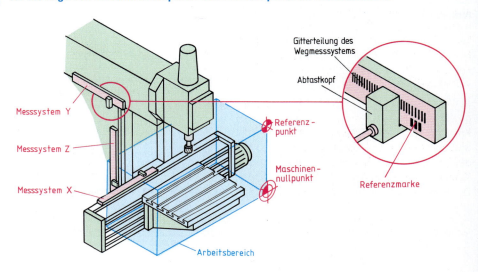

4.1.3 Werkstücknullpunkt

- **Wahl des Werkstücknullpunktes**

Den Werkstücknullpunkt legt man bei einfachen Werkstücken an einen Werkstückeckpunkt, bei symmetrischen Werkstücken auf die Symmetrieachse.

| Beispiele | für Nullpunktslagen an einfachen Frästeilen |

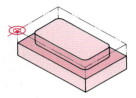
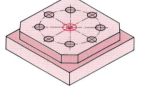

Werkstücknullpunkt an einem Werkstückeckpunkt

Werkstücknullpunkt in der Symmetrieachse

- **Verschiebung des Werkstücknullpunktes**

Für die Bearbeitung auf CNC-Maschinen kann es vorteilhaft sein, den Werkstücknullpunkt innerhalb eines längeren Fertigungsprozesses zu verlegen. Dies geschieht mit dem Befehl **G54**. Der Befehl **G53** hebt die Verschiebung wieder auf.

| Beispiel | für eine Nullpunktverschiebung mit dem Befehl G59 (nach PAL) |

Eine programmierte Grundkontur kann mithilfe einer Nullpunktverschiebung an die gewünschte Stelle übertragen werden. Die Verschiebung wird mit dem Befehl G59 aufgerufen und durch die Angabe der Absolutmaße für die Nullpunktverschiebung programmiert. Weitere Verschiebungen können mit der Absolutbemaßung auf den neuen Nullpunkt programmiert werden.

N... G59 X120 Y100

4.1.4 Werkzeugbahnkorrekturen

Die erforderliche Werkzeugbewegung für eine Fräsarbeit entspricht theoretisch der Bahn des Fräsermittelpunktes parallel zur zu fertigenden Werkstückkontur. Je nach Durchmesser des eingesetzten Fräsers muss die Bahn des Werkzeugmittelpunktes entlang der Werkstückkontur nach links oder rechts verlegt werden.

Soll das Werkzeug in Vorschubrichtung links von der gewünschten Kontur arbeiten, dann ruft man die Korrektur durch den Wegbefehl **G41** auf.
Soll das Werkzeug in Vorschubrichtung rechts von der gewünschten Kontur arbeiten, dann ruft man die Korrektur durch den Wegbefehl **G42** auf.
Der Befehl **G40** hebt die Bahnkorrektur wieder auf.

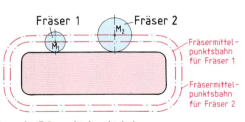

Lage der Fräsermittelpunktsbahn

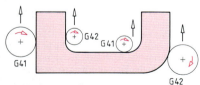

Wegbefehle G41 und G42

> G41 korrigiert bei der Stellung des Werkzeugs in Vorschubrichtung links von der Kontur.
> G42 korrigiert bei der Stellung des Werkzeugs in Vorschubrichtung rechts von der Kontur.
> G40 hebt Korrekturen wieder auf.

4.2 Programmierhilfen

4.2.1 Zyklen beim Fräsen

Häufig sind bei Arbeiten auf Fräsmaschinen sich wiederholende, gleichartige Arbeiten durchzuführen, die in sehr vielen Einzelfällen programmiert werden müssten. Man fasst diese Arbeiten in Zyklen zusammen. Diese können in einem Satz programmiert werden.

Wichtige Zyklen für die Fräsbearbeitung sind
- *Bohrzyklen:* Durchbohren, Tiefbohren, Gewindebohren, Lochmusterbohren (z. B. Teilkreise),
- *Konturzyklen:* Taschenfräsen, Zapfenfräsen, Fasenfräsen, Eckenrunden,
- *An- und Ausfahrzyklen:* sanftes Anfahren an die Kontur.

Beispiele für zyklisch zu programmierende Vorgänge

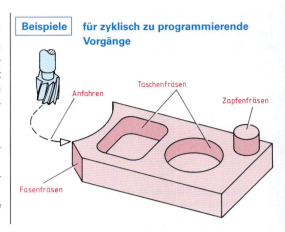

Bei Bohr- und Konturzyklen muss bei den meisten Steuerungen zunächst auf Teilkreis oder Taschenmitte mit einem geringen Sicherheitsabstand – meist 1 mm oder 2 mm – gefahren werden. Im nächsten Satz wird dann der Zyklus aufgerufen. Er muss mit allen vorgegebenen Parametern programmiert sein. Nach dem Abarbeiten des programmierten Zyklus fährt das Werkzeug wieder in die Startposition zurück.

Beispiel für einen Rechtecktaschenfräszyklus

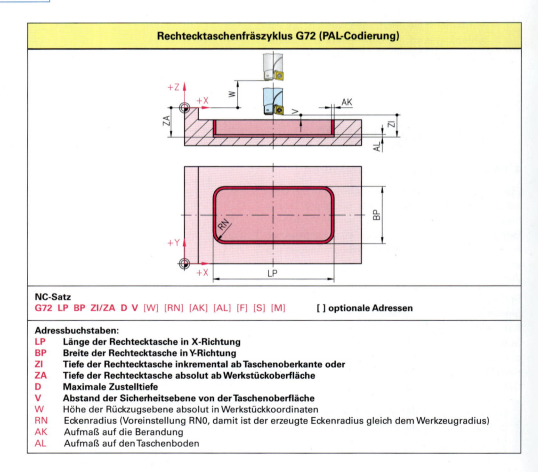

NC-Satz
G72 LP BP ZI/ZA D V [W] [RN] [AK] [AL] [F] [S] [M]   [ ] optionale Adressen

Adressbuchstaben:
- **LP** Länge der Rechtecktasche in X-Richtung
- **BP** Breite der Rechtecktasche in Y-Richtung
- **ZI** Tiefe der Rechtecktasche inkremental ab Taschenoberkante oder
- **ZA** Tiefe der Rechtecktasche absolut ab Werkstückoberfläche
- **D** Maximale Zustelltiefe
- **V** Abstand der Sicherheitsebene von der Taschenoberfläche
- **W** Höhe der Rückzugsebene absolut in Werkstückkoordinaten
- **RN** Eckenradius (Voreinstellung RN0, damit ist der erzeugte Eckenradius gleich dem Werkzeugradius)
- **AK** Aufmaß auf die Berandung
- **AL** Aufmaß auf den Taschenboden

4.2.2 Manipulation von Programmteilen

Der Programmieraufwand kann erheblich vermindert werden, wenn eine Grundkontur mithilfe von Befehlen in ihrer Lage, Form und Größe verändert werden kann. Vorgänge, mit denen solche Veränderungen wie *Verschieben*, *Drehen* und *Spiegeln* o. Ä. bewirkt werden, nennt man **Manipulationen**. Die Verschlüsselung von Manipulationen sind nicht genormt und daher steuerungsabhängig.

> **Beispiel** für eine programmierbare Nullpunktverschiebung und -drehung mit Polarkoordinaten (nach PAL)

Eine in einem Unterprogramm programmierte Kontur kann mit dem Befehl G58 zu einem neuen Nullpunkt im Abstand von RP verschoben und gleichzeitig mit z. B. AP20 um einen Winkel von 20° gedreht werden.

Die Winkelangabe wird in Gegenuhrzeigerrichtung mit *positiven* und in Uhrzeigerrichtung mit *negativen* Vorzeichen versehen. Der Winkel 0° liegt auf der positiven waagerechten Achse des ursprünglichen Koordinatensystems.

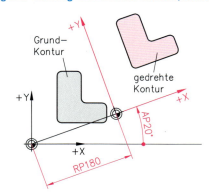

Programmierung:

N... G58 RP180 AP20

> **Beispiele** für Spiegelungen einer Grundkontur (nach PAL)

Eine in einem Unterprogramm programmierte Kontur kann mit einem festgelegten Befehl, z. B. mit G66 und Angabe der Spiegelachse gespiegelt werden. Die Spiegelung ist um eine Achse oder um zwei Achsen möglich. G66 ohne Achsangabe hebt die Spiegelung auf.

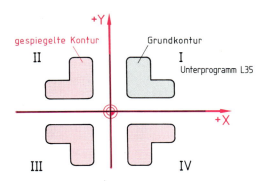

Programmierung:

N... G22 L35 H1	Fräsen in I
N... G66 Y	Spiegeln in II
N... G22 L35 H1	Fräsen in II
N... G66	Spiegeln aufheben
N... G66 XY	Spiegeln I auf III
N... G22 L35 H1	Fräsen in III

> **Beispiele** für Vergrößerung einer Grundkontur (nach PAL)

Die Abmessungen einer Kontur, die in einem Unterprogramm programmiert ist, können mit dem Befehl G67 vergrößert oder verkleinert werden. Die Umwandlung der Längen wird mit SK programmiert und die Größenveränderung mit einem Faktor angegeben. So wird eine Längenänderung auf 150 % mit SK1.5 programmiert.

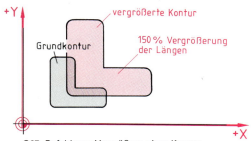

Programmierung:

N... G67 Sk1.5

G67 Befehl zum Vergrößern einer Kontur
SK Angabe des Vergrößerungsfaktors

> Eine in einem Unterprogramm programmierte Grundkontur kann mit kurzen Befehlen vielfach manipuliert werden. Häufige Manipulationen sind Verschiebung, Drehung, Spiegelung und Größenveränderung von Grundkonturen.

4.2.3 Unterprogramme

• **Unterprogramme mit festen Zahlenwerten**

Gleiche Bearbeitungsabläufe, die in der Fertigung an unterschiedlichen Stellen eingesetzt werden, werden als Unterprogramm geschrieben. Diese Unterprogramme können an jeder beliebigen Stelle eines Hauptprogramms aufgerufen werden.

| Beispiel | für ein Unterprogramm mit festen Zahlenwerten (nach PAL) |

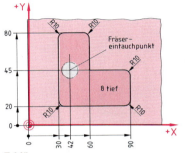

Fräserdurchmesser:
$d = 20$ mm
≙ Eckenradius

L 22	Unterprogramm Ausfräsung				
N1	G90			S220	T1
N2	G00	X42	Y45	Z2	M3
N3	G01			Z–8	F25
N4	G43	X30			F50
N5	G42		Y80		
N6		X60			
N7			Y45		
N8		X90			
N9			Y20		
N10		X30			
N11			Y45		
N12				Z2	
N13	G40				
N14	G00	X0	Y0	Z40	
N15	M17				

Erklärungen:

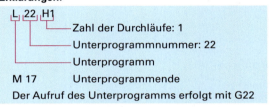

M 17   Unterprogrammende
Der Aufruf des Unterprogramms erfolgt mit G22

• **Unterprogramme mit Parametertechnik**

Für Bearbeitungsvorgänge, bei denen zwar ähnliche Formen mit unterschiedlichen Maßen vorkommen, werden statt der Maße Parameter programmiert. Parameter werden von den Steuerungsherstellern mit unterschiedlichen Buchstaben benannt, zum Beispiel **R**. Die Arbeitsweise mit Unterprogrammen in Parametertechnik für Fräsarbeiten entspricht der bei Dreharbeiten.

4.2.4 Einbau von Unterprogrammen und Zyklen in Hauptprogramme

In Hauptprogramme versucht man zur Verringerung des Programmieraufwandes möglichst viele Zyklen oder bereits vorhandene Unterprogramme einzubauen. Im Verlauf des Hauptprogramms werden dem Fertigungsablauf entsprechend Unterprogramme mit Unterprogrammnummern, z. B. L350, und Zyklen mit G-Worten, z. B. G81, aus dem Programmspeicher aufgerufen. Es ist möglich, eingearbeitete Unterprogramme und Zyklen mehrfach in einem Hauptprogramm zu verwenden.

| Beispiel | für einen geschachtelten Aufbau eines Hauptprogramms (PAL-Simulation) |

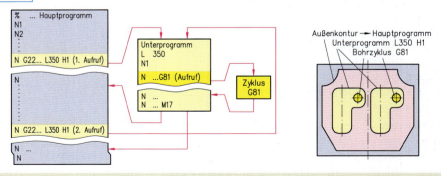

In Hauptprogrammen werden zur Verringerung des Programmieraufwands häufig Unterprogramme und Zyklen direkt oder geschachtelt eingearbeitet.

4.3 Programmieren von Schaltinformationen

4.3.1 Programmieren von Schnittdaten

Bei der Programmierung eines Frästeils sind die folgenden Schnittdaten einzugeben:
- Umdrehungsfrequenz in 1/min mit den Adressbuchstaben **S** und
- Vorschubgeschwindigkeit in mm/min mit **G94** und dem Adressbuchstaben **F** oder
- Vorschub in mm mit **G95** und dem Adressbuchstaben **F**.

| Beispiel | für die Ermittlung und Programmierung der technologischen Daten |

Aufgabe
Ein Werkstück aus E 295 soll mit einem Messerkopf mit Hartmetallschneiden P 30 bearbeitet werden. Der Fräser hat einen Durchmesser von 80 mm und 6 Schneiden.
Es sind die unter F und S zu programmierenden Daten zu ermitteln.

Lösung

Werkstoffe E 295 (normal zerspanbar)
Schneidstoff P 30
⎫ Schnitttiefe $a_p = 5$ mm
⎬ Vorschub pro Fräserzahn $f_z = 0{,}2$ mm ⎫
⎭ Schnittgeschwindigkeit $v_c = 145$ m/min ⎬

Berechnung der Umdrehungsfrequenz:
$$n = \frac{v_c}{d \cdot \pi} \qquad n = \frac{145 \frac{m}{min}}{0{,}08 \text{ m} \cdot 3{,}14} = 577 \frac{1}{min} \rightarrow \textbf{S577}$$

Berechnung der Vorschubgeschwindigkeit:
$$v_f = f_z \cdot z \cdot n \qquad v_f = 0{,}2 \text{ mm} \cdot 6 \cdot 577 \frac{1}{min} = 692 \frac{mm}{min} \rightarrow \textbf{F692}$$

Programmblatt:

N	G	X	Y	Z	I	J	K	F	S	T	M
...	G94	...	...	...				F692	S577		

4.3.2 Werkzeuge und Werkzeugmaße

- **Werkzeugmaße**

Die Auswahl der Werkzeuge wird nach der Art und Form der Bearbeitung und dem Werkstoff des Werkstücks vorgenommen.

Die Ausführungsform und die Größe der Fräswerkzeuge bestimmen die Werkzeugeinspannart. Kleinere Werkzeuge werden in Werkzeugspannfutter eingespannt. Große Fräswerkzeuge werden direkt in die Frässpindel eingesetzt.

Die Planflächenebene der Frässpindel ist die Bezugsebene für die Angabe der Werkzeuglängen. In dieser Ebene legt man den Werkzeugeinstellpunkt auf die Drehachse der Spindel.

Als Abmessungen der Fräswerkzeuge werden Fräserdurchmesser, Fräserlänge und evtl. weitere Maße, z. B. bei Formfräsern, erfasst. Die Werkzeugabmessungen werden unter der Werkzeugadresse im Werkzeugspeicher abgelegt.

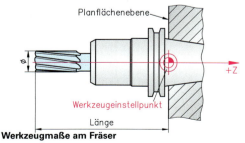

Werkzeugmaße am Fräser

Vor der CNC-Bearbeitung müssen die Werkzeugdaten in den Werkzeugspeicher der Steuerung eingegeben werden.

Übungsaufgabe CN-10

5 Übungsaufgaben CNC-Technik

CNC-Werkzeugmaschinen

CN-1 Beschriften Sie die freien Achsen gemäß dem kartesischen Koordinatensystem, und geben Sie die Kennbuchstaben für die Bewegung an.

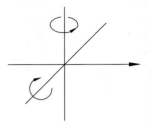

CN-2 Vergleichen Sie digital-inkrementales und digital-absolutes Messen hinsichtlich Zahl der Spuren auf dem Codelineal und der Beeinflussbarkeit durch Störimpulse.

CN-3 Dies ist das Schema eines binär codierten Lineals zur digital absoluten Wegmessung. Ergänzen Sie den Code von 6 bis 12.

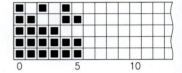

CN-4 Welche Steuerungsarten benötigt man mindestens für die Durchführung folgender Arbeiten auf CNC-Maschinen?
a) Abrunden einer Blechkante mit einem Radius R 120 mm.
b) Fräsen einer Geradführung mit einem Schaftfräser.
c) Befestigung eines gebogenen Bleches durch Punktschweißen.

CN-5 Unterscheiden Sie eine $2^1/_2$ D-Bahnsteuerung von einer 3 D-Bahnsteuerung.

Grundlagen zur manuellen Programmierung

CN-6 Skizzieren Sie die Symbole für Werkstücknullpunkt, Maschinennullpunkt und Referenzpunkt.

CN-7 Geben Sie eine Beschreibung des Werkzeugweges für das skizzierte Drehteil, ausgehend von P_0 für Absolutmaßprogrammierung.

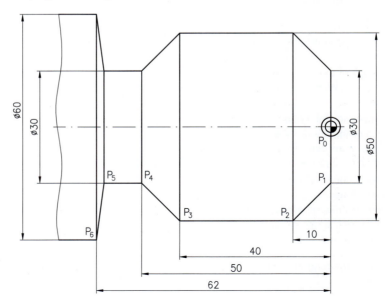

CN-8 Welche Wörter werden benötigt, um den Kreisbogen an einem Werkstück zwischen den Punkten P_1 und P_2 zu beschreiben, wenn dieser Kreisbogen im Uhrzeigersinn durchfahren werden soll?
Die Interpolationsparameter legen den Mittelpunkt fest: I in X-Richtung,
J in X-Richtung.
Der Mittelpunkt M wird inkremental von P_1 aus angegeben.

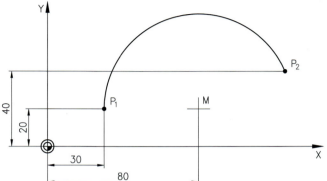

Weginformationen:
P_1: X . . . Y . . .
P_2: X . . . Y . . .

Interpolationsparameter:
P: I . . . J . . .

Wegbedingung:
G . . .

Programmieren zur Fertigung von Drehteilen

CN-9 Ein Druckgussrohling hat auf den Bearbeitungsflächen eine Bearbeitungszugabe von 1 mm. Die Bohrung ist nicht vorgegossen. Der große Durchmesser – 60 mm – bleibt unbearbeitet.

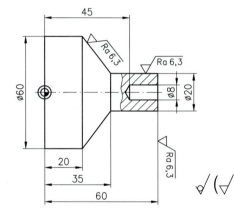

Bearbeitungsfolge:

1. Spannen an ⌀ 60
2. Plandrehen
3. Längsdrehen ⌀ 20
4. Kegeldrehen
5. Bohren ⌀ 8

Werkzeuge:

- Drehmeißel Nr. 01 mit R = 1 mm
- Bohrer ⌀ 8 Nr. 02 L = 60 mm
Werkzeugwechselpunkt und
Startpunkt in X 300, Z 300

technologische Daten:

- Spindeldrehzahl zum Drehen 1 500 1/min
- Vorschub zum Drehen 250 mm/min
- Spindeldrehzahl zum Bohren 1 800 1/min
- Vorschub zum Bohren 0,1 mm (je Umdrehung)
- Kühlmitteleinsatz

Legen Sie entsprechend dem Muster ein Programmblatt an. Schreiben Sie das Programm.

| Werkstück: | *Sockelstück* |
| Programm Nr.: | |

N	G	X	Z	F	S	T	M

Programmieren zur Fertigung von Frästeilen

CN-10 Das dargestellte Werkstück soll auf einer CNC-Maschine gefertigt werden. Planen Sie den Fertigungsablauf.

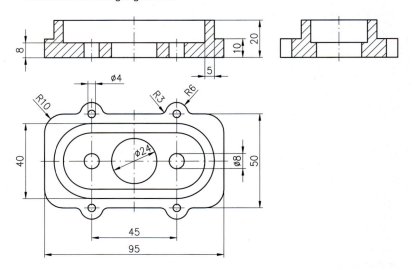

a) Legen Sie die Bearbeitungsfolge fest. Berücksichtigen Sie dabei Spannen, Umspannen, Nullpunktlage(n) u. a.
b) Erstellen Sie – Ihrer Fertigungsplanung entsprechend – eine Zeichnung mit CNC-gerechter Bemaßung.
c) Legen Sie die zu verwendenden Werkzeuge fest.
d) Bestimmen Sie Schnittgeschwindigkeiten, Umdrehungsfrequenzen, Vorschübe, Zustellung u. a.
e) Erstellen Sie das Programm bzw. Teilprogramm für die Fertigung.
f) Testen Sie das Programm durch Simulation.
g) Fertigen Sie ein Werkstück.

Steuerungstechnik ST

Entwickeln von Steuerungen

Auftrag

Auftragsbeschreibung

Lagerbuchsen in Laufrollen einpressen Schaltung für die Presse entwickeln.

Technologieschema

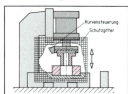

Technische Anforderungen:
- Art des Arbeitselements (z. B. Motor, Zylinder ...)
- Größe des zu steuernden Energie- oder Massestroms
- Länge der Zuleitungen
- Schrittfolgen
- Sicherheitsanforderungen (z. B. explosionssicher, NOT-Aus ...)

Analysieren

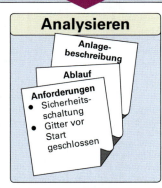

Ergebnisse:
- Anforderungskatalog
- Daten für Planungs-Entscheidung
- Ablaufbeschreibung
- Lagepläne

Entscheidung über:
- Art der Steuerung (z. B. pneumatisch, SPS ...)
- Ablauf
- Schaltung
- Einbau
- Bauelemente

Planen

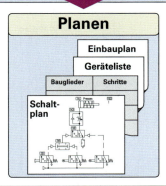

Ergebnisse:
1. Technologieschema
2. Funktionsplan
3. Schaltplan
4. Geräteliste
5. Einbaupläne

Realisieren (Aufbauen)

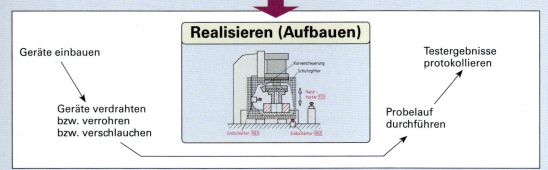

Geräte einbauen

Geräte verdrahten bzw. verrohren bzw. verschlauchen

Testergebnisse protokollieren

Probelauf durchführen

1 Grundbegriffe

1.1 Steuern und Regeln

Maschinen und Anlagen müssen in Betrieb gesetzt werden. Im Betrieb müssen die einzelnen Funktionsorgane, z. B. Motoren, Erwärmungsgeräte, Sprühgeräte, im richtigen Augenblick zusammenwirken. Das Ingangsetzen von Maschinen und Anlagen sowie das Beeinflussen des Zusammenwirkens der Funktionsorgane geschieht durch Steuerungen und Regelungen.

Beispiel für Steuern und Regeln eines Glühprozesses

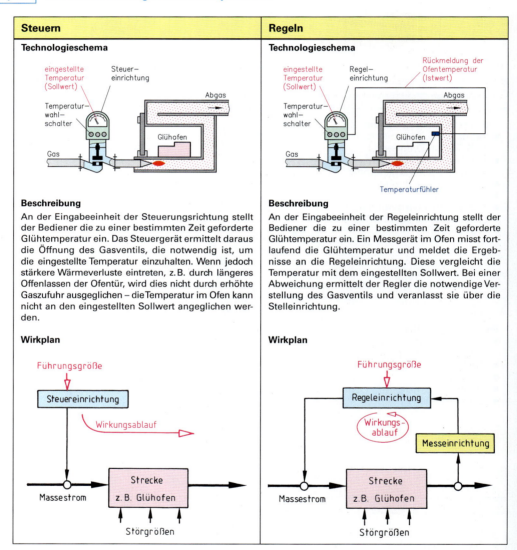

Entsprechend der dargestellten Unterschiede werden die Vorgänge Steuern und Regeln in der Norm folgendermaßen definiert:

Steuern

Das *Steuern* ist der Vorgang in einem System, bei dem eine oder mehrere Größen als Eingangsgrößen andere Größen als Ausgangsgrößen aufgrund der dem System eigentümlichen Gesetzmäßigkeit beeinflussen. Kennzeichen einer Steuerung ist der **offene Wirkungsablauf** in einer **Steuerkette**.

Übungsaufgabe ST-1

Regeln

Das *Regeln* ist ein Vorgang, bei dem die zu regelnde Größe fortlaufend erfasst, mit der Führungsgröße verglichen und abhängig vom Ergebnis dieses Vergleichs, im Sinne einer Angleichung an die Führungsgröße, beeinflusst wird. Kennzeichen für das Regeln ist der **geschlossene Wirkungsablauf** in einem **Regelkreis**.

Programmierbare Steuerungen ermöglichen es, Maßnahmen zum Ausgleich vorhersehbarer Störungen in die Steuerung einzugeben und so die Einhaltung von Sollwerten zu erreichen. Aus diesem Grund hat die Steuerungstechnik im Maschinen- und Anlagenbau weitaus größere Bedeutung erlangt als die Regelungstechnik.

1.2 Steuerungs- und Leistungsteil gesteuerter Anlagen

Gesteuerte Anlagen bestehen aus mehreren Teilsystemen. Im einfachsten Falle kann man einen Steuerungs- und einen Leistungsteil der Gesamtanlage unterscheiden. Im Steuerungsteil der Anlage werden die Bedingungen überprüft, bei deren Erfüllung an den Leistungsteil die Anweisung zum Arbeiten gegeben wird. Der Leistungsteil muss sodann die Arbeit verrichten. Zum Leistungsteil einer Anlage gehören die Arbeitsglieder einschließlich des Elementes, das die Energiezufuhr zum Arbeitsglied bewirkt.

> **Beispiel** Steuerungs- und Leistungsteil in einer gesteuerten Anlage (Zuführeinrichtung einer Bohrvorrichtung)
>
> In der dargestellten Anlage werden nach Drücken des Auslösetasters Werkstücke aus einem Fallmagazin durch einen Pneumatikzylinder in die Bohrvorrichtung geschoben. Der Vorschub darf jedoch nur erfolgen, wenn die Bohrvorrichtung frei ist und noch ein Werkstück im Magazin liegt.

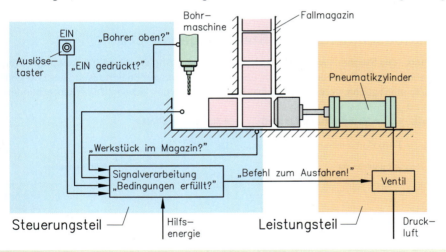

> Gesteuerte Anlagen bestehen aus einem Steuerungsteil und einem Leistungsteil.

1.3 Energieeinsatz in gesteuerten Anlagen

Im Steuerungsteil einer Anlage wird nur wenig Energie zum Betrieb benötigt – der Leistungsteil hingegen benötigt erheblich mehr Energie.
Im Steuerungsteil einer Anlage wird wegen des geringeren Energiebedarfs elektrisch, elektronisch oder pneumatisch gearbeitet.
Im Leistungsteil wendet man elektrisch höhere Spannungen und Stromstärken an, oder es wird pneumatisch bzw. hydraulisch gearbeitet.

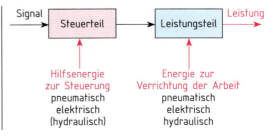

212 Grundbegriffe

Zum Betrieb von Steuerungs- und Leistungsteil haben sich die folgenden Kombinationen von Energieträgern als günstig erwiesen.

Steuerungsteil	Leistungsteil	Anwendung bei …
pneumatisch	pneumatisch	– einfachen Steuerungen mit kurzen Verbindungsleitungen und mäßigem Kraftaufwand im Leistungsteil, geradlinigen Bewegungen, z. B. bei Spannvorrichtungen.
elektrisch elektronisch	pneumatisch	– aufwendigen Steuerungen mit mäßigem Kraftaufwand im Leistungsteil, langen Verbindungswegen, geradlinigen Bewegungen und einer Vielzahl von zu verarbeitenden Informationen, z. B. bei ferngesteuerten Transporteinrichtungen.
elektrisch elektronisch	hydraulisch	– Steuerungen für Anlagen mit hohen Kräften im Leistungsteil, langen Leitungswegen, geradliniger Bewegung, z. B. Schleusentore.
elektrisch elektronisch	elektrisch	– Steuerung von Anlagen, in denen vornehmlich Drehbewegungen ausgeführt werden oder elektrisch erwärmt wird, z. B. Krananlagen, Elektroöfen.
hydraulisch	hydraulisch	– einfachen Steuerungen mit kurzen Verbindungsleitungen und hohem Kraftbedarf im Leistungsteil, geradlinigen Bewegungen, z. B. Bagger.

> In gesteuerten Anlagen können Steuerungs- und Leistungsteil mit unterschiedlichen Energieträgern betrieben werden. Steuerungseinheiten werden bevorzugt als elektrische oder elektronische Baueinheiten ausgeführt.

1.4 Funktionseinheiten von Steuerungen

Der Steuervorgang – **das Steuern** – wird mithilfe der Steuereinrichtung durchgeführt. Komplette Steuereinrichtungen bestehen aus drei Funktionseinheiten, über die die Signale zur Beeinflussung des Energieflusses oder Massestroms eingegeben, verarbeitet und weitergeleitet werden können. Die entsprechenden Funktionseinheiten sind:
- Eingabeeinheit,
- Verarbeitungseinheit,
- Ausgabeeinheit.

Beispiel für die Funktionseinheiten einer Steuerung

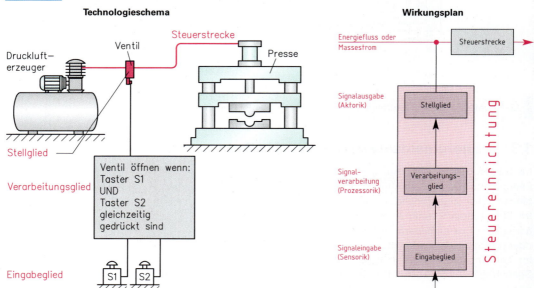

Übungsaufgabe ST-3

1.5 Steuerungsarten

Häufig eingesetzte Steuerungsarten sind:
- Verknüpfungs- und Ablaufsteuerungen sowie
- Verbindungs- und speicherprogrammierte Steuerungen.

1.5.1 Verknüpfungs- und Ablaufsteuerungen

In pneumatischen, hydraulischen und elektromechanischen Steuerungen sind Verknüpfungs- und Ablaufsteuerungen von besonderer Bedeutung.

Bei **Verknüpfungssteuerungen** (kombinatorische Steuerungen) werden den Eingangssignalen bestimmte Ausgangssignale durch Verknüpfungsglieder zugeordnet. Die dabei vorliegenden binären Signale werden durch logische Glieder wie **UND, ODER, NICHT** verarbeitet.

Bei **Ablaufsteuerungen** (sequenzielle Steuerungen) erfolgt ein erzwungener, schrittweiser Ablauf der Steuerungsaufgabe. Der Übergang von einem Schritt zum anderen erfolgt abhängig von den Übergangsbedingungen.

BeispielE für Verknüpfungs- und Ablaufsteuerung

Verknüpfungssteuerung	Ablaufsteuerung
Der Brenner einer Heizungsanlage soll nur eingeschaltet werden, wenn die Umwälzpumpe eingeschaltet ist **und** der Temperaturfühler für die Warmwasserversorgung **oder** der Raumtemperaturfühler ein Signal gibt.	Bei einem Verladevorgang müssen Paletten angehoben werden. Das Anheben durch den Hubzylinder darf aber erst erfolgen, wenn die Übergangsbedingung „Greifer geschlossen" erfüllt ist.

In den meisten Steuerungen sind Verknüpfungs- und Ablaufsteuerung kombiniert.

Beispiel für eine Kombination aus Ablauf- und Verknüpfungssteuerung

Der Verladevorgang von Paletten (s. oben) geschieht durch den Hubzylinder erst, wenn der Spannzylinder gespannt hat – eine Ablaufsteuerung.
Das Lösen der Spannung geschieht nur, wenn ein Sensor keine Zusatzlast an der Hubeinrichtung meldet UND der Taster Lösen gedrückt ist – eine Verknüpfungssteuerung.

Eine **Verknüpfungssteuerung** liegt vor, wenn den Signalzuständen der Eingangssignale bestimmte Signalzustände der Ausgangssignale über logische Verknüpfungen zugeordnet sind.
In einer **Ablaufsteuerung** folgen die Steuerschritte mit zwangsläufigem schrittweisem Ablauf. Das Weiterschalten von einem Schritt auf den programmgemäßen nächsten Schritt erfolgt durch festgelegte Bedingungen.

Übungsaufgabe ST-3

1.5.2 Verbindungs- und speicherprogrammierte Steuerungen

Die in eine Steuereinrichtung eingegebenen Signale werden im Verarbeitungsglied nach einem festgelegten Programm verarbeitet. Die im Programm zusammengefassten Steueranweisungen für die Signalverarbeitung können entweder durch bestimmte Bauelemente und ihre Verbindung miteinander oder im Programmspeicher eines Mikroprozessors gespeichert werden. Entsprechend diesen Möglichkeiten der Programmverwirklichung wird zwischen verbindungsprogrammierten und speicherprogrammierten Steuerungen unterschieden.

Eine **verbindungsprogrammierte** Steuerung (VPS) ist eine Steuerung, deren Programm durch die Art der Funktionseinheiten und deren Verbindung vorgegeben ist.

Eine **speicherprogrammierte** Steuerung (SPS) ist eine Steuerung, deren Programm in einem Programmspeicher gespeichert wird.

> **Beispiel** für Lösung einer Steuerungsaufgabe durch Verbindungsprogrammierung und Speicherprogrammierung

Steuerungsaufgabe: Der Kolben eines einfachwirkenden Zylinders soll nur ausfahren, wenn an zwei Eingangsgliedern gleichzeitig ein Signal anliegt.

Programmverwirklichung

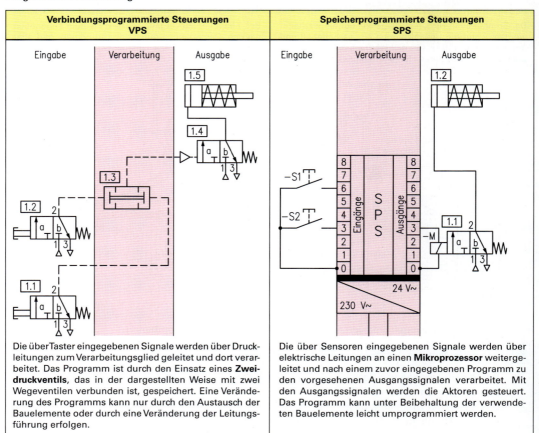

Die über Taster eingegebenen Signale werden über Druckleitungen zum Verarbeitungsglied geleitet und dort verarbeitet. Das Programm ist durch den Einsatz eines **Zweidruckventils**, das in der dargestellten Weise mit zwei Wegeventilen verbunden ist, gespeichert. Eine Veränderung des Programms kann nur durch den Austausch der Bauelemente oder durch eine Veränderung der Leitungsführung erfolgen.

Die über Sensoren eingegebenen Signale werden über elektrische Leitungen an einen **Mikroprozessor** weitergeleitet und nach einem zuvor eingegebenen Programm zu den vorgesehenen Ausgangssignalen verarbeitet. Mit den Ausgangssignalen werden die Aktoren gesteuert. Das Programm kann unter Beibehaltung der verwendeten Bauelemente leicht umprogrammiert werden.

> In verbindungsprogrammierten Steuerungen (VPS) ist der Ablauf durch die Verdrahtung (Verschlauchung) innerhalb des Verarbeitungsgliedes festgelegt und nur durch Änderungen im Aufbau zu verändern. In speicherprogrammierten Steuerungen (SPS) ist der Ablauf durch ein leicht zu veränderndes Programm festgelegt.

1.6 Grundlagen zum Entwurf von Steuerungen

1.6.1 Verknüpfungsfunktionen

In Verknüpfungssteuerungen werden den Eingangssignalen eindeutige Ausgangssignale zugeordnet. Für die dazu nötige Informationsverarbeitung müssen die Signale in binärer Form vorliegen, damit sie eindeutig verknüpft werden können.

Grundlegende Verknüpfungen sind die:

UND-Verknüpfung, **ODER**-Verknüpfung und **NICHT**-Verknüpfung.

Aus diesen drei Verknüpfungen lassen sich durch Kombination beliebige Verknüpfungsfunktionen entwickeln.

Beispiel für UND-, ODER- und NICHT-Verknüpfung

UND Der Pressenhub erfolgt nur, wenn der Taster 1.1 **und** der Endschalter 1.2 betätigt sind.

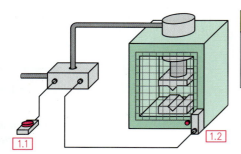

1.1	1.2	Zylinder der Presse
nicht gedrückt	nicht gedrückt	fährt nicht aus
nicht gedrückt	gedrückt	fährt nicht aus
gedrückt	nicht gedrückt	fährt nicht aus
gedrückt	gedrückt	fährt aus

ODER Die Nietmaschine nietet, wenn entweder der Fußtaster 1.1 **oder** der Handtaster 1.2 betätigt wird.

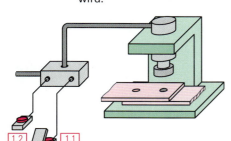

1.1	1.2	Zylinder der Nietmaschine
nicht betätigt	nicht betätigt	fährt nicht aus
nicht betätigt	betätigt	fährt aus
betätigt	nicht betätigt	fährt aus
betätigt	betätigt	fährt aus

NICHT Der Motor treibt die Pumpe an, solange der NOT-AUS-Taster **nicht** gedrückt wird.

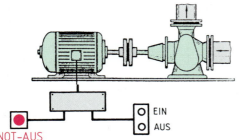

NOT-AUS	Pumpenmotor
nicht betätigt	Motor läuft
betätigt	Motor steht

Grundbegriffe

Die verschiedenen Verknüpfungen können unterschiedlich dargestellt und verwirklicht werden.

Verknüpfung		Darstellungsformen			Verwirklichung
Benennung	Mathem. Zeichen	Verknüpfungs- funktion	Funktionsplan	Anweisungsliste	Bsp. pneumatisch
UND	$\wedge$	$E1 \wedge E2 = A$	E1 & A / E2	U E1 / U E2 / = A	
ODER	$\vee$	$E1 \vee E2 = A$	E1 ≥1 A / E2	U E1 / O E2 / = A	
NICHT	–	$\overline{E} = A$	E 1 A / $\overline{E}$	NE = A	
		$E = \overline{A}$	E 1 A / $\overline{A}$	E = NA	

Die Verknüpfungsfunktionen geben die algebraische Abhängigkeit der Ausgangssignale A von den Eingangssignalen E1, E2 ... an.

Mithilfe der Funktionstabelle kann nun die **Verknüpfungsfunktion** ermittelt werden. *Die Verknüpfungsfunktion ist die mathematische Darstellung des Programms in einer Steuereinrichtung.* Für das Aufstellen der Verknüpfungsfunktion gelten die folgenden Regeln:

1. Es sind nur die Zeilen der Funktionstabelle zu berücksichtigen, in denen das Ausgangssignal den Wert 1 annimmt (Mintermnormalform).
2. Die Eingangssignale einer Zeile werden **UND** verknüpft.
3. Alle berücksichtigten Zeilen werden **ODER** verknüpft.

Beispiel für das Aufstellen einer Verknüpfungsfunktion

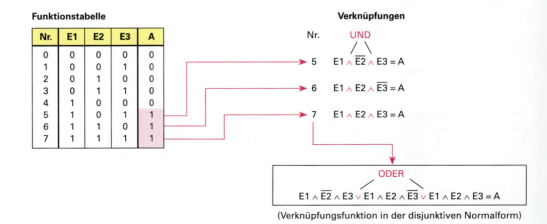

(Verknüpfungsfunktion in der disjunktiven Normalform)

1.6.2 Funktionstabelle

Die Funktionstabelle ist eine Zusammenstellung aller Kombinationsmöglichkeiten der Eingangssignale und der ihnen zugeordneten Schaltzustände der Ausgangssignale einer Verknüpfungsfunktion. Sie wird als Hilfsmittel zur Planung von Steuerungen eingesetzt und dient dabei zur Aufstellung von Verknüpfungsfunktionen (Schaltungsfunktionen).

Zur Aufstellung der Funktionstabelle müssen zunächst die Signaldarstellungen in einer **Zuordnungsliste** vereinbart werden. Danach werden die möglichen Verknüpfungen zusammengestellt. Die Anzahl der Verknüpfungen ergibt sich aus der Anzahl der Eingangssignale.

$x = 2^n$ x **Anzahl der Verknüpfungen** n **Anzahl der Eingangssignale**

In der Funktionstabelle werden die möglichen Verknüpfungen am sichersten erfasst, wenn man von 0 ausgehend die Dualzahlen bis $x-1$ untereinanderschreibt und dem Ausgang die Signalzustände entsprechend der Verknüpfungsfunktionen zuordnet.

Beispiel	für das Aufstellen der Funktionstabelle

Aufgabe: Der Kolben eines Zylinders soll nur ausfahren, wenn die Taster 1.1 und gleichzeitig der Taster 1.2 oder der Taster 1.3 betätigt wird.

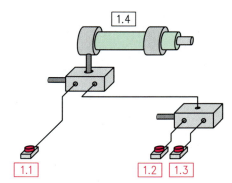

Lösung:

Zuordnungsliste

Betriebs-mittel	Signaldarstellungen	
Taster 1.1	E1 — betätigt	1
	— nicht betätigt	0
Taster 1.2	E2 — betätigt	1
	— nicht betätigt	0
Taster 1.3	E3 — betätigt	1
	— nicht betätigt	0
Kolben 1.4	A — ausgefahren	1
	— eingefahren	0

Anzahl der Verknüpfungen

$x = 2^n$
$x = 2^3$
$x = 8$

Funktionstabelle

Nr.	E1	E2	E3	A
0	0	0	0	0
1	0	0	1	0
2	0	1	0	0
3	0	1	1	0
4	1	0	0	0
5	1	0	1	1
6	1	1	0	1
7	1	1	1	1

Die Darstellung der Funktionstabelle lässt eine **Systematik** erkennen, die es erlaubt, die für die Darstellung der acht Kombinationsmöglichkeiten notwendigen Dualzahlen auch ohne Berechnung sofort anzugeben. Dazu ist die Anzahl der untereinander angeordneten Nullen bzw. Einsen von einem Eingangssignal zum nächsten jeweils zu verdoppeln.

> Die Funktionstabelle zeigt alle möglichen Kombinationen von Eingangssignalen und die sich daraus ergebenden Ausgangssignale.

Übungsaufgaben ST-4

1.6.3 Ablaufbeschreibung (GRAFCET)

Unabhängig von der späteren Ausführung geschieht die Darstellung der Steuerungsfunktionen mit Schritten und Weiterschaltbedingungen in einer Ablaufbeschreibung, die GRAFCET genannt wird.

1.6.3.1 Aufbau des GRAFCET-Plans

Der GRAFCET-Plan stellt eine Ablaufkette dar, in der Schritte jeweils duch Übergangsbedingungen getrennt werden. Wirklinien verknüpfen die Schritte zu einer Kette.

Schritte sind Teile eines Ablaufs, die gegenüber den vorausgegangenen und den nachfolgenden abgegrenzt sind. Schritte sind mit bestimmten Aktionen verknüpft, z. B. Verschieben. Im GRAFCET-Plan werden die Schritte durch Quadrate dargestellt, die mit ihnen verbundenen Aktionen werden in Rechtecken beschrieben.

Übergangsbedingungen (Transitionen) sind Beschreibungen der Bedingungen, die erfüllt sein müssen, damit der nächste Schritt eingeleitet wird. Übergangsbedingungen können im GRAFCET-Plan durch Worte, Logiksymbole u. Ä. dargestellt werden.

Wirkverbindungen stellen die Beziehung zwischen den einzelnen Schritten dar. Sie werden im GRAFCET-Plan durch Linien dargestellt. Auf der Wirklinie wird die jeweilige Übergangsbedingung durch einen Querstrich gekennzeichnet.

| Beispiel | für eine Ablaufbeschreibung in GRAFCET |

Der Kolben des Spannzylinders einer Spannvorrichtung soll aus Sicherheitsgründen nur ausgefahren werden, wenn die Taster 1.2 und 1.3 gleichzeitig betätigt werden. Das Einfahren erfolgt durch Betätigen des Tasters 1.1.

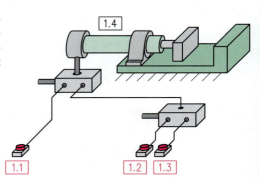

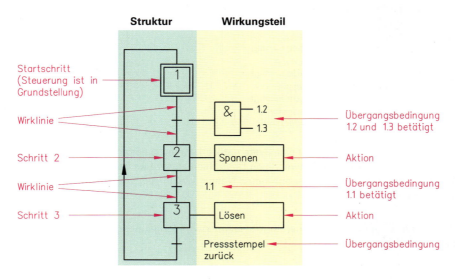

1.6.3.2 Darstellung von Strukturelementen im GRAFCET-Plan

• Schritte

Schritte werden im GRAFCET-Plan durch Quadrate gekennzeichnet. In der oberen Hälfte des Quadrats ist die Schrittkennzeichnung eingetragen. Diese kann aus Ziffern oder einer Kombination aus Ziffern und Buchstaben bestehen. Jede Ablaufkette hat einen Startschritt. Er gibt die Grundstellung der Steuerung vor dem ersten Betätigen an. Symbolisch wird der Startschritt durch einen Doppelrahmen gekennzeichnet.

Beispiele für die Darstellung von Schritten

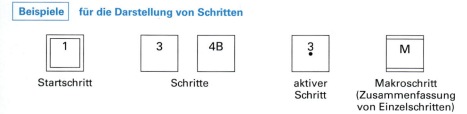

Mit den Schritten sind Aktionen verknüpft, z. B. das Spannen eines Bauteils, das Anlaufen eines Motors oder das Anziehen eines Relais zum Setzen eines Signals.
Aktionen beschreibt man in Rechtecken, die den Schritten zugeordnet werden. Die Rechtecke erhalten die gleiche Größe wie die Schrittsymbole. In ihnen kann die Aktion verbal in Befehlsform, durch Kurzzeichen o. Ä. beschrieben werden. Entscheidend ist, dass die Beschreibung einen Bezug zum Aktionsergebnis zeigt. Es können auch mehrere Aktionen mit einem Schritt verknüpft sein.

Beispiele für die Darstellung von Aktionen

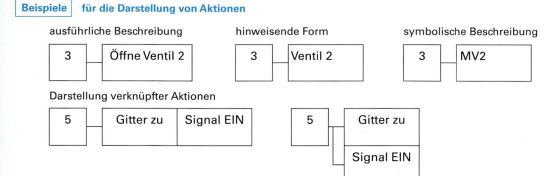

Man unterscheidet kontinuierlich wirkende Aktionen und gespeichert wirkende Aktionen. In kontinuierlich wirkenden Aktionen wird der angestrebte Zustand, z. B. das Spannen, erst nach dem Ablauf der Aktion erreicht. Bei gespeichert wirkenden Aktionen erfolgt mit dem Ereignis unmittelbar die Aktion und bleibt bis zum Rücksetzen erhalten.
Aktionen können weitere Bedingungen zugewiesen werden. Zuweisungsbedingungen können logische Verknüpfungen oder zeitliche Zuordnungen sein.

Beispiele für Aktionen mit Zuweisungsbedingungen

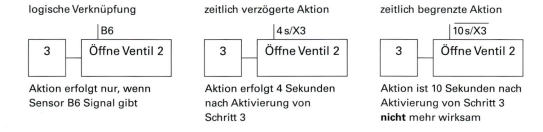

220 Grundbegriffe

● **Übergangsbedingungen**

Um von einem Schritt zum nächsten zu gelangen, muss eine oder müssen mehrere Bedingungen erfüllt werden. Die Bedingungen schreibt man rechts neben den Querstrich, der die Übergangsbedingungen kennzeichnet.

Beispiele für die Darstellung von Übergangsbedingungen

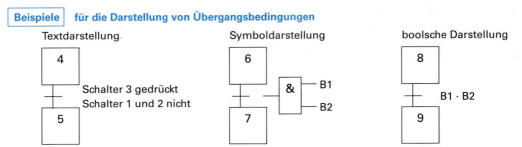

Neben den zuvor dargestellten Übergangsbedingungen, die abhängig vom Ereignis waren, gibt es zeit- und wertabhängige Übergangsbedingungen.

Beispiele für zeit- und wertabhängige Übergangsbedingungen

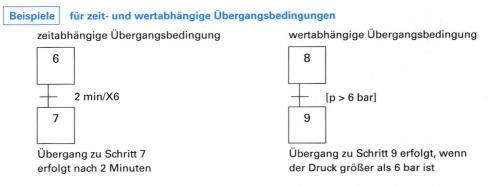

1.6.3.3 Beispiel für den GRAFCET-Plan einer Steuerung

Auf einer Wasserstrahlschneidanlage werden Marmorleisten ausgeschnitten. In die Ausschnitte werden später andersfarbige Marmorteile eingesetzt, damit ein Marmormosaik entsteht.
Durch einen Druck von ca. 3000 bar wird der Wasserstrahl am Schneidkopf beschleunigt. Ihm wird als Trennmittel zusätzlich ein sehr feinkörniges Schleifmittel beigegeben.
Um die gewünschte Kontur zu erzeugen, wird der Schneidkopf mithilfe von Pneumatikzylindern geführt. Zum Einlegen der Rohlinge kann die Wippe mit der Schneidanlage hochgeklappt werden.

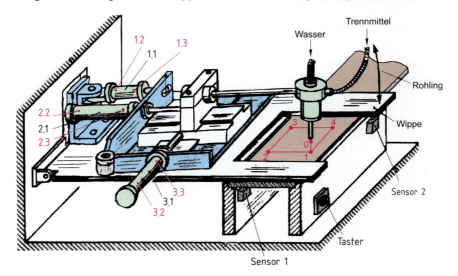

Der Schneidvorgang soll unter folgenden Bedingungen ablaufen:
- Die Schneidanlage darf erst in Tätigkeit treten, wenn ein Werkstück eingelegt ist, die Wippe unten ist und der Träger der Schneidanlage so steht, dass das Startloch außerhalb der späteren Kontur geschnitten wird.
- Der Zylinder 1.1 schwenkt nach dem Start den Träger der Schneidanlage so, dass der Schneidkopf in Position 1 mit dem Schneiden der gewünschten Kontur beginnen kann.
- Am Ende der Bearbeitung wird der Träger der Schneidanlage wieder zurück in die Ausgangslage geschwenkt.

Lösung:

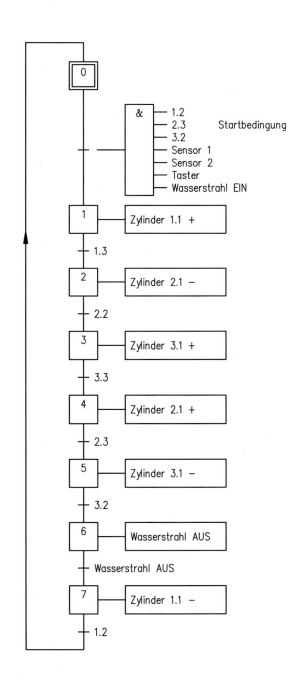

Übungsaufgabe ST-5

2 Pneumatische Steuerungen

Pneumatik ist die Anwendung von Druckluft sowohl für den Antrieb als auch zur Steuerung an Maschinen, Vorrichtungen und sonstigen Betriebsmitteln.

Druckluft als Energieträger hat spezielle Vorteile:
- Luft ist einfach zu komprimieren, zu speichern und ohne Rückleitung zu übertragen.
- Druckluftantriebe und Steuerungen sind einfach zu warten, haben hohe Betriebssicherheit und Lebensdauer und sind überlastbar.
- Druckluftantriebe und Steuerungen haben hohe Ansprechgeschwindigkeit, hohe Schalthäufigkeit und kurze Ansprechzeiten.
- Druckluftanlagen genügen den Vorschriften über Explosionsschutz in feuer- und explosionsgefährdeten Betrieben.
- Druckluftanlagen sind leicht mit elektrisch oder hydraulisch arbeitenden Anlageteilen kombinierbar.

Druckluft hat gegenüber anderen Energieträgern auch Nachteile:
- Die Kosten für die Erzeugung und Aufbereitung (Abtrennen von Schmutz, Wasser, Ölen) sind hoch.
- Luft ist kompressibel (zusammendrückbar), darum sind bei sich ändernder Belastung gleichmäßige Geschwindigkeiten sich bewegender Bauteile nur schwer zu erreichen.
- Druckluftanlagen sind durch austretende Abluft laut und bringen Belastungen durch Staub und Ölnebel.

Pneumatische Anlagen bestehen in der Regel aus folgenden Teilsystemen:

- **System zur Erzeugung, Speicherung und Aufbereitung der Druckluft**

Zur Erzeugung der Druckluft werden meist Hubkolbenverdichter, aber auch Rotations- und Strömungsverdichter verwendet. Der Druckluftspeicher – meist als Kessel bezeichnet – gleicht Druckschwankungen im Netz aus. Im Kessel findet eine erste Wasserabscheidung statt. Über ein Netz aus Druckluftleitungen wird die Druckluft zum Verbraucher geführt. An der Verwendungsstelle wird die Druckluft meist in einer Wartungseinheit nochmals gefiltert, der Betriebsdruck über einen Druckregler eingestellt und die Luft mit Öl zur Schmierung der angeschlossenen Bauelemente versehen.

- **Steuerungssystem**

Dieses Teilsystem beinhaltet Bauelemente zur Eingabe, Verarbeitung und Ausgabe von Signalen. Die hier verwendeten Bauteile sind mit wenigen Ausnahmen Ventile. Die Ventile gliedert man entsprechend der Funktion.

- **System zur Arbeitsverrichtung**

Dieses Teilsystem beinhaltet die Arbeitsglieder. Dies sind meist einfach- oder doppeltwirkende Zylinder für hin- und hergehende Bewegungen oder Pneumatikmotoren für Dreh- oder Schwenkbewegungen.

| Beispiel | für die Teilsysteme einer Pneumatikanlage (Schema) |

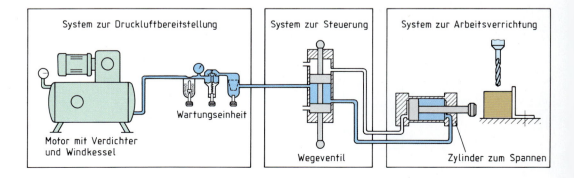

2.1 Symbole und Benennungen in der Pneumatik

Zur einfachen und übersichtlichen Darstellung pneumatischer Steuerungen bedient man sich einfach verständlicher Symbole, die zu Schaltplänen zusammengestellt werden.

2.1.1 Symbole für Elemente zur Druckerzeugung, -speicherung, -aufbereitung und -leitung (Auszug, DIN ISO 1219)

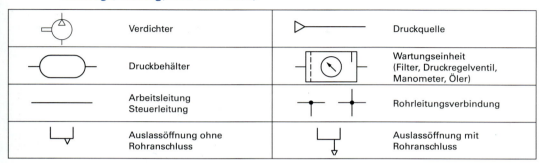

2.1.2 Symbole für Elemente zur Energiesteuerung

- **Wegeventile**

Wegeventile beeinflussen den Weg des Luftstromes.

In den Symbolen für Wegeventile werden die verschiedenen Schaltstellungen als Quadrate dargestellt. Ein Ventil mit 2 Schaltstellungen hat ein Symbol aus 2 Quadraten, ein Ventil mit 3 Schaltstellungen zeigt 3 Quadrate. Für die Planung von Steuerungen ist es hilfreich, wenn die unterschiedlichen Schaltstellungen mit Buchstaben, z. B. a und b bei Ventilen mit 2 Schaltstellungen, gekennzeichnet werden. An die Schaltstellung in Null- beziehungsweise Ausgangsstellung werden die Anschlussleitungen herangezogen. Pfeile oder das Sperrsymbol (⊤) zeigen im Quadrat den jeweiligen Durchflussweg bei der entsprechenden Schaltstellung. Die Benennung eines Wegeventils erfolgt so, dass zunächst die Anzahl der gesteuerten Anschlüsse und dann die Zahl der Schaltstellungen genannt wird.

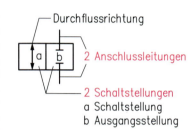

Symbol für ein 2/2-Wegeventil

Beispiel	für Schaltstellungen eines Wegeventils

 2/2-Wegeventil in Ausgangsstellung gesperrt.

Die zweite Position des Ventiles erreicht man durch Verschieben der Felder, bis die Leitung des zweiten Feldes sich mit den Anschlüssen deckt.

 2/2-Wegeventil betätigt, das heißt, nach rechts verschoben.

An das Symbol eines Ventiles werden noch Symbole für die Betätigungsart und die Rückstellung angetragen.

Beispiel	für ein Wegeventil mit Symbol für die Betätigung

 2/2-Wegeventil in Ruhestellung gesperrt, Betätigung durch Druckknopf, Rückstellung durch Feder.

Symbol	Benennung	Ruhestellung
	2/2-Wegeventil	geschlossen
	2/2-Wegeventil	geöffnet
	3/2-Wegeventil	geschlossen
	3/2-Wegeventil	geöffnet
	4/2-Wegeventil	1 Leitung belüftet 1 Leitung entlüftet
	4/3-Wegeventil	Mittelstellung geschlossen
	5/2-Wegeventil	1 Leitung belüftet 1 Leitung entlüftet
	5/3-Wegeventil	Mittelstellung geschlossen

Kennzeichnung der Anschlüsse von Ventilen

Die Anschlüsse an Ventile können durch Buchstaben oder durch Zahlen gekennzeichnet sein. Viele Ventile tragen noch die Kennzeichen durch Buchstaben, die gemäß DIN ISO 5599 durch Zahlen ersetzt werden. Da noch über längere Zeit ältere Ventile im Einsatz sind, müssen beide Bezeichnungsarten bekannt sein.

Anschluss	alte Norm	Kennzeichnungen nach DIN ISO 5599		
		für 2/2-Wegeventil handbetätigt	für 3/2-Wegeventil pneumatisch betätigt	für 5/2-Wegeventil pneumatisch betätigt
Druckversorgung	P	1	1	1
Arbeitsleitung	A	2	2	4
Arbeitsleitung	B	–	–	2
Entlüftung	R	3	3	5
Entlüftung	S	–	–	3
Steueranschluss	Z	–	–	14
Steueranschluss	Y	–	12	12
			verbindet bei Betätigung Anschluss 1 mit Anschluss 2	

| Beispiele | für die Kennzeichnung von Anschlüssen |

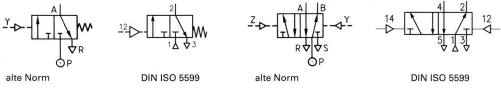

alte Norm	DIN ISO 5599	alte Norm	DIN ISO 5599
3/2-Wegeventil		5/2-Wegeventil	

Erklärung der Kennzeichnung nach DIN ISO 5599

    Der in Ausgangsstellung mit Druckluft versorgte Arbeitsanschluss bei 4/2- und 5/2-Wegeventilen erhält die Ziffer 2.
    Signal an Steueranschluss 12 bedeutet: Druckleitung 1 wird mit Arbeitsleitung 2 verbunden.
    Signal an Steueranschluss 14 bedeutet: Druckleitung 1 wird mit Arbeitsleitung 4 verbunden.

Zusammenstellung der Betätigungsarten

Muskelkraftbetätigung		Mechanische Betätigung	
	– allgemein		– durch Stößel oder Taster
	– durch Drücken		– durch Feder
	– durch Hebel		– durch Rolle
	– durch Pedal		– durch Rolle, nur in einer Richtung arbeitend

Im Ausgangszustand gedrückte Ventile kennzeichnet man durch das Betätigungsglied mit angesetztem Symbol für die Steuerschiene.

| Beispiel | für ein Ventil, das im Ausgangszustand gedrückt ist |

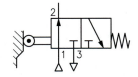

Elektrische Betätigung		Betätigung durch Druckbeaufschlagung oder Druckentlastung	
	– durch Elektromotor		– durch Druckbeaufschlagung
	– durch Elektromagnet		– durch Druckentlastung
	– durch Elektromagnet und Vorsteuerventil		– durch Druck über Steuerkanäle innerhalb der Einheit

Sperrventile
(Rückschlag-, Wechsel-, Schnellentlüftungsventile)

Diese Ventile werden häufig unter der Bezeichnung Sperrventile zusammengefasst. Ventile dieser Bauart gestatten einen Durchfluss nur in einer Richtung.

Rückschlagventile

	– unbelastet	öffnet, wenn der Einlassdruck höher ist als der Auslassdruck
	– federbelastet	öffnet, wenn der Einlassdruck höher ist als der Auslassdruck einschließlich der Federanpresskraft
	– mit Drosselung	Einheit erlaubt freien Durchfluss in einer Richtung und begrenzt den Durchfluss in der anderen

Wechselventil (ODER-Glied)

	Die Einlassöffnung mit dem höheren Druck ist automatisch mit der Auslassöffnung verbunden, während die andere Einlassöffnung verschlossen ist.

Schnellentlüftungsventil

	Wenn die Einlassöffnung unbeaufschlagt ist, dann ist die Auslassöffnung frei zur Atmosphäre entlüftet.

Zweidruckventil (UND-Glied)

	Das Ventil hat nur dann Durchgang, wenn beide Seiten beaufschlagt sind.

Sperrventile sperren den Luftdurchfluss vorzugsweise in einer Richtung und geben den Durchfluss in der entgegengesetzten Richtung frei.

Druckventile

Druckventile sind Baueinheiten, die eine Steuerung des Drucks gewährleisten.

Druckbegrenzungsventil (Sicherheitsventil)

	Direktgesteuertes, einstellbares Druckbegrenzungsventil. Bei Überschreiten des eingestellten Drucks öffnet sich das Ventil.

Folgeventil (Zuschaltventil)

	Wenn der Eingangsdruck größer als die Gegenkraft der Feder wird, dann öffnet das Ventil und gibt Durchfluss zum Auslassanschluss frei.

Druckregelventil oder Druckreduzierventil (Druckminderer)

	Einheit mit einem veränderlichen Eingangsdruck, die im Wesentlichen konstanten Ausgangsdruck liefert, vorausgesetzt, dass der Eingangsdruck höher als der erforderliche Ausgangsdruck ist.

Druckventile regeln den Druck in einer Anlage oder werden durch einen vorgegebenen Druck betätigt.

• Stromventile

Stromventile sind Ventile, welche den Durchfluss der Druckluft beeinflussen. Besonders wichtig ist in dieser Gruppe das Drosselventil.

Drosselventil

	Ventil, welches eine einstellbare Verengung aufweist, die in beide Richtungen wirksam ist und den Luftstrom drosseln.

Stromventile beeinflussen die Durchflussmenge der Druckluft.

2.1.3 Symbole für Elemente zur Arbeitsverrichtung

• **Zylinder**

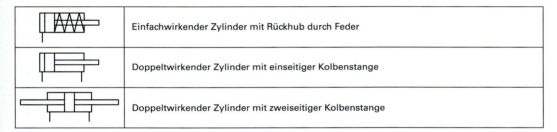

• **Motoren**

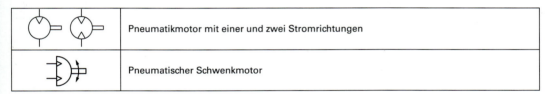

2.2 Schaltpläne für pneumatische Steuerungen

2.2.1 Aufbau von Schaltplänen

In Schaltplänen wird die Steuerung unter gerätetechnischen Gesichtspunkten mithilfe der genormten Symbole dargestellt.
Die Kennzeichnung der Bauteile erfolgt auf dem Schaltplan in der Nähe des jeweiligen Symbols nach einem besonderen Bezeichnungsschlüssel. Die Bezeichnung wird mit einem Rahmen versehen und besteht aus mehreren Elementen:

Beispiel für die Bezeichnung eines Bauteils

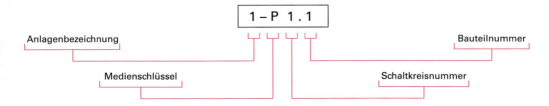

Pneumatische Steuerungen

Bedeutung der Angaben in der Bezeichnung

Anlagenbezeichnung	Medienschlüssel	Schaltkreisnummer	Bauteilnummer
Diese Bezeichnung besteht aus einer Ziffer oder einem Buchstaben. Die Anlagenbezeichnung **muss** angegeben werden, wenn der gesamte Schaltkreis aus mehr als einer Anlage besteht.	Kommen in einer fluidtechnischen Anlage unterschiedliche Medien zum Einsatz, muss die Bezeichnung einen Medienschlüssel enthalten: – H für Hydraulik – P für Pneumatik – C für Kühlung – K für Kühlschmiermittel – G für Gastechnik	Diese Bezeichnung besteht aus Ziffern. Die 0 ist vorgesehen für alle Zubehörteile, die zur Druckversorgung gehören. Für die verschiedenen Fluid-Schaltkreise werden fortlaufende Ziffern vergeben.	Diese Bezeichnung besteht aus Ziffern, beginnend mit 1. Jedes Bauteil in dem betrachteten Schaltkreis wird fortlaufend nummeriert.

Bei der Planung pneumatischer Anlagen müssen folgende Sicherheitshinweise beachtet werden:

1. Es ist dafür zu sorgen, dass der zulässige Betriebsdruck nicht überschritten werden kann.
2. Druckausfall oder starker Druckabfall dürfen keine gefährlichen Schaltvorgänge auslösen.
3. Bei selbsttätigen oder teilweise selbsttätigen Steuervorgängen muss eine sichere Funktionsfolge gewährleistet sein. Gefährliche Überlagerungen müssen ausgeschlossen sein.
4. Bei Einbau eines Not-Stopp-Schalters darf bei dessen Betätigung kein Arbeitshub mehr erfolgen oder zu Ende laufen.

Für den Aufbau des Schaltplanes gelten folgende Regeln:
- Der Schaltplan berücksichtigt die räumliche Lage der Bauelemente nicht.
- Der Aufbau soll möglichst von oben nach unten die Folge: Arbeitselemente, Stellglieder, Steuerglieder, Signalglieder enthalten. Bei mehreren verknüpften Steuerketten, wie zum Beispiel bei mehreren Zylindern, sollen alle Elemente gleicher Funktion in der Steuerkette auf gleicher Ebene liegen.
- Der Schaltplan wird in Ruhestellung gezeichnet. Unter Ruhestellung versteht man den Schaltzustand, der bei Druckbeaufschlagung vor Betätigung des Startsignals vorliegen muss.
- Zylinder und Wegeventile sollen in waagerechter Lage dargestellt werden.
- Leitungen sind möglichst kreuzungsfrei zu zeichnen.
- Der Einbauort von Ventilen, die von der Kolbenstange eines Zylinders mechanisch betätigt werden, wird durch einen Strich mit Angabe der Nummer des Ventils gekennzeichnet.

Beispiel für den Aufbau eines Schaltplans

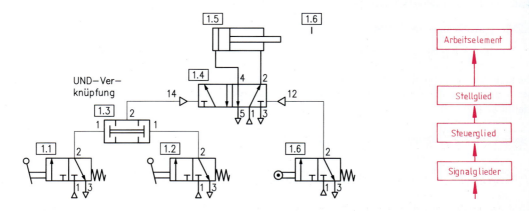

Der Schaltplan zeigt die Steuerung eines doppeltwirkenden Zylinders. Zur Sicherheit des Bedienungspersonales muss der Vorlauf des Kolbens mit zwei Handhebeln geschaltet werden. Der Rückhub wird durch die Kolbenstange des ausgefahrenen Kolbens über eine Tastrolle geschaltet.

Jede noch so umfangreiche und aufwendige pneumatische Steuerungsanlage setzt sich aus einzelnen Grundschaltungen zusammen, für die es nur wenige Variationsmöglichkeiten gibt.

Solche Grundschaltungen sind zum Beispiel:
- Grundschaltung zum Erzielen des Vor- und Rücklaufs eines Kolbens,
- Grundschaltung zur indirekten Ansteuerung,
- Grundschaltung zur Geschwindigkeitsbeeinflussung von Arbeitselementen,
- Grundschaltung zur Schaltverzögerung,
- Grundschaltung zur Signalabschaltung.

2.2.2 Grundschaltungen zum Erzielen des Vor- und Rücklaufs eines Kolbens

Pneumatische Anlagen bestehen im einfachsten Falle aus einem Element zur Arbeitsverrichtung (Zylinder, Motor) und einem Stellglied. Das Arbeitselement ist entsprechend der zu lösenden Aufgabe zu wählen. Die Beaufschlagung des Arbeitselementes mit Druckluft erfolgt über das Stellglied. Als Stellglieder verwendet man Wegeventile, die der Wirkungsweise des Arbeitselementes entsprechend ausgewählt werden. Die Betätigung des Stellgliedes kann in unterschiedlicher Weise erfolgen.

- **Einfachwirkende Zylinder**

Einfachwirkende Zylinder werden meist über 3-Wegeventile mit Druckluft beaufschlagt. Dabei können Betätigung und Rückstellung des Ventils in verschiedener Weise erfolgen.

Beispiel für die Steuerung mit einem 3/2-Wegeventil

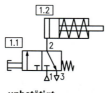
unbetätigt

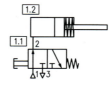
betätigt

Beispiele für direktes und indirektes Ansteuern eines Zylinders

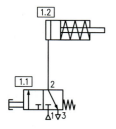
Direktes Steuern
des Zylinders

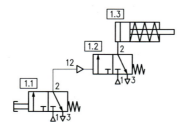
Indirektes Steuern
des Zylinders

Bei der direkten Steuerung des Zylinders stellt das 3/2-Wegeventil das Signal-, Steuer- und Stellglied dar.
Bei der indirekten Steuerung ist das 3/2-Wegeventil – 1.1 – mit der Drucktaste zusammen Signal- und Steuerglied. Das pneumatisch betätigte 3/2-Wegeventil – 1.2 – ist das Stellglied.

Übungsaufgabe ST-6

Pneumatische Steuerungen

• **Doppeltwirkende Zylinder**

Doppeltwirkende Zylinder werden über 5-Wegeventile mit Druckluft beaufschlagt. Die Betätigung und Rückstellung des Ventils kann in verschiedener Weise erfolgen.

| Beispiele | für die Steuerung mit einem 5-Wegeventil |

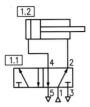
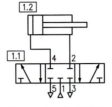

Steuerung mit 5/2-Wegeventil   Steuerung mit 5/3-Wegeventil

Doppeltwirkende Zylinder werden meist indirekt durch impulsbetätigte 5/2-Wegeventile angesteuert. Impulsventile werden durch einen Impuls umgesteuert und halten diese Stellung bis zum Eintreffen eines gegengerichteten Impulses.

| Beispiel | für die indirekte Steuerung eines doppeltwirkenden Zylinders mit einem Impulsventil |

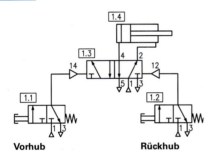
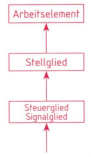

Vorhub   Rückhub

2.2.3 Grundschaltungen zur Geschwindigkeitsbeeinflussung von Arbeitselementen

Die Geschwindigkeit von Kolben, beziehungsweise die Umdrehungsfrequenz von Motoren, ist durch Einbau von Drosselventilen zu verringern. Soll die Beeinflussung nur in einer Drehrichtung erfolgen, kommen Drosselrückschlagventile zum Einsatz. Die Drosselung kann in der Zuluft oder in der Abluft erfolgen.

| Beispiele | für die Drosselung der Kolbengeschwindigkeit |

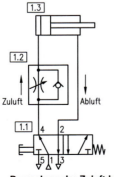
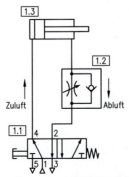

Drosselung der Zuluft beim ausfahrenden Kolben   Drosselung der Abluft beim ausfahrenden Kolben

Übungsaufgabe ST-7

Bei *Zuluftdrosselung* führen schon kleine Lastschwankungen zu starken Unregelmäßigkeiten in der Kolbenbewegung.

Bei *Abluftdrosselung* wird der Kolben zwischen zwei Luftpolstern – Abluft und Zuluft – geführt und gleitet entsprechend gleichmäßig. Es soll deshalb möglichst Abluftdrosselung angewendet werden. Dies ist jedoch nicht bei Zylindern mit kurzem Hub möglich, da sich hier kein genügendes Luftpolster aufbauen kann.

- **Geschwindigkeitssteuerung doppeltwirkender Zylinder**

Doppeltwirkende Zylinder können in Zu- oder Abluft gedrosselt werden.

Beispiel für Abluftdrosselung bei Vor- und Rückhub eines doppeltwirkenden Zylinders

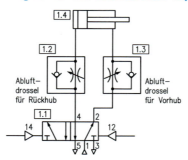

Geschwindigkeitsänderungen *während* des Hubes erreicht man durch Steuerschienen, welche ein durch Tastrolle verstellbares Drosselrückschlagventil betätigen.

Beispiel für eine Geschwindigkeitsbeeinflussung während des laufenden Hubes

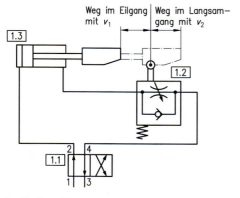

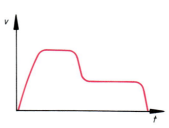

Geschwindigkeit-Zeit-Diagramm für den Vorschub

Der Kolben fährt zunächst schnell aus, bis die Steuerschiene das verstellbare Drosselrückschlagventil betätigt. Dieses Ventil drosselt die Abluft, die Kolbengeschwindigkeit sinkt.

Den Rückhub bewirkt die frei über das geöffnete Rückschlagventil strömende Luft. Der Rückhub erfolgt mit hoher Geschwindigkeit.

2.2.4 Grundschaltungen zur Schaltverzögerung und Signalabschaltung

Die Verzögerung eines Umschaltvorgangs wird dadurch erreicht, dass über ein Drosselrückschlagventil ein kleiner Luftbehälter gefüllt wird. Am Ausgang des Drosselrückschlagventils ist ein pneumatisch zu schaltendes 3/2-Wegeventil mit seinem Steueranschluss angeschlossen. Sobald der Druck in dem Druckbehälter dem Steuerdruck zur Betätigung des 3/2-Wegeventils entspricht, schaltet das Ventil. Die Verzögerungszeit wird also durch Einstellen der Drossel und des Behältervolumens bestimmt. Da das Behältervolumen meist konstant ist, wird die Verzögerungszeit an der Drossel eingestellt. Eine solche Verzögerungsschaltung ist meist eine fest gekoppelte Kombination. Dieses drückt man im Schaltzeichen durch die Strich-Punkt-Umrandung aus.

Übungsaufgabe ST-8

Pneumatische Steuerungen

Beispiele für Verzögerungsventile

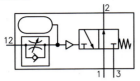
Verzögerungsventil Durchfluss-Nullstellung

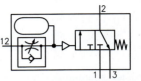
Verzögerungsventil Sperr-Nullstellung

Bei der Signalabschaltung mit Verzögerungsventil wird der Signalfluss automatisch nach einer einstellbaren Zeit unterbrochen. Verzögerungsventile sind im Vergleich zu den anderen Ventilen relativ teuer.

Beispiel für die Signalabschaltung mit Verzögerungsventil

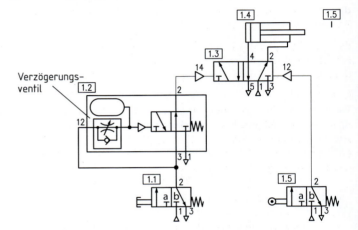

Der Zylinder soll bei Betätigung des Signalgliedes 1.1 ausfahren und aus der Endstellung selbsttätig sofort wieder einfahren, auch wenn das Ventil 1.1 noch weiterhin gedrückt wird. Es ist daher notwendig, dass das Signal von 1.1 nach der Betätigung abgeschaltet bleibt. Dies geschieht durch die Kombination 1.2.
Erst wenn 1.1 kurzzeitig betätigt wird, kann ein neuer Zyklus gestartet werden.

Beispiel für die Signalabschaltung mit Umschaltventil

Das Umschaltventil belüftet oder entlüftet die Verteilerstränge, an denen die Signal- und Stellglieder angeschlossen sind.

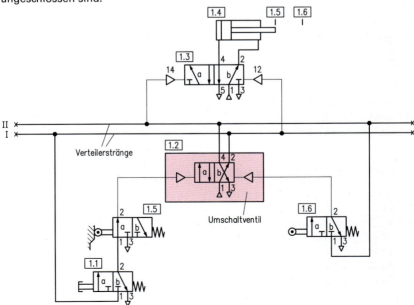

Übungsaufgabe ST-9

Das Startsignal am Ventil 1.1 schaltet das Umschaltventil 1.2 in die Schaltstellung a. In dieser Position entlüftet es den Verteilerstrang I und belüftet den Verteilerstrang II. Die nun unter Druck stehende Steuerleitung 14 schaltet das Stellglied 1.3 um und der Kolben fährt aus. Gleichzeitig wird das Ventil 1.1 drucklos geschaltet. Eine Signaleingabe an dieser Stelle ist nun nicht mehr möglich. Die Signalübertragung zur Steuerleitung 14 ist abgeschaltet. Der ausgefahrene Kolben schaltet über das Ventil 1.6 das Umschaltventil wieder in die Schaltstellung b. Die Steuerleitung 12 wird belüftet und das Stellglied wird umgeschaltet. Der Kolben fährt wieder ein. Gleichzeitig wird der Verteilerstrang I belüftet und der Verteilerstrang II entlüftet. Um eine Signaleingabe über das Ventil 1.1 während des Einfahrens des Kolbens zu verhindern, wird mithilfe des Ventils 1.5 eine Eingabe nur möglich, wenn der Kolben seine hintere Endlage erreicht hat.

2.3 Funktionsdiagramme

Bei Steuerungen ist es sowohl für die Planung als auch für die Fehlersuche bei fertigen Anlagen wichtig, die Funktionsfolge in einfacher Weise darzustellen. Dies geschieht zweckmäßig in Diagrammen, welche das Zusammenwirken der Bauelemente aufzeigen.

Besonders wichtig ist die grafische Aufzeichnung der Verknüpfung der Schrittfolge mit den Zuständen von Signal- beziehungsweise Steuergliedern und den Stellungen der Arbeitselemente. Diese Darstellung nennt man das **Funktionsdiagramm**.

In diesen Diagrammen trägt man in der Waagerechten die einzelnen Schritte auf. Ein Schritt ist dabei jeweils die Änderung des Zustands eines der im Diagramm aufgeführten Bauelemente. In der Senkrechten wird für jedes Element gesondert der Zustand zu jedem Schritt aufgetragen. Die Zustände sind bei Zylindern als Arbeitselemente *eingefahren* oder *ausgefahren*, bei den Ventilen sind sie *betätigt* (a) oder *nicht betätigt* (b). Für jedes Bauelement wird der Zustand durch einen Grafen gekennzeichnet. Die Schaltzeiten der Ventile werden dabei nicht berücksichtigt.

| Beispiel | für ein Funktionsdiagramm |

Ein doppeltwirkender Zylinder wird durch ein handbestätigtes 5/2-Wegeventil gesteuert.

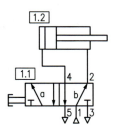

Kenn-zeichen	Bauelement		Schritte			
	Benennung	Zustand	1.	2.	3.	4.
1.1	5/2–Wegeventil	a b				
1.2	Zylinder	ausgefahren eingefahren				

In das Funktionsdiagramm trägt man ferner dünne Signallinien ein, welche die Abhängigkeiten der Funktionen deutlich machen und durch einen Pfeil die Wirkungsrichtung der Signale aufzeichnen. Um die Signallinien von den Linien des Diagramms zu unterscheiden, werden sie am Anfang und Ende unter 45° abgesetzt.

| Beispiel | für ein Funktionsdiagramm mit eingetragenen Signallinien |

Kenn-zeichen	Bauelement		Schritte			
	Benennung	Zustand	1.	2.	3.	4.
1.1	5/2–Wegeventil	a b				
1.2	Zylinder	ausgefahren eingefahren				

Übungsaufgabe ST-10

Pneumatische Steuerungen

In den Signallinien kennzeichnet man UND-Verknüpfungen durch einen Schrägstrich. ODER-Verknüpfungen werden durch einen Punkt gekennzeichnet.

> **Beispiel** für die Kennzeichnung von Verknüpfungen in Signallinien

Der Zylinder soll ausfahren, wenn 1.1 und 1.2 betätigt werden. Er fährt ein, wenn 1.1 **oder** 1.2 nicht mehr gedrückt werden.

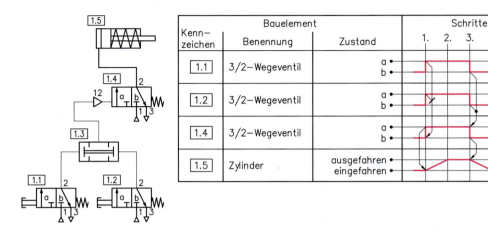

Signalverzögerungen kennzeichnet man in Signallinien durch ein Quadrat mit einem kleinen *t*.

> **Beispiel** für die Kennzeichnung einer Signalverzögerung in einem Funktionsdiagramm

Nach Betätigung des Signalgliedes (Ventil 1.1) schaltet das Stellglied 1.3 um – der Zylinder fährt aus. In der Endstellung betätigt er das Signalglied, Ventil 1.5. Durch dieses Ventil wird das Verzögerungsventil 1.2 mit Luft beaufschlagt. Sobald Ventil 1.2 durchschaltet, wird das Stellglied 1.3 umgeschaltet und der Zylinder fährt ein.

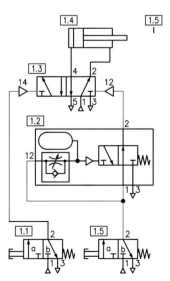

2.4 Erstellen von Schaltplänen

Beim Erstellen von Schaltplänen geht man zweckmäßig in Schritten vor. Dieses soll am **Beispiel** einer Pressvorrichtung dargestellt werden.

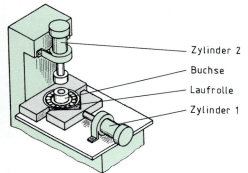

In Laufrollen sollen in einer Vorrichtung Lagerbuchsen eingepresst werden. Die Rollen werden von Hand in die Vorrichtung eingelegt und die Buchse aufgesetzt. Das Spannen der Rollen geschieht durch den Zylinder 1. Wenn Zylinder 1 gespannt hat, soll der Einpressvorgang selbsttätig langsam ablaufen. Nach dem Einpressen soll zuerst Zylinder 2 einfahren, danach Zylinder 1.

Zur Sicherheit soll das Auslösen des Spannvorganges durch zwei Handtaster, die gleichzeitig betätigt werden, erfolgen.

Technologieschema Pressvorrichtung

1. Schritt
Es werden für jeden Schaltkreis die Arbeitselemente mit den zugehörigen Stellgliedern und Signalgliedern (ohne Betätigungsart) gezeichnet und zunächst vorläufig geschaltet.

Beispiel für 1. Schritt

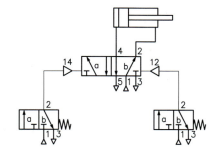 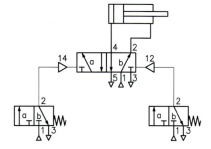

2. Schritt
Die Arbeitsfolge der Arbeitselemente wird ermittelt. Entsprechend der Arbeitsfolge wird die Lage der Endschalter den Arbeitselementen lagemäßig zugeordnet und mit den entsprechenden Signalgliedern durch eine vorläufige Schaltkreis- und Bauteilnumerierung verknüpft.

Beispiel für 2. Schritt

Zylinder 1.3 fährt aus (1.0 +), ausgelöst durch Ventil 1.1.
Zylinder 2.2 fährt aus (2.0 +), ausgelöst durch Ventil 1.4.
Zylinder 2.2 fährt ein (2.0 –), ausgelöst durch Ventil 2.4.
Zylinder 1.3 fährt ein (1.0 –), ausgelöst durch Ventil 2.3.

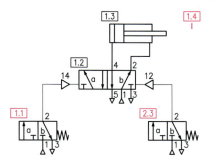 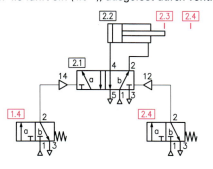

3. Schritt
Die Betätigungsarten der Signalglieder werden bestimmt und eingetragen.

Beispiel für 3. Schritt

Der Vorlauf von Zylinder 1.3 (1.0 +) wird durch einen Handtaster an Ventil 1.1 geschaltet. Die Rückstellung erfolgt über eine Feder.

Der Vorlauf von Zylinder 2.2 (2.0 +) muss durch eine Tastrolle an Ventil 1.4, von Zylinder 1.3 in seiner ausgefahrenen Stellung geschaltet, ausgelöst werden. Rückstellung erfolgt durch Feder.

Der Rücklauf von Zylinder 2.2 (2.0 –) wird von Ventil 2.4, in ausgefahrenen Stellung, von Zylinder 2.2 durch eine Tastrolle geschaltet, ausgelöst. Rückstellung erfolgt durch Feder.

Der Rücklauf von Zylinder 1.3 (1.0 –) wird von Ventil 2.3, in eingefahrener Stellung von Zylinder 2.2 durch eine Tastrolle geschaltet, ausgelöst.

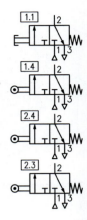

4. Schritt
Zusatzbedingungen werden eingebaut.

Beispiel für 4. Schritt

Zusatzforderungen sind:

1. Langsamer Vorlauf des Zylinders 2.2. Dieses wird erreicht durch den Einbau eines Drosselrückschlagventils in die Abluft von Zylinder 2.2.

2. Auslösung des Arbeitsablaufs durch zwei Handtaster, die nur bei gleichzeitiger Betätigung Signal auslösen. Diese wird hier durch den Einbau eines zweiten Ventils und eines UND-Gliedes erreicht.

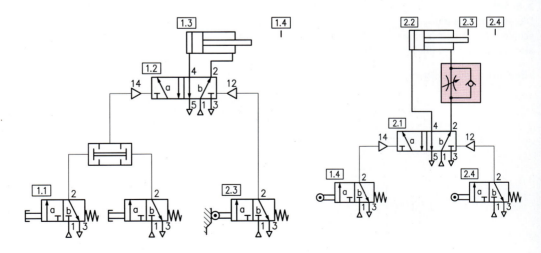

5. Schritt

Die Maßnahmen zur Signalabschaltung werden ergänzt und die endgültige Schaltkreis- und Bauteilnumerierung vorgenommen.

Beispiel für 5. Schritt

Für die Signalabschaltung wird ein Wechselventil in die Steuerung eingebaut. Damit das Startsignal für einen Steuerungsablauf nur erfolgen kann, wenn sich der Kolben des Zylinders 1.6 in der eingefahrenen Stellung befindet, wird zusätzlich ein Grenztaster 1.7 hinter das UND-Glied 1.3 geschaltet.

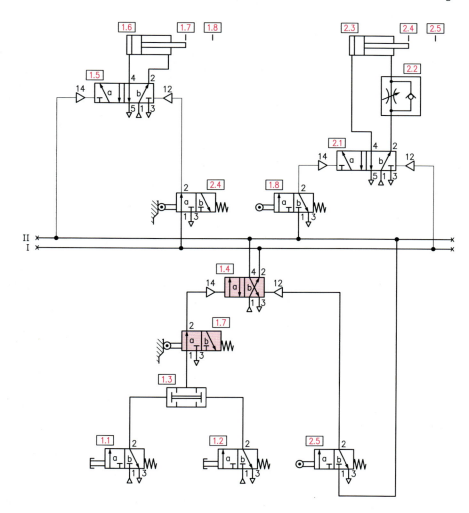

Übungsaufgaben ST-11, ST-12, ST-13

3 Elektrische Steuerungen

Elektrische Steuerungen steuern unter Einsatz elektrischer Hilfsenergie den Leistungsteil von Maschinen und Anlagen. Der Leistungsteil kann durch elektrische, pneumatische oder hydraulische Energieträger mit Energie versorgt werden. Das Bindeglied zwischen Steuerung und Leistungsteil sind die von der elektrischen Steuerung betätigten Stellglieder.

Stellglieder zur Betätigung von Arbeitselementen im Leistungsteil sind in pneumatischen und hydraulischen Anlagen elektrisch betätigte Ventile. In Anlagen mit elektrischer Energieversorgung des Leistungsteils sind es Lastschütze.

3.1 Bauelemente zur Signaleingabe

3.1.1 Schalter und Taster

Schalter und Taster unterscheiden sich durch das Verhalten nach Wegfall der Betätigungskraft.
Bei Schaltern bleibt der Schaltzustand nach Wegfall der Betätigungskraft erhalten, sie rasten ein.
Taster fallen nach Fortfall der Betätigungskraft in den Ausgangszustand zurück.

Taster   Hauptschalter, dreipolig
Schaltzeichen

Nach dem Schaltzustand bei Betätigung unterscheidet man Schließer und Öffner. Schließer schließen bei Betätigung die Verbindung – Öffner öffnen sie.
Schließer und Öffner, die in Schaltplänen im betätigten Zustand eingetragen sind, kennzeichnet man durch einen angestellten Pfeil.
Wechsler sind Kombinationen aus Schließer und Öffner.

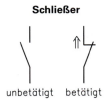

| Schließer | Öffner | Wechsler |

unbetätigt betätigt   unbetätigt betätigt

Schaltzeichen

3.1.2 Sensoren

Sensoren nehmen Änderungen nichtelektrischer Größen auf und wandeln sie in elektrische Signale um. Man unterscheidet aktive und passive Sensoren.

Aktive Sensoren erzeugen ein elektrisches Signal, indem sie eine andere Energieform in elektrische Energie umwandeln. Effekte, die dies bewirken und in aktiven Sensoren eingesetzt werden sind z. B.
- **Fotoeffekt** zur Umwandlung von Lichtenergie in elektrische Energie,
- **Piezoeffekt** zur Umwandlung kleiner Längenänderungen, die bei Änderungen des Druckes im Piezokristall entstehen, in elektrische Energie,
- **Thermoelektrischer Effekt** zur Umwandlung von Wärmeenergie in elektrische Energie.

Passive Sensoren beeinflussen elektrische Größen. Sie benötigen elektrische Hilfsenergie. Wichtige passive Sensoren beruhen auf der Änderung von elektrischem Widerstand, von Induktivität, Kapazität und Änderungen des magnetischen Feldes.

Sensoren in Steuerung werden durch Zusatzeinrichtungen zum Anpassen an Verarbeitungsgeräte ausgestattet. Sie geben ein genormtes Ausgangssignal ab, das in Standardeinrichtungen und Anzeigegeräten genutzt werden kann. Genormte Ausgangsspannungen und Ströme sind z. B.
– 10 .... + 10 V, 0 .... 20 mA, 4 .... 20 mA.

| Beispiel | für den Aufbau eines Sensorsystems zur Durchflussmessung |

Als Messgrößenaufnehmer dient ein schwach beheizter Widerstand. Je höher die Strömungsgeschwindigkeit des an ihm vorbeiströmenden Gases ist, desto stärker kühlt er ab. Die Abkühlung bewirkt eine Widerstandsänderung.
Eine anschließende Messschaltung mit einem Verstärker nimmt die erste Signalverarbeitung vor. Eine weitere Funktionseinheit sorgt dafür, dass zum Durchfluss eine proportionale Spannung abgegeben werden kann.
Ein ebenfalls angeschlossener Analog-/Digital-Wandler gibt ein digitales Signal aus.
Je nach Art der Weiterverarbeitung können das analoge oder das digitale Signal weiterverwendet werden.

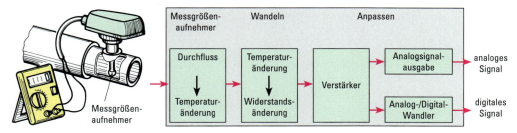

Sensorsysteme, die ein binäres Signal (Ein-Aus) ausgeben, werden als Näherungsschalter eingesetzt. Damit sie ein positionsgenaues Signal liefern, schalten sie bei einem bestimmten Grenzwert des Eingangssignals, z. B. beim Erreichen einer bestimmten magnetischen Feldstärke. Näherungsschalter benötigen keine mechanische Belastung zum Auslösen eines Schaltvorgangs, verschleißen darum fast nicht und schalten sofort.

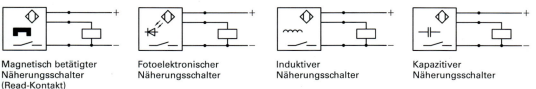

| Magnetisch betätigter Näherungsschalter (Read-Kontakt) | Fotoelektronischer Näherungsschalter | Induktiver Näherungsschalter | Kapazitiver Näherungsschalter |

Näherungsschalter

Sensorsysteme, die als Näherungsschalter eingesetzt werden, bestehen aus Messgrößenaufnehmer, Messgrößenwandler und einem Grenzwertschalter zur Signalausgabe.

3.2 Bauelemente zur Signalverarbeitung

Die Signalverarbeitung in elektrischen Steuerungen geschieht durch die Art der Verdrahtung und durch den Einsatz von Relais.

Relais sind elektromagnetisch betätigte Schaltgeräte. Sie bestehen aus einer Magnetspule und einem Anker, der mit einer Reihe Öffnern und Schließern verbunden ist. Wenn ein Steuerstrom durch die Spule fließt, wird der Anker angezogen und die Öffner schließen bzw. die Schließer öffnen. Solange der Steuerstrom fließt, bleibt der Anker angezogen und die Kontakte in entsprechender Stellung. Wenn der Steuerstrom unterbrochen wird, werden die Kontakte durch Rückstellfedern wieder in ihren Ausgangszustand zurück versetzt, man sagt, das Relais fällt ab.

Schaltzeichen für ein Relais mit 5 Schließern und 2 Öffnern

Relais sind für niedrige Steuerspannungen und kleine Ströme ausgelegt. In den meisten elektrischen Steuerungen werden sie mit Gleichspannung von 12 V oder 24 V betrieben.

Die Anschlüsse der Magnetspule werden am Relais durch den Buchstaben A gekennzeichnet:
A1 ist die Plusseite, A2 die Minusseite.
Die Kontakte der Schließer und Öffner werden durch eine zweistellige Zahl gekennzeichnet:
Die erste Zahl gibt die Kontaktbahn in laufender Folge 1, 2, 3, ... an.
Die zweite Zahl kennzeichnet mit 3 und 4 Schließerkontakte und mit 1 und 2 Öffnerkontakte.

| Beispiel | für die Anschlusskennzeichnung eines Relais mit 2 Schließern und 3 Öffnern |

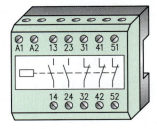

Schaltzeichen mit Anschlusskennzeichen   Bauteil

> Relais sind elektromagnetisch betätigte Schaltelemente mit einer Anzahl Schließern und Öffnern. Sie ermöglichen die Herstellung logischer Verknüpfungen.

3.3 Aktoren

Aktoren sind die Ausgabeglieder von Steuerungen. Als Stellglieder stehen sie an der Schnittstelle zwischen Steuerungs- und Leistungsteil einer Maschine oder Anlage.

Schütze sind elektromagnetisch betätigte Schaltelemente, die in der Funktion einem Relais entsprechen. Als Schaltglieder für höhere Ströme sind Gleichstromschütze mit zwei höher belastbaren Kontakten ausgestattet, Wechselstromschütze sind mit drei oder vier höher belastbaren Kontakten versehen. Neben den Schaltgliedern für die höheren Lastströme haben Leistungsschütze häufig noch eine Anzahl Hilfsschaltglieder für logische Funktionen und Schalten von Meldegliedern, z. B. Meldelampen. Ihrer Aufgabe entsprechend, höhere Ströme zu steuern, sind Lastschütze häufig mit Zusatzeinrichtungen, z. B. Lichtbogenlöschkammern, ausgestattet.

Lastschütz

Magnetventile sind elektromagnetisch betätigte Ventile zum Steuern von Druckluft oder Hydraulik.
Bei direktgesteuerten Ventilen betätigt der Anker des Elektromagneten unmittelbar das Sperrelement, z. B. den Schieber. Aus diesem Grund sind direkt angesteuerte Ventile nur bei kleinen Leistungen einsetzbar.
In vorgesteuerten Ventilen steuert der Elektromagnet zunächst ein kleines Ventil, von dem aus ein Steuerkolben mit dem Druckmedium beaufschlagt wird. Dieser Steuerkolben bewegt das Sperrelement. Mit vorgesteuerten Ventilen können größere Leistungen gesteuert werden.

Magnetventil für Pneumatik

3.4 Grundschaltungen zur Signalverarbeitung

3.4.1 Stromlaufplan

Durch Relais werden Ventile oder Lastschütze angesteuert. Um eine gute Übersicht zu erreichen, wird in Plänen die Schaltung des Steuerungsteils der Maschine oder Anlage von der Schaltung des Leistungsteils getrennt in Stromlaufplänen im spannungslosen Zustand dargestellt.

Der Stromlaufplan ist eine nach Strompfaden aufgelöste Darstellung der Schaltung ohne Berücksichtigung der räumlichen Lage der Bauelemente und ihres mechanischen Zusammenwirkens. Er zeigt von oben nach unten den Signalfluss im Steuerungsteil Die einzelnen Strompfade werden so gelegt, dass keine Leitungskreuzungen entstehen. Zur besseren Übersicht werden die Pfade durchnummeriert.
Um den mechanischen Zusammenhang zwischen den Bauelementen darzustellen, erhalten die einzelnen Bauelemente identische Kennzeichnungen. Wichtige Kennzeichen für Betriebsmittel sind:

B Sensor	**K** Relais	**F** Sicherung	**M** Motor
S Taster, Schalter	**Q** Leistungsschütz	**H** Melder	**A** Zylinder

> Stromlaufpläne zeigen von oben nach unten den Signalfluss in einzelnen Strompfaden.

3.4.2 Logische Funktionen

Logische Grundschaltungen können durch entsprechendes Zusammenschalten der Schaltelemente und in Relaistechnik verwirklicht werden.

Verwirklichung logischer Grundfunktionen:

	Logiksymbol	Funktionstabelle	Beispiele für die Verwirklichung
Identität	E—[1]—A	E A / 0 0 / 1 1	(Schaltbilder)
NICHT	E—[1]o—A	E A / 0 1 / 1 0	(Schaltbilder)
UND	E1,E2—[&]—A	E1 E2 A / 0 0 0 / 0 1 0 / 1 0 0 / 1 1 1	(Schaltbilder)
ODER	E1,E2—[≥1]—A	E1 E2 A / 0 0 0 / 0 1 1 / 1 0 1 / 1 1 1	(Schaltbilder)

3.4.3 Speicherschaltung

Durch Parallelschalten eines Schließerkontaktes des Relais mit dem Schließer, der das Relais anziehen lässt, bleibt auch nach Abschalten des auslösenden Signals das Relais im angezogenen Zustand. Man spricht von Selbsthaltung des Relais.
Erst durch Unterbrechen der Stromzufuhr fällt das Relais ab.

> Durch Parallelschalten eines Schließerkontakts zum Betätigungsglied des Relais kommt es zur Signalspeicherung durch Selbsthaltung.

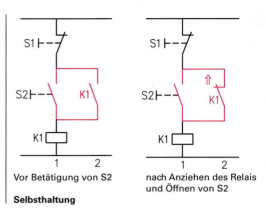

1 2
Vor Betätigung von S2

1 2
nach Anziehen des Relais und Öffnen von S2

Selbsthaltung

3.4.4 Signalabschaltung

Zur Vermeidung von Signalüberschneidungen und um die Sicherheit von Maschinen und Anlagen zu erhöhen, werden alle Strompfade, die vom aktiven Schritt nicht betroffen sind, stromlos geschaltet.
Der aktive Schritt muss zu diesem Zweck stets den vorherigen Schritt abschalten und den Strompfad für den folgenden Schritt vorbereiten.
Dies geschieht durch Stromlos-Schalten des jeweils vorher geschalteten Strompfades und Zuschalten der für den nächsten Schritt benötigten Strompfade.

> **Beispiel** für eine Signalabschaltung

In Laufrollen sollen in einer Vorrichtung Lagerbuchsen eingepresst werden. Die Rollen werden von Hand in die Vorrichtung eingelegt und die Buchse aufgesetzt. Das Spannen der Rollen geschieht durch den Zylinder 1. Wenn Zylinder 1 gespannt hat, soll der Einpressvorgang selbsttätig langsam ablaufen. Nach dem Einpressen soll zuerst Zylinder 2 einfahren, danach Zylinder 1.
Zur Sicherheit soll das Auslösen des Spannvorganges durch zwei Handtaster, die gleichzeitig betätigt werden, erfolgen.

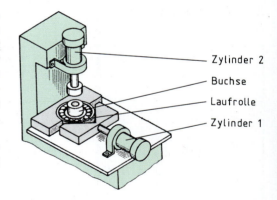

Pneumatikschaltplan

Spannen

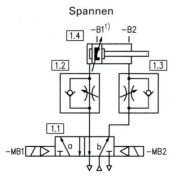

Einpressen

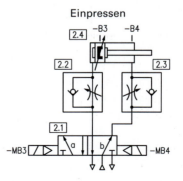

---

[1] Bei elektromechanischen Steuerungen werden die Grenzschalter mit einem –B gekennzeichnet.

Übungsaufgaben ST-14

Stromlaufplan

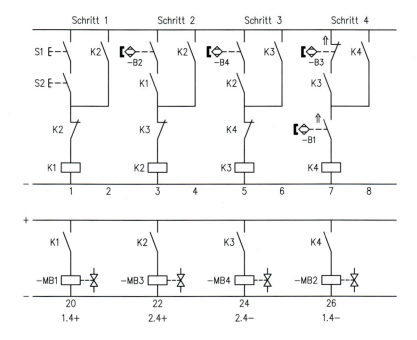

Ablaufbeschreibung:

Schritt	Aktion	Reaktion
1	S1 und S2 werden betätigt	K1 zieht an, Selbsthaltung von K1 in Strompfad 2 Spule –MB1 des Magnetventils 1.1 in Strompfad 20 zieht an Zylinder 1.4 fährt aus, Öffner –B1 in Strompfad 7 schließt
2	–B2 wird betätigt – schließt	K2 zieht an, Selbsthaltung von K2 in Strompfad 4 Öffner in Strompfad 1 öffnet, Relais K1 fällt ab → Abschalten von Schritt 1 Spule –MB1 des Magnetventils 1.1 in Strompfad 20 wird stromlos Schließer in Strompfad 5 schließt → Vorbereitung von Schritt 3 Spule –MB3 des Magnetventils 2.1 in Strompfad 22 zieht an Zylinder 2.4 fährt aus
3	–B4 wird betätigt – schließt	K3 zieht an, Selbsthaltung von K3 in Strompfad 6 Öffner in Strompfad 3 öffnet, Relais K2 fällt ab → Abschalten von Schritt 2 Spule –MB3 des Magnetventils 2.1 in Strompfad 22 wird stromlos Schließer in Strompfad 7 schließt → Vorbereitung von Schritt 4 Spule –MB4 des Magnetventils 2.1 in Strompfad 24 zieht an Zylinder 2.4 fährt ein
4	–B3 wird betätigt – schließt wieder	K4 zieht an, Selbsthaltung von K4 in Strompfad 8 Öffner in Strompfad 5 öffnet, Relais K3 fällt ab → Abschalten von Schritt 3 Spule –MB2 des Magnetventils 1.1 in Strompfad 24 zieht an Zylinder 1.4 fährt ein
5	–B1 wird betätigt – öffnet	Relais K4 fällt ab Magnetventil –MB2 in Strompfad 26 wird stromlos

4 Speicherprogrammierbare Steuerungen (SPS)

Eine speicherprogrammierbare Steuerung (SPS) nimmt von den Eingängen der zu steuernden Anlagen Eingangssignale auf, verarbeitet sie nach einem im Programmspeicher der SPS festgelegten Programm und schaltet entsprechend die Ausgänge zu den angeschlossenen Aktoren. Dies geschieht in einem wenige Millisekunden dauernden Zyklus.

Das Programm, nach dem die SPS arbeitet, wird außerhalb der SPS am Programmiergerät oder am PC erstellt und von dort in den Speicher der SPS eingegeben.

Für Steuerungen mit kleinem Leistungsaufwand werden **Kompaktsteuerungen** verwendet. Sie enthalten in einem kompakten Gehäuse die Eingabe-, Verarbeitungs- und Ausgabeeinheiten sowie die Einheit zur Energieversorgung.

Steuerungen mit höherem Leistungsaufwand werden aus Modulen (Bausteinen) aufgebaut, welche die einzelnen Funktionen der Steuerung erfüllen. Diese **modularen Steuerungen** sind außerordentlich flexibel, weil die einzelne Baugruppe den Erfordernissen der Anlage entsprechend optimal ausgewählt werden kann.

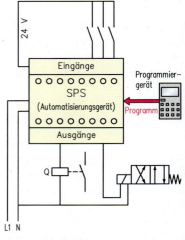

Speicherprogrammierte Steuerung (Schema)

4.1 Baugruppe der SPS

- **Eingangsbaugruppe**

Die Eingangsbaugruppe ist die Schnittstelle zwischen den Befehlsgebern und der Verarbeitungseinheit. Eingaben können eingegeben werden als
- binäre Signale, z. B. von Tastern und Schaltern,
- digitale Signale, z. B. von inkrementalen Wegaufnehmern,
- analoge Signale, z. B. von Temperaturfühlern.

Analoge Signale müssen zur Weiterverarbeitung erst in digitale Signale gewandelt werden.

Die Eingänge der SPS sind vom weiteren Teil der SPS galvanisch getrennt, d.h. sie geben die Eingangssignale nicht über eine elektrisch leitende Verbindung weiter, sondern z. B. optisch durch Optokoppler.

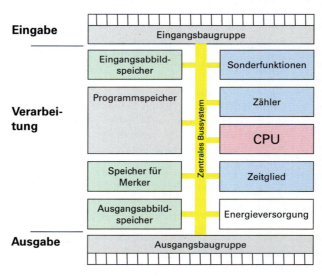

Baugruppen der SPS (Schema)

- **CPU**

Die CPU ist die zentrale Verarbeitungseinheit in der SPS. Sie führt entsprechend dem Programm logische Operationen durch und kontrolliert und überwacht den Datenfluss.

- **Speicher**

Der **Eingangsabbildspeicher** speichert den Signalzustand am Eingang.
Der **Programmspeicher** speichert das vom Anwender eingegebene Steuerprogramm.
Der **Merkerspeicher** speichert Zwischenergebnisse, die sich jeweils bei einem Durchlauf des Programms ergeben.
Der **Ausgangsabbildspeicher** enthält am Ende eines Durchlaufs des Programms die auf die Ausgangsbaugruppe zu übertragenden Ausgangssignale.

- **Baugruppen mit Sonderfunktionen**

Wichtige Baugruppen mit Sonderfunktionen sind Zeitgeber und Zähler.
Zeitgeber steuern festgelegte Ablaufzeiten für Ein- und Ausschaltvorgänge und Dauer von Impulsen.
Zähler erfassen Stückzahlen. Sie können vorwärts oder rückwärts zählen.

- **Ausgangsbaugruppe**

Die Ausgangsbaugruppe gibt die entsprechend dem Arbeitsergebnis eines Programmdurchlaufs, das im Ausgangsabbildspeicher gespeichert ist, Signale an die angeschlossenen Baugruppen. Die Signale können binäre Signale an Schütze, Relais Ventile u. a. oder digitale Signale an Anzeigeeinrichtungen und digitale Speicher oder analoge Signale an kontinuierlich arbeitende Stellventile u. Ä. sein.

4.2 Arbeitsweise der SPS

Speicherprogrammierbare Steuerungen arbeiten zyklisch. Man nennt die Zeit von der Abfrage der Eingänge bis zur Beschaltung der Ausgänge die Taktzeit oder die Zykluszeit der SPS. Die dauert nur wenige Millisekunden.

Verlauf eines Zyklus:

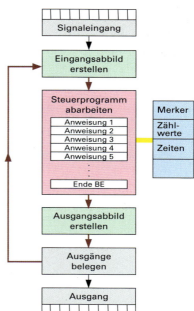

1. Der Ausgangsabbildspeicher wird gelöscht. Die augenblicklich vorhandenen Signale an den Eingängen werden eingelesen. Das Ergebnis wird für diesen Durchlauf im Eingangsabbildspeicher abgelegt.

2. Da im Programmspeicher von Anwender abgelegte Programm wird in der Reihenfolge der Anweisungen und entsprechend dem Signalzustand im Eingangsabbildspeicher abgearbeitet. Ermittelte Zwischenergebnisse werden für die Dauer des Zyklus im Merkerspeicher gespeichert.

3. Das Ergebnis der Abarbeitung des Steuerprogramms wird im Ausgangsabbildspeicher abgelegt.

4. Entsprechend dem Ausgangsabbild werden die Ausgänge belegt. Der nächste Zyklus wird gestartet.

Vom Automatisierungsgerät werden in jedem Zyklus die Zustände der Eingänge abgefragt. Die ermittelten Daten werden entsprechend dem eingegebenen Programm verarbeitet. Gemäß dem Ergebnis der Verarbeitung werden die Ausgänge beschaltet.

4.3 Programmieren speicherprogrammierbarer Steuerungen

4.3.1 Programmiersprachen

Für die Programmierung von speicherprogrammierbaren Steuerungen werden die folgenden Programmiersprachen eingesetzt:

die **Anweisungsliste** (AWL), der **Kontaktplan** (KOP), der **Funktionsplan** (FUP).

Beispiel für die Programmierung einer ODER-Verknüpfung in unterschiedlichen Programmiersprachen

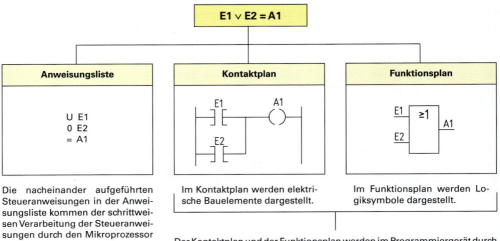

Die nacheinander aufgeführten Steueranweisungen in der Anweisungsliste kommen der schrittweisen Verarbeitung der Steueranweisungen durch den Mikroprozessor am nächsten.

Im Kontaktplan werden elektrische Bauelemente dargestellt.

Im Funktionsplan werden Logiksymbole dargestellt.

Der Kontaktplan und der Funktionsplan werden im Programmiergerät durch entsprechende Übersetzerprogramme in Anweisungen umgeschrieben.

4.3.1.1 Anweisungsliste (AWL)

Das Programm einer speicherprogrammierten Steuerung besteht aus einer Folge von *Steueranweisungen*. Eine Steueranweisung gliedert sich in *Operationsteil* und *Operandenteil*.

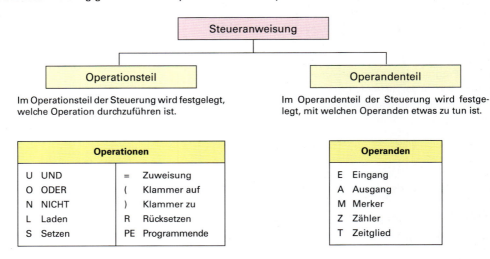

Im Operationsteil der Steuerung wird festgelegt, welche Operation durchzuführen ist.

Im Operandenteil der Steuerung wird festgelegt, mit welchen Operanden etwas zu tun ist.

Operationen				Operanden	
U	UND	=	Zuweisung	E	Eingang
O	ODER	(	Klammer auf	A	Ausgang
N	NICHT	)	Klammer zu	M	Merker
L	Laden	R	Rücksetzen	Z	Zähler
S	Setzen	PE	Programmende	T	Zeitglied

Die jeweiligen Operationen und Operanden für eine Steuerung werden unter bestimmten Adressen abgelegt. Die Operanden erhalten Operandennummern. Die für eine logische Verknüpfung notwendigen Steueranweisungen werden als Satz bezeichnet. Alle für eine Steuerungsaufgabe notwendigen Sätze werden in einer Anweisungsliste zusammengefasst.

Die Anweisungsliste beginnt mit der Operation L (Laden) zur Bereitstellung des 1. Operanden. Anstelle der Operation Laden kann auch die Operation U (UND) am Beginn der Anweisungsliste stehen.

| Beispiel | für die Programmierung einer ODER-Verknüpfung in einer Anweisungsliste |

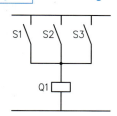

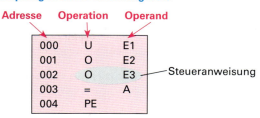

Zuordnung:
S1 → E1
S2 → E2
S3 → E3
Q1 → A

Adresse	Operation	Operand
000	U	E1
001	O	E2
002	O	E3
003	=	A
004	PE	

— Steueranweisung

> Eine Steueranweisung in der Anweisungsliste besteht aus dem Operationsteil, der die Handlung festlegt, und dem Operandenteil, der das Objekt der Handlung angibt.

4.3.1.2 Kontaktplan (KOP)

Der Kontaktplan setzt die Darstellung einer Steuerung, wie sie im Stromlaufplan vorliegen würde, durch Drehung und Spiegelung in eine Darstellung um, die mit einer Computertastatur geschrieben werden kann. Im Programmiergerät wird die grafische Darstellung in Anweisungen umgeformt.

Symbole:

      —( )—

Abfrage auf Signalzustand 1   Abfrage auf Signalzustand 0   Zuweisung des Ergebnisses

| Beispiel | für die Darstellung einer Selbsthaltung im Kontaktplan |

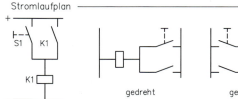
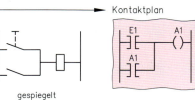

Zuordnung:
S1 → E1
K1 → A1

> Der Kontaktplan ist eine grafische Programmiersprache, die aus dem Stromlaufplan abgeleitet ist. Im Programmiergerät wird die grafische Darstellung in Anweisungen umgeformt.

4.3.1.3 Funktionsplan (FUP)

Im Funktionsplan wird jede Funktion durch ein Logiksymbol bzw. aus daraus abgeleiteten Symbolen am Bildschirm des Computers aufgebaut. Die Umsetzung in das Steuerprogramm geschieht im Programmiergerät.

| Beispiel | für die Darstellung einer UND-Schaltung im Funktionsplan |

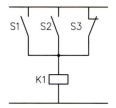

Zuordnung:
S1 → E1
S2 → E2
S3 → E3
K1 → A1

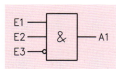

4.3.2 Programmieren kombinierter Verknüpfungen

Bei der Programmierung von kombinierten Verknüpfungen werden die einzelnen Grundverknüpfungen zu Schritten zusammengefasst. Die Zusammengehörigkeit der einzelnen Schritte kann entweder durch eine entsprechende Klammersetzung oder durch den Einsatz von Zwischenspeichern dokumentiert werden. Die Klammerschreibweise entspricht der mathematischen Darstellung in der disjunktiven Normalform. Die Zwischenspeicher, die das Ergebnis jeden Schrittes speichern, werden als **Merker** bezeichnet. Die Unterschiede beider Möglichkeiten werden besonders im Funktionsplan deutlich.

Beispiel **für die Programmierung der kombinierten Verknüpfung (E1 ∨ E2) ∧ E3 0 A mit Klammern und Merker**

	ohne Merker	mit Merker
AWL	U(0 E1 0 E2) U E3 = A1	U E1 0 E2 = M1 U M1 U E3 = A1
KOP	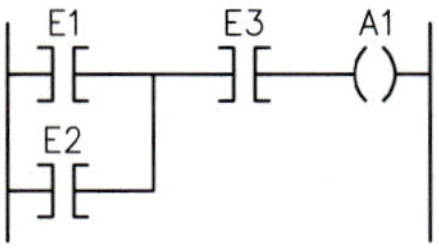	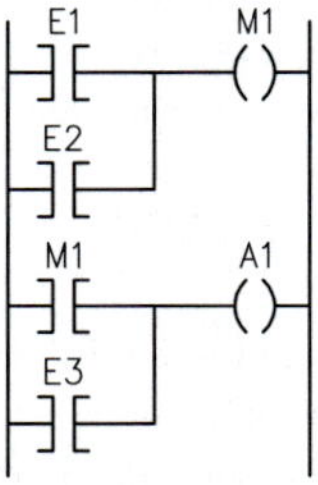
FUP	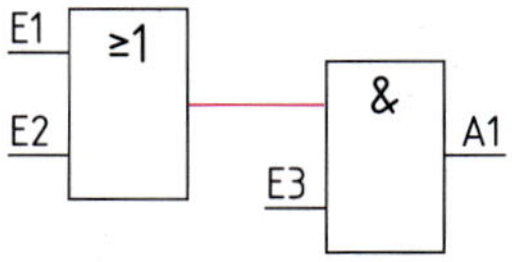	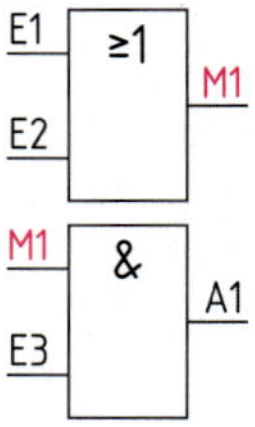

4.3.3 Programmieren wichtiger Funktionen

4.3.3.1 Speicherverhalten

Wenn ein kurzzeitiges „1"-Signal am Eingang ein dauerhaftes „1"-Signal am Ausgang bewirkt, liegt Speicherverhalten vor. Die Speicherung erfolgt solange bis das Rücksetzsignal erfolgt.

Bei gleichzeitigem Anliegen von Setz- und Rücksetzsignal bestehen zwei Möglichkeiten:

- Steuerungen mit **vorrangigem Setzen** speichern weiterhin das Setzen.
- Steuerungen mit **vorrangigem Rücksetzen** führen bevorzugt den Rücksetzbefehl aus.

In der Steuerungstechnik wird aus Sicherheitsgründen vorwiegend mit vorrangigem Rücksetzen gearbeitet.

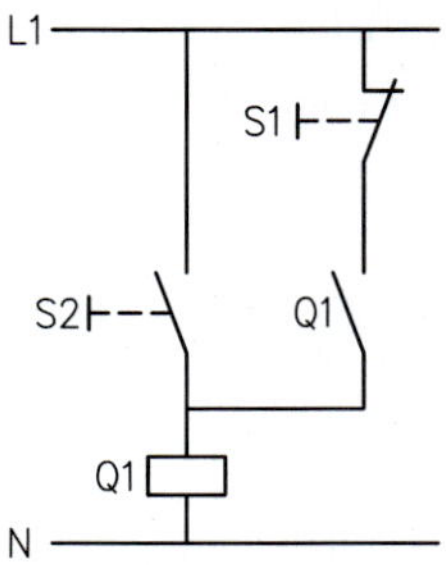

Vorrangiges Setzen

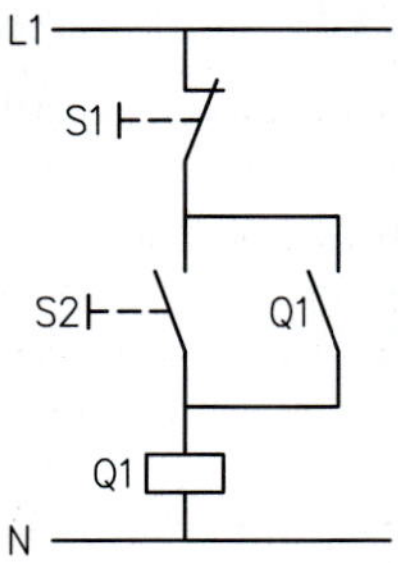

Vorrangiges Rücksetzen

Speicherverhalten

Programmierung von Speicherverhalten in Anweisungsliste, Kontaktplan und Funktionsplan

		AWL	KOP	FUP
bevorzugt Setzen	(Schaltbild S1, S2, Q; S1→E1, S2→E2, Q→A1)	U E1 R A1 U E2 S A1 PE	E1 ─┤├─(R) A1 E2 ─┤├─(S) A1	E2 ─ S E1 ─ R ─ A
bevorzugt Rücksetzen	(Schaltbild S1, S2, Q; S1→E1, S2→E2, Q→A1)	U E2 S A1 U E1 R A1 PE	E1 ─┤├─(S) A1 E2 ─┤├─(R) A1	E2 ─ S E1 ─ R ─ A

In den Programmteilen zu Setzen und Rücksetzen steht der vorrangige Befehl stets näher am Programmende. Dies hat seine Ursache in der Arbeitsweise der SPS. In ihr wird das Programm zunächst schrittweise abgearbeitet und **erst nach kompletter Abarbeitung** werden die Ausgänge belegt. Dadurch kommt bei gegenläufigen Befehlen stets der zuletzt anliegende Befehl zur Ausführung.

> Nach dem Vorrang von Setz- oder Rücksetzsignal bei Steuerungen mit Speicherverhalten unterscheidet man Steuerungen mit **vorrangigem Setzen** und Steuerungen mit **vorrangigem Rücksetzen**. Vorwiegend wird mit vorrangigem Rücksetzen gearbeitet.
> In Steuerprogrammen steht der vorrangige Befehl stets näher am Programmende.

4.3.3.2 Zählfunktion

Durch Sensoren kann die Anzahl von Objekten als Folge einzelner Impulse erfasst werden. Zähler können aus der Zahl der Impulse den Zahlenwert bestimmen, ausgeben und das Ergebnis zur Weiterverarbeitung innerhalb eines SPS-Programmes weiterleiten.

```
                        Zählernr.
                       Zähler
Vorwärtszählen         ZV
Rückwärtszählen        ZR
Zähler setzen          S      DU  Zahlenwert dual
Zahlenwerteingabe      ZW     DA  Zahlenwert dezimal
Rücksetzen             R      Q   Steuerausgang binär
Zähler
```

- **Vorwärtszähler (ZV)**

Beim Vorwärtszählen wird der Wert des Zählers bei einem Wechsel vom Zustand „0" zum Zustand „1" (positiver Flankenwechsel) um den Wert 1 erhöht. Sobald eine eingegebene obere Zahlgrenze erreicht ist, werden weitere Impulse nicht mehr gezählt.

- **Rückwärtszählen (RZ)**

Beim Rückwärtszählen wird der Wert des Zählers bei einem Wechsel von „1" nach „0" (negativer Flankenwechsel) um den Zahlenwert 1 verringert. Wenn die Untergrenze Null erreicht ist, bleibt der Wert Null – es werden keine negativen Werte gebildet. Der Zähler beginnt erst wieder zu zählen, wenn vorwärts zählende Impulse eingehen.

- **Zähler setzen (S)**

Bei Setzen des Zählers wird dem Zähler an ZW ein Zahlenwert vorgegeben (z. B. 5). Dieser Wert bleibt bis zu Laden eines neuen konstanten Zahlenwerts (L KZ) erhalten.

- **Rücksetzen (R)**

Ein Impuls am Rücksetzeingang setzt den Zähler auf den Zählerstand Null. Der gesetzte Zahlenwert (L KZ) bleibt erhalten.

| Beispiel | für eine Zählfunktion |

Ein Zähler soll ein Ausgangssignal liefern solange noch ein Wert gespeichert ist und das Rücksetzsignal nicht gegeben ist. Fünf Einheiten sind vorgegeben.

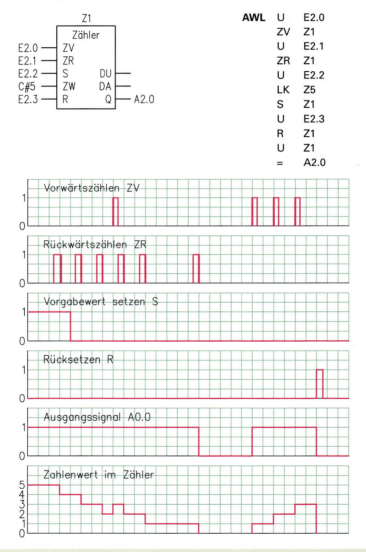

Vorwärtszählen erfolgt bei positivem Flankenwechsel von „0" zu „1".
Sobald ein oberer Grenzwert erreicht wird, wird der Zählwert nicht mehr erhöht.

Rückwärtszählen erfolgt bei negativem Flankenwechsel von „1" zu „0".
Sobald der Zählwert Null erreicht ist, wird nicht mehr weitergezählt.

4.3.3.3 Zeitfunktionen

Die zeitliche Beeinflussung von Schaltvorgängen geschieht durch Zeitgeber (Timer). Zeitgeber haben u.A. die Funktionen Einschaltverzögerung, Ausschaltverzögerung und Impulsgabe.

Einschalt- verzögerung	Ausschalt- verzögerung	Impuls- verlängerung	Eingabe	
S_EVERZ	S_AVERZ	S_VIMP	TW	Zeitvorwahl
S DU	S DU	S DU	R	Rücksetzen
TW DA	TW DA	TW DA	Ausgabe	
R Q	R Q	R Q	DU	Zahlenwert dual
			DA	Zahlenwert dezimal
			Q	Steuerausgang binär

Zeitfunktionen

- **Einschaltverzögerung**
Wenn am Eingang das Signal „1" angelegt wird, wechselt der Steuerausgang nach Ablauf der eingestellten Zeit den Steuerausgang vom Zustand „0" auf „1" (positiver Wechsel). Dieser Zustand bleibt, solange des Signal „1" am Eingang vorhanden ist und der Rücksetzeingang „0" ist.

- **Ausschaltverzögerung**
Wenn am Eingang das Signal von „1" auf „0" (negativer Wechsel) wechselt, wird erst nach Ablauf der eingestellten Verzögerungszeit der Steuerausgang von „1" auf „0" gesetzt.

- **Impulsverlängerung**
Wenn am Eingang das Signal von „0" auf „1" gesetzt wird, erhält der Ausgang den Zustand „1". Dieser Zustand bleibt, auch wenn das Eingangssignal wieder auf „0" zurückgeht, solange erhalten bis die eingestellte Zeit abgelaufen ist oder vorzeitig ein Rücksetzsignal gegeben wird.

Beispiele für Zeitfunktionen

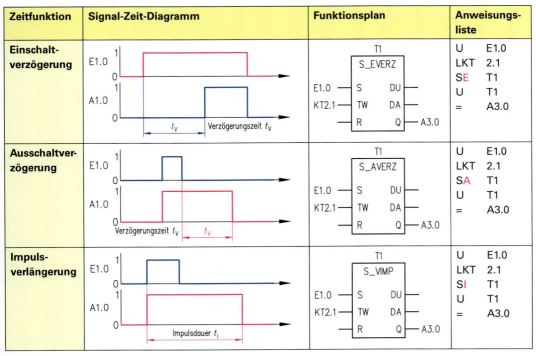

4.4 Sicherheit von Steuerungen

Jedes technische System ist mit einem gewissen Risiko einer Fehlfunktion behaftet. Ein System gilt aber als sicher, wenn Störungen sehr selten auftreten und bei Störungen weder Leben und Gesundheit von Personen noch Zerstörung oder Beschädigung von Sachen eintreten.

- **Fehlerarten**

Eine Steuerung kann nur die Eigenschaften eines Signals feststellen, z. B. das Vorhandensein oder die Höhe. Sie kann nicht feststellen, wie das Signal zustande gekommen ist. Beim Ausfall eines Halbleiters kann z. B. dieser dauernd leitend sein oder dauernd nicht leitend sein. Im ersten Fall gibt er dauernd Signal und kann damit unerlaubt einschalten oder ein Ausschalten verhindern. Mann spricht in diesem Fall von einem aktiven Fehler.

- **Drahtbruchsicheres Programmieren**

Ein Drahtbruch führt in einer Steuerung immer zu einem „0"-Signal am zugehörigen Eingang. Dies kann gefährliche Auswirkungen haben, wenn durch das anstehende Signal das Ausschalten von Antrieben verhindert wird. Antriebe unkontrolliert eingeschaltet werden oder Gefahrenmeldungen unterdrückt werden. Zur Sicherheit sind für das Einschalten von Anlagen stets Schließer zu verwenden und für das Ausschalten Öffner zu verwenden. In der SPS-Programmierung sind die externen Öffner als Schließer zu programmieren.

| Beispiel | für drahtbruchsicheres Programmieren |

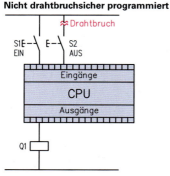
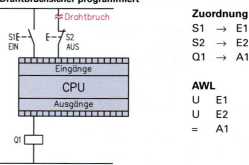

> Drahtbruchsicherheit verlangt Schließer zum Einschalten und Öffner zum Ausschalten.
> Bei drahtbruchsicherem Programmieren sind alle externen Öffner als Schließer zu programmieren.

- **Verriegeln von Speicherfunktionen**

Gegenläufige Befehle, z. B. gleichzeitig AUF und AB oder Rechtslauf und Linkslauf müssen verhindert werden. Wenn eine der Speicherfunktionen gesetzt ist, muss ausgeschlossen werden, dass die andere gesetzt werden kann. Dies kann durch gegenseitige Verriegelung über die Setz- oder Rücksetzung der Speicherfunktion erfolgen.

| Beispiel | von Speicherfunktionen |

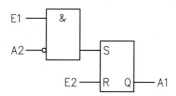
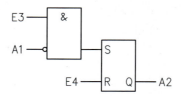

Der Setzbefehl wird für einen Ausgang nur wirksam, wenn der andere Speicher nicht gesetzt ist.

- **NOT-AUS-Funktion**

NOT-AUS-Schalter müssen bei Betätigung gefährliche Bereiche von Maschinen und Anlagen so schnell wie möglich stillsetzen. Dies bedeutet nur in Einzelfällen das Abschalten der gesamten Energiezufuhr, denn dabei können auch Hilfseinrichtungen, z. B. Spanneinrichtungen, abgeschaltet werden und damit eine zusätzliche Gefahrenquelle geschaffen werden.

Man unterscheidet drei Stopp-Kategorien:

Kategorie 0:
Stillsetzen durch sofortiges Abschalten der Energiezufuhr zu den Maschinenantrieben.

Kategorie 1:
Gesteuertes Stillsetzen, wobei die Energiezufuhr zu den Maschinenantrieben so lange erhalten bleibt, bis durch Abbremsen der Stillstand erreicht ist. Erst dann wird die Energiezufuhr unterbrochen.

Kategorie 2:
Gesteuertes Stillsetzen, bei dem die Energiezufuhr zu den Maschinenantrieben nach Stillstand erhalten bleibt. Für NOT-AUS ist diese Art des Stillsetzens nicht zulässig.

In technischen Anlagen wird NOT-AUS vorwiegend mit elektromechanischen Schaltgeräten verwirklicht. Ihre Einschaltung kann im SPS-Programm entsprechend den sicherheitstechnischen Anforderungen verarbeitet werden und Meldeeinrichtungen starten.

NOT-AUS-Schalter müssen auch im Falle einer Störung im Automatisierungsgerät wirksam bleiben und darum auf die Stellglieder der angeschlossenen Maschinen einwirken.
Nach Entriegeln eines NOT-AUS-Schalters dürfen Maschinen nicht selbsttätig wieder anlaufen.

4.5 Entwurf speicherprogrammierter Ablaufsteuerungen

Der Entwurf von speicherprogrammierten Ablaufsteuerungen erfolgt in mehreren Schritten. Dieses soll anhand der Steuerung einer Pressvorrichtung dargestellt werden.

Beispiel für eine Aufgabenstellung zur Steuerung einer Pressvorrichtung

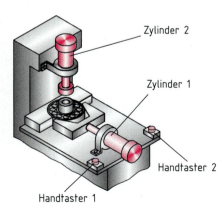

In Laufrollen sollen in einer Vorrichtung Lagerbuchsen eingepresst werden. Die Rollen werden von Hand in die Vorrichtung eingelegt und die Buchse aufgesetzt. Das Spannen der Rollen geschieht durch den Zylinder 1. Wenn Zylinder 1 gespannt hat, soll der Einpressvorgang selbsttätig langsam ablaufen. Nach dem Einpressen soll zuerst Zylinder 2 einfahren, danach Zylinder 1. Zur Sicherheit soll das Auslösen des Spannvorganges durch zwei Handtaster 1 und 2, die gleichzeitig betätigt werden, erfolgen.

Übungsaufgaben ST-15, ST-16

1. Planungsschritt: Entwicklung des Technologieschemas

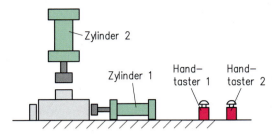

Technologieschema Pressvorrichtung

2. Planungsschritt: Planen des Leistungsteils der Pressvorrichtung

Der Pneumatikschaltplan mit Arbeitselementen, Stellgliedern und Zusatzelementen ist zu zeichnen. Die Arbeitsfolge der Arbeitselemente wird ermittelt und die sich daraus ergebende Lage der Endschalter festgelegt. Die Steueranschlüsse der elektrisch betätigten Stellglieder werden mit M und der Bauteilnummer des Sensors (Endschalters) BX gekennzeichnet.

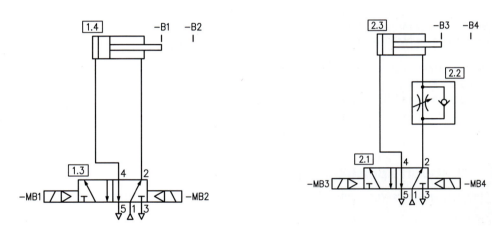

3. Planungsschritt: Zuordnung der Betriebsmittel

Die **Zuordnungsliste** mit Eingangs- und Ausgangssignalen wird aufgestellt. In der Zuordnungsliste werden den Betriebsmitteln (Aktoren und Sensoren) bestimmte Operanden zugeordnet.

Betriebsmittel		Operand
Handtaster 1	1.1	E1
Handtaster 2	1.2	E2
Grenztaster	–B1	E3
Grenztaster	–B2	E4
Grenztaster	–B3	E5
Grenztaster	–B4	E6
Magnetspule	–MB1	A1
Magnetspule	–MB2	A2
Magnetspule	–MB3	A3
Magnetspule	–MB4	A4

4. Planungsschritt: Erstellung des GRAFCET-Plans

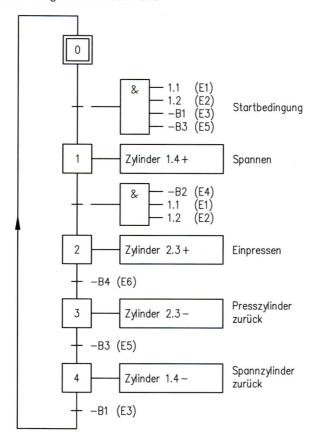

5. Planungsschritt: Schreiben der Anweisungsliste

Die Anweisungsliste für die Ablaufsteuerung der Pressmaschine wird geschrieben. Darin müssen die notwendigen Maßnahmen für die Signalabschaltung enthalten sein, um Signalüberschneidungen an den Stellgliedern zu verhindern.

Anweisungsliste (mit Signalabschaltung)											
1 Spannen			**2** Pressen			**3** Rückhub			**4** Lösen		
1	U	E1	12	U	E4	21	U	E6	28	U	E5
2	U	E2	13	U	E1	22	= S	M3	29	= S	M4
3	U	E3	14	U	E2	23	= R	A3	30	= R	A4
4	U	E5	15	= S	M2	24	U	M4	31	U	M1
5	= S	M1	16	= R	A1	25	= R	M3	32	= R	M4
6	= R	A2	17	U	M3	26	U	M3	33	U	M4
7	U	M2	18	= R	M2	27	= S	A4	34	= S	A2
8	= R	M1	19	U	M2						
9	U	M1	20	= S	A3						
10	= R	M4									
11	= S	A1									

5 Übungsaufgaben Steuerungstechnik

Grundbegriffe

ST-1 Welche der folgenden Vorgänge sind gesteuert, welche geregelt? Begründen Sie Ihre Antwort.
a) Lenken eines Kraftfahrzeugs
b) Verkehrsbeeinflussung durch eine Ampel
c) Druckminderung durch ein Druckminderventil an einer Druckgasflasche

ST-2 Bagger wurden früher nahezu ausschließlich mit hydraulischen Steuerungen hergestellt. Heute werden elektronische Steuerungen eingebaut.
Wo sehen Sie die Vorteile der elektronischen Steuerung?

ST-3 Eine Presse darf nur bei geschlossenem Gitter sowie eingelegtem Werkstück arbeiten, wenn der Bediener die EIN-Taste gedrückt hat. Er kann hier zum Auslösen des Pressvorgangs zwischen einem Handtaster und einem Fußtaster wählen.
Formulieren Sie mit wenigen Worten die Bedingungen für den Start mit den Begriffen UND und ODER.
Ergänzen Sie:
„Der Start erfolgt, wenn ... "

ST-4 Stellen Sie die Funktionstabelle auf.

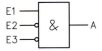

ST-5 Ein Vierkantprofil soll mit Bohrungen versehen werden, die immer gleiche Abstände besitzen. Da es sich um eine Vielzahl von Bohrungen handelt, soll die Bohrmaschine um eine pneumatische Vorschub- und Spanneinrichtung ergänzt werden. Der Bearbeitungsvorgang soll dann halbautomatisch in folgender Weise ablaufen:
Das Werkstück wird von Hand eingelegt und positioniert. Durch die Betätigung des EIN-Tasters S0 wird das Vierkantprofil vom Spannzylinder 1 gespannt. In seiner vorderen Endstellung löst der Spannzylinder die Vorschubbewegung des Vorschubzylinders 2 aus. Nun wird der Bohrvorgang manuell ausgeführt. Nach dem Bohrvorgang wird durch Hochdrücken der Bohrspindel der Taster S1 betätigt. Daraufhin fährt der Spannzylinder wieder ein und löst in seiner hinteren Endlage den Rückhub des Vorschubzylinders aus. Befinden sich beide Kolben in der hinteren Endstellung, kann ein weiteres Arbeitsspiel erfolgen.
Der GRAFCET-Plan für die Steuerung der Vorschub- und Spanneinrichtung ist zu entwerfen.

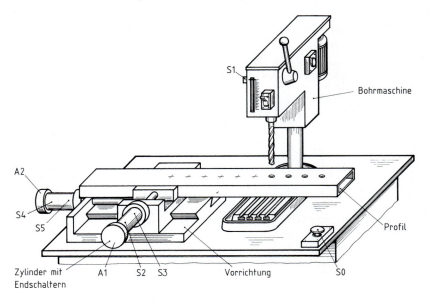

Pneumatische Steuerungen

ST-6 Übernehmen Sie den folgenden Schaltplan, kennzeichnen Sie die Bauelemente durch Nummern, und geben Sie die Funktionen der Bauelemente innerhalb der Steuerkette (z. B. Signalglied, Stellglied) an.

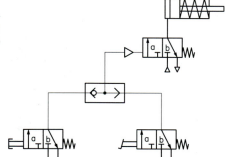

ST-7 Ein doppeltwirkender Zylinder soll einen Schlagkolben betätigen. Bei Knopfdruck soll der Zylinder fortlaufend ein- und ausfahren, bis der Taster wieder losgelassen wird. Zeichnen Sie den Schaltplan.

ST-8 Äußern Sie sich zu den Vorteilen der Geschwindigkeitsbeeinflussung durch Drosselung der Abluft.

ST-9 In einer Klebevorrichtung werden zwei Bauteile durch einen Pneumatikzylinder zusammengepresst und etwa zwei Minuten gehalten. Die Vorrichtung öffnet dann selbsttätig. Das Auslösen soll sowohl durch Hand- als auch durch Fußtaster erfolgen können. Zeichnen Sie den Schaltplan.

ST-10 In eine Vorrichtung zum Lochen dünner Blechteile wird das Blech von Hand eingeschoben. Am Anschlag soll durch das Blech das Signal für den Lochvorgang gegeben werden. Zeichnen Sie den Schaltplan.
Zeichnen Sie das Funktionsdiagramm.

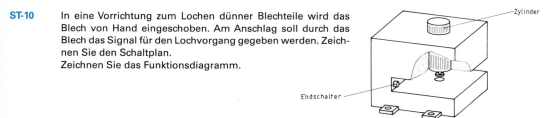

ST-11 In einem Innenausbaubetrieb werden Zierbalken an den Kanten angefräst. Die Anfräsungen sollen 10 cm hinter dem Balkenanfang beginnen und 10 cm vor dem Balkenende enden.

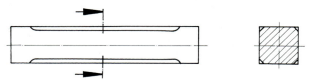

Der Vorgang des Fräsens soll stark mechanisiert werden. Die Balken werden dazu in eine Maschine eingeschoben. Die Fräse ist auf einem Schlitten, der durch einen einfachwirkenden Zylinder vorgeschoben wird, aufgespannt. Sobald der scharfkantige Balken bis zu einer Tiefe von 10 cm in die Maschine eingefahren ist, fährt der Fräser selbsttätig vor und fräst bis 10 cm vor Ende des Balkens. Dann wird der Fräser selbsttätig zurückgezogen.
a) Zeichnen Sie die Schaltung.
b) Wo müssen die Endschalter eingebaut werden?
c) Zeichnen Sie das Funktionsdiagramm.

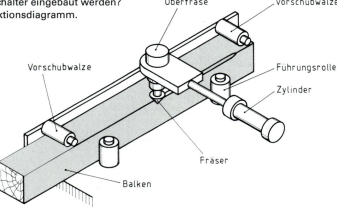

Übungsaufgaben Steuerungstechnik

ST-12 In einer Klebepresse drücken drei Pneumatikzylinder Platten aufeinander.
Die Auslösung des Pressvorgangs soll über einen Handtaster erfolgen. Zunächst soll der mittlere Zylinder ausfahren. Erst wenn er seine Endlage erreicht hat, dürfen die beiden anderen Zylinder ausfahren. Nachdem alle Zylinder ausgefahren sind, soll ca. drei Minuten selbsttätig gepresst werden. Danach soll sich der Pressvorgang automatisch abschalten.
Zeichnen Sie den Schaltplan.

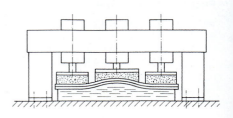

ST-13 Der Verschluss der skizzierten Abfülleinrichtung wird durch einen doppeltwirkenden Zylinder, der im Grundzustand ausgefahren ist, betätigt. Durch Drücken einer Taste soll der Verschluss geöffnet werden. Lässt man die Taste los, soll der Verschluss selbsttätig geschlossen werden. Die Anlage darf aber nur arbeiten, wenn ein Auffangbehälter unter der Öffnung steht.
Skizzieren Sie die Schaltung.

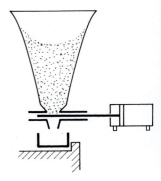

Elektrische Steuerungen

ST-14 Welche logische Funktion erfüllt die folgende Schaltung?

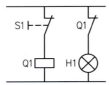

Speicherprogrammierbare Steuerungen (SPS)

ST-15 Auf Tasterdruck EIN soll ein doppeltwirkender Zylinder ausfahren und so lange in der Endposition bleiben, bis der Taster AUS gedrückt wird. Falls beide Taster gleichzeitig gedrückt werden, soll auf jeden Fall der Zylinder einfahren.
Entwerfen Sie eine geeignete Schaltung.

ST-16 Schreiben Sie eine Anweisungsliste, damit die Schützschaltung durch eine speicherprogrammierte Steuerung ersetzt werden kann.

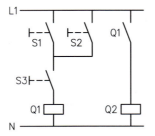

Betriebsmittel		Belegung
S1	Schließer	E1
S2	Schließer	E2
S3	Schließer	E3
Q1	Schütz	A1
Q2	Schütz	A2

Statik   S

Belastungen in einem technischen System ermitteln

Auftrag

Auftragsbeschreibung

Ermittlung der Kräfte und Momente in den Bauteilen des Schwenkkrans

Lageplan

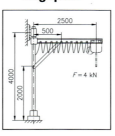

Analysieren

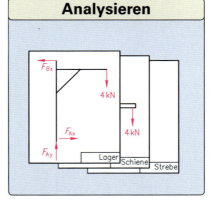

Vorgaben:
- Entwurf mit
  - Funktionsmaßen
  - Betriebslast
  - Konstruktionshinweisen auf statisch zu berücksichtigende Elemente, z. B. Gelenke

Ergebnis:
- Skizzen der freigemachten Bauteile mit
  - Kraftrichtungen der äußeren Kräfte,
  - Angriffspunkten
  - Lastannahmen: Betriebslast Zusatzlasten (z. B. Wind) Eigengewicht
  - Bauteilmaßen
- Entscheidung für Lösungsverfahren

Kräfte und Momente bestimmen

Lagerkräfte

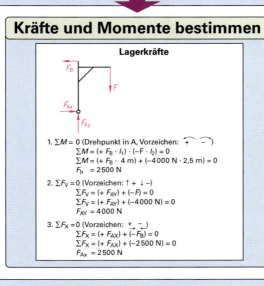

1. $\sum M = 0$ (Drehpunkt in A, Vorzeichen: ↻+ ↺−)
   $\sum M = (+ F_B \cdot l_1) \cdot (-F \cdot l_2) = 0$
   $\sum M = (+ F_B \cdot 4\,m) + (-4000\,N \cdot 2{,}5\,m) = 0$
   $F_b = 2500\,N$

2. $\sum F_V = 0$ (Vorzeichen: ↑+ ↓−)
   $\sum F_V = (+ F_{AY}) + (-F) = 0$
   $\sum F_V = (+ F_{AY}) + (-4000\,N) = 0$
   $F_{AY} = 4000\,N$

3. $\sum F_X = 0$ (Vorzeichen: →+ ←−)
   $\sum F_X = (+ F_{AX}) + (-F_B) = 0$
   $\sum F_X = (+ F_{AX}) + (-2500\,N) = 0$
   $F_{Ax} = 2500\,N$

Vorgaben:
- Bauteilskizzen mit
  - Kräften
  - Angriffspunkten
  - Maßen
- Lösungsverfahren (grafisch, rechnerisch)

Ergebnisse:
- Lagerkräfte
- Innere Kräfte
  - Normalkräfte
  - Querkräfte
- Momente

Statik

Die Kenntnis der Kräfte, die ein Bauteil belasten, ist die Voraussetzung für die Berechnung seines Festigkeits- und Verformungsverhaltens. In der technischen Mechanik wird diese Ermittlung der Kräfte durchgeführt.

Man unterscheidet in der technischen Mechanik die Dynamik und die Statik.

Die **Dynamik** befasst sich mit dem Zusammenhang zwischen Kräften und Bewegungszuständen.

Die **Statik** untersucht das Gleichgewicht der Kräfte am ruhenden Körper.

Problemlösungen in der technischen Mechanik können rechnerisch, zeichnerisch oder experimentell geschehen. Durch den Einsatz von Rechnern haben zeichnerische Methoden zur Lösung von Aufgaben erheblich an Bedeutung verloren. Die rechnerische Lösung steht heute im Vordergrund. Die experimentellen Verfahren sind besonders durch die Möglichkeit, rechnerunterstützt Simulationsexperimente durchzuführen, erheblich erweitert worden.

1 Kräfte

Kräfte sind gerichtete Größen – Vektoren. Zur Beschreibung einer Kraft gehören demnach folgende drei Angaben:

- Angabe der **Größe** der Kraft (Zahlenwert und Einheit),
- Angabe der **Lage** im Raum,
- Angabe der **Wirkrichtung**.

Das Formelzeichen einer Kraft ist F.

Zeichnerisch werden Kräfte durch Pfeile dargestellt. Dabei symbolisieren die einzelnen Teile des Pfeils Folgendes:

- Die *Länge des Pfeils* zeigt die *Größe der Kraft*.
- Die *Lage des Pfeils* (Wirkungslinie) zeigt die *Lage der Kraft* im Raum.
- Die *Richtung der Pfeilspitze* zeigt die *Wirkrichtung der Kraft*.

Den Punkt, an dem eine Kraft an einem Körper angreift, bezeichnet man als ihren Angriffspunkt.

Zur zeichnerischen Lösung ist es wichtig, die Kräfte in einem einheitlichen Maßstab – dem Kräftemaßstab – darzustellen. Dieser Maßstab ist zur Erzielung möglichst hoher Genauigkeit so groß wie eben möglich zu wählen.

Beispiel für die zeichnerische Darstellung von Kraft, Wirkungslinie und Wirkrichtung

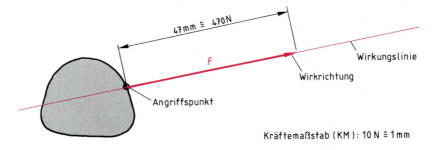

Kräfte sind Vektoren. Sie werden als Pfeil dargestellt:
Die Länge des Pfeils entspricht der Größe der Kraft.
Die Richtung des Pfeils und die Pfeilspitze geben die Wirkrichtung an.

Zum Arbeiten mit Kräften in der technischen Mechanik sind folgende Sätze von grundlegender Bedeutung: Verschiebungssatz, Reaktionssatz, Satz vom Kräfteparallelogramm.

- **Verschiebungssatz**

Sieht man von der Verformung eines Körpers infolge von Krafteinwirkung ab – *starrer Körper* – so kann eine Kraft auf ihrer Wirkungslinie verschoben werden, ohne dass sich damit ihre Auswirkungen ändern.

Beispiel	für den Verschiebungssatz

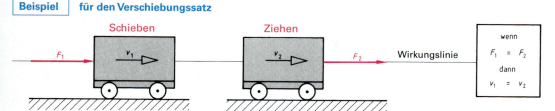

Kräfte können auf ihrer Wirkungslinie verschoben werden.

- **Reaktionssatz**

Kräfte, die an der Berührungsstelle zweier Körper auftreten,
- sind gleich groß,
- liegen auf der gleichen Wirkungslinie,
- haben entgegengesetzte Richtung (actio = reactio).

Beispiele	zum Reaktionssatz

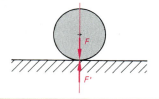 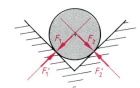

Jede Kraft hat eine gleich große Gegenkraft.

- **Satz vom Kräfteparallelogramm**

An einem Körper greifen oft mehrere Kräfte gleichzeitig an. Wenn sich die Wirkungslinien dieser Kräfte in einem Punkt schneiden, so lassen sich die Kräfte zu einer resultierenden Kraft (*Resultierenden*), welche die gleiche Wirkung hat, vereinigen (Kräfteaddition). Die Zusammenfassung zweier Kräfte F_1 und F_2 zu einer Resultierenden F_{rsl} geschieht mithilfe des **Kräfteparallelogramms**.[1]

Beispiel	für die Kräfteaddition mit dem Kräfteparallelogramm

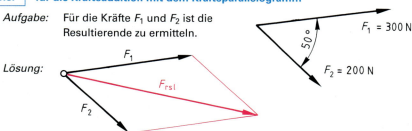

Kräfte können mit dem Kräfteparallelogramm addiert werden.
Die Resultierende hat die gleiche Wirkung wie die Ausgangskräfte.

---

[1] Verfahren zur Addition und Zerlegung mehrerer Kräfte s. die folgenden Seiten

2 Moment und Kräftepaar

Eine Kraft erzeugt an einem drehbaren *starren Körper* eine Drehwirkung. Das Maß für diese Drehwirkung ist das **Moment**. Das Moment berechnet man als das Produkt aus der Kraft F und dem senkrechten Abstand der Wirkungslinie der Kraft vom Drehpunkt (Hebelarm l). Die Drehrichtung gibt man durch Vorzeichen an: Die Drehrichtung im Uhrzeigersinn ist negativ, gegen den Uhrzeigersinn ist sie positiv.

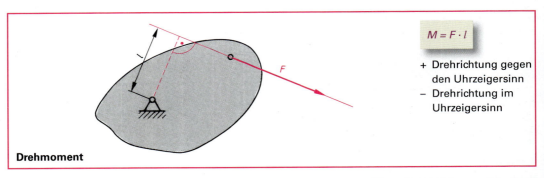

$$M = F \cdot l$$

+ Drehrichtung gegen den Uhrzeigersinn
− Drehrichtung im Uhrzeigersinn

Drehmoment

Untersucht man die Ursache des Drehbestrebens genauer, so erkennt man, dass dieses nicht von einer Kraft, sondern von zwei Kräften verursacht wird. Die zweite Kraft ist die im Drehpunkt angreifende Stützkraft. Sie ist ebenso groß wie F, verläuft parallel zu F, ist aber entgegengerichtet. Man nennt zwei so angeordnete Kräfte ein **Kräftepaar**. Das Moment des Kräftepaares ist $M = F \cdot l$.

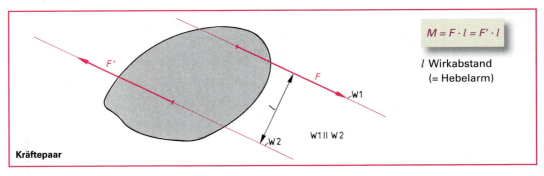

$$M = F \cdot l = F' \cdot l$$

l Wirkabstand (= Hebelarm)

Kräftepaar

Ein Kräftepaar hat auch für jeden anderen, in der gleichen Ebene liegenden Punkt die gleiche Wirkung $M = F \cdot l$.

| **Beispiele** | für die stets gleiche Drehwirkung eines Kräftepaares F und F' bei unterschiedlichen Drehpunkten. |

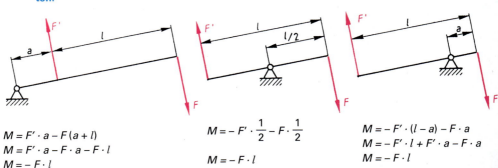

$M = F' \cdot a - F(a + l)$
$M = F' \cdot a - F \cdot a - F \cdot l$
$M = -F \cdot l$

$M = -F' \cdot \frac{1}{2} - F \cdot \frac{1}{2}$
$M = -F \cdot l$

$M = -F' \cdot (l - a) - F \cdot a$
$M = -F' \cdot l + F' \cdot a - F \cdot a$
$M = -F \cdot l$

Ein Kräftepaar besteht aus zwei parallel liegenden und gegeneinander gerichteten Kräften. Es erzeugt für jeden Punkt der Ebene das Moment $M = F \cdot l$.

3 Zusammensetzung und Zerlegen von Kräften in der Ebene mit gemeinsamem Angriffspunkt

3.1 Zeichnerische Lösungsverfahren

Zwei Kräfte, deren Wirkungslinien sich in einem Punkt schneiden, können mithilfe des Kräfteparallelogramms addiert werden. Falls mehr als zwei Kräfte zu einer Resultierenden zusammengefasst werden müssen, verwendet man in der Statik das **Krafteck**. Zur Konstruktion des Kraftecks geht man so vor:

Ausgehend von einem Lageplan, in dem die Kräfte von ihrer Richtung her eingetragen sind, werden in einer neuen Zeichnung die Kräfte maßstäblich der Reihe nach parallel zu ihrer Darstellung im Lageplan aneinandergefügt. An das Ende der vorhergehenden Kraft wird dabei jeweils der Anfang der nächsten Kraft gesetzt. Die Strecke vom Anfangspunkt der ersten bis zum Endpunkt der zuletzt angetragenen Kraft gibt die Größe der Resultierenden an. Ihre Richtung ist den anderen Kräften *entgegengesetzt*. Die Lage dieser Strecke gibt bei Parallelverschiebung in den Lageplan die Lage der Resultierenden an.

| Beispiel | für die Kräfteaddition mithilfe des Kraftecks |

Aufgabe: Für die Kräfte F_1, F_2 und F_3 ist F_{rsl} zu ermitteln.

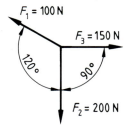

Lösung: **Lageplan   Krafteck**

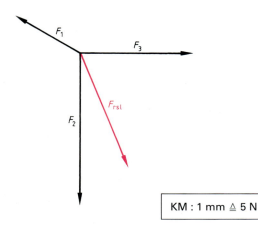

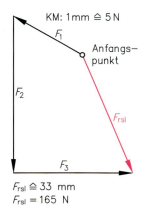

$F_{rsl} \cong 33$ mm
$F_{rsl} = 165$ N

Die Addition von mehreren Kräften mit **gemeinsamem Angriffspunkt** geschieht durch das Krafteck. Die Resultierende schließt das Krafteck mit entgegengesetzter Richtung.

264 Zusammensetzung und Zerlegen von Kräften in der Ebene mit gemeinsamem Angriffspunkt

Die *Zerlegung* einer Kraft nach zwei vorgegebenen Richtungen geschieht mithilfe des Kräfteparallelogramms so, dass die zu zerlegende Kraft die Diagonale im Kräfteparallelogramm bildet.

Führt man die Zerlegung einer Kraft mithilfe des Kraftecks durch, so trägt man an den Anfang der zu zerlegenden Kraft eine Parallele zur Wirkungslinie W1 und an das Ende der Kraft eine Parallele zur Wirkungslinie W2 an und bringt die Wirkungslinien zum Schnitt. Die Strecken zwischen Anfangs- beziehungsweise Endpunkt geben Größe und Richtung der gesuchten Kräfte an. Die Richtung ist dabei dem Verlauf der zu zerlegenden Kraft entgegengesetzt.

| Beispiel | für die Zerlegung einer Kraft mithilfe des Kraftecks |

Aufgabe: Die Kraft F = 400 N ist entsprechend vorgegebener Wirkungslinien in die Kräfte F_1 und F_2 zu zerlegen.

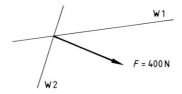

Lösung:

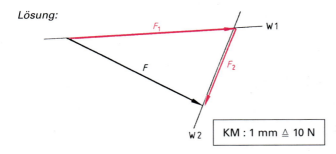

$F_1 \triangleq 43$ mm $\qquad F_2 \triangleq 22$ mm
$F_1 = \mathbf{430\ N} \qquad F_2 = \mathbf{220\ N}$

KM : 1 mm $\triangleq$ 10 N

3.2 Rechnerische Lösung

Die rechnerische Ermittlung der Resultierenden geschieht so, dass man zunächst dem Lageplan ein Koordinatensystem zuordnet. Danach wird jede Kraft in ihre Komponenten F_x und F_y zerlegt.

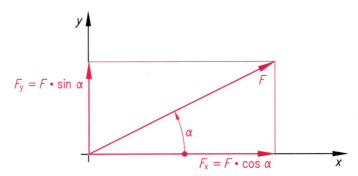

Zerlegung einer Kraft in ihre Komponenten F_x und F_y

Zur rechnerischen Kräfteaddition werden die Kräfte in die Komponenten F_x und F_y zerlegt.
$F_x = F \cdot \cos \alpha \qquad F_y = F \cdot \sin \alpha$

Übungsaufgaben S-1, S-2

Die getrennte Addition aller F_x- und aller F_y-Werte ergibt $F_{x\,rsl}$ beziehungsweise $F_{y\,rsl}$.

> **Beispiel** für die rechnerische Ermittlung der Komponenten F_x und F_y der Resultierenden

Aufgabe: Für die im folgenden Koordinatensystem dargestellten Kräfte F_1 bis F_5 sind die Komponenten $F_{x\,rsl}$ und $F_{y\,rsl}$ zu ermitteln.

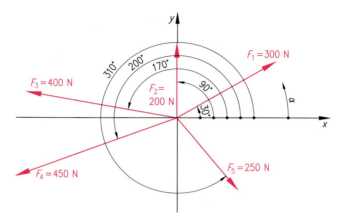

Lösung: Zerlegung der Kräfte in ihre Komponenten F_{nx} und F_{ny} und Addition der Komponenten zu $F_{x\,rsl}$ und $F_{y\,rsl}$.

n	F_n N	α Grad	$\cos \alpha$	$\sin \alpha$	F_{nx} N	F_{ny} N
1	300	30	+ 0,866	+ 0,500	+ 259,8	+ 150,0
2	200	90	0	+ 1,000	0	+ 200,0
3	400	170	− 0,985	+ 0,174	− 394,0	+ 69,4
4	450	200	− 0,939	− 0,342	− 422,5	− 153,9
5	250	310	+ 0,643	− 0,766	+ 160,7	− 191,5
					$F_{x\,rsl} = -396{,}0$	$F_{y\,rsl} = +74{,}0$

Lage der Komponenten $F_{x\,rsl}$ und $F_{y\,rsl}$ im Koordinatensystem:

$F_{y\,rsl} = 74{,}0$ N

$F_{x\,rsl} = -396{,}0$ N

Die Größe der Resultierenden kann mithilfe des Pythagoras aus den F_x- und F_y-Werten ermittelt werden:
$$F^2_{x\,rsl} + F^2_{y\,rsl} = F^2_{rsl}$$

$$F_{rsl} = \sqrt{\Sigma F^2_{x\,rsl} + \Sigma F^2_{y\,rsl}}$$

Der Winkel, unter dem F_{rsl} im Koordinatensystem einzutragen ist, errechnet sich aus:

$$\tan \alpha = \frac{\Sigma F_{y\,rsl}}{\Sigma F_{x\,rsl}}$$

Aufgabe: Aus den gegebenen Komponenten $F_{x\,rsl} = -396{,}8$ N und $F_{y\,rsl} = 74{,}0$ N (siehe vorhergehendes Beispiel) sind die Größe und Richtung der Resultierenden zu berechnen.

Lösung:

1. Berechnung der Größe von F_{rsl}

$$F_{rsl} = \sqrt{F^2_{x\,rsl} + F^2_{y\,rsl}}$$

$$F_{rsl} = \sqrt{(-396{,}0 \text{ N})^2 + (74{,}0 \text{ N})^2}$$

$$F_{rsl} = \mathbf{402{,}8 \text{ N}}$$

2. Berechnung der Lage von F_{rsl}

$$\tan \alpha = \frac{F_{y\,rsl}}{F_{x\,rsl}}$$

$$\tan \alpha = \frac{74{,}0 \text{ N}}{-396{,}0}$$

$\tan \alpha = -0{,}1868$
$\alpha_1 = \mathbf{169{,}4°}$
($\alpha_2 = 349{,}4°$ entfällt – siehe Lage von $F_{x\,rsl}$ und $F_{y\,rsl}$)

3. Lage von F_{rsl} im Koordinatensystem

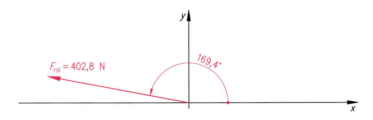

4 Zusammensetzung von Kräften in der Ebene mit verschiedenen Angriffspunkten

4.1 Zeichnerische Lösung

Man wendet in der Statik zur Addition von Kräften, die keinen gemeinsamen Angriffspunkt besitzen, das **Seileckverfahren** an.

Ausgehend vom Lageplan konstruiert man dabei zunächst das Krafteck mit der Resultierenden. Die genaue Lage der Resultierenden ermittelt man über das Seileck. Zum Konstruieren dieses Kurvenzugs wählt man außerhalb des Kraftecks einen Punkt – Pol genannt – von dem aus Polstrahlen zu den Anfangs- und Endpunkten jeder Kraft im Krafteck gezogen werden. Diese Polstrahlen werden durch Parallelverschiebung in den Lageplan als Seilstrahlen übertragen.

Man geht dabei so vor:
Durch einen beliebigen Punkt der Wirkungslinie **W1** wird die Parallele zum Polstrahl **1** zwischen F_1 und F_2 bis zur Wirkungslinie **W2** gezogen. Vom Schnittpunkt aus wird nun die Parallele des Polstrahls **2** zwischen F_2 und F_3 bis zum Schnitt mit **W3** gezogen usw. Es entsteht so im Lageplan das Seileck. Durch Anfang und Ende des Seilecks werden Parallelen zum ersten und letzten Polstrahl gezogen. Der Schnittpunkt dieser Seilstrahlen ist ein Punkt auf der Wirkungslinie der Resultierenden. Durch Parallelverschiebung wird die Resultierende aus dem Krafteck in den Lageplan übertragen.

Übungsaufgaben S-3 bis S-9

| Beispiel | für die Ermittlung von Größe und Lage einer Resultierenden nach dem Seileckverfahren |

Aufgabe: Für die in der Skizze dargestellten Kräfte F_1 bis F_4 ist die Resultierende zu ermitteln.

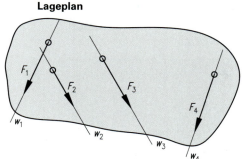

Lösung:

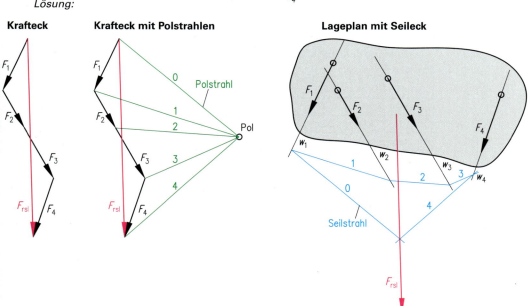

Größe und Richtung der Resultierenden von Kräften mit **nicht gemeinsamem** Angriffspunkt werden nach dem Seileckverfahren ermittelt.

4.2 Rechnerische Lösung

Die rechnerische Methode zur Ermittlung der Resultierenden bei Kräften, die sich nicht in einem Punkt schneiden, unterscheidet sich ebenfalls zunächst nicht von der Arbeitsweise bei Kräften mit zentralem Schnittpunkt. Auch hier werden zunächst in einem Arbeitsgang die Komponenten $F_{x\,rsl}$ und $F_{y\,rsl}$ der Resultierenden nach der bereits dargestellten tabellarischen Arbeitsweise ermittelt. Da sich die Kräfte *nicht* in einem Punkt schneiden, tritt meist ein Moment auf. Dieses Moment, das auch der Resultierenden zugeordnet werden muss, ist gleich der Summe der Momente aller Einzelkräfte. Aus der Größe der Resultierenden und dem Moment kann der *Hebelarm der Resultierenden* ermittelt werden, der dann die genaue Bestimmung der Lage der Resultierenden im Koordinatensystem ermöglicht.

Beispiel	für die rechnerische Ermittlung der Resultierenden

Aufgabe: Für die in der Skizze dargestellten Kräfte F_1, F_2 und F_3 sind Größe und Richtung der Resultierenden zu berechnen.

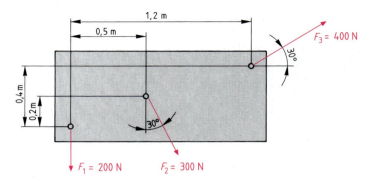

Lösung: **1.** Ermittlung der Größe und Richtung von F_{rsl}

n	F_n N	α Grad	$\cos \alpha$	$\sin \alpha$	F_{nx} N	F_{ny} N
1	200	270	0	− 1,000	0	− 200,0
2	300	300	+ 0,500	− 0,866	+ 150,0	− 259,8
3	400	30	+ 0,866	+ 0,500	+ 346,4	+ 200,0
					$F_{x\,rsl} = + 496,4$	$F_{y\,rsl} = − 259,8$

$F_{rsl} = \sqrt{(496{,}4\,\text{N})^2 + (-259{,}8\,\text{N})^2}$

$F_{rsl} = \mathbf{560{,}3\ N}$

$\tan \alpha = \dfrac{-259{,}8\ \text{N}}{496{,}4\ \text{N}}$

$\tan \alpha = -0{,}5234$

$\alpha = \mathbf{332{,}4°}$

2. Ermittlung der Summe aller Momente der Kräfte (Drehpunkt in F_1 gewählt)

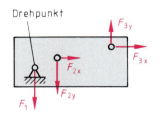

n	$|F_{nx}|$ N	$|F_{ny}|$ N	l m	Drehrichtung	M Nm
1	0		0	—	0
		200,0	0	—	0
2	150,0		0,2	↷	− 30,0
		259,8	0,5	↷	−129,9
3	346,4		0,4	↷	−138,6
		200,0	1,2	↶	+240,0
					$\Sigma M = − 58{,}5$

3. Berechnung des Hebelarmes von F_{rsl}

$M = F_{rsl} \cdot l$

$l = \dfrac{M}{F_{rsl}}$

$l = \dfrac{58{,}5\ \text{Nm}}{560{,}3\ \text{N}}$

$l = \mathbf{0{,}10\ m}$

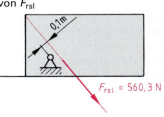

Übungsaufgabe S-10

5 Körper in der Ebene im Gleichgewicht

5.1 Gleichgewichtsbedingungen

Ein Körper befindet sich im Gleichgewicht, wenn die Resultierende **aller** Kräfte, die auf den Körper einwirken, null ist und kein Moment infolge eines Kräftepaars auftritt.
Bei der zeichnerischen Analyse von Kräften in der Ebene bedeutet die Gleichgewichtsbedingung $F_{rsl} = 0$, dass sich ein Krafteck aus allen am Körper angreifenden Kräften schließen muss und alle Kräfte in diesem Krafteck den gleichen Umlaufsinn haben.

| Beispiel | für ein Krafteck mit Kräften im Gleichgewicht |

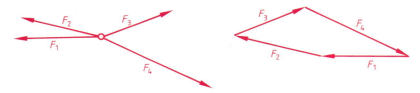

Betrachtet man die Kräfte und Momente in einem ebenen Koordinatensystem rechnerisch, so kann man die Gleichgewichtsbedingungen so formulieren:

Ein Körper in der Ebene ist im Gleichgewicht, wenn
- die Summe aller Kräfte in x-Richtung gleich null ist und
- die Summe aller Kräfte in y-Richtung gleich null ist und
- die Summe der Momente aller Kräfte um einen Drehpunkt gleich null ist.

Gleichgewichtsbedingungen in der Ebene:
$$\Sigma F_x = 0$$
$$\Sigma F_y = 0$$
$$\Sigma M = 0$$

| Beispiel | für einen Körper in der Ebene im Gleichgewicht |

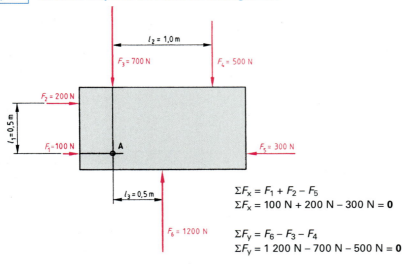

$\Sigma F_x = F_1 + F_2 - F_5$
$\Sigma F_x = 100\ \text{N} + 200\ \text{N} - 300\ \text{N} = \mathbf{0}$

$\Sigma F_y = F_6 - F_3 - F_4$
$\Sigma F_y = 1\,200\ \text{N} - 700\ \text{N} - 500\ \text{N} = \mathbf{0}$

Drehpunkt in A
$\Sigma M = F_6 \cdot l_3 - F_4 \cdot l_2 - F_2 \cdot l_1$
$\Sigma M = 1\,200\ \text{N} \cdot 0{,}5\ \text{m} - 500\ \text{N} \cdot 1\ \text{m} - 200\ \text{N} \cdot 0{,}5\ \text{m} = \mathbf{0}$

5.2 Freimachen der Bauteile

Untersucht man das Gleichgewicht an einem Bauteil, so ist es entsprechend der Gleichgewichtsbedingungen wichtig, alle angreifenden Kräfte und auftretenden Momente zu erfassen – also auch die Stützkräfte in den Lagern. Um dieses deutlich herauszustellen, zeichnet man in der Statik den zu untersuchenden Körper vereinfacht, löst ihn von allen stützenden Bauteilen und ersetzt diese durch Kräfte. Man nennt dieses Herauslösen das **Freimachen** des Bauteils.

| Beispiel | für das Freimachen eines Bauteils |

Es sind Rollenachse und Hakenaufhängung der skizzierten Hakenflasche freizumachen.

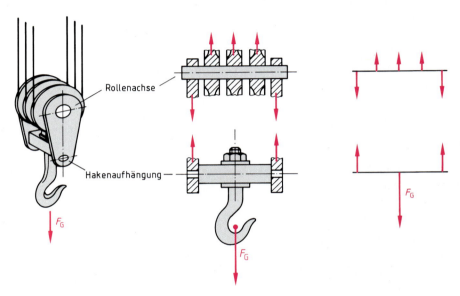

Häufig sind aus der Darstellung eines Bauteils die Angriffspunkte und Wirkrichtungen der Kräfte nicht sofort erkennbar.

Die folgenden Hinweise sollen Hilfen zur Bestimmung dieser beiden Größen geben:

– Die **Gewichtskraft** ist stets senkrecht nach unten gerichtet. Sie wird *im Schwerpunkt* des Bauteils angesetzt. Das Bauteil kann auch in Teilstücke mit zugehörigen Schwerpunkten zerlegt angenommen werden.

| Beispiel | für den Ansatz der Gewichtskraft |

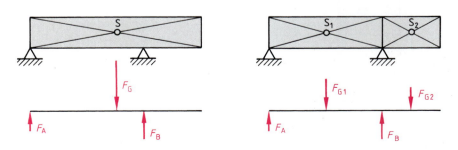

> Gewichtskräfte greifen stets im Schwerpunkt an.

Übungsaufgabe S-11

- **Auflagerkräfte** greifen bei gleichmäßiger Flächenbelastung im Schwerpunkt der Lagerfläche an.
  In *Loslagern* sind Bauteile in einer Richtung verschiebbar. Loslager können demnach nur Kräfte *senkrecht zur Stützfläche* aufnehmen (Normalkräfte).
  In *Festlagern* sind Bauteile nicht verschiebbar. Festlager können Kräfte in *jeder Richtung* aufnehmen.

Beispiele für den Ansatz von Lagerkräften

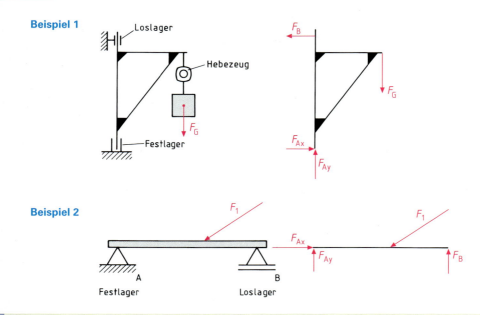

Im Festlager können Kräfte in jeder Richtung angreifen.
Im Loslager können nur Kräfte senkrecht zur Gleitfläche angreifen.

- **Reibungskräfte** greifen bei gleichmäßiger Flächenbelastung *im Schwerpunkt* der *Auflagefläche* an. Die Richtung der Reibungskräfte ist so, dass sie stets einer *angestrebten* Bewegung entgegengerichtet sind.

Beispiele für den Ansatz von Reibungskräften

Beispiel 1

Beispiel 2

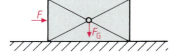
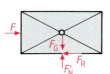

Reibungskräfte greifen im Schwerpunkt der Auflagefläche an.

5.3 Ermittlung von Gleichgewicht haltenden Lagerkräften

Zur genauen Bestimmung der Gleichgewicht haltenden Lagerkräfte wendet man heute vornehmlich rechnerische Lösungsmethoden an. Die Problemlösung erfolgt in folgenden Schritten:

1. Freimachen des Systems.
2. Zerlegen der Kräfte in ihre Komponenten F_x und F_y.
3. Berechnung der unbekannten Kräfte aus den Gleichgewichtsbedingungen.
   $\Sigma M = 0$
   $\Sigma F_y = 0$
   $\Sigma F_x = 0$
   (Den Drehpunkt für die Anwendung der Bedingung $\Sigma M = 0$ wählt man zweckmäßig in einem Angriffspunkt einer Lagerkraft – meist im Festlager.)

Beispiele für die Berechnung der Gleichgewicht haltenden Kräfte an Lagerstellen

Beispiel 1

Gegeben:

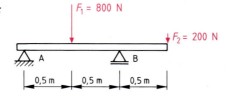

Gesucht: F_A, F_B

Lösung:

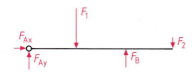

1. $\Sigma M = 0$ (Drehpunkt in A, Vorzeichen: ↻+ ↺−)

   $\Sigma M = (-800 \text{ N} \cdot 0{,}5 \text{ m}) + (F_B \cdot 1 \text{ m}) + (-200 \text{ N} \cdot 1{,}5 \text{ m}) = 0$

   $F_B = \dfrac{800 \text{ N} \cdot 0{,}5 \text{ m} + 200 \text{ N} \cdot 1{,}5 \text{ m}}{1 \text{ m}}$

   $F_B = \mathbf{700 \text{ N}}$

2. $\Sigma F_y = 0$ (Vorzeichen: ↑ + ↓ −)

   $\Sigma F_y = (+F_{Ay}) + (-800 \text{ N}) + (+700 \text{ N}) + (-200 \text{ N}) = 0$

   $F_{Ay} = \mathbf{300 \text{ N}}$

3. $\Sigma F_x = 0$ (Vorzeichen →+ ←−)

   $F_{Ax} = \mathbf{0}$

Beispiel 2
Gegeben:

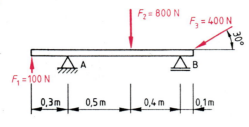

Gesucht: F_A, F_B

Lösung:

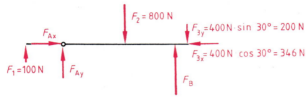

1. $\Sigma M = 0$ (Drehpunkt in A, Vorzeichen: ↶+ ↷−)
   $\Sigma M = (-100\ N \cdot 0{,}3\ m) + (-800\ N \cdot 0{,}5\ m) + (F_B \cdot 0{,}9\ m) + (-200\ N \cdot 1\ m) = 0$
   $F_B = \mathbf{700\ N}$

2. $\Sigma F_y = 0$ (Vorzeichen: ↑ + ↓ −)
   $\Sigma F_y = (+100\ N) + (F_{Ay}) + (-800\ N) + (+700\ N) + (-200\ N) = 0$
   $F_{Ay} = \mathbf{200\ N}$

3. $\Sigma F_x = 0$ (Vorzeichen: → + ← −)
   $\Sigma F_x = (+F_{Ax}) + (-346\ N) = 0$
   $F_{Ax} = \mathbf{346\ N}$

Beispiel 3
Gegeben:

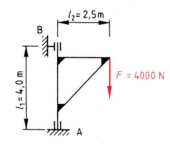

Gesucht: F_A, F_B

Lösung:

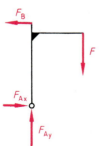

1. $\Sigma M = 0$ (Drehpunkt in A, Vorzeichen: ↶+ ↷−)
   $\Sigma M = (+F_B \cdot l_1) + (-F \cdot l_2) = 0$
   $\Sigma M = (+F_B \cdot 4\ m) + (-4\,000\ N \cdot 2{,}5\ m) = 0$
   $F_B = \mathbf{2\,500\ N}$

2. $\Sigma F_y = 0$ (Vorzeichen: ↑ + ↓ −)
   $\Sigma F_y = (+F_{Ay}) + (-F) = 0$
   $\Sigma F_y = (+F_{Ay}) + (-4\,000\ N) = 0$
   $F_{Ay} = \mathbf{4\,000\ N}$

3. $\Sigma F_x = 0$ (Vorzeichen → + ← −)
   $\Sigma F_x = (+F_{Ax}) + (-F_B) = 0$
   $\Sigma F_x = (+F_{Ax}) + (-2\,500\ N) = 0$
   $F_{Ax} = \mathbf{2\,500\ N}$

Übungsaufgabe S-12

6 Stabkräfte in ebenen Fachwerken

Zum Überspannen größerer Abstände setzt man häufig Stabkonstruktionen ein, welche die Last nahezu ausschließlich durch Zug- und Druckkräfte übertragen. Die äußeren Kräfte werden dabei stets an Knotenpunkten in die Konstruktion eingeleitet. Man bezeichnet diese Konstruktionen als **Fachwerke**.
Die Grundlage einfacher Fachwerke ist der Dreigelenkverband.

Beispiele für einfache ebene Fachwerke

Dreigelenkverband

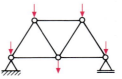

Fachwerk

Bei Fachwerken besteht zwischen der Zahl der Knoten und der Zahl der Stäbe folgender Zusammenhang:

$$Z = 2 \cdot K - 3$$

K   Zahl der Knoten
Z   Zahl der Stäbe

Die Kräfte an den Stäben eines Fachwerkes können rechnerisch oder zeichnerisch mithilfe der Gleichgewichtsbedingungen ermittelt werden, denn jeder Knotenpunkt muss für sich allein gesehen im Gleichgewicht sein.

Zur Ermittlung der Stabkräfte auf zeichnerischem Wege geht man zweckmäßig entsprechend den im folgenden Beispiel aufgezeigten Schritten vor.

Beispiel für die Ermittlung von Kräften in den Stäben eines Dachbinders

Aufgabe:
Die Kräfte in den Stäben des skizzierten Fachwerks sind zeichnerisch zu ermitteln.

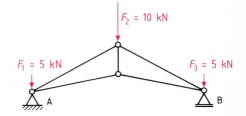

Lösung:
1. **Freimachen** des Systems und Auflagerkräfte ermitteln.

2. **Nummerierung** der Stäbe mit arabischen Ziffern und Nummerierung der Knoten mit römischen Ziffern. Zweckmäßig ist es, dabei von den äußeren Kräften auszugehen.

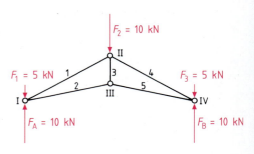

3. **Kräftemaßstab** und **Umfahrungssinn** (rechts- oder linksherum) festlegen.

Kräftemaßstab: 1 kN = 2 mm
Umfahrungssinn: ↻

4. Zur Ermittlung der Kräfte beginnt man an einem Knoten, an dem eine äußere Kraft angreift und von dem *maximal zwei* Kräfte unbekannt sind. Für diesen ersten Knoten wird das **Krafteck** gezeichnet. Es müssen die Kräfte und freien Wirkungslinien dabei im festgelegten Umfahrungssinn so aneinander angetragen werden, dass die Wirkungslinie einer gesuchten Kraft das Krafteck schließt.

Krafteck für Knoten I

(F_A und F_1 müssen sich überdecken. Sie sind hier nur zur besseren Veranschaulichung getrennt gezeichnet.)

5. Die Wirkrichtung einer Kraft innerhalb eines Stabes wird ermittelt, indem der **Richtungssinn** dieser Kraft aus dem Krafteck in den Knoten im Lageplan **übertragen** wird. Am anderen Ende des Stabes wird der Richtungspfeil umgekehrt angetragen.

Zugstab   Druckstab

6. Als nächster Knoten wird derjenige, bei dem nach Eintragung der ermittelten Stabkräfte nicht mehr als zwei Kräfte unbekannt sind, in gleicher Weise wie in 4. und 5. bearbeitet.
Für jeden Knoten entsteht so ein Krafteck.

Krafteck für Knoten II

Krafteck für Knoten III

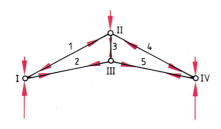

7. Die zeichnerisch ermittelten Kräfte werden **tabellarisch zusammengefasst**.

Stab	Kraft in N	Zug	Druck
1	16 600		x
2	15 000	x	
3	6 000	x	
4	16 600		x
5	15 000	x	

In Fachwerken muss jeder Knotenpunkt nach Freimachen im Gleichgewicht sein.

276 Stabkräfte in ebenen Fachwerken

In den Kraftecken benachbarter Knoten ist jeweils eine der Kräfte in ihrer Größe gemeinsam. Man kann darum an das Krafteck des ersten Knotens das zweite anfügen und in der Reihenfolge fortfahren. Es entsteht dabei eine Zusammenfassung der Kraftecke in einer Figur, die nach dem italienischen Mathematiker Cremona als **Cremona-Plan** bezeichnet wird.

Beispiel für die Ermittlung der Stabkräfte mithilfe der Zusammenfassung der Kraftecke im Cremona-Plan

Aufgabe: Die Kräfte in den Stäben 1 bis 5 sind zu ermitteln.

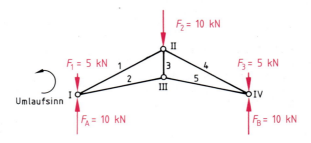

Lösung:

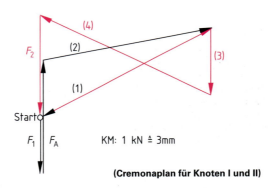

(Cremonaplan für Knoten I und II)

Das Fachwerk ist symmetrisch und wird symmetrisch belastet. Es genügt daher zur Ermittlung der Stabkräfte die Bearbeitung der Knoten I und II.

Stab	Kraft in N	Zug	Druck
1	16 600		x
2	15 000	x	
3	6 000	x	
4	16 600		x
5	15 000	x	

> Im Cremona-Plan werden die Kraftecke für alle Knoten zu einer Figur zusammengefasst.

Übungsaufgabe S-13

7 Übungsaufgaben Statik

S-1 Bestimmen Sie zeichnerisch die Größe der Resultierenden F_{rsl} für die Anordnung der Kräfte F_1 = 100 N und F_2 = 300 N entsprechend den vorgegebenen Skizzen (KM: 100 N ≙ 4 cm).

a) 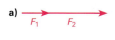 b)   c)   d)

S-2 An einem Beschlagteil eines Segelboots laufen vier Drahtseile zusammen.
Die Kräfte betragen für F_1 und F_3 je 1 500 N und für F_2 und F_4 je 2 000 N.
  a) Ermitteln Sie zeichnerisch die Größe der Resultierenden der Kräfte F_1 bis F_4.
  b) In welchem Winkel α zu F_4 ist das Bauteil abzuspannen?
  c) Wie groß ist die Kraft F_A in der Abspannung?

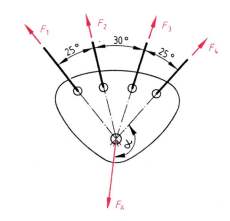

S-3 An einem Wellrad greift eine Gewichtskraft von 200 N am Seil an. An der Handkurbel wirkt eine Handkraft.
  a) Erläutern Sie an diesem Beispiel die Drehwirkung beider Kräfte mithilfe des Begriffs Kräftepaar.
  b) Skizzieren Sie die Kräftepaare an diesem System maßstäblich.

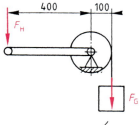

S-4 Ein Seil wird über eine Rolle um 90° umgelenkt. Bestimmen Sie zeichnerisch die Größe und Richtung der Resultierenden.
Geben Sie den Winkel α an, unter dem sich die pendelnd aufgehängte Rollenlagerung einstellt.

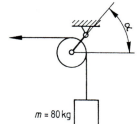

S-5 An einem Masten laufen drei Drähte entsprechend der Skizze zusammen. Die Drähte werden durch Zugkräfte von je 800 N belastet.
  a) Ermitteln Sie zeichnerisch und rechnerisch die Größe der Resultierenden.
  b) Unter welchem Winkel α ist der Mast abzuspannen?
  c) Die Abspannung geht unter einem Winkel von 30° zum Boden. Welche Kräfte treten im Abspannseil und Masten auf?

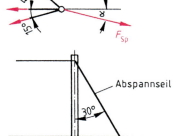

S-6 Bestimmen Sie rechnerisch die Größe und Lage der Resultierenden für die Anordnung der Kräfte $F_1 = 200$ N, $F_2 = 400$ N und $F_3 = 600$ N nach den vorgegebenen Skizzen.

a) 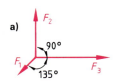   b) 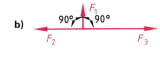   c)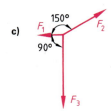

S-7 Eine Kiste von 1 000 N Gewicht wird mit unterschiedlich gespreizten Seilen gehoben.
a) Ermitteln Sie rechnerisch die Zugkräfte im Seil für Spreizwinkel von $\alpha_1 = 30°$, $\alpha_2 = 40°$, $\alpha_3 = 50°$, $\alpha_4 = 60°$.
b) Stellen Sie das Ergebnis grafisch dar ($F = f(\alpha)$).

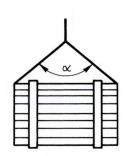

S-8 Eine Führung ist mit 1 000 N belastet. Bestimmen Sie rechnerisch die Kräfte, welche auf die Wangen wirken.

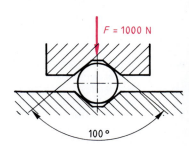

S-9 Auf einem Scherenwagenheber ruhen 6 000 N.
a) Wie groß sind bei der skizzierten Stellung die Belastungen in den Streben?
b) Mit welcher Kraft wird die Spindel belastet?

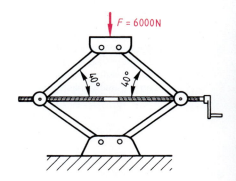

S-10 Ermitteln Sie die Größe und Lage der Resultierenden sowie ihren Hebelarm.
a) Zeichnerische Lösung.
b) Rechnerische Lösung.

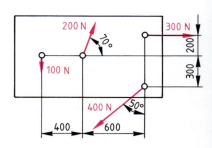

S-11 Berechnen Sie die Belastung F_A und F_B der Achsen.

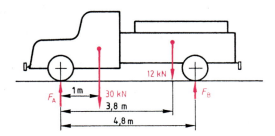

S-12 Bestimmen Sie rechnerisch die Auflagerkräfte für $F_1 = 1\,000$ N; $F_2 = 2\,000$ N; $F_3 = 3\,000$ N. Die Abstände sind: $l_1 = 0,5$ m, $l_2 = 0,6$ m, $l_3 = 0,4$ m, $l_4 = 0,4$ m, $l_5 = 0,2$ m.

a)

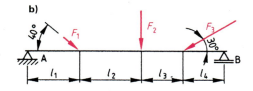

c)

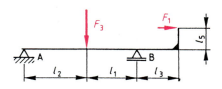

b)

d)

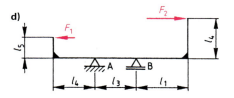

S-13 Zeichnen Sie die skizzierten Fachwerke maßstäblich. Ermitteln Sie die Lagerkräfte und die Kräfte in den Stäben.

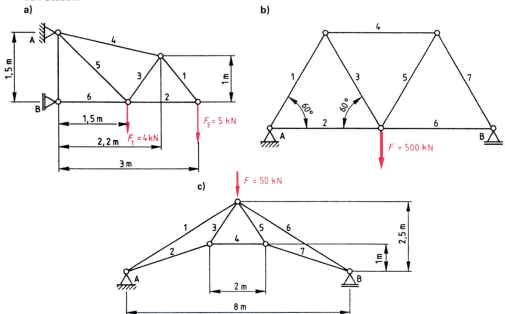

Festigkeitslehre   FL

Bauteile berechnen

Auftrag

Auftragsbeschreibung

Tragarm der Wandhalterung dimensionieren

Entwurf

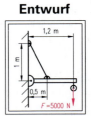

Analyse der Belastung

Vorgaben:
- räumliche Lage der Einzelteile unter funktionalen Gesichtspunkten
- einzuhaltende Maße
- Kräfte aus
  - Funktion
  - Umwelt (Wind u. a.)
  - Eigengewicht

getroffene Vorentscheidungen (im Laufe der Planung ggf. änderbar):
- Werkstoffe
- Querschnittsformen
- Fertigungsverfahren (z. B. Fügeverfahren)

Ergebnis:
Größe, Richtungen und Angriffspunkte von
- Kräften
- Momenten

Berechung und Dimensionierung

Vorgaben:
- Kräfte und Momente
- Zulässige Spannungen entsprechend
  - Werkstoff
  - Belastungsfall
  - Sicherheit
  - sonst. Vorschriften
- Querschnittformen

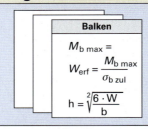

Ergebnis:
- erforderliche Querschnitte (ggf. Normprofil)

Kontrolle

Vorgaben:
- gewählte Querschnitte und Profile
- zulässige Spannungen
- zulässige Verformungen

Ergebnis:
- Freigabe der Konstruktion hinsichtlich Tragfähigkeit

Anfertigung der Ausführungszeichnungen

Festigkeitslehre

1 Grundlagen zur Festigkeitsberechnung

1.1 Beanspruchungsarten

Jedes Werkstück wird beim Gebrauch durch Kräfte beansprucht. Die Beanspruchung der Werkstücke unterscheidet man nach Beanspruchungsarten: z. B. Zug-, Druck-, Biegebeanspruchung. Tritt an einem Bauelement nur eine dieser Beanspruchungsarten auf, so spricht man von einer *einfachen* Beanspruchung. Treten dagegen mehrere Beanspruchungsarten gleichzeitig auf, spricht man von einer *zusammengesetzten* Beanspruchung. Eine Welle wird z. B. auf Biegung und Verdrehung beansprucht.

Einfache Beanspruchungsarten

Beanspruchungsarten	Zug	Druck	Abscherung	Biegung	Verdrehung	Knickung
Beispiele	Kranseil Kette	Säule Maschinenständer	Niet Bolzen	Träger Achse	Welle Torsionsfederstab	Schubstange Gerüststange

Bei Beanspruchungsarten unterscheidet man einfache und zusammengesetzte Beanspruchung.
Einfache Beanspruchungsarten sind:
- Zug,
- Druck,
- Abscherung,
- Biegung,
- Verdrehung,
- Knickung.

1.2 Belastungsarten – Belastungsfälle

Nach dem zeitlichen Verlauf der Belastung unterscheidet man ruhende, schwellende und wechselnde Belastung. Ruhende Belastung herrscht, wenn die Last in der gesamten Nutzungszeit gleich bleibt. Diese beansprucht einen Werkstoff am wenigsten. Eine Last, die laufend zwischen einem positiven und einem negativen Höchstwert, z. B. zwischen hohen Zug- und Druckspannungen, wechselt, beansprucht dagegen den Werkstoff am intensivsten.

Belastungsarten	statisch ruhend	dynamisch schwellend	dynamisch wechselnd
zeitlicher Verlauf der Belastung	Last bleibt nach Aufbringen konstant	Last schwillt im Bereich zwischen null und dem Höchstwert	Last wechselt zwischen positivem und negativem Höchstwert
Belastungsfall	I	II	III
Beispiele	Säule, Gebäudefundament	Kranseil, feststehende Achse	Schraubendreher, umlaufende Achse

Nach dem zeitlichen Verlauf einer Belastung unterscheidet man
- ruhende Belastung – Belastungsfall I
- schwellende Belastung – Belastungsfall II
- wechselnde Belastung – Belastungsfall III

Übungsaufgaben FL-1, FL-2

1.3 Reaktionen des Werkstoffs auf Beanspruchung

Jede Kraft, die von außen auf einen Werkstoff einwirkt, ruft im Inneren des Werkstoffs eine Reaktion hervor. Diese Reaktion, bezogen auf die Flächeneinheit des Ausgangsquerschnitts, ist die Spannung.

Entsprechend der *Richtung* der Spannungen *zum* beanspruchten *Querschnitt* sind Normalspannungen und Schubspannungen zu unterscheiden.

Normalspannungen wirken *senkrecht* zum beanspruchten Querschnitt. Sie haben das Formelzeichen σ (Sigma). **Schubspannungen** wirken *im* beanspruchten Querschnitt. Formelzeichen τ (Tau).

| Beispiele | für Normal- und Schubspannungen |

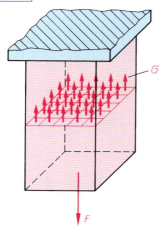
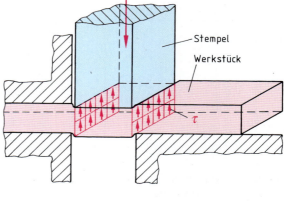

Normalspannungen infolge Zugbeanspruchung

Schubspannungen infolge Scherbeanspruchung

> Normalspannungen (σ) entstehen senkrecht zum beanspruchten Querschnitt.
> Schubspannungen (τ) entstehen parallel zum Querschnitt.

Jeder Belastung eines Körpers folgt eine Formänderung. Formänderung und Spannung sind bis zur Proportionalitätsgrenze einander proportional.

Beanspruchungen, die *Normalspannungen* erzeugen, bewirken *Längenänderungen*.
Beanspruchungen, die *Schubspannungen* erzeugen, bewirken *Winkeländerungen*, denn der Abstand der äußeren Kräfte (Scherkraft *F* und Haltekraft *F'*) ist beim Scheren stets größer als null.

| Beispiele | für Formänderung infolge äußerer Belastung |

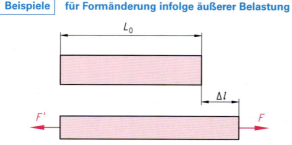
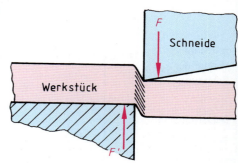

Längenänderung infolge Zugbeanspruchung

Winkeländerung infolge Scherbeanspruchung

> Längenänderungen bewirken Normalspannungen (σ).
> Winkeländerungen erzeugen Schubspannungen (τ).

1.4 Zulässige Spannung und Sicherheit

Ein Bauteil darf nur so hoch belastet werden, dass keine Zerstörung eintritt. Zerstörung ist in dieser Hinsicht in den meisten Fällen bereits eine bleibende Formänderung und nicht erst die Zerstörung durch Bruch.

Die Grenzspannungen, bis zu denen ein Werkstoff theoretisch beansprucht werden darf, liefert die Werkstoffprüfung mit den Kennwerten aus statischen und dynamischen Prüfverfahren (z. B. Zugfestigkeit R_m, Streckgrenze R_{eH}, Dauerfestigkeit σ_D).

Die Unsicherheiten bei der Bestimmung der auftretenden Belastungen für die Festigkeitsberechnung sowie die Schwierigkeiten bei der Einhaltung von Höchstbelastungen im Betrieb zwingen dazu, die zulässigen Spannungen unter den zulässigen Grenzspannungen anzusetzen. Das Verhältnis von Grenzspannung zu zulässiger Spannung nennt man die Sicherheit v (nü).

$$\text{Sicherheit} = \frac{\text{Grenzspannung}}{\text{zulässige Spannung}}$$

1.4.1 Wahl der Grenzspannung für die Festigkeitsberechnung

- **Ruhende Belastung**

Bei Werkstoffen mit ausgeprägter plastischer Verformung vor dem Bruch ist die Fließgrenze die Grenzspannung. Als Fließgrenze wird die Spannung bezeichnet, bei der im statischen Prüfverfahren bei weichen Werkstoffen eine wesentliche Formänderung ohne Erhöhung der Spannung eintritt. Im Zugversuch ist die Streckgrenze die Fließgrenze. Diese Grenzspannung gilt z. B. für Stähle, Leichtmetalle, Schwermetalle und ihre Legierungen.

Bei Werkstoffen ohne ausgeprägte plastische Verformung ist die Bruchfestigkeit die Grenzspannung. Dieses gilt z. B. für Gusseisen, Hartguss, Glas, Keramik, Holz.

- **Dynamische Belastung**

Bei dynamischer Belastung ist die Dauerfestigkeit σ_D die Grenzspannung. Sie ist für jede Art der Beanspruchung aus Dauerfestigkeitsschaubildern zu entnehmen.

1.4.2 Wahl der Sicherheit für die Festigkeitsberechnung

- **Ruhende Belastung**

Die Sicherheit gegen Erreichen der Fließgrenze wird mit $v \approx 1{,}5$ bis 3 gewählt. Die Sicherheit gegen Erreichen der Bruchfestigkeit wird mit $v \approx 2$ bis 4 gewählt.

- **Dynamische Belastung**

Die Sicherheit gegen Erreichen der Dauerfestigkeit wird mit $v \approx 2$ bis 4 gewählt. Zusätzlich werden Kerbwirkungen durch Oberflächenbeschaffenheit (z. B. Drehriefen) und Konstruktion (z. B. Übergänge) sowie Größe des Werkstückes in der Rechnung durch Faktoren berücksichtigt, durch die die Sicherheit erhöht wird.

In den meisten Fällen wird jedoch die zulässige Spannung aus Erfahrungen, die an bewährten Konstruktionen gewonnen wurden, ermittelt. In einigen Fällen sind die zulässigen Spannungen behördlich vorgeschrieben, wie z. B. im Stahlhochbau oder Kesselbau.

1.4.3 Zulässige Nennspannungen für Werkstoffe des Maschinenbaus in N/mm²

Für einfache Rechnungen genügen die zulässigen Spannungswerte, die für die Maschinenbauwerkstoffe nach Belastungsfällen aufgegliedert aus Tabellen entnommen werden können.

Werkstoffe		S235	E295	E360	GS-45	25CrMo4	GAlSi 12	AlCuMg	Messing
Festigkeitswerte in N/mm² R_m R_{eH}		340 bis 470[1] 215[2]	470 bis 610[1] 275[2]	670 bis 830[1] 345[2]	450 220	800 550	160 70	360 220	350 200
Beanspruchung		zulässige Spannung in N/mm²							
Zug $\sigma_{z\,zul}$	I II III	100 bis 150 65 bis 95 45 bis 70	140 bis 210 90 bis 135 65 bis 95	210 bis 310 135 bis 200 90 bis 140	100 bis 150 65 bis 95 45 bis 70	230 bis 420 155 bis 285 100 bis 195	30 bis 50 16 bis 28 13 bis 20	110 bis 160 50 bis 70 35 bis 55	120 bis 185 70 bis 110 40 bis 60
Druck $\sigma_{d\,zul}$	I II III	100 bis 150 65 bis 95 45 bis 70	140 bis 210 90 bis 135 65 bis 95	210 bis 310 135 bis 200 90 bis 140	110 bis 165 70 bis 105 45 bis 70	210 bis 390 160 bis 255 100 bis 195	40 bis 60 20 bis 24 13 bis 20	110 bis 160 50 bis 70 35 bis 55	120 bis 185 70 bis 110 40 bis 60
Biegung $\sigma_{b\,zul}$	I II III	110 bis 165 70 bis 105 50 bis 75	150 bis 220 100 bis 150 70 bis 105	230 bis 345 150 bis 220 105 bis 125	110 bis 165 70 bis 105 50 bis 75	250 bis 450 170 bis 295 125 bis 185	35 bis 50 20 bis 28 14 bis 21	120 bis 175 50 bis 75 35 bis 55	115 bis 180 65 bis 105 40 bis 60
Verdrehung $\tau_{t\,zul}$	I II III	65 bis 95 40 bis 60 30 bis 45	85 bis 125 55 bis 85 40 bis 60	125 bis 190 80 bis 125 60 bis 90	65 bis 95 40 bis 60 30 bis 45	145 bis 250 100 bis 185 80 bis 145	25 bis 35 16 bis 28 8 bis 15	65 bis 95 32 bis 48 22 bis 32	67 bis 107 42 bis 72 27 bis 40

(Nach „Hütte I")

[1] Werte für Proben von 3 bis 100 mm
[2] Mittelwerte für Proben von 3 bis 100 mm

2 Zugbeanspruchung

Wird ein Stab durch eine Zugkraft F beansprucht, so ruft diese Kraft im Inneren des Stabs, d. h. im Querschnitt S, Normalspannungen hervor.

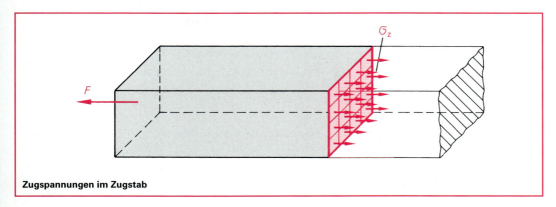

Zugspannungen im Zugstab

Aus der Bedingung, dass sich innere und äußere Kräfte das Gleichgewicht halten müssen, ergibt sich:

$$F = \sigma_z \cdot S$$

σ_z Zugspannung
F Zugkraft
S beanspruchter Querschnitt

Diese Zugspannung darf den Wert der zulässigen Spannung ($\sigma_{z\,zul}$) nicht überschreiten. Es gilt also die Forderung:

$$\sigma_z \leq \sigma_{z\,zul}$$

Für die Berechnung des erforderlichen Querschnitts ergibt sich somit die Gleichung:

$$S_{erf} = \frac{F_{max}}{\sigma_{z\,zul}} \quad \text{in mm}^2$$

Beispiel für die Berechnung eines zugbeanspruchten Querschnitts

Aufgabe: Eine runde Stange aus E295 wird schwellend durch eine Zugkraft von max. 120 000 N belastet. Der Durchmesser der Stange ist zu berechnen.

Lösung: Nach Tabelle (Kapitel 1.4.3) wurde eine zulässige Spannung $\sigma_{z\,zul}$ = 120 N/mm² gewählt.

$$S_{erf} = \frac{F_{max}}{\sigma_{z\,zul}}$$

$$S_{erf} = \frac{120\,000\,\text{N} \cdot \text{mm}^2}{120\,\text{N}}$$

$$S_{erf} = 1\,000\,\text{mm}^2$$

$$d = 35{,}7\,\text{mm}$$

gewählt d = **36 mm**

Übungsaufgaben FL-3 bis FL-8

Unter Zugbeanspruchung verlängert sich ein Werkstück. Die Größe der Verlängerung wird durch die Ausgangslänge, die Belastung und den Werkstoff bestimmt. Im *elastischen* Bereich kann die Verlängerung aus dem **hookeschen Gesetz** berechnet werden.

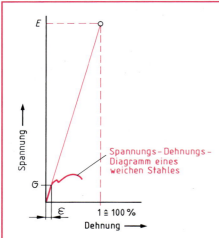

Ableitung des hokeschen Gesetzes
Wird der Werkstoff theoretisch elastisch auf die doppelte Länge gedehnt, so ist die Dehnung 100 % = 1. Die dazu erforderliche Spannung ist E.

Aus den ähnlichen Dreiecken ergibt sich:

$$\frac{\sigma}{\varepsilon} = \frac{E}{1} \qquad \varepsilon = \frac{\Delta L}{L_0}$$

Es gilt dann nach dem Einsetzen:

Hookesches Gesetz $\quad \dfrac{\Delta L}{L_0} = \dfrac{\sigma}{E}$

- ΔL Verlängerung
- L_0 Anfangsmesslänge
- σ Spannung
- E Elastizitätsmodul

| **Beispiel** | für die Berechnung der elastischen Verlängerung eines Zugstabs |

Aufgabe: Ein Flachstahl 30 x 4 ist in einer Konstruktion mit einer Zugkraft von 18 000 N belastet. Die Länge beträgt 2 m. $E_{Stahl} = 210\,000$ N/mm². Es ist die elastische Verlängerung zu berechnen.

Lösung:

$$\sigma = \frac{F}{S} \qquad \sigma = \frac{18\,000\ \text{N}}{30\ \text{mm} \cdot 4\ \text{mm}} = 150\ \frac{\text{N}}{\text{mm}^2}$$

$$\frac{\Delta L}{L_0} = \frac{\sigma}{E} \qquad \Delta L = \frac{150\ \text{N} \cdot 2\,000\ \text{mm} \cdot \text{mm}^2}{\text{mm}^2 \cdot 210\,000\ \text{N}}$$

$$\Delta L = \mathbf{1{,}43\ mm}$$

3 Druckbeanspruchung

Eine Druckkraft ruft im *Inneren* eines Werkstoffs bei einem beanspruchten Bauelement als Reaktion **Druckspannungen** σ_d hervor.
Die in der *Grenzfläche* zu einem anderen Werkstoff infolge Druck entstehenden Spannungen bezeichnet man als **Flächenpressung** p.
Entsprechend der Gleichgewichtsbedingung gilt für das Werkstoffinnere $F = \sigma_d \cdot S$, für die Grenzfläche $F = p \cdot A$.

$F = \sigma_d \cdot S$ bzw. $F = p \cdot A$

- S Querschnittsfläche
- A Berührungsfläche
- σ_d Druckspannung
- p Flächenpressung

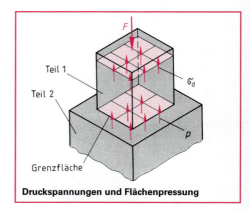

Druckspannungen und Flächenpressung

Übungsaufgabe FL-9

Häufig sind die gepressten Flächen nicht eben, wie zum Beispiel bei Wellen im Lager, Gewindegängen, Prismenführungen. Die gepresste Fläche ist in solchen Fällen als Projektion der Berührungsfläche auf eine senkrecht zur Kraftrichtung liegende Ebene aufzufassen. Man spricht von *projizierter* Berührungsfläche.

Beispiele für projizierte Berührungsflächen

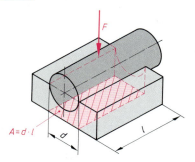
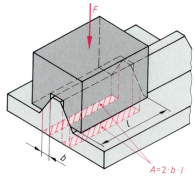

Für die Berechnung der erforderlichen Querschnitte gilt demnach:

$$S_{erf} = \frac{F_{max}}{\sigma_{d\,zul}} \quad \text{bzw.} \quad A_{erf} = \frac{F_{max}}{p_{zul}}$$

Bei der Flächenpressung ist darauf zu achten, dass die zulässige Flächenpressung des *schwächsten* Werkstoffs nicht überschritten werden darf.

Zulässige Flächenpressung in N/mm²

Werkstoff	S235	E295	E360	GS-45	25CrMo4
ruhend	80	120	180	100	210
schwellend	50	70	90	70	105

Beispiel für die Berechnung eines druckbeanspruchten Bauelementes

Aufgabe
Ein runder Maschinenfuß aus GS-45 wird mit 80 000 N schwellend belastet. Er steht auf einer Betonplatte, deren Werkstoff eine zulässige Flächenpressung von 12 N/mm² besitzt.
a) Es ist der Durchmesser d der Säule zu bestimmen.
b) Welchen Durchmesser D muss der Fuß haben?

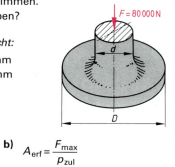

Gegeben:
GS-45; $\sigma_{d\,zul}$ nach Tabelle 80 N/mm²
F = 80 000 N

p_{zul} = 12 $\frac{N}{mm^2}$ (für Beton)

Gesucht:
d in mm
D in mm

Lösung

a) $S_{erf} = \frac{F_{max}}{\sigma_{d\,zul}}$

$S_{erf} = \frac{80\,000\,N \cdot mm^2}{80\,N} = 1\,000\,mm^2$

$d = \sqrt{\frac{4 \cdot S}{\pi}}$

$d = \sqrt{\frac{4 \cdot 1\,000\,mm^2}{3{,}14}} = 35{,}69\,mm$

$d_{gewählt} = 36\,mm$

b) $A_{erf} = \frac{F_{max}}{p_{zul}}$

$A_{erf} = \frac{80\,000\,N \cdot mm^2}{12\,N} = 6\,666{,}67\,mm^2$

$D = \sqrt{\frac{4 \cdot A}{\pi}}$

$D = \sqrt{\frac{4 \cdot 6\,666{,}66\,mm^2}{3{,}14}} = 92{,}15\,mm$

$D_{gewählt} = 94\,mm$

Übungsaufgaben FL-10 bis FL-14

4 Scherbeanspruchung

Im Gegensatz zu den Zug- und Druckspannungen, die als Normalspannungen senkrecht zum beanspruchten Querschnitt stehen, wirken Scherspannungen *im* beanspruchten Querschnitt.
Wird ein Werkstück durch eine Scherkraft beansprucht, so ruft diese Kraft im Inneren des Werkstoffes in der Scherfläche Scherspannungen τ_s hervor.

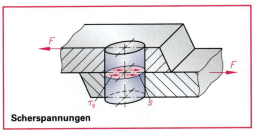
Scherspannungen

Gleichgewicht ergibt sich für:

F Scherkraft
τ_s Scherspannung
S beanspruchter Querschnitt

Häufig wird bei der Beanspruchung auf Scherung ein Bauelement in *mehreren* Querschnitten gleichzeitig beansprucht.

Beispiel für die Zahl der Scherquerschnitte

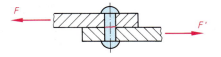

Einschnittig

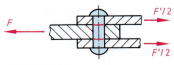

Zweischnittig

Für die Berechnung des erforderlichen Querschnitts unter Berücksichtigung der Zahl der Scherquerschnitte ergibt sich somit die Gleichung:

$$S_{erf} = \frac{F_{max}}{z \cdot \tau_{s\,zul}}$$

z Zahl der Scherquerschnitte

Der Wert der *zulässigen* Scherspannung ist bei einer Scherbeanspruchung etwa $0{,}8 \cdot \sigma_{z\,zul}$ für Baustahl und etwa $1{,}1 \cdot \sigma_{z\,zul}$ für Gusseisen.

Beispiel für die Berechnung eines durch Scherkräfte beanspruchten Bauelementes

Aufgabe
Das dargestellte Gelenk soll eine Zugkraft von 40 000 N übertragen:
Es ist der Bolzendurchmesser zu berechnen. Die zulässige Scherspannung ist aus der Zugfestigkeit des Bolzenwerkstoffes E 295 zu ermitteln.

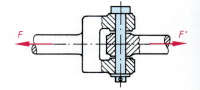

Lösung
$\tau_{s\,zul} = \sigma_{z\,zul} \cdot 0{,}8$

$S_{erf} = \dfrac{F_{max}}{N \cdot \tau_{s\,zul}}$

$d = \sqrt{\dfrac{4 \cdot S_{erf}}{\pi}}$

$\tau_{s\,zul} = 110\,\dfrac{N}{mm^2} \cdot 0{,}8 = \mathbf{88\,\dfrac{N}{mm^2}}$

$S_{erf} = \dfrac{40\,000\,N \cdot mm^2}{2 \cdot 88\,N} = \mathbf{227{,}2\,mm^2}$

$d = \sqrt{\dfrac{4 \cdot 227{,}2\,mm^2}{3{,}14}} = \mathbf{17\,m}$

Häufig werden zum Absichern von Maschinenteilen gegen Beschädigung durch Überlastung Verbindungen von Bauteilen durch Stifte hergestellt. Die Stifte sind dabei so zu dimensionieren, dass sie bei Überschreiten der zulässigen Höchstlast abgeschert werden. Die in solchen Fällen in die Rechnung einzusetzende Scherspannung ist die Scherfestigkeit (τ_{SB}). Die Scherfestigkeit kann für Stahl mit 80 % der Zugfestigkeit angenommen werden.

Übungsaufgaben FL-15 bis FL-20

5 Biegebeanspruchung

5.1 Spannungen beim Biegen

Die Größe der inneren Kräfte ergibt sich bei einem auf Biegung beanspruchten Bauteil aus der Gleichgewichtsbedingung. Es muss die Summe der inneren Kräfte und Momente in einem beliebigen Schnitt gleich der Summe der äußeren Kräfte und Momente sein.

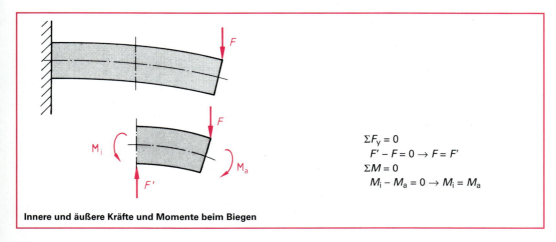

Innere und äußere Kräfte und Momente beim Biegen

Die innere Kraft F' ergibt sich aus Schubspannungen im Querschnitt. Das innere Moment M_i ergibt sich aus den Zug- und Druckspannungen im untersuchten Querschnitt. Infolge der Formänderung des gebogenen Körpers entstehen in der einen Querschnittshälfte *Zugspannungen,* in der anderen Querschnittshälfte *Druckspannungen.*

Die Ebene, die durch den Schwerpunkt des Querschnitts geht und senkrecht zu den Biegekräften liegt, bleibt unverformt und damit frei von Normalspannungen. Diese Ebene ist die **neutrale Faser**. Die Normalspannungen wachsen proportional ihrem Abstand von der neutralen Faser. Die größten Spannungen treten also in den Ebenen auf, die den weitesten Abstand von der neutralen Faser haben.[1]

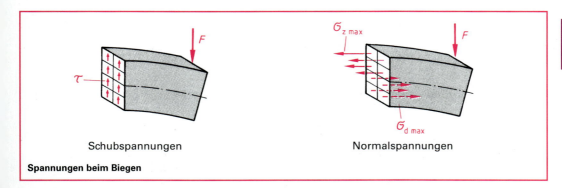

| Schubspannungen | Normalspannungen |

Spannungen beim Biegen

Zur Berechnung der Abmessungen auf Biegung beanspruchter Bauteile ist es zunächst wichtig, die äußere Beanspruchung zu klären. Danach ist der Einfluss der Querschnittsform zu untersuchen.

---

[1] Bei der Darstellung der Biegebeanspruchung wird davon ausgegangen, dass die Wirkungslinien der äußeren Kräfte durch den Flächenschwerpunkt gehen und senkrecht zu einer der Hauptträgheitsachsen liegen.

5.2 Äußere Belastung beim Biegen

Der biegebeanspruchte Träger wird in jedem Schnitt, der senkrecht zur neutralen Faser liegt (Biegeachse), von einem äußeren Moment – *Biegemoment* – und einer senkrecht zur Biegeachse stehenden Kraft – *Querkraft* – beansprucht.

Das **Biegemoment** ist an jeder Stelle gleich der Summe der Momente der Kräfte rechts oder links von dieser Stelle.

Zweckmäßigerweise werden alle Momente, die auf der Trägeroberseite Zugspannungen erzeugen würden, mit negativem Vorzeichen eingesetzt.

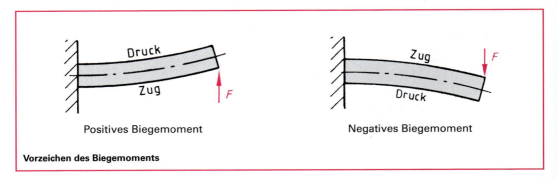

Vorzeichen des Biegemoments

Das Biegemoment ändert sich als Produkt aus Kraft und Hebelarm proportional dem Abstand der Kraft vom untersuchten Querschnitt. Jede neu hinzukommende Kraft fügt ein neues Biegemoment hinzu und bringt damit auch eine neue Biegemomentsänderung. Darum genügt es, die Biegemomente nur an den Stellen eines Trägers zu erreichen, an denen äußere Kräfte angreifen. Zur besseren Übersicht wird das Biegemoment grafisch durch die **Biegemomentenfläche** dargestellt.

| **Beispiel** | für die Berechnung und Darstellung des Biegemoments an einem Träger auf zwei Stützen |

Aufgabe: Es sind die Biegemomente des skizzierten Trägers grafisch in der Biegemomentenfläche darzustellen.

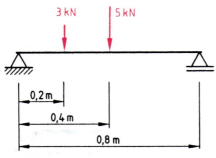

Lösung:
1. Freimachen des Trägers.
2. Berechnung der Auflagerkräfte.
   Nach Berechnung der Auflagerkräfte ergibt sich folgende Belastung des Trägers:

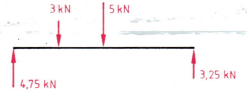

3. **Berechnung der Biegemomente**
   Die Berechnung des Biegemoments erfolgt jeweils am Angriffspunkt einer neuen Kraft, an den Stellen 0, I, II, III.
   Die Betrachtung der Schnittstellen erfolgt von rechts.

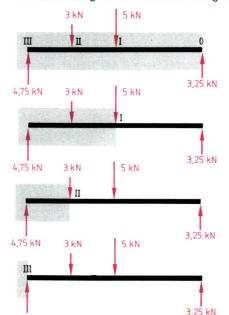

$M_{b0} = +3{,}25 \text{ kN} \cdot 0 \text{ m}$
$M_{b0} = \mathbf{0}$

$M_{bI} = +3{,}25 \text{ kN} \cdot 0{,}4 \text{ m}$
$M_{bI} = \mathbf{1{,}3 \text{ kN m}}$

$M_{bII} = +3{,}25 \text{ kN} \cdot 0{,}6 \text{ m} - 5 \text{ kN} \cdot 0{,}2 \text{ m}$
$M_{bII} = \mathbf{0{,}95 \text{ kNm}}$

$M_{bIII} = +3{,}25 \text{ kN} \cdot 0{,}8 \text{ m} - 5 \text{ kN} \cdot 0{,}4 \text{ m}$
$\qquad\quad - 3 \text{ kN} \cdot 0{,}2 \text{ m}$
$M_{bIII} = \mathbf{0}$

4. **Darstellung des Momentenverlaufs**
   Die grafische Darstellung erfolgt in der Momentenfläche.

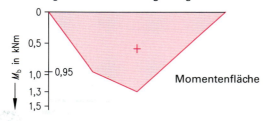

> Das Biegemoment an einer Stelle des Trägers ist gleich der Summe aller Momente rechts oder links der betrachteten Stelle.

Als **Querkraft** bezeichnet man für jeden Schnitt diejenige äußere Kraft, die das abgetrennt gedachte Stück des Trägers parallel zum Schnitt zu verschieben sucht. Zweckmäßig untersucht man den Träger dabei von *links* her, denn damit verbleiben aufwärts gerichtete Kräfte positiv und abwärts gerichtete negativ.
Der Verlauf der Querkraft wird in der Querkraftfläche dargestellt.

Die Verfahrensweise zur Ermittlung der Querkraftfläche wird erheblich vereinfacht, wenn man über dem Träger als Nulllinie von links her die erste Kraft maßstäblich entsprechend ihrer Richtung anträgt, dann waagerecht zur zweiten Kraft weitergeht und diese ihrer Richtung nach anträgt. Vom Ende der zweiten Kraft zieht man waagerecht zur dritten Kraft und fährt entsprechend fort.

Auf diese Art entsteht eine Figur, die als **Querkraftfläche** bezeichnet wird. Sie beschreibt die Verteilung der Querkraft über die Trägerlänge.

| Beispiel | für die Arbeitsweise zur Darstellung der Querkraftfläche |

Aufgabe: Für den freigemachten Träger ist die Querkraftfläche zu ermitteln.

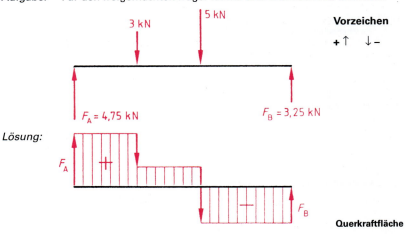

Lösung:

Querkraftfläche

> Die Querkraft beansprucht den Träger von außen auf Schub.

Betrachtet man Biegemoment und Querkraft gleichzeitig, so erkennt man, dass der gefährdete Querschnitt eines Trägers an der Stelle des größten Biegemoments liegt und dass diese mit der Stelle eines Vorzeichenwechsels der Querkraft zusammenfällt.

| Beispiel | für das Zusammenfallen des größten Biegemoments mit der Stelle des Vorzeichenwechsels der Querkraft |

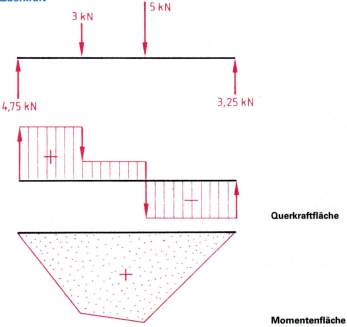

Querkraftfläche

Momentenfläche

> Das größte Biegemoment liegt an der Stelle, an der die Querkraft das Vorzeichen wechselt.

5.3 Biegegleichung

Die Biegegleichung beschreibt den Zusammenhang zwischen den Normalspannungen der äußeren Belastung durch das Biegemoment und der Querschnittsform.

Ableitung der Biegegleichung am Rechteckquerschnitt

Die Biegespannungen erzeugen um eine Drehachse x-x in der neutralen Faser ein Drehmoment, das dem äußeren Moment $F \cdot l$ das Gleichgewicht hält.

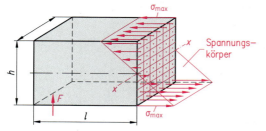
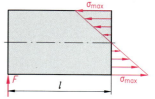

Die durchschnittliche Spannung sowohl auf der Zug- als auch auf der Druckseite beträgt:

$$\sigma_m = \frac{\sigma_{max}}{2}$$

Zug- und Druckspannungen wirken jeweils auf der Fläche $b \cdot h/2$. Demnach herrscht auf der Zug- bzw. auf der Druckseite je eine Kraft von

$$F_z = \sigma_m \cdot b \cdot \frac{h}{2} \qquad F_d = \sigma_m \cdot b \cdot \frac{h}{2}$$

Beide Kräfte greifen in einem Abstand von $h/3$ von der neutralen Faser an. (Schwerpunkt des jeweiligen „Spannungskörpers".)

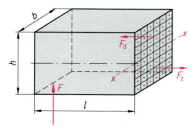
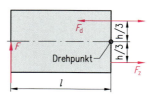

Aus der Gleichgewichtsbedingung, die verlangt, dass die Summe der Momente aller Kräfte um einen beliebig gewählten Drehpunkt null sein muss, ergibt sich die Biegegleichung:

$\Sigma M_r = \Sigma M_l$

$F \cdot l = F_z \cdot \frac{h}{3} + F_d \cdot \frac{h}{3}$

$F \cdot l = \sigma_m \cdot b \cdot \frac{h}{2} \cdot \frac{h}{3} + \sigma_m \cdot b \cdot \frac{h}{2} \cdot \frac{h}{3}$

$F \cdot l = 2 \cdot \sigma_m \cdot b \cdot \frac{h^2}{6}$

$F \cdot l = 2 \cdot \frac{\sigma_{max}}{2} \cdot \frac{b \cdot h^2}{6}$

$F \cdot l = \sigma_{max} \cdot \frac{b \cdot h^2}{6}$

$F \cdot l$ ist das Biegemoment (M_b), das den Träger an der untersuchten Stelle auf Biegung beansprucht. Die Größe $\frac{b \cdot h^2}{6}$ ist das **Widerstandsmoment** (W) des rechteckigen Querschnitts.

Die **Biegegleichung** lautet demnach:

$$M_b = \sigma_{max} \cdot W_x$$

- M_b Biegemoment
- σ_{max} größte Spannung
- W_x Widerstandsmoment der Querschnittsfläche um die Achse x-x

5.4 Widerstandsmoment (W_x)

Das Widerstandsmoment eines Querschnitts ist abhängig von der *Form* des Querschnitts und seiner *Lage* zur neutralen Faser.

Querschnitt	Widerstandsmoment	Querschnitt	Widerstandsmoment
Rechteck (hochkant)	$W_x = \dfrac{b \cdot h^2}{6}$	Kreisring	$W_x = \dfrac{\pi}{32} \cdot \dfrac{d_1^4 - d_2^4}{d_1} \quad \left(W_x \approx \dfrac{d_1^4 - d_2^4}{10 \cdot d_1}\right)$
Quadrat	$W_x = \dfrac{h^3}{6}$		
Kreis	$W_x = \dfrac{\pi \cdot d^3}{32} \quad \left(W_x \approx \dfrac{d^3}{10}\right)$	Ellipse	$W_x = \dfrac{\pi \cdot D^2 \cdot d}{32} \quad \left(W_x \approx \dfrac{D^2 \cdot d}{10}\right)$

Für genormte Stahlbauprofile kann das Widerstandsmoment Tabellen entnommen werden.

Beispiele für Widerstandsmomente genormter Stahlbauprofile

Breite I-Träger mit parallelen Flanschflächen

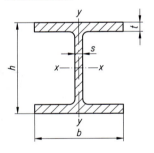

Kurz-zeichen	Abmessungen in mm				Für die Biegeachse	
					$x - x$	$y - y$
I PB	h	b	s	t	W_x cm³	W_y cm³
100	100	100	6	10	89,9	33,5
120	120	120	6,5	11	144	52,9
140	140	140	7	12	216	78,5
160	160	160	8	13	311	111
180	180	180	8,5	14	426	151
200	200	200	9	15	570	200
220	220	220	9,5	16	736	258
240	240	240	10	17	938	327

U-Stahl

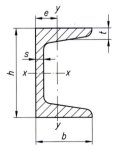

Kurz-zeichen	Abmessungen in mm				Abstand der y-Achse	Für die Biegeachse	
						$x - x$	$y - y$
U	h	b	s	t	e_y cm	W_x cm³	W_y cm³
30 x 15	30	15	4	4,5	0,52	1,69	0,39
30	30	33	5	7	1,31	4,26	2,68
40 x 20	40	20	5	5,5	0,67	3,79	0,86
40	40	35	5	7	1,33	7,05	3,08
50 x 25	50	25	5	6	0,81	6,73	1,48
50	50	38	5	7	1,37	10,6	3,75
60	60	30	6	6	0,91	10,5	2,16
65	65	42	5,5	7,5	1,42	17,7	5,07

5.5 Berechnung biegebeanspruchter Werkstücke

Unter Vernachlässigung der Schubspannungen, die im biegebeanspruchten Querschnitt auftreten, kann man vereinfacht formulieren:
In einem auf Biegung beanspruchten Körper darf die größte Spannung, die an der Stelle des größten Biegemoments in der Randfaser auftritt, die zulässige Biegespannung nicht überschreiten.
Aus dieser Forderung ergibt sich die Berechnungsformel für das erforderliche Widerstandsmoment:

$$W_{erf} = \frac{M_{b\,max}}{\sigma_{b\,zul}}$$

W_{erf} erforderliches Widerstandsmoment
$M_{b\,max}$ größtes Biegemoment
$\sigma_{b\,zul}$ zulässige Biegespannung

Entsprechend der Vereinbarung gibt es positive und negative Biegemomente.
Für die Berechnung ist es gleichgültig, auf welcher Seite des Trägers die Zugspannungen auftreten. Daher wird $M_{b\,max}$ stets als positiver Wert in die Berechnung eingesetzt; denn nur so sind reale Ergebnisse für die Abmessungen eines Bauteils zu erreichen.

Beispiel   für die Berechnung eines biegebeanspruchten Freiträgers

Aufgabe:

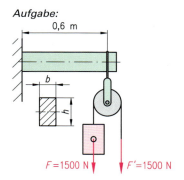

Ein einfacher Lastenaufzug besteht aus einem Kantholz, das in einem Abstand von 0,6 m vom Auflager eine feste Rolle trägt.
Welche Maße muss das Kantholz haben, wenn höchstens 1500 N Last gehoben werden sollen?
Das Kantholz soll doppelt so hoch wie breit sein.
$\sigma_{b\,zul}$ für Holz = 8 N/mm²

Lösung:

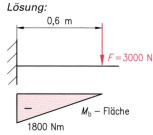

$M_{b\,max} = F \cdot l$
$M_{b\,max} = -3000\,N \cdot 0{,}6\,m = -1800\,Nm$
$M_{b\,max} = \mathbf{-1\,800\,000\,Nmm}$

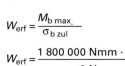

$$W_{erf} = \frac{M_{b\,max}}{\sigma_{b\,zul}}$$

$$W_{erf} = \frac{1\,800\,000\,Nmm \cdot mm^2}{8\,N} = \mathbf{225\,000\,mm^3}$$

Widerstandsmoment des Rechteckquerschnitts:

$$W = \frac{b \cdot h^2}{6} \quad \text{für } h = 2 \cdot b \quad W = \frac{4b^3}{6}$$

$$b = \sqrt[3]{\frac{6 \cdot W}{4}} \cdot b = \sqrt[3]{\frac{6 \cdot 225\,000\,mm^3}{4}} = 69\,mm$$

$b_{gewählt} = \mathbf{70\,mm} \quad h = \mathbf{140\,mm}$

In vielen Fällen müssen vor der Berechnung auf Biegung die angreifenden Kräfte bestimmt werden. Sodann müssen die Biegemomente berechnet und die zulässige Biegespannung ermittelt werden, das Widerstandsmoment berechnet werden und daraus die Querschnittsmaße bestimmt werden. Die sich so ergebende Schrittfolge wiederholt sich mehr oder weniger ausgeprägt in jeder Berechnung.

Beispiel — für die Berechnung eines Trägers auf zwei Stützen

Aufgabe

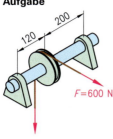

Eine Rolle auf einer sich mitdrehenden Achse soll ein Seil um 90° umlenken. Die maximale Zugkraft im Seil beträgt 600 N.
Der Werkstoff der Achse soll S235 sein.
Der Achsdurchmesser ist zu berechnen.

Lösung

1. Schritt: Freimachen und angreifende Kräfte berechnen

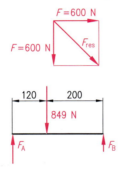

$F^2_{res} = 600^2\,N^2 + 600^2\,N^2$
$F_{res} = $ **849 N**

$\Sigma M = 0$; Drehpunkt in B
$849\,N \cdot 0{,}2\,m = F_A \cdot 0{,}32\,m$
$F_A = $ **531 N**

$\Sigma F_Y = 0$;
$849\,N = 531\,N + F_B$
$F_B = $ **318 N**

2. Schritt: Biegemomente berechnen

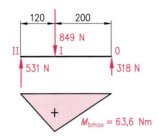

$M_{b0} = 0$
$M_{bI} = 318\,N \cdot 0{,}2\,m = $ **63,6 Nm**
$M_{bII} = 318\,N \cdot 0{,}32\,m - 849\,N \cdot 0{,}12\,m = $ **0**

3. Schritt: Zulässige Biegespannung wählen und erforderliches Widerstandsmoment berechnen

Die Achse läuft um, dadurch wechseln laufend Zug- und Druckseite.
$\sigma_{b\,zul}$ lt. Tabelle 50 – 75 N/mm²; gewählt: $\sigma_{b\,zul} = 60$ N/mm²

$$W_{erf} = \frac{M_{bmax}}{\sigma_{b\,zul}} = \frac{63\,600\,Nmm\,mm^2}{60\,N} = \mathbf{1060\,mm^3}$$

4. Schritt: Maße bestimmen

$d = \sqrt[3]{10 \cdot W}$

$d = \sqrt[3]{10 \cdot 1060\,mm^3} = 21{,}9\,mm$

$d_{gewählt} = $ **22 mm**

6 Verdrehbeanspruchung (Torsion)

6.1 Spannungen beim Verdrehen

In einem Körper, der auf Verdrehen beansprucht wird, entstehen als Reaktion auf die äußere Beanspruchung Schubspannungen.
Die Schubspannungen, in diesem Falle Torsionsspannungen genannt, nehmen von außen nach innen zur Drehachse *proportional* ab. Die Drehachse ist spannungsfrei. Sie geht bei Querschnitten, die zu mindestens zwei Achsen symmetrisch sind, durch den Flächenschwerpunkt des Querschnitts.

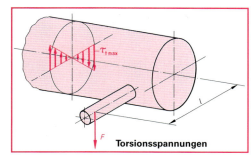
Torsionsspannungen

Die äußere Kraft verursacht am Hebel l ein Drehmoment $M_t = F \cdot l$, dem ein inneres Moment entgegenwirkt. Das innere Moment M_i errechnet sich aus der größten Schubspannung und einer querschnittsabhängigen Größe, die **polares Widerstandsmoment** genannt wird.

$$M_i = \tau_{t\,max} \cdot W_p$$

Für den Gleichgewichtszustand gilt dann:

$$M_t = M_i$$

$$F \cdot l = \tau_{tmax} \cdot W_p$$

6.2 Äußere Beanspruchung beim Verdrehen

Die äußere Beanspruchung ist das Drehmoment. Das Drehmoment (M_t) ist das Produkt aus Kraft und Hebelarm. Der Hebelarm ist der senkrechte Abstand zwischen Wirkungslinie der Kraft und Drehachse.

$$M_t = F \cdot l$$

Wellen werden durch Drehmomente auf Verdrehung beansprucht. Bei Maschinenwellen sind meist nicht die Umfangskraft, sondern Leistung und Umdrehungsfrequenz bekannt. Hier muss das Drehmoment aus diesen Größen berechnet werden:

$$P = F \cdot v$$
$$P = F \cdot 2r \cdot \pi \cdot n$$
$$M_t = F \cdot r$$

$$M_t = \frac{P}{2\pi \cdot n}$$

M_t Drehmoment in Nm
P Leistung in W
n Umdrehungsfrequenz in s^{-1}
v Umfangsgeschwindigkeit m/s

6.3 Polares Widerstandsmoment (W_p)

Querschnitt	polares Widerstandsmoment
	$W_p = \dfrac{d^3 \cdot \pi}{16}$ $\left(W_p \approx \dfrac{d^3}{5}\right)$ $W_p = \dfrac{\pi}{16} \dfrac{d_1^4 - d_2^4}{d_1}$ $\left(W_p \approx \dfrac{d_1^4 - d_2^4}{5d_1}\right)$ $W_p \approx 0{,}208\, h^3$

6.4 Berechnung auf Verdrehung beanspruchter Bauteile

Die größte auftretende Torsionsspannung, die in der Randzone auftritt, darf die zulässige Spannung $\tau_{t\,zul}$ nicht überschreiten. Demnach gilt für die Bemessung:

$$W_{p\,erf} = \frac{M_t}{\tau_{t\,zul}}$$

Beispiel für die Berechnung eines auf Verdrehung beanspruchten Bauteils

Aufgabe: Eine Welle aus E295 soll bei $n = 300$ 1/min eine Leistung von 20 kW in einer Drehrichtung übertragen. Der erforderliche Wellendurchmesser ist zu berechnen.

Lösung: Nach Tabelle wurde $\tau_{t\,zul}$ mit 70 N/mm² gewählt.

$$M_t = \frac{P}{2\cdot\pi\cdot n} = \frac{20\,000\,\text{Nm}\cdot s}{2\cdot\pi\cdot 5\cdot s} = \mathbf{637\ Nm}$$

$$W_{p\,erf} = \frac{M_t}{\tau_{t\,zul}} = \frac{637\,000\,\text{Nmm}\cdot\text{mm}^2}{70\,\text{N}} = \mathbf{9\,100\ mm^3}$$

$$d \approx \sqrt[3]{5\cdot W_p} = \sqrt[3]{5\cdot 9\,100\,\text{mm}^3} = 35{,}6\,\text{mm} \qquad d_{gew} = \mathbf{36\ mm}$$

In Wellen, die auf Biegung und Verdrehung beansprucht werden, treten Normal- und Schubspannungen gleichzeitig in der Welle auf. Mit Festigkeitshypothesen kann man eine zusammengesetzte Beanspruchung auf eine Vergleichsbelastung zurückführen.

Nach der angegebenen Formel werden das Biegemoment (M_b) und das Drehmoment (M_t) zu einem **Vergleichsmoment** (M_v) zusammengefasst. Mit dem Vergleichsmoment wird die Welle wie auf *Biegung* berechnet.

$$M_v = \sqrt{M_b^2 + \left(\frac{\sigma_{b\,zul}}{2\tau_{t\,zul}}\cdot M_t\right)^2}$$

M_b Biegemoment
M_t Drehmoment
$\sigma_{b\,zul}$ zulässige Biegespannung
$\tau_{t\,zul}$ zulässige Verdrehspannung

Der Durchmesser ergibt sich aus der Berechnung auf Biegung:

$$\sigma_b = \frac{M_v}{W} \qquad W \approx \frac{d^3}{10} \qquad \sigma_b \approx \frac{10 M_v}{d^3} \qquad d \approx \sqrt[3]{\frac{10 M_v}{\sigma_{b\,zul}}}$$

Beispiel für die Berechnung einer auf Biegung und Verdrehung beanspruchten Welle

Aufgabe: Der Wellendurchmesser der skizzierten Welle aus E295 ist zu berechnen.

$\sigma_{b\,zul} = 120\,\frac{N}{mm^2} \qquad \tau_{t\,zul} = 70\,\frac{N}{mm^2}$

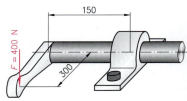

Lösung:
$M_b = F\cdot l_1 \qquad\qquad M_t = F\cdot l_2$

$M_b = 400\,\text{N}\cdot 0{,}15\,\text{m} = 60\,\text{Nm} \qquad M_t = 400\,\text{N}\cdot 0{,}3\,\text{m} = 120\,\text{Nm}$

$$M_v = \sqrt{M_b^2 + \left(\frac{\sigma_{b\,zul}}{\tau_{t\,zul}}\cdot M_t\right)^2}$$

$$M_v = \sqrt{(60\,\text{Nm})^2 + \left(\frac{120\,\text{Nmm}^2}{2\cdot 70\,\text{Nmm}^2}\cdot 120\,\text{Nm}\right)^2} = 119\,\text{Nm}$$

$$d = \sqrt[3]{\frac{10\,M_v}{\sigma_{b\,zul}}} \qquad d = \sqrt[3]{\frac{10\cdot 119\,000\,\text{Nmm}\cdot\text{mm}^2}{120\,\text{N}}} = 21{,}4\,\text{mm}$$

$d_{gewählt} = \mathbf{24\ mm}$

Übungsaufgaben FL-28 bis FL-32

7 Übungsaufgaben Festigkeitslehre

Grundlagen zur Festigkeitsberechnung

FL-1 Geben Sie die Art der Beanspruchung für die gegebenen Bauelemente in folgenden Beispielen an.
    a) Schraubstock   **b)** Klemmhebel

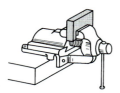
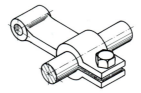

Gewindespindel   Welle
Schraubstockbacken   Hebel
Handhebel   Schraube
Gewinde in der Mutter   Klemmbacken des Hebels

FL-2 Ein Gelenklager ist an der Decke befestigt. Die Stange wird auf Zug und Druck beansprucht.
Geben Sie die Beanspruchungs- und Belastungsarten von Bolzen und Schraube an.

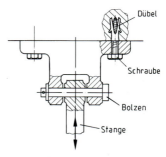

Zugbeanspruchung

Wählen Sie, wenn nicht anders angegeben, als zulässige Spannung den Mittelwert nach der Tabelle im Kapitel 1.4.3.

FL-3 Eine quadratische Zugstange aus E360 hat die Maße 50 x 50 mm.
Welche Zugkraft darf bei einer zulässigen Spannung von 150 N/mm² übertragen werden?

FL-4 Eine Stange aus GS-45 mit ovalem Querschnitt überträgt eine schwellende Zugkraft von max. 180 000 N. Der Querschnitt soll doppelt so breit wie hoch sein.

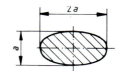

FL-5 Eine Gliederkette hat eine Belastung von 3,8 kN aufzunehmen.
Berechnen Sie den Durchmesser des Rundstahls für die Herstellung der Kettenglieder, wenn $\sigma_{z\,zul} = 60$ N/mm² beträgt.

FL-6 Die skizzierte Anhängevorrichtung soll eine Zugkraft von 20 000 N übertragen. σ_{zul} des Werkstoffs beträgt für alle Bauteile 50 N/mm².
    a) Berechnen Sie den Durchmesser d_1 des Rundmaterials für das Auge.
    b) Das Gestänge soll aus Flachmaterial hergestellt werden. Die Abmessungen sollen $b : h = 2 : 3$ betragen. Berechnen Sie die Maße b und h.

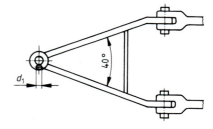

FL-7 Welche Zugspannung tritt in den Drähten von 6 mm Durchmesser auf, wenn die Kraft 2 000 N beträgt?

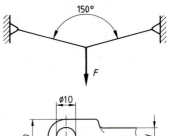

FL-8 Berechnen Sie die gekennzeichneten Maße des Stangenkopfes aus E295, der mit 10 000 N wechselnd belastet wird (b soll gleich d sein).

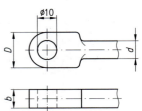

FL-9 Eine 3 m lange Zugstange dehnt sich unter der Einwirkung einer Last um 0,005 %. Die Zugstange hat einen Durchmesser von 12 mm. $E = 210\,000$ N/mm^2
Mit welcher Kraft wird die Stange belastet?

Druckbeanspruchung

FL-10 Ein Hydraulikzylinder hat einen Durchmesser von 60 mm. Welche Druckspannung tritt in der Kolbenstange auf, die einen Durchmesser von 32 mm hat, wenn der Öldruck 30 bar beträgt?

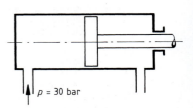

FL-11
a) Ein hohler, säulenförmiger Maschinenständer aus GGG muss eine Druckkraft von 280 kN aufnehmen. Er hat die Außenmaße 800 x 800 mm.
Welche Wandstärke ist theoretisch mindestens erforderlich, wenn eine Druckspannung von 35 N/mm^2 nicht überschritten werden darf?
b) Vergleichen Sie den gefundenen Wert mit den wirklichen Wandstärken in der Praxis. Worauf führen Sie den Unterschied zwischen der errechneten Wandstärke und den in der Praxis üblichen Wandstärken zurück?

FL-12 Welchen inneren Durchmesser muss die skizzierte, hohle Schubstange aus 25CrMo4 haben, die einer wechselnden Zug-Druckbeanspruchung unterliegt?
Der Druck in der Hydraulikeinrichtung beträgt 1,8 N/mm^2. Der Kolbendurchmesser beträgt 160 mm, der Außendurchmesser der Schubstange soll 30 mm betragen. Als zulässige Spannung ist der Mittelwert der zulässigen Spannung aus der Tabelle, Kapitel 1.4.3, zu wählen.

FL-13 Ein Gleitschuh einer Führung hat eine Druckkraft von 32 000 N aufzunehmen. Berechnen Sie die Abmessungen der rechteckigen Auflagefläche, die ein Seitenverhältnis von 1 : 3 aufweisen soll. Die zulässige Flächenpressung des Lagermaterials beträgt 8 N/mm^2.

FL-14 Berechnen Sie die Sohlplatte für ein Kranbahnauflager. Es muss eine Druckkraft von max. 180 kN auf eine Ziegelmauer mit einer zulässigen Belastung von 0,6 N/mm^2 übertragen werden. Die Sohlplatte soll quadratisch sein.

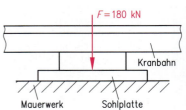

Scherbeanspruchung

FL-15 Das skizzierte Gelenk überträgt eine Zugkraft von 40 000 N.
Berechnen Sie den Bolzendurchmesser. Die zulässige Scherspannung beträgt 72 N/mm².

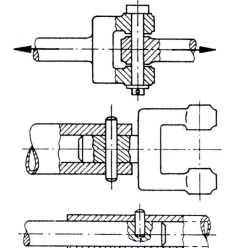

FL-16 Eine Schubstange ist durch einen Zylinderstift mit einem Gelenk verbunden. Der Stift hat einen Durchmesser von 16 mm. Seine zulässige Scherspannung beträgt 80 N/mm².
Berechnen Sie die größte übertragbare Schubkraft.

FL-17 Ein Sicherheitsstift aus S275 (R_m = 410 – 540 N/mm²) soll bei Überschreiten einer Belastung von 80 kN abgeschert werden. Berechnen Sie den erforderlichen Durchmesser.

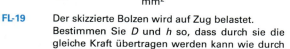

FL-18 Zwei Rohre aus Messing σ_{zul} = 70 $\frac{N}{mm^2}$ sind durch eine Klebemuffe verbunden.
Berechnen Sie die notwendige Länge der Muffe, damit sie auf Zug belastet die gleiche Last wie die Rohre aufnehmen kann.

τ_{zul} des Klebers: 8 $\frac{N}{mm^2}$

FL-19 Der skizzierte Bolzen wird auf Zug belastet. Bestimmen Sie D und h so, dass durch sie die gleiche Kraft übertragen werden kann wie durch den Bolzen mit dem Durchmesser d = 20 mm.

σ_{zul} = 80 $\frac{N}{mm^2}$

p_{zul} = 60 $\frac{N}{mm^2}$

FL-20 Berechnen Sie die gekennzeichneten Maße der Kette für F = 10 000 N.
Werkstoff für alle Teile 25CrMo4.

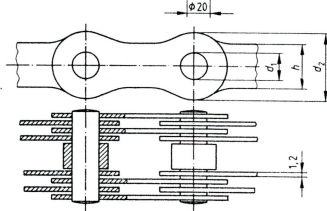

Biegebeanspruchung

FL-21 Ein Schalthebel aus S235 wird mit höchstens 500 N wechselnd beansprucht. $\sigma_{b\,zul}$ siehe Tabelle in Kapitel 1.4.3.
   a) Berechnen Sie das größte Biegemoment.
   b) Zeichnen Sie die Momentenfläche und die Querkraftfläche.
   c) Berechnen Sie den notwendigen Durchmesser des Hebels.

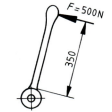

Übungsaufgaben Festigkeitslehre

FL-22 Der skizzierte Ventilhebel soll aus Messingblech, 8 mm dick, ausgeschnitten werden. $\sigma_{b\,zul}$ siehe Tabelle in Kapitel 1.4.3.
  a) Berechnen Sie die Biegemomente.
  b) Zeichnen Sie die Momentenfläche und die Querkraftfläche.
  c) Berechnen Sie die Maße des Hebels.

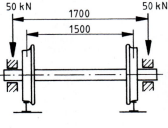

FL-23 Die skizzierte Wagenachse eines Güterwagens ist mit insgesamt 100 kN belastet.
  a) Berechnen Sie die Biegemomente.
  b) Zeichnen Sie die Momentenfläche und die Querkraftfläche.
  c) Berechnen Sie den Durchmesser der Achse für E295.

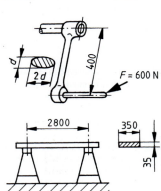

FL-24 Eine Handkurbel aus Gusseisen wird entsprechend der Skizze mit einer Handkraft von 600 N belastet.
$\sigma_{b\,zul} = 30\ \text{N/mm}^2$.
Der Querschnitt soll elliptisch sein.
Berechnen Sie die Maße der Kurbel.

FL-25 Mit welcher Kraft darf die skizzierte Gerüstbohle in der Mitte höchstens belastet werden? $\sigma_{b\,zul} = 8\ \text{N/mm}^2$.

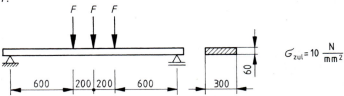

FL-26 Drei gleiche Kräfte belasten einen Träger entsprechend der Skizze. Berechnen Sie F.

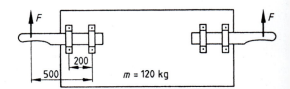

FL-27 Eine Kiste mit der Masse 120 kg ist mit vier Handgriffen entsprechend der Skizze auszurüsten.
$\sigma_{b\,zul} = 10\ \text{N/mm}^2$
Berechnen Sie die Maße für die rechteckigen Handgriffe, wenn $b:h = 1:3$ sein soll.

Verdrehbeanspruchung

FL-28 Eine Kardanwelle aus E295 überträgt eine Leistung von 40 kW bei 500 min^{-1}. Die Welle kann in beiden Drehrichtungen gedreht werden. $\tau_{t\,zul}$ siehe Tabelle in Kapitel 1.4.3.
Berechnen Sie
   a) das wirkende Drehmoment,
   b) den notwendigen Wellendurchmesser.

FL-29 Ein Bohrer von 20 mm Durchmesser wird mit einem Drehmoment von 40 Nm beansprucht. Welche größte Spannung tritt bei dieser Belastung im Bohrerschaft auf?

FL-30 Welche Leistung kann von einer Welle aus 25CrMo4, Durchmesser 20 mm, bei nur einer Drehrichtung und $n = 300$ min^{-1} übertragen werden?
$\tau_{t\,zul}$ siehe Kapitel 1.4.3.

FL-31 Die Schraube der skizzierten Spannvorrichtung hat einen Kerndurchmesser von 16,8 mm.
Welche Torsionsspannung tritt in der Schraube auf, wenn sie mit einem Schlüssel von 250 mm wirksamer Länge und einer Kraft von 400 N angezogen wird?

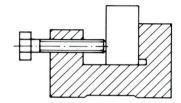

FL-32 Mit dem skizzierten Steckschlüssel sollen Befestigungsschrauben M20 mit einem Drehmoment von 160 Nm angezogen werden. Der Werkstoff soll E295 sein.
   a) Berechnen Sie das Maß a des Vierkantprofils.
   b) Berechnen Sie die Hebellängen l für eine Handkraft von 200 N.
   c) Berechnen Sie den Durchmesser d des Hebels (für die Länge l).

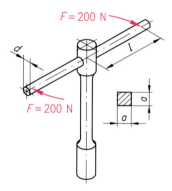

Maschinenelemente und Getriebe — MG

Maschinenelemente auswählen

Auftrag

Auftragsbeschreibung

Kugellager auswählen

Entwurf

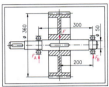

Zusatzinformationen

- Umfangskraft 10 kN
- Umdrehungsfrequenz $n = 300/\text{min}$
- Lebensdauer > 15 000 h
- Temperatur < 60 °C

Analysieren

Untersuchen des zu wählenden Bauelements hinsichtlich
- Funktion
- Anforderungen (techn., wirtschaftl., sicherheitstechn. u. a.)
- Belastungen

Lagerbelastung:
$F_A = 6{,}7 \text{ kN}$
$F_B = 3{,}3 \text{ kN}$

Maßgrenzen:
$b_{max} = 30 \text{ mm}$
$D_{max} = 120 \text{ mm}$

Ergebnisse:
- Berechnungsgrundlagen (Kräfte, Momente ...)
- Gestaltungsmerkmale (maßliche Grenzen, mögliche Bauformen ...)
- wirtschaftliche Kriterien (Preis, Wartungsaufwand)

Berechnen

Vorgaben:
- Berechnungsgrundlagen
- Vorschriften (zulässige Grenzwerte, Regeln ...)

Kugellager

$$c = \frac{f \cdot f_L}{f_n \cdot f_z}$$

$$f_n = \sqrt[3]{\frac{33{,}3}{n}}$$

$$F_L = \sqrt[3]{\frac{L_H}{500}}$$

Ergebnis:
- Vordimensionierung

Dimensionieren und Auswählen

Vorgaben:
- Vordimensionierung
- Gestaltungsmerkmale
- wirtschaftliche Kriterien

Preisliste / Lagerkatalog / Maßliste

Lagerreihe 63

D	B	r max	h min	Basiszeichen
47	14	1	2,8	6303
52	15	1	3,5	6304
62	17	1	3,5	6305
72	19	1	3,5	6306
80	21	1,5	4,5	6307
90	23	1,5	4,5	6308
100	25	1,5	4,5	6309
110	27	2	5,5	6310
120	29	2	5,5	6311

Hilfsmittel:
- Form- und Maßlisten (Normen, Firmenkataloge ...)
- Preislisten

einzusetzendes Bauelement

1 Befestigungs- Übertragungs- und Lagerungselemente

1.1 Schrauben und Muttern

1.1.1 Kraftübersetzung an der Schraube

Die Schraube kann als schiefe Ebene gedeutet werden, die um einen Zylinder gewunden wird.
Eine in einen Bolzen eingearbeitete Schraubenlinie ist das Gewinde. Zur Vereinfachung der Untersuchung der Kräfte an der Schraube sollen zunächst die Verhältnisse am Flachgewinde dargestellt werden.

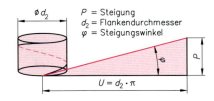

P = Steigung
d_2 = Flankendurchmesser
φ = Steigungswinkel

Gewindegang – abgewickelter Gewindegang

Beim Anziehen einer Schraube hält dem Anzugsmoment aus Handkraft und wirksamer Schlüssellänge ein Moment aus Umfangskraft und mittlerem Radius der Schraube das Gleichgewicht.

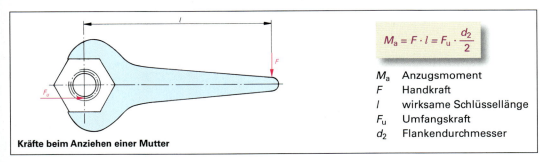

$$M_a = F \cdot l = F_u \cdot \frac{d_2}{2}$$

M_a	Anzugsmoment
F	Handkraft
l	wirksame Schlüssellänge
F_u	Umfangskraft
d_2	Flankendurchmesser

Kräfte beim Anziehen einer Mutter

Auf die Schraube wirkt in Achsrichtung die Spannkraft F_v. Sie belastet das Gewinde im Flankendurchmesser d_2. Beim Anziehen des Gewindes wird die Spannkraft F_v auf der schiefen Ebene des Gewindes gehoben. Die Kraft, welche dies verursacht, ist die Umfangskraft F_u am Gewinde. Sie greift senkrecht zur Achsrichtung der Schraube auf dem Flankendurchmesser an.

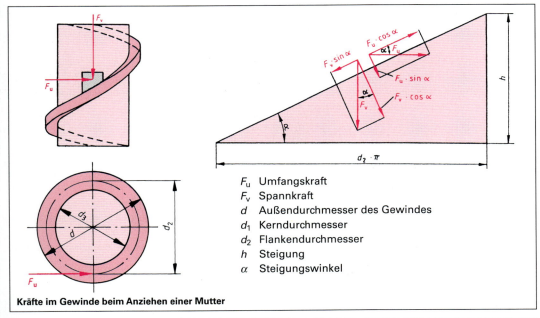

F_u	Umfangskraft
F_v	Spannkraft
d	Außendurchmesser des Gewindes
d_1	Kerndurchmesser
d_2	Flankendurchmesser
h	Steigung
α	Steigungswinkel

Kräfte im Gewinde beim Anziehen einer Mutter

Das Moment $F \cdot l$ am Schraubenschlüssel bewirkt am mittleren Radius der Schraube ein Anzugsmoment von $M_a = F_u \cdot \frac{d_2}{2}$.

An der geneigten Ebene wird die Spannkraft F_v in eine Kraft parallel zur geneigten Ebene und eine Komponente senkrecht zur geneigten Ebene zerlegt. Ebenso wird die Umfangskraft F_u zerlegt. Bei reibungsfreiem Betrieb wäre also Gleichgewicht für:

$$F_u \cdot \cos \alpha = F_v \cdot \sin \alpha \quad \Rightarrow \quad F_u = F_v \cdot \frac{\sin \alpha}{\cos \alpha} = F_v \cdot \tan \alpha$$

Es tritt jedoch Reibung auf, die sowohl durch die Spannkraft als auch durch die Umfangskraft verursacht wird.

$$F_{Rv} = \mu \cdot F_v \cdot \cos \alpha \qquad F_{Rv} \text{ Reibungskraft, verursacht durch Spannkraft}$$
$$F_{Ru} = \mu \cdot F_u \cdot \sin \alpha \qquad F_{Ru} \text{ Reibungskraft, verursacht durch Umfangskraft}$$

Der Reibungsfaktor μ ist gleich dem Tangens des Reibungswinkels. $\mu = \tan \varrho$

Die Reibungskraft ist immer der erstrebten Bewegungsrichtung entgegengerichtet.
Für das Anziehen der Schraube, welches einem Aufwärtsbewegen der Last F_v durch $F_u \cdot \cos \alpha$ entspricht, gilt die Gleichgewichtsbedingung:

$$F_u \cdot \cos \alpha = F_v \cdot \sin \alpha + F_{Rv} + F_{Ru}$$
$$F_u \cdot \cos \alpha = F_v \cdot \sin \alpha + F_v \cdot \cos \alpha \cdot \tan \varrho + F_u \cdot \sin \alpha \cdot \tan \varrho$$
$$F_u \cdot \cos \alpha - F_u \cdot \sin \alpha \cdot \tan \varrho = F_v \cdot \sin \alpha + F \cdot \cos \alpha \cdot \tan \varrho$$
$$F_u \cdot (\cos \alpha - \sin \alpha \cdot \tan \varrho) = F_v \cdot (\sin \alpha + \cos \alpha \cdot \tan \varrho)$$

$$F_u = F_v \cdot \frac{\sin \alpha + \cos \alpha \cdot \tan \varrho}{\cos \alpha - \sin \alpha \cdot \tan \varrho}$$

Nach Division von Zähler und Nenner durch $\cos \alpha$ sowie die Anwendung eines Additionstheorems ergibt sich:

$$F_u = F_v \cdot \tan (\alpha + \varrho)$$

Für das Lösen der Schraube ergibt die gleiche Rechnung: $F_u = F_v \cdot \tan (\alpha - \varrho)$

Nach $\tan (-\varrho) = -\tan \varrho$ ist eine Schraube selbsthemmend, d. h., sie dreht sich unter Last nicht selbsttätig los, wenn der Steigungswinkel kleiner als der Reibungswinkel ist.

Das erforderliche Drehmoment an der Mutter zur Erzeugung der Spannkraft F_v ist $M_a = F_u \cdot \dfrac{d_2}{2}$

Das Drehmoment zur Erzeugung einer Spannung in der Schraube beträgt demnach ohne Berücksichtigung der Reibung zwischen Schraube und Auflage:

$$M_a = F_u \cdot \frac{d_2}{2} = F_v \cdot \frac{d_2}{2} \cdot \tan (\alpha + \varrho)$$

Beim Anziehen einer Schraube entsteht außer der Reibung im Gewinde auch noch Reibung zwischen Kopf (bzw. Mutter) und der Auflage. Diese Reibungskraft ist:

$$F_{Ra} = F_v \cdot \mu_a \qquad F_{Ra} \text{ Reibung an der Auflagefläche,}$$
$$\mu_a \text{ Reibungsfaktor der Auflageflächen}$$

Die Reibungskraft greift im Abstand r_a von der Schraubenachse an. Es ist also ein zusätzliches Moment M_{Ra} zur Überwindung der Reibungskraft notwendig.

$$M_{Ra} = F_v \cdot \mu_a \cdot r_a$$

Demnach beträgt das **Anzugsmoment**:

$$M_{a\,ges} = F_v \cdot \frac{d_2}{2} \cdot \tan (\alpha + \varrho) + F_v \cdot \mu_a \cdot r_a$$

1.1.2 Gewindearten

- **Ausführungsformen von Gewinden**

Zur Vereinfachung der Fertigung werden die Gewindeflanken um einen Flankenwinkel geneigt. Als Folge erzeugt die Spannkraft an den Gewindeflanken eine größere Normalkraft und damit höhere Reibung, als bei einem Flachgewinde zu erwarten wäre.

Die Normalkräfte, welche die Reibung verursachen, wachsen dabei um den Faktor 1/cos (ß/2), der stets größer als 1 ist. Demnach entsteht durch die Neigung der Gewindeflanken eine größere Reibung. Je größer der Neigungswinkel ß ist, desto größer ist auch die Reibungskraft und damit die Hemmung des Gewindes. Aus diesem Grund wird für Befestigungsgewinde stets ein Spitzgewinde gewählt.

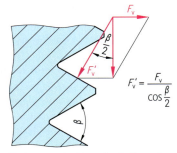

Zerlegung der Spannkraft F_v an den Flanken eines Spitzgewindes

Beispiel für Befestigungs- und Bewegungsgewinde

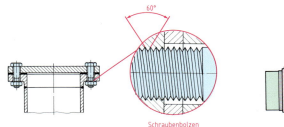

Befestigungsgewinde

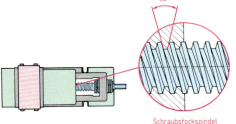

Bewegungsgewinde

- **Befestigungsgewinde**

Gewindeprofil	Benennung des Gewindes	Beispiel für Maßangabe	Verwendung
	Metrisches ISO-Regelgewinde (DIN 13)	M 30 M – Zeichen für metrisches Gewinde 30 – Gewindenenndurchmesser „d" in mm	Befestigungsgewinde für Schrauben und andere Bauteils
	Metrisches ISO-Feingewinde (DIN 13)	M 30 × 1,5 M – Zeichen für metrisches Gewinde 30 – Gewindenenndurchmesser „d" in mm 1,5 – Steigung „p" in mm	Befestigungsgewinde bei kurzen Einschraublängen, großen Nenndurchmessern, dünnwandigen Bauteilen, Stellgewinde bei Messschrauben
	Whitworth Rohrgewinde	G ¾ G – Zeichen für zylindrisches Rohrgewinde ¾ – Bezeichnung der Gewindegröße entspricht der Nennweite des benutzten Rohres in Zoll	Befestigungsgewinde für Rohre und Fittings im Installationsbau, nicht dichtend

In Spitzgewinden treten wegen der kleinen Steigungswinkel und der großen Flankenwinkel große Reibungskräfte auf. Spitzgewinde sind daher als Befestigungsgewinde besonders geeignet.

1.1.3 Verspannungsdiagramm

Durch das Anziehen von Schraubenverbindungen wird die Schraube durch die **Vorspannkraft** F_V auf Zug belastet und elastisch um den Betrag Δl_{SI} gedehnt. Die mit der Schraube verbundenen Bauteile werden von der **Klemmkraft** F_K, zusammengepresst und verkürzen sich elastisch im Bereich um die Schraube um den Betrag Δl_{B1}.

Im **Verspannungsdiagramm** stellt man diese Kräfte und die zugehörigen Veränderungen dar.

Dieses Diagramm besteht im Grunde genommen aus zwei zusammengeschobenen Diagrammen:
- dem elastischen Bereich des Kraft-Verlängerung-Diagramms der Schraube, das in der X-Richtung in die postive Richtung zeigt und
- dem Diagramm der elastischen Verkürzung der verschraubten Bauteile, das in die negative x-Richtung weist.

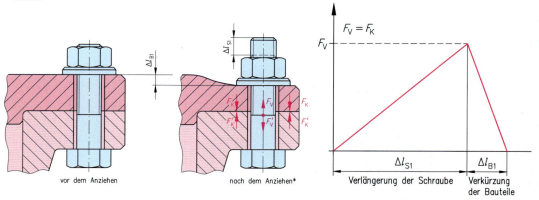

Kräfte und Verlängerungen an einer Schraubenverbindung unter Vorspannkraft

Verspannungsdiagramm

Wenn zusätzlich zur Vorspannkraft F_V eine **Betriebskraft** F_B die Schraube belastet, so wird die Schraube weiter gedehnt. Die Bauteile hingegen werden infolge der Verlängerung der Schraube entlastet, ihre Verkürzung nimmt ab und beträgt nur noch Δl_{B2}. Gleichzeitig sinkt damit auch die Klemmkraft F_K.

Im Verspannungsdiagramm steigt darum die Gerade, welche die elastische Verlängerung Δl_{S2} der Schraube wiedergibt, *nicht* bis zum Betrag der Vorspannkraft plus der Betriebslast. Sie steigt nur so weit an, dass die Betriebskraft F_B zwischen der Kraft-Verlängerungskurve der Schraube und der Kraft-Verlängerungslinie der Bauteile eingefügt werden kann.

Die Belastung der Schraube erhöht sich damit nicht um F_B sondern nur um den Betrag F_{BS}. Die Bauteile werden gleichzeitig um den Betrag F_{BB} entlastet.

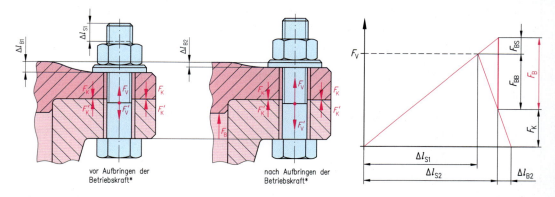

Kräfte und Verlängerungen an einer Schraubenverbindung unter Vorspannung und Betriebskraft

Verspannungsdiagramm

---

* Längenänderungen zur Verdeutlichung extrem übertrieben und einseitig (nur Deckel) dargestellt.

Aufgrund des größeren belasteten Querschnitts können die verschraubten Bauteile eine höhere Last aufnehmen als die Schraube. Man ist darum besonders bei dynamischer Belastung bestrebt, den Anteil F_{BS} der Betriebslast klein zu halten. Dies erreicht man durch Verwendung langer, hochelastischer Schrauben, sogenannter **Dehnschrauben**.

Beispiele	für die unterschiedlichen Verspannungsschaubilder einer normalen Schraube und einer Dehnschraube

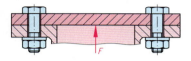

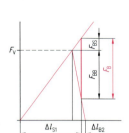

Eine vorgespannte Schraube verliert durch eine zusätzliche Betriebskraft einen Teil der Vorspannkraft, weil die zusammengepressten Bauteile infolge der Dehnung der Schraube entlastet werden. Als Folge sinkt die Klemmkraft.
Je stärker die Schraube elastisch gedehnt werden kann, desto geringer ist bei Belastung die Zunahme ihres zusätzlichen Lastanteils.

1.1.4 Festigkeitsklassen für Schrauben und Muttern

Die Festigkeitswerte von Schrauben und Muttern werden durch zwei Zahlen, die durch einen Punkt getrennt sind, gekennzeichnet (z. B. 6.9).
Die erste Zahl gibt 1/100 der Mindestzugfestigkeit in N/mm² an. Die zweite Zahl, als Dezimale gelesen, ergibt das Streckgrenzenverhältnis. Dieses ist das Verhältnis Mindeststreckgrenze zu Mindestzugfestigkeit. Beide Zahlen miteinander multipliziert, ergeben 1/10 der Mindeststreckgrenze.

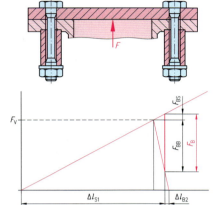

Festigkeitsklassen von Schraubenwerkstoffen

Beispiel	für die Aufschlüsselung der Kennzeichnung von Schraubenwerkstoffen

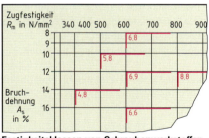

$$R_m = 6 \cdot 100 \ \frac{N}{mm^2} = 600 \ \frac{N}{mm^2}$$

$$R_{eH} = 6 \cdot 9 \cdot 10 \ \frac{N}{mm^2} = 540 \ \frac{N}{mm^2}$$

$$\frac{R_{eH}}{R_m} = 0{,}9 \ \text{(Streckgrenzenverhältnis)}$$

Schrauben sollen mit Muttern mindestens gleicher Festigkeitsklasse kombiniert werden. Weil die Dehnung an der Mutter keine bedeutende Rolle spielt, gibt man bei Muttern als Kennzahl nur 1/100 der Mindestzugfestigkeit an.

In den Festigkeitswerten von Schrauben und Muttern gibt die erste Zahl 1/100 der Mindestzugfestigkeit an und die zweite Zahl steht für 1/10, des Verhältnisses von Mindeststreckgrenze zu Mindestzugfestigkeit.

1.1.5 Berechnung von Befestigungsschrauben

● **Schrauben ohne Vorspannung**

Nur wenige Schrauben werden ausschließlich durch die Betriebsspannung beansprucht, wie z. B. Spannschlösser, Kranhakengewinde. Bei so belasteten Schrauben wird der erforderliche Querschnitt aus der Zugbeanspruchung ermittelt. Da beim metrischen ISO-Gewinde infolge der größeren Radien im Gewindegrund die Kerbwirkung herabgesetzt ist, geht man bei der Berechnung dieser Schrauben nicht mehr vom Kernquerschnitt aus. Man setzt an die Stelle des Kernquerschnitts einen größeren Querschnitt, den **Spannungsquerschnitt**.

$$S_{S\,erf} = \frac{F_B}{\sigma_{z\,zul}}$$

S_S Spannungsquerschnitt der Schraube
F_B Betriebslast
$\sigma_{z\,zul}$ zulässige Spannung

Bei Schraubenwerkstoffen wird die zulässige Spannung aus der Spannung an der Streckgrenze und einer Sicherheit $v \approx 2{,}0$ errechnet, wenn die Schraube ohne Vorlast ist.

$$\sigma_{z\,zul} = \frac{R_{eH}}{v}$$

R_{eH} Streckgrenze
v Sicherheit

> Zur Berechnung des Spannungsquerschnitts von Schrauben ohne Vorspannung genügt eine Sicherheit von $v = 2$.

● **Schrauben mit Vorspannung**

Die meisten Schrauben erhalten bereits durch das Anziehen eine *Vorspannung*. Sie werden also schon im *unbelasteten* Zustand auf Zug beansprucht.

Bei hochbeanspruchten Schrauben ist eine genaue Berechnung notwendig. In einer genauen Berechnung werden berücksichtigt:
– die infolge der Oberflächenrauigkeit auftretenden Setzbeträge der Trennfugen zwischen Bauteilen und Schraube sowie der Schraube im Gewindegang.
– die elastischen Eigenschaften der verspannten Bauteile und Zwischenlagen, z. B. Dichtungen.
– die Flächen der Einleitung der Kraft (Kopf- und Mutternauflage) sowie die anzunehmende Verformungszone in den Bauteilen.
– das Anzugverfahren der Schrauben.

In vielen Fällen genügt jedoch eine überschlägige Berechnung. Man nimmt dabei als Gesamtbelastung für eine vorgespannte Schraube an:

$$F_{max} = 1{,}3 \text{ bis } 1{,}7 \cdot F_B \qquad F_B \text{ Betriebslast}$$

> Zur Berechnung von Schrauben mit Vorspannung berücksichtigt man diese durch Erhöhung der Betriebslast auf das 1,3 bis 1,7-Fache.

Für Schrauben mit niedrigem Streckgrenzenverhältnis (.6) wird eine Sicherheit gegen Erreichen der Streckgrenze von $v = 1{,}25$ gewählt. Bei höheren Güten (.8 bis .9) wird die Sicherheit gegen Erreichen der Streckgrenze wegen der geringeren Zähigkeit des Werkstoffes mit 1,5 gewählt.
Für eine Schraube unter Vorspannung ergibt sich nach dieser vereinfachten Rechnung demnach ein Spannungsquerschnitt von:

$$A_{S\,erf} = \frac{F_{max}}{\sigma_{z\,zul}} \qquad \sigma_{z\,zul} = \frac{R_{eh}}{v}$$

$v = 1{,}25$ für .6
$v = 1{,}5$ für .8 bis .9

Außerdem werden die Gewinde auf Abscheren und Biegung beansprucht. Bei den genormten Gewinden liegt diese Beanspruchung jedoch immer unter der zulässigen Spannung, wenn die richtige Mutterhöhe eingehalten wurde und die Schraube nicht höher als mit der zulässigen Zug- oder Druckspannung belastet wird.

- **Abmessungen metrischer ISO-Gewinde nach DIN 13 (Auszug)**

d mm	P mm	d_2 mm	d_3 mm	A_s mm^2	H_1 mm
4	0,7	3,545	3,141	8,78	0,379
6	1,0	5,350	4,773	20,10	0,541
8	1,25	7,188	6,466	36,6	0,677
10	1,5	9,026	8,160	58,0	0,812
12	1,75	10,863	9,853	84,3	0,947
16	2,0	14,701	13,546	157	1,083
20	2,5	18,376	16,933	245	1,353
24	3,0	22,051	20,319	353	1,624
30	3,5	27,727	25,706	561	1,894

1.1.6 Berechnung der Einschraubtiefe (Mutternhöhe)

Die notwendige Höhe (m) der Mutter, beziehungsweise die Einschraubtiefe, ergibt sich aus der Flächenpressung im Gewinde.

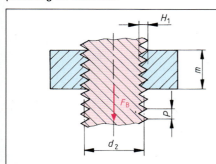

F_B Betriebslast
n Zahl der Gewindegänge
d_2 Flankendurchmesser
H_1 Tragtiefe
P Steigung
m Mutternhöhe bzw. Einschraubtiefe

Größen zur Berechnung der Einschraubtiefe

Die erforderliche tragende Mutternfläche A_{Fl} errechnet man aus:

$$A_{Fl\,erf} = \frac{F_B}{p_{zul}}$$

Bei n Gewindegängen ist die Fläche:
$$A_{Fl} = n \cdot d_2 \cdot \pi \cdot H_1$$

Die Zahl der Gewindegänge beträgt:
$$n = \frac{m}{P}$$

Damit ergibt sich für die Fläche der Gewindeflanken:
$$A_{Fl} = \frac{m}{P} \cdot d_2 \cdot \pi \cdot H_1 = \frac{F_B}{p_{zul}}$$

m	Mutternhöhe
F_B	Betriebslast
P	Steigung
d_2	Flankendurchmesser
H_1	Tragtiefe
p_{zul}	zulässige Flächenpressung des schwächsten Werkstoffs

Daraus errechnet sich die Mutternhöhe m zu:

$$m = \frac{F_B \cdot P}{d_2 \cdot \pi \cdot H_1 \cdot p_{zul}}$$

1.2 Achsen und Wellen

1.2.1 Begriffe

Achsen tragen umlaufende Maschinenteile wie Rollen, Räder, Hebel. Sie können fest oder drehbar gelagert sein. Achsen werden auf *Biegung* beansprucht. In sehr kurzen Achsen, auch als *Bolzen* bezeichnet, sind die Biegespannungen gegenüber den auftretenden Schubspannungen gering.

Wellen laufen stets um. Kennzeichnend für die Welle ist die Übertragung eines *Drehmoments*. Eine größere Biegebeanspruchung *kann* zusätzlich auftreten.
Sonderformen der Wellen sind Kurbel- und Gelenkwellen.

Zapfen sind die im Lager umlaufenden Teile einer Achse oder Welle. Der Zapfen ist gegenüber der Achse oder Welle meist abgesetzt. Jede Durchmesseränderung mindert jedoch die Dauerfestigkeit des Bauteils infolge Kerbwirkung. Um die Gefahr des Dauerbruchs herabzusetzen, wird der Übergang zum Zapfen gerundet.

| Beispiel | für Kerbwirkung an den Schultern von Wellenzapfen |

1.2.2 Berechnung von Achsen und Wellen

Achsen werden auf Biegung beansprucht und entsprechend berechnet.
In Wellen, die auf Biegung und Verdrehung beansprucht werden, treten Normal- und Schubspannungen gleichzeitig in der Welle auf. Die Berechnung kann nach verschiedensten Festigkeitshypothesen erfolgen. Mit Festigkeitshypothesen kann man eine zusammengesetzte Beanspruchung auf eine einfache Vergleichsbelastung zurückführen.

Nach der angegebenen Formel werden das Biegemoment (M_b) und das Drehmoment (M_t) zu einem **Vergleichsmoment** (M_v) zusammengefasst. Mit dem so erhaltenen Vergleichsmoment wird die Welle wie auf *Biegung* berechnet.

$$M_v = \sqrt{M_b^2 + \left(\frac{\sigma_{b\,zul}}{2\tau_{t\,zul}} \cdot M_t\right)^2}$$

M_v Vergleichsmoment
M_b Biegemoment
M_t Drehmoment
$\sigma_{b\,zul}$ zulässige Biegespannung
$\tau_{t\,zul}$ zulässige Verdrehspannung

Der Durchmesser ergibt sich aus der Berechnung auf Biegung:

$$\sigma_b = \frac{M_v}{W} \qquad W \approx \frac{d^3}{10} \qquad \sigma_b \approx \frac{10 M_v}{d^3} \qquad d \approx \sqrt[3]{\frac{10 M_v}{\sigma_{b\,zul}}}$$

Die Tiefe von Keil- oder Federnut wird dem errechneten Durchmesser einmal zugeschlagen. Das so erhaltene Durchmessermaß wird dann auf ein Normmaß aufgerundet.

> Zur Berechnung der Biegebeanspruchung einer Welle wird zunächst ein Vergleichsmoment aus Biegemoment und Drehmoment mithilfe einer Formel bestimmt.

Übungsaufgaben MG-1 bis MG-4

1.3 Lager

1.3.1 Begriffe

Wellen und umlaufende Achsen werden von Lagern getragen. Nach der Richtung der vom Lager aufzunehmenden Kräfte unterscheidet man Radial- und Axiallager.

In **Radiallagern** wirken die äußeren Kräfte *senkrecht zur Längsrichtung* des Zapfens.
In **Axiallagern** wirken die äußeren Kräfte *in Richtung* des Zapfens.

Entsprechend der Art der Bewegung im Lager wird zwischen **Gleit-** und **Wälzlager** unterschieden

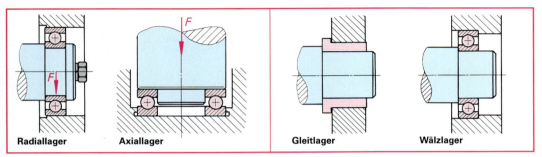

Radiallager — Axiallager — Gleitlager — Wälzlager

1.3.2 Gleitlager

Gleitlager wirken infolge der großen Auflagerfläche und der Schmierschicht stoßdämpfend. Darum können Gleitlager große Kräfte und Stöße aufnehmen. Die Lager können teilbar sein. So können sie z. B. auch als Lager für Pleuelstangen und Kurbelwellen eingesetzt werden. Die Lager sind wenig schmutzempfindlich und haben bei guter Schmierung eine sehr hohe Lebensdauer.

1.3.2.1 Schmierung von Gleitlagern

In Gleitlagern müssen die Gleitflächen durch einen zusammenhängenden Schmierfilm voneinander getrennt werden. Man unterscheidet hydrodynamische und hydrostatische Schmierung.

- **Hydrodynamische Schmierung**

In Ruhelage liegen in hydrodynamisch geschmierten Lagern die Gleitflächen aufeinander. Im Anlauf herrscht demnach *trockene Reibung* mit $\mu = 0{,}1$ bis $0{,}3$.
Durch die Gleitbewegung beim Anlaufen wird Schmierstoff infolge Adhäsion vom Zapfen mitgerissen und in den sich verengenden Spalt zwischen Lagerschale und Zapfen gepresst. Der Zapfen wird durch den Druck des Schmiermittels zur Seite gedrückt und angehoben. Solange noch kein zusammenhängender Schmierfilm entstanden ist, herrscht *Mischreibung* ($\mu = 0{,}05$ bis $0{,}07$), die bei steigender Umdrehungsfrequenz in *Flüssigkeitsreibung* ($\mu = 0{,}001$ bis $0{,}008$) übergeht (in fettgeschmierten Lagern tritt nur Mischreibung auf)

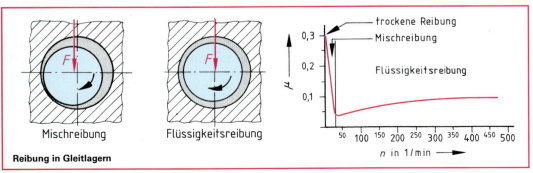

Reibung in Gleitlagern

Übungsaufgabe MG-5

Der Schmierdruck im Lager erreicht bei der hydrodynamischen Schmierung seinen Höchstwert kurz vor der engsten Stelle im Lager, in Umlaufrichtung gesehen.

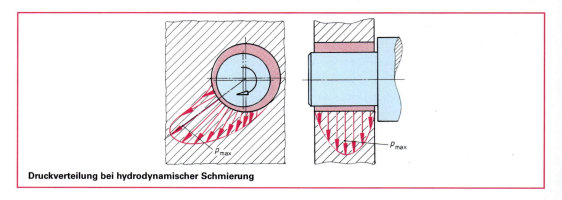

Druckverteilung bei hydrodynamischer Schmierung

Bei *hydrodynamischer Schmierung* wird der tragende Schmierfilm durch die Keilflächenwirkung der sich relativ zueinander bewegenden Gleitflächen aufgebaut.

- **Hydrostatische Schmierung**

Bei nur langsam gegeneinander bewegten Gleitflächen kann keine Flüssigkeitsreibung durch einen hydrodynamischen Schmiereffekt gebildet werden. In diesen Fällen wird schon vor dem Anlaufen der Maschine durch eine Pumpe Öl zwischen die Gleitflächen gepresst. Die Reibung ist dadurch meist geringer als bei hydrodynamischer Schmierung.

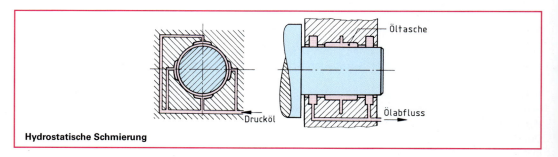

Hydrostatische Schmierung

Bei *hydrostatischer Schmierung* wird der tragende Schmierfilm durch eingepumptes Drucköl erzeugt.

1.3.2.2 Bemessung der Gleitlager

Von der Berechnung des Zapfens, der Welle oder Achse her ist der Mindestdurchmesser des Lagers bereits gegeben. Die Lagerbreite soll etwa 0,4 bis 1,2 · d betragen. Bei größeren Lagerbreiten ergeben sich unter Umständen hohe Pressungen an den Kanten des Lagers, die vermieden werden müssen. Zudem darf die zulässige Flächenpressung des Lagerwerkstoffes nicht überschritten werden.
Bei einer genauen Berechnung von Gleitlagern müssen weiterhin das Lagerspiel, die Lagerreibung und die damit verbundene Wärmeentwicklung sowie die Zähigkeit des Öls berücksichtigt werden.

Gleitlager werden im einfachsten Fall auf Flächenpressung berechnet.

Übungsaufgabe MG-6

1.3.3 Wälzlager
1.3.3.1 Grundlagen

Wälzlager sind genormte Maschinenbauteile, die einbaufertig geliefert werden. Ein Wälzlager besteht aus einem Kranz gehärteter und polierter Rollkörper, die zwischen ebenfalls gehärteten und geschliffenen Rollbahnen ablaufen. Untereinander werden die Rollkörper durch Käfige in gleichem Abstand gehalten.

Wälzlager haben besonders beim Anlauf einen bedeutend geringeren Reibungswiderstand. An Wartung, insbesondere Schmierung, stellen Wälzlager nur geringe Anforderungen; sie müssen jedoch vor Fremdkörpern (Schmutz, Späne) geschützt werden.

Die Rollkörper sind entweder kugel-, rollen- oder nadelförmig.

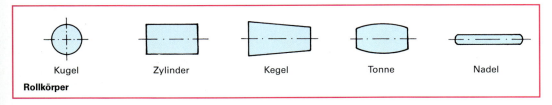

Rollkörper: Kugel, Zylinder, Kegel, Tonne, Nadel

Wälzlager haben infolge der Rollreibung sehr geringe Reibungsverluste. Da keine Haftreibung auftritt, ist der Anlaufwiderstand ebenfalls sehr gering.

- **Rollreibung**

Beim Rollen einer Kugel oder eines anderen Rollkörpers ist der Rollwiderstand der Bewegung entgegengerichtet. Der Rollkörper drückt sich unter der Belastung etwas in die untere und obere Rollbahn ein. In der Annahme, dass hinter dem rollenden Rollkörper die Rollbahn nicht unmittelbar wieder zurückgeformt wird, ergibt sich folgende Belastung.

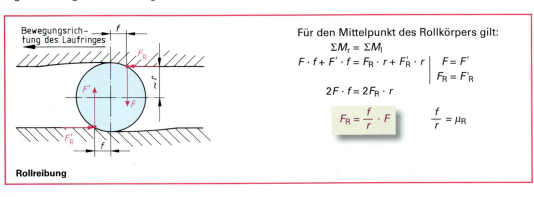

Für den Mittelpunkt des Rollkörpers gilt:
$$\Sigma M_r = \Sigma M_l$$
$$F \cdot f + F' \cdot f = F_R \cdot r + F'_R \cdot r \quad \bigg| \quad F = F' \quad F_R = F'_R$$
$$2F \cdot f = 2F_R \cdot r$$
$$F_R = \frac{f}{r} \cdot F \qquad \frac{f}{r} = \mu_R$$

Rollreibung

Durch die hohe Härte der Rollbahnen und der Rollkörper ist der Hebelarm f der Gewichtskraft sehr kurz und damit auch die Reibung sehr klein.
Bei einem Wälzlager tragen bei normalem Einbau nur wenige Rollkörper im Bereich der Lasteinwirkung. Je stabiler die Wandstärke des Gehäuses ist, in das der Außenring des Lagers eingepasst wird, desto mehr Rollkörper tragen.

- **Ausführungsformen von Wälzlagern**

Nach der *Belastungsrichtung* unterscheidet man Radial- und Axiallager.
Nach der Form der *Wälzkörper* unterscheidet man Kugellager und Rollenlager (Zylinder-, Kegel-, Tonnenrollenlager).
Eine Sonderform der Zylinderrollenlager sind die Nadellager. Sie haben hohe Tragfähigkeit bei niedriger Bauhöhe. In besonderen Fällen laufen die Nadeln unmittelbar auf der gehärteten Welle.
Man unterscheidet ferner noch ein- und mehrreihige Kugel- und Rollenlager.

Übungsaufgaben MG-7, MG-8

1.3.3.2 Berechnung von Wälzlagern

Die Berechnung von Wälzlagern beruht auf empirisch gefundenen Abhängigkeiten. Die Lager sind in Katalogen nach ihrer Tragfähigkeit, welche durch eine Tragzahl gekennzeichnet ist, geordnet.
Einwandfrei eingebaute und gewartete Wälzlager verschleißen lediglich durch Ermüdung, die sich in schichtenförmiger Ablösung der Laufflächen äußert.
Die zu erwartende Laufzeit eines Wälzlagers ist die Lebensdauer. Dies ist die Zeit, die 90 % eines Lagertyps unter gleichen Betriebsbedingungen garantiert erreichen oder auch wesentlich überschreiten. 10 % der Lager können vorzeitig ausfallen.

Die Lebensdauer eines Lagers ist abhängig:
1. von der *Umdrehungsfrequenz*,
2. von der *Betriebstemperatur* (soweit sie über 100 °C liegt),
3. von der *Tragzahl* des Lagers, d. h. der zulässigen Belastung für eine Lebensdauer von 1 000 000 Umdrehungen,
4. von der *Radiallast*.

Zwischen diesen Größen und der Lebensdauer bestehen folgende Beziehungen:

$$f_l = f_n \cdot f_t \cdot \frac{C}{F} \qquad f_l = \sqrt[3]{\frac{L_h}{500}} \qquad f_n = \sqrt[3]{\frac{33{,}3}{n}}$$

- f_l Lebensdauerfaktor
- L_h Lebensdauer in Stunden
- f_n Umdrehungsfrequenzfaktor
- n Umdrehungsfrequenz in 1/min
- f_t Temperaturfaktor (für 20 bis 100 °C: $f_t = 1$)
- C Tragzahl des Wälzlagers in N (Tabellenwert)
- F Lagerbelastung in N

Die Auswahl eines Lagers erfolgt nach der erforderlichen Tragzahl C.

$$C_{erf} = \frac{f_l \cdot F}{f_n \cdot f_t}$$

Bei Radiallagern, die nicht axial belastet sind und in denen der Innenring umläuft, ist die Lagerbelastung F:

$$F = f_z \cdot F_r$$

- F_r Radiallast in N
- f_z Zuschlagfaktor
  - z. B. Straßenfahrzeug: $f_z = 1{,}5$
  - Keilriementriebe: $f_z = 2$
  - Zahnradtriebe: $f_z = 1{,}2$ bis $1{,}6$

Zur Berechnung von Lagern mit anderen Laufbedingungen (z. B. zusätzliche Axiallast, umlaufender Außenring), werden diese Bedingungen durch entsprechende Zuschläge zur Radiallast berücksichtigt.

Rechnerische Lebensdauer (in Stunden) von Wälzlagern:

Haushaltsgeräte	1 000 bis 2 000	Werkzeugmaschinengetriebe	20 000
E-Motoren bis 4 kW	8000 bis 10 000	Landwirtschaftliche Maschinen	3 000 bis 6 000
Straßenbahnwagen	20 000 bis 25 000	Bootsgetriebe	3 000 bis 5 000
Pkw	1 500 bis 2 500	Grubenventilatoren	40 000 bis 50 000

(nach Kugelfischer, Schweinfurt)

Übungsaufgabe MG-9

| **Beispiel** | für eine Wälzlagerberechnung |

Aufgabe: Für das Zahnradgetriebe an einem Elektromotor ist ein Rillenkugellager mit einem Durchmesser von 60 mm zu berechnen. Das Lager hat eine Radiallast von 8 000 N aufzunehmen. Die Drehzahl beträgt 1 450 1/min, die Temperatur im Betrieb 40 bis 70 °C.

Lösung:

$n = 1\,450\,\frac{1}{\min} \quad \rightarrow \quad f_n = \sqrt[3]{\frac{33{,}3}{1\,450}} = 0{,}28$

$\vartheta = 40$ bis $70\,°C \quad \rightarrow \quad f_t = 1$

$L_h = 5\,000\,h \quad \rightarrow \quad f_1 = \sqrt[3]{\frac{5\,000}{500}} = 2{,}15$

$F_r = 8\,000\,N$
$f_z = 1{,}4 \quad \rightarrow \quad F = F_r \cdot f_z = 8\,000\,N \cdot 1{,}4 = 11\,200\,N$

$C_{erf} = \frac{F \cdot f_1}{f_n \cdot f_\vartheta} = \frac{11\,200\,N \cdot 2{,}15}{0{,}28 \cdot 1} = \mathbf{86\,000\,N}$

Gewählt nach Lagertabelle: Rillenkugellager 6412

> Wälzlager werden nach der Tragzahl ausgewählt.
> Die Tragzahl errechnet man aus Lagerbelastung und Faktoren für Lebensdauer, Umdrehungsfrequenz und Temperatur.

1.4 Führungen

1.4.1 Gleitführungen

Bei Gleitführungen bewegen sich die Gleitflächen der Baueinheiten aufeinander. Zur Verringerung der Reibung und zur genaueren Führung werden die Gleitflächen geschliffen oder geschabt. Gute Schmierung gewährleistet Flüssigkeitsreibung und vermindert den Verschleiß. Häufig sind die Gleitflächen gehärtet, wodurch der Verschleiß ebenfalls verringert wird.

Nach dem Querschnitt unterscheidet man folgende Grundformen von Gleitführungen:

- **Flachführungen**
  für schwere Maschinen,
- **Schwalbenschwanzführungen**
  für mittelgroße Maschinen,
- **V- und Dachführungen**
  für kleine bis mittelgroße Maschinen,
- **zylindrische Führungen**
  für Bohrspindeln, Säulenführungen, Zahnradführungen u. a.

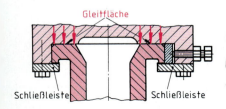
Flachführung

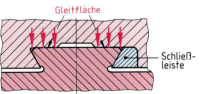
Schwalbenschwanzführung

Dachführung

Übungsaufgaben MG-10, MG-11

Gleitführungen sind leicht herzustellen und gut belastbar. Deshalb werden sie im Maschinenbau, Apparatebau und in vielen anderen Bereichen verwendet.

Gleitführungen haben jedoch folgende Nachteile:
- *unterschiedlicher Kraftbedarf:* Hoher Kraftaufwand beim Anfahren durch Haftreibung, geringerer Kraftaufwand beim Gleiten durch Gleitreibung. Die Folge ist ein nicht ruckfreies Anfahren des gleitenden Bauteils, Stick-Slip-Effekt genannt.
- *hoher Schmiermittelverbrauch:* Eine laufende Wartung ist erforderlich.
- *Verschleiß:* Eine ständige Flüssigkeitsreibung kann nicht aufrecht erhalten werden.
- *schwieriger Austauschbau:* Die Teile der Führung müssen meist zueinander passend gefertigt werden.
- *Auftreten von Spiel:* Verschleiß führt zu Spiel. Die Folge ist ein ungenaues Führen. Deshalb müssen Gleitführungen von Zeit zu Zeit nachgestellt werden.

> Vor- und Nachteile von Gleitführungen:
> - einfache Herstellung,
> - hoher Schmierstoffverbrauch,
> - Stick-Slip-Effekt,
> - hohe Belastbarkeit,
> - Verschleiß.

1.4.2 Wälzführungen

In Wälzführungen rollen wie bei den Wälzlagern zwischen zwei Laufflächen Wälzkörper ab. Dabei entsteht Rollreibung, die wesentlich geringer ist als Gleitreibung. Wälzführungen sind im Gegensatz zu Gleitführungen Bauelemente, die komplett geliefert werden, wie dies auch bei den Wälzlagern der Fall ist. Insgesamt haben Wälzführungen gegenüber Gleitführungen folgende Vorteile:

- geringe Reibung,
- leichtes und spielfreies Führen,
- leichter Austauschbau,
- kein Stick-Slip-Effekt,
- geringer Schmiermittelverbrauch.

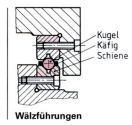
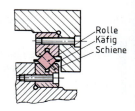

Wälzführungen

- **Grundformen**

Man unterscheidet Wälzführungen meist nach der Form der Laufflächen.

flache Laufflächen	V-förmige Laufflächen	zylinderförmige Laufflächen

- **Hublängen**

Bei Wälzführungen mit *unbegrenztem Hub* müssen die durchgelaufenen Wälzkörper wieder an den Anfang der Führung zurückgeführt werden. Dies geschieht durch entsprechende Nuten in den Bauelementen oder durch kettenförmige Wälzkörperkäfige.

Längsführung mit unbegrenztem Hub

> In Längsführungen mit unbegrenztem Hub müssen Wälzkörper zum Anfang des Gleitstücks zurückgeführt werden.

Übungsaufgaben MG-12, MG-13

1.5 Federn

Federverbindungen sind Mitnehmerverbindungen, die allein durch Formschluss Drehmomente von einer Welle auf eine Nabe und umgekehrt übertragen. Im Gegensatz zu Keilverbindungen ist ein zentrischer Sitz der Nabe gewährleistet, da keine Verspannung erfolgt. Die Naben müssen jedoch gegen axiale Verschiebung gesichert werden. Ist eine axiale Verschiebung der Nabe beabsichtigt, z. B. in Getrieben, muss die *Gleitfeder* in der Nut der Welle oder in der Nabe befestigt werden.

Beispiele für Ausführungsformen von Federn

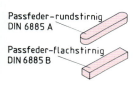
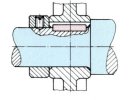
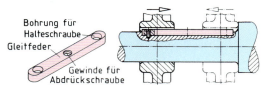

Passfederverbindung   Gleitfederverbindung

Abmessungen für Passfedern nach DIN (Auszug)

Wellendurchmesser	10 bis 12	12 bis 17	17 bis 22	22 bis 30	30 bis 38	38 bis 44	44 bis 50	50 bis 58	58 bis 65	65 bis 75
Breite der Feder b	4	5	6	8	10	12	14	16	18	20
Höhe der Feder h	4	5	6	7	8	8	9	10	11	12

Berechnung von Federn

Federn werden auf Abscheren und Flächenpressung beansprucht. Die Berechnung erfolgt jedoch *nur auf Flächenpressung,* da die Normmaße für Federn so gewählt sind, dass die zulässige Scherbeanspruchung nicht überschritten wird, wenn die zulässige Flächenpressung eingehalten wird. Für Federn sind die Maße b und h in Abhängigkeit vom Wellendurchmesser genormt.

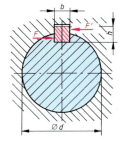

F Umfangskraft
b Breite der Feder
h Höhe der Feder

Beanspruchung einer Passfeder

Für die auf Flächenpressung beanspruchte Feder gilt: $\quad F = p_{zul} \cdot A$

Unter Vernachlässigung der halben Nuttiefe ist die Umfangskraft: $\quad F = \dfrac{M_t}{\dfrac{d}{2}} = \dfrac{2 M_t}{d}$

Bei der Berechnung der auf Flächenpressung beanspruchten Seite der Feder wird nur die Länge der parallelen Flächen eingesetzt. Die Höhe h wird abhängig vom Wellendurchmesser aus der Federtabelle gewählt. Für die gepresste Fläche der Feder ergibt sich:

$$A = \frac{h}{2} \cdot l_1 \qquad\qquad A = \frac{h}{2} \cdot (l_1 - b)$$

bei geradstirnigen Federn   bei rundstirnigen Federn

Setzt man in die Gleichung $p = \dfrac{F}{A}$ Umfangskraft und beanspruchte Fläche entsprechend ein, so ergibt sich:

$$p = \frac{2 M_t}{d \cdot \dfrac{h}{2} \cdot l_1} = \frac{4 M_t}{d \cdot h \cdot l_1} \qquad\qquad p = \frac{2 M_t}{d \cdot \dfrac{h}{2} \cdot (l_1 - b)} = \frac{4 M_t}{d \cdot h \cdot (l_1 - b)}$$

bei geradstirnigen Federn   bei rundstirnigen Federn

Aus der Forderung $p \leq p_{zul}$ des schwächsten Werkstoffs ergibt sich für die Länge der Feder:

bei geradstirnigen Federn $\quad l_{1\,erf} = \dfrac{4 M_t}{d \cdot h \cdot p_{zul}} \quad$ bei rundstirnigen Federn $\quad l_{1\,erf} = \dfrac{4 M_t}{d \cdot h \cdot p_{zul}} + b$

Die Schwächung der Welle, die durch die Federnut auftritt, ist bei der Berechnung von Feder und Welle zu berücksichtigen. Es genügt dabei, den Wellendurchmesser so zu wählen, dass in die Welle mit Nut der errechnete Durchmesser einbeschrieben werden kann (siehe Beispiel).

Beispiel für eine Federberechnung

Aufgabe: Eine Welle soll ein Drehmoment von 90 Nm übertragen. Welle und Nabe werden mit einer Passfeder Form A verbunden.
$\tau_{t\,zul}$ der Welle ist 50 N/mm².
p_{zul} des schwächsten Werkstoffs ist 70 N/mm².
Es sind der Durchmesser für die Welle und die Maße der Feder zu ermitteln.

Lösung: $W_{p\,erf} = \dfrac{M_t}{\tau_{t\,zul}} = \dfrac{90000\,\text{Nmm} \cdot \text{mm}^2}{50\,\text{N}} = 1800\,\text{mm}^3$

$d = \sqrt[3]{5 \cdot W_p} = \sqrt[3]{5 \cdot 1800\,\text{mm}^3} = 20{,}8\,\text{mm}$

Für diesen Durchmesser ist eine Feder mit 6 mm Höhe erforderlich. Berücksichtigt man die Schwächung der Welle durch die Federnut, indem man dem errechneten Wellendurchmesser die halbe Federnhöhe zuschlägt, dann ergibt sich:

$d_{gew} = d + h/2$

Für den vorliegenden Fall muss die Welle dann einen Durchmesser von 20,8 mm + $h/2$ haben. Der erforderliche Durchmesser liegt dann im Bereich 22 bis 30 mm. Dann ist eine Feder mit $b = 8$ mm und $h = 7$ mm erforderlich. Der Wellendurchmesser wird dann auf 25 mm festgelegt.

$d_{gew} = 25$ mm; Feder A 8 × 7

$l_{erf} = \dfrac{4 \cdot M_t}{d \cdot h \cdot p_{zul}} + b = \dfrac{4 \cdot 90000\,\text{Nmm} \cdot \text{mm}^2}{25\,\text{mm} \cdot 7\,\text{mm} \cdot 70\,\text{N}} + 8\,\text{mm}$

$l_{erf} = 37{,}3$ mm $\qquad l_{gew} = \mathbf{40\ mm}$

> Höhe und Breite der Feder werden entsprechend dem Wellendurchmesser gewählt.
> Die Feder muss so lang sein, dass die zulässige Flächenpressung von Wellen- und Federwerkstoff nicht überschritten wird.

1.6 Profilformen

Werden Welle und Nabe mit einem besonderen Profil versehen, dann ist ebenfalls eine Verbindung beider Teile durch Formschluss gewährleistet. Die wichtigsten Profilformen sind das Keilwellenprofil, die Kerbverzahnung und das Polygonwellenprofil.

Beim **Keilwellenprofil** sind in die Welle und die Nabe Längsnuten gleichmäßig über den Umfang verteilt. Die Keilwellen haben keine Neigung. Richtiger müsste man daher von Federwellen sprechen. Gegenüber der Passfederverbindung haben Verbindungen mit Profilformen den Vorteil eines gleichmäßigeren Kraftflusses von Welle zu Nabe.

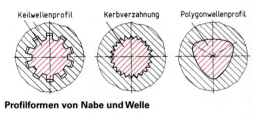

Profilformen von Nabe und Welle

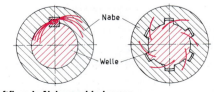

Kraftfluss in Nabenverbindungen

Übungsaufgaben MG-14 bis MG-17

1.7 Wellenkupplungen

Wellenkupplungen übertragen Drehmomente und Drehbewegungen vorzugsweise von einem Wellenende auf eine andere Welle.
Diese Aufgabe ist meist mit anderen Aufgaben verknüpft, wie zeitweisem Trennen der Übertragung, Dämpfen von Schwingungen, Ausgleich von Wellenverlagerungen u. a. Diese Zusatzaufgaben führen zu einer Vielzahl von Kupplungen. Eine grobe Einteilung kann nach der Schaltfunktion vorgenommen werden:

Die Festlegung der **Kupplungsgröße** erfolgt in erster Linie entsprechend dem zu übertragenden Drehmoment. Die **Kupplungsart** wird durch die Zusatzaufgaben und die Einsatzbedingungen wie Umdrehungsfrequenz, Umgebungstemperatur u. a. bestimmt.

1.7.1 Nicht schaltbare Kupplungen

- **Starre, nicht schaltbare Kupplungen**

Starre, nicht schaltbare Kupplungen verbinden die Wellen dreh- und biegesteif, so als bestünde die Welle aus einem Stück. Lageabweichungen der Wellen können nicht ausgeglichen werden.

Beispiele für starre nicht schaltbare Kupplungen

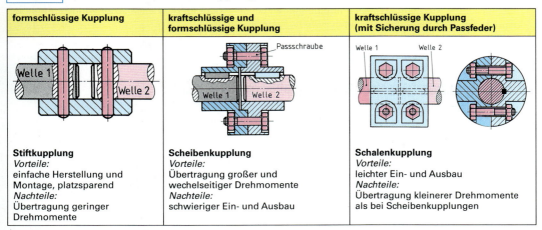

formschlüssige Kupplung	kraftschlüssige und formschlüssige Kupplung	kraftschlüssige Kupplung (mit Sicherung durch Passfeder)
Stiftkupplung *Vorteile:* einfache Herstellung und Montage, platzsparend *Nachteile:* Übertragung geringer Drehmomente	**Scheibenkupplung** *Vorteile:* Übertragung großer und wechselseitiger Drehmomente *Nachteile:* schwieriger Ein- und Ausbau	**Schalenkupplung** *Vorteile:* leichter Ein- und Ausbau *Nachteile:* Übertragung kleinerer Drehmomente als bei Scheibenkupplungen

> Starre, nicht schaltbare Kupplungen verbinden Wellen dreh- und biegefest, so als bestünden die Wellen aus einem Stück. Abweichungen zwischen Wellen können nicht ausgeglichen werden.

- **Ausgleichende, nicht schaltbare Kupplungen**

Ausgleichende, nicht schaltbare Kupplungen können Verlagerungen der Wellenenden, die beim Zusammenbau und im Betrieb auftreten können, ausgleichen. Ausgleichsmöglichkeiten können je nach Kupplungsart bestehen für

- axiale Verlagerungen bei Längenänderungen
- radiale Verlagerungen bei Wellenversatz
- Winkelverlagerungen bei Winkelbeugung.

Die Ausgleichsmöglichkeiten können durch starre oder elastische Verbindungen erzielt werden.

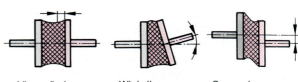

Längenänderung   Winkelbeugung   Querverlagerung

Verlagerung von Wellen zueinander

Übungsaufgaben MG-18, MG-19

Beispiele für ausgleichende, nicht schaltbare Kupplungen

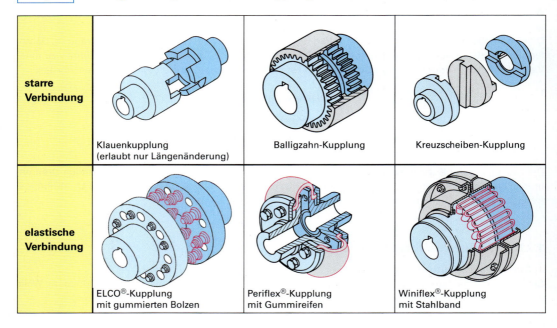

starre Verbindung	Klauenkupplung (erlaubt nur Längenänderung)	Balligzahn-Kupplung	Kreuzscheiben-Kupplung
elastische Verbindung	ELCO®-Kupplung mit gummierten Bolzen	Periflex®-Kupplung mit Gummireifen	Winiflex®-Kupplung mit Stahlband

> Ausgleichende Kupplungen lassen infolge gleitender Bewegungen oder elastischer Verformungen in begrenztem Maß Relativbewegungen zwischen den Wellen zu.

1.7.2 Mechanisch übertragende, schaltbare Kupplungen

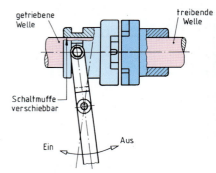

Klauenkupplung

- **Synchron schaltbare Kupplungen**

Kupplungen mit formschlüssigen Übertragungselementen (Klauen, Bolzen, Zähne) sind nur schaltbar, wenn zwischen beiden Wellen keine oder nur eine sehr geringe Relativbewegung erfolgt, also Synchronlauf vorliegt. Diese Kupplungen werden darum meist nur im Stillstand geschaltet. Ein Ausrücken der Kupplungen ist unter bestimmten Umständen im Betrieb möglich.

- **Asynchron schaltbare Kupplungen**

Kupplungen mit kraftschlüssig übertragenden Verbindungselementen können auch bei unterschiedlichen Umdrehungsfrequenzen der Wellen geschaltet werden. Die Übertragung des Drehmoments erfolgt bei diesen Kupplungen über scheiben-, kegel- oder trommelförmige Reibflächen. Im Maschinenbau wird häufig die Lamellenkupplung eingesetzt. Sie hat scheibenförmige Reibflächen und wird je nach Ausführung mechanisch, hydraulisch, pneumatisch oder elektromagnetisch geschaltet.

Die **Auswahl der Schaltung**, ob mechanisch, hydraulisch, pneumatisch oder elektromagnetisch, richtet sich nach folgenden Gesichtspunkten:

- *Größe der zu übertragenden Drehmomente,*
- *Größe der Schaltkraft,*
- *geforderte Schaltzeit und Schaltgenauigkeit,*
- *Entfernung der Schaltstelle von der Kupplung,*
- *Baugröße,*
- *Medium, das an der Maschine vorliegt.*

Übungsaufgaben MG-20, MG-21, MG-22

Beispiele	für Ausführungsformen von Lamellenkupplungen	
mechanisch geschaltet		besondere Merkmale: feinfühliges Schalten, geringe Schaltgenauigkeit, ungeeignet für Fernbedienung und Programmsteuerung. Einbaubeispiele: Werkzeugmaschinen, Bootsgetriebe, Verladegeräte
hydraulisch geschaltet		besondere Merkmale: sehr kleine und robuste Bauart, Übertragung großer Drehmomente, größere Schaltgenauigkeit als mechanische Schaltung, weitgehende Wartungsfreiheit. Einbaubeispiele: Maschinen mit eigener Hydraulik, z. B. Bagger, Baumaschinen, Werkzeugmaschinen
elektrisch geschaltet		besondere Merkmale: sehr hohe Schaltgenauigkeit, sehr gut geeignet für Fernbedienung und Programmsteuerung. Einbaubeispiele: ferngbediente Förderanlagen, programmgesteuerte Maschinen.

1.7.3 Selbsttätig schaltende Kupplungen

• **Anlauf- und Überlastkupplung**

Damit Motoren vorsichtig anlaufen können, setzt man **Anlaufkupplungen** ein, die mit steigender Drehzahl allmählich einkuppeln.
Überlastkupplungen werden als Sicherheitskupplungen (Rutschkupplung) eingesetzt.

| Beispiele | für Anlauf- und Überlastkupplungen |

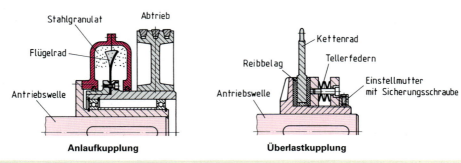

Anlaufkupplung   Überlastkupplung

Anlaufkupplungen bewirken „weichen" Anlauf.
Überlastkupplungen schützen durch Rutschen bei überhöhtem Drehmoment.

• **Richtungsbetätigte Schaltkupplungen**

Freiläufe sind richtungsbetätigte Schaltkupplungen. Sie verbinden treibende und getriebene Wellen miteinander, sobald beide Kupplungsteile die gleiche Drehzahl haben. Sobald der treibende Teil langsamer läuft als der getriebene Teil, löst der Freilauf und hierdurch überholt das getriebene Teil das treibende. Deshalb verwendet man Freiläufe als Überholkupplungen und als Rücklaufsperren.

Übungsaufgaben MG-23, MG-24

2 Getriebe

Getriebe sind Baueinheiten zwischen Antriebs- und Arbeitseinheit. Sie können die Funktionen haben:
- Bewegungsenergie weiterzuleiten,
- Drehzahlen zu ändern,
- Drehrichtung umzukehren,
- Bewegungsart umzuformen.

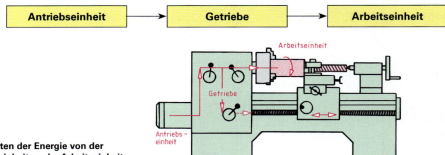

Weiterleiten der Energie von der Antriebseinheit zu der Arbeitseinheit

> Getriebe werden für folgende Aufgaben verwendet:
> - Weiterleiten der Bewegung von der Antriebseinheit zu der Arbeitseinheit,
> - Anpassen der gegebenen Antriebsbewegung an die geforderte Arbeitsbewegung.

Entsprechend dem mechanischen Prinzip der Umformung lassen sich verschiedene Getriebearten unterscheiden (siehe Übersicht über mechanische Getriebe):

- **Zugmittelgetriebe** (z. B. Kettengetriebe am Fahrrad),
- **Zahnradgetriebe** (z. B. Drehmaschinengetriebe),
- **Schraubengetriebe** (z. B. Leitspindel mit Schlossmutter),
- **Gelenkgetriebe** (z. B. Kurbeltrieb mit Pleuelstange),
- **Kurvengetriebe** (z. B. Ventilsteuerung der Nockenwelle),
- **Sperrgetriebe** (z. B. Hemmgetriebe in Uhr),
- **Druckmittelgetriebe** (z. B. hydraulische Presse).

2.1 Übersicht über mechanische Getriebe

	Zugmittelgetriebe	Zahnradgetriebe	Schraubengetriebe
Aufgabe	Übertragung einer Drehbewegung von einer Welle auf eine andere, bei einem Achsabstand, der größer ist als die Summe der Radien von An- und Abtriebsrad, meist verbunden mit Änderung der Drehzahl.	Übertragung der Drehbewegung von einer Welle auf eine andere, verknüpft mit der Umkehrung der Drehrichtung, meist angewendet zur Änderung der Drehzahl.	Umwandlung einer Drehbewegung in eine geradlinige Bewegung, wobei die geradlinige Bewegung der Drehbewegung jederzeit proportional ist.
Beispiel	Zugmittel — Übertragen der Drehbewegung der Pedalbewegung auf das Hinterrad eines Fahrrads.	Zahnräder — Umformung der Drehzahl und Drehrichtung von der Antriebseinheit auf die Arbeitseinheit in einem Drehmaschinengetriebe.	Mutter am Schlitten / Spindel — Schlittenbewegung an der Drehmaschine. Umformung der Drehbewegung an der Spindel in geradlinige Bewegung des Schlittens.

Übersicht über mechanische Getriebe (Fortsetzung)

	Gelenkgetriebe	Kurvengetriebe	Sperrgetriebe
Aufgabe	Umwandlung einer Drehbewegung in eine geradlinige Hin- und Herbewegung oder umgekehrt.	Umwandlung einer Drehbewegung in eine andere Bewegung nach bestimmter Gesetzmäßigkeit.	Sperren und Freigeben einer Bewegung in bestimmten Abständen.
Beispiel	Umwandlung der geradlinigen Kolbenbewegung eines Verbrennungsmotors in die Drehbewegung der Kurbelwelle.	Umwandlung der Drehbewegung der Nockenwelle in geradlinige Hubbewegung der Ventilsteuerung im Kraftfahrzeug.	Sperrung der Drehbewegung des Uhrengetriebes in regelmäßigen Zeitabständen.

2.2 Berechnungsgrundlagen für Getriebe

• Umdrehungsfrequenz und Umfangsgeschwindigkeit

Die Zahl der Umdrehungen, die ein Rad eines Getriebes in einer Zeiteinheit (min oder s) ausführt, wird als Umdrehungsfrequenz (Drehzahl) bezeichnet. Meist wird die Drehzahl n mit der Einheit 1/min verwendet. Die Umfangsgeschwindigkeit für die kreisförmige Bewegung wird aus dem Durchmesser und der Drehzahl berechnet:

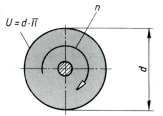

$U = d \cdot \pi$

d Durchmesser
n Drehzahl
U Umfang

> Umfangsgeschwindigkeit = Durchmesser · π · Umdrehungsfrequenz
> $$v = d \cdot \pi \cdot n$$

• Übersetzungsverhältnis

Treibt ein Rad in einem Getriebe ein anderes Rad, ohne dass die Oberflächen aufeinander rutschen, so haben beide Räder die gleiche Umfangsgeschwindigkeit v, auch wenn die Räder unterschiedliche Durchmesser haben.
Es gilt dann die Beziehung:

$v_1 = v_2$
$d_1 \cdot \pi \cdot n_1 = d_2 \cdot \pi \cdot n_2$

Aus dieser Gleichung ergibt sich durch Umstellen und Kürzen von π das Verhältnis der Drehzahlen.

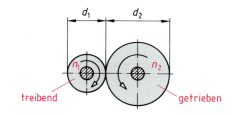

Einstufiges Getriebe

Das Verhältnis der Drehzahl des treibenden Rads zur Drehzahl des getriebenen Rads ist das **Übersetzungsverhältnis** i. Das Übersetzungsverhältnis wird als Bruch angegeben, z. B. $i = 1:5$.

$$i = \frac{n_1}{n_2} = \frac{d_2}{d_1}$$

> Übersetzungsverhältnis i = $\dfrac{\text{Drehzahl des treibenden Rads } n_1}{\text{Drehzahl des getriebenen Rads } n_2}$ = $\dfrac{\text{Durchmesser des getriebenen Rads } d_2}{\text{Durchmesser des treibenden Rads } d_1}$
> $$i = \frac{n_1}{n_2} = \frac{d_2}{d_1}$$

Übungsaufgaben MG-25, MG-26

Will man die Drehzahl noch weiter verändern, bringt man auf die Welle des getriebenen Rads ein weiteres Rad, das ein viertes Rad auf einer dritten Welle treibt. Man hat nun ein zweistufiges Getriebe. Kennzeichnung von Durchmessern und Drehzahlen:
- treibende Räder ungerade Kennzahlen (d_1; d_3; n_1...)
- getriebene Räder geradzahlige Kennzahlen (d_2; n_2;...)

Das Übersetzungsverhältnis eines Getriebes insgesamt (i_{ges}) ist das Verhältnis der Drehzahlen vom ersten treibenden zum letzten getriebenen Rad.

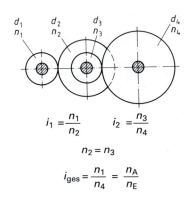

$$i_1 = \frac{n_1}{n_2} \quad i_2 = \frac{n_3}{n_4}$$

$$n_2 = n_3$$

$$i_{ges} = \frac{n_1}{n_4} = \frac{n_A}{n_E}$$

Zweistufiges Getriebe

$$i_{ges} = \frac{n_A}{n_E}$$

n_A Drehzahl des ersten treibenden Rads
n_E Drehzahl des letzten getriebenen Rads

Das gesamte Übersetzungsverhältnis kann auch aus dem Produkt der Übersetzungsverhältnisse der einzelnen Stufen berechnet werden, $i_{ges} = i_1 \cdot i_2 \cdot ...$

Bei mehrstufigen Getrieben ist das Gesamtübersetzungsverhältnis das Produkt der Übersetzungsverhältnisse jeder Stufe. Das Gesamtübersetzungsverhältnis lässt sich auch aus dem Verhältnis der Drehzahl des ersten Rads n_A zur Drehzahl des letztes Rads n_E berechnen.

$$i_{ges} = i_1 \cdot i_2 \cdot ... \quad \text{oder} \quad i_{ges} = \frac{n_A}{n_E}$$

Beispiel für die Berechnung von Übersetzungen und Drehzahlen

Gegeben: *Gesucht:*   **Lösung:**

$d_1 = 80$ mm i_1

$d_2 = 200$ mm i_2

$d_3 = 60$ mm i_{ges}

$d_4 = 240$ mm n_2

$n_1 = 200 \frac{1}{min}$ n_3

   n_4

$$i_1 = \frac{d_2}{d_1} = \frac{200 \text{ mm}}{80 \text{ mm}} = \mathbf{2{,}5 : 1}$$

$$i_2 = \frac{d_4}{d_3} = \frac{240 \text{ mm}}{60 \text{ mm}} = \mathbf{4 : 1}$$

$$i_{ges} = i_1 \cdot i_2 = 2{,}5 \cdot 4 = \mathbf{10 : 1}$$

$$n_2 = \frac{n_1}{i_1} = \frac{200 \cdot 1}{2{,}5 \cdot \text{min}} = \mathbf{80 \frac{1}{min}}$$

$$n_3 = n_2 = \mathbf{80 \frac{1}{min}}$$

$$n_4 = \frac{n_3}{i_2} = \frac{80 \cdot 1}{4 \cdot \text{min}} = \mathbf{20 \frac{1}{min}}$$

● **Drehmoment**

Ein Drehmoment M_d an einer Welle oder einem Rad ist das Produkt aus Umfangskraft F und Radius r.

$$M_d = F \cdot r$$

Nach der Drehrichtung unterscheidet man rechts drehende Momente M_r und links drehende Momente M_l.

Gleichgewicht herrscht an einem Bauelement, wenn die Summe der rechts drehenden Momente gleich der Summe der links drehenden Momente ist (Hebelgesetz).

Zur Berechnung der Drehmomente in Getrieben fasst man die Radien von Rädern und Wellen als Hebel auf, deren Drehpunkt die Drehachse ist. Die Bestimmung der Kräfte und Momente erfolgt über das Gleichgewicht am Hebel.

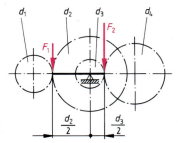

Hebelwirkung am Zahnrad

$$M_l = M_r$$

$$F_1 \cdot \frac{d_2}{2} = F_2 \cdot \frac{d_3}{2}$$

Gleichgewicht am Hebel:
Summe der rechts drehenden Momente = Summe der links drehenden Momente

Übungsaufgaben MG-27, MG-28

| Beispiel | für die Berechnung der Handkraft an einem Wellrad |

Aufgabe

Mit dem skizzierten Wellrad wird eine Last von 800 N gehoben.
Es ist die Handkraft zu berechnen.

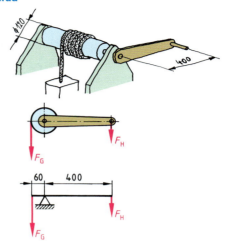

Gegeben: *Gesucht:*
$F_G = 800$ N; $l = 400$ mm F_H in N
$r = 60$ mm

Lösung

$M_r = M_l$

$F_G \cdot r = F_H \cdot l$

$F_H = \dfrac{F_G \cdot r}{l}$

$F_H = \dfrac{800 \text{ N} \cdot 60 \text{ mm}}{400 \text{ mm}} = \mathbf{120 \text{ N}}$

Bei Getriebewellen ist meist die Umfangskraft, welche an den Rädern angreift, nicht gegeben. Bekannt sind dagegen die zu übertragende Leistung und die Drehzahl. Aus diesen Größen kann das Drehmoment berechnet werden.

$P = F \cdot v$
$P = F \cdot 2r \cdot \pi \cdot n$
$M_d = F \cdot r$

$$M_d = \dfrac{P}{2\pi \cdot n}$$

M_d Drehmoment n Drehzahl
P Leistung v Umfanggeschwindigkeit

| Beispiel | für die Berechnung des Drehmoments aus Drehzahl und Leistung |

Aufgabe

Eine Winde wird von einem Motor, der 3 kW abgibt und 1480 1/min Drehzahl hat, über eine eingängige Schnecke angetrieben. Das Schneckenrad hat 90 Zähne.
Die Seiltrommel hat einen Durchmesser von 150 mm.
Der Wirkungsgrad des Getriebes beträgt 78 %.
Es sind zu berechnen:
a) das Drehmoment an der Motorwelle,
b) die Leistung an der Seiltrommel,
c) die Zugkraft der Winde.

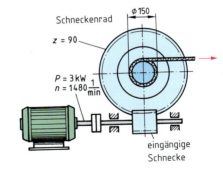

Gegeben: *Gesucht:*

$P_i = 3000 \dfrac{\text{Nm}}{\text{s}}$ $i = 90 : 1$ a) $M_{d\,\text{Motor}}$ in Nm
                 $\eta = 0{,}78$ b) P_{Trommel} (P_e) in kW
                 $d = 150$ mm   c) F in N

$n_A = 1480 \dfrac{1}{\text{min}} = 24{,}66 \dfrac{1}{\text{s}}$

Lösung

a) $M_{dM} = \dfrac{P}{2 \cdot \pi \cdot n_A}$

$M_{dM} = \dfrac{3000 \text{ Nm} \cdot \text{s}}{\text{s} \cdot 2 \cdot \pi \cdot 24{,}66}$

$M_{dM} = \mathbf{19{,}37 \text{ Nm}}$

b) $P_e = P_i \cdot \eta$
   $P_e = 3 \text{kW} \cdot 0{,}78 = \mathbf{2{,}340 \text{ kW}}$

c) $M_{dT} = \dfrac{P_e}{2 \cdot \pi \cdot n_E}$

$i = \dfrac{n_A}{n_E}$

$n_E = \dfrac{1480 \cdot 1}{90 \cdot \text{min}}$

$n_E = 16{,}44 \dfrac{1}{\text{min}} = \mathbf{0{,}274} \dfrac{1}{\text{s}}$

$M_{dT} = \dfrac{2340 \text{ Nm} \cdot \text{s}}{\text{s} \cdot 2 \cdot \pi \cdot 0{,}274}$

$M_{dT} = 1360 \text{ Nm}$
$M_{dT} = F \cdot r$

$F = \dfrac{M_{dT}}{r}$

$F = \dfrac{1360 \text{ Nm}}{0{,}075 \text{ m}} = \mathbf{18130 \text{ N}}$

Übungsaufgaben MG-29, MG-30

328 Getriebe

2.3 Zugmittelgetriebe

Bei Zugmittelgetrieben werden die Drehbewegungen vom Antriebsrad durch Riemen oder Ketten als Zugmittel auf das getriebene Rad übertragen. Diese Getriebe verwendet man, wenn große Achsabstände zu überbrücken sind.

2.3.1 Kraftschlüssige Riemengetriebe

In Riemengetrieben dient ein elastischer Riemen als Zugmittel zur Übertragung der Drehbewegung. Dabei besteht *Kraftschluss* zwischen Riemen und Riemenscheibe. Die Größe der übertragbaren Kraft hängt von der Reibungskraft ab, die zwischen Riemen und Riemenscheibe wirkt. Die Reibungskraft wird bestimmt durch:
- die Normalkraft F_N,
- die Reibungszahl μ,
- den Umschlingungswinkel α.

Teil eines Zugmittelgetriebes

Die **Normalkraft** hängt wesentlich von der Vorspannung im Riemen ab. Zur Erhöhung der Normalkraft kann die Vorspannung im Riemen jedoch nicht beliebig erhöht werden, weil dadurch die Lagerbelastung zu groß wird.

Die **Haftreibungszahl** der Werkstoffpaarung Riemen-Riemenscheibe soll möglichst groß sein, um große Kräfte zu übertragen. Deshalb wählt man als Riemenwerkstoffe Leder, Gummi oder gewebeverstärkte Kunststoffe, und für die Scheiben Metalle bzw. Kunststoffe.

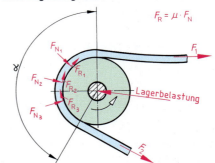

Kräfte beim Riementrieb

Der Riemen liegt innerhalb des **Umschlingungswinkels** auf der Riemenscheibe auf. Die Riemenscheibe mit dem geringeren Durchmesser in einem Riementrieb besitzt den kleineren Umschlingungswinkel. Je geringer der Umschlingungswinkel desto kleiner ist die übertragbare Kraft.

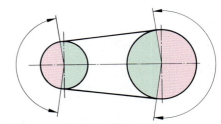

Umschlingungswinkel beim Riementrieb

Ein Riemen wird im Betrieb auf der Zugseite (**Zugtrum oder Arbeitstrum**) stärker gedehnt als auf der gegenüberliegenden Seite (**Leertrum**). Die Zugkraft im Riemen nimmt auf dem Umfang des treibenden Rads allmählich zu und später auf dem Umfang des getriebenen Rads allmählich ab. In gleicher Weise verhalten sich die Dehnungen im Riemen. Als Folge verringert sich die Umfangsgeschwindigkeit des getriebenen Rads ein wenig gegenüber dem treibenden – die Drehzahl des getriebenen Rads ist also kleiner als die theoretisch zu erwartende Drehzahl. Man bezeichnet dies als **Dehnungsschlupf**. Er beträgt je nach Belastung bis etwa 2 % der Drehzahl.

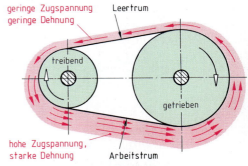

Spannung und Dehnung im Arbeits- und Leertrum

> Bei kraftschlüssigen Riemengetrieben tritt immer ein Dehnungsschlupf auf. Dadurch vermindert sich die Umfangsgeschwindigkeit des getriebenen Rads gegenüber dem treibenden Rad.

Übungsaufgabe MG-31

Flachriemen werden aus Leder oder Textil mit Reibbelag hergestellt. Bei mehrschichtigem Aufbau besteht die Zugschicht aus einem Polyestergewebe und die Reibschicht aus Chromleder oder gummielastischem Kunststoff. Flachriemen werden bei großen Wellenabständen verwendet.

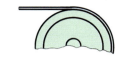

Flachriemen

Keilriemen werden aus Gummi hergestellt. Sie werden wegen ihrer Höhe im Wesentlichen auf der Oberseite auf Zug beansprucht und sind dort durch Gewebe verstärkt.

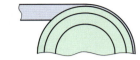

Keilriemen

Keilriemen liegen an den Flanken der keilförmig ausgearbeiteten Riemenscheibe an. Dadurch wird die Kraft im Riemen in große Normalkräfte zerlegt, welche auf die Flanken wirken. Daher müssen Keilriemen den gleichen Flankenwinkel wie die Riemenscheiben haben und dürfen am Scheibengrund nicht aufliegen. Wegen der hohen Normalkräfte können große Umfangskräfte übertragen werden.

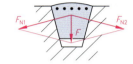

Normalkraft beim Keilriemen

> Flachriemen haben Kraftschluss am Umfang der Riemenscheiben.
> Keilriemen haben Kraftschluss an den Flanken der Riemenscheiben.

2.3.2 Formschlüssige Riemengetriebe

Zahnriemen werden aus Gummi oder Kunststoff hergestellt. Durch das Zahnprofil wird zwischen Riemen und Scheibe Formschluss erzeugt. Dadurch ist eine schlupffreie Übertragung der Drehbewegung möglich.

Zahnriemen werden eingesetzt, wenn die Vorteile der Riemengetriebe, z. B. großer Wellenabstand und Stoßminderung, genutzt werden sollen, und der Nachteil, der Schlupf, aber keinesfalls auftreten darf.

Zahnriemen

> Zahnriemen übertragen die Drehbewegung durch Formschluss zwischen Riemen und Scheibe.

2.3.3 Kettengetriebe

In Kettengetrieben dienen Stahlketten als Zugmittel zur Übertragung der Bewegung. Die Bewegung wird *formschlüssig* übertragen. Es entsteht daher kein Schlupf. Im Maschinenbau verwendet man am häufigsten die Rollenkette.

Rollenketten werden als Einfach- oder als Mehrfachketten mit bis zu zehn Rollen nebeneinander gefertigt.

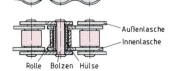

Kettengetriebe

> Rollenketten übertragen die Drehbewegung durch Formschluss. Sie übertragen bei geringerer Baubreite größere Kräfte als Riemengetriebe.

Übungsaufgaben MG-32, MG-33

2.3.4 Vergleich der Zugmittelgetriebe

	Flachriemengetriebe	Keilriemengetriebe	Zahnriemengetriebe	Kettengetriebe
möglicher Achsenabstand	sehr groß	mittel	mittel	mittel
Drehrichtungsänderung durch gekreuztes Zugmittel	möglich	nicht möglich	nicht möglich	nicht möglich
Umfangskraft	mittel	sehr hoch	hoch	hoch
Umfangsgeschwindigkeit	bis 100 m/s	bis 50 m/s	bis 80 m/s	bis 40 m/s
mögl. Übersetzungsverhältnisse	max. 6 : 1	max. 10 : 1	bis 15 : 1	über 15 : 1
Übertragung der Drehbewegung	mit großem Schlupf	mit Schlupf	zwangsläufig	zwangsläufig
Schwingungsdämpfung	gut	gut	gut	gering
max. Einsatztemperatur	ca. 80 °c	ca. 70 °C	ca. 80 °C	ca. 180 °C
Einsatzbeispiele	Generatorantriebe, Mühlenbetriebe	Werkzeugmaschinen, Zusatzantriebe in Kfz	Textilmaschinen, Steuerantriebe	Fahrrad, Hebezeuge

2.4 Zahnradgetriebe

Mithilfe von Zahnrädern werden Drehbewegungen von einer Welle auf eine andere durch Formschluss und damit ohne Schlupf übertragen. Zahnradgetriebe eignen sich je nach Ausführung zur Übertragung von sehr niedrigen Leistungen, wie z. B. in der Uhrentechnik, bis zu sehr großen Leistungen, wie z. B. bei Walzenantrieben. Neben der Übertragung der Drehbewegung werden in Zahnradgetrieben meist Drehzahl, Drehmoment oder auch Drehrichtung geändert.

Zahnradgetriebe

2.4.1 Zahnradmaße und ihre Berechnung

Als **Teilkreis** bezeichnet man die gedachte Linie auf dem Zahnrad, auf welcher der Abstand von Zahn zu Zahn bestimmt wird. Den Teilkreisdurchmesser bezeichnet man mit d.

Teilung nennt man den Abstand zweier Zähne auf dem Teilkreis. Die Teilung hat das Kurzzeichen p.

Die **Zähnezahl** hat das Kurzzeichen z.

Die Zahnteilung lässt sich aus Umfang des Teilkreises ($U = d \cdot \pi$) und der Zähnezahl berechnen:

$$p = \frac{d \cdot \pi}{z}$$

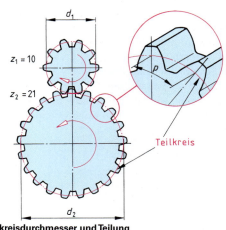

Teilkreisdurchmesser und Teilung

Die Zahnteilung p ist das Maß des Bogens von Zahnmitte zu Zahnmitte auf dem Teilkreis.

Als **Modul** m bezeichnet man das Verhältnis von Teilkreisdurchmesser d zur Zähnezahl z.

Damit ergibt sich für den Modul: $m = \dfrac{d}{z}$ Für die Teilung gilt dann: $p = m \cdot \pi$

Durch den Modul werden die meisten Maße eines Zahnrads bestimmt. Zahnräder mit gleichem Modul haben gleiche Zahnteilung und können darum bei gleicher Zahnform miteinander in Eingriff gebracht werden. Die Module sind genormt und in DIN 780 festgelegt, sie werden in mm angegeben, z. B. 0,4 mm, 1 mm.

> Der Modul ist das Verhältnis von Teilkreisdurchmesser zu Zähnezahl. Er bestimmt die wichtigen Maße eines Zahnrads.

Geht man davon aus, dass sich bei einem Zahnradeingriff die beiden Teilkreise berühren, dann gilt

für den **Achsabstand** a: $a = \dfrac{d_1}{2} + \dfrac{d_2}{2}$

daraus folgt: $a = \dfrac{m \cdot (z_1 + z_2)}{2}$

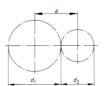

Achsabstand

Die **Kopfhöhe** h_a ist der Abstand vom Teilkreis bis zum Außendurchmesser. Die Kopfhöhe ist genau so groß wie der Modul. Damit ist der Außendurchmesser $d_a = d + 2 \cdot m$.
Der Außendurchmesser wird auch als Kopfkreisdurchmesser bezeichnet.
Die **Fußhöhe** h_f des Zahnes ist der Abstand vom Teilkreis bis zum Zahngrund. Die Fußhöhe beträgt $h_f = 1{,}2 \cdot m$.
Damit ergibt sich für den Fußkreisdurchmesser eines Zahnrads die Beziehung $d_f = d - 2{,}4 \cdot m$.

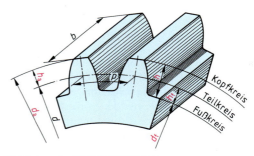

Abmessungen an Geradstirnrädern

Für den Kopfkreisdurchmesser gilt: $d_a = d + 2 \cdot m$, $d_a = m \cdot (z + 2)$
Für den Fußkreisdurchmesser gilt: $d_f = d - 2{,}4 \cdot m$, $d_f = m \cdot (z - 2{,}4)$

2.4.2 Zahnflankenformen

Die Übertragung der Drehbewegung durch Zahnräder soll gleichförmig, d. h. ruckfrei und kontinuierlich sowie reibungsarm erfolgen. Fertigungstechnisch müssen Zahnformen verwendet werden, die in Massenfertigung herzustellen sind. Bei der Montage auftretende geringe Achsabstandsfehler dürfen im Betrieb nicht zu Beschädigungen führen.

- **Evolventenverzahnung**

Zähne, welche die Zahnflanken als Evolventenkurve gestaltet haben, erfüllen die an eine Zahnflankenform gerichteten Bedingungen in bestmöglicher Weise.
Eine Evolvente entsteht als Bahnkurve, wenn ein Faden von einem Zylinder abgewickelt wird.
Von dieser Evolventenkurve wird lediglich der Beginn der Abwicklung als Bestandteil für die Zahnflanken verwendet.
Die Evolventenkurve wird im Maschinenbau und im Kfz-Bau als Zahnflankenform verwendet.

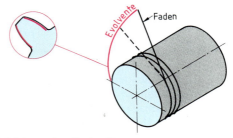

Entstehung einer Evolvente

> Im Maschinenbau und im Kfz-Gewerbe verwendet man Zahnräder mit Evolventenverzahnung.

Übungsaufgaben MG-34 bis MG-39

Die Form der Zahnflanke lässt sich am einfachsten erläutern, wenn eines von zwei im Eingriff befindlichen Zahnrädern durch eine Zahnstange ersetzt wird.

Bei der genormten Evolventenverzahnung wird eine Zahnstange verwendet, die einen Zahnflankenwinkel von 20° hat. Man bezeichnet ihn als **Eingriffswinkel**. Die Linie, welche auf der Zahnstange dem Teilkreis entspricht, bezeichnet man als **Profilmittellinie**.

Im Normalfall berührt diese Profilmittellinie den Teilkreis des zweiten Rades. Man spricht in diesem Fall von **Null-Rädern** (N-Räder).

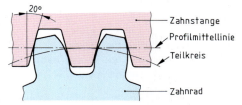
Zahnstange mit Null-Rad

Bedingt durch die Zahnflankenform tritt unterhalb der Grenzzähnezahl von 17 Zähnen bei Null-Rädern ein Unterschneiden der Zähne auf, d. h. die Zähne müssen im Zahngrund ausgearbeitet werden. Durch dieses Unterschneiden wird nicht nur der Zahn im Fuß geschwächt, sondern es werden auch die Eingriffsverhältnisse verschlechtert.

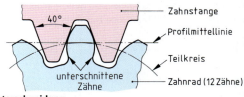
Unterschneidung

> Bei Null-Rädern berührt die Profilmittellinie den Teilkreis.
> Unterhalb von 17 Zähnen tritt Unterschnitt auf.

Meist verschiebt man die Profilmittellinie gegenüber dem Teilkreisdurchmesser. Dadurch erreicht man günstigste Laufeigenschaften und hohe Lebensdauer. Zahnräder, bei denen die Profilmittellinie verschoben ist, bezeichnet man als **V-Räder**. Bei der Paarung zweier Zahnräder, bei der ein V-Rad beteiligt ist, wälzen sich die Teilkreisdurchmesser nicht mehr aufeinander ab.

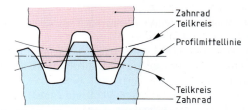
Positive Profilverschiebung (V-Plus-Räder)

Wird die Profilmittellinie von der Radmitte nach außen verschoben, so ist dies eine positive Profilverschiebung. Durch positive Profilverschiebung ist es außerdem möglich, bestimmte vorgegebene Achsenabstände zu erreichen, die Zähne zu verstärken und Unterschnitt zu vermeiden.
Man nennt Räder mit positiver Profilverschiebung **V-Plus-Räder**.

> Positive Profilverschiebung bei Evolventenverzahnung wendet man an:
> - zur Vermeidung des Unterschnitts bei kleinen Zähnezahlen (unter 17 Zähnen),
> - um einen bestimmten Achsabstand zu erreichen,
> - zur Verstärkung der Zähne.

- **Zykloidenverzahnung**

In der Feinwerktechnik, insbesondere in mechanischen Uhren, verwendet man die Zykloidenform als Zahnflankenform. Man spricht von Zykloidenverzahnung.

Eine **Zykloide** entsteht, wenn der Weg eines Punktes auf einer rollenden Scheibe betrachtet wird. Zahnräder mit Zykloidenverzahnungen weisen gutes Abrollverhalten auf und unterliegen deshalb einem geringen Verschleiß der Zahnflanken. Zykloidenverzahnungen sind jedoch schwieriger herzustellen als Evolventenverzahnungen.

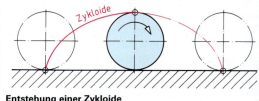
Entstehung einer Zykloide

> Zahnräder mit Zykloidenverzahnung werden im Feinwerksbau eingesetzt.

Übungsaufgaben MG-40, MG-41

2.4.3 Formen von Zahnradgetrieben

Man unterscheidet nach der Lage der Wellen verschiedene Grundformen von Zahnradgetrieben.

Wellen liegen parallel zueinander	Wellen schneiden sich	Wellen kreuzen sich
Stirnradtrieb	Kegelradtrieb	Schneckentrieb

2.4.3.1 Stirnradgetriebe

Stirnradgetriebe werden zur Übertragung von Drehmomenten von einer Welle auf eine parallel dazu liegende andere Welle verwendet. Nach der Lage der Zähne zur Drehachse spricht man bei Stirnradgetrieben von Rädern mit Geradverzahnung und Schrägverzahnung.

Bei schräg verzahnten Stirnrädern sind stets mehrere Zähne im Eingriff. Dadurch laufen diese Getriebe ruhiger. Infolge der schrägen Verzahnung treten aber Kräfte in Achsrichtung auf, die von den Lagern aufgenommen werden müssen.

Stirnradgetriebe mit Schrägverzahnung

Geradstirnräder gerade verzahnt	Schrägstirnräder		
	schräg verzahnt	pfeilverzahnt	doppelt schräg verzahnt
• geringe Reibungsverluste • hohe Geräuschentwicklung • empfindlich gegen • Zahnformfehler	• höhere Laufruhe • bessere Eignung für hohe Drehzahlen • geringere Empfindlichkeit gegen Zahnformfehler • Axialkraft, wird durch Pfeil- oder Doppelschrägverzahnung kompensiert		

Schrägverzahnte Stirnräder haben gegenüber geradverzahnten Stirnrädern:
- höhere Laufruhe,
- bessere Eignung für hohe Drehzahlen,
- geringe Empfindlichkeit gegen Zahnformfehler,
- geringeren Wirkungsgrad,
- Schubkraft in Axialrichtung, kann durch Doppelschräg- und Pfeilverzahnung aufgehoben werden.

Übungsaufgaben MG-42, MG-43, MG-44

2.4.3.2 Planetengetriebe

Planetengetriebe simd Umlaufrädergetriebe. Wegen ihrer Platz sparenden Bauart, ihrer Unempfindlichkeit gegen Lastspitzen und der nahezu fehlenden Biegebelastung der Wellen werden diese Getriebe im Maschinenbau als Stand- oder Anbaugetriebe eingesetzt.

Planetengetriebe bestehen neben Gehäuse und Lagern aus
- dem zentralen **Sonnenrad** mit Außenverzahnung,
- dem **Planetenträger** mit den außen verzahnten Planetenrädern und
- dem **Hohlrad** mit Innenverzahnung

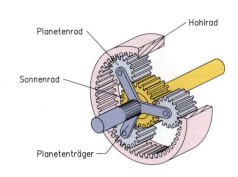

Planetengetriebe (Schema)

| Beispiel | für ein einstufiges Planetengetriebe als Standgetriebe |

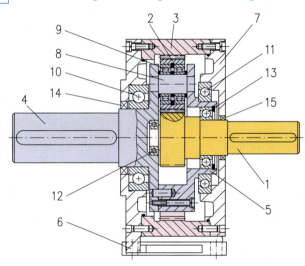

1 Ritzelwelle (Sonenrad)
2 Planetenrad
3 Zahnkranz (Hohlrad)
4 Antriebswellenflansch
5 Gegenflansch
6 Fuß
7 Lagerdeckel
8 Planetenwelle
9 Planetenlager
10 + 11 Planetenträgerlager
12 + 13 Ritzelwellenlager
14 + 15 Wellendichtringe

Planetengetriebe werden in der Kfz-Technik in automatischen Getrieben und in der Fahrradtechnik in Nabenschaltungen eingesetzt. Zum Schalten werden jeweils durch Bremsbänder und Kupplungen Teile des Planetengetriebes festgesetzt bzw. andere mit dem Antrieb gekoppelt.

| Beispiele | für Übersetzungen an einem einstufigen Planetengetriebe (Schema) |

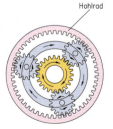
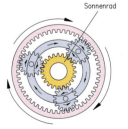
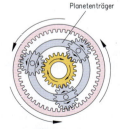

Hohlrad fest – Sonnenrad treibt
– große Übersetzung ins Langsame

Sonnenrad fest – Hohlrad treibt
– kleine Übersetzung ins Langsame

Planetenträger fest – Sonnenrad treibt
– Drehrichtungsumkehr

2.4.3.3 Harmonic-Drive©-Getriebe

Harmonic-Drive©-Getriebe sind Umlaufgetriebe, bei denen ein elastisch verformbares Innenrad umläuft. Wegen ihrer kompakten und sehr spielarmen Konstruktion finden Harmonic-Drive©-Getriebe Anwendung in allen Bereichen des Maschinenbaus, z. B. in Industrierobotern, Werkzeugmaschinen, Druckmaschinen, Mess- und Prüfmaschinen sowie in der Luft- und Raumfahrt.

Ein Harmonic-Drive©-Getriebe besteht außer Lagern und Gehäuse aus drei Komponenten:

- **Wellengenerator (Wave-Generator)**
  elliptische Stahlscheibe mit zentrischer Nabe und aufgezogenem, elliptisch verformbaren Spezialkugellager.

- **Zahnbüchse (Flexspline)**
  dünnwandige, zylindrische und verformbare Stahlbüchse mit Außenverzahnung.

- **Zirkularscheibe (Circular-Spline)**
  zylindrischer Ring mit Innenverzahnung

Bauelemente eines Harmonic-Drive©-Getriebes

Funktionsprinzip für eine Übersetzung ins Langsame

Der elliptische Wellengenerator wird angetrieben. Er verformt über das Kugellager die Zahnbüchse, die sich im Bereich der großen Ellipsenachse mit der innenverzahnten, feststehenden Zirkularscheibe im Eingriff befindet.

Durch Drehen des Wellengenerators verlagert sich die große Ellipsenachse und damit der Zahneingriffsbereich. Da die Zahnbüchse zwei Zähne weniger als die Zirkularscheibe besitzt, vollzieht sich nach einer halben Umdrehung des Wellengenerators eine Relativbewegung zwischen Zahnbüchse und Zirkularscheibe um die Größe eines Zahnes und nach einer vollen Umdrehung um die Größe zweier Zähne. Bei fixierter Zirkularscheibe dreht sich die Zahnbüchse verlangsamt entgegengesetzt zum Antrieb.

Beispiel für den Bewegungsablauf bei einer Umdrehung der Antriebswelle (Schema)

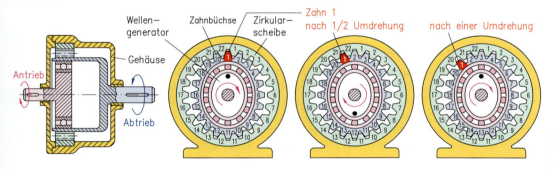

Vorteile der Harmonic-Drive©-Getriebe (HD-Getriebe)

- hohe einstufige Untersetzungen von 50 : 1 bis 320 : 1
- großer Zahneingriffsbereich, damit Übertragen sehr hoher Drehmomente
- Wirkungsgrade bis 85 %
- hervorragende Positioniergenauigkeit und eine Wiederholgenauigkeit von wenigen Winkelsekunden.
- nicht selbsthemmend

> Harmonic-Drive©-Getriebe sind kompakte Umlaufgetriebe, die sehr hohe einstufige Untersetzungen erlauben.

2.4.3.4 Kegelradgetriebe

Kegelradgetriebe dienen zur Übertragung von Drehmomenten von einer Welle auf eine andere Welle, die im rechten Winkel dazu steht. Nach der Lage der Zähne zur Kegelspitze unterscheidet man gerade, schräg und bogenverzahnte Kegelräder.

gerade verzahnt	schräg verzahnt	bogenverzahnt
	höhere Laufruhe →	
	bessere Eignung für hohe Drehzahlen →	

Kegelräder mit Bogenverzahnung erlauben eine geringe Verschiebung der Wellen, sodass auch zwischen Wellen, die nicht genau in einer Ebene liegen, die Drehbewegung übertragen werden kann.

> Kegelradgetriebe dienen zur Übertragung von Drehbewegungen bei sich schneidenden Wellen. Man unterscheidet gerade, schräg und bogenverzahnte Kegelräder.

2.4.3.5 Schraubenradgetriebe

Bringt man Schrägstirnräder mit verschiedenen Schrägungswinkeln zusammen, so kreuzen sich die Wellen. Dadurch schieben sich die Zähne wie bei einem Schraubengewinde aneinander vorbei und übertragen so die Drehbewegung. Wegen der geringen Berührungsfläche der Zähne und der starken Gleitreibung können diese Schraubenradgetriebe nur geringe Drehmomente übertragen und weisen hohen Verschleiß auf.

Schraubenradgetriebe

> Schraubenradgetriebe dienen zur Übertragung von Drehbewegungen bei sich kreuzenden Wellen. Punktförmige Berührung der Zahnflanken hat zur Folge, dass nur geringe Drehmomente übertragen werden können.

2.4.3.6 Schneckengetriebe

Wird bei einem Schraubenradgetriebe der Schrägungswinkel der Zähne so groß, dass nur ein Zahn auf dem Radzylinder umläuft, erhält man ein Schneckengetriebe. Dabei bewegt die Schnecke – gleich einem Bewegungsgewinde – bei einer Umdrehung das Schneckenrad um den Betrag der Steigung weiter. Dadurch sind extreme Übersetzungen bis max. 100:1 möglich.

Man unterscheidet (wie bei Schrauben) bei den Schnecken rechts und links gängige sowie ein- und mehrgängige Schnecken. Eingängige Schnecken besitzen kleinere Steigungswinkel als mehrgängige. Sie haben dadurch eine höhere Reibung und einen geringeren Wirkungsgrad als mehrgängige Schnecken. Bei kleiner werdendem Steigungswinkel des Schneckenganges tritt bei etwa 5° infolge der Reibung Selbsthemmung ein. Der Schneckentrieb kann dann nur noch von der Schneckenseite angetrieben werden.

Schneckengetriebe laufen geräuscharm und können große Leistungen übertragen. Sie haben aber wegen der Gleitbewegung der Zahnflanken aufeinander einen hohen Verschleiß. Nachteilig sind ferner die hohen Axialkräfte, die in der Schnecke auftreten und von den Lagern aufgenommen werden müssen.

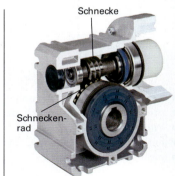

Schneckengetriebe

> Schneckengetriebe dienen zur Übertragung von Drehbewegungen bei sich kreuzenden Wellen. Mit Schneckengetrieben sind extreme Übersetzungen möglich.

Übungsaufgabe MG-45

2.5 Verstellbare Getriebe

2.5.1 Verstellbare Zahnradstufengetriebe

In verstellbaren Zahnradstufengetrieben sind mehrere Rädergetriebe vereinigt. Mit ihnen lassen sich unterschiedliche Umdrehungsfrequenzen, Drehmomente und Drehrichtungen einstellen.

- **Schieberadgetriebe**

In Schieberadgetrieben werden gerade verzahnte Zahnradpaare, Stirnradsätze oder Schiebeblöcke durch axiales Verschieben zum Eingriff gebracht. Die Schiebeblöcke werden meist auf Keilwellen geführt und durch Schaltgabeln in die jeweilige Eingriffsposition geschoben.

- **Kupplungsgetriebe**

Bei Kupplungsgetrieben sind stets alle Zahnräder im Eingriff. Die getriebenen Räder werden jedoch hier mit der Antriebswelle durch eine elektrisch oder mechanisch betätigte Kupplung verbunden. Müssen große Leistungen übertragen werden, verwendet man Lamellenkupplungen.

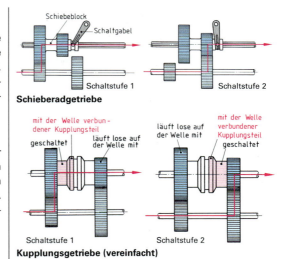

2.5.2 Stufenlos verstellbare Reibradgetriebe

Im Reibradgetriebe werden Drehmomente vom treibenden Bauelement über Reibräder auf das Abtriebsrad kraftschlüssig übertragen.

Reibradgetriebe	Verstellung	kleinere Drehzahl am Abtrieb	größere Drehzahl am Abtrieb
mit Tellerscheiben	Verschiebung des Reibrades		
mit Innenkegel (PK-Getriebe)	Verschiebung des Reibkegels		
mit Kugeln	Schwenkung der Reibkugeln		

Übungsaufgaben MG-46, MG-47

2.5.3 Umschlingungsgetriebe

Unter den mechanischen, stufenlos verstellbaren Getrieben sind die Umschlingungsgetriebe besonders im mittleren und oberen Leistungsbereich bis etwa 150 kW am stärksten vertreten.

Der Aufbau ist bei allen Umschlingungsgetrieben mit stufenloser Einstellbarkeit der Drehzahl grundsätzlich gleich. Zwei keglige Scheibenpaare lassen sich auf ihren Wellen axial so verschieben, dass die dadurch entstehenden Keilrillen mehr oder weniger geöffnet bzw. geschlossen werden können. Die so entstehenden unterschiedlichen Laufradien für das Zugmittel bewirken die Drehzahländerung. Diese Getriebe sind meist unter **PIV-Getriebe** bekannt.

Der Wirkungsgrad des Getriebes wird bestimmt von der Festigkeit des Zugstranges, von der Größe der Reibung zwischen Zugstrang und Scheibe sowie von der Anpresskraft der Scheibe gegen den Zugstrang.

Die Anpresskraft der Kegelscheibe gegen den Zugstrang wird durch mechanische oder hydraulische Stelleinrichtungen der zu übertragenden Leistung angepasst. Die Drehzahländerung kann bei kraftschlüssigen Ausführungsformen im Stillstand und während des Laufs erfolgen. Bei formschlüssigen Ausführungsformen kann die Drehzahländerung nur während des Laufs vorgenommen werden.

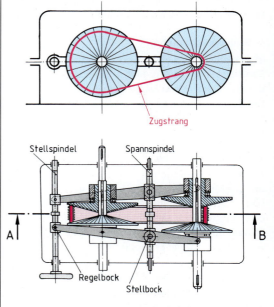

Stufenlos einstellbares Umschlingungsgetriebe mit Lamellenkette

> Umschlingungsgetriebe arbeiten mit keilförmigen Zugmitteln, die auf unterschiedlich einstellbaren Durchmessern von Antriebs- und Abtriebsscheibe laufen können.

2.5.4 Kugelscheibengetriebe

Das Kugelscheibengetriebe (KS) ist ein stufenlos einstellbares Wälzgetriebe. Seine Vorzüge sind:
- Stellbereich bis null – im Stillstand einstellbar,
- kleine Stellkräfte,
- sehr gleichförmiger ruhiger Lauf,
- stoßunempfindlich – ohne Schaden überlastbar.

Zwischen zwei versetzten glatten Stahlscheiben befinden sich, in einem Käfig gehalten, mehrere Stahlkugeln. Sie übertragen das Drehmoment kraftschlüssig von einer Scheibe zur anderen. Die Lage des Kugelkäfigs ist mit einer Stellspindel einstellbar. Befindet er sich achsengleich zur Antriebswelle, so können die Kugeln auf der Abtriebsscheibe abrollen, ohne diese zu bewegen (Abtriebsdrehzahl = null). Wird der Kugelkäfig in Richtung Abtriebsscheibenmitte verschoben, so wird durch Reibungsschluss die Abtriebsscheibe mitgenommen.

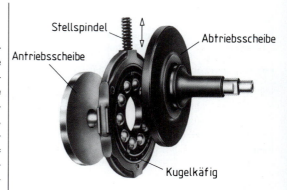

Kugelscheibengetriebe

> Kugelscheibengetriebe arbeiten mit kugelförmigen Wälzkörpern, die in einem verschiebbaren Käfig zwischen Stahlscheiben laufen. An- und Abtriebsscheibe sind versetzt angeordnet.

3 Übungsaufgaben Maschinenelemente und Getriebe

Befestigungs-, Übertragungs- und Lagerungselemente

MG-1 Ein Parallelschraubstock aus Stahl hat ein Tr 20 x 4-Spindelgewinde. Der Flankendurchmesser dieses Gewindes beträgt 18,25 mm. Der Flankenwinkel beträgt 30°, die Reibungszahl $\mu = 0{,}15$. Die Reibungskraft zwischen Spindelkopf und Schraubstockunterteil greift auf einem Radius von 18,00 mm an.
  a) Berechnen Sie den Steigungswinkel des Gewindes.
  b) Berechnen Sie den Reibungswinkel ϱ'.
  c) Welches Anzugsmoment wird durch eine Handkraft von 100 N an einem Klöppel von 300 mm wirksamer Klöppellänge erzeugt?
  d) Welche Anpresskraft entsteht durch das Anzugsmoment?
  e) Berechnen Sie den Wirkungsgrad des Gewindes.

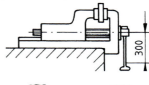

MG-2 Ein frei drehbarer Haken an einem Hebezeug hat ein Gewinde M 20. Die Sicherheit gegen Erreichen der Streckgrenze soll $v = 3$ sein. Der Haken ist aus E360.

Welche Last ist zulässig?

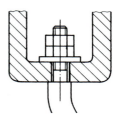

MG-3
  a) Welche Anpresskraft kann mit einer M 12 aus 6.8, bei einer Sicherheit von $v = 3$, gegen Erreichen der Streckgrenze erzielt werden?
  b) Welche Flächenpressung tritt im Gewinde auf, wenn dabei eine Mutter mit $h = 0{,}8 \cdot d$ verwendet wird?

MG-4 Eine Schraube M 16 trägt eine Belastung von 18 000 N. Die Mutterhöhe ist 12,8 mm.
  a) Wählen Sie für eine Sicherheit von $v = 2$ gegen Erreichen der Streckgrenze einen genormten Schraubenwerkstoff aus.
  b) Berechnen Sie die Flächenpressung im Gewinde.

MG-5 Eine Schraube M 16 soll mit 26 000 N belastet werden. Die Sicherheit gegen das Erreichen der Streckgrenze soll 2 betragen.
Welcher Schraubenwerkstoff ist zu wählen? Geben Sie die normgerechte Bezeichnung an.

MG-6 Das skizzierte Spannschloss ist mit einer Zugkraft von 8000 N belastet. Berechnen Sie:
  a) den Durchmesser d_R des Rundmaterials der Ringöse (Schraubenwerkstoff 5.6),
  b) den Nenndurchmesser des Gewindes der Ringschrauben,
  c) die notwendige Gewindelänge im Spannschloss ($p_{zul} = 50$ N/mm²),
  d) die Maße des elliptischen Bügels ($D = 3 \cdot d$). $\sigma_{z\,zul} = 80$ N/mm².

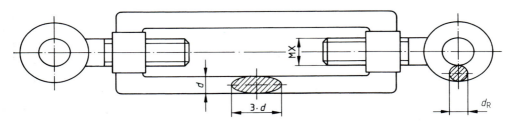

MG-7 Eine Schraube M 12 hat $\eta = 0{,}12$ und ist aus 5.6. Die Sicherheit gegen Erreichen der Streckgrenze soll 2 sein.
  a) Welche Spannkraft kann die Schraube maximal aufnehmen?
  b) Welches Anzugsmoment ist zum Erreichen dieser Spannkraft erforderlich?
  c) Welche Handkraft ist erforderlich, wenn die Schraube mit einem Schlüssel – wirksame Länge 200 mm – angezogen wird?

MG-8 Welche Betriebslast kann eine Schraube M 16 aus 6.8 aufnehmen, wenn die Vorspannung 70 % der Betriebslast betragen soll?

MG-9 In der skizzierten Klebepresse drücken drei Pneumatikzylinder (Durchmesser 80 mm) die Werkstücke aufeinander. Der Druck der Anlage beträgt 12 bar. Die Zylinder sind zwischen zwei Flachstählen befestigt.
Berechnen Sie:
  a) die Höhe des Flachstahles aus S235,
  b) die entsprechend Skizze erforderlichen Schrauben aus 6.8. (Vorspannung vernachlässigen)

MG-10 Ein Abzweig in einer Druckleitung ist durch einen Deckel dicht verschlossen. Die Schrauben stehen durch das Anziehen unter starker Vorspannung.

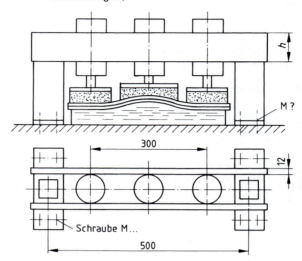

  a) Welche Wirkung hat die Vorspannung auf die Schrauben?
  b) Welche Auswirkung hat die Vorspannung in den Schrauben auf die Flansche, wenn das Leitungssystem drucklos ist?
  c) Wie ändern sich die Verhältnisse in den Schrauben und in den Flanschen, wenn das Leitungssystem unter Druck gesetzt wird?
  d) Wann ist eine Abdichtung durch den Deckel nicht mehr möglich?

MG-11 Welcher Belastungsfall liegt bei umlaufenden Achsen vor?
Welcher Belastungsfall gilt für fest gelagerte Achsen?

MG-12 Ein Kraftfahrzeug hat Hinterradantrieb. Hat dieses Fahrzeug eine Hinterradachse oder eine Hinterradwelle? Begründen Sie Ihre Antwort.

MG-13 Berechnen Sie für die Vorrichtung die Maße b und h des Schalthebels sowie die Maße d und a der Welle. Hebel und Welle sollen aus E295 gefertigt werden.

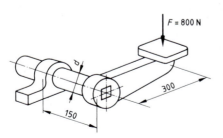 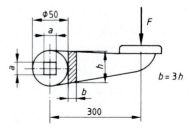

MG-14 Eine Welle überträgt eine Leistung von 50 kW bei 450 min⁻¹. Die Welle wird entsprechend der Skizze auf Biegung belastet.
$\sigma_{b\,zul} = 65$ N/mm², $\tau_{t\,zul} = 40$ N/mm²

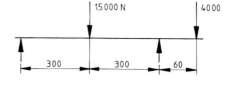

a) Berechnen Sie das Biege- und das Torsionsmoment.
b) Ermitteln Sie das Vergleichsmoment.
c) Berechnen Sie den Wellendurchmesser.

MG-15 Erklären Sie die hydrodynamische Schmierung und die verschiedenen Zustände, die bei dieser Art der Schmierung vom Augenblick des Anlaufens an auftreten.

MG-16 Unterscheiden Sie hydrostatische und hydrodynamische Schmierung.

MG-17 Unterscheiden Sie tabellarisch Gleit- und Wälzlager nach:
- Art der Reibung
- Empfindlichkeit gegen Stoß
- Anlaufwiderstand
- Wartung

MG-18 Ein Axiallager ist mit 60 000 N belastet. Das Wälzlager enthält 12 Kugeln von 30 mm Durchmesser. Die Kugeln laufen auf einer Bahn von 155 mm Durchmesser. Der Hebelarm f für die rollende Reibung beträgt 0,06 mm.
a) Berechnen Sie die Reibungskraft, die auf dem Durchmesser der Rollbahn angreift.
b) Wie groß ist der Leistungsverlust, wenn die Kugeln mit 10 m/min umlaufen?

MG-19 Was versteht man unter der Lebensdauer eines Wälzlagers?

MG-20 Die Belastung eines Wälzlagers mit der Tragzahl $C = 81\,500$ N beträgt insgesamt $F = 8\,600$ N. Die Umdrehungsfrequenz beträgt $n = 1\,450$ 1/min. Eine Temperaturbelastung tritt nicht auf.
Welche rechnerische Lebensdauer ist von diesem Lager zu erwarten?

MG-21 Gleitführungen nutzen sich auf den Gleitflächen im Laufe der Zeit geringfügig ab. Schätzen Sie ab, welche Wirkung diese Abnutzung auf die Flach- und Schwalbenschwanzführung einerseits und auf die V- und Dachführung andererseits hat.

MG-22 Was versteht man unter dem „Stick-Slip-Effekt" und wie kommt er zustande?

MG-23 Eine Nabe aus Gusseisen ist durch eine Feder (Form A) mit einer 60 mm starken Welle verbunden. Das zu übertragende Drehmoment beträgt 350 Nm. Die zulässige Flächenpressung des schwächsten Werkstoffes beträgt 50 N/mm².
a) Bestimmen Sie nach DIN die Maße b und h für die Feder.
b) Berechnen Sie die notwendige Länge für die Feder.

MG-24 Ein Getriebe überträgt eine Leistung von 25 kW.
Eine Welle des Getriebes macht $n = 1\,400$ min⁻¹. Die Welle hat einen Durchmesser von 50 mm. Auf der Welle wird ein Zahnrad verschoben. Berechnen Sie die notwendige Länge der Nabe für das Zahnrad. Die zulässige Flächenpressung des Nabenwerkstoffes beträgt 60 N/mm².

MG-25 Welche Umfangskraft kann ein Verschieberad aus GS-45, Nabenbreite 55 mm, Teilkreisdurchmesser 240 mm bei $n = 600$ min⁻¹ schwellend übertragen?
Der Wellendurchmesser beträgt 45 mm, Welle und Feder bestehen aus E295.
Berechnen Sie auch die übertragbare Leistung.

MG-26 Welchen Vorteil haben Verbindungen mit Profilformen gegenüber Passfederverbindungen?

MG-27 Wodurch werden Kupplungsart und -größe festgelegt?

MG-28 Welche Funktion erfüllt eine starre nicht schaltbare Kupplung?

MG-29 Zwei Wellenenden stehen genau gegenüber. Die Wellen haben jedoch eine geringe Winkelbeugung zueinander.
Schlagen Sie eine Kupplung vor, die nicht schaltbar sein muss.

MG-30 Was versteht man im Zusammenhang mit schaltbaren Kupplungen unter Synchronlauf?

Getriebe

MG-31 Berechnen Sie die Umfangsgeschwindigkeit v in m/min eines Getrieberads, wenn dessen Durchmesser $d = 325$ mm und die Umdrehungsfrequenz $n = 400$ 1/min beträgt.

MG-32 Die Umdrehungsfrequenzen zweier aufeinander abrollender Räder betragen $n_1 = 800$ 1/min und $n_2 = 200$ 1/min. Der Durchmesser des ersten Rads ist $d_1 = 100$ mm.
Berechnen Sie den Durchmesser d_2 des zweiten Rads.

MG-33 Berechnen Sie für einen Riementrieb mit doppelter Übersetzung d_1; n_E; v_1 und v_2 (v Riemengeschwindigkeit).
Gegeben: $d_2 = 630$ mm; $d_3 = 400$ mm; $d_4 = 800$ mm; $n_A = 700$ 1/min; $i_{ges} = 14 : 1$.

MG-34 Von einem Elektromotor wird das Drehmoment mit einem Keilriementrieb weitergeleitet. Das Motordrehmoment beträgt 3,5 Nm.
Berechnen Sie die Umfangskraft an Rad 1 und Rad 2.

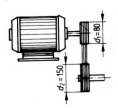

MG-35 Wie groß ist die Leistung des Elektromotors aus Aufgabe 34, wenn er sich mit 300 1/min dreht?

MG-36 Mit welcher Umfangsgeschwindigkeit dreht sich das Rad 1 aus Aufgabe 34?

MG-37 Warum kann durch einen Riementrieb die Drehbewegung nicht zwangsläufig übertragen werden?

MG-38 Bei einer Kreissäge wird die Drehbewegung vom Motor auf die Antriebswelle des Sägeblatts mit einem Keilriemen übertragen.
Warum setzt man in diesem Fall keinen Flachriemen an? Begründen Sie ihre Antwort.

MG-39 Warum werden zur Motorsteuerung bei einem Kraftfahrzeug Zahnriemen oder Ketten verwendet und keine Keilriemen?

MG-40 Erläutern Sie die Begriffe Teilkreis, Teilung und Modul.

MG-41 Ein Stirnradtrieb hat ein Zwischenrad. Die Zähnezahlen sind:

Treibendes Rad 30 Zähne
Zwischenrad 45 Zähne
Getriebenes Rad 90 Zähne

Berechnen Sie das Übersetzungsverhältnis.

MG-42 Berechnen Sie den Achsabstand für einen Stirnradtrieb mit:
$i = 4 : 1$; $z_1 = 30$; $p = 4 \cdot \pi$ [mm].

MG-43 Ein Stirnradtrieb hat einen Achsabstand von $a = 150$ mm; $i = 1,5 : 1$; $z_2 = 60$.
Berechnen Sie: z_1; d_1; d_2; d_{a1}; d_{a2}; d_{f1}; d_{f2}.

MG-44 Das skizzierte Getriebe hat folgende Daten: $z_1 = 40$; $z_2 = 30$; $z_3 = 60$; $z_4 = 25$. Der gesamte Achsabstand beträgt 387,5 mm.

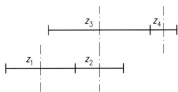

Berechnen Sie: m; i_{ges}; a_1; a_2. Der Modul ist für alle Räder gleich.

MG-45 Ein Zahnradtrieb hat den Achsenabstand 150 mm; $i = 1{,}5 : 1$; $m = 3$ mm.
Berechnen Sie: z_1; z_2; d_1; d_2.

MG-46 Erläutern Sie die folgenden Ausführungsformen von Zahnrädern mithilfe der Begriffe Profilmittellinie und Teilkreis: N-Räder, V-Räder und V-Plus-Räder.

MG-47 Zeichnen Sie die folgende Tabelle ab, und vergleichen Sie die beiden Zahnformen miteinander.

	Evolventen-Verzahnung	Zykloiden-Verzahnung
Schwierigkeit der Herstellung	?	?
Abrollverhalten	?	?
Verschleiß	?	?
Verwendung	?	?

MG-48 Vergleichen Sie tabellarisch geradverzahnte und schräg verzahnte Stirnräder miteinander.

	geradverzahntes Stirnrad	schräg verzahntes Stirnrad
Wirkungsgrad	?	?
Kräfteverteilung in den Wellen	?	?
Laufruhe	?	?
Auswirkung geringer Fertigungsfehler	?	?
Eignung für hohe Drehzahlen	?	?

MG-49 Bei welchen Schrägstirnrädern treten keine Kräfte in Achsrichtung auf?

MG-50 Stellen Sie Vor- und Nachteile von pfeilverzahnten und doppelt schräg verzahnten Schrägstirnrädern gegenüber.

MG-57 Welche Getriebeart wird bei sich kreuzenden Wellen und extremen Übersetzungsverhältnissen eingesetzt?

MG-52 Wie viel verschiedene Umdrehungsfrequenzen lassen sich mit dem dargestellten Schieberadgetriebe schalten?

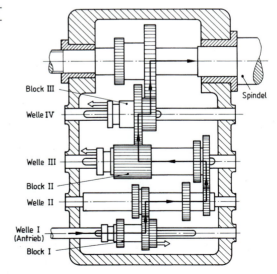

MG-53 Beschreiben Sie die Funktionsweise eines Ziehkeilgetriebes anhand der Darstellung im Fachbuch.

Energietechnik EN

Kohlekraftwerk

Dish-Stirling Anlage

Verbrennungsmotor
(Schnittmodell)

Systeme zur Erzeugung von mechanischer Nutzenergie aus Wärmeenergie

Zum Betrieb von Fertigungsanlagen, Transportanlagen, Fahrzeugen u. a. wird Nutzenergie in Form von mechanischer Energie benötigt.
In Motoren für Fahrzeuge, Schiffe und Flugzeuge wird diese mechanische Nutzenergie weitgehend aus chemischer Energie von Treibstoffen gewonnen. Die chemisch gebundene Energie im Treibstoff bietet gegenüber anderen Energieformen den Vorteil, dass große Energiemengen in kleinem Volumen gespeichert sind und so leicht mitgeführt werden können. In den Motoren wird diese chemische Energie zunächst in Wärmeenergie und dann in Bewegungsenergie umgewandelt.

Zum Betrieb der Motoren ortsfester Arbeitsmaschinen wird fast ausschließlich elektrische Energie verwendet. Diese Energieform bietet die Vorteile, dass sie sehr gut weiterzuleiten, einfach zu handhaben und leicht in andere Energieformen umzuwandeln ist. Sie muss jedoch zum größten Teil aufwendig durch Umwandlung chemisch gebundener Energie oder Kernenergie zunächst in Wärmeenergie, dann in kinetische Energie und schließlich in elektrische Energie erzeugt werden.

Den Teil des Gesamtsystems, in dem die Umwandlung von Wärmeenergie in mechanische Nutzenergie erfolgt, bezeichnet man als **thermodynamisches System**.

| Beispiele | für die Umwandlung chemischer Energie in Nutzenergie |

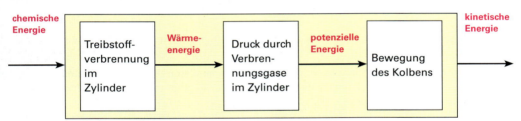

Energieumwandlungen im Verbrennungsmotor

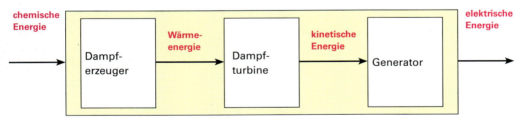

Energieumwandlungen im Kraftwerk

1 Physikalische Grundlagen zur Umwandlung von Wärmeenergie in mechanische Energie

1.1 Erster Hauptsatz der Wärmelehre

Jede Umwandlung von Energie unterliegt zunächst dem grundlegenden Gesetz von der Energieerhaltung. Es besagt:

> Energie kann nicht erzeugt oder vernichtet werden, sondern nur von einem Körper auf einen anderen übergehen oder ihre Erscheinungsform ändern.

Dieser Satz ist der erste **Hauptsatz der Wärmelehre**.

Physikalische Grundlagen zur Umwandlung von Wärmeenergie in mechanische Energie

Für ein Gas in einem geschlossenen Raum, der ggf. durch Verschiebung einer Wand in seiner Größe verändert werden kann, bedeutet dies bei Wärmezufuhr:

$$Q = \Delta W_i + W_{mech}$$

- Q Wärmeenergie
- ΔW_i Änderung der inneren Energie des Gases
- W_{mech} mechanische Arbeit
- F Kraft
- s Weg

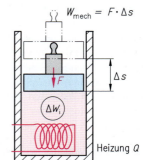

Umsetzung von Wärmeenergie in Änderung der inneren Energie und Verrichtung von Arbeit

> Eine dem Gas zugeführte Wärmemenge Q bewirkt eine Änderung der inneren Energie ΔW_i des Gases und ggf. die Verrichtung einer Arbeit W_{mech} nach außen.

Die **innere Energie** des Gases äußert sich in der Bewegungsenergie seiner kleinsten Teilchen und ist damit eine Funktion der Temperatur des Gases.
Wenn ein Gas in einem geschlossenen Volumen erwärmt wird, so bewirkt die zugeführte Wärme Q ausschließlich eine Erhöhung der inneren Energie um ΔW_i, denn es kann wegen des konstanten Volumens keine Arbeit, z. B. durch Verschieben eines Kolbens, verrichtet werden.

> Änderungen der inneren Energie eines Gases äußern sich in einer Temperaturänderung.

Mechanische Arbeit kann ein Gas nur verrichten, wenn es expandieren kann. Führt man einem Gas in einem Zylinder mit frei beweglichem Kolben eine Wärmemenge zu, so erhöht sich die innere Energie und gleichzeitig wird der Kolben verschoben.

Die verrichtete Arbeit ist
$$W_{mech} = F \cdot \Delta s$$

Da die Kraft F dabei konstant bleibt, ist der Druck
$$p = \frac{F}{A}$$

Die mechanische Arbeit beträgt also
$$W_{mech} = F \cdot \Delta s$$
$$W_{mech} = p \cdot A \cdot \Delta s$$
$$W_{mech} = p \cdot \Delta V$$

$$W_{mech} = p \cdot \Delta V$$

Im pV-Diagramm dargestellt, entspricht die verrichtete mechanische Arbeit der Fläche unter der Kurve.

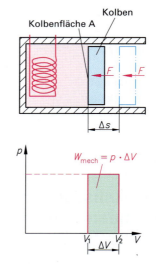

Mechanische Arbeit

> Bei der Expansion verrichtet ein Gas mechanische Arbeit. Diese entspricht der Fläche unter der Kurve im pV-Diagramm.

Übungsaufgabe EN-1

1.2 Allgemeine Zustandsgleichung der Gase

Im realen Gas haben die einzelnen Gasteilchen eine gewisse Größe, die aber im Verhältnis zum Raum, in dem sie sich bewegen, extrem klein ist. Auch die Anziehungskräfte zwischen den einzelnen Teilchen des Gases sind so gering, dass sie kaum Auswirkungen haben. Aus diesem Grunde kann man statt mit dem realen Gas zu rechnen, ein ideales Gas als rechnerische Größe annehmen, mit der hinreichend genaue Ergebnisse zu erzielen sind.

Ein **ideales Gas** ist theoretisch ein Gas, dessen Teilchen weder ein Eigenvolumen besitzen, noch gegenseitig Kräfte aufeinander ausüben.

Für ein ideales Gas gilt die **allgemeine Zustandsgleichung der Gase**, die besagt, dass für eine feste Gasmenge der Ausdruck pV/T ein konstanter Wert ist.

Allgemeine Zustandsgleichung der Gase

$$\frac{p_1 \cdot V_1}{T_1} = \frac{p_2 \cdot V_2}{T_2}$$

- p_1 absoluter Druck im Zustand 1
- V_1 Volumen im Zustand 1
- T_1 absolute Temperatur im Zustand 1
- p_2 absoluter Druck im Zustand 2
- V_2 Volumen im Zustand 2
- T_2 absolute Temperatur im Zustand 2

Für reale Gase gilt diese Gleichung um so exakter, je weiter die Gase von ihrem Verflüssigungspunkt entfernt sind. Wasserstoff, Helium, Stickstoff und Sauerstoff kommen im Bereich der Raumtemperatur dem idealen Gas bereits sehr nahe.

Die Zustandsgleichung stellt eine Fläche im dreidimensionalen Diagramm mit den Achsen p, V und T dar. Vereinfacht wird der Zusammenhang veranschaulicht, indem für unterschiedliche Temperaturen die Hyperbeln $p \cdot V$ = konst. im pV-Diagramm dargestellt werden.

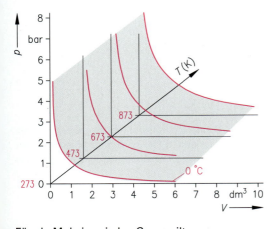
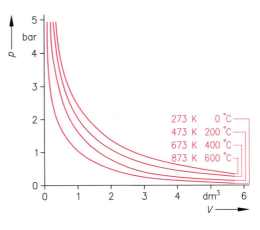

Für ein Mol eines jeden Gases gilt

$$\frac{p \cdot V}{T} = \text{konst.} = R$$

- p absoluter Druck
- V Volumen
- T absolute Temperatur in K
- R allgemeine Gaskonstante

$R = 8{,}314 \text{ J/molK}$

Übungsaufgabe EN-2

Physikalische Grundlagen zur Umwandlung von Wärmeenergie in mechanische Energie

Für eine beliebige andere Gasmenge kann die Molzahl aus der Masse des Gases und der Molmasse berechnet werden.

Damit ist
$$n = \frac{m}{M}$$

$$p \cdot V = \frac{m}{M} R \cdot T$$

- n Molzahl
- m Masse des Gases
- M Molmasse
- p absoluter Druck
- V Volumen
- m Masse des Gases
- M Molmasse
- R allgemeine Gaskonstante $R = 8{,}314\ \text{J/molK}$

1.3 Energieumwandlungen bei Zustandsänderungen

Die allgemeine Zustandsgleichung der Gase zeigt, dass Änderungen einer der Größen Druck, Temperatur oder Volumen unmittelbar eine Änderung mindestens einer der übrigen Größen bewirkt. Wird eine dieser Größen, z. B. der Druck, konstant gehalten, so können die auftretenden Änderungen der anderen einfach anschaulich gemacht werden. Darum sind die im folgenden Abschnitt behandelten Zustandsänderungen Spezialfälle der allgemeinen Zustandsgleichung der Gase.

1.3.1 Isobare Zustandsänderung (p = konst.)

Wird einem Gas, das in einem Zylinder mit beweglichem Kolben eingeschlossen ist, Wärme zugeführt, so erhöht sich die Temperatur und gleichzeitig dehnt sich das Gas aus – der Kolben wird verschoben. Das Gas verrichtet mechanische Arbeit.
Wenn diese Arbeit bei konstantem Druck im Zylinder verrichtet wird, spricht man von einer Energieumwandlung bei **isobarer Erwärmung**.
Bei einer isobaren Zustandsänderung vereinfacht sich die allgemeine Zustandsgleichung der Gase zu

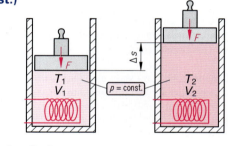

Isobare Erwärmung

$$\frac{V_1}{T_1} = \frac{V_2}{T_2}$$

- V_1 Volumen im Zustand 1
- T_1 absolute Temperatur im Zustand 1
- V_2 Volumen im Zustand 2
- T_2 absolute Temperatur im Zustand 2

Die Wärmemenge, die notwendig ist, um das Gas bei konstantem Druck zu erwärmen, muss größer sein, als die Wärmemenge, die bei konstantem Volumen notwendig ist, da im ersten Fall noch mechanische Arbeit verrichtet wird. Die spezifische Wärmekapazität bei **konstantem Druck** c_p eines Gases ist darum größer als c_v, die spezifische Wärmekapazität bei konstantem Volumen.

$$Q = m \cdot c_p \cdot \Delta T$$

- Q zugeführte Wärmemenge
- m Masse des Gases
- c_p spezifische Wärmekapazität bei konstantem Druck
- ΔT Temperaturdifferenz

Die bei der isobaren Erwärmung verrichtete Arbeit entspricht dem Rechteck unter der Kurve im pV-Diagramm.

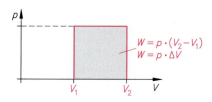

Beispiel für die verrichtete Arbeit bei isobarer Erwärmung

Aufgabe:
In einem Zylinder mit beweglichem Kolben befinden sich 1 dm³ Stickstoff (M = 28 g/mol) unter einem Druck von 2 bar. Dem Gasgemisch wird eine Wärmemenge von Q = 200 J zugeführt.
c_p = 1 J/gK
a) Welche Masse hat das Gas?
b) Welche Temperaturänderung tritt nach Zufuhr der Wärmemenge auf?
c) Welche Volumenänderung tritt auf?
d) Berechnen Sie die verrichtete Arbeit.

Lösung:

a) $p \cdot V = \dfrac{m}{M} \cdot R \cdot T$

$m = \dfrac{p \cdot V \cdot M}{R \cdot T} \qquad m = \dfrac{2 \cdot 10^5 \text{N} \cdot 10^{-3} \text{m}^3 \cdot 28 \text{ g}}{\text{m}^2} \cdot \dfrac{\text{mol K}}{\text{mol} \cdot 8{,}314 \text{ Nm} \cdot 273 \text{ K}}$

m = 2,46 g

b) $Q = m \cdot c_p \cdot \Delta T$

$\Delta T = \dfrac{Q}{m \cdot c_p} \qquad \Delta T = \dfrac{200 \text{ J}}{2{,}46 \text{ g} \cdot 1 \text{ J}} \cdot \dfrac{\text{gK}}{}$

ΔT = 81,3 K

c) $\dfrac{V_1}{T_1} = \dfrac{V_2}{T_2} \qquad T_1 = 293 \text{ K}$
$T_2 = 293 \text{ K} + 81{,}3 \text{ K} = 374{,}3 \text{ K}$

$V_2 = \dfrac{V_1 \cdot T_2}{T_1} \qquad V_2 = \dfrac{1 \text{ dm}^3 \cdot 374{,}3 \text{ K}}{293 \text{ K}}$

V_2 = 1,28 dm³

d) $W = p \cdot \Delta V$

$W = \dfrac{2 \cdot 10^5 \text{N} \cdot 0{,}28 \cdot 10^{-3} \text{m}^3}{\text{m}^2}$ = 56 Nm = **56 J**

Bei der isobaren Zustandsänderung ändern sich Volumen und Temperatur. Der Druck bleibt konstant. Die mechanische Arbeit, die aufgenommen bzw. verrichtet wurde, ist $W = p \cdot \Delta V$.

1.3.2 Isochore Zustandsänderung (V = konst.)

Wird einem Gas, das in einem geschlossenen Behälter eingeschlossen ist, Wärme zugeführt, so erhöht sich die Temperatur bei konstantem Volumen. Das Gas verrichtet keine mechanische Arbeit.
Man spricht von einer **isochoren Zustandsänderung**.
Bei einer isochoren Zustandsänderung vereinfacht sich die allgemeine Zustandsgleichung der Gase zu

$\dfrac{p_1}{T_1} = \dfrac{p_2}{T_2}$

p_1 absoluter Druck im Zustand 1
T_1 absolute Temperatur im Zustand 1
p_2 absoluter Druck im Zustand 2
T_2 absolute Temperatur im Zustand 2

Die gesamte zugeführte Wärme dient zur Erhöhung der inneren Energie.

$\Delta W_i = m \cdot c_v \cdot \Delta T$

ΔW_i innere Energie des Gases
m Masse des Gases
c_v spezifische Wärmeenergie des Gases bei konstant gehaltenem Volumen
ΔT Temperaturdifferenz

Bei einer isochoren Zustandsänderung bleibt das Volumen konstant, es ändern sich nur Druck und Temperatur. Die gesamte zugeführte Wärme dient er Erhöhung der inneren Energie.

1.3.3 Isotherme Zustandsänderung (T = konst.)

Expandiert ein Gas, so verrichtet es dabei Arbeit. Der Gasdruck verringert sich dabei fortlaufend. Geschieht dies in einem Zylinder mit beweglichem Kolben, so nimmt die Kraft auf den Kolben ständig ab. Gleichzeitig muss dem Gas Wärme zugeführt werden, damit die Temperatur konstant bleibt. Komprimiert man hingegen das Gas, muss Wärme abgeführt werden, damit die Temperatur konstant bleibt.

Da bei der Expansion des Gases die innere Energie – und damit die Temperatur – unverändert bleibt, entstammt die abgegebene Arbeit ausschließlich der zugeführten Wärmemenge $Q = W_{mech}$.

Die allgemeine Zustandsgleichung der Gase vereinfacht sich bei der isothermen Zustandsänderung zu

$$p_1 \cdot V_1 = p_2 \cdot V_2$$

p_1 absoluter Druck im Zustand 1 p_2 absoluter Druck im Zustand 2
V_1 Volumen im Zustand 1 V_2 Volumen im Zustand 2

Die vom Gas verrichtete oder aufgenommene Arbeit entspricht der Fläche unter der Kurve im pV-Diagramm. Diese Kurve ist entsprechend der allgemeinen Gasgleichung eine Hyperbel und die Fläche darunter ist durch Integralrechnung oder durch Auszählen der Flächeneinheiten unter der Kurve zu bestimmen.

$$W_{mech} = p_1 \cdot V_1 \ln \frac{V_2}{V_1} \quad \text{bzw.} \quad W_{mech} = p_2 \cdot V_2 \ln \frac{V_2}{V_1}$$

Beispiel für die Ermittlung der verrichteten Arbeit bei einer isothermen Expansion

Aufgabe:
1 dm³ eines Gases steht unter einem Druck von 6 bar. Das Gas verschiebt bei konstant gehaltener Temperatur einen Kolben gegen die Kraft F und den herrschenden Luftdruck so, dass anschließend ein Volumen von 6 dm³ vorliegt. Welche Arbeit wurde verrichtet?
Welche mechanisch nutzbare Arbeit kann der Kolben verrichten, wenn der Luftdruck 1 bar beträgt?

1. Lösung durch Auszählen der Flächeneinheiten unter der Kurve im pv-Diagramm:

V in dm³	p in bar
1,0	6,0
2,0	3,0
3,0	2,0
4,0	1,5
5,0	1,2
6,0	1,0

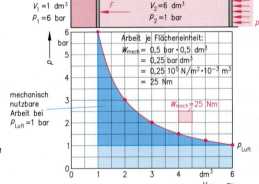

ausgezählte Flächeneinheiten
36 vollständige plus 7 aus Teilen gebildete Einheiten ergeben 42 Einheiten
verrichtete Arbeit.
$W = 43 \cdot 25$ Nm = **1075 Nm**

2. *Rechnerische Lösung:*

$$W_{mech} = p_1 \cdot V_1 \ln \frac{V_2}{V_1} = 6 \cdot 10^5 \text{ N/m}^2 \cdot 10^{-3} \text{ m}^3 \cdot \ln \frac{6 \text{ dm}^3}{1 \text{ dm}^3} = 600 \text{ Nm} \cdot \ln 6 = \textbf{1075 Nm}$$

Von der berechneten Arbeit ist nur der Betrag im Bereich $\Delta p = p_2 - p_1$ nutzbar. Somit müssen von dem errechneten Betrag 20 · 25 Nm abgezogen werden. Mechanisch nutzbar sind demnach 1075 Nm – 500 Nm = 575 Nm.

> Bei isothermer Zustandsänderung ändern sich nur Druck und Volumen, die Temperatur bleibt konstant. Von außen zugeführte Wärme wird theoretisch restlos in mechanische Arbeit umgesetzt, da sich die innere Energie des Gases nicht ändert. Bei Kompression muss Wärme abgeführt werden.

Übungsaufgabe EN-3

1.3.4 Adiabatische Zustandsänderung (Q = 0)

Bei der isothermen Expansion muss dem Gas Wärme zugeführt werden, damit die Temperatur konstant bleibt. Umgekehrt ist bei der Kompression die Abfuhr von Wärme notwendig.
In der Technik, z.-B. in Verbrennungsmotoren, laufen viele Vorgänge so schnell ab, dass dieser Wärmeaustausch nicht zustande kommt.
Zustandsänderungen, in denen kein Austausch von Wärme mit der Umgebung stattfinden kann, bezeichnet man als **adiabatische Zustandsänderungen**.

Der Zusammenhang zwischen Druck und Volumen bei einer adiabatischen Zustandsänderung wird durch die adiabatische Zustandsgleichung beschrieben.

$$p_1 V_1^\kappa = p_2 V_2^\kappa$$

- p_1 Druck im Zustand 1
- V_1 Volumen im Zustand 1
- T_1 absolute Temperatur im Zustand 1
- p_2 Druck im Zustand 2
- V_2 Volumen im Zustand 2
- T_2 absolute Temperatur im Zustand 2
- κ Adiabatenexponent

Der Adiabatenexponent beträgt für zweiatomige Gase, z.-B. Stickstoff und Sauerstoff, 1,4. Stellt man die Adiabaten im pV-Diagramm dar, so ist zu erkennen, dass die Adiabaten steiler verlaufen als die Isothermen.

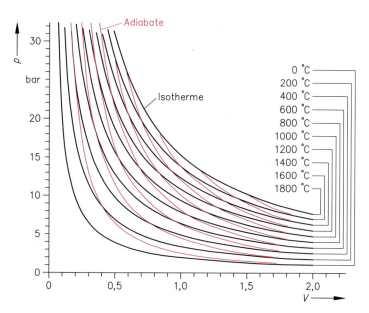

Expandiert ein Gas adiabatisch, so wird die verrichtete mechanische Arbeit aus der inneren Energie des Gases geschöpft – die Temperatur sinkt. Die Temperatur, auf welche das Gas dabei sinkt, ergibt sich aus dem Schnittpunkt der Adiabate im Endvolumen der Expansion mit einer Isothermen.
Die bei einer adiabatischen Zustandsänderung auftretenden Temperatur- und Druckänderungen sind:

$$\frac{T_2}{T_1} = \frac{V_1^{\kappa-1}}{V_2^{\kappa-1}}$$

- T_1 absolute Temperatur im Zustand 1
- V_1 Volumen im Zustand 1
- T_2 absolute Temperatur im Zustand 2
- V_2 Volumen im Zustand 2
- κ Adiabatenexponent

Physikalische Grundlagen zur Umwandlung von Wärmeenergie in mechanische Energie

$$\frac{T_1}{T_2} = \frac{p_1^{1-1/\kappa}}{p_2^{1-1/\kappa}}$$

- T_1 absolute Temperatur im Zustand 1
- p_1 absoluter Druck im Zustand 1
- T_2 absolute Temperatur im Zustand 2
- p_2 absoluter Druck im Zustand 2
- κ Adiabatenexponent

Die bei der adiabatischen Zustandsänderung verrichtete Arbeit berechnet sich nach:

$$W = \frac{m\,R}{M\,(\kappa - 1)}(T_1 - T_2)$$

- W verrichtete Arbeit
- m Masse des Gases
- M Molmasse
- R Gaskonstante
- T_1 absolute Temperatur im Zustand 1
- T_2 absolute Temperatur im Zustand 2
- κ Adiabatenexponent

Beispiel für die Berechnung von Druck und Temperatur bei einer adiabatischen Kompression

Aufgabe:
In einem Dieselmotor wird die Luft im Zylinder mit einem Volumen von 1 dm³ auf ein Volumen von 0,05 dm³ adiabatisch verdichtet. Der Druck der angesaugten Luft ist 0,92 bar, die Temperatur 20 °C, $\kappa = 1{,}4$.

a) Welcher absolute Druck tritt am Ende der Kompression im Zylinder auf?
b) Welche Temperatur erreicht die Luft dabei?

Lösung:

a) $p_1 \cdot V_1^\kappa = p_2 \cdot V_2^\kappa$

$p_2 = \dfrac{p_1 \cdot V_1^\kappa}{V_2^\kappa} = p_1 \cdot \left(\dfrac{V_1^\kappa}{V_2^\kappa}\right)$

$p_2 = 0{,}92 \text{ bar} \cdot \left(\dfrac{1 \text{ dm}^3}{0{,}05 \text{ dm}^3}\right)^{1{,}4}$

$p_2 = \underline{\underline{61 \text{ bar}}}$

b) $\dfrac{T_2}{T_1} = \left(\dfrac{V_1}{V_2}\right)^{\kappa - 1}$

$T_2 = T_1 \cdot \left(\dfrac{V_1}{V_2}\right)^{\kappa - 1}$

$T_2 = 293 \text{ K} \left(\dfrac{1 \text{ dm}^3}{0{,}05 \text{ dm}^3}\right)^{1{,}4 - 1}$

$T_2 = 971 \text{ K} = \underline{\underline{\mathbf{698 \text{ °C}}}}$

Bei der adiabatischen Zustandsänderung findet kein Wärmeaustausch mit der Umgebung statt. Ändert sich der Zustand eines Gases adiabatisch, so ändern sich Druck, Volumen und Temperatur.

Übungsaufgabe EN-4

2 Thermodynamische Kreisprozesse
2.1 Grundlagen

Wenn einem Gas in einem Zylinder Wärme zugeführt wird und es einen Kolben verschieben kann, verrichtet es mechanische Arbeit über die Weglänge des Kolbens. Wenn der Kolben nicht zurückgeführt wird, wäre dies ein einmaliger Vorgang. Zu einer fortlaufenden Verrichtung von Arbeit muss der Kolben wieder zurückgeführt werden. Würde dies mit dem heißen Gas geschehen, so müsste für das Zurückschieben ebenso viel Arbeit aufgewendet werden, wie zuvor verrichtet wurde – es wäre kein Gewinn an Nutzenergie erzielt.

Wird hingegen das Gas, nachdem es Arbeit verrichtet hat, gekühlt, so kann es mit geringerem Aufwand wieder auf den Ausgangszustand gebracht werden und nach erneuter Wärmezufuhr Arbeit verrichten.

So ist eine Maschine möglich, bei der eine abgeschlossene Gasmenge abwechselnd erhitzt und wieder abgekühlt wird und dabei Arbeit verrichtet. Ein Teil dieser Arbeit müsste wieder zur Kompression aufgewendet werden.

Arbeitsphasen einer einfachen Wärmekraftmaschine

Darstellung im pV-Diagramm

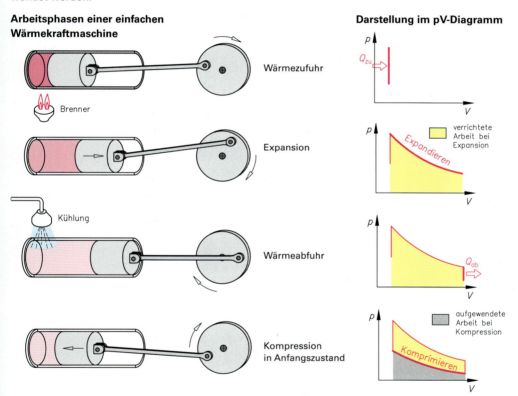

Im pV-Diagramm dargestellt, ergibt der Vorgang aus Erwärmen, Expandieren, Abkühlen und Verdichten einen in sich geschlossenen Prozess, einen **Kreisprozess**.

> Eine fortlaufende Umsetzung von Wärmeenergie in mechanische Energie ist nur in einem Kreisprozess möglich. Phasen des Kreisprozesses sind Erwärmen, Expandieren, Abkühlen und Verdichten.

Unter der Annahme des optimalsten denkbaren Kreisprozesses, nach seinem Entdecker Carnot-Prozess genannt, ist der maximal erreichbare **thermische Wirkungsgrad** allein von den absoluten Temperaturen nach dem Aufheizen und dem Abkühlen abhängig.

$$\eta = \frac{T_1 - T_2}{T_1}$$

η thermischer Wirkungsgrad
T_1 absolute Temperatur nach Aufheizen
T_2 absolute Temperatur nach Abkühlen

Übungsaufgabe EN-5

354 Thermodynamische Kreisprozesse

Reale Kreisprozesse weichen von den idealisierten Vorstellungen, nach denen Kreisprozesse durch eindeutige Zustandsänderungen exakt dargestellt werden können, erheblich ab. Der Grund ist die unklare Abgrenzung der einzelnen Phasen im Verlauf des Prozesses.

| Beispiel | für den Unterschied zwischen einem idealisierten und dem realen Kreisprozess |

Der Heißgasmotor – nach seinem Erfinder, dem schottischen Pfarrer Stirling, auch **Stirling-Motor** genannt – arbeitet nach dem zuvor dargestellten Prinzip. Lediglich das Gas wird nicht im Arbeitszylinder abwechselnd erhitzt und gekühlt, sondern durch einen Verdränger zwischen einem Heiz- und einem Kühlraum hin- und hergeschoben.

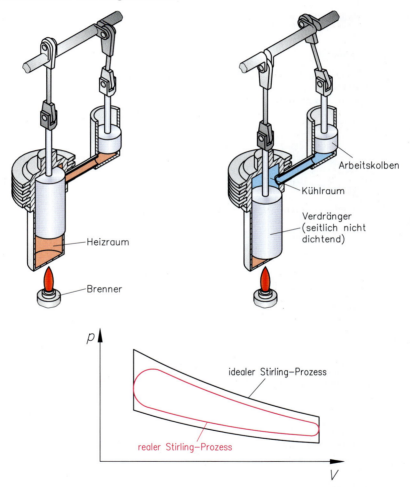

(Der Stirling-Motor hat zwar den Vorteil, dass er mit jeder Wärmequelle betrieben werden kann, aber wegen der geringen Temperaturunterschiede, die mit der äußeren Erwärmung erreichbar sind, erfordert er für Leistungen, die mit Verbrennungsmotoren zu erzielen sind, enorme Baugrößen.)

> Reale Prozesse, in denen Wärmeenergie in mechanische Arbeit umgewandelt wird, weichen vom idealen Prozess erheblich ab. Die Güte der Umwandlung wird daran gemessen, inwieweit sie sich dem theoretisch möglichen thermischen Wirkungsgrad nähern.

2.2 Verbrennungsmotoren

Bei Verbrennungsmotoren wird das Arbeitsgas nicht von außen erwärmt, sondern dem Arbeitsgas wird der Treibstoff zugefügt und die Verbrennung findet im Zylinder statt. Dadurch sind im Gegensatz zu der Erwärmung von außen in sehr kurzer Zeit hohe Temperaturen des Gases zu erreichen. Die Abkühlung erfolgt ebenfalls nicht im Zylinder von außen, sondern die Gase werden nach der Expansion ausgestoßen und gegen frisches, kaltes Gas ausgetauscht, dem Treibstoff zugesetzt wird.

2.2.1 Viertakt-Ottomotor

Der Kreisprozess des Viertakt-Ottomotors besteht aus vier Zustandsänderungen.

Diese vier Zustandsänderungen betrachten die thermische Umsetzung im Viertakt-Ottomotor. Sie dürfen nicht mit den vier Arbeitstakten verwechselt werden.
Die vier **Arbeitstakte** betrachten den Vorgang rein unter mechanischen Gesichtspunkten:
1 Ansaugen 2 Verdichten 3 Expandieren 4 Ausstoßen

Theoretische Zustandsänderungen beim Viertakt-Ottomotor
1. **Erwärmung bei konstantem Volumen (Isochore)** durch Zündung und explosionsartige Verbrennung.

2. **Adiabatische Expansion** unter Abgabe von mechanischer Arbeit.

Takt 3:
Arbeiten,
Expandieren

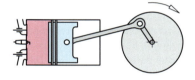
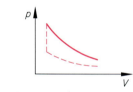

3. **Wärmeabfuhr** bei konstantem Volumen durch Austauschen des verbrauchten Gases und Ansaugen von Frischgas. Dieser Vorgang wäre idealisiert als **Isochore** zu deuten.

Takt 4:
Ausstoßen
Takt 1:
Ansaugen

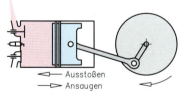
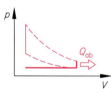

4. **Adiabatische Kompression** der angesaugten Luft oder des zündfähigen Treibstoff-Luftgemisches unter Aufwand von mechanischer Arbeit zur Erreichung des Ausgangszustands.

Takt 2:
Verdichten

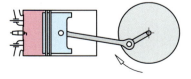
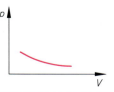

> Der Kreisprozess des Viertakt-Ottomotors besteht aus vier Zustandsänderungen:
> - adiabatische Kompression,
> - adiabatische Expansion,
> - isochore Erwärmung,
> - isochore Abkühlung.
>
> Unter mechanischen Gesichtspunkten unterscheidet man vier Takte, die nur teilweise mit den Zustandsänderungen übereinstimmen.

Thermodynamische Kreisprozesse

Der theoretische Wirkungsgrad des Ottomotors ergibt sich aus den umgesetzten Wärmemengen

$$\eta = \frac{Q_{zu} - Q_{ab}}{Q_{zu}} = 1 - \frac{Q_{ab}}{Q_{zu}} \qquad Q_{zu} = c_v \cdot (T_3 - T_2)$$
$$Q_{ab} = c_v \cdot (T_4 - T_1)$$

$$\eta = 1 - \frac{T_4 - T_1}{T_3 - T_2}$$

Durch Einsetzen der Temperaturen gemäß der Gleichung der Adiabaten

$$\frac{T_1}{T_2} = \frac{V_2^{\kappa-1}}{V_1^{\kappa-1}} \qquad \frac{T_4}{T_3} = \frac{V_2^{\kappa-1}}{V_1^{\kappa-1}}$$

erhält man nach Umformen für den theoretischen Wirkungsgrad die Gleichung

$$\eta_{+h} = 1 - \frac{V_2^{\kappa-1}}{V_1^{\kappa-1}} \qquad \frac{V_2}{V_1} \quad \text{Verdichtungsverhältnis}$$

Die Gleichung sagt aus, dass mit steigender Verdichtung der Wirkungsgrad des Prozesses steigt. Der Verdichtung sind jedoch beim realen Motor, durch Selbstzündung des Treibstoff-Luftgemisches infolge der adiabatischen Erwärmung, Grenzen gesetzt. Die Selbstzündung des Gemisches setzt an verschiedenen *Stellen des Gases* ein und führt, im Gegensatz zu einer gleichmäßigen Verbrennung, zu Druckstößen (Klopfen) und kann die Zerstörung des Motors bewirken.

> Der Wirkungsgrad des Ottomotors wird durch das Verdichtungsverhältnis bestimmt. Das Verdichtungsverhältnis ist nicht beliebig erhöhbar.

Der reale Kreisprozess des Ottomotors weicht erheblich vom Idealen ab. Allein schon durch den Vorgang des Ausstoßens des verbrauchten Arbeitsgases wird die theoretisch erreichbare Nutzarbeit erheblich geschmälert, denn der Gaswechsel erfolgt nicht vollständig. Es bleibt immer eine Restgasmenge im Zylinder und der Druck des angesaugten Frischgases liegt unter dem des Luftdruckes. Die Füllung des Zylinders mit Frischgas drückt man durch den Füllungsgrad aus. Er liegt bei Saugmotoren bei etwa 70 bis 90 %. Durch die Vorverdichtung des Frischgases kann ein Füllungsgrad von 120 bis 160 % erreicht werden.

Beispiel für den realen Kreisprozess des Ottomotors im Vergleich zum idealen Prozess

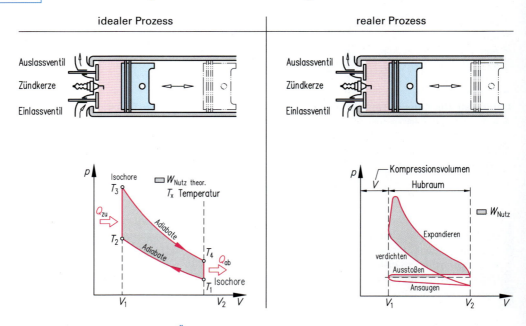

Übungsaufgaben EN-6, EN-7

Am realen Motor treten zusätzliche Verluste durch Reibung, Abstrahlung von Wärme u. a. auf. Man veranschaulicht dies in sogenannten **Sankey-Diagrammen**. Für den Viertakt-Ottomotor zeigen entsprechende Aufstellungen von Nutzarbeit und Verlusten Wirkungsgrade zwischen etwa 32 und 34 % – gemessen an der Kurbelwelle des Motors. Für ein Fahrzeug mit einem entsprechenden Motor liegt der Wirkungsgrad, errechnet aus der zugeführten Energie des Treibstoffs und der damit erreichten Bewegungsenergie an den Rädern, erheblich niedriger.

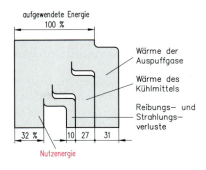

Viertakt-Ottomotor

> Der Wirkungsgrad des realen Ottomotors weicht vom theoretisch erreichbaren Wirkungsgrad erheblich ab. Maximale Wirkungsgrade – gemessen an der Kurbelwelle – liegen unter 38 %.

Viertakt-Ottomotoren werden meist mit mindestens vier Zylindern gebaut. Bei einem Einzylindermotor würde entsprechend den Takten nur bei jeder zweiten Umdrehung der Kurbelwelle ein Arbeitstakt über nicht ganz eine halbe Umdrehung erfolgen. Der Motor wäre starken Schwingungen ausgesetzt – er liefe unrund. Bei einem Vierzylindermotor hingegen erfolgt alle 180° Kurbelumdrehung ein Arbeitstakt, was zu erheblich geringeren Schwingungen führt.

Die Leistung und das Drehmoment an der Kurbelwelle sind bei einem Verbrennungsmotor weitgehend von der Umdrehungsfrequenz abhängig. Man stellt den Zusammenhang in Kennlinien-Diagrammen dar. Darin zeigt sich, dass das Maximum von Drehmoment und Leistung nicht zusammenfallen.

Das Drehmoment hat sein Maximum im mittleren Umdrehungsfrequenzbereich, da dort der Füllungsgrad des Zylinders am besten ist. Bei höheren Umdrehungsfrequenzen nehmen die Strömungswiderstände erheblich zu und die Ventilöffnungszeiten werden kürzer – beides senkt den Füllungsgrad. Die Leistung erreicht erst später ihren Höchstwert, da sich die höhere Umdrehungsfrequenz gemäß $P = 2 \cdot \pi \cdot n \cdot M_d$ zunächst stärker auswirkt als der Abfall der Umdrehungsfrequenz nach dem Leistungsmaximum. Hier wirkt sich auch die zunehmend schlechtere Füllung des Zylinders aus. Der Bereich zwischen maximalem Drehmoment und maximaler Umdrehungsfrequenz ist der leistungsmäßig günstigste Bereich zum Betrieb des Motors.

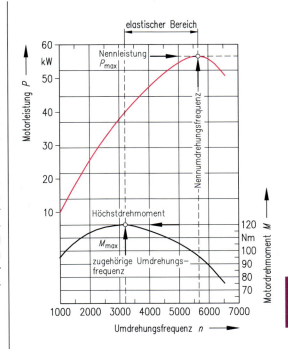

Motorkennlinien eines Viertakt-Ottomotors

> Motor-Kennlinien stellen den Zusammenhang zwischen Drehmoment, Leistung und Umdrehungsfrequenz dar.

2.2.2 Viertakt-Dieselmotor

Der Viertakt-Dieselmotor arbeitet unter mechanischen Gesichtspunkten gesehen in den gleichen Takten wie der Viertakt-Ottomotor: Ansaugen, Verdichten, Arbeiten (Expandieren), Ausstoßen.

Die Besonderheit des Dieselmotors besteht nun darin, dass im Zylinder die angesaugte Verbrennungsluft so hoch verdichtet wird, dass sie sich auf die Zündtemperatur des Dieseltreibstoffs erhitzt. Kurz vor Erreichen des oberen Totpunktes des Kolbens wird der Kraftstoff von einer Einspritzpumpe durch die Einspritzdüsen in die heiße Verbrennungsluft eingespritzt, dabei fein zerstäubt und selbstständig gezündet. Der Kolben wird dabei nach unten bewegt und verrichtet Arbeit. Durch die verhältnismäßig langsame Verbrennung des Luft-Treibstoffgemisches bleibt bei der Expansion der Druck zunächst konstant und fällt dann in einer fast adiabatischen Zustandsänderung ab. Am Ende der Expansion wird das verbrauchte Arbeitsgas ausgestoßen.

Der thermodynamsiche Kreisprozess besteht damit theoretisch aus einer adiabatischen Kompression, einer isobaren Expansion, einer adiabatischen Expansion und einer isochoren Abkühlung. Praktisch wird die Isochore durch das Ausstoßen der heißen Abgase und das Ansaugen der kalten Luft ersetzt.

Beispiel für den theoretischen und den realen Dieselprozess

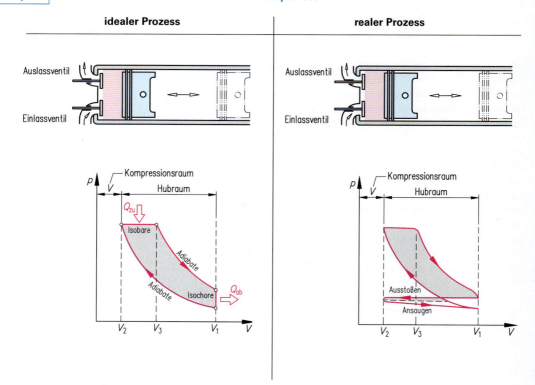

Der theoretische Kreisprozess des Dieselmotors besteht aus den vier Zustandsänderungen: adiabatische Kompression, isobare Expansion, adiabatische Expansion, isochore Abkühlung.

Im realen Kreisprozess wird die Isochore durch Ausstoßen der Abgase und Ansaugen von Frischgas ersetzt.

Die Einspritzung des Dieselkraftstoffs kann bei Dieselmotoren **direkt** in den Verbrennungsraum erfolgen. Dies führt jedoch zu einem rauen Motorlauf und zu starker Geräuschentwicklung. Aus diesem Grund wurde etwa bis zum Jahr 2000 bei Pkw-Motoren häufig der Kraftstoff in eine Vorkammer **indirekt** eingespritzt. Der Verbrennungsverlauf wird durch die zunächst in der Vorkammer erfolgende Verbrennung verzögert und der Motor läuft ruhiger – allerdings treten Leistungsverluste gegenüber der Direkteinspritzung auf.

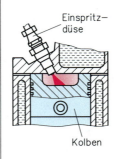
Direkteinspritzung

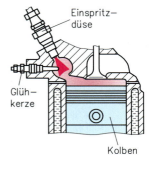
Einspritzung in Vorkammer

Die Direkteinspritzung beim Dieselmotor bewirkt einen geringeren Treibstoffverbrauch, erzeugt aber einen raueren Lauf.
Die indirekte Einspritzung in einen Nebenbrennraum führt zu einer langsameren Verbrennung mit ruhigerem und leiserem Lauf – bewirkt aber einen höheren Treibstoffverbrauch.

Der Wirkungsgrad von Dieselmotoren wird in erster Linie durch das hohe Verdichtungsverhältnis von bis zu 25 : 1 bestimmt. Durch die langsamere Verbrennung und damit niedrigere Umdrehungsfrequenz sind zudem längere Kolbenwege und damit eine bessere Ausnutzung der Wärme des Arbeitsgases möglich. Es wird ein Wirkungsgrad von bis zu 45 % erreicht.

Der theoretische Wirkungsgrad des Dieselprozesses ergibt sich aus dem Verdichtungsverhältnis und dem Einspritzverhältnis.

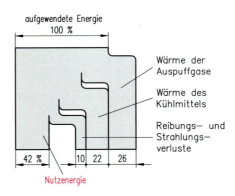
Viertakt-Dieselmotor

$$\eta_{th} = 1 - \frac{\varphi^{\kappa}-1}{\kappa \cdot \varepsilon^{\kappa-1}(\varphi-1)}$$

ε Verdichtungsverhältnis $\varepsilon = \dfrac{V_1}{V_2}$

φ Einspritzverhältnis $\varphi = \dfrac{V_3}{V_2}$

Übungsaufgabe EN-8

3 Übungsaufgaben Energietechnik

Physikalische Grundlagen

EN-1 Ein Druckluftzylinder ist an eine Druckluftleitung mit 6 bar Druck angeschlossen. Der Zylinder hat einen Durchmesser von 40 mm. Er hebt beim Ausfahren eine Last 250 mm hoch.
Welche Arbeit verrichtet der Zylinder?

EN-2 Eine Sauerstoffflasche mit einem Inhalt von 40 Litern ist in der prallen Sonne liegen geblieben und hat sich von 20 °C auf 62 °C aufgeheizt. Als sie noch kühl war, zeigte das angeschlossene Manometer einen Druck von 98 bar an. Der Luftdruck beträgt 1 bar. Auf welchen Wert ist der Druck durch die Sonneneinstrahlung gestiegen?

EN-3 In einem gut gekühlten Zylinder werden 10 l Luft von 1 bar isotherm auf 8 bar verdichtet.
Stellen Sie den Vorgang im pV-Diagramm dar.
Ermitteln Sie die bei der Verdichtung aufgewendete Arbeit.

EN-4 Ein Dieselmotor mit einem Hubraum von 500 cm³ verdichtet die angesaugte Luft adiabatisch auf 1/25 ihres Volumens. Die angesaugte Luft hat infolge der Strömungswiderstände einen Anfangsdruck von 0,95 bar. (Temp. 20 °C)
a) Zeichnen Sie das pV-Diagramm.
b) Welche Temperatur erreicht die Luft bei der Kompression? $\kappa = 1{,}4$
c) Ermitteln Sie die verrichtete Arbeit aus dem pV-Diagramm.

Thermodynamische Kreisprozesse

EN-5 Stellen Sie den Kreisprozess schematisch im pV-Diagramm dar:
2 dm³ Luft von 27 °C werden adiabatisch auf 0,4 dm³ verdichtet und sodann auf 1 300 °C erhitzt. Es folgt eine adiabatische Expansion zurück auf das Ausgangsvolumen und eine isochore Abkühlung auf Ausgangstemperatur. $\kappa = 1{,}4$
Berechnen Sie die zugehörigen Temperaturen und Drücke in den jeweiligen Endzuständen der einzelnen Zustandsänderungen.

EN-6 Erklären Sie, warum die im theoretischen Otto-Prozess angenommenen Isochoren im realen Kreisprozess nicht unmittelbar erkennbar sind.

EN-7 Dem Ottomotor sind hinsichtlich des Wirkungsgrades Grenzen gesetzt. Worin liegen diese?

EN-8 Ein Dieselmotor saugt Luft von 20 °C an und erreicht im Zylinder durch die Verbrennung des Treibstoffs eine Höchsttemperatur von 2 000 °C.
Welchen theoretischen Wirkungsgrad könnte er erreichen?
Welcher Wirkungsgrad ist praktisch erreichbar?

Qualitätsmanagement QM

Überwachen von Produkt- und Prozessqualität

Auftrag

Auftragsbeschreibung

Für das angegebene Prüfmerkmal ist der Nachweis der Maschinen- und Prozessfähigkeit zu erbringen und der Fertigungsprozess kontinuierlich zu überwachen.

Prüfplan

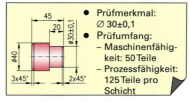

- Prüfmerkmal: $\varnothing\ 30\pm0{,}1$
- Prüfumfang:
  – Maschinenfähigkeit: 50 Teile
  – Prozessfähigkeit: 125 Teile pro Schicht

Ergebnisformular Prüfergebnisse

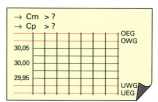

→ C_m > ?
→ C_p > ?

Auftrag und Prüfplan analysieren hinsichtlich
- festgelegter Prüfmerkmale
- Vorgaben zum Überwachungsverfahren einschließlich Angaben zum Prüfumfang und den -zeiten
- Hinweisen zur Art der Ergebnisdokumentation

Analysieren

Ergebnisse
- Messverfahren
- Verfahren der Datenaufnahme und -dokumentation
- Verfahren der Datenauswertung und Ergebnisdokumentation zum Nachweis beim Kunden

---

Überlegungen zu
- Messmittel (Art, Größe, Genauigkeit)
- Art der Datenaufnahme und -dokumentation
- Vorgehen bei der Überwachung (Schrittfolge)
- Form der Ergebnisdokumentation zum Nachweis beim Kunden

Planen

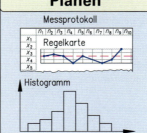

Ergebnisse
- Art des Messmittels
- Formulare zur Dokumentation und Auswertung der Messergebnisse
- zu berechnende Qualitätskenngrößen

Ausführung und Auswertung

Überwachung durchführen

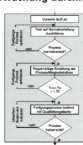

Messprotokoll

Ergebnisse
- $c_m = 1{,}63$, $c_p = 1{,}48$
- Maschine ist fähig
- Prozess ist fähig und beherrscht!

Ergebnisse

Entscheidung über
- Maschinenfähigkeit,
- Prozessfähigkeit und
- Beherrschbarkeit des Prozesses

1 Qualitätsmanagement

Von jedem Produkt, das ein Kunde kauft, und von jeder Arbeit, die zu verrichten ist, wird **Qualität** verlangt. Was der Einzelne unter Qualität versteht, ist schwer zu beschreiben – man spürt fehlende Qualität erst, wenn Mängel erkennbar werden. Qualität kann man in Abwandlung der etwas komplizierten DIN-Definition etwa so beschreiben:

> „Ein Produkt oder eine Arbeit besitzen Qualität, wenn sie in Hinblick auf ihre Eignung festgelegte und vorausgesetzte Erfordernisse erfüllen."

Unter dem Begriff **Qualitätsmanagement** werden darum alle Maßnahmen verstanden, die im Laufe einer Produktentstehung und -anwendung auf allen Ebenen zu treffen sind, damit ein Produkt entsteht, das alle vorausgesetzten Erfordernisse erfüllt. Qualitätsmanagement hat also den gesamten Lebensweg eines Produkts im Blick.

Beispiel für den Lebensweg eines Produkts

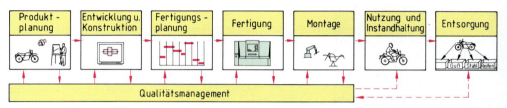

Das Qualitätsmanagement ist demnach etwas ganz anderes als eine reine Endkontrolle, in der die Qualität eines Produkts erst vor der Auslieferung bzw. Weitergabe geprüft wird. Qualitätsmanagement handelt gemäß dem Grundsatz: „Qualität ist zu erzeugen – nicht zu erprüfen."

> Unter Qualitätsmanagement versteht man alle Maßnahmen im Laufe von Produktentstehung, Anwendung und Recycling, die notwendig sind, um Produkte zu erzeugen, welche die vorausgesetzten Erfordernisse erfüllen.

Dem Qualitätsmanagement kommt eine besondere Bedeutung in der Phase der Planung und Entwicklung zu, denn 75 % der Fehler eines Produkts entstehen dort. Sie werden aber häufig erst im Laufe der Fertigung oder beim Einsatz erkannt und verursachen dann extreme Kosten zur Fehlerbeseitigung. Es gilt für die Kosten etwa die **Zehnerregel**. Sie besagt, dass die Beseitigung eines Fehlers aus der Stufe zuvor in der folgenden etwa das Zehnfache an Kosten verursacht.

Beispiel für die Zehnerregel der Fehlerkosten

> Bei der Planung eines Motorrads wurde an einer Mutter die Sicherung vergessen.
> Hätte man bei der Planung daran gedacht und dies notiert, wäre der zeitliche Aufwand eine halbe Minute gewesen, die 1,00 EUR gekostet hätte.
> Wäre der Fehler bei der Zeichnungserstellung aufgefallen, hätte das Einarbeiten in die Zeichnung etwa 5 Minuten gedauert und damit 10,00 EUR gekostet, usw.
> Eine Rückrufaktion wegen fehlender Schraubensicherung würde um 100 000,00 EUR Kosten verursachen.

Vielfach hatte man vor intensivem Einsatz von Qualitätsmanagement die Vorstellung, dass die Produktion für die Menge zuständig ist und allein die Endkontrolle für Qualität. Diese Einstellung hat erhebliche Nachteile:

- Ausschussteile werden nicht am Ort der Entstehung erkannt. Sie durchwandern die gesamte weitere Produktion, bis sie schließlich in der Endkontrolle auffallen. Fachleute nennen dieses „Schrottveredelung".
- In der Endkontrolle fallen Produkte mit unterschiedlichsten Fehlern an. Darum ist die Wahrscheinlichkeit, dass alle Fehler entdeckt werden, geringer als bei ständig überwachter Produktion. Eine heute von Großabnehmern, wie z. B. der Automobilindustrie, verlangte „Null-Fehler-Zulieferung" ist darum beim Zulieferer nicht mehr allein durch Prüfen, sondern nur noch mit einem geeigneten Qualitätsmanagement zu erzielen.

> Bei einer komplexen Fertigung ist nur mit einer Endkontrolle keine Null-Fehler-Produktion möglich.

1.1 Einflussgrößen auf Qualität

Qualität entsteht durch funktionsgerechtes Zusammenwirken unterschiedlicher Faktoren, die man merkwirksam unter den „7 M" zusammenfasst: **M**ensch, **M**ethode, **M**aschine, **M**aterial, **M**itwelt, **M**anagement und **M**essbarkeit. Am wichtigsten ist hier der **Mensch**. Er muss Qualität planen und erzeugen. Er muss an jeder Stelle der Produktentstehung den gesamten Ablauf, besonders aber die an seiner Tätigkeit anschließende Stufe im Auge haben. Dazu benötigt er

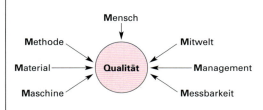

Einflussgrößen auf Qualität

- technisches Fachwissen,
- Kenntnis von Qualitätssicherungsmethoden,
- Bereitschaft und Fähigkeit, sein Wissen anzuwenden und
- Innovationsbereitschaft und Kreativität.

Die **Methoden** zur Erzeugung und Sicherung von Qualität müssen in jeder Stufe der Produktentstehung sinnvoll ausgewählt und eingesetzt werden.
Die **Maschinen** stehen für alle Fertigungs-, Handhabungs- und Prüfmittel. Sie müssen fähig sein, Qualität zu erzeugen.
Das **Material**, dies sind alle Werk- und Hilfsstoffe, Vorprodukte und Komponenten, die meist von Zulieferern dem Prozess zugeführt werden, muss der geforderten Produktqualität entsprechen.
Die **Mitwelt** (Umwelt), wird nicht nur in Form des richtig ausgestatteten Arbeitsplatzes gesehen, sondern meint das gesamte betriebliche Sozialgefüge, das Qualität und Qaulitätsbewusstsein bestimmt.
Das **Management** mit seinem Führungsstil, z. B. seinem Umgang mit Mitarbeitervorschlägen, seiner Offenheit in der Entscheidungsfindung und seiner Bewertung von Mitarbeiterleistungen, trägt wesentlich zur Qualität bei.
Die **Messbarkeit** von Eigenschaften ist entscheidend für die Beurteilung von Qualität. Mit Messbarkeit sind nicht nur die physikalisch und chemisch erfassbaren Größen eines Produkts angesprochen, sondern auch alle zahlenmäßig erfassbaren Merkmale des Produkts und der Produktentstehung.

> Qualität entsteht nur durch richtiges Zusammenwirken von Mensch, Methode, Maschine, Material, Mitwelt, Management und Messbarkeit.

Zur Unterstützung der systematischen Fehlerquellensuche verwendet man das **Fischgräten-Diagramm (Ishikawa-Diagramm)**. Man trägt in diesem Diagramm die Einflüsse der sogenannten „7M" der Qualitätssicherung ein.

Je nach Bedarf können diese 7M auf 5M reduziert werden. Falls Fehlerzuordnungen bei der Aufstellung eines Diagramms strittig sind, z. B. ob eine Fehlerquelle der Methode oder dem Mensch zuzuordnen ist, kann willkürlich zugeordnet werden. Wichtig ist jedoch, dass die Fehlerquelle aufgelistet wird.

Übungsaufgabe QM-1

Qualitätsmanagement

> **Beispiel** für die Auflistung der Fehlerquellen beim Drehen einer gestuften Welle

An die Welle werden Anforderungen hinsichtlich ihrer Maße und Form sowie an die Lage der Zylinder zueinander gestellt. Die an der Produktion Beteiligten haben Stichworte zu möglichen Fehlerquellen zusammengetragen und den bedarfsgerecht gewählten Faktoren zugeordnet.

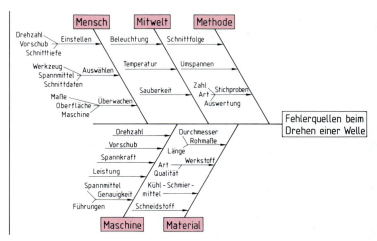

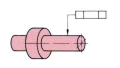

1.2 Qualitätssicherungsnormen

Die Norm DIN EN ISO 9000 erläutert die Grundbegriffe des Qualitätsmanagements (QM) und erklärt wichtige Begriffe.

DIN EN ISO 9001 ist für den Fachmann im Betrieb die bedeutendste QM-Norm. In ihr wird das Qualitätsmanagement als eine Art Regelkreis verstanden, in den die Kundenforderungen als Eingangsgröße eingehen und die Kundenzufriedenheit das geforderte Ergebnis darstellt.

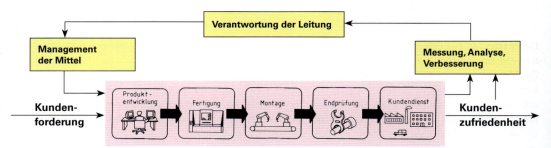

Die **Verantwortung der Leitung** besteht für die Festlegung der Qualitätsziele, der Befugnisse der Einzelnen, der Qualitätsplanung und der Bewertungsmaßstäbe für das Qualitätsmanagement.

Das **Management der Mittel** befasst sich mit der Auswahl und Förderung geeigneter Personen, der Auswahl und Zurverfügungstellung geeigneter Einrichtungen und der Schaffung einer die Qualität fördernder Arbeitsumgebung.

Die **Produktionsrealisierung** stellt den Kern des Prozesses dar. Das Qualitätsmanagement verlangt die Erzeugung, Prüfung, Sicherung und Dokumentation in jeder Stufe des Erzeugungsprozesses. Damit wird die Rückverfolgung von Teilen und Leistungen möglich. Gleichzeitig wird ein geeignetes Prüfmittelmanagement erwartet.

Die **Messung, Analyse und Verbesserung** hat in erster Linie auf die Kundenzufriedenheit zu schauen. Um diese zu gewährleisten muss hier die Überwachung des gesamten Prozesses und der Teilprozesse geplant, kontrolliert und analysiert werden, sodass ein kontinuierlicher Verbesserungsprozess möglich wird.

DIN EN ISO 9004 ist ein Leitfaden zur Verwirklichung und Nutzung eines QM-Systems.

DIN EN ISO 19011 beschreibt die Durchführung von Audits (Analyse von Prozessabläufen) durch den Betrieb und durch Zertifizierungsgesellschaften.

Übungsaufgabe QM-2

1.3 Qualitätssicherung in der Phase der Produktplanung

Vor einer Produktionsabsicht steht eine Marktanalyse, bei der zunächst einmal festgestellt werden muss, ob ein Produkt überhaupt auf dem Markt abzusetzen ist, welche Größenordnung die Produktion wahrscheinlich haben muss und in welchem Bereich sich der Preis bewegen darf.

Nach der Entscheidung für ein Produkt folgt die Planung. Sie hat zu untersuchen:

- Eigenschaften des Produkts
  - Technische und funktionelle Anforderungen (z. B. physikalische, chemische und technologische Eigenschaften, Handhabung, Wartung),
  - Kundenanforderung (z. B. Aussehen, Zubehör, Garantiezeit),
  - Sicherheitstechnische und umwelttechnische Anforderungen (z. B. Handhabungssicherheit, Recycelbarkeit).

- Möglichkeiten zur qualifizierten Fertigung
  - Maschinen- und Anlagenbedarf (z. B. Art der Maschinen, Fähigkeiten der Maschinen),
  - Personalbedarf (z. B. Anzahl, Qualifikation),
  - Zeitbedarf (z. B. Maschinenbelegung),
  - Zulieferungen (z. B. notwendige Qualität der Vorprodukte).

- Qualitätssicherung im Rahmen der Produktplanung und Erzeugung
  - Organisation der Qualitätssicherung,
  - Einsatzstellen von Qualitätssicherungsmaßnahmen,
  - Methoden der Qualitätssicherung.

- Dokumentation
  - Nachweise der Qualitätssicherungsmaßnahmen,
  - Vorschriften für Zulieferer.

Hinsichtlich der Produktionseigenschaften ist es sehr wichtig, dass die Mindestanforderungen an das Produkt präzise formuliert werden. Diese müssen mindestens erfüllt sein, damit das Produkt am Markt eine Chance hat. Eine Übererfüllung der Forderungen, die ein Kunde unter Umständen gar nicht bemerkt, führt jedoch nur zu höheren Kosten, die über den Preis nicht hereingeholt werden können. Wenn z. B. ein Bolzen mit 10 mm Durchmesser an einer Tafelschere genügt, ergibt ein Bolzen mit 16 mm Durchmesser aus noch höherwertigem Werkstoff keinen Vorteil, sondern eine Steigerung der Herstellungskosten.

> In der Planungsphase werden die Kundenwünsche, die Möglichkeiten ihrer Umsetzung sowie die Maßnahmen zur Qualitätssicherung geklärt.

1.4 Qualitätssicherung in der Entwicklungs- und Konstruktionsphase

In der Phase der Entwicklung und Konstruktion ist die Möglichkeit zur Vermeidung späterer Fertigungsprobleme und Produktmängel besonders hoch und der dazu notwendige Aufwand noch sehr gering. Unter den verschiedenen Methoden des Qualitätsmanagements in dieser Phase wird besonders häufig die **Fehler-Möglichkeits- und Einflussanalyse** (**FMEA** = **F**ailure **M**ode and **E**ffects **A**nalysis) angewendet, die auch in der Norm DIN ISO 9 004 dargestellt wird. Soweit sich eine solche FMEA auf die Konstruktion bezieht, wird sie nach Fertigstellung der Konstruktionsunterlagen durchgeführt.

Qualitätsmanagement

Aufgaben einer Konstruktions-FMEA sind
- mögliche Produktfehler bei der Produktentwicklung aufzudecken,
- Maßnahmen zum Vermeiden möglicher Fehler aufzuzeigen,
- die Verantwortlichkeit für die Durchführung qualitätssichernder Maßnahmen festzulegen und
- das vorliegende Erfahrungswissen über Einflüsse auf Qualität zu sammeln, zu systematisieren und für zukünftige Aufgaben bereitzuhalten.

Ziel der Konstruktions-FMEA ist ein konstruktiv einwandfreier Entwurf, der keine Fehlermöglichkeiten enthält und zu einem einwandfreien Produkt führen kann. Die Aufstellung der Konstruktions-FMEA erfordert Teamarbeit über die Konstruktionsabteilung hinaus, um alle Fehlermöglichkeiten zu erfassen.

Beispiel für eine Konstruktions-FMEA eines Fahrradherstellers

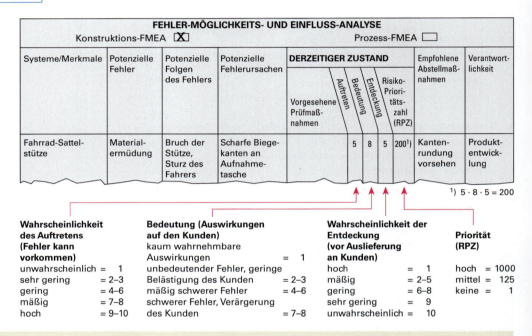

Mithilfe von Fehler-Möglichkeits- und Einflussanalysen sollen vorbeugend Fehler erkannt und vermieden werden.

1.5 Qualitätssicherung in der Prozessplanung

1.5.1 Fertigungsplanung

In der Phase der Prozessplanung stehen sowohl die eigene Fertigung als auch die Beschaffung von Fremdprodukten im Vordergrund.

Die Fertigungsplanung befasst sich mit der
- Auswahl geeigneter Maschinen, Anlagen, Werkzeugen, Transportmitteln, u. a.,
- Festlegung von Einstelldaten,
- Bereitstellung von Werk- und Hilfsstoffen,
- Einsatzplanung geeigneter Fachleute,
- Zeitplanung.

Mithilfe einer Prozess-FMEA können mögliche Fehlerquellen bei der Herstellung und Montage aufgedeckt, hinsichtlich ihres Risikos bewertet und Maßnahmen zur Fehlervermeidung erarbeitet werden.

Beispiel — **für eine Prozess-FMEA**

FEHLER-MÖGLICHKEITEN UND EINFLUSS-ANALYSE (PROZESS-FMEA)

Blatt 1 von 6

Teile- oder Prozess-Name/Nr.: **Linke Vordertür, 93 BB 20215AA**
Konstruktions-Fertigungs-Verantwortung: **Karosserieentwicklung/Gruppenstab BAO**
Andere betroffene Bereiche: **Qualität, Produktion, Instandhaltung**
Betroffene Lieferanten und Werke: **Teroson, Caramba, Valvoline; Montage Genk**
Modell/Jahr/Typ: **Typ: 4türig, Stufenheck**
Konstruktions-Freigabe-Datum: **01.09.**
Erstellt durch: **B. Schmidt, NY/FN-2311**
FMEA-Datum (Orig.) **06.02.** (geänd.)
Produktions-Serienbeginn **15.08.**

Prozess-Beschreibung / Prozess-Zweck	Möglicher Fehler	Mögliche Folge(n) des Fehlers	Bedeutung	V	Mögliche Ursache(n) des Fehlers	Auftreten	Prozesssicherungsmethoden	Entdeckung	RPZ	Empfohlene Abstellmaßnahme(n)	Verantwortl. Bereich/Ing. + Termin	Durchgeführte Maßnahme(n)	Bedeutung	Auftreten	Entdeckung	RPZ
Einbringen von Wachs in den Tür-Innenbereich mit manuell geführtem Sprühkopf / Tür-Innenbereich mit Mindestwachsschicht versehen zum Schutz gegen Korrosion	Unzureichender Wachsfilm auf der vorgesehenen Fläche, zu dünn und nicht im vorgesehenen Bereich	Verkürzte Lebensdauer der Tür führt zu: • Schlechtem Aussehen wegen Durchrostung • Beeinträchtigung der Funktion der Türinnenteile	7		• Manuell geführter Sprühkopf nicht tief genug eingeführt	8	Sichtprüfung jede Std. 1×/Schicht Dickenmessung (Messgerät und Benetzung)	5	280	• Hinzufügen eines Tiefenanschlags	Fabr.-Technik NY/FN-2311	– Anschlag hinzu – Erprobung am Band ist erfolgt – Abgelehnt wegen der Vielfalt der Türen	7	2	5	70
					• Sprühköpfe verstopfen, weil: – Viskosität zu hoch – Temperatur zu tief – Sprühdruck zu klein	5	Prüfung des Sprühkopfs bei Schichtbeginn und nach Unterbrechung und zusätzlich vorbeugende Instandhaltung	3	105	Automatische Sprüheinrichtung						
										• Testprogramm (DOE) mit Variation – Viskosität – Temperatur – Druck	Fabr.-Technik NY/FN-2311	Temperatur und Druck sind festgelegt und Kontrolleinrichtungen installiert worden Prozess ist fähig $c_{pk} = 1{,}60$				
					• Sprühkopf wird beschädigt beim Einführen in Tür	2	Vorbeugendes Instandhaltungs-Programm	2	28	Keine						
					• Nicht ausreichende Sprühzeit	8	Arbeitsanweisung und Stichprobenprüfung (10 Türen/Schicht) auf ausreichenden Film an den kritischen Stellen	7	392	• Installieren einer zeitgesteuerten Sprüheinrichtung (ECO-Timer)	Werktechnik NY/FN-34	Zeitgesteuerte Prüfeinrichtung ist installiert. Bei Beachtung von – Beginn des Sprühens – Ende des Sprühens – Regelkarten zeigen $c_{pk} = 2{,}05$	7	1	7	49

Bedeutung (Auswirkungen auf den Kunden)

kaum wahrnehmbare Auswirkungen	= 1
unbedeutender Fehler, geringe Belästigung des Kunden	= 2–3
mäßig schwerer Fehler	= 4–6
schwerer Fehler, Verärgerung des Kunden	= 7–8
äußerst schwerwiegender Fehler	= 9–10

Wahrscheinlichkeit des Auftretens (Fehler kann vorkommen)

unwahrscheinlich	= 1
sehr gering	= 2–3
gering	= 4–6
mäßig	= 7–8
hoch	= 9–10

Wahrscheinlichkeit der Entdeckung (vor Auslieferung an Kunden)

hoch	= 1
mäßig	= 2–5
gering	= 6–8
sehr gering	= 9
unwahrscheinlich	= 10

Priorität (RPZ)

hoch	= 1000
mittel	= 125
keine	= 1

Übungsaufgabe QM-3

Qualitätsmanagement

Im Rahmen der Fertigung beeinflussen Einstelldaten von Maschinen und Apparaten häufig wesentlich die Qualität des Produkts. Darum kommt der Auswahl dieser Daten entscheidende Bedeutung zu. Meist werden die Daten Empfehlungen der Maschinen-, Werkzeug- oder Werkstoffherstellern entnommen. Die Einhaltung dieser Daten garantiert nicht immer genügende Produktqualität und optimale Fertigungsbedingungen. Darum sind bei der Produktion höherer Stückzahlen statistisch abgesicherte Versuchsreihen durchzuführen, in denen die wichtigsten Einflussgrößen in genügender Tiefe zu erfassen sind. Vielfach ist die Erfahrung von Facharbeitern am Arbeitsplatz eine wichtige Quelle für optimale Einstellwerte.

> **Wichtige Voraussetzung für Qualitätssicherung ist die Auswahl und spätere Einhaltung der Einstelldaten für Maschinen und Apparate.**

Das Qualitätsmanagement gewinnt im Zusammenhang mit der Beschaffung fremdgefertigter Bauteile und Baugruppen zunehmend größere Bedeutung, da
- die Betriebe aufgrund des Kostendrucks ihre Fertigungstiefe verringern, indem sie sich mehr Teile von Spezialisten zuliefern lassen und
- die Betriebe ihre Lagerhaltung und die damit verbundene Kapitalbindung zurückschrauben, indem sie gerade rechtzeitige Lieferung – *just in time* – verlangen. Dies erfordert die Null-Fehler-Lieferung seitens des Zulieferers.

Hinsichtlich der Zulieferer geht das Konzept dahin, dass möglichst wenig Zulieferer möglichst komplexe Baugruppen liefern. So können seitens der Abnehmer
- Aufwendungen für Entwicklungsarbeiten an Teilprodukten verringert werden, da die Erfahrungen der Zulieferer unmittelbar in Verbesserungen eingebracht werden können,
- Maßnahmen zur Qualitätssicherung beim Zulieferer stärker beeinflusst werden, wenn nur wenig Zulieferer auftreten,
- rechtliche Probleme, z. B. Haftungsfragen, eindeutig gelöst werden.

Viele Großabnehmer, z. B. die Automobilindustrie, fordern von ihren Zulieferern Nachweise über ihr Qualitätssicherungssystem. Diese werden durch sogenannte **Audits** erbracht (Auditor = Revisor). In diesen Audits untersuchen geschultes eigenes Personal, Fachleute aus anderen Firmen oder Spezialisten von Prüfinstitutionen (z. B. TÜV) alle Bestandteile des betrieblichen Qualitätssicherungssystems und bewerten diese.

Beispiel für ein Systemaudit

Nr.	Element	max. Pkte.	err. Pkte.	%	Erfüllungsgrad in %
8	Zuordnung von Verantwortlichkeit	60	54	90	Vorjahr
9	Anwendung statistischer Methoden	50	45	90	Vorjahr
10	Dokumentation qualitätssichernder	60	50	83	

Auswertung des Systemaudits — Blatt 6–3

Im Falle der erfolgreichen Untersuchung durch eine unabhängige Prüfinstitution werden zeitlich begrenzte Zertifikate vergeben. Eine solche Zertifizierung wird häufig von Großabnehmern zur Bedingung einer Auftragserteilung gemacht.

> **Firmen erbringen Nachweise für ein geeignetes Qualitätssicherungssystem, indem sie sich von unabhängigen Institutionen überprüfen und bewerten lassen (Auditierung).**

1.5.2 Prüfplanung

Die Planung der Prüfvorgänge im Rahmen der Fertigung bezieht sich auf das Produkt, die einzusetzenden Betriebsmittel (Maschinen, Werkzeuge, Vorrichtungen u. a.) sowie die zu verwendenden Prüfmittel.

Aufgaben der Prüfplanung sind

- Festlegung der zu prüfenden Merkmale und ihrer Grenzwerte,
- Festlegung der Prüfmethode,
- Auswahl der Prüfmittel,
- Einordnung der Prüfungen in den Produktionsprozess,
- Bestimmung des Prüfumfangs (z. B. Stichprobe, 100 %-Prüfung),
- Festlegung der Art der Auswertung (z. B. gut – schlecht, zahlenmäßige Messwerterfassung, statistische Auswertung),
- Festlegung der Konsequenzen der Auswertung (z. B. Ausschuss, Nacharbeit),
- Festlegung der Prüfmittelüberwachung,
- Bestimmung der Form der Dokumentation und der Datenverwaltung,
- Festlegung der Prüfer und der Verantwortlichkeit.

Beispiel für einen Prüfplan an einem Arbeitsplatz

Arbeitsplatz Messermontage

Vorprüfung
- Durch Rütteln am Motorgehäuse ① ist die Motorbefestigung zu prüfen – bei lockerem Motor: Gerät zur Nacharbeit geben.
- Durch Drehen und seitliches Bewegen der Welle ② sind Spiel und Leichtgängigkeit zu prüfen – bei Spiel oder schwer drehbarer Welle: Gerät zur Nacharbeit geben.

Montageanweisung
1. Lüfterrad ③ mit Schaufel zum Gehäuse hin

Prüfung nach der Montage
- Sichtprüfung der Messerlage – die Abschrägung der Schneide muss zum Gehäuse weisen – andernfalls: demontieren und neu montieren.
- Messer mit Holzstab zwei Umdrehungen drehen – bei Schleifgeräuschen: Gerät zur Nachbearbeitung aussortieren.

1.6 Qualitätssicherung in der Fertigung

1.6.1 Prüfen in der Fertigung

Durch geeignete qualitätssichernde Maßnahmen, welche die Fertigung begleiten, soll möglichst sichergestellt werden, dass der Trend zur Entstehung von Fehlern früh erkannt wird und durch Eingriffe in den Fertigungsprozess ein Produktionsfehler ausgeschlossen wird. Dies geschieht z. B. bei der Fertigung auf Werkzeugmaschinen durch fortlaufende Messungen.
Nicht jeder Fehler lässt sich durch solche Trendbeobachtung vermeiden. Fehler, die plötzlich auftreten, z. B. Kratzer an Kunststoffgehäusen, sollen an der Entstehungsstelle erkannt werden, damit die Fehlerursache sofort beseitigt werden kann und fehlerhafte Teile nicht mehr im weiteren Produktionsprozess mitlaufen.

Prüfungen in der Fertigung bedeuten einen erhöhten Aufwand. Darum versucht man einerseits die Zahl der Prüfungen zu minimieren, andererseits die Prüfungen so zu legen, dass möglichst keine fehlerhaften Werkstücke in die folgende Fertigungsstufe gelangen. Vorrangig ist darum die Prüfung von Werkstücken und Baugruppen durch die Fachkraft unmittelbar am Arbeitsplatz.

Viele der Prüfungen am Arbeitsplatz sind ohne Hilfsmittel durchführbar, wie

- optische Prüfung auf sichtbare Fehler, z. B. Kratzer, Risse, Riefen,
- Prüfungen durch Tasten, z. B. auf Grate in Bohrungen bei Kunststoffgehäusen, auf lockere Teile bei der Montage,
- Prüfungen durch Hören, z. B. Abhören von Schleifgeräuschen oder von klappernden Teilen nach der Montage.

Häufig ist bei diesen Prüfungen mithilfe der Sinne auch ein Trend zur Fehlerentstehung festzustellen, der es erlaubt, schon vor dem Auftreten eines Fehlers in den Prozess einzugreifen. So erkennt z. B. ein erfahrener Kunststoffformgeber den Anstieg der Formtemperatur an der Oberfläche von Spritzgussteilen.

Besonders in der mechanischen Fertigung geschieht das Prüfen mit entsprechenden Prüfgeräten. Dies können sein:

- einfache mechanische Prüfmittel, mit denen nur eine Eigenschaft zu prüfen ist, z. B. Grenzlehrdorne für Bohrungsdurchmesser,
- komplexe Prüfmittel, die gleichzeitig mehrere Eigenschaften erfassen, z. B. Lehren zum Prüfen von Kurbelwellen,
- numerisch gesteuerte Messmaschinen, die entsprechend einem vorgegebenen Programm Prüfungen vornehmen und unmittelbar in den Fertigungsprozess eingebunden sind.

> Die Kontrolle des Produkts durch die Fachkraft am Arbeitsplatz kann die Weiterverarbeitung von fehlerhaften Werkstücken nach plötzlich auftretenden Fehlern verhindern.

Prüfungen dieser Art können noch unmittelbar nach einzelnen Fertigungsstufen eingesetzt werden und sie erlauben nahezu sofortiges Reagieren. Damit wird der **Qualitätsregelkreis** innerhalb einer Fertigungsstufe geschlossen.

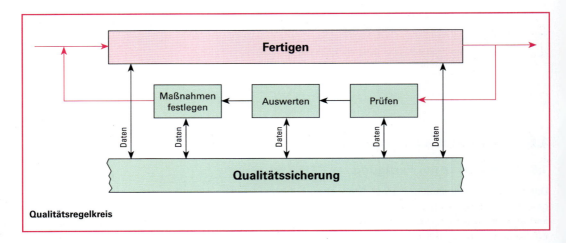

Qualitätsregelkreis

Laborprüfungen, z. B. chemische Analysen, Werkstoffprüfungen, bedingen entweder hohe Totzeiten, in denen die Produktion bis zum Eintreffen des Laborergebnisses ruht, oder sind mit dem Risiko der Weiterverarbeitung von Ausschuss verbunden, wenn ohne Abwarten des Prüfergebnisses weitergearbeitet wird.

Übungsaufgabe QM-4

1.6.2 Datenerfassung in der Fertigung

Mit optimal eingestellten Maschinen und Anlagen ist ein einwandfreies Produkt zu erzeugen. Es ist deshalb für eine Wiederholung der Produktion und die Beurteilung von auftretenden Fehlern wichtig, alle Prozess- und Maschinendaten zu erfassen und zu dokumentieren, damit die Einstellungen, die sich als günstig erwiesen haben, wiederholbar sind. Weiterhin kann eine systematische Fehlererfassung, zusammen mit einer Auflistung getroffener Maßnahmen und deren Erfolgsquote, zu einer Erleichterung der Entscheidungen beim erneuten Auftreten eines Fehlers beitragen.

| Beispiel | für eine Fehlerdatenanalyse |

In einer Fertigung tritt plötzlich der Fehler auf, dass Klebenähte erst nach 4,5 Minuten aushärten. Dies ist der Fehler E0045. In der Liste, in der Maßnahmen zur Beseitigung des Fehlers E0045 aufgeführt sind, findet man, dass bisher 17-mal die Maßnahme M0066, 29-mal die Maßnahme M0064 und 4-mal die Maßnahme M0063 geholfen hat. Man sollte also in diesem Fall die Maßnahme M0064 (Härteranteil um 0,1 % erhöhen) zunächst in Betracht ziehen, um den Fehler zu beseitigen.

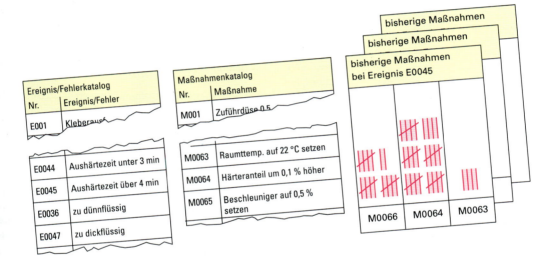

80 % aller Fehler werden durch nur 20 % aller möglichen Fehlerursachen hervorgerufen. Darum ist eine systematische Fehlererfassung Voraussetzung für eine schnelle und umfassende Fehlerbeseitigung.

2 Statistische Prozessregelung

Unter statistischer Prozessregelung (**SPC** = **S**tatistical **P**rocess **C**ontrol) versteht man Methoden der Fertigungsüberwachung, welche bei der Großserienfertigung die Fähigkeit von Prozessen, Qualität zu erzeugen, absichern sollen.
Die statistischen Methoden kommen im Rahmen spezieller Untersuchungs- und Überwachungsverfahren zum Einsatz. Die üblichen Verfahren sind:

- Maschinenfähigkeitsuntersuchungen (MFU),
- Prozessfähigkeitsuntersuchung (PFU) und
- Prozessüberwachung mit Qualitätsregelkarten (QRK).

Diese Verfahren ermöglichen eine Regelung des Fertigungsprozesses im Sinne einer vorbeugenden Fehlervermeidung.

Statistische Prozessregelung (SPC)		
MFU	PFU	QRK
Maschinen-fähigkeits-untersuchung	Prozessfähig-keitsunter-suchung	Prozessüber-wachung

2.1 Maschinenfähigkeit, Prozessfähigkeit und Prozessüberwachung

● **Maschinenfähigkeit**

Mithilfe der Statistik hat man im Bereich der Serienfertigung festgelegt, dass eine Fertigung eben noch als geeignet gilt, wenn bei 1 000 gefertigten Teilen 3 Teile fehlerhaft sind, d. h. nicht mehr innerhalb der vorgegebenen Toleranzen liegen.

Zur Feststellung der Maschinenfähigkeit einer Maschine untersucht man eine Serie von nacheinander gefertigten Werkstücken, die
- aus einer Charge stammen,
- auf der betriebswarmen Maschine,
- mit einem Werkzeug und
- ohne Störeinflüsse gefertigt wurden.

● **Prozessfähigkeit**

Unter den wechselnden Bedingungen der Serienfertigung können auf Maschinen, die eigentlich fähig sind, fehlerhafte Produkte entstehen, weil die Bedingungen unter denen sie gefertigt wurden, schwanken. Dies kann viele Ursachen haben, z. B.:
- die Maschine kann unterschiedlich warm sein,
- die Werkzeuge sind maßlich geringfügig unterschiedlich,
- die Werkstücke weisen gering unterschiedliche Eigenschaften auf,
- die Maschinenbediener arbeiten nicht alle in gleicher Weise.

Eine Maschine gilt als prozessfähig, wenn unter realen Bedingungen mindestens 99,7 % aller gefertigten Werkstücke die gestellten Anforderungen erfüllen.

Zur Untersuchung der Prozessfähigkeit werden über eine oder mehrere Schichten mindestens 20 Stichproben zu je 5 Teilen gemessen und mithilfe der Regelkarte und statistischen Methoden ausgewertet.

> Eine Maschine ist prozessfähig, wenn sie unter realen Bedingungen 99,7 % aller Werkstücke im Rahmen der festgelegten Grenzen fertigen kann.

● **Prozessüberwachung**

Im laufenden Fertigungsprozess müssen alle Arbeitsgänge überwacht werden, damit Abwanderungstendenzen von Messgrößen (Abweichungen) erkannt werden und Gegenmaßnahmen eingeleitet werden können. Zur Untersuchung solcher Abweichungen kann man alle Werkstücke überprüfen. Da dieses meist sehr aufwendig ist, prüft man häufig mit **Stichproben**. Solche Stichproben kann man in regelmäßigen zeitlichen Abständen, z. B. stündlich, oder nach bestimmten Stückzahlen, z. B. aus jeweils 500 gefertigten Teilen, nehmen. Die Zahlenwerte aus diesen Prüfungen zeigen wenig anschaulich den Verlauf der Messgröße. Darum versucht man durch grafische Darstellungen die Übersichtlichkeit zu verbessern. Die einfachste Darstellungsform geschieht in **Kontrollkarten**, die die Grenzwerte und die Stichprobennahme kennzeichnen. Ferner sind in den Karten Änderungen im Prozess vermerkt.

| Beispiel | für eine einfache Kontrollkarte |

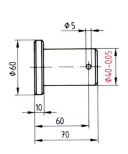
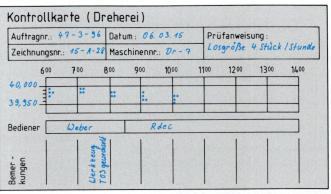

> In einfachen Kontrollkarten werden die Ergebnisse von Prüfungen dargestellt. Als Grenzwerte dienen die vorgegebenen Toleranzen.

2.2 Statistische Grundlagen zur Auswertung von Messreihen

Zur Eingrenzung von Maßabweichungen und zur Beurteilung der Qualität einer Fertigung wertet man Messergebnisse statistisch aus. Die aus gleichwertigen Messungen gewonnenen Messwerte nennt man eine Messreihe.

Messreihen entstehen
- an *einem* Werkstück durch mehrere Messungen an derselben Messstelle,
- an *einer* Serie von Werkstücken durch Messwerte von gleichliegenden Messstellen.

2.2.1 Mittelwerte

Mittelwerte von Messreihen sind das arithmetische Mittel, der Median und die Spannweitenmitte. Von diesen Mittelwerten hat das arithmetische Mittel besondere Bedeutung.

Das **arithmetische Mittel** $\bar{x}$ ist der Mittelwert, der sich als Quotient aus der Summe der Einzelwerte (x_1 bis x_n) und ihrer Anzahl n ergibt.

$$\bar{x} = \frac{x_1 + x_2 + \cdots + x_n}{n} = \frac{\sum_{i=1}^{n} x_i}{n}$$

$\bar{x}$ arithmetisches Mittel
x_i einzelner Messwert
n Zahl der Einzelmessungen

Der **Median** $\tilde{x}$ – der Zentralwert – ist der Messwert, der in der Mitte einer Messreihe liegt, die der Größe nach geordnet ist. Bei gerader Zahl der Einzelmesswerte ist er der arithmetische Mittelwert der beiden in der Mitte der Reihe liegenden Einzelwerte.

Die **Spannweitenmitte** R_M ist der arithmetische Mittelwert zwischen Größt- und Kleinstwert einer Messreihe.

$$R_M = \frac{x_{max} - x_{min}}{2}$$

Beispiel für die Berechnung der Mittelwerte einer Messreihe

Mittelwerte von Messreihen sind das arithmetische Mittel, der Median und die Spannweitenmitte. Vereinzelt auftretende Extremwerte beeinflussen die Spannweitenmitte und das arithmetische Mittel in besonderer Weise.

2.2.2 Streuungsmaße

Wichtige Streuungsmaße sind Spannweite und Standardabweichung. Die **Spannweite R** ist die Differenz zwischen dem größten und dem kleinsten Einzelwert einer Messreihe.

$$R = x_{max} - x_{min}$$

Die **Standardabweichung** σ wird aus der Abweichung der Einzelwerte vom arithmetischen Mittelwert $\bar{x}$ berechnet. Sie ist ein wichtiger Kennwert zur Beurteilung der Genauigkeit.

$$\sigma = \pm \sqrt{\frac{1}{n-1} \sum_{i=1}^{n} (x_i - \bar{x})^2}$$

- σ Standardabweichung
- n Zahl der Einzelmessungen
- x_i Einzelwert
- $\bar{x}$ arithmetisches Mittel

Beispiel für die Berechnung der Standardabweichung

i	x_i mm	$\bar{x}$ mm	$x_i - \bar{x}$ mm	$(x_i - \bar{x})^2$ mm²
1	16,54		$-0,05 = -5 \cdot 10^{-2}$	$25 \cdot 10^{-4}$
2	16,55		$-0,04 = -4 \cdot 10^{-2}$	$16 \cdot 10^{-4}$
3	16,57		$-0,02 = -2 \cdot 10^{-2}$	$4 \cdot 10^{-4}$
4	16,59	16,59	0,0	0
5	16,60		$+0,01 = 1 \cdot 10^{-2}$	$1 \cdot 10^{-4}$
6	16,62		$+0,03 = 3 \cdot 10^{-2}$	$9 \cdot 10^{-4}$
7	16,62		$+0,03 = 3 \cdot 10^{-2}$	$9 \cdot 10^{-4}$
8	16,63		$+0,04 = 4 \cdot 10^{-2}$	$16 \cdot 10^{-4}$
			$\sum_{i=1}^{8} (x_i - \bar{x})^2 =$	$80 \cdot 10^{-4}$

$$\sigma = \pm \sqrt{\frac{1}{8-1} \cdot 80 \cdot 10^{-4}} \text{ mm}^2 = \pm \mathbf{0{,}038 \text{ mm}}$$

Das Streuungsmaß sagt aus, wie gut oder wie schlecht ein Mittelwert die einzelnen Werte einer Messreihe repräsentiert.

2.2.3 Statistische Sicherheit

Bei theoretisch unendlich vielen Einzelmessungen ergibt sich eine spezifische Fehlerverteilung, die nach ihrem Entdecker **gaußsche Normalverteilung** genannt wird.

Die Standardabweichung von Einzelwerten in dieser theoretischen Normalverteilung nennt man **Grundstandardabweichung** σ.

In Abhängigkeit von der Grundstandardabweichung kann die Zahl der Messwerte in einzelnen Bereichen angegeben werden:
- Innerhalb des Bereiches $\bar{x} \pm 1 \cdot \sigma$ liegen 68,3 % der Messwerte.
- Innerhalb des Bereiches $\bar{x} \pm 2 \cdot \sigma$ liegen 95,4 % der Messwerte.
- Innerhalb des Bereiches $\bar{x} \pm 3 \cdot \sigma$ liegen 99,7 % der Messwerte

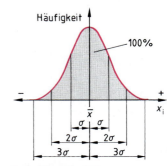

gaußsche Normalverteilung

Bei einer genügenden Zahl von Messwerten, dies müssen mehr als 200 sein, nähert sich die Standardabweichung σ bei praktischen Messungen der theoretischen Grundstandardabweichung σ.

Bei genügender Zahl von Messungen kann also vorausgesagt werden, wie viel Prozent eines gefertigten Produkts wahrscheinlich in einem bestimmten Toleranzbereich liegen.

Statistische Sicherheit bei 1 000 Messwerten

Bereich	Sicherheit in %	Anzahl der Messwerte von 1 000	
		im Bereich	außerhalb
$\bar{x} \pm 1 \cdot \sigma$	68,3	683	317
$\bar{x} \pm 1,96 \cdot \sigma$	95,0	950	50
$\bar{x} \pm 2 \cdot \sigma$	95,4	954	46
$\bar{x} \pm 2,58 \cdot \sigma$	99,0	990	10
$\bar{x} \pm 3 \cdot \sigma$	99,7	997	3

In der Praxis ist die hohe Zahl von Messungen kaum durchführbar. Der „wahre" Mittelwert kann darum nicht festgestellt werden. Die folgende Gleichung erlaubt die Bestimmung der Grenzen, innerhalb derer der „wahre" Mittelwert liegen wird. Man nennt die Grenzen **untere und obere Vertrauensgrenze G_u und G_o**.

$$G_{u,o} = \bar{x} \pm \sigma \cdot \frac{t}{\sqrt{n}}$$

- G_u untere Vertrauensgrenze
- G_o obere Vertrauensgrenze
- $\bar{x}$ arithmetisches Mittel
- σ Standardabweichung
- n Zahl der Messungen
- t Korrekturfaktor lt. Tabelle

Korrekturfaktor t

n	t bei statistischer Sicherheit			
	68,3 %	95,0 %	99,0 %	99,73 %
4	1,15	2,8	4,6	6,6
10	1,06	2,3	3,2	4,1
20	1,03	2,1	2,0	3,4
50	1,01	2,0	2,7	3,1
100	1,00	1,97	2,6	3,04
200	1,00	1,96	2,58	3,0

Beispiel für die Berechnung von unterer und oberer Vertrauensgrenze bei einer kleinen Zahl von Messwerten und einer geforderten Sicherheit von 95 %

i	Messwert x_i mm	Abweichung vom Mittelwert $x_i - \bar{x}$ mm	Quadrat der Abweichungen vom Mittelwert $(x_i - \bar{x})^2$ mm²
1	13,275	$-7,8 \cdot 10^{-3}$	$6,08 \cdot 10^{-5}$
2	13,276	$-6,8 \cdot 10^{-3}$	$4,62 \cdot 10^{-5}$
3	13,282	$-0,8 \cdot 10^{-3}$	$0,06 \cdot 10^{-5}$
4	13,283	$0,2 \cdot 10^{-3}$	$< 0,01 \cdot 10^{-5}$
5	13,291	$8,2 \cdot 10^{-3}$	$6,72 \cdot 10^{-5}$
6	13,284	$1,2 \cdot 10^{-3}$	$0,14 \cdot 10^{-5}$
7	13,282	$-0,8 \cdot 10^{-3}$	$0,06 \cdot 10^{-5}$
8	13,292	$9,2 \cdot 10^{-3}$	$8,46 \cdot 10^{-5}$
9	13,276	$-6,8 \cdot 10^{-3}$	$4,62 \cdot 10^{-5}$
10	13,287	$4,2 \cdot 10^{-3}$	$1,76 \cdot 10^{-5}$
	$\sum_{i=1}^{10} x_i = 132,828$		$\sum_{i=1}^{10} (x_i - \bar{x})^2 = 32,53 \cdot 10^{-5}$

Arithmetisches Mittel: $\bar{x} = \dfrac{132,828 \text{ mm}}{10} = \mathbf{13{,}2828}$ **mm**

Standardabweichung: $\sigma = \pm \sqrt{\dfrac{1}{10-1} \cdot 32{,}53 \cdot 10^{-5} \text{ mm}^2} = \pm\, \mathbf{6{,}01 \cdot 10^{-3}}$ **mm**

Der arithmetische Mittelwert von 13,2828 mm ist nicht der wirkliche Mittelwert, der sich bei einer sehr hohen Zahl von Messungen ergeben würde. Mit einer Sicherheit von 95 % liegt der Mittelwert im Bereich von G_u bis G_o.

$G_o = \bar{x} + \sigma \cdot \dfrac{t}{\sqrt{n}} = 13{,}2828 \text{ mm} + 6{,}01 \cdot 10^{-3} \text{ mm} \cdot \dfrac{2{,}3}{\sqrt{10}} = \mathbf{13{,}2871 \text{ mm}}$

$G_u = \bar{x} - \sigma \cdot \dfrac{t}{\sqrt{n}} = 13{,}2828 \text{ mm} - 6{,}01 \cdot 10^{-3} \text{ mm} \cdot \dfrac{2{,}3}{\sqrt{10}} = \mathbf{13{,}2784 \text{ mm}}$

2.3 Statistische Auswertung von Messungen zur Untersuchung der Maschinen- und der Prozessfähigkeit

2.3.1 Feststellen der Normalverteilung

Zur Untersuchung von Maschinen- und Prozessfähigkeit stellt man zunächst fest, ob die bei einer Untersuchung gemessenen Werte eine natürliche Verteilung aufweisen. Zu diesem Zweck werden am zu untersuchenden Produkt stichprobenartig Messungen durchgeführt und die Messwerte (x_1, x_2 usw.) in einer Liste erfasst. Diese Liste nennt man auch die **Urliste**.

Für jede Stichprobe kann ein **Mittelwert** (x) errechnet werden, der ebenfalls in die Liste eingetragen werden kann. Ebenso kann für die gesamte Liste der Mittelwert bestimmt werden.

Beispiel für eine Urliste mit berechneten Werten von Spannweite, Mittelwert und Standardabweichung

Messwerte	Stichproben									
	1	2	3	4	5	6	7	8	9	10
x_1	8,953	8,958	8,951	8,953	8,952	8,957	8,953	8,950	8,953	8,951
x_2	8,955	8,954	8,957	8,947	8,954	8,954	8,951	8,955	8,959	8,954
x_3	8,950	8,953	8,951	8,956	8,948	8,953	8,955	8,953	8,950	8,953
x_4	8,952	8,951	8,954	8,953	8,954	8,950	8,952	8,954	8,953	8,955
x_5	8,952	8,953	8,951	8,955	8,957	8,955	8,950	8,954	8,952	8,950

Spannweite	0,005	0,007	0,006	0,009	0,007	0,007	0,005	0,005	0,009	0,005
Mittelwert x	8,952	8,954	8,953	8,953	8,951	8,954	8,952	8,953	8,953	8,953
Standardabweichung	0,002	0,003	0,003	0,003	0,003	0,003	0,002	0,002	0,003	0,002

Mittelwert der Spannweite	0,0059 mm
Mittelwert der Gesamtheit	8,9528 mm
Standardabweichung der Gesamtheit	2,523 µm

Die bei der Stichprobe aufgenommenen Werte geben noch keinen Überblick darüber, wie dicht die gemessenen Werte beieinander liegen und wie die Mehrzahl der Werte um das geforderte Maß herum liegen. Um dies näher zu erfassen, bildet man Klassen, in welche die Werte eingeordnet werden. Die Zahl der Klassen (k) errechnet man dann näherungsweise aus der Quadratwurzel der Zahl der Messungen (n).

$$k = \sqrt{n}$$

k Zahl der Klassen
n Zahl der Messungen

Die Größe der einzelnen Klassen ermittelt man aus dem Abstand zwischen größtem und kleinstem aufgenommenen Messwert. Diesen Abstand teilt man durch die Zahl der Klassen, um die Klassenbreite zu erhalten. Bei der Klassenzahl rundet man auf sinnvolle Werte auf oder ab. Bei der Klassenbreite rundet man auf, damit alle Werte in den Klassen enthalten sind.

Nach Festlegung der Klassen können die aufgenommenen Messwerte den einzelnen Klassen zugeordnet werden. Zweckmäßig geschieht dies in einer Strichliste.
Das Ergebnis lässt sich auch gut in einem Balkendiagramm darstellen. Wenn man im **Balkendiagramm** die Mitten der einzelnen Balken verbindet, erhält man die **Verteilungskurve**.

| Beispiel | für die Darstellung von Messwerten in Strichliste, Balkendiagramm und Verteilungskurve |

Der größte gemessene Wert ist 8,959 mm in der Stichprobe 4, der kleinste 8,947 mm in der Stichprobe 9. Der Abstand zwischen größtem und kleinstem Wert ist 8,959 – 8,947 mm = 0,012 mm.
Verteilt man diesen Abstand von 0,012 mm auf 7 Klassen, so ergibt sich eine Klassenbreite von 0,012 mm/7 = 0,017 mm, aufgerundet 0,002 mm.

Klasse von ... bis ...	Strichliste	Balkendiagramm	Verteilungskurve
8,946 bis 8,948	//		
über 8,948 bis 8,950	//////		
über 8,950 bis 8.952	///////////		
über 8,952 bis 8,954	/////////////////		
über 8,954 bis 8,956	////////		
über 8,956 bis 8,958	////		
über 8.958 bis 8,960	/		

In der Urliste sind die Messwerte in der Reihenfolge ihrer Ermittlung aufgeführt.
Zur Darstellung der Verteilung werden die Messwerte entsprechend ihrer Größe in Klassen eingeordnet.
Die Verteilung der Messwerte auf die einzelnen Klassen kann in Strichlisten, Balkendiagrammen oder Verteilungskurven veranschaulicht werden.

Der Verlauf der Verteilungskurve erlaubt eine Bewertung der Messergebnisse. Eine ideale Verteilung liegt vor, wenn die Verteilungskurve die Form einer Glocke hat. Eine Fertigung ist statistisch optimal in Ordnung, wenn
- die Mitte der Glockenkurve in der Mitte des Toleranzfeldes liegt und
- der Größt- und der Kleinstwert noch genügend Abstand zu den Toleranzgrenzen haben.

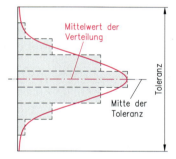

Ideale Verteilungskurve

2.3.2 Berechnung von Fähigkeitsindices (Maschinenfähigkeit und Prozessfähigkeit)

Wenn die Spanne der Messergebnisse einer Produktion von ± 3 σ innerhalb der Toleranzgrenzen liegt, so werden wahrscheinlich 99,7 % aller Teile in Ordnung sein. Um zu zeigen, in welchem Verhältnis die Toleranzgrenzen zur Spanne ± 3 σ stehen, hat man Fähigkeitsindices formuliert.

Die Fähigkeitsindices (Maschinenfähigkeitsindex c_m und Prozessfähigkeitsindex c_p) beschreiben mit einer Verhältniszahl wie viel „Spiel" der Teil der Normalverteilungskurve, in dem 99,7 % aller Messwerte enthalten sind, zu den Toleranzgrenzen hat. Bei einem Index von 1 grenzt dieser Teil der Kurve an die Toleranzgrenze. Als sicher gilt eine Produktion, wenn zu beiden Seiten der Kurve noch entsprechender Abstand besteht und ein Index von 1,33 vorliegt.

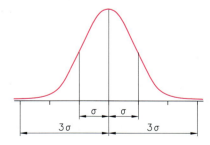

Übungsaufgabe QM-5

Statistische Prozessregelung

Maschinenfähigkeitsindex

$$c_m = \frac{T}{2 \cdot 3 \cdot \sigma}$$

c_m	Maschinenfähigkeitsindex
T	Toleranz
σ	Standardabweichung

Prozessfähigkeitsindex

$$c_p = \frac{T}{2 \cdot 3 \cdot \sigma}$$

c_p	Prozessfähigkeitsindex
T	Toleranz
σ	Standardabweichung

Wenn die Grenzen der Toleranz mit der Spanne $\pm 3\sigma$ zusammenfallen, beträgt der Fähigkeitsindex 1. Damit noch genügend Sicherheit bleibt, ist festgelegt, dass eine Maschine bzw. ein Prozess fähig ist, wenn er einen Fähigkeitsindex von $c \leq 1{,}33$ aufweist.

> **Beispiel** für die Berechnung des Fähigkeitsindex und den Nachweis der Maschinenfähigkeit
>
> Auf einer Drehmaschine wurden Bolzen gedreht. Das Zeichnungsmaß ist $9^{-0,035}_{-0,070}$. Die Toleranz beträgt damit 0,02 mm bzw. 20 µm.
> Es wurden aus der Produktion stichprobenartig 50 Bolzen an der jeweils gleichen Stelle gemessen. Die Auswertung ergab eine Standardabweichung von $\sigma = 2{,}92$ µm.
>
> $$c_m = \frac{T}{2 \cdot 3 \cdot \sigma} \qquad c_m = \frac{35 \text{ µm}}{2 \cdot 3 \cdot 2{,}92 \text{ µm}} = 1{,}99$$
>
> Die Maschine ist fähig, da der Maschinenfähigkeitsindex über 1,33 liegt.

> Die Maschinenfähigkeit ist bei $c_m \geq 1{,}33$ gegeben.
> Die Prozessfähigkeit ist bei $c_p \geq 1{,}33$ gegeben.

Die Fähigkeitsindices c_m und c_p sagen lediglich aus, dass der Bereich, in dem 99,7 % der Messwerte liegen, innerhalb der vorgegebenen Toleranz ein genügendes „Spiel" hat. Dieses „Spiel" ist ungleichmäßig verteilt, wenn der Mittelwert der Toleranz nicht auch der Mittelwert der Messungen ist.

Falls die Mittelwerte der Toleranz und der Mittelwert der Messungen auseinander liegen, ermittelt man den entsprechenden Fähigkeitsindex aus dem kleinsten Abstand des Mittelwertes der Messergebnisse zur Grenze der vorgegebenen Toleranz z_{krit}. Zur Unterscheidung bezeichnet man die so ermittelten Fähigkeitsindices als kritische Fähigkeitsindices und kennzeichnet sie mit c_{mk} bzw. c_{pk}.

> **Beispiel** für die Lage normalverteilter Messergebnisse innerhalb der Toleranz

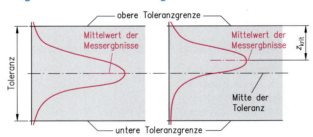

$$c_{mk} = \frac{z_{krit}}{3 \cdot \sigma} \qquad c_{pk} = \frac{z_{krit}}{3 \cdot \sigma}$$

c_{mk}	kritische Maschinenfähigkeit
c_{pk}	kritische Prozessfähigkeit
z_{krit}	kleinster Abstand des Mittelwertes der Messergebnisse von der Toleranzgrenze
σ	Standardabweichung

> Falls die Mitte der Toleranz nicht mit dem Mittelwert der Messergebnisse übereinstimmt, gilt für den Fähigkeitsnachweis:
> Maschinen- und Prozessfähigkeit sind gegeben, wenn c_{mk} bzw. $c_{pk} > 1{,}33$ sind.

2.3.3 Prozessfähigkeit und Beherrschbarkeit

Ein Fertigungsprozess muss Produkte mit Eigenschaften liefern, die innerhalb der für sie geltenden Toleranzen liegen. Die Eigenschaften eines Produktes dürfen also einen oberen und einen unteren Grenzwert nicht überschreiten.

Ein Prozess ist **fähig**, wenn die Eigenschaften der in ihm erzeugten Produkte langfristig innerhalb der Eigenschaftsgrenzen liegen.

Ein Prozess muss aber auch zeitlich stabil sein, das heißt, die Lage der Mittelwerte von Stichproben, die zu unterschiedlichen Zeiten genommen werden, müssen nahe bei der Mittellage liegen und dürfen nicht unvorhersehbar auswandern. Der Prozess muss **beherrscht** sein.

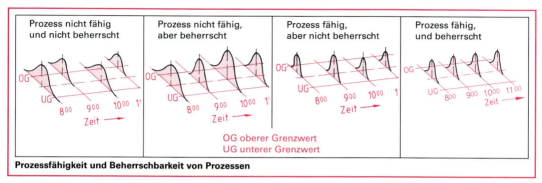

Prozessfähigkeit und Beherrschbarkeit von Prozessen

Arbeiten mit Qualitätsregelkarten

In einem statistisch überwachten Prozess entnimmt man in regelmäßigen Zeitabständen, z. B. jede Stunde, oder nach festgelegten Produktionsmengen, z. B. nach jeweils 1 000 Stück, eine Stichprobe aus der Produktion und überprüft sie. Die Ergebnisse der Prüfung trägt man in **Qualitätsregelkarten** ein. Diese Karten können sehr unterschiedlich aufgebaut sein. Sie zeigen aber stets die Größe des Mittelwertes und andere statistische Größen in Abhängigkeit vom zeitlichen oder mengenmäßigen Abstand der Probennahme. Häufig sind auch die Grenzen eingetragen, ab denen in den Prozess eingegriffen werden soll.

Beispiel für das Arbeiten mit einer Qualitätsregelkarte (Schema)

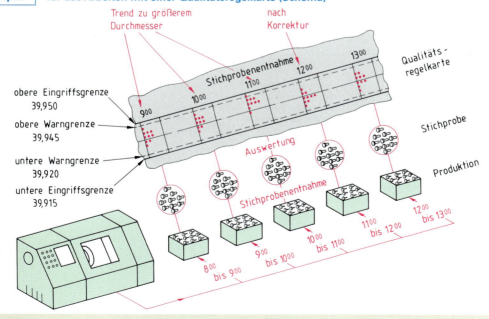

Qualitätsregelkarten enthalten statistisch ermittelte Eingriffsgrenzen und Warngrenzen. Die Eingriffsgrenzen sind kleiner als die Grenzen, die durch Toleranzen vorgegeben sind.

Übungsaufgabe QM-6

3 Übungsaufgaben Qualitätsmanagement

Qualitätsmanagement

QM-1 Nehmen Sie Stellung zu „Für Stückzahlen ist die Fertigung zuständig – für Qualität die Endkontrolle!"

QM-2 Bolzen sollen in der abgebildeten Vorrichtung gebohrt werden. Stellen Sie mit der Klasse ein Ishikawa-Diagramm zur Fehlerquellenanalyse auf. Zur Maschine zählt auch die Vorrichtung. Es sollen möglichst viele Ideen festgehalten werden.

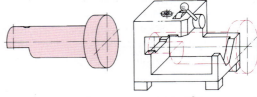

QM-3 Stellen Sie in verkürzter Form eine Fehlermöglichkeits- und Einflussanalyse für die Konstruktion der Messerbefestigung eines Rasenmähers auf.
Potenzieller Fehler: Lösen des Messers im Betrieb.

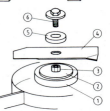

FEHLER-MÖGLICHKEITS- UND EINFLUSS-ANALYSE									
Konstruktions-FMEA [X]							Prozess-FMEA ☐		
Systeme/Merkmale	Potenzielle Fehler	Potenzielle Folgen des Fehlers	Potenzielle Fehlerursachen	DERZEITIGER ZUSTAND				Empfohlene Abstellmaßnahmen	Verantwortlichkeit
				Vorgesehene Prüfmaßnahmen	Auftreten	Bedeutung	Entdeckung / Risiko-Prioritätszahl (RPZ)		
Messer des Mähers									

Wahrscheinlichkeit des Auftretens (Fehler kann vorkommen)		Bedeutung (Auswirkungen auf den Kunden)		Wahrscheinlichkeit der Entdeckung (vor Auslieferung an Kunden)		Priorität (RPZ)	
unwahrscheinlich	= 1	kaum wahrnehmbare Auswirkungen	= 1	hoch	= 1	hoch	= 1000
sehr gering	= 2–3	unbedeutender Fehler, geringe Belästigung des Kunden	= 2–3	mäßig	= 2–5	mittel	= 125
gering	= 4–6	mäßig schwerer Fehler	= 4–6	gering	= 6–8	keine	= 1
mäßig	= 7–8	schwerer Fehler, Verärgerung des Kunden	= 7–8	sehr gering	= 9		
hoch	= 9–10			unwahrscheinlich	= 10		

QM-4 In einem Schmiedebetrieb ist an geschmiedeten Achsen die Parallelität der Auflageflächen zu prüfen, ggf. werden die Achsen auf einer Presse gerichtet.
Die Auflageflächen werden später gefräst. Entwerfen Sie eine einfache Lehre.

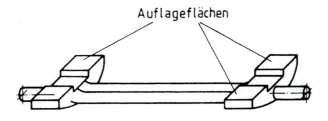

Statistische Prozessregelung

QM-5 Auf zwei verschiedenen Schleifmaschinen wurden Bolzen mit dem Passmaß 15,945 mm Durchmesser gefertigt. Aus beiden Fertigungen wurden jeweils 126 Bolzen geprüft.
Die Messergebnisse und die Häufigkeit des Auftretens wurden bereits in vorgefertigte Tabellen zur einfacheren Auswertung eingetragen. Der Einfachheit halber wurden nur die Abweichungen der letzten beiden Stellen in die Tabellen aufgenommen.
Die Werte in diesen Tabellen sind zu einem Teil bereits errechnete Ergebnisse.
  a) Berechnen Sie die fehlenden Werte in den Tabellen und bestimmen Sie Mittelwert und Standardabweichung.
  b) Zeichnen Sie in ein Diagramm die Häufigkeitsverteilung der Messergebnisse beider Maschinen.
  c) Beurteilen Sie die Qualität der Fertigung.
  d) Führen Sie die in a) und b) manuell durchgeführte Arbeit mit einem Statistikprogramm aus.

Maschine 1

1. Messergebnis Durchmesser 15,9 ...	42	43	44	45	46	47	48	49	50	Summen
2. Häufigkeit	1	4	8	29	42	29	8	4	1	126
3. Häufigkeit mal Messergebnis	42	172	352	1305	?	?	?	?	?	5796
4. Abweichung vom Mittelwert 46	4	3	2	?	?	?	?	?	?	–
5. (Abweichung)²	16	9	4	?	?	?	?	?	?	–
6. Zeile 2 mal Zeile 5	16	36	?	?	?	?	?	?	?	?

$$\text{Mittelwert} = \frac{\text{Summe von Zeile 3}}{\text{Summe der Messungen}} = \frac{5796}{126} = 46 \quad \text{Mittelwert: 15,946}$$

Standardabweichung = ?

Maschine 2

1. Messergebnis Durchmesser 15,9 ...	41	42	43	44	45	46	47	48	49	50	51	Summen
2. Häufigkeit	1	2	5	15	25	30	25	15	5	2	1	126
3. Häufigkeit mal Messergebnis	41	84	215	660	1125	?	?	?	?	?	?	?
4. Abweichung vom Mittelwert	2	?	?	2	?	?	?	?	?	?	?	–
5. (Abweichung)²	?	?	?	?	?	?	?	?	?	?	?	–
6. Zeile 2 mal Zeile 5	?	?	?	?	?	?	?	?	?	?	?	?

$$\text{Mittelwert} = \frac{\text{Summe von Zeile 3}}{\text{Summe der Messungen}} = \frac{?}{?} = ?$$

Standardabweichung = ?

QM-6 Auf einem Drehautomaten werden Wellenenden auf Durchmesser 40f7 gedreht. Die Abmaße sind –0,025 mm und –0,050 mm. Bei fünf Stichproben wurden folgende Werte gemessen:

Stichprobe 1 39,... mm		Stichprobe 2 39,... mm		Stichprobe 3 39,... mm		Stichprobe 4 39,... mm		Stichprobe 5 39,... mm	
Anzahl	Maß	Anzahl	Maß	Anzahl	Maß	Anzahl	Maß	Anzahl	Maß
1	973	1	967	1	973	1	968	1	977
3	971	2	965	2	971	2	966	2	976
3	969	3	963	3	969	4	964	4	974
2	966	2	960	3	967	2	963	2	972
1	965	2	958	1	966	1	960	1	971

Berechnen Sie:
  a) den Mittelwert jeder Stichprobe.
  b) die jeweilige Standardabweichung.
  c) die durchschnittliche Standardabweichung.
  d) den c_{pk}-Wert für die Summe aller Stichproben.
  e) Geben Sie an, ob der Prozess beherrscht und fähig ist.

Elektrische Antriebe EA

Elektroantrieb an Kfz

Antrieb einer Werkzeugmaschine

Pumpenantriebe

Elektrische Antriebe

In elektrischen Antriebssystemen, den Elektromotoren, wird elektrische Energie in mechanische Energie umgewandelt. Meist unterscheidet man die Elektromotoren nach der Art des Antriebstroms in **Gleichstrom-, Wechselstrom-** und **Drehstrommotoren**.
Nach der Art der Bewegung kann man **Rotationsmotoren**, die Drehbewegungen ausführen, und **Linearmotoren**, die geradlinige Bewegungen bewirken, unterscheiden.
Falls die Bewegung nicht stetig, sondern in Schritten erfolgen kann, spricht man von **Schrittmotoren**. Es gibt Rotations- und Linear-Schrittmotoren.

Schienenfahrzeug mit Antrieb durch einen Linearmotor

Trotz unterschiedlicher Spannungen zum Antrieb und unterschiedlicher Bewegungen haben alle Elektromotoren ein gemeinsames Prinzip:
- Jeder Motor besteht aus mindestens zwei Bauelementen: einem fest stehenden und einem beweglichen Element.
- In beiden Bauelementen werden getrennt Magnetfelder erzeugt, die aber stets so gerichtet sind, dass der bewegliche Teil bei Stromfluss in Bewegung gesetzt wird.

Die Umsetzung dieses Prinzips geschieht bei den Motoren jedoch in unterschiedlicher Weise.

1 Kenngrößen von Elektromotoren

Maschinen und Geräte werden durch typische Daten beschrieben. Für einen Elektromotor sind dies:
- die *Leistung* in kW oder W,
- die *Stromart*, z. B. Gleichstrom, Wechselstrom,
- die *Spannung* in V, meist 42 V, 230 V oder 400 V,
- die *Nennumdrehungsfrequenz* in 1/min,
- der *elektrische Wirkungsgrad*.

Diese Angaben sind mit anderen Daten zusammen auf dem Typenschild aufgedruckt.

Typenschild eines Elektromotors

Diese Daten allein genügen noch nicht zur eindeutigen Kennzeichnung des Betriebsverhaltens. Besonders wichtig ist der Zusammenhang zwischen dem Drehmoment und der Umdrehungsfrequenz, der von der Art des Motors abhängig ist. Dieser Zusammenhang ist ein besonderes Kennzeichen eines Elektromotors. Man nennt es die **Drehmoment-Umdrehungsfrequenz-Kennlinie**.

> **Beispiele** für Drehmoment-Umdrehungsfrequenz-Kennlinien

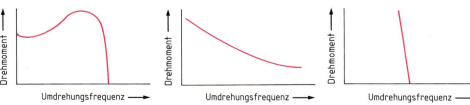

Dieser Motor erreicht erst bei einer bestimmten Umdrehungsfrequenz sein höchstes Drehmoment.

Dieser Motor hat sein höchstes Drehmoment beim Anlauf.

Dieser Motor hat eine nahezu konstante Umdrehungsfrequenz auch bei hohem Drehmoment.

Die Drehmoment-Umdrehungsfrequenz-Kennlinie beschreibt das Betriebsverhalten eines Elektromotors.

Übungsaufgabe EA-1

Gleichstrommotoren

Für eine bestimmte Maschine oder Anlage wird der Elektromotor entsprechend seiner Drehmoment-Umdrehungsfrequenz-Kennlinie ausgewählt. Darüber hinaus bestimmen noch die zur Verfügung stehende Spannungsquelle und die Regelbarkeit, z. B. die Umdrehungsfrequenzregelung, die Auswahl des Motors.

Beispiel für die Auswahl des Motors aufgrund der maschinenseitigen Anforderungen

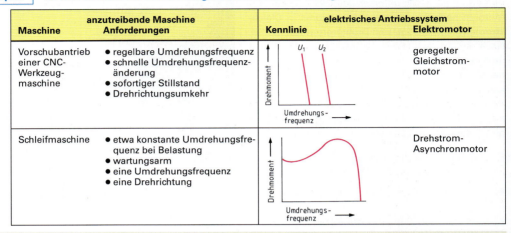

Maschine	anzutreibende Maschine Anforderungen	elektrisches Antriebssystem Kennlinie	Elektromotor
Vorschubantrieb einer CNC-Werkzeugmaschine	• regelbare Umdrehungsfrequenz • schnelle Umdrehungsfrequenzänderung • sofortiger Stillstand • Drehrichtungsumkehr	U_1 U_2	geregelter Gleichstrommotor
Schleifmaschine	• etwa konstante Umdrehungsfrequenz bei Belastung • wartungsarm • eine Umdrehungsfrequenz • eine Drehrichtung		Drehstrom-Asynchronmotor

> Aufbau, Funktion und Einsatzbereich der anzutreibenden Maschine bestimmen die Auswahl des elektrischen Antriebsmotors.

2 Gleichstrommotoren

Gleichstrommotoren werden wegen der guten Regelbarkeit von Umdrehungsfrequenz und Drehmoment besonders in numerisch gesteuerten Werkzeugmaschinen, in Robotern und in Transporteinrichtungen eingesetzt.

● **Prinzip des Elektromotors**

Auf einen stromdurchflossenen Leiter wirken in einem Magnetfeld Kräfte ein. Bei freier Lagerung des Leiters können diese Kräfte eine Bewegung des Leiters verursachen. In Elektromotoren wird diese Bewegung ausgenutzt, um elektrische Energie in Bewegungsenergie umzuwandeln.

Hängt man in das Magnetfeld eines hufeisenförmigen Dauermagneten eine Leiterschaukel, so erfährt diese eine Ablenkung, sobald sie von einem Gleichstrom durchflossen wird. Ursache dieser Bewegung ist die Wechselwirkung zwischen dem Magnetfeld des Dauermagneten – dem äußeren Feld – und dem Magnetfeld um den stromdurchflossenen Leiter – dem inneren Magnetfeld.

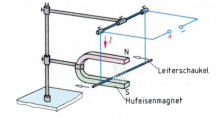

Bewegung durch Magnetkräfte

Betrachtet man den Feldlinienverlauf der beiden überlagerten Magnetfelder, dann stellt man fest, dass bei der angenommenen Stromrichtung im Bereich rechts vom Leiter die Feldlinien gleichgerichtet sind; hier verstärken sich die Magnetfelder. Links vom Leiter sind die Feldlinien entgegengesetzt gerichtet; äußeres und inneres Magnetfeld schwächen sich in ihrer Wirkung gegenseitig. Dies erklärt, warum die Leiterschaukel zur Seite der Magnetfeldabschwächung ausweicht.

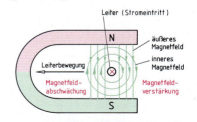

Leiterbewegung durch Magnetfeldüberlagerung

> Ein stromdurchflossener Leiter erfährt in einem äußeren Magnetfeld eine Kraftwirkung, die senkrecht zu den Kraftlinien des äußeren Feldes gerichtet ist.

Übungsaufgaben EA-2, EA-3

Setzt man in das Feld eines Dauermagneten statt einer Leiterschaukel eine leicht drehbare, stromdurchflossene Spule ein, so bilden sich an dieser Spule Nord- und Südpol aus. Die Spule stellt sich daraufhin mit einer Drehbewegung so ein, dass ihre Pole den Polen des äußeren Feldes entgegengerichtet sind.

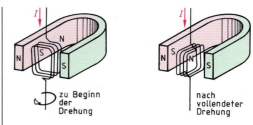

Halbdrehung einer Spule im Magnetfeld

Um eine dauernde Drehbewegung zu erhalten, kehrt man durch einen selbsttätigen Polwender, den **Kommutator,** die Stromrichtung – und damit die Polung der Magnetspule – um.

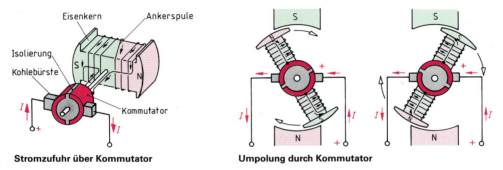

Stromzufuhr über Kommutator **Umpolung durch Kommutator**

> Die Drehbewegung des Ankers ergibt sich durch die Anziehung bzw. Abstoßung der Pole. Durch die Umpolung des inneren Magnetfeldes wird die Drehbewegung aufrecht erhalten.

2.1 Aufbau und Wirkungsweise von Gleichstrommotoren

Gleichstrommotoren bestehen aus einem Anker, der drehbar zwischen den Polen eines Ständers gelagert ist.
Dem Anker wird über Kohlebürsten und einen Stromwender (Kommutator) Strom zugeführt. Der Ständer wird durch eine stromdurchflossene Spule (Feldwicklung) magnetisiert. Der Kommutator bewirkt, dass der Stromfluss im Anker stets so gerichtet ist, dass im Anker ein Magnetfeld entsteht, welches ihn im Ständerfeld in eine Drehbewegung versetzt.

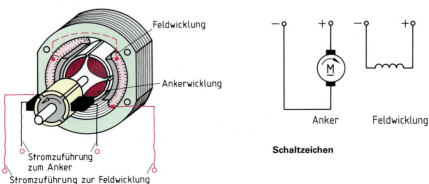

Schematischer Aufbau eines Gleichstrommotors

Je nach Schaltung der Ankerwicklung und der Ständerwicklung können die Eigenschaften des Motors beeinflusst werden.

Übungsaufgabe EA-4

Gleichstrommotoren

2.2 Drehrichtungsänderung

Die **Drehrichtung** des Ankers ist von der Magnetisierungsrichtung und damit der Stromrichtung im Anker *und* in der Feldwicklung abhängig. Es bestehen demnach *zwei* verschiedene Möglichkeiten, die Drehrichtung eines Gleichstrommotors zu ändern:

- Umkehr der Stromrichtung im Anker oder
- Umkehr der Stromrichtung in der Feldwicklung.

Beispiel	für die Änderung der Drehrichtung durch Umkehr der Stromrichtung im Anker

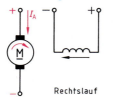 Rechtslauf
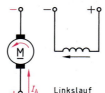 Linkslauf

> Drehrichtungsänderung von Gleichstrommotoren geschieht durch Änderung der Richtung des Ankerstromes oder Änderung der Stromrichtung in der Feldwicklung.

2.3 Änderung der Umdrehungsfrequenz

Die Umdrehungsfrequenz eines Gleichstrommotors hängt von der Stärke der sich beeinflussenden Magnetfelder in Anker und Ständer ab. Durch Änderung der Spannung kann man in den Magnetspulen von Anker und Feld unterschiedlich starke Ströme fließen lassen, welche unterschiedliche Magnetfelder bewirken. Es bestehen demnach zwei Möglichkeiten, die Umdrehungsfrequenz eines Gleichstrommotors zu ändern:

- Änderung der Ankerspannung oder
- Änderung der Spannung an der Feldwicklung (Erregerspannung).

> Änderungen der Umdrehungsfrequenz von Gleichstrommotoren geschehen durch Änderungen der Ankerspannung oder Änderung der Erregerspannung.

2.4 Grundschaltungen, Eigenschaften und Verwendung

Je nach Schaltung von Anker- und Feldwicklung ergeben sich unterschiedliche Eigenschaften und damit Verwendungen von Gleichstrommotoren.

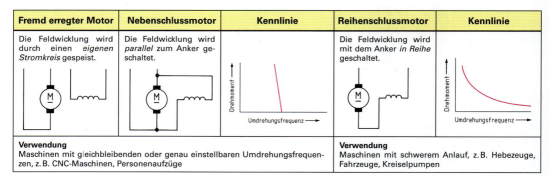

3 Wechselstrom- und Drehstrommotoren

3.1 Wechselstrom und Drehstrom

- **Wechselstrom**

Kenngrößen für einen Wechselstrom sind in der Technik die Frequenz sowie die Effektivwerte von Spannung und Stromstärke:

Frequenz f
Sie gibt die Zahl der Perioden je Sekunde an. Die Einheit der Frequenz ist ein Hertz.
1 Hz = 1 Periode je Sekunde

Effektivwert der Spannung U_{eff}
Dies ist der Wert der Spannung, den eine Gleichspannung haben müsste, um die gleiche Wirkung wie eine Wechselspannung zu erzeugen.

Effektivwert des Stroms I_{eff}
Dies ist der Wert des Stroms, den ein Gleichstrom haben müsste, um die gleiche Wirkung wie ein Wechselstrom zu erzeugen.

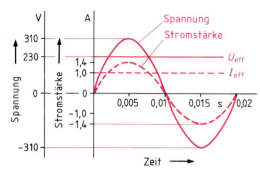
Kenngrößen eines Wechselstromes (230 V, 50 Hz)

> In der Technik werden stets die Effektivwerte von Strom und Spannung angegeben.

- **Drehstrom**

Bringt man in einem Wechselstromerzeuger – einem Wechselstromgenerator – mehrere Spulen versetzt zueinander an, so wird in jeder Spule eine Wechselspannung erzeugt.
Die Wechselspannungen sind in ihrem Verlauf gegeneinander verschoben. Die Verschiebung ist 120° bei gleichmäßiger Verteilung der Spulen auf den Umfang. Man nennt die Verschiebungen der einzelnen Wechselspannungen gegeneinander die **Phasenverschiebung**.

Beispiel für die Erzeugung von Drehstrom (Schema)

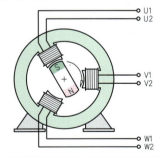
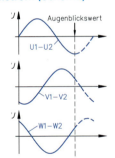
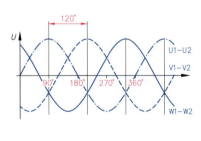

> Bei der Dreiphasenwechselspannung besteht zwischen den Phasen eine Verschiebung von 120°.

Die sechs Leitungen von den drei Spulen können so zusammengeschaltet werden, dass drei Leitungen genügen, um die drei Wechselströme fortzuleiten, und eine vierte Leitung zur gemeinsamen Rückleitung dient. Dies ist das *Vierleitersystem des* **Drehstromnetzes**.
Bei entsprechendem Zusammenschalten kann mit diesem Dreiphasenwechselstrom in einem Motor ein umlaufendes Magnetfeld erzeugt werden.

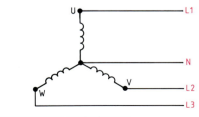
Vierleitersystem bei Drehstrom

> Durch eine Dreiphasenwechselspannung wird im Stromkreis ein Drehstrom erzeugt.

Übungsaufgabe EA-7, EA-8

Wechselstrom- und Drehstrommotoren

Im Vierleitersystem des Drehstromnetzes kann man unterschiedliche Spannungen abgreifen:

- **Sternspannung**

Die Spannung zwischen einer Leitung, *Außenleiter* genannt, und der gemeinsamen Rückleitung, dem *Neutralleiter*, nennt man **Sternspannung**.
Die Sternspannung beträgt im üblichen Drehstromnetz 230 V.

- **Dreieckspannung**

Die Spannung zwischen *zwei Außenleitern* nennt man die **Dreieckspannung**.
Die Dreieckspannung beträgt im üblichen Drehstromnetz 400 V.

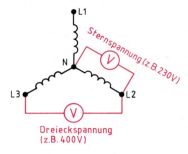

Stern- und Dreieckspannung

Steckdosen für Drehstrom enthalten neben den vier Leitern auch noch den Anschluss für den Schutzleiter. Der zugehörige Stecker weist entsprechend fünf Stifte auf. Durch eine Nut in der Steckdose und eine entsprechende Ausbauchung am Stecker ist das Stecksystem gegen falsches Stecken abgesichert. Die Leiter sind in der Steckdose so geschaltet, dass ein angeschlossener Motor stets **rechtsherum** läuft.

> Im üblichen Vierleiter-Drehstromnetz können je nach Anschlussart 400 V oder 230 V entnommen werden.

3.2 Synchronmotoren

Motoren für Drehstrom bestehen aus einem Ständer, dessen Wicklungen so angebracht und geschaltet sind, dass bei eingeschaltetem Strom ein umlaufendes Magnetfeld entsteht. Dieses umlaufende Magnetfeld nennt man **Drehfeld**.
Bringt man einen zentrisch gelagerten Magneten in dieses Drehfeld, so rotiert er in gleicher Weise wie das Feld – er dreht sich *synchron* (griechisch: zeitgleich).
Man bezeichnet Motoren, die mit gleicher Umdrehungsfrequenz wie das Feld umlaufen, als **Synchronmotoren**.

Beispiel für die Entstehung der Drehbewegung in einem Synchronmotor (Schema)

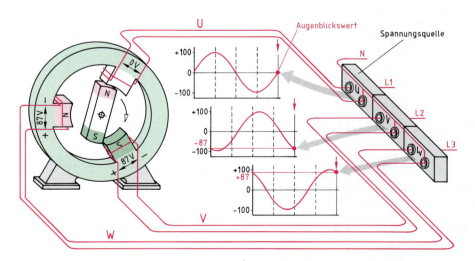

> Synchronmotoren haben eine konstante Umdrehungsfrequenz. Der Anker dreht sich synchron mit dem Magnetfeld des Ständers.

Übungsaufgaben EA-9

Synchronmotoren können nicht von alleine anlaufen, weil die sich drehenden Teile des Motors zu träge sind, um dem schnell umlaufenden Drehfeld zu folgen. Sie werden daher mit Hilfswicklungen ausgerüstet, die das Anlaufen ermöglichen und nach Erreichen des Gleichlaufs abgeschaltet werden.

> Synchronmotoren benötigen Anlaufhilfen – sie laufen nicht von selbst an.

Wird der Synchronmotor belastet, so bleibt der Anker ein wenig hinter dem Feld zurück, läuft aber synchron mit. Man nennt den Winkel, um den der Anker zurückbleibt, den **Lastwinkel**. Er wächst mit steigender Belastung.
Erst bei einem Drehmoment, das etwa doppelt so hoch ist wie das vom Hersteller angegebene Nennmoment des Synchronmotors, gerät der Motor „aus dem Tritt" und läuft nicht mehr synchron. Auch bei Entlastung gelingt es ihm dann nicht mehr, auf die Synchrondrehfrequenz hochzulaufen.

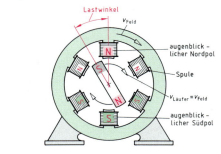

Lastwinkel bei einem 6-poligen Synchronmotor

> Synchronmotoren geraten bei etwa doppelter Nennlast aus dem Synchronlauf.

Synchronmotoren werden häufig im Werkzeugmaschinenbau als Vorschubmotoren verwendet. Sie sind dazu besonders geeignet wegen
- reaktionsschneller Änderung der Umdrehungsfrequenz bei Frequenzänderung des Drehstroms,
- nahezu konstantem Drehmoment bei unterschiedlichen Umdrehungsfrequenzen,
- weitgehender Wartungsfreiheit durch einfachen Aufbau.

3.3 Asynchronmotoren

- **Physikalische Grundlagen des Asynchronantriebs**

Asynchronmotoren bestehen aus einem Ständer mit Wicklungen, in denen durch den Drehstrom ein umlaufendes Drehfeld erzeugt wird.
Die Magnetwirkung im Läufer (= Anker) entsteht durch Ströme, die vom äußeren Drehfeld im Läufer induziert werden. Ein induzierter Strom erzeugt stets ein Magnetfeld, das seiner Ursache – in diesem Falle dem Magnetfeld des Ankers – entgegengerichtet ist. Darum besteht zwischen den Magnetfeldern in Ständer und Läufer *stets* Abstoßung.
Die Erzeugung der Bewegung aufgrund dieser Abstoßungskräfte lässt sich versuchsmäßig sehr einfach darstellen und erklären.

> **Beispiel** für einen Versuch zur Erzeugung einer Bewegung durch einen induzierten Strom

Eine Spule ist mit einem dicken Eisenkern versehen. Ein Kupferring liegt lose um den Eisenkern. Dieser Ring stellt eine kurzgeschlossene Windung dar.
Legt man an die Spule eine Wechselspannung, so wird in dem Kupferring durch Induktion ein Strom erzeugt. Dieser verursacht um den Ring ein Magnetfeld, das dem Magnetfeld der Spule entgegengerichtet ist. Als Folge der sich abstoßenden Magnetfelder wird der Kupferring beim Einschalten des Stroms vom Eisenkern weggeschleudert.

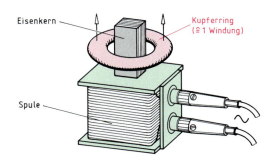

> Ein induzierter Strom erzeugt stets ein Magnetfeld, welches dem verursachenden Magnetfeld entgegengerichtet ist.

Übungsaufgaben EA-10, EA-11

In Asynchronmotoren verwendet man dieses Prinzip sich abstoßender Magnetfelder zum Erzeugen der Drehbewegung des Läufers, indem man den Läufer aus mehreren kurzgeschlossenen Windungen zusammensetzt.

Da die Erzeugung eines Induktionsstroms nur dann erfolgt, wenn Feldlinien geschnitten werden, kann der Läufer nicht synchron mit dem Drehfeld mitlaufen. Er bleibt in seiner Umdrehungsfrequenz immer hinter der Umdrehungsfrequenz des Feldes zurück. Man nennt das Zurückbleiben des Läufers gegenüber dem Drehfeld den **Schlupf**.

Der Schlupf steigt mit – wachsender Belastung, – geringerer Nennumdrehungsfrequenz, – geringerer Nennleistung.

> Der Läufer von Asynchronmotoren bleibt mit seiner Umdrehungsfrequenz hinter der Umdrehungsfrequenz des Feldes zurück. Die Differenz nennt man Schlupf.

- **Asynchronmotoren mit Käfigläufern**

Aufbau des Motors

Der einfachste Drehstrom-Asynchronmotor enthält einen **Läufer** aus einem Blechpaket, in dessen Längsnuten oder Bohrungen Leiterstäbe eingelegt sind, die an den Stirnseiten mit Ringen kurzgeschlossen sind. Da die Leiterstäbe mit den Kurzschlussringen einem Käfig ähneln, spricht man von **Käfigläufern**.

Beispiele für den Aufbau eines Käfigläufers

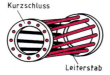
Leiterstäbe mit Kurzschlussringen (Käfig)

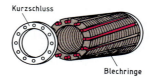
Käfig mit Blechpaket

Kurzschlussläufer mit Welle

> Einfache Asynchronmotoren haben einen Käfigläufer aus Leiterstäben und Kurzschlussringen.

Kennlinien von Käfigläufermotoren

Käfigläufermotoren mit einfachen Rundstäben haben nur ein geringes Anzugsmoment. Durch besondere Querschnittsformen der Leiterstäbe und die Gestaltung der Nuten kann das Anzugsmoment der Käfigläufermotoren gesteigert werden. Die Kennlinien von Käfigläufermotoren sind meist sattelförmig.

Beispiele für Leiterstäbe und Nuten in Kurzschlussläufern und ihre Auswirkung auf die Kennlinie

Rundstabläufer

Tiefnutläufer

Doppelnutläufer

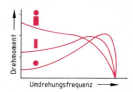
Kennlinien der Läuferarten

> Käfigläufermotoren haben eine sattelförmige Kennlinie, die je nach Bauart der Leiterstäbe und der Nuten unterschiedlich stark ausgeprägt ist.

Anlassen von Käfigläufermotoren

Käfigläufermotoren nehmen im Augenblick des Einschaltens sehr hohe Stromstärken auf. Diese betragen bis zum Achtfachen des Nennstromes. Dieser hohe *Einschaltstrom* belastet das Netz außerordentlich. Darum dürfen nur Motoren bis etwa 3 kW Leistung *direkt* eingeschaltet werden.

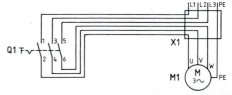
Schaltung zum direkten Einschalten eines Asynchronmotors

Übungsaufgabe EA-12

Für größere Motoren wird der Motor *zunächst in Sternschaltung* ans Netz gelegt. Die Ständerwicklungen liegen damit zum Anlaufen an der niedrigeren Sternspannung und es fließt demnach ein kleinerer Strom – aber auch das Anzugsmoment ist geringer.
Nach Hochlaufen auf etwa die Nennumdrehungsfrequenz wird auf die *Dreieckschaltung* weitergeschaltet.

Beispiele für Ströme und Spannungen im Augenblick des Anlaufs

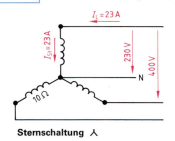
Sternschaltung ⋏

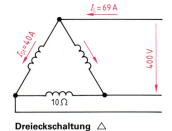
Dreieckschaltung △

Das Umschalten von Stern auf Dreieck geschieht von Hand über Stern-Dreieck-Schalter oder selbsttätig über eine zeitabhängige Steuerung.

> Asynchronmotoren mit Käfigläufern mit mehr als 3 kW Leistung werden zur Vermeidung hoher Einschaltströme in der Stern-Dreieck-Schaltung angelassen.
> Von Stern auf Dreieck darf erst nach Erreichen der Nennumdrehungsfrequenz weitergeschaltet werden.

3.4 Drehrichtungsumkehr bei Drehstrommotoren

Die Drehrichtung von Drehstrommotoren kann durch Vertauschen von zwei Außenleitern umgekehrt werden. Für Motoren, die mit beiden Drehrichtungen im Betrieb eingesetzt werden, erfolgt der Anschluss des Motors über Wendeschalter.

An Motoren, die mit einer bestimmten Drehrichtung im Betrieb laufen müssen, kann die Drehrichtung durch Vertauschen der Leitungen im Anschlusskasten geschehen. Diese Arbeit darf nur der Elektroniker durchführen. Damit auch der Nichtelektroniker einfach und gefahrlos in Steckverbindungen eine Vertauschung von zwei Außenleitern vornehmen kann, gibt es Phasenwendestecker, in denen diese Vertauschung durch Drehen eines eingebauten Schalters ohne Öffnung des Steckers möglich ist.

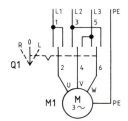
Hebelschalter für Wendeschaltung

Phasenwendestecker (teilweise aufgeschnitten)

Wichtig!
Steckdosen für Drehstrom sollen so angeschlossen sein, dass ein Motor immer rechts herum läuft. Ältere Steckdosen und fehlerhaft angeschlossene Steckdosen können einen Motor unversehens in die nicht gewünschte Drehrichtung laufen lassen. Dies kann Gefahr für Personen und Anlage bedeuten – darum soll der Industriemechaniker vor Inbetriebnahme von Maschinen zuvor die Drehrichtung der Felder geprüft werden.

> Drehrichtungsumkehr geschieht durch Vertauschen von Außenleitern. Vor Inbetriebnahme von Maschinen, die über Steckverbindungen angeschlossen werden, ist die Drehrichtung zu prüfen.

Übungsaufgabe EA-13

3.5 Wechselstrommotoren

- **Universalmotoren**

In Handbohrmaschinen, Trennschleifmaschinen und anderen Werkzeugmaschinen mit Leistungen bis etwa 1000 W setzt man Universalmotoren ein (siehe Gleichstrommotoren). Diese Motoren können mit Gleichstrom und mit Wechselstrom betrieben werden, weil der Drehsinn dieses Motors durch Umpolen der Anschlussklemmen nicht geändert wird.

Universalmotoren benötigen beim Betrieb mit Wechselstrom eine höhere Spannung als bei Gleichstrom.

- **Drehstrommotoren als Wechselstrommotoren**

Für den Betrieb eines Drehstrommotors mit Wechselstrom wird durch Zuschalten eines Kondensators die fehlende Phasenverschiebung und damit die Erzeugung des Drehfeldes bewirkt. Diese Motoren erreichen beim Antrieb mit Wechselstrom nur etwa 70 % bis 80 % der Leistung, die sie bei Betrieb mit Drehstrom haben würden. Das Drehmoment beträgt im Anlauf sogar nur 30 % des Momentes bei Betrieb mit Drehstrom.

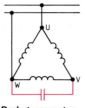

Drehstrommotor in Dreieckschaltung am Einphasennetz

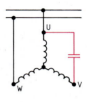

Drehstrommotor in Sternschaltung am Einphasennetz

> Durch Zuschalten eines Kondensators können Drehstrommotoren mit Wechselstrom betrieben werden. Leistung und Drehmoment im Anlauf sind beim Wechselstrombetrieb geringer als beim Betrieb mit Drehstrom.

4 Schrittmotoren

Motoren, die ihre Drehbewegung nicht kontinuierlich, sondern in *Winkelschritten* durchführen, bezeichnet man als Schrittmotoren. Jeder Schritt wird durch einen Stromimpuls ausgelöst.

Die Größe der Winkelschritte ist abhängig von der Bauart des jeweiligen Motors und beträgt meist zwischen 48 und 200 Schritten.

Eine hohe Impulsfolge hat eine nahezu kontinuierliche Drehung des Ankers zur Folge. Die Umdrehungsfrequenz ist auf etwa 1000 1/min begrenzt, da sonst Schritte verlorengehen können. Die Drehrichtung kann durch Umpolen geändert werden.

Beispiel für Aufbau und Wirkungsweise eines Schrittmotors (Schema)

Der Motor besteht aus einem Stator mit mehreren Polpaaren, die elektromagnetisch erregt werden können.
Die Polpaare des Rotors sind Dauermagnete.
Ändert die Steuereinrichtung den Strom so, dass gegenüber der Ausgangsstellung die Nachbarspule erregt wird, dreht sich der Motor um einen Schritt weiter.

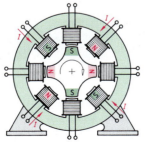
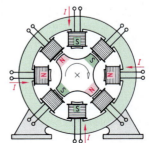

Schrittmotoren werden in der Regelungstechnik, im Büromaschinenbau, als Vorschubeinheiten kleiner Werkzeugmaschinen und als Stellmotoren für Ventile eingesetzt.

> Schrittmotoren führen impulsgesteuerte feste Winkelschritte aus. Die Größe der Winkelschritte ist bauartabhängig.

Übungsaufgaben EA-14, EA-15, EA-16

5 Linearmotoren

Vorschubantriebe an Werkzeugmaschinen und Transporteinrichtungen führen meist lineare (geradlinige) Bewegungen aus. In herkömmlicher Weise erzeugt man diese Bewegung durch Rotationsmotoren und anschließende Spindel- (Kugelumlaufspindeln) oder Zahnradgetriebe.

Linearmotoren setzen die eingegebene Energie direkt ohne Umweg über ein Getriebe in eine lineare Bewegung um. Dadurch verkleinern sich gegenüber Motoren mit Getrieben die zu beschleunigenden Massen und die Positioniergenauigkeit steigt, da Reibung, Getriebespiel und elastische Verformungen der Getriebeteile entfallen. Nachteilig ist bei Linearmotoren der geringe Wirkungsgrad, mit dem die Umwandlung von elektrischer Energie in Bewegungsenergie erfolgt. Die damit verbundene Verlustleistung führt zu erheblicher Wärmeentwicklung, die innerhalb der Maschine auftritt und entsprechenden Kühlungsaufwand erfordert.

Linearmotoren basieren auf dem gleichen Funktionsprinzip wie Drehstrommotoren. Im Werkzeugmaschinenbau wird vorwiegend der Synchron-Linearmotor verwendet. Am einfachsten ist sein Aufbau durch Aufschneiden und Abwickeln eines herkömmlichen Synchronmotors zu erklären. Der abgewickelte Stator stellt dann das Primärteil des Linearmotors dar, der abgewickelte Läufer verkörpert das Sekundärteil. Ein Drehstrom erzeugt im Stator ein Wanderfeld, sodass sich Primär- und Sekundärteil gegeneinander bewegen.

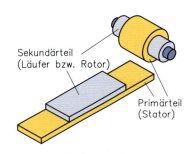

Linearmotor als Abwicklung eines Rotationsmotors

Man kann entweder das Primärteil verlängern und das Sekundärteil darübergleiten lassen oder umgekehrt. Da im Werkzeugmaschinenbau nur kurze Vorschubstrecken zurückzulegen sind, kombiniert man ein kurzes Primärteil, das dem Stator einer Synchronmaschine entsprechen würde, mit einem langen Sekundärteil. Dem Primärteil führt man über Schleppkabel elektrische Energie zu.

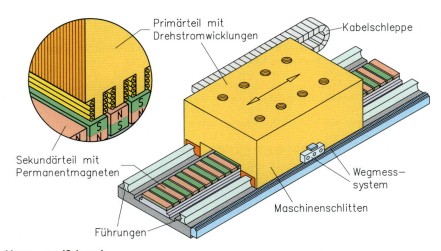

Synchron-Linearmotor (Schema)

> Linearmotoren formen elektrische Energie unmittelbar in eine geradlinige Bewegung um. Aufbau und Wirkungsweise von Linearmotoren können aus aufgeschnittenen und abgewickelten Drehstrommotoren erklärt werden.

6 Übungsaufgaben Elektrische Antriebe

EA-1 Entschlüsseln Sie das nebenstehende Typenschild eines Elektromotors. Schreiben Sie zu diesem Zweck unter der Benennung der identifizierten Kenngröße den Zahlenwert und die Einheit.

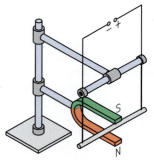

EA-2 Ordnen Sie den nachfolgenden maschinenseitigen Anforderungen ein geeignetes elektrisches Antriebssystem zu:
- eine Drehrichtung,
- schnelle Umdrehungsfrequenzänderung,
- etwa konstante Umdrehungsfrequenz bei Belastung,
- sofortiger Stillstand,
- wartungsarm.

EA-3 Übertragen Sie die nebenstehende Skizze in ihr Heft. Ergänzen Sie nun die Stromflussrichtung und die Richtung der Leiterbewegung.

EA-4 Der Kommentator kehrt die Stromrichtung in der Ankerspule um. Erklären Sie, wieso diese Umkehrung zu einer dauernden Drehbewegung führt.

EA-5 Schreiben Sie einen Fachbericht über den Aufbau und die Wirkungsweise eines Gleichstrommotors, bei dem das äußere Feld durch einen Dauermagneten erzeugt wird.

EA-6 Zeichnen Sie die Verbindung der Spannungsquelle mit dem Motor und dem Schalter in der richtigen Weise.
Skizzieren Sie dazu die Bauteile ab und ergänzen Sie die fehlenden Verbindungsleitungen.

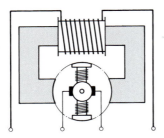

Nebenschlussmotor

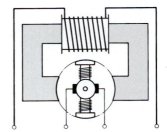

Reihenschlussmotor

EA-7 In einem Schulversuch wird ein Magnet vor einer Spule mit $n = 60$ 1/min gedreht. Es wird dabei eine maximale Spannung von 6 V erzeugt. Wenn der Nordpol des Magneten an der Spule vorbeigedreht wird, zeigt das Instrument einen positiven Spannungswert.
a) Übernehmen Sie das Koordinatenkreuz für das Spannungs-Zeit-Diagramm mit den zugeordneten Abbildungen. Zeichnen Sie in die Abbildungen die Stellungen des Magneten für alle Maximal- und Nullwerte ein.
b) Tragen Sie in das Diagramm den Spannungsverlauf für eine Versuchsdauer von 2 Sekunden ein.

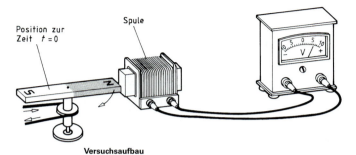

Versuchsaufbau

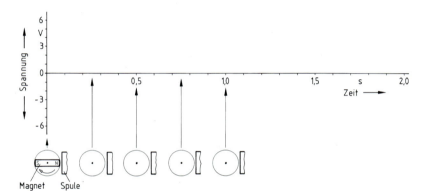

Diagramm

EA-8 Die Kurven zeigen den Spannungsverlauf in einem Drehstromnetz.

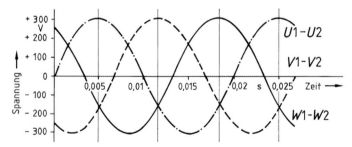

Übernehmen Sie die Tabelle und geben Sie die Spannungen an, die nach den jeweiligen Zeiten vorliegen.

	zur Zeit 0	nach 0,005 s	nach 0,01 s	nach 0,015 s
$U_1 - U_2$	?	?	?	?
$V_1 - V_2$	?	?	?	?
$W_1 - W_2$	?	?	?	?

Übungsaufgaben Elektrische Antriebe

EA-9 Elektromotoren unterscheiden sich u. a. durch ihr Verhalten beim Anlaufen und bei Überlastung sowie ihre Eignung zur Drehzahländerung.
Beschreiben Sie folgende Merkmale des Synchronmotors:
a) das Verhalten beim Anlaufen,
b) das Verhalten bei Überlastung,
c) die Eignung zur Drehzahländerung.

EA-10 Der im Lehrbuch beschriebene Versuch wird statt mit Wechselstrom mit Gleichstrom betrieben.
Was wird geschehen, wenn dabei die Spannung über einen Schiebewiderstand sehr langsam aufgebracht wird?

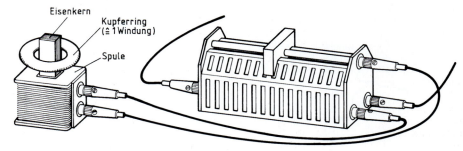

EA-11 Eine Bohrmaschine und ein großer Schleifbock werden durch Asynchronmotoren angetrieben.
Die Bohrmaschine kann direkt eingeschaltet werden. Der Schleifbock hingegen muss in zwei Stufen eingeschaltet werden.
a) Was kann man aufgrund des einfachen Anlassens über die Leistung des Bohrmaschinenantriebs sagen?
b) Was geschieht beim zweistufigen Einschalten des Schleifbockmotors hinsichtlich der Schaltung der Ständerwicklungen des Motors?
c) Was wird geschehen, wenn man beim Einschalten des Schleifbocks sofort auf die zweite Stufe durchschaltet?

EA-12
a) Welche Drehrichtung sollte sich für einen Drehstrommotor ergeben, wenn er durch einen Stecker ans Netz angeschlossen wird?
b) Durch welche Schaltungsmaßnahme kann die Drehrichtung eines Drehstrommotors umgekehrt werden?
c) Wer darf im Betrieb eine Änderung der Verdrahtung zum Zweck der Drehrichtungsumkehr durchführen?

EA-13 In einem Schulversuch wird eine mit einem Universalmotor ausgerüstete Bohrmaschine ohne Regelelektronik einmal mit Wechselstrom und einmal mit Gleichstrom betrieben. Die Maschine wird belastet. Sie soll bei gleichbleibender Stromstärke eine gleichbleibende Leistung erbringen. Man misst jeweils Spannung und Stromstärke.
a) Was wird man hinsichtlich der Größe der Gleichspannung feststellen, wenn annähernd die gleiche Leistung wie bei Wechselspannung erreicht werden soll?
b) Wie kann man die Drehrichtung des Motors bei Gleichstrombetrieb umkehren?

EA-14 Drehstrommotoren können auch mit Wechselstrom betrieben werden, sofern nur kleine Leistungen gefordert werden.
Finden Sie aus den Schaltplanbildern im Lehrbuch eine Regel heraus, nach welcher der zum Betrieb notwendige Kondensator zu schalten ist.

EA-15 Ein Schrittmotor macht 72 Winkelschritte bei einer vollen Umdrehung. Er ist mit einem Getriebe mit $i = 1:4$ verbunden.
Wie groß ist ein Winkelschritt am Ausgang des Getriebes in Grad?

Sachwortverzeichnis

2D-Bahnsteuerung 188
2 %-Dehngrenze 90
3D-Bahnsteuerung 188
$2^1/_2$ D-Bahnsteuerung 188

A

Ablaufsteuerung 213
Absolutbemaßung 189
Absolutes Messen 187
Abstechen Einstechen 33
Achsen 312
Adiabatische Zustandsänderung 351
Aktoren 240
Allgemeintoleranz 110
Ampere 143
Analoges Messverfahren 48
Anlassen 81
Anlaufkupplung 323
Ansichten 103
Anweisungsliste (AWL) 246
arithmetisches Mittel 373
Asynchronmotor 389
Atomaufbau 63
Audit 368
Aufbauschneide 38
Auflagerkraft 271
Ausgangsabbildspeicher 245
Ausschaltverzögerung 251
Ausschlagmessverfahren 49
Außendrehen 33
Austauschmischkristall 69
Austenit 74
Austenitisieren 79
Axiallager 313

B

Bahnsteuerung 188
Balkendiagramm 376
Beanspruchungsarten 281
Bearbeitungszugabe 17
Befestigungsgewinde 307
Befestigungsschrauben 310
Beherrschbarkeit von Prozessen 379
Belastungsarten 281
Belastungsfälle 281
Bemaßung 107
Bemaßungselement 107
Bewegungsgewinde 307
Bezugstemperatur 50
Biegebeanspruchung 289
Biegegleichung 293
Biegemoment 290
Biegeumformen 24
Blatteinteilung 105
Blattgrößen 106
Blindwiderstand 164, 165
Breiten 21
Bruchdehnung 91
Brucheinschnürung 91

C

Cermets 31
Chemische Elemente 62
CNC-Maschinen 185
Coulomb 143
CPU 245
Cremona-Plan 276

D

Dauermagnetismus 155
Dehnschrauben 309
Dehnung 89
Dehnungschlupf 328
Demontagebeschreibung 130
Deutsche Norm – DIN 117
Dielektrikum 160
Dieselmotor 358
Digitales Messverfahren 48
DIN ISO 117
Doppeltwirkende Zylinder 230
Dotieren 67
Drahtbruchsicheres Programmieren 252
Draufsicht 103
Drehmoment 326
Drehstrom 387
Drehverfahren 33
Drehwerkzeug 34
Drehzyklen 199
Dreieckschaltung 391
Dreieckspannung 388
Dreigelenkverband 274
Drosselventil 227
Druckbeanspruchung 286
Druckbegrenzungsventil 226
Druckregelventil 226
Druckumformen 20
Druckventil 226
Durchziehen 22

E

Ebenheit 125
Eckenradius 38
Einfachwirkende Zylinder 229
Eingangsabbildspeicher 245
Eingriffslänge 35
Eingriffswinkel 332
Einheitsbohrung 124
Einheitswelle 124
Einlagerungsmischkristall 69
Einrichtung 12
Einschaltverzögerung 251
Einstellwinkel 35, 38
Elastizitätsmodul 89
Elektrische Antriebe 383
Elektrische Arbeit 154
Elektrische Ladung 143
Elektrische Leistung 154
Elektrischer Strom 143
Elektrischer Widerstand 147
Elektrisches Feld 159

Elektrische Spannung 143
Elektrische Steuerung 238
Elektrolyt 146
Elektromagnetismus 156
Elektron 63
Element 12
Energie 11
Ersatzschaltung 151
Erstzug 23
Europäische Norm – EN 117
Eutektikum 72
Evolventenverzahnung 331

F

Fachwerk 274
Faradayscher Käfig 159
Feder 319
Fehlerdatenanalyse 371
Fehler-Möglichkeits- und Einflussanalyse (FMEA) 365
Feldlinien 155
Ferrit 74
Fertigungsplanung 178
Fertigungsverfahren 16
Festigkeitsklassen von Schraubenwerkstoffen 309
Festigkeitslehre 281
Flächenpressung 286
Flachführungen 317
Flachriemen 329
Folgeschneiden 27
Folgeventil 226
Formdrehen 33
Formen 13
Formpressen 21
Formrecken 21
Formschräge 17
Formtoleranzen 125
Fräsverfahren 42
Fräswerkzeuge 43
freies Biegen 25
Freiformen 21
Freimachen 270
Freiwinkel 28, 34
Führungen 317
Funktionsdiagramm 233
Funktionseinheiten von Steuerung 212
Funktionstabelle 217

G

G00 191
G01 191
G02 191
G03 191
G40 201
G41 198, 201
G42 198, 201
G92 193
G94 192
G95 192

G96 192
G97 192
gaußsche Normalverteilung 374
Gegenlauffräsen 42
Gelenkgetriebe 325
Geradheit 125
Gesamtschneiden 27
Gesamtzeichnung 118
Gesenkbiegen 25
Gesenkformen 21
Getriebe 324, 325
Gewindearten 307
Gewindedarstellung 116
Gewindewalzen 20
Gießen 16
Gitteraufbau 66
Gittertypen 67
Gleichgewichtsbedingung 269
Gleichlauffräsen 42
Gleichstromgenerator 158
Gleichstromkreis 144
Gleichstrommotor 157, 384
Gleitführungen 317
Gleitlager 313
Glühen 77
GRAFCET-Plan 218
Grenzabmaß 121
Grundstandardabweichung 374
Gruppe 12
Gusseisen 68
Gussputzen 18

H
Halbleiter 146
Halbschnitt 115
Haltepunkt 65
Handformerei 18
Harmonic Drive Getriebe 335
Härten 78
Hartmetalle 31
Hauptnutzungszeit 40
Hauptschneide 34
Hexagonales Gitter 67
Hookesches Gesetz 286
Hydrodynamische Schmierung 313
Hydrostatische Schmierung 314

I
ideales Gas 347
Impulsverlängerung 251
Induktion 158
Information 11
Informationsfluss 180
Inkrementalbemaßung 190
Inkrementales Messen 187
Innendrehen 33
innere Energie 346
Internationale Norm – ISO 117
Ishikawa-Diagramm 363
Isobare Zustandsänderung 348
Isochore Zustandsänderung 349
ISO-Feingewinde 307

ISO-Gewinde 311
ISO-Regelgewinde 307
Isotherme Zustandsänderung 350

J
Justieren 52

K
Käfigläufermotor 390
Kalibrieren 52
Kapazität 160
Kegelradgetriebe 336
Keilriemen 329
Keilwellenprofil 320
Keilwinkel 28
Keramische Schneidstoffe 32
Kernmarke 17
Kettengetriebe 329
Kommutator 157, 385
Kompaktsteuerung 244
Kompensationsmessverfahren 49
Kondensator 160
Konstruktion 175
Kontaktplan (KOP) 247
Kontrollkarte 372
Koordinatensystem 186
Koordinatensystem (Drehen) 194
Korn 66
Korngrenzen 66
Kräfte 260
Krafteck 263
Kräftepaar 262
Kräfteparallelogramm 261
Kraft-Verlängerungs-Schaubild 89
Kreisfrequenz 162
Kreisprogrammierung 196
Kreisprozess 353
Kristallgemenge 71
Kubisch-flächenzentriertes Gitter 67
Kubisch-raumzentriertes Gitter 67
Kugelscheibengetriebe 338
Kühlschmierung 38
Kupplungsgetriebe 337
Kurvengetriebe 325
Kurznamen (Fe-C-Guss) 85
Kurznamen (Stahl) 82
Kurzzeichen (Al) 86

L
Lager 313
Lageregelkreis 187
Lagetoleranzen 126
Lamellenkupplung 322
Längenmesstechnik 50
Längsdrehen 33
Längs-Runddrehen 33
Längsschruppzyklus 199
Längswalzen 20
Lastenheft 175
Leertrum 328
Legierung 68
Lehren 47

Leichtmetalle 62
Leiten 13
Leiter 145
Linearmotor 393
Linienarten 103
Logische Funktion 241
Lufthärter 80

M
Magnetismus 155
Magnetventil 240
Maschinenfähigkeit 372
Maschinenfähigkeitsindex 378
Maschinennullpunkt
 Drehen 194
 Fräsen 200
Maßbezugsebene 108
Maßgenauigkeit 30
Maßhilfslinie 107
Maßlinie 107
Maßstäbe 106
Maßtoleranz 120
Maßzahl 107
mechanische Arbeit 346
mechanische Getriebe 324
Median 373
Merker 248
Merkerspeicher 245
Messabweichung 50
Messbereichserweiterung 153
Messen 47
Messerkopf 43
Messerschneiden 27
Messgröße 50
Messing 68
Messtechnik (Begriffe) 50
Messverfahren 48
Messwert 50
Metallbindung 64
Metalle 62
Metallgefüge 66
Metallische Leiter 145
Metallkristall 64
Mischkristall 69
Mittelwert 373
Modelleinrichtung 17
Modellriss 17
Modellteilung 17
Modul 331
modulare Steuerung 244
Moment 262
Montagebeschreibung 130
Montageplan 130
Motor 227
Mutter 305
M-Wörter 193

N
Näherungsschalter 239
Nebenschneide 34
Neigungswinkel 35
Nennmaß 120
neutrale Faser 24, 289

Neutron 63
Nichteisenmetalle (Bezeichnung) 86
Nichtleiter 146
Nichtmetalle 62
NICHT-Verknüpfung 215
Normalglühen 78
Normalspannungen 282
Normalverteilung 376
Normschrift 107
Normteil 117
NOT-AUS-Funktion 253
Nullpunktverschiebung 203
Null-Räder 332

O
oberes Abmaß 120
Oberflächenangabe 111
Oberflächenbeschaffenheit 30, 38
Objektives Prüfen 47
ODER-Verknüpfung 215
Öffner 238
Ohm 147
Ohmsches Gesetz 148
Ölhärter 80

P
Parallelbemaßung 189
Parallelschaltung 150
Passfeder 319
Passmaß 110
Passungen 122
Passungssystem 124
Perlit 75
Pflichtenheft 175
Phasenverschiebung 387
PIV-Getriebe 338
Planetengetriebe 334
Planfräsen 42
Planscheibe 37
Planschruppzyklus 199
Pneumatische Steuerung 222
polares Widerstandsmoment 297
Polykristalliner Diamant 31
Produktplanung 174
Profildrehen 33
Profilform 320
Profilfräsen 42
Profilfräser 44
Profilwalzen 20
Programmspeicher 245
Proton 63
Prozessfähigkeit 372
Prozessfähigkeitsindex 378
Prüfen 47
Prüfmittelmanagement 52

Q
Qualitätsmanagement 362
Qualitätsregelkarte 379
Qualitätssicherungsnorm 364
Querdrehen 33
Querkraft 291

Querlage 197
Querwalzen 20

R
Radiallager 313
Reaktionssatz 261
Rechtecktaschenfräszyklus G72 202
Rechte-Hand-Regel 186
Recken 21
Reckwalzen 20
Recycling 182
Referenzpunkt (Drehen) 194
Referenzpunkt (Fräsen) 200
Regelkreis 211
Regeln 211
Reibradgetriebe 337
Reibungskraft 271
Reihenschaltung 149
Rekristallisationsglühen 78
Relais 239
Richtwerte (Drehen) 39
Richtwerte (Fräsen) 45
Riemengetriebe 328
Rohrgewinde 307
Rollreibung 315
Rückfederung 24
Rückschlagventil 226
Rückwärtszählen (RZ) 249, 250
Rundfräsen 42
Rundheit 125
Rundkneten 21

S
Schaftfräser 44
Schalter 238
Schaltinformation 192
Schaltplanerstellung (Pneumatik) 235
Schaltplan (Pneumatik) 227
Schaltverzögerung (Pneumatik) 231
Scheibenfräser 44
Scherbeanspruchung 288
Scherfläche 26
Scherschneiden 26
Schieberadgetriebe 337
Schlichten 29
Schließer 238
Schmelzpunktbestimmung 65
Schmelztemperatur 65
Schneckengetriebe 336
Schneidengeometrie 28
Schneidenradius 28, 197
Schneidenradiuskompensation 198
Schneidstoffe 31
Schnellarbeitsstähle 31
Schnittdarstellung 115
Schnittgeschwindigkeit 29
 Drehen 39
 Fräsen 46
Schnittkraft 41

Schnittleistung 41
Schnittstreifen 27
Schnitttiefe 29
Schrägwalzen 20
Schraubdrehen 33
Schraube 305
Schraubengetriebe 324
Schraubenradgetriebe 336
Schraubfräsen 42
Schriftfeld 105
Schrittmotor 392
Schrittwert 50
Schruppen 29
Schubspannungen 282
Schütze 240
Schwalbenschwanzführungen 317
Schwenkbiegen 25
Schwermetalle 62
Schwindmaß 17
Seileckverfahren 266
Seitenansicht 103
Sensoren 238
Sicherheit 283
Signalabschaltung 242
Signalabschaltung (Pneumatik) 231
Sintern 19
Skalenteilungswert 50
Spanarten 30
Spanen 28
Spanformen 30
Spannfutter 37
Spannung 89
Spannung-Dehnung-Diagramm 89
Spannungsarmglühen 77
Spannungsmessung 145
Spannungsteiler 152
Spannweite 374
Spannweitenmitte 373
Spannzange 37
Spanungsquerschnitt 29, 40
Spanwinkel 28, 34, 38
SPC 371
Speichern 13
Speicherprogrammierbare Steuerung (SPS) 244
speicherprogrammierte Steuerung 214
Speicherschaltung 242
Speicherverhalten 248
Sperrgetriebe 325
Sperrventil 226
spezifischer Widerstand 147
Spiegelung 203
Spielpassung 122
Stahl 68, 74
Standardabweichung 374
Statik 260
Statistische Prozessregelung 371
Statistische Sicherheit 374
steigende Bemaßung 189
Sternschaltung 391

Steuerkette 210
Steuern 210
Steuerungsarten 213
Stirling-Motor 354
Stirnfräsen 42
Stirnradgetriebe 333
Stirn-Umfangsfräsen 42
Stoff 11
Stopp-Kategorie 253
Streckgrenze 90
Streuungsmaß 374
Stromkreis 144
Stromlaufplan 241
Strommessung 145
Stromventil 227
Stückliste 118
Stülpziehen 23
Subjektives Prüfen 47
Symbole (Pneumatik) 223
Symmetriebemaßung 108
Synchron-Linearmotor 393
Synchronmotor 388
System 12

T
Taster 238
Technik 9
technisches System 11
Technisches Zeichnen 101
Technologiedaten 192
Technologische Daten 29
Teilkreis 330
Teilschnitt 115
Teilung 330
thermischer Wirkungsgrad 353
Tiefziehen 22
Toleranz 120
Toleranzangaben 110
Toleranzgrad 123
Toleranzklasse 123
Toleranzzone 125
Torsionsspannung 297
Transformator 166
Transitionen 218
Trennen 26
T-Wort 193

U
übereutektoidischer Stahl 76
Übergangspassung 123
Überlastkupplung 323
Übermaßpassung 122
Übersetzungsverhältnis 325
Umdrehungsfrequenz
 Drehen 39
 Fräsen 46

Umfangsfräsen 42
Umformbarkeit 67
Umformen 19
UND-Verknüpfung 215
Universalmotor 392
unteres Abmaß 120
untereutektoidischer Stahl 75
Unterprogramm 204
Urformen 16
Urliste 376

V
verbindungsprogrammierte
 Steuerung 214
Verbrennungsmotor 355
Verdrehbeanspruchung 297
Vergleichsmoment 298, 312
Vergrößerung 203
Vergüten 81
Verknüpfungsfunktionen 215
Verknüpfungssteuerung 213
Verriegeln 252
Verschiebungssatz 261
Verspannungsdiagramm 308
Verteilungskurve 376
Viertakt-Ottomotor 355
Vollschnitt 115
Volt 143
Vorderansicht 103
Vorschub 29
Vorschub (Fräsen) 46
Vorspannkraft 308
Vorwärtszähler (ZV) 249, 250
V-Plus-Räder 332
V-Räder 332
V- und Dachführungen 317

W
Walzen 20
Walzenfräser 43
Wälzlager 313, 315
Walzrunden 25
Wandeln 13
Wasserhärter 80
Wechselstrom 387
Wechselstromgenerator 161
Wechselstromkreis 161
Wechselstrommotor 392
Wechsler 238
Wegeventil 223
Weichglühen 77
Weiterzug 23
Wellen 312
Wellenkupplung 321
Wendeschneidplatten 32
Werkstoffnormung 82

Werkstoffnummern
 Al 87
 Fe-C-Guss 85
 NE-Metalle 87
 Stahl 83
Werkstücknullpunkt 189
Werkstücknullpunkt (Drehen) 194
Werkzeugbahnkorrektur 201
Werkzeugeinstellpunkt 197
Werkzeuglänge 197
Werkzeugmaß (Drehen) 197
Werkzeugmaß (Fräsen) 205
Werkzeugschneide 28
Whitworth 307
Widerstandsmoment 294
Wirkverbindung 218
Wirkwiderstand 163

Z
Zähler 249
Zählfunktion 250
Zahnflankenform 331
Zahnradfräsen 42
Zahnradgetriebe 324, 330
Zahnradmaß 330
Zahnradstufengetriebe 337
Zahnriemen 329
Zapfen 312
Zehnerregel 362
Zeigerdiagramm 162
Zeitfunktionen 251
Zementit 74
Zerspankraft 41
Zerteilen 26
Ziehverhältnis 23
Zugbeanspruchung 285
Zugdruckumformen 22
Zugfestigkeit 91
Zugmittelgetriebe 324, 328
Zugtrum 328
Zugversuch 88
Zustandsgleichung der Gase 347
Zweidruckventil 226
Zweistofflegierung 68
Zyklen (Fräsen) 202
Zykloidenverzahnung 332
Zykluszeit der SPS 245
Zylinder 227
Zylinderform 125